호산 전창일과
통일운동 77년사

2

호산 전창일과
통일운동 77년사 **2**

초판 1쇄 인쇄일 2023년 3월 25일
초판 1쇄 발행일 2023년 4월 5일

지은이 김상구
펴낸이 양옥매
디자인 표지혜 송다희
교 정 김민정
마케팅 송용호

펴낸곳 도서출판 책과나무
출판등록 제2012-000376
주소 서울특별시 마포구 방울내로 79 이노빌딩 302호
대표전화 02.372.1537 **팩스** 02.372.1538
이메일 booknamu2007@naver.com
홈페이지 www.booknamu.com
ISBN 979-11-6752-277-1 [세트]
ISBN 979-11-6752-279-5 (04300)

2

호산 전창일과
통일운동 77년사

—— 통일운동 ——

김상구 편저 | 전창일 감수

제2부 통일운동

제7장 통일운동에 뛰어들다

제8장 5·16 쿠데타와 도피생활

제9장 인혁당 조작사건과 전창일

제10장 범민련의 통일운동

표 목차

자세히 보기 목차

제2부

통일운동

제7장

통일운동에 뛰어들다

:: 01 ::

4월 혁명 후 혁신계 활동과
공영토건 사장의 배려

〈 그림136: 1960년 4·19 혁명 전개과정ⓒ국가기록원, 1960년 4월 12일 자 부산일보, 4월 27일 자 동아일보 〉

공영토건에서 평범한 직장생활을 하고 있던 전창일의 삶을 뒤흔든 사건이 일어났다. 영원할 것 같던 자유당 정권이 몰락하고 독재자 이승만이 쫓겨난 것이다. 재임 12년 동안 이승만이 자행한 죄악은 필설로 형용할 수 없을 정도다. 분단과 단정 수립의 책임, 반민특위 해체와 친일파 등용, 제주 4·3사건, 여순사건, 서울시민들을 기만한 거짓말 방송, 한강 인도교 폭파사건, 군사작전권 이양, 국민방위군 사건, 보도연맹 사건, 발췌개헌 및 사사오입 사건, 경향신문 폐간 및 언론탄압, 조봉암 사법살인… 등 한도 끝도 없다. 이승만의 몰락은 제4대 대통령 선거와 제5대 부통령 선거에 대한 부정선거 논란으로부터 출발했다.

마산 3·15 의거에 참여했다가 행방이 묘연하던 김주열 군의 시체가 마산 앞바다에 떠올랐다. 그동안 "내 아들 찾아주오" "주열이는 어디로 갔나?"라고 애타게 찾던[1] 군의 행방이 밝혀진 것이다. 「부산일보」는 눈에 최루탄이 박혀 숨진 채 마산 앞바다에 떠오른 김주열의 사진을 특종 보도했다.[2] 이 사진 한 장이 이승만 독재정권을 축출하는 단초가 되었다.

4월 18일, 3천여 명의 고려대 학생들이 시위를 시작했고, 종로4가 인근에서 폭력배들이 학생 시위대를 습격하는 사건이 발생한다. 흔히들 피의 화요일이라 부르는 4월 19일, 대학생들과 시민들의 항쟁이 전국적으로 파급되었다. 심지어 초등학생들까지도 "부모 형제들에게 총부리를 대지 말라"며 시위에 참가했다. 계엄령이 선포되었고, 경찰의 발포로 수많은 학생·시민들이 죽거나 부상을 당했다.[3] 이제 부정선거 비판에서 정권타도로 구호가 바뀌었다.

4월 24일, 이승만은 유혈사태에 대한 정치적 책임을 지고 자유당 총재직 사임을 선언했다. 그리고 이틀 후인 4월 26일 오후 1시, 이승만은

---

1 내 아들 찾아주오, 「조선일보」 1960.3.19; 金朱烈 君은 간데없고, 「마산일보」 1960.4.2.

2 마산 바닷속에서 총 맞은 사체 발견, 오른 눈에 탄환 박힌 채, 「부산일보」 1960.4.12.

3 계엄사령부의 발표를 따르면, 4·19 사상자는 △사망자 민간인 111명·경찰 4명, 부상자 민간인 666명·경찰 169명이다.

라디오 연설을 통해 대통령 자리에서 하야한다고 발표하게 된다.[4] 사상 초유로 정권타도에 성공한 것이다. 대통령 직함에서 쫓겨난 이승만은 이화장에서 두문불출하고 있다가, 5월 29일 아침 부인 프란체스카만 동반하고 쥐도 새도 모르게 하와이로 망명길을 떠났다.[5]

〈 그림137: 1960년 4월 28일 자, 7월 31일 자 동아일보 〉

이승만의 사임이 국회에서 의결되자, 4월 27일부로 외무장관 허정이 대통령 서리에 임명되었다. 허정 과도정부가 출범한 후 정치권의 기류가 이상하게 흘러갔다. 비록 자유당과 경찰은 힘을 잃었지만, 관료와 군부 그리고 자본가와 보수야당은 건재했다. 한편, 4월 혁명 당시 피를

4   이 대통령 하야 결의, 「동아일보」, 1960.4.27.
5   이 박사 부처 쥐도 새도 모르게 출국, 56년 만에 다시 하와이로, 「경향신문」, 1960.5.29.

호산 전창일과 통일운동 77년사

흘리며 싸웠던 시민과 학생들은 직장과 학원으로 돌아갔다. 이승만 정권을 전복한 자체에 만족하고 질서유지에 협조했던 것이다.[6]

5월 3일 이승만의 사퇴서가 국회에서 정식으로 수리되면서 제4대 대통령의 재선거가 확정됐으며, 28일 이기붕 부통령 당선자의 사망으로 인해 제5대 부통령 역시 재선거해야 하는 상황이 됐다. 본디 대통령과 부통령의 재선거는 재선거 사유 확정 이후 40일 이내로 시행돼야 했으므로 제5대 부통령의 재선거는 6월 7일, 제4대 대통령의 재선거는 12일까지 실시돼야 했다.[7]

그러나 과도정부 수반 허정은 첫 기자회견에서 "개헌 후 대통령 선거"를 하겠다고 했다.[8] 동국대 교수 한웅진이 내각책임제 개헌의 문제점을 거론했고,[9] '구국청년당발기준비위원회' 대표 고정훈 등이 내각책임제 개헌을 반대했으며,[10] 일부 의원들이 현 국회에서의 개헌을 반대했으나,[11] 찻잔 속의 태풍이었다. 내각제 개헌은 급속도로 전개되었다.

① 내각책임제 개헌추진(조선일보, 4.24.)

② 개헌 기명 투표 국회법개정안 제출(동아, 4.30.)

③ 국회, 개헌기초위원회 설치(조선, 5.3.)

④ 국회의사당서 개헌공청회(조선, 5.5.)

---

6   김정원, 제2공화국의 수립과 몰락, 『1960년대』 도서출판 거름, 1984, p.73.

7   3·15 부정선거, 《위키백과》

8   개헌 후에 대통령 선거, 「동아일보」, 1960.4.28.

9   내각책임제개헌의 문제점(상), 「경향신문」, 1960.5.2.

10 내각책임제 개헌을 반대, 고정훈 씨 주장, 「동아일보」, 1960.5.5.

11 현 국회서의 개헌반대 주장, 「동아일보」, 1960.5.4.

⑤ 내각책임제 개헌안 전문 발표(조선, 5.9.)

⑥ 내각책임제 개헌안, 국회 상정(조선, 6.10.)

⑦ 내각책임제개헌 공포(조선, 6.16.)

신헌법하의 의회는 대통령을 선출하고, 대통령의 국무총리 임명을 인준하는 권한을 가지고 있었다. 그리고 국무총리와 각료의 과반수는 국회의원들 중에서 선출하도록 규정되었다. 국회의원은 아무 제한 없이 장관이나 차관을 겸임할 수 있었다는 얘기다. 새로운 헌법은 국회를 입법·심의보다는 권력 장악을 위한 투쟁장소로 만든 원천이었다.

최고의 권력기관인 국무총리가 되기 위해선 의원 과반수의 지지가 필요했다. 총리는 자신의 임명을 인준받기 위해서 각 계파의 수장 격인 의원들에게 각료직을 약속해야 했고, 또 약속을 지키기 위해서 개각을 자주 할 도리밖에 없었다. 더욱이 민의원은 내각불신임권한을 가지고 있었으므로, 만일 총리가 약속을 지키지 않으면 배신당한 의원들이 내각을 사퇴시킬 수 있게 되었다. 새로운 헌법, 책임내각제 헌법의 실체였다. 아무튼, 신헌법에 의해 1960년 7월 29일, 총선이 실시되었다. 결과는 민주당 후보들의 압승이었다. 민주당은 민의원 233석 중 175석 (75.1%), 참의원 58석 중 31석(53.4%)을 장악했다. 하지만 새 국회가 출범하기도 전에 민주당 신파와 구파의 분당설이 나돌고 있었다.[12]

4월 혁명 이후 사회 곳곳에서 민주화의 바람이 불었다. 전창일은 다소 다른 선택을 한다. 1960년 현재의 전창일은 32살, 아직은 젊은 청년이라고 할 수 있는 나이였다. 사랑하는 아내, 귀여운 두 딸, 안정된 직

12 민주당 예상외로 압승, 「동아일보」 1960.7.31.

호산 전창일과 통일운동 77년사

장… 그동안 힘들게 쌓아왔던 흔적들이다. 그러나 이 모든 것은 조만간 무너질 것이다. 전창일은 통일운동에 뛰어든 것이다. 당시 전창일의 심정을 들어 보자.

내가 공영토건에 있으면서 그 무렵 통일운동에 관심을 가진 거야. 빨리 통일이 돼야 고향에 돌아갈 수 있을 터인데, 부모 형제 만나지도 못하고, 죽었는지 살았는지도 모르고… 바로 이것이 야만 아닙니까? 집안 이야기하면 참으로 피눈물이 납니다.

여기서 내가 아무리 편안하게 살면 뭐합니까? 부모에게 효도 못 하고 형제들과 우애를 나누지도 못하고, 그저 맨날 통일문제 대해서만 관심을 가지고 있었어요.[13]

4·19 이전 통일의 '통' 자만 꺼내도, 이 새끼 빨갱이야, 라고 잡아갔던 시절이 끝났다. 통일운동이 다시 양성화되기 시작되었다. 이제 혁신세력이 양지로 나온 것이다. '혁신'이란 용어는 진보당 시절 조봉암이 '혁신운동' '혁신정치'라는 구호를 내세웠던 것이 기원이다. 조봉암이 사법살인 당하고, 진보당이 불법화되면서 사라졌던 진보세력이 4·19 이후 사방에서 '혁신'이라는 기치를 내걸고 우후죽순처럼 올라왔다.

이 운동에 뛰어들고 싶었다. 하지만 운동에 참여하게 된다면, 아침부터 저녁까지 회사 일을 할 수 없게 될 것이다. 그 무렵의 전창일은 공영토건의 필수직원이었다. 누구보다 공사를 많이 따왔고, 그만큼 다른 직

13   임미리 기록, 『1960년대 이후 통일운동가들의 통일운동 및 사회운동 경험, 전창일 구술』, 국사편찬위원회, 2014, 녹취록 3차-2. 8. 공영토건 사장 양해하에 혁신계 활동

원보다 월급도 많이 받았다. 타협할 수밖에 없었다. 출근 시간은 정확하게 지킬 것이다, 그 대신 점심 식사 후 오후 몇 시간은 사회활동을 하다가 일이 있으면 회사로 돌아오고, 없을 경우는 계속 통일운동을 하겠다고 제안하자. 만약 거부하면 사표를 쓸 수밖에 없다.

사장은 의외로 전창일의 요구를 순순하게 받아들였다. 어쨌든 회사일에 지장만 없게 해달라고 당부했다. 안도의 숨을 쉬면서, 안심시켜드렸다. 긴급한 회사 일을 할 때는 밤샘이라도 해서 처리할 것이다, 내가 맡은 일은 내가 책임질 것이다, 염려 말라…. 사장의 배려로 회사원과 통일운동가 두 가지 역할을 병행하게 되었다.

전창일의 증언을 따르면, 공영토건 사장 한경수(韓景洙)는 인텔리였다. 해방 후 주요 건설회사의 사장들이 대부분 현장 출신인데 반해 극동건설 창업주 김용산(金用山, 1922~2007)[14]과 한경수는 일본에서 같은 공과대학을 나온 지식인이자 동창생 관계이었다. 한편, 한경수의 고향은 개성이며 송도고등학교 출신이었다.[15] 휴전 이후 개성이 북조선에속함에 따라 그도 실향민이 된 것이다. 다소 무리한 전창일의 요구를 승낙한 것은 한경수 역시 통일에 대한 열망이 컸었다는 얘기다.

혁신계 활동을 하는 이들을 만나기 시작했다. 그들은 대부분 실업자였다. 이승만 치하에서 통일운동을 했거나 진보당에 속했던 사람들은국가보안법 위반 등으로 대부분 감옥에 끌려갔던 경험이 있었다. 즉 전과자였던 것이다. 취직할 수 없었다. 젊디젊은 지식인 청년들이 백수신세였다. 사정이 묘했다. 혁신계 인사들은 대부분 유학을 하거나 고등

---

14   김용산은 도쿄민옥사공업고등학교 출신이다. 《위키백과》
15   한경수는 송도고등보통학교 19회 출신이다. 《송도고등학교 홈페이지》

교육을 받을 정도로 부모 대대로 자산가 출신이 많았다. 하지만 부모의 지원은 한계가 있을 수밖에 없었고, 활동비 쓰고 나면 호구지책이 문제인 형편이었다.

반면, 전창일의 경우 부모로부터 물려받은 재산은 없었지만, 안정적인 월급을 받고 있는 중견 사원이었다. 혁신계 인사들과 어울릴 때 커피, 술값, 밥값은 대부분 전창일의 몫이었다. 그렇게 그 세계의 사람들과 어울리기 시작했다.

:: 02 ::

아내의 변신,
교사직 사표를 내다

　그동안 쌓아왔던 안락한 가정생활이 파괴될지도 모르는 위험한 선택
을 했을 때, 전창일의 처 임인영의 삶은 어떠했을까? 그녀 역시 비슷한
선택을 했다. 학교 내의 부당한 비리에 분노해 사표를 제출했던 것이
다. 부창부수(夫唱婦隨)요, 금슬지락(琴瑟之樂)이었다. 사건은 대략 다
음과 같다.

　임인영이 방산초등학교에 재직한 지 3년째 되던 무렵이다. 방산초등
학교 사친회장의 아들이 있는 반의 담임을 맡게 되었다. 어느 날 남편에
게 고민을 털어놓았다. 사친회장 아들의 성적을 살펴보니 반에서 10등
정도밖에 되지 않는데, 1학년부터 쭉 1등으로 기록되어 있고 더욱이 반
장으로 활동하고 있다는 것이다. 그 외 2, 3등도 사친회 간부의 아들들
인데, 실질적인 1등 학생의 성적은 4, 5등으로 기록되어 있음을 발견했
다고 한다.

　공부를 가장 잘하는 아이의 형편이 딱했다. 아버지는 일찍 작고했고,
어머니가 방산시장에서 노점상을 하면서 애를 키우는 실정이었다. 임인
영은 노점상 아이의 성적을 1등으로 기록했고, 이 사실이 알려졌다. 교
장·교감은 임인영 교사를 불러 사친회장 아들의 성적을 1등으로 수정
하라고 명령했는데, 사범학교에서 배운 교육이념에 위배되는 이 조처에
따라야 하는지 고민이 되어 의논하는 것이라 했다.

　실력에 따라 성적을 매기지 않고 돈과 권력이 있는 자의 아들이라고 1

등을 매기다니, 신성한 교육의 현장에서 그런 부조리가 판치다니, 전창일은 분노했다. 노점상의 아들을 1등으로 하라고 목소리를 높였다. "그렇게 해야겠지요?"라고 처가 되묻자 "당연히!"라고 화답했다. 남편의 격려에 힘입어 성적표의 기록을 수정하지 않았다. 당연히 교장, 교감과 크게 싸움이 벌어졌다. 교장, 교감은 변두리 학교로 전근을 보내겠다는 협박도 서슴지 않았다.

집으로 돌아간 임인영은 남편에게 저간의 사정을 다시 설명했다. 사명감과 보람으로 교사직을 하고 있는데 지금까지 지녔던 자부심이 모두 허물어진 느낌이라며 탄식을 했다. 아무래도 학교를 그만두어야겠다는 아내의 풀죽은 목소리에, 전창일은 당장 그만두라고 큰소리로 대답했다. 임인영의 얼굴이 환하게 밝아졌다.

기쁜 표정을 감추지 않은 또 다른 사람들이 있었다. 임인영의 사표제출에 방산초등학교 교장과 교감은 반색했다. 임인영은 공주 사범학교 출신이다. 당시로는 최고의 엘리트 교사였다. 그런 교사의 사표제출에 만류는커녕 반색한 것은 이유가 있었다. 문제의 사친회장 아들이 임인영 건으로 인해 다른 학교로 전학을 했고, 매달 학교에 기부하던 거액의 돈이 끊어졌다. 교장·교감에겐 매월 들어오던 상당 액수의 돈이 사라진 것이다. 임인영의 사표가 기쁠 수밖에 없었다. 마지막 남은 양심 때문인지 송별회는 거창하게 차려주었다고 한다. 임인영은 처음이자 마지막이었던 교사직을 3년 만에 그만두고 학교를 떠났다.

전업주부로 살면서, 소설도 읽고 평소 흥미 있던 취미생활을 하는 동안 1년 세월이 지나갔다. 차츰 답답해지기 시작했다. 활달한 성격의 임인영에게 전업주부는 어울리지 않는 옷이었다. 직업을 가지고 싶었다. 다만 위선자들의 집합소 같은 학교로는 돌아가고 싶지 않았다. 전창일

〈 그림138: 1958년 9월 1일 자, 동아일보, 1959년 3월 16일 자 경향신문 〉

은 아내에게 하고 싶은 일을 하라고 용기를 북돋아 주었다.

　임인영은 원래 옷에 대한 관심이 많았다. 이화여대나 숙명여대 의상학과에 들어가고 싶었으나, 1학년부터 시작하여 4년간 학교에 다녀야 한다는 생각에 포기하고 말았다. 신문을 보다가 양재학원 모집광고가 눈에 띄었다.[1] 그리고 양재 관련 기사도 보인다.[2] 그래, 바로 이것이다. 디자이너가 되는 것이다. 단순히 취미생활이 아니고 평생의 직업이 될 수 있는 기술을 배워야겠다. 뉴-스타일 양재전문학원에 등록했다. 입학 후 재봉, 디자인, 색채 등 학원에서 강의하는 모든 과목을 이수했다. 3년 정도 걸렸다. 양장점을 개업했고, 종업원도 꽤 증가했다. 몇 년 후에는 명동에서 패션쇼를 할 정도로 성장했다고 한다. 임인영의 의상실

1　뉴-스타일 양재전문학원 학생모집, 「동아일보」, 1958.9.1.
2　양재, 9개월이면 전 과목을, 「경향신문」, 1959.3.16.

은 훗날 전창일이 수난을 당할 때 큰 역할을 하게 된다. 옥중 남편 수발, 자식들 교육, 언론 특히 외신과 UN 인권위원회를 통한 석방투쟁 등이 가능했던 것은 의상실을 통한 수입이 있었기 때문이다.

:: 03 ::

통일운동 참여의 계기와
삼민당 당수 문용채와의 조우

달력을 조금 앞으로 돌린다. 4월 혁명 후 통일운동에 참여한 계기에 관한 이야기다. 전창일은 고민이 많았다. 만약에 통일이 되었다고 치자. 누군가가 "너 집 떠나 서울에 가서 그동안 무엇을 했느냐?"라고 물으면 어떻게 대답해야 할지 난감했다. "미군 부대 통역관으로 근무했었고, 미 극동사령부 경제조정관실(OEC)에서도 일했고 그러다가 건설회사에서 근무하며, 이렇게 살다가 왔습니다." 고향에 돌아갔을 때 자신의 경력을 도저히 얘기할 수 없을 것 같았다. 전창일은 자신의 경력이 부끄러웠다.

남과 북 같은 민족이 반목하고 서로 총부리를 겨누며 싸우는 참담한 현실을 고발하고, 전쟁을 반대하는 반전·평화운동과 통일운동을 했다는 경력이 있으면 얼마나 자랑스러울까? 평화·통일운동 했다는 이력 정도는 있어야 고향에 돌아갈 면목이 설 것이라는 생각이 들었다. 문제는 현재 활동하는 평화·통일운동가를 전혀 모른다는 현실이었다. 연줄을 찾아야 했다.

전창일이 근무하던 미군 공병여단에 배속된 노무사단인 101사단 18연대에 육군 중위 최창조라는 사람이 있었다. 그는 독립운동가의 아들이라는 자부심을 늘 가졌고, 전창일 역시 그를 각별히 존중해 주었다 한다. 그리고 치약이나 비누, 담배 등 생필품을 늘 챙겨주기도 했던 모양이다.

담배사건으로 인해 한국군 장교들로부터 핍박을 받을 때[1] 전창일을 위로
하고 응원해주었던 거의 유일한 장교가 최 중위였다. 애들을 포함한 가
족 간의 왕래도 잦을 정도로 군에서의 우정이 사회까지 이어졌다.

고민을 털어놓았다. 혹시 통일운동하는 사람 알고 있는지 물어보았
다. 큰 기대를 하지 않았는데 뜻밖의 희소식을 전한다. 자신이 세 들어
사는 집 주인이 진보당의 죽산 조봉암과 친구라고 한다. 문용채(文容彩)
라는 이름보다 '진보당'이라는 세 글자가 귀에 쏙 들어왔다. 몇 년 전 진
보당 사람들에게 쌀을 지원해 주었던 기억이 났던 것이다. 흥분한 전창
일이 그 사람을 꼭 만나게 해달라고 간청했다. 어느 일요일, 최 중위를
따라간 전창일은 문용채에게 인사를 했다.

〈 그림139: 변호인의 반대신문에 답변하는 문용채, 검찰관의 논고에 귀를 기울이는 모습 〉

당시 문용채(1913 혹은 1915~ ?)의 공식지위는 삼민당 당수였다. 현시
점에 있어 삼민당과 문용채는 역사에서 거의 소멸된 존재다.[2] 그의 이력

1　〈제6장 1절 '미군 부대(1169공병여단)에 취직하다'〉 참조
2　대한민국인물연감에 의한 문용채의 이력은 대한발명가협회 회장, 민족자주연맹 중앙위

이 비교적 구체적으로 기록된 자료는『한국혁명재판사』가 거의 유일하다. 5 · 16쿠데타 후 혁신계 정당 및 단체에 대한 소탕작업이 진행될 때 문용채는 '특수범죄처벌에 관한 특별법' 위반으로 징역 7년형에 처한 바 있다. 소위 '삼민당 당수 사건'의 공소장 및 판결문에 피고인 문용채의 이력 및 경력이 비교적 상세하게 기록되어 있다. 일부 내용을 아래에 소개한다.

피고인은 서기 1930년 서울특별시 소재 화광보통학교를 졸업하고 동 1934년 일본 오사카(大阪)시 소재 오사카기계학교 2년을 중퇴한 후 귀국하여 무수정맥기(無水精麥機) 등의 발명 연구 및 조선재생피혁공장 등을 경영하다가 8 · 15해방 직후 조선신화당(朝鮮新化黨)을 창당하여 동당 위원장으로 취임하고 동 1946년 2월 민주주의독립전선연합체의 재정부장, 동년 6월 미소공동위원회 정당 사회단체협의회의 정치부장, 동 1947년 2월 민족자주연맹 중앙집행위원, 동년 3월 통일독립운동자협의회 위원, 동년 7월 통일독립촉진회 중앙감찰위원 등을 역임하면서 당시 정부의 시책인 가능한 남한 지역만에서의 국제연합 감시하의 총선거를 적극 반대하고 미소공동위원회를 통하여 소위 좌우합작에 의한 남북협상과 평화통일을 제창 활동하여 오던 중 동 1949년 10월경 국가보안법 위반 피고사건으로 피검되어 서울지방법원에서 징역 2년에 3년간 집행유예의 언도를 받고 석방되자 동 1950년 2월 전기 신화당을 삼민당(三民黨)으로 개칭하여 동당 당수로 취임한 이래

원, 통일독립촉진회 감찰위원, 발명특허 3건 보유, 용채단백질식품공업사 사장(1967년 현재) 등이 기록되어 있다. 《한국사데이터베이스》

6·25 사변으로 인하여 일시 정치운동을 중지하고 있다가 4·19 혁명 후 각종 혁신계 정당 사회단체들이 속출함에 동 1960년 5월 중순경 삼민당의 재건을 기획하여 부서 등을 개편하고 동 당수로 취임하였으며 겸하여 동년 8월 민족자주통일중앙협의회 중앙집행위원, 동 1961년 2월 영세중립조국통일운동총연맹 주비위원, 동년 3월 소위 반민주악법반대공동투쟁위원회 지도위원 등에 피선되어 활약하여 오던 자인 바…3

〈 그림140: 1933년 9월 10일, 1935년 11월 29일 자 조선중앙일보(여운형) 〉

3   『한국혁명재판사』 제3집, 한국혁명재판사편찬위원회, 1962, p.934.

문용채는 특이한 경력의 소유자다. 그는 발명가였다. 21세 무렵 곡
자 제조기(麴子[4]製造機)를 발명하여 특허를 제출했고,[5] 2년 후에는 탁주
여과기(濁酒濾過器)가 특허국에서 정식 특허받음으로써 '소년 천재 발명
가'로 널리 알려졌다. 보도에 따르면, 18세 때에 곡자 제조기를 고안 제
작했고, 19세 때엔 곡자 분쇄기를 만들었으며, 20세에 속급기(粟扱機),
21세에 문용식제분기(文容式製粉機) 등을 만들어 사람들을 놀라게 했다
고 한다.[6]

전도유망한 발명가, 사업가로 안락한 생활이 보장되었던 문용채가 해
방 후 변신을 시도한다. 1945년 10월경 발족된 '조선발명협회(회장 이준
열)'의 상무이사로 활동하던[7] 그가 통일운동에 뛰어든 것이다.

1946년 6월경부터 문용채는 전혀 다른 인물로 언론에 등장하기 시작
한다. 발명가 문용채가 언론사 사장으로 명함이 바뀌더니,[8] 10월에는
조선신화당 당수로 변신한다.[9] 급기야 통일운동 최전선에서 활동하는
모습이 보도되었다. 남북연석회의에 참가하기 위해 월북했다가 시일경
과로 다시 남으로 귀환했던 것이다.[10] 전창일의 증언을 따르면, 남북 연
석 참가 좌절 후 문용채는 다시 북으로 갔다. 남북연석회의에서 결정된

---

4 곡자(麴▽子/曲子); 술을 빚는 데 쓰는 발효제. 밀이나 찐 콩 따위를 굵게 갈아 반죽하여
   덩이를 만들어 띄워서 누룩곰팡이를 번식시켜 만든다.《국어사전, 네이버》
5 麴子製造機發明 廣州사는 文容彩君 當局에 特許願提出,「조선중앙일보(여운형)」,
   1933.9.10.
6 文容彩君發明의 濁酒濾過機 特許局에서 特許,「조선중앙일보(여운형)」, 1935.11.29.
7 朝鮮發明協會發足,「공업신문」, 1945.10.24.
8 시사신문사 사장 문용채 씨,「중앙신문」, 1946.6.6.
9 조선신화당 당수 문용채 씨,「수산경제신문」, 1946.10.19.
10 參席時日遷延으로 義烈黨代表等入北拒否,「부인신보」, 1948.4.27.

〈 그림141: 시계 반대 방향, ①1946년 6월 6일 자 중앙신문, ②10월 19일 자 수산경제신문, ③1948년 4월 27일 자 부인신보 〉

전 조선선거를 위해 남측에서 시행된 연판장 선거에서 남조선 인민대표로 선출되었고, 조선민주주의인민공화국 최고인민회의 대의원 선출을 위해 해주에서 거행된 남조선인민대표자 대회에 참가하였다고 한다.[11]

1948년 무렵 문용채의 활동 동선은 전창일의 경험과 대부분 일치한다. 소속 당과 단체는 달랐지만, 위험을 무릅쓰고 단선·단정 반대운동, 연판장 지하선거 등을 추진했다. 전창일은 문용채에 대해 동지적 감정을 느낄 수밖에 없었을 것이다. 더욱이 문용채와 전창일 모두 기계

11 〈제4장 5절, '제2차 남북조선제정당사회단체지도자 협의회(평양)와 남북 조선 총선거(해주)'〉 참조

과 출신이라는 것도 서로에게 호감을 가지게 된 요인이었을 것이다. 그러나 두 사람은 끝까지 같은 길을 함께 하지 못한다. 1949년 10월, 이승만 정권의 공보처는 눈엣가시 같던 좌익 및 혁신계열 단체의 등록을 취소하였다. 16개 정당, 117개 단체가 대상이었다. 조선신화당도 여기에 포함되었다. 취소된 정당은 아래와 같다.

① 남조선노동당, ② 근로인민당, ③ 근로대중당, ④ 사회민주당, ⑤ 인민공화당, ⑥ 대중당, ⑦ 신신한국민당, ⑧ 불교청년당, ⑨ 조선청년당, ⑩ 민족사회당, ⑪ 조선공화당, ⑫ 민주한국독립당, ⑬ 대한민중당, ⑭ 민주독립당, ⑮ 한국민족사회당 ⑯ 조선신화당[12]

〈 그림142: 1950년 3월 15일, 5월 7일 자 조선일보 〉

4년 임기의 제2대 국회의원을 뽑는 선거가 1950년 5월 30일에 치러질

---

12 유령 드디어 자멸하다, 등록 취소 133단체, 민족비판 앞에 정리되는 정계, 「경향신문」, 1949.10.19.

호산 전창일과 통일운동 77년사

것이라고 확정되었다. 등록 취소된 조선신화당을 대신하여 삼민당(三民黨)을 조직하였다. 당수 문용채, 선전부장 장윤근(張潤根) 체재로 출범하였고, 목표는 원내 진입이었다. 당사는 현재 4·9 통일평화재단이 있는 종로구 수송동 두산파빌리온 오피스텔 맞은편 도로변의 모퉁이 집이었다고 전창일은 기억하고 있다. 쑨원(孫文)이 발표한 초기 중화민국 정치 강령인 삼민주의(三民主義) 즉 민족주의(民族主義), 민권주의(民權主義), 민생주의(民生主義)를 모방한 정당명으로 보이지만 꼭 그렇다고는 볼 수 없었다는 것이 전창일의 설명이다. 아무튼, 삼민당 출범 후 첫 선거에서 문용채는 서울 종로구 갑 지역에 출마했으나 낙선하고 말았다. 당선자는 대한청년당 소속으로 출마한 박순천이었다.

6·25 전쟁으로 인해 정치계를 일시 떠났으나, 정치에 대한 꿈을 완전히 접은 것은 아니었다. 4·19 혁명 후 혁신계 정당·사회단체들이 속출함에 따라 1960년 5월 중순경 삼민당의 재건을 기획하여 부서 등을 개편하고 동 당수로 취임하였다. 이 무렵 만난 전창일은 문용채에게 복덩이로 보였던 모양이다. 경력과 이력을 듣고 난 뒤, 통일운동에 참가하고 싶다는 뜻을 피력하자 반색을 하였다. 광산에서 노다지를 만난 것처럼 반가워하며, 최 중위와 함께 세 사람이 취하도록 술자리를 가졌다고 한다.

그 후, 문 당수는 전창일에게 삼민당 입당을 자꾸 권했다. 하지만 정중하게 거절했다. 하시는 일이 옳다고 판단되면 선생님이 하시는 활동에 힘을 보태겠지만, 정당 생활은 곤란하다고 선을 그었다. 당원이 된다는 것은 정치인이 된다는 뜻이다. 직장을 포기하면서 정치계에 입문하는 것이 부담되었다.

삼민당을 들락거리면서 문용채의 자문위원 겸 전문위원 역할을 했다.

문용채는 사회주의자는 아니었지만 아주 양심적인 사람이었고, 민족주의자였다. 시국의 현안에 대해 사회과학적인 분석을 해주면 대단히 만족했으며, 더욱더 전창일을 신뢰하게 되었다.

:: 04 ::

혁신정당의 상황과 7 · 29 총선

〈 그림143: 1960년 5월 5일 자 경향신문 〉

4월 혁명은 혁명주도세력에 의한 정부수립으로 연결되지 않았다. 혁명을 주도했던 학생과 시민들은 독재타도와 민주회복이라는 원론적 요구 외 구체적인 혁명의 청사진을 가지고 있지 않았다. 결국, 정국의 주도권은 기존의 정치 세력에게로 넘어가 버렸다. 앞글(제7장 1절, 4월 혁명 후 혁신계 활동과 공영토건 사장의 배려)에서 언급한 바 있지만, 국회는 '선 개헌 후 총선'이라는 정치일정을 강행했다. 혁신정치세력을 위시한 새로운 정치세력의 진출을 막고 기득권 세력의 이해를 보존하기 위

한 선택이었다.[13]

그나마 과거 혁신정치세력들이 합법적 정당정치계에 합류할 수 있는 유일한 대안이었다. 4·19 이래 혁신계의 중견 인사들은 많은 모임을 가졌다. 그 결과, 혁신구국연맹(가칭)의 발족이 논의되었다. 재야혁신 정당통합을 전제로 연맹체를 구성하되 명칭은 혁신구국연맹으로 할 것, 연맹의 최고기관은 각 정당 대표로 구성되는 집단지도체제를 지향할 것 등이 합의되었다. 지도급 인사로는 민혁당(민주혁신당)의 서상일, 민족 주의민주사회당의 전진한, 유림계의 원로 김창숙, 구 진보당의 김달호, 민사당의 정화암, 독노당의 유림, 한독당의 김학규, 삼민당의 문용채 그 외 이인, 장건상 등으로 구성되었다.[14] 흥미로운 것은 삼민당이란 군 소정당의 당수인 문용채가 지도급 인사에 포함된 것이다. 전창일의 주 장대로 그 무렵의 문용채는 혁신계의 거물로 인정받았다는 얘기다.

그러나 이들은 이념과 인맥 등이 다양하게 구성되어 있어 정치세력화 를 구축하는 데 있어 한계가 있을 수밖에 없었다. 진보당계는 민혁당의 서상일에게 조봉암 재판과정에서 한 진술을 문제 삼았고, 민족주의민주 사회당의 전진한에 대해선 반공세력의 결집을 목적으로 결성된 구국민 족연맹에 가담하였다는 이유를 들어 배척하였다. 결국, 재야혁신정당 통합을 전제로 출발한 연맹체는 무산되고 말았다. 혁신연맹추진파는 5 월 27일 혁신동지총연맹(장건상 중심 근민계)을 출범시켰고, 6월 13일 진보당계를 중심으로 한 혁신세력결집촉진회가 사회대중당(창당준비위 원회)으로 발족하였다. 그리고 6월 14일에는 민족민사당계가 한국사회

---

13 유병용, 4월 혁명과 혁신세력에 관한 연구, 『국사관논총』 제94집, p.337.
14 집단지도제 지향, 혁신연맹 형성에 난관 허다, 『경향신문』, 1960.5.5.

호산 전창일과 통일운동 77년사

당(전진한)을 결성하였다.

7 · 29 총선을 목전에 두고 혁신계가 분열된 안타까움에 대해 정태영은 특별히 전진한에게 책임을 물었다. 진보세력을 교란하기 위한 목적으로 그가 침투했다는 얘기다. 전진한은 반공 어용단체였던 대한노총의 초대위원장, 이승만 정권의 초대 사회부 장관을 역임했고, 후엔 여야를 넘나들었지만, 한국의 어느 사회주의 정당에도 관여한 바가 없었다.[15] 아무튼, 혁신세력의 분열 속에 총선이 치러졌다. 결과는 참혹했다.

혁신계는 민 · 참의원에 197명의 후보를 공천했으나 사회대중당에서 서상일 · 윤길중 · 박권희 · 박환생(이상 민의원)과 이훈구(참의원), 한국사회당은 김성숙(민의원)[16]과 최달희(참의원), 그리고 혁신동지총연맹은 참의원 1석(정상구) 등 8명의 당선자를 배출했을 뿐이고, 득표율은 6.8%, 득표수는 53만 표에 그쳤다.[17] 2대 대통령 선거 때 80만 표, 3대 대선 때 220만 표를 얻었던 조봉암과 진보당 지지표는 도대체 어디로 갔을까? 게다가 박환생은 당선 후 곧 사회대중당에서 이탈했으니 혁신계열 의원은 겨우 7명만이 원내에 진출한 셈이다. 총선 참패의 여파는 내분으로 이어진다.

사회대중당 창당준비위가 사회당, 혁신당, 사회대중당, 통일사회당 등 4개의 당으로 분열되었다. 발단은 김달호와 서상일의 갈등으로부터 시작되었다. 창당 이전부터의 갈등관계가 재연된 것이다. 두 사람의 이선 후퇴로 한때 수습될 듯했으나, 결국 서로의 노선을 확인하는 것으

---

15 정태영, 『한국 사회민주주의 정당의 역사적 기원』, 후마니타스, 2007, p.291.

16 김성숙(金成淑, 1896~1979); 운암(雲巖) 김성숙(金星淑, 1898~1969)과 다른 인물이다.

17 《대한민국 제5대 국회의원 선거, 위키백과》

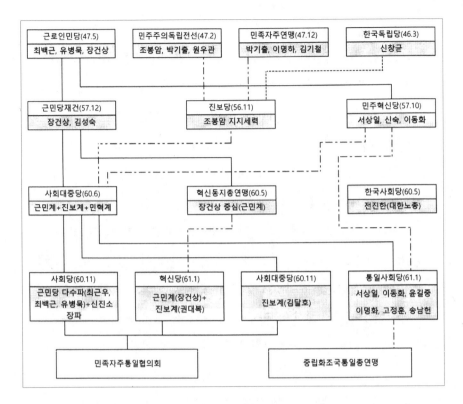

〈 그림144: 혁신세력 계보도 〉

로 결말이 났다. 진보당계인 김달호 중심의 사회대중당이 조직되었고, 진보당계 일부와 근민당계인 장건상을 중심으로 혁신당이, 진보당계의 윤길중·서상일·이동화 등이 참여한 통일사회당 준비위가 조직되었다. 통사당은 박환생에 이어 이탈한 최달희를 제외한 6명(서상일·김성숙·윤길중·박권희·이훈구·정상구)의 의원을 가진 원내정당으로 곧 출범하게 된다.

한편, 최근우·최백근·유병묵 등 근민당 다수파와 신진소장파들이 합세하여 사회당이 새롭게 출범하게 되었다. 사회당은 명망가에 의해 설립된 정당이 아니다. 지방에 살아남은 중도 좌익계열의 독립운동가 그리고 신진소장파의 합류로 7 · 29 총선 이후 자연스럽게 형성된 정당이었다.[18] 아무튼, 혁신계는 4개의 정당으로 새롭게 재편되었다. 그러면 전창일은 어떤 정당에 속했을까? 삼민당 입당을 간곡히 부탁했던 문용채의 간절함에 대해선 이미 언급한 바 있다. 결론부터 말하자면 그는 어떤 정당에도 속하지 않았다. 전창일은 통일운동을 하기 위해 혁신계 인사들과 접촉했지만, 애초부터 정치에 관심이 없었던 것이다. 그러나 각종 자료에 따르면, 전창일이 사회대중당, 삼민당 등에 소속된 것을 볼 수 있다. 어떻게 된 일일까? 그의 증언을 들어보자.

나는 1960년 7 · 29총선 때도 선거운동을 안 했어요. 내 개인적으로 대한민국 선거는 사기, 정치사기다, 이렇게 보았습니다. 그때까지 투표를 딱 한 번 해본 것이 조봉암 씨가 대통령 후보로 나왔을 때였고, 그 외는 투표한 적이 없어요. 지금까지도 투표라는 것은 장난이라고 생각합니다.

이번 대통령 선거(2012년 대선을 말한다)마저도 조작했다고 소송 걸려 있잖아요? 지금 소송하면 뭘 하겠어요? 판사들 그 사람이 그 사람인데. 이게 하나의 정치노름이거든. 그래서 내가 정치 활동을 안 하는 거예요. 나는 어디 국회의원 출마할 생각 꿈에도 해 본 적이 없어요. 지금 사위 놈도 국회의원 하겠다고 해서 내가 좀 못마땅하게 생각하고 있습니다. 지금까지도 내 생각은 변함없어요.

---

18 유병용, 4월 혁명과 혁신세력에 관한 연구, 『국사관논총』 제94집, p.346.

그러나 7·29 총선은 그 당시 사회적·정치적으로 큰 이벤트였으니까 우리가 외면해서는 안 된다고 생각했습니다. 어쨌든 진보세력이 집단으로 참여하는 운동이니까, 나는 유권자의 한 사람으로서 내 할 바를 다 해야 한다는 사명감만은 가지고 있었죠. 그래서 선거에 나온 사람들 중 좋은 사람은 격려해주고, 뭐 큰돈은 없지만 가까운 친구들과 술 한 잔 같이 하고 그랬어요. 주위 친구들도 좋아했지요. 다급할 때에 나한테 전화하고, 다방에 앉아 차 마시다가 일어날 시간이 됐는데 찻값 낼 사람은 없고 그러면 나한테 전화하곤 했어요. 혁신계 사람들 형편이 그랬어요.[19]

당시 혁신계에서는 전창일을 삼민당의 대변인으로 알았던 모양이다. 입당한 적이 없었지만, 당수 문용채가 "전창일이가 하는 얘기는 삼민당의 당론이다."라고 선포한 덕분에 그러한 오해가 생겼다고 한다. 한편, 사회대중당·사회당·혁신당·통일사회당 등으로 분열된 혁신계정당 중에서 전창일은 사회당을 가장 핵심적인 진보·혁신세력으로 보았다.

유일하게 원내 정당이었던 통일사회당을 진보세력의 주류라고 주장했던 책을 썼던 정태영[20]과 전창일이 논쟁한 적이 있었다. 민주화운동

---

19 『인민혁명당과 혁신계의 활동, 주요인사(전창일 님) 구술사료 수집』, 4·9 통일평화재단, 2014.2.3., pp.140~142.

20 정태영(鄭太榮, 1931~2008); 1931년 전북 익산에서 태어났다. 서울대학교 문리대를 졸업하고 26살에 조봉암을 만나 진보당에 가입했다. 동양통신 외신부 기자생활을 하면서 진보당 안에서는 '동화'라는 가명으로 청년 조직을 확대하는 역할을 맡았다. 그러나 진보당 사건 때 "북한에서 교육받은 당 이론가"로 몰려 조봉암과 나란히 재판을 받았다. 3심에서 무죄를 선고받아 감옥을 나오면서 마지막으로 조봉암을 만났는데, 그때 조봉암은 정치적 패자로서 죽임을 당하게 된 현실을 개탄하면서, 자기의 죽음을 헛되이 않게 하는 길은 진보당을 재건하는 것이라 당부했다고 한다. 이후 4·19혁명 직후 혁신계 정치운

기념사업회에서 연구하는 학자들과 함세웅 신부가 두 사람을 초청한 자리에서였다. 정태영은 통사당이 진보세력의 주류라는 자신의 논지를 폈고, 전창일은 아니라고 했다. 전창일은 꼭 짚어 얘기하기에는 한계가 있으나, 그래도 네 개의 정당 중에서 한 곳을 선택하라고 한다면 사회당이 정통성을 가지고 있다고 주장했다. 대한민국 정당정치에 대한 전창일의 불신감을 엿볼 수 있는 좋은 예다. 이쯤에서 당시 혁신계의 주요 지도자들과 각 당에 대한 간략한 평을 전창일에게 들어보기로 한다.

〈 그림145: 최근우(1897~1961), 장건상(1883~1974), 김달호(1912~1979), 이동화(1907~1995) 〉

근로인민당에서 몽양 여운형의 오른팔 역할을 했던 최근우[21]를 중심

동에 참여하는 등 평생 진보정당 활동의 신념을 굽히지 않았다. 1960년 사회대중당 준비위·조직부 차장을 맡았고, 이후 제3공화국 시기에는 통일사회당과 '3선개헌 반대특위'에 참여했으며, 유신 정권기에는 신민당 노농국장을 지냈다. 이후에 사회운동에 매진하다가 60세 무렵에 고려대학교 정책과학대학원에 입학해 때늦은 공부를 시작했다. 석사를 마친 후 건국대학교 정치외교학과 박사과정에 입학하였고 〈한국 사회민주주의 정당사〉 논문으로 정치학 박사학위를 받았다. 이후 말년에는 한국 사회민주주의 정당의 역사를 연구, 기록하는 데 심혈을 기울였다. 《위키백과》

21 최근우(崔謹愚, 1897~1961); 경기도 개성 출신. 일본 동경상과대학을 졸업하였다. 1918년 제1차 세계대전이 종식되고 프랑스 파리에서 강화회의가 열리게 되자 이 기회에 민

으로 사회당이 조직되었다. 사회당은 전국 창당대회를 전격적으로 개최한 당이다. 미 군정기와 이승만 정권을 거치면서 조선공산당과 남로당은 완전히 괴멸당한 상태였지만, 근로인민당 계열의 조직은 치명적인 탄압은 면했다. 경북도당, 경북도당, 전남도당, 전북도당 등 옛 근민당 조직이 부활하면서 사회당으로 재조직되며 전국정당이 된 것이다.

중앙당 소속 인물들의 면면도 짜임새가 있었다. 근민당계(최근우·문희중·유병묵·유한종·최백근·김일우), 진보당계(김배영·이규영·진병호·하태환), 조선공산당계(김정규)·인민군계(김성숙·구희서), 여성당원(박정숙·주명희·최생금·최순자·한정숙) 등 각 계열, 계파가 망라되었고, 특히 청년당원으로 김영옥·이재문·이석중 등이 합류했다. 특히 중앙대학 정치학 교수 유병묵이 참가함으로써 이론가까지 준비된 셈이었다.

몽양의 또 다른 한쪽 팔 역할을 했던 이가 장건상[22]이다. 그를 중심으

족운동을 전개할 것을 결의하고 재동경 유학생을 규합하여 조선청년독립단(朝鮮靑年獨立團)을 결성, 독립시위운동을 계획하였다. 1919년 2월 초 국내의 민족지도자와 연락하기 위하여 일시 귀국하였는데 이때 동경(東京)에서 2·8 독립운동이 전개되었다. 이날 발표된 「독립선언서」에 대표 11인 가운데 한 사람으로 서명하였다. 같은 해 4월 상해(上海)로 망명, 대한민국임시정부 수립에 의정원의원으로 참여하였으며, 11월 여운형(呂運亨)이 일본으로 갈 때 수행원으로 따라가서 한국의 절대 독립을 주장하였다. 그 뒤 독일 베를린대학에 유학하였으며 이 대학을 거쳐 파리에서 공부하였다. 1928년 귀국, 사회운동에 참여하였다. 1945년 광복을 맞이하자 여운형과 같이 건국준비위원회(建國準備委員會)에 참여, 총무부 업무를 담당하였으며, 같은 해 9월 조선인민공화국(朝鮮人民共和國) 중앙인민위원회 후보위원으로, 그리고 외무부장 대리로 선임되었다. 1960년 사회대중당 창당 결성을 추진하였으며, 1961년 5.16 후 피검되어 8월 서대문형무소에서 옥사하였다. 《한국민족문화대백과사전》

22 장건상(張建相, 1883~1974); 호는 소해(宵海). 경상북도 칠곡 출신. 좌천재(佐川齋)에서 한문을 배운 뒤 육영재(育英齋)에서 12년간 신학문을 공부하고, 게일(Gale,J.S.) 목사에게 영어를 배웠다. 1905년 동경(東京)으로 가서 와세다대학[早稻田大學] 정치학과에 입학했으나, 미국 공사관 무관인 이스트 레이크 밑에서 군사훈련을 받다 발각되어 퇴학당한 뒤 미국으로 갔다. 게일 목사의 추천으로 1908년 발프레스 예비학교를 거쳐 인디

로 창당된 당이 혁신당이었다. 장건상은 최근우와 같은 근민당계였고, 나이와 투쟁경력 등에서 훨씬 선배였지만 옛 조직의 대부분을 빼앗긴 처지가 되어 버렸다. 78세라는 연로한 나이가 부담이 되었을 것이다. 경남도당, 경북도당, 전북도당, 충남도당 등을 조직하며 전국정당을 표방했지만 아무래도 장건상 1인 정당이라는 세간의 촌평을 벗어나지 못했다.

총선에서 비록 참패했지만, 사회대중당이란 간판을 버릴 수 없다고 해 사회대중당 고수파로 기억되고 있는 인물이 김달호[23]다. 국회(3대)에

애나주립대학 법학과에서 공부하였다. 대학 졸업 뒤 항일투쟁에 직접 투신하려고 1917년 상해(上海)로 가서 동제사(同濟社)에 가입했고, 임시정부가 수립된 뒤에는 외무차장이 되었다. 1921년 이르쿠츠크 고려공산당대회에 참석, 정치 부위원으로 선출된 뒤 모스크바에서 열리는 제3인터내셔널 3차 대회에 참석, 레닌과 만났다. 이를 계기로 코민테른과 이르쿠츠크 고려공산당 사이의 연락업무를 담당하였다. 1922년 극동인민대표대회의 한국대표단으로 참석하고 김성숙(金星淑) 등과 항일의식을 고취하는 『혁명』지를 간행하였다. 일제의 사주를 받은 중국 경찰에 잡혔다가 북경신문이 옹호해 줘 석방되었다. 상해에서 의열단(義烈團)으로 활동하며 국내로 폭탄을 들여보내다가 잡혀서 국내로 압송되었으나, 증거가 없어 기소유예로 풀려났다. 이후 다시 상해로 돌아가 1941년 임시정부의정원의원, 1942년 학무부장으로 선출되었다. 광복 후 귀국하여 여운형(呂運亨)계의 조선인민당과 근로인민당의 부위원장을 지냈고, 1950년 5·30선거에서는 부산에서 출마, 옥중에서 전국 2위의 최다 득표로 국회의원이 되었다. 그 뒤에도 혁신적인 정치 세력으로 남아 당국의 주목을 받던 중 간첩 박정호(朴正鎬) 사건과 연루되어 구속되었다가 풀려났다. 5·16 이후 혁신당(革新黨) 사건으로 검거되어 징역 5년을 선고받았으나 노령 등의 이유로 석방된 뒤 정릉에 있는 오두막집에서 여생을 보냈다.《한국민족문화대백과사전》

23 김달호(金達鎬, 1912~1979); 경상북도 상주군에서 출생하여 일본에 유학, 주오대학 법학부에 입학했다. 주오대학에 입학하자마자 고등문관시험 사법과에 합격하여 대학은 중퇴하였다. 사법관 시보를 거쳐 조선총독부 판사로 임용되었고, 청진지방법원과 광주지방법원 판사를 지냈다. 이후 만주국 변호사도 역임했다.《국회 20년》에는 만주국에서 근무할 때 신사참배 강요에 반대했다는 이유로 퇴직했다고 기재되어 있다. 일제 패망 후 서울에서 서울고등검찰청 차장을 지내는 등 검사로 일했고, 이후 변호사 개업을 하고 고시위원도 역임하였다. 제1공화국에서 정계에 입문했다. 대한민국 제3대 총선에 고향 상주에서 무소속으로 출마하여 당선되었다. 이후 조봉암의 진보당에 입당하여 당 부위원장을 역임하며 혁신계의 거물로 불렸다. 조봉암이 사형당한 진보당 사건에 연루되어 수감되었다가 4·19 혁명으로 제1공화국이 붕괴하여 석방되었다. 4·19 혁명 후 치러진

서 평화통일을 제일 먼저 주장한 사람이 김달호 의원이라고 한다. 북진통일을 반대하고 평화통일 주장하는 놈은 빨갱이라고 하던 시절에 있었던 무용담이다. 이 사건으로 유명세를 타게 되었는데 죽산 조봉암의 권유로 진보당에 입당하여 부당수를 맡게 된다. 그 후 진보당 사건으로 옥고를 치렀으며, 4월 혁명 후 사회대중당을 이끌고 7·29 선거를 지휘하였다.

통일사회당은 4당 중 유일하게 국회의원을 보유한 당이었다. 하지만 지방조직을 제대로 구축하지 못했다. 경남, 경북, 전남, 충남, 강원, 수원, 인천 등에 조직을 만들었지만 허울뿐이었다. 박기출이 존재했던 부산 정도만이 그나마 당 조직으로서 역할을 했다고 한다. 주목할 인물은 이동화다.

그는 전창일과 노선은 다소 달랐지만, 집을 찾아올 정도로 허물없이 지낸 사이였다고 한다. 이동화[24]는 김일성 대학 정치학 교수 출신이다.

대한민국 제5대 총선에서는 사회대중당을 창당하여 참가하는 등 진보주의 정당에서 계속 활발한 활동을 펼쳤다. 그러나 이듬해인 1961년에 5·16 군사쿠데타가 일어나면서 혁신계 정치인을 대량 검거하여 탄압함으로써 김달호도 투옥되었다. 1967년까지도 수감생활 중이었다. 총독부 판사를 지낸 경력으로 인해 2008년 발표된 민족문제연구소의 친일인명사전 수록예정자 명단 중 사법 부문에 선정되었다. 《위키백과》

24 이동화(李東華, 1907~1995); 평안남도 강동(江東) 출생. 1936년 도쿄제국대학(東京帝國大學) 법문학부 정치학과를 졸업하였다. 1938년부터 혜화전문에 재직하면서 항일 지하 써클을 지도하다가 1941년에서부터 1943년까지 좌익지하운동 사건으로 투옥되었다. 1945년 광복 이후 여운형(呂運亨)이 조직한 조선건국준비위원회 중앙집행위원회 서기국 서기를 지냈다. 같은 해 북한으로 가서 조만식의 「평양민보」 주필을 거쳐 1946년 조(朝)·소(蘇) 문화협회 부위원장을 지냈고, 1947년 김일성대학에서 정치학을 강의했으나, 그 무렵 북한 공산체제에 회의를 느끼고 1950년 6·25 전쟁 때 월남하였다. 1951년 대한민국 육군본부 정보국에서 일하였고, 1952년 경북대학교 교수로 재직하던 중, 1953년 한국내외문제연구소를 개설하고 소장으로 취임하였다. 1954년 성균관대학교 교수로 재직하였고, 1955년 국방대학원 고문교수를 겸임하였다. 1955년 진보당 창당준비위원회 위원, 1957년 민주혁신당 정치위원 및 정책위원장을 지냈고, 1958년 진보당사건에 연루되어 구속되었으나 1959년 무죄 방면되었다. 1959년 동국대학교 도서관장에,

도쿄제국대학(東京帝國大學) 법문학부 정치학과 졸업 후 여운형의 비서를 역임하며 그의 총애를 받았다. 도쿄제국대학 재학 시 마르크스-레닌주의에 심취했는데, 당시 동경대학·구주대학·동북대학·경성제대 등에서 강의하던 일본인 교수들이 학생들에게 사회주의를 은밀히 가르쳤다고 한다. 평남 출신으로서, 해방 후 월북하여 김일성 대학에서 근무할 때 6·25 전쟁이 났고 그 후 월남했다. 그가 남으로 다시 내려온 데는 사연이 있다.

백선엽의 아버지와 이동화의 아버지는 둘도 없는 친구였다. 가장 먼저 평양에 입성했던 부대인 국군 1사단장이었던 백선엽은 아버지의 당부를 저버리지 않았다. "야, 평양에 들어가면 김일성대학에서 내 친구의 아들이 교수한단다. 네가 꼭 그 사람은 보호해라. 그 사람이 희생되면 안 된다."라고 신신당부했던 모양이다. 백선엽은 부하들에게, 김일성대학 교수 이동화 절대 생포다, 이 사람 죽이면 총살이다, 라고 명령을 내린 것이다. 체포된 이동화는 극진한 대우를 받았고, 맥아더 사령부에 인계되었다. 극동사령부 역시 김일성도 존경했다는 학자를 소홀히 할 리 없었다. 북한 문제에 관한 특별자문위원으로 위촉했다고 한다. 지금까지의 일화는 이동화 본인에게 직접 들은 비화라고 전창일은 확인해 주었다.

1960년 동국대학교 교수에 취임하였다. 1961년 통일사회당 위원장이 되었으나 5·16 군사정변이 일어나며 혁신계 전면 엄단 조치에 의해 1962년 구속되었다가 1964년 형집행정지로 석방되었다. 1972년 대중당 대표최고위원 권한대행과 민족통일촉진회 최고위원이 되었다. 1981년 민주사회당 고문, 독립동지회 지도위원으로 선출되었다. 1983년 민주사회주의연구회를 창립하고 의장으로 선출되었고, 1986년 여운형탄생1백년기념사업회 발기준비위원회를 구성하고 대표로 활동하였다. 저서로는 『작금(昨今)의 내외 정세와 한반도 통일』(1985), 역서 『볼셰비즘 정치 이론의 비판』(1953) 등이 있다. 《한국민족문화대백과사전》

휴전 후 이동화는 경북대학교, 성균관대학교를 거쳐 동국대학교 재임시 4월 혁명이 일어났다.[25] 일제 강점기 때부터 진보적인 학자였고, 몽양 선생의 비서, 김일성대학의 교수, 현직 정치학 교수…. 통사당은 이동화를 영입하는 데 최선을 다했다. 1961년 1월 20일 통일사회당 창당선언에 참여했고, 4월 3일 당 대표(정치위원장)로 등록했다. 백선엽 일화와 통사당의 이동화 스카우트 이야기는 거의 알려지지 않은 이야기라고 전창일은 재차 강조하였다.

1961년 1월 21일 통일사회당 결성준비위원회를 구성하고 창당선언문을 발표한 통사당은 서상일계의 사대당매별파, 윤길중계의 진보당계 잔류파, 김성숙(金成淑) 중심의 한국사회당, 정상구(鄭相九)계의 혁신동지총연맹 및 고정훈(高貞勳)의 사회혁신당 등이 결합한 정당이다. 당 명칭은 통일사회당이었지만, 정통 사회주의와 무관한 이력을 가진 인물들도 다수 있었다.

〈 그림146: 고정훈(1920~1988), 윤길중(1916~2001), 김철(1926~1994) 〉

---

25 김학준, 『이동화 평전』, 민음사, 1987, pp.298~299.

특히 선전국장 고정훈(1920~1988)의 이력이 흥미롭다. 1967년 고정훈 자신이 기록한 약력을 살펴보면, 진남포 출생(1920) → 일본 청산학원 영문과 및 만주 하얼빈 북만학원 노문과 수학 → 소련 보도국 통역(1947) → 미제 24군단 정보처 및 미·소 공동위원회 미측 대표단 근무 → 육사특별7기필·임관·UN 한위연락장교 → 육군참모총장·국방장관·미군사고문단장 특별보좌관 및 육본 정보국 차장 역임 → UN군 총사령부 파견근무, 미육군성파유대 파견, 중령으로 예편 → 코리언·리퍼블릭지 편집국장(1954) → 조선일보 논설위원, 진보당 선전간사, 민주혁신당 선전부장(1955) → 구국청년당(사회혁신당) 대표, 입옥 6개월 옥중생활 → 통일사회당 선전국장으로 활동 중 5·16 군사혁명과 더불어 재 입옥(1961) → 만 4년 6개월 만에 출옥(1965)…[26] 등이 그의 삶 흔적이다.

고정훈은 영어, 러시아어, 불어, 중국어, 일본어 등에 능통한 지식인이었다. 첫 결혼 상대인 백계 러시아 여인과의 사이에 난 딸 타티아나를 잃고 난 후, 아오야마학원(靑山學院大學) 선배이자 유명 시인이었던 백석(본명 백기행, 1912~1996)의 소개로 조만식을 만났다. 조만식의 주선으로 소련 공보원에 취직한 후 소련군의 통역으로 활동하면서 기밀문서 등을 수집, 조만식계의 사람들에게 전달하고 이후 많은 기밀 정보를 수집한 뒤 월남하게 된다.[27]

그 후 고정훈이 활동한 분야는 미제 24군단 정보처, 육본정보국 등 정보 관련 부서였다. 박정희, 백선엽, 김종필, 이후락, 김형욱 등과 비슷

---

26 고정훈, 『비록 군』, 동방서원, 1967, p.389.
27 고정훈, 《나무위키》

한 일을 했다는 얘기다. 휴전 후 그는 갑자기 언론인으로 변신한다. 그 다음 차례는 정치판이었다. 그것도 혁신계였다. 고정훈은 정치활동을 하는 동안 '반공'이라는 그의 노선을 확실히 피력했다. 그의 발언을 몇 가지 소개한다.

"당신네들, 남북협상을 한다는데, 그래, 서울에 김일성 입경(入京) 준비위원회를 만들 작정이오?"[28]

"정치에서는 자유민주주의, 경제에서는 혼합체제, 사회·문화에서는 승공·민주사회주의의 정강·정책을 선명."

"통사당은 어디까지나 반공적 혁신 노선과 승공·민주사회주의를 내세웠으나 이러한 특이성은 대하의 탁수 같이 흐르던 소위 혁신세력의 과열이란 거센 물결을 단시일 내에 휘어잡을 수가 없었다."

"승공 혁신의 노선이 잡귀들한테 먹혀 버리게 해서는 안 됩니다."(그는 혁신계에 위험 분자가 있다고 보고 그들을 '잡귀'라고 표현했었다.)

"제가 지향하던 승공·민주사회주의에 대하여 중간노선이니 용공이니 하는 따위의 어리석은 오해를 갖는 모양입니다만…."[29]

비록 소수였지만 조선공산당, 남로당 출신이 참여하고 있던 혁신계에서 위와 같은 발언을 했다면 분명 프락치 운운하는 소리를 들었을 것

---

28 남재희, 『아주 사적인 정치 비망록』, 민음사, 2006, p.56.
29 [남재희 기고] 혁신계의 풍운아 고정훈 씨, 「프레시안」, 2015.10.1.

호산 전창일과 통일운동 77년사

이다. 그러나 두 번에 걸친 투옥은 이러한 의문을 불식시켜 버렸다. 단국대학생들이 국회 앞에서 데모하는 기회를 이용하여 국회 곽상훈 의장에게 즉시 국회를 해산하라고 한 결과, 공무방해죄로 구속되어 6개월의 서대문형무소 생활을 했다.[30] 그리고 5·16쿠데타 이후 좌익으로 몰려 「특수범죄처벌에 관한 특별법」 위반으로 1961년부터 1965년까지 정치범으로 복역한 바 있다.[31]

종잡을 수 없는 고정훈의 행보에 대해, 고정훈과 친밀하게 지냈던 남재희는 그를 사회민주주의자로 보았다. 고정훈은 특히 서베를린 시장이기도 했던 서독의 사회민주당 지도자인 빌리 브란트를 자신의 정치적 모델로 삼았다고 한다. 공산주의와 대결하는 사회민주주의 노선이었다는 뜻이다.[32] 하지만 그는 다시 변신한다. 전두환 군부세력이 집권한 후인 1981년 민주사회당을 창당하고 총재가 되었다. 같은 해 치러진 제11대 국회의원 선거에서 민주사회당 후보로 서울 강남구 선거구에 출마하여 민주정의당 이태섭 후보와 동반 당선되었다.[33] 전두환의 배려 덕분이었다는 의심이 드는 결과였다.

통사당 출신으로서 전두환의 그늘로 완전히 자리를 옮긴 사람도 있다. 민주정의당 대표 위원을 역임한 윤길중(1916~2001)이다. 5·16쿠데타 당시 혁신계 정치인들에 대한 탄압 과정에서 투옥되어 1968년 4월까지 7년간 복역했다. 출소 후 신민당 의원으로 활동하다가, 박정희 사

---

30 고정훈에 명예훼손죄 등, 「부산일보」 1960.9.20.

31 25피고 모두 상소기각, 「동아일보」 1962.4.28.

32 [특별기고] 혁신계의 풍운아 '커널' 고정훈/남재희, 「한겨레」 2015.4.30.

33 고정훈, 《나무위키》

망 후 전두환 신군부에 협력한다. 1980년 국가보위입법회의 입법 의원
이 된 것을 계기로 여당 정치인으로 변신하여, 1980년 12월 민주정의당
발기인으로 참여했다. 1981년부터 1992년까지 민주정의당−민주자유
당 소속으로 제11~13대 국회의원에 당선되었다. 그동안 국회 부의장
(1983.4.~1985.4.)과 민주정의당 대표위원(1988.5.~1989.1.), 민주
자유당 상임고문(1990.3.) 등의 직책을 역임했다.[34]

　전두환 신군부에 협력한 또 한 명의 인물은 김철(1926~1994)이다.
1960년 4·19혁명 후 전진한의 한국사회당에 참여하였다가 총선 참패
후 1961년 통일사회당 결성 시 국제국장을 맡았다. 5·16쿠데타 당시
일본에 체류 중이었던 덕분으로 옥고를 피하게 되었다. 1964년 귀국 후
통일사회당 중앙위원장, 당수를 지내고 1970년 중립화 평화통일안을
주장하는 등 통사당 재건을 위해 힘쓰다가 1975년 긴급조치 위반으로
징역 2년의 실형을 선고받고 복역하기도 했다. 1980년 신군부의 국가
보위입법회의 입법 의원 제의를 받아들였다. 이것이 그의 일생에 오점
으로 남게 되어, 그 후 민주화 운동가, 노동운동가들은 김철을 변절자
로 간주하여 어떠한 연계도 거부하였다. 그리고 오늘날 어느 진보정당
도 김철을 기리지 않는다. 민주당 대표최고위원을 지냈던 김한길이 둘
째 아들이다.[35]

34　윤길중, 《나무위키》

35　김철, 《나무위키》

전창일, 민자통 중앙위원이 되다

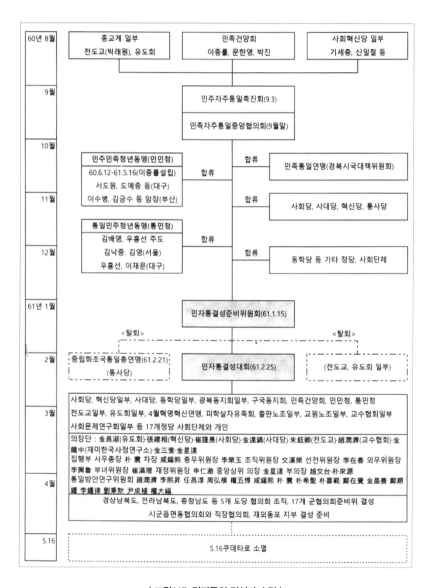

60년 8월	종교계 일부 천도교(박래원), 유도회	민족건양회 이종률, 문한영, 박진	사회혁신당 일부 기세충, 신일철 등

9월
민주자주통일촉진회(9.3)
민족자주통일중앙협의회(9월말)

10월
민주민족청년동맹(민민청)
60.6.12-61.5.16(이종률설립)
서도원, 도예종 등(대구)
이수병, 김금수 등 암장(부산)
합류 → 합류 → 민족통일연맹(경북시국대책위원회)

11월
합류 → 사회당, 사대당, 혁신당, 통사당

통일민주청년동맹(통민청)
김배영, 우홍선 주도
김낙중, 김영(서울)
우홍선, 이재문(대구)
합류

12월
합류 → 동학당 등 기타 정당, 사회단체

61년 1월
민자통결성준비위원회(61.1.15)
<탈퇴>   <탈퇴>

2월
중립화조국통일총연맹(61.2.21)
(통사당)
민자통결성대회(61.2.25)
(천도교, 유도회 일부)

3월
사회당, 혁신당일부, 사대당, 동학당일부, 광복동지회일부, 구국동지회, 민족건양회, 민민청, 통민청
천도교부, 유도회일부, 4월혁명혁신연맹, 피학살자유족회, 출판노조일부, 교원노조일부, 교수협회일부
사회문제연구회일부 등 17개정당 사회단체와 개인
의장단 : 金昌淑(유도회)·張建相(혁신당)·崔謹愚(사회당)·金達鎬(사대당)·朱鈺卿(천도교)·趙潤濟(교수협회)·金龍中(재미한국사정연구소)·金三奎·金星達

4월
집행부 사무총장 朴 震 차장 咸錫熙 총무위원장 李榮玉 조직위원장 文漢榮 선전위원장 李在春 외무위원장 李興魯 부녀위원장 崔滿理 재정위원장 申仁澈 중앙상위 의장 金星達 부의장 趙文台·朴來源
통일방안연구위원회 趙潤濟 李熙昇 任昌淳 周弘模 權五惇 咸錫熙 朴 震 朴希聖 鄭在覺 金晶善 鄭順鍾 李鐘律 劉秉黙 尹成植 權大福
경상남북도, 전라남북도, 충청남도 등 5개 도당 협의회 조직, 17개 군협의회준비위 결성
시군읍면동협의회와 직장협의회, 재외동포 지부 결성 준비

5.16
5.16쿠데타로 소멸

〈 그림147: 민자통의 결성과 소멸 〉

7 · 29 총선의 참패와 혁신정당의 분열은 양심적 지식인, 독립운동관
계자, 진보적 청년들에게 제도권 정당정치에 대한 불신감을 갖게 하였
다. 이들이 구상한 단체가 민족자주통일촉진회이다. 1960년 8월 6일,
이종률,[1] 박진,[2] 문하영 등 부산의 민족건양회 회원들과 과거 민족운동
에 참여한 경력이 있는 원로들이 발기, 모임을 주도했다. 이들은 북한

---

1 이종률(李鍾律, 1902 혹은 1905~1988)은 1925년 국내 최초의 사회주의 학생모임인 공
학회 대표를 지냈고 일본 와세다대학 재학 중 신간회 동경지회를 결성하는 등 독립운동
가로 활동하였다. 특히 6 · 25전쟁으로 부산에 이주한 뒤 부산 · 경상남도 지역에서 교
편을 잡다 1953년 부산대학교 정치학과 교수로 부임했고 이후 「부산일보」 논설위원, 「민
족일보」 편집국장 등 언론 활동도 활발히 하였다. 부산대학교 정치학과 교수로 재직하면
서, 민족 혁명론이라는 실천 이론을 정립하여 부산 지역 청년층 · 학생층에 큰 영향을 미
쳤다. 말년에는 뇌졸중을 앓았지만, 제자들과 함께 민족 혁명 운동사를 구술로 남겼고,
그중 일부가 1989년 『민족 혁명론』으로 출간되기도 하였다. 이종률은 일제 강점기의 항
일 혁명 운동부터 미 군정기의 단독정부 반대투쟁을 거쳐 4 · 19 혁명 시기의 자주적 통
일운동에 이르기까지, 한국 사회의 변혁과 진보적 발전을 위한 투쟁으로 평생을 일관한
인물이다. 《한국 향토문화 전자대전》

2 박진(朴震, 1961년 당시 64세)은 17세 때 목포 영흥중학교를 졸업한 후 상경하여 서울기
독교청년회관 1년을 수료하고 중국으로 유학하여 상해기독교청년회관에 전학, 20세 때
동 학관을 졸업하고 상해 윌리암스대학 영문과에 입학, 24세 때 동교를 졸업하고 상해
영국인 상사 전차주식회사 및 영국상사 윗스주식회사 사원으로 34세까지 종사하는 일
편 기간 상해 임정 의원과 상해 청년당원(한국독립운동단체)으로 약 5년간 활동하고 그
후 건축재료상을 경영하다가 37세 때에 프랑스천주교 가옥관리인으로 전직하여 48세까
지 종사하고 그 후 일본군이 상해에 침입하게 되자 중국 중경에 있는 임시정부로 가던 중
신서군(중공군)에게 포로가 되어 장개석군의 특무원이라는 명목으로 약 8개월간 구금되
어 있던 중 8 · 15 해방이 되어 귀국하여 서기 1946년 5월경 미군정청 물자 영단 부산지
부장으로 임명되어 동 1948년 7월경까지 종사하고 그 후 부산시에서 모돈건설주식회사
를 설립 경영하던 중 6 · 25 사변 직후에 대한노총 관계로 이태리 밀라노에서 개최되는
세계자유노련대회에 참가하고 동 1952년에 동진흥업주식회사를 설립하여 동 1959년까
지 경영하다가 이를 폐업하고 다시 모돈건설주식회사를 복구하여 동 1960년 4월경까지
경영하였으나 실패하고 4 · 19혁명 후는 무직으로 있던 중 각종 혁신계정당 사회단체들
이 속출하자 동 1960년 8월 하순경 시내 종로구 경운동 소재 천도교 사무실에서 상 피고
인 박래원, 동 문한영, 동 강동인 등과 모의하여 북한 괴뢰집단이 위장 선전하는 평화통
일안에 호응하여 동년 9월 초순경 민족자주통일촉진회를 발기 조직하여 동년 9월 하순
경 이를 민족자주통일(이하 민자통)중앙협의회라고 개칭하고 동년 10월 초순경 동 민자
통중앙협의회 사무총장에 피선되어 활약하여 오던 자 《『한국혁명재판사』 제4집, 한국혁
명재판사편찬위원회, 1962, pp.2~3.》

이 제기한 평화통일안에 호응하여 '자주·평화·민주'의 3대 원칙에 따라 남북통일을 실현해야 할 것이며 이 같은 국민운동을 전개하기 위한 구체적인 실천방안을 제시했다. 첫째, 즉각적인 남북정치협상 요구. 둘째, 남북민족대표들에 의한 민족통일건국위원회 구성. 셋째, 외세배격. 넷째, 남북대표회담에서 통일협의. 다섯째, 통일 후 중립 또는 영세중립을 택할 것인가 또는 다른 형태를 택할 것인가를 결정해야 한다. 등을 제안했다. 그리고 9월 말 동 단체의 명칭을 〈민족자주통일중앙협의회(민자통)〉으로 개칭하고 본격적인 활동에 들어갔다.[3]

그 후 1961년 1월 중순경까지 사회당·혁신당·사대당·통사당 등을 비롯하여 수많은 정당·단체가 민자통에 합류했다. 이 시기에 민민청, 통민청 등 청년들의 활약이 눈부셨다. 전창일은 민자통의 최고의결기관인 중앙(상무)위원으로 결정되었다. 당원이 아님에도 불구하고 삼민당 당수 문용채가 직권으로 전창일을 추천한 덕분이었다. 이제 전창일은 민자통의 핵심조직원이 되었다.

민자통은 혁신계 정당·단체들이 연대한 단체다. 수가 많은 만큼 수많은 파벌이 형성되어 있었다. 전창일의 경우 소속정당이 없다 보니 비교적 파벌로부터 자유로웠다. 파벌 없는 중앙위원이었기 때문에 사회당, 통사당, 혁신당, 사대당의 중견간부들과 거리낌 없이 접촉할 수 있었다고 한다. 이 무렵 형성된 인맥은 훗날 통일운동 전선에서 본격적으로 활동할 때 큰 자산이 된다. 특히 민민청, 통민청 회원들은 인혁당·범민련 등의 사건을 겪을 때 이런저런 인연으로 엮이게 된다. 두 단체에 대한 전창일의 견해를 들어 보자.

3　유병용, 4월 혁명과 혁신세력에 관한 연구, 『국사관논총』 제94집, p.348.

전창일에 따르면, 통민청⁴은 사회당 계열이다. 그리고 민민청⁵은 이
종률 교수의 사조직에 가까웠다. 이종률은 진보적이지만 민족주의 사상
이 투철했다고 한다. 신문사 논설위원 등을 지내다가 전쟁이 끝날 무렵
부산대학교 정치학과 교수로 부임하여 부산에 정착하였다. 이후 부산대

4 통일민주청년동맹결성준비위원회는 김배영을 통해 사회당의 중심인물인 최백근과 관
   계를 맺으면서, 사회당과 연계하여 활동을 전개하는 경우가 많았다. 초대 중앙 간사장
   은 우홍선이었으며, 서울 이외에 부산 경남과 대구 경북 및 전라남도에서 조직 활동이 활
   발하였다. 통일민주청년동맹결성준비위원회의 주요 활동은 통일운동을 확산시키고 통
   일운동 단체의 결성을 지원하는 것이었다. 먼저 1960년 말부터 시작된 대학 민족통일
   연맹의 결성을 적극적으로 지원하였다. 한편으로 1961년 2월 25일 통일운동 단체로는
   8 · 15 이후 최대의 민간단체인 민족자주통일중앙협의회의 결성에 참여하여, 사회당, 민
   족건양회, 민주민족청년동맹과 함께 중심 단체가 되었다. 이어서 1961년 봄에 전개된
   한미 경제 협정 반대투쟁과 2대 악법 반대투쟁에 참여하였다. 《부산역사문화대전》
5 민주민족청년동맹(약칭 민민청)은 1960년 6월 12일 부산대학교 정치학과 교수인 이종률
   의 지도와 영향을 받고 있던 김상찬(金相贊) 등이 '민주민족청년동지회'를 기반으로 부산
   지역 청년들을 규합하면서 조직되었다. 처음 조직되었을 당시 민민청은 이종률이 관여
   하고 있던 부산대와 「국제신보」 관련 인사들이 주축을 이루었다. 이후 민민청은 대구와
   서울 등지의 진보적 청년그룹과도 접촉하였다. 그 결과 대구지역에서도 서도원(徐道源),
   도예종(都禮鍾) 등을 중심으로 한 민민청 경상북도연맹이 만들어졌다. 부산과 대구 민민
   청은 각각 맹원이 1,000여 명에 달했다. 이후 부산에 있던 중앙 맹부가 서울로 이전하면
   서 부산과 대구의 민민청 간부들이 서울로 이주하였고, 여기에 이수병(李銖秉), 김금수(
   金錦守) 등 이른바 '암장그룹'의 성원들이 합류하여 민민청의 서울조직을 결성하였다. '암
   장그룹'은 1955년경 부산 시내 고등학생들을 중심으로 결성된 비밀 이념 서클이었다. 민
   민청의 기본강령은 다음과 같았다. ①우리는 미래사회를 담당할 민족 역군으로서의 정
   대한 인격과 선진적인 과학력의 양성을 위해 노력한다. ②우리 조국의 역사과정이 특권
   보수나 사회민주주의 등 개량 및 관념주의가 아니며 민족민주혁명임을 이해하고 모든
   민족역량을 총집결한다. ③우리는 정치 경제 사회 등 모든 면의 청년 권익을 획득하기 위
   해 노력하고 특히 노력 청년 및 여성청년의 이익 보호를 위해 노력한다. ④우리는 세계민
   주 청년운동과 제휴한다. 민민청은 1960년 4월 혁명 직후 등장한 혁신정당들의 '사회민
   주주의' 혹은 '민주사회주의'를 개량주의로 비판하고, 반외세 민족자주와 민족혁명 노선
   을 분명히 하였다. 그 결과 통일방안 역시 '중립화 통일'이 아닌 '외세 배격의 남북협상론'
   을 주장하였다. 민민청은 1961년 초 전개된 '2 · 8 한미경제협정반대투쟁'과 '2대 악법 반
   대투쟁'에 적극 참여하였고, 통일민주청년동맹(통민청), 민족건양회, 사회당 인사들과 함
   께 '민족자주통일협의회(약칭 민자통)'라는 통일운동단체를 결성하는 데 앞장섰다. 이들
   은 1961년 5월 초 '민족통일연맹(약칭 민통련)' 대학생들이 주도한 '남북학생회담' 추진에
   도 적극 동참하였으나, 곧이어 발생한 5 · 16 군사정변으로 조직이 해체되고 관련자들이
   처벌을 받았다. 《한국민족문화대백과사전(민주민족청년동맹(民主民族靑年同盟))》

학교, 동아대학교, 숙명여자대학교 등에서 인상적인 강의로 명성을 얻
으며 학생들에게 큰 영향을 미쳤다. 1960년 6월 12일, 통일을 지향하는
진보적 청년층의 결집을 내세우고 민주민족청년동맹(약칭 민민청)을 창
립하였다. 여기에 이종률의 제자들과 부산 지역의 진보적 청년층이 대
거 참여하였다.[6] 민민청 성원 중 전창일이 기억하고 있는 이종률의 제자
는 두 사람이다. 민민청의 핵심이었던 김상찬[7]과 배다지[8]는 전창일보다

6   이종률,《부산역사문화대전》

7   김상찬(金相贊, 1931~2008); 부산시 사상면 감전면에서 태어났다. 부산 동아중학교 3학년
때인 1948년 남한 단독정부 수립에 반대하는 시위에 참여하였다가 구속되었다. 그의 기
나긴 투쟁의 역정에서 첫 구속이었다. 어린 나이라는 이유로 곧 풀려났지만, 좌익으로 찍
혀 이승만(李承晩) 정권이 만든 좌익 전향 단체인 국민보도연맹에 가입하게 되었다. 1950
년 6·25 전쟁 초 대한민국 정부가 저지른 국민보도연맹 대학살에서 간신히 살아남았다.
군 입대가 목숨을 구한 것으로 알려지고 있다. 군에서 3년 4개월간 복무하였다. 1954년
군 제대 후 부산대학교 정치학과에 입학하여 공부한 뒤 1958년부터 약 1년간 「국제신문
사」에서 기자로 일하였다. 신문사에서 남북한의 통일운동에 관한 기사를 썼다가 편집국
장이 게재를 거부하자, 국장 책상 서랍 속에 있던 원고를 몰래 꺼내 신문에 실은 사건으로
교열부로 발령 나는 징계를 받았다. 이후 회사를 나왔다. 김상찬은 충청도의 한 중학교에
서 영어 교사로 학생들을 가르쳤다. 대학만 졸업하면 교사를 할 수 있던 시절이었다. 그곳
에서 초등학교 교사였던 부인 이재훈을 만났고, 교사 자격시험을 쳐 정식 교사가 되었다.
그러나 김상찬은 1960년부터 본격적으로 정치 투쟁에 뛰어들었다. 1960년 4월 12일 부산
대학교 정치학과 교수인 이종률(李種律), 대학 동창인 하상연 등과 부산에서 민주민족청
년동맹 결성하여 중앙집행위원회 간사장에 선임되었다. 이 단체는 이종률이 주창한 '서민
성 자본주의 민족 혁명'을 기본 강령으로 급속히 세를 넓혀 갔고, 도예종·서도원 등 대구
및 경상북도 지역 진보 인사들이 가세하면서 전국적 조직으로 확대되었다. 1960년 4·19
혁명이 터지자 김상찬은 민주민족청년동맹 회원과 대학 조직들을 규합해 시위를 이끌었
다. 김상찬은 1961년 2월 25일 민주민족청년동맹과 사회당 외곽 조직인 통일민주청년동
맹의 결합체인 민족자주통일협의회를 결성하는 데 주도적으로 참여하여 조직 부장에 선
임되었다. 민족자주통일협의회는 통일 강령으로 민족 자주 노선을 내세우며 외세 배격을
표방하였다. 이는 김상찬이 일평생을 받친 자주 통일 운동의 근간이 되었다. 1961년 좌익
활동 혐의로 5·16 쿠데타 세력에 의해 혁명 재판에 회부되어 징역 7년형을 선고받았다.
이후 감형이 이루어져 약 3년간 옥고를 치렀다. 이후 부마항쟁, 5·18 민주화운동 등 정치
격량을 거치면서 구속과 석방을 수없이 되풀이하였다. … 《한국향토문화전자대전》

8   배다지는 1934년 부산에서 출생했다. 동래고등학교와 부산대학교 정치학과를 졸업했
다. 「국제신문」 기자로 근무했고, 민민청의 결성과 활동에 참여했다. 민민청 경남 맹부
간사장이었다.

다소 연하이지만 친구처럼 지냈다고 한다.

한편, 이종률을 존경하고 추종하는 이들 '이종률 파'는 제자들 외 영남지역의 기자들도 꽤 많았다. 김상찬과 배다지가 「국제신문」의 기자였고, 「대구매일신문」의 서도원9 그리고 「영남일보」와 「대구매일신문」에서 근무했던 강창덕10 등이 기자 출신 민민청 맹원들이었다. 이종률은 1950년대 후반에 부산의 「국제신보」와 「부산일보」의 논설고문을 지냈고, 대구 「영남일보」의 논설위원과 편집국장을 지내는 등 언론 활동을 펼친 바 있다. 이러한 과정을 통해 1950년대 후반 부산에는 이종률을 구심으로 하는 민족혁명론 학맥이 형성되었다.11 김상찬이 대구에 와서 민민청 조직을 결성할 수 있었던 배경에는 이종률이 있었던 것이다.

인혁당 재건위 사건으로 사형당한 우동읍(禹東邑, 본명 禹洪善)12도 민자통을 통해 알게 된 사이다. 그는 사회당의 외곽단체인 통민청에서 활

---

9 서도원은 1923년에 경남 창녕에서 출생하였다. 4·19 혁명 이전에는 영남(청구)대학 학생주임으로 정치학을 강의하였고 대구매일신문 논설위원을 지냈다. 그는 1960년 4·19 혁명 이후 민주민족청년동맹위원장으로 활동하다 5·16 군사쿠데타 이후 군사 재판에 의해 2년 7개월 복역하였다. 출소 이후에도 유신반대 민족통일을 위해 투쟁하다 1975년 4월 9일 유신독재 권력에 의해 인혁당 재건위 사건으로 사형당하였다. 2007년 1월 23일 서울중앙지방법원은 재심 무죄청구소송에 대하여 관련자들이 폭행과 가혹행위를 당하여 진술이 조작된바 진술의 임의성과 증거능력을 인정하기 어렵다고 판시 '인혁당 재건위' 사건에 대하여 32년 만에 무죄를 선고했다. 서도원, 《민주화운동기념공원》

10 강창덕은 1926년 경북 경산시 하양면에서 출생했다. 대구상고를 나왔으며, 경찰, 교사 등을 거쳐 「영남일보」 「대구매일신문」 등의 기자를 지냈다. 사회당, 민자통, 민주수호경북대구협의회, 민주통일대구경북협의회 등에서 활동했다. 인혁당 재건위 사건과 관련해 무기징역이 확정판결 되었으나, 1982년 12월 25일에 형집행정지로 특별 사면되었다.

11 이종률, 《부산역사문화대전》

12 우홍선; 1931년 경남 울주에서 출생하여 6.25에 학도병으로 참가한 후 육군 대위로 예편하였다. 그리고 4·19 이후 통일민주청년동맹 중앙위원장, 민자통 조직위 간사로 활동하던 중 5·16 이후 수배되었다. 그리고 '64년 1차 인혁당 사건으로 구속되어 집행유예로 석방된 이후에도 유신반대 민주와 민족통일을 위하여 투쟁하다 유신 독재 권력에 의해 인민혁명당 재건위 사건으로 사형을 당하였다. 《민주노총열사추모홈페이지》

동했다고 한다. 사실 통민청과 민민청은 사상이나 정치 성격이 대부분 일치하고 있어 구분 자체가 무의미했으므로 자연스레 통합을 시도했다. 하지만 5 · 16쿠데타가 일어난 후, 군부세력은 이러한 시도 자체를 원천 차단해 버렸다.

민자통 내에서 스스로 우파를 자처하는 집단이 있었다. 통사당은 자기들을 제외한 다른 계파는 모두 좌익이라고 주장했던 모양이다. 국가보안법이 엄연히 존재하는 상황에서 합법적 정치활동을 할 수 있는 진보세력은 자기들밖에 없다고 생각했던 것이다. 민자통의 통일운동 과정을 지켜볼 때 제2의 진보당 꼴이 되는 게 아닌가, 이런 우려를 가졌던

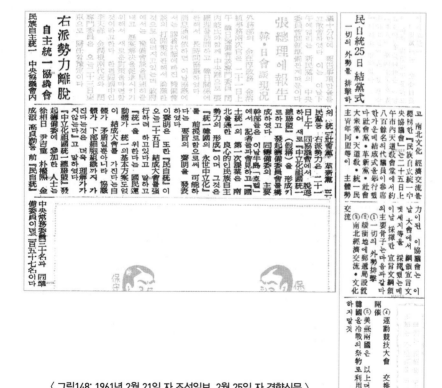

〈 그림148: 1961년 2월 21일 자 조선일보, 2월 25일 자 경향신문 〉

것으로 전창일은 추측했다. 사실 전창일의 추측은 사실에 가까웠다. 전창일은 통사당 사람들이 자당 외의 민자통 성원들을 위험분자로 취급했던 장면을 여러 번 확인했다고 한다.

1961년 2월 21일, 결국 통사당은 민자통에서 이탈하고 말았다. 민자통이 주로 혁신정당 인사들로 이루어진 데 불만을 가진 천도교 일부 세력도 이탈하였다. 통사당, 혁신당 일부, 삼민당 등 우파세력은 21일 상오 민족자주통일중앙협의에서 탈퇴하고 '중립화조국통일총연맹(중통련)'을 형성하기로 하고 발기주비위원회를 구성하였다. 참가한 주요 인사는 서상일, 윤길중, 박권희, 김성숙(金成淑), 고정훈 등 전 민자통 중앙상무위원 30명과 동 준비위원이던 257명이었다.[13] 결성식을 나흘 앞두고 일어난 일이다. 이로써 민자통에 총집결되었던 각 혁신정당·단체는 '자주·통일·평화' 노선과 '중립화 통일을 자주·민주·평화적 방법으로 이룩하자는 노선'으로 다시 양분되었다.

이 과정에서 웃지 못할 일이 발생한다. 중통련 발기주비위원회 중앙상무위원 30명 중에 전창일의 이름도 포함되었다. 문용채가 상의도 없이 전창일도 포함했던 것이다. 영문도 모르고 중통련 성원이 된 전창일은 강력히 항의했다. 하지만 되돌릴 수 없는 상황이 된 탓에 양쪽의 중앙상무위원을 겸하게 되었던 모양이다. 전창일과 문용채는 민자통을 탈퇴하지 않았다고 한다. 소위 양다리를 걸친 것이다.

전창일은 민자통의 친구들에게 미안하게 되었다, 본의가 아니었다, 등 사정을 이야기하며 양해를 구했다. 전창일의 애매한 입장이 오히려 전창일이 맹활약하는 밑거름이 된다. 곧 전개될 2대 악법 반대투쟁 과

---

13 우파 세력 이탈, 자주통일협의회, 「조선일보」, 1961.2.21.

정에서 전창일이 큰 역할을 하게 된 것이다. 분열되었던 민자통과 중통련이 함께 투쟁하게 되는데, 전창일의 애매한 입장이 오히려 전령사 역할에 적합한 위치로 바뀌게 된 것이다. 독이 약이 된 셈이다. 이 부분은 별도의 장에서 좀 더 자세하게 다룰 예정이다. 아무튼, 통사당 측이 탈퇴한 사흘 후인 1961년 2월 25일, 시내 천도교회당에서 약 8백 명의 대의원이 참석한 가운데 결성식을 거행했다. 이날 채택된 선언문의 주요 골자는 다음과 같다.[14]

① 일절(一切)의 외세배격

② 완충지(緩衝地)에 우체국 설치

③ 남북경제교류, 문화교류

④ 운동경기대회 교환개최

⑤ 미소 양국은 이상 더 한국을 냉전의 제물로 이용하지 말 것

---

14 민자통 25일 결당식, 「경향신문」 1961.2.25.

06

민족일보 창간과 혁신계

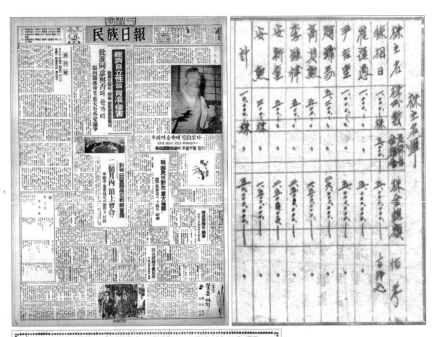

〈 그림149: 좌에서 시계방향, 1961년 2월 13일 자 민족일보(창간호), 창간 당시 주주명단, 민족일보사시 〉

1961년 2월 13일, "민족의 진로를 가리키는 신문", "부정과 부패를 고발하는 신문", "근로대중의 권익을 옹호하는 신문", "조국의 통일을 절규하는 신문" 등 4대 사시(社是)를 내걸고 「민족일보」가 출범하였다.

주목할 것은 이 신문의 창간 주체세력이다. 주주명단을 살펴보자. 서상일 1천 주, 최근우 1천 주, 윤길중 1천 주, 조용수 5천2백 주, 고정훈 5백 주, 이종률 5백 주, 안신규 5백 주, 안훈 3백 주 등이다. 그리고 창간 초기 간부진은 사장 조용수, 취체역 회장 서상일, 취체역 이사 윤길중·이종률·고정훈, 상임감사 안신규, 주필 겸 편집국장 이종률 등으로 구성되었다.[1]

대부분 혁신세력들이고 민자통 설립과정에 참여한 인물들이다. 이들 중 서상일·윤길중·고정훈은 통사당 소속이고, 사회당 소속은 최근우 뿐이다. 통사당과 사회당은 사장 선임과정부터 크게 의견이 엇갈렸다. 최근우가 사장으로 추천되면 윤길중이 반대했고, 민자통 쪽이나 교수들은 정당 당수 추천 자체를 반대했다.

"이 사람들 지금 자신의 이름 생각만 하고 있어. 돈을 어떻게 만들고, 신문사를 어떻게 경영할 것인가에 대한 이야기는 없고 말이야. 무조건 신문만 찍어내면 되는 줄 아는 모양이지……"라며 계파별 투쟁 상태를 비판하며, 조용수를 천거하자는 의견이 대두되었다. 창간의 막후였던 이영근을 대리했던 안신규와 박진목 등이 강력하게 조용수를 천거했다. 박진목이 서상일과 최근우를 설득했고, 안신규는 일본에 있는 이영근에 연락했다. 결국, 조용수가 사장으로 선임되었다. 민족일보사는 취체역 회장 서상일, 취체역(이사)에 윤길중, 이종률, 고정훈 그리고 상임감사에 안신규, 주필 겸 편집국장에 이종률을 선임하며 공식출범했다.[2]

1   원희복, 『조용수와 민족일보』 새누리, 1995, p.98.
2   원희복, 『조용수와 민족일보』 새누리, 1995, pp.97~101.

1961년 1월 29일, 「민국일보」 광고란을 통해 「민족일보」의 출범을 알렸다. 창간사 중 "전 민족의 비원인 이 나라의 통일문제는 민족일보가 가장 정력을 바치려는 대상이 될 것입니다."[3]라는 문장이 포함된 창간사가 알려짐으로써 향후의 파란을 예고하는 듯했다. 그리고 필진도 소개되었다. 조윤제(홍익대, 4월 교수데모 주동), 송지영(전 조선일보 편집국장), 이동화(성균관대), 조동필(고려대), 이건호(고려대), 유병묵(중앙대), 고정훈(전 조선일보 논설위원), 박기준, 주홍모(서울대), 김철, 김병태(중앙대), 박창근 등 진보적 학자·교수로서 그 무렵 지식층에 상당한 영향력을 끼친 인물들이었다.[4]

「민족일보」가 창간 작업을 하는 동안 장면 정권은 이 신문의 배후에 조총련이 있다고 의심했던 모양이다. 총리 장면, 내무장관 현석호, 법무장관 조재천 등은 혁신세력의 움직임에 우려를 표명하며, 특별수사대를 만들게 했다. 초점은 이영근과 조총련의 연계였다. 치안국 공작대가 일본에 3차례나 특파되었고, 일본의 흥신소와 사설탐정까지 동원해 이영근의 뒷조사를 했다고 한다.

이런 내사와 별도로 「민족일보」의 조총련자금관련설은 국회에서까지 쟁점이 된다. 1월 30일 반공학생연맹 이사장을 역임했던 민주당 김준섭 의원은 국회 본회의에서 "민족일보의 자금이 조련계에서 들어오고 있다"고 발언했으며, 다음날 통사당 윤길중 의원은 "민족일보에 자금을 대는 조용수라는 청년은 거류민단에 관계했던 청년"이며 "과거 진보당을 잡은 오제도와 결탁하여 그런 말을 만들고 있다"고 비난하면서 "백일

---

3   민족일보 창간에 즈음하여, 「민국일보」, 1961.1.29.
4   원희복, 『조용수와 민족일보』, 새누리, 1995, p.104.

청천하에 사실이 규명되기를 바란다"고 말했다.[5] 국회 내의 논란을 거쳐 조총련자금유입설은 결국 근거가 없는 낭설로 귀결되었다. '민단 출신 사장이 어떻게 조총련의 자금을 차입하겠냐?' 하는 질문에 어느 누구도 이의를 제기할 수 없었던 것이다. 조용수를 사장에 선임한 것은 신의 한 수였다. 계파 간의 갈등은 다소 수그러들었고, 조총련자금유입설도 수그러들었다. 더욱이 사회 분위기가 민주당에 그리 우호적이지 않았다. 며칠 후에 출범할 민자통의 첫 번째 강령이 "일절(一切)의 외세배격"인 것처럼 미국에 종속되어서는 안 된다는 여론이 확산되고 있었던 것이다.

〈 그림150: 1961년 2월 13일 자 민족일보 〉

---

5 민족일보 발행에 윤 의원이 해명, 「경향신문」 1961.1.31.

「민족일보」는 창간호부터 민주당 정권을 향해 포문을 열었다. 쟁점 사안은 '한미경제협정'이었다. 1961년 1월 말, 한미원조협정 단일화에 관한 소식이 보도되었다. 1948년 12월 10일에 체결된 '대한민국 및 미합중국 간의 원조협정'을 비롯해 '마이어협정' '합경위조약' 등 한 · 미 간의 여러 경제 관련 협정이 하나의 규약으로 정리된다는 보도였다.[6] 한 · 미 간 완전협의, 환율조항을 제외, 많은 수정은 불가피, 조인 무기 연기, 금명간 조인, 6일에 조인, 감독권 강화 등의 논란을 거쳐 한미경제협정 전문이 공개되었다.[7] 1961년 2월 8일, 장면 정부는 한미경제원조협정에 조인하고 국회의 비준을 기다렸지만, 야당인 신민당이 반대하고 나섰다.[8]

「민족일보」는 창간호 첫 면 대부분을 한미경제협정 관련 기사에 할애했다. 특히 혁신계의 규탄성명을 상세히 보도했다. 통일사회당, 사회당 창당준위, 혁신당, 사회대중당 등 4대 혁신계뿐만 아니라 민자통 사무총장 박진의 담화도 소개했다. "한국민에 대한 중대모독이다."라는 선언이 주 내용이었다. 그리고 협정 반대 공동 투쟁체가 결성될 것이라는 소식도 전했다.[9]

창간 다음 호부터 5일간은 사설란을 한미경제협정 비판에 모두 할애했다. 제목은 "장 정권은 미국에의 굴욕적인 태도를 수정하지 못하겠으면 물러나라(2월 14일)" "매국론과 불가피론, 단기적인 안목의 수원에

---

6   원조 협정 단일화에 대한 우리의 요망, 「조선일보」, 1961.1.28.

7   한미경제협정 전문, 「동아일보」, 1961.2.6.

8   한미경제협정 동의에 반대, 「동아일보」, 1961.2.9.

9   한국인에 대한 중대모독, 한미경제협정 혁신계서 신랄히 규탄, 「민족일보」, 1961.2.13.

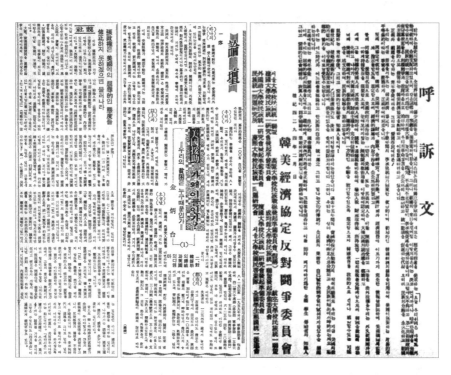

〈 그림151: 1961년 2월 13일 자 민족일보 사설, 2월 14일 자 민족일보(김병태 논단), 2월 15일 자 한미경제 협정 반대투쟁위원회 호소문(광고) 〉

만족하여 민족건국의 원칙에 맞설 수는 없다(2월 15일)" "장 총리의 망언은 묵과할 수 없다(2월 16일)" "매카나기 미 대사 성명을 보고, 선의적이나 초점을 찌르지 않았다(2월 17일)" "경제안정의 길은 딴 데 있다, 미측 부대 조건 실현요청에 대하여(2월 18일)" 등이다.

그리고 김병태 교수의 논단을 3회에 걸쳐 게재했다.[10] 김 교수는, "미국원조의 정체를 밝힌다."라는 부제하에 "미국 원조가 오히려 우리의

10 미국원조가 왜 이 꼴인가?, 우리의 빈곤은 누구 때문인가, 「민족일보」, 1961.2.14.; 수원
    체제 개선 시급, 미군 경제 파정은 미 외원 정책에 기인, 「민족일보」, 1961.2.15.; 미국에
    그 책임이 있다, 원조조건에 종소 체재를 규정불가, 「민족일보」, 1961.2.17.

빈곤원인이 되고 있으며, 미국이 책임을 져야 한다."라는 파격적인 주장을 폈다.

한편, '한미경제협정반대투쟁위원회'가 발족되었다. 1961년 2월 14일, 사회대중당 · 혁신당 · 삼민당 · 민자통 · 사월혁명단 등 17개 정당 · 사회단체 등이 '2 · 8 한미경제원조협정 반대공동투쟁위원회'를 결성했다.[11] 다음날 이 단체는 「민족일보」을 통해 호소문을 광고하기도 했다.[12]

'한미경제협정 반대투쟁위원회'는 동 단체뿐만 아니라 신민당과 통일사회당에서도 동조하고 있으며, 앞으로 전국적으로 대규모의 운동을 전개할 예정이라고 했으나,[13] 이 운동은 갑자기 축소되어 버린다. 이 무렵 4월 위기설이 나돌기 시작했고,[14] 무엇보다 '반미운동'으로 국면을 전환한 집권당의 의도가 효과를 발휘했기 때문이다.

신민당의 양일동 의원은 "…결코 반미운동과 관련되는 것은 아니며 오히려 미국에 대한 우호적인 입장에서 취하는 것"이라고 말하고 "그러한 입장에서 신민당은 동 협정반대 반대를 위한 원외 활동은 그것이 공산세력에 역이용당할 우려가 있으므로 반대한다"고 말했다.[15]

신민당에 이어 한국독립당, 독립노농당, 한국사회당, 혁신동지총연

11 범국민운동 전개, 「조선일보」 1961.2.15.

12 호소문, 한미경제협정 반대투쟁위원회, 「민족일보」 1961.2.15. 〈참여단체: 한미경제협정반대투쟁위원회, 서울대 민족통일연맹, 고대민족전선, 건대 민족통일연구회, 성균관대 민족통일연맹, 외국어대 민족통일연구회, 단국대 민족통일연구회, 경희대 민족통일문제연구회, 서울대 국민계몽대, 전국학생 조국통일추진회〉

13 한미경원협정 반대에 대규모 운동 전개, 「조선일보」 1961.2.14.

14 장 내각에 사월 위기설, 「조선일보」 1961.2.15.

15 반미운동 아니다, 신민당 한미 경협 반대에 석명, 굴욕적 용어는 수정희망, 「동아일보」 1961.2.17.

맹 등이 한미경제원조협정의 일부 조항의 수정과 한미행정협정의 조속한 체결을 촉구했다.[16] 그뿐 아니다. 「경향신문」은 "그러한 반대운동이 그만한 근거가 있다고 해서, 그것이 자유 우방인 미국에 대한 반미운동의 색채를 띠게 된다면 국민의 진정한 여론을 대변하는 운동이 아닐 것이다. 사실을 털어놓고 말하면 북한은 이미 완전히 자주성을 상실한 괴뢰일뿐더러, 기회만 있으면 이러한 반동운동을 이용하여 소련의 적색 제국주의를 이 땅에까지 펼쳐보자는 심산에 충만되어 있기 때문이다."[17] 운운하는 글을 사설로 보도하며 한미경제협정반대투쟁 운동 자체에 찬물을 끼얹기도 했다.

제1야당인 신민당 및 정치권, 언론의 태세전환은 "미국을 반대하거나 북조선과의 통일을 주장하는 자체가 용납될 수 없다"는 당시 시대상의 반영이었다. 대다수의 정치·언론인들은 국회 프락치 사건, 조봉암 사법살인 등을 떠올렸을 것이고 공포에 질렸을지도 모른다. 더욱이 혁신계마저 흔들리고 있었다. 1961년 2월 17일, 「민족일보」는 사설을 통해 혁신세력의 분열에 대해 심각한 우려를 표명하며 단결을 촉구했다. 다소 길지만, 아래에 전문을 소개한다.

사월혁명을 계기로 한국의 혁신세력은 음지에서 양지로 다시 그 늠름한 자태를 드러내었다. 이승만=자유당의 사찰 강도 정권의 아성이 사월의 푸른 얼들의 일어섬과 거룩한 낙화로 인하여 무너짐과 함께 혁신세력은 전체 대중의 기대와 시대적 요청 속에 역사의 각광을 받으면서 정

---

16 한미행정협정 촉구, 한독당 등 4당 성명, 「조선일보」, 1961.2.18.
17 미경제협정 반대운동의 한계, 「경향신문」, 1916.2.16.

치무대에 등장했다. 세계사적 사명감과 구도자적 정열을 갖고 혁신의 깃발을 높이 올린 혁신세력은 과감한 대보수투쟁을 전개했다.

보수할 아무것도 없고 혁신해야 하고 혁명해야 할 일들이 산적해 있는 한국적 현실로 봐서 혁신세력이 성장 발전할 것은 당연한 일이었으니 운명의 강물은 분명 혁신세력과 함께 흘러가는 듯 보였다. 하기에 어느 나라의 사회주의 정당의 성장 과정에서 그 유례를 찾아보기 힘들 만큼 이 땅의 혁신세력은 순조롭고도 빠른 템포로 경이적인 세력 확장을 기할 수가 있었다.

혁신세력의 주류를 형성하기에 이른 사회대중당은 보수 민주당에 대결할 혁신 제일야당으로 되었고 그리하여 보수, 혁신의 양대 정당제 확립의 가능성마저 있었다. 그러나 7·29총선의 참패로 정치세력의 분포도엔 큰 변화가 오고 말았다. 보수정당은 그의 압승에 따른 지나친 비대와 부패성으로 말미암아 분열되고 혁신정당은 어처구니없는 패배로 또한 갈라졌다. 이와 같은 사태는 한국 민주정치의 발전을 위해 더할 수 없는 비극이 아닐 수 없다.

이리하여 겨울이 되면 말라버렸다가 봄과 함께 새로 움트는 숙근초(여러해살이풀)의 생리를 닮은 혁신세력은 교목의 둥치가 미처 자라나기도 전에 잔가지만이 먼저 벌어지고 말았다. 혁신세력은 몸뚱이는 하나이나 대가리가 여러 개인 희랍신화에 나오는 괴물 히드라를 닮아 고민하고 있다. 대가리가 여러 개라서 위세가 있어 보이고 또 쉽게 절명되진 않으나, 그러나 이 다두(多頭) 때문에 보기가 흉할 뿐 아니라 몸뚱이가 하나의 방향으로 빨리 잘 움직여지지 않는다.

호산 전창일과 통일운동 77년사

군웅할거의 양상을 띤 혁신세력은 주도권을 위요(圍繞, 둘러쌈)한 추잡한 싸움에 열중한 나머지 「정치적 결단」을 그르치고 있는 면마저 있다. 적과 동지를 옳게 파악 못 했음인지 혹은 알고도 그렇게 하는지는 잘 몰라도 때때로 대보수투쟁이 아니라 혁신세력 진영 내의 싸움에 더 많은 시간과 정열을 낭비하고 있는 듯 보인다. 이것은 변명이 될 수 없는 중대한 과오임이 분명하다. 이와 같은 일은 혁신정당 자체의 존립의 의를 부인하고, 전체 민중의 기대를 배반하고 스스로 역사적 사명을 포기한다고밖에 말할 수가 없다.

국내자로서의 혁신정객들은 이 비극적이고도 타기할 현상을 일시적 과도기인 불가피한 것이라고 말하기도 한다. 하면서 강력한 「리더십」의 결여, 가시지 않는 계열의식, 심각한 자금난, 이념의 빈곤 등을 통합 못 하는 이유로 든다. 그리곤 오랫동안 서클 활동밖에 못 하게 한 이 정권과 의식 수준이 낮은 국민 대중과 새로운 「매카시」적 탄압을 말하면서 그 책임의 일부를 밖으로 전가하려고도 한다. 그러나 혁신세력이 사분오열되게 된 원인과 책임을 국외자로서의 대중은 집권당이나 대중에게 있다고는 아예 믿질 않는다. 몇 갈래의 갈라진 혁신정당은 다 같이 민주적 사회주의나 소비에트적 강권 사회주의와 구별되는 사회주의를 표방하고 있다.

이렇게 공통적인 이념을 주장하면서 하나로 합치지 못하고 몇 개의 정당으로 갈라져 있는 까닭을 전체 대중은 잘 모른다. 분열되어있는 혁신정당은 모름지기 국민이 납득할 수 있는 명분을 내세워야 한다. 대의 없이 쪼개 먹는다고 한다면 이는 이념 위주가 아니고 보스 중심으로, 사명감이 아니라 감투 때문에 모였다 흩어지는 보수정당과 사실상 다를 바가 없다.

혁신세력 자체의 통일을 기하지 못하면서 민족통일을 운운한다는 것은 난센스가 아닐 수 없다. 분열된 현 사태가 지속되면 될수록 대중은 여기서 완전히 등을 돌리고 말며 그 결과는 보수 세력에게 이를 주게 되고 만다. 이것은 따져보면 이적행위요 해족 행위로 되기도 한다는 사실을 혁신정치인들은 알아야 한다. 이제야말로 혁신지도자들은 물에 비친 자기 모습에 황홀히 취해있었다는 그 나르시스의 독선의식에서 깨어나야 한다. 우리나라의 혁신세력은 선진제국의 혁신세력이 겪은 이합집산의 과정을 그대로 밟고 되풀이하려 해선 안 된다. 우리에겐 시행착오만을 일삼을 시간적 여유가 없다. 민주당에 실망하여 집단적 이반상태에 있는 전체 국민도 지금 새로운 정권의 담당 세력을 발견치 못하고 번민하고 있다. 보수 세력에게도, 혁신세력에게도 다 같이 기대 못 하겠다고 대중이 믿게 될 때 어떤 사태가 올 것인가 정도는 알아야 한다.

시간은 혁신세력 편을 들고, 사태는 반드시 혁신세력에게 유리하게 전개될 것이라고만 믿지 마라. 정녕 혁신세력은 지금까지 몇 차례의 찬스를 놓쳐버렸다. 그러나 아직 기회는 있다. 지금 곧 종속적이고 불평등한 굴욕적인 한미신경제협정을 반대하는 투쟁에서 공동전선을 펴야 한다. 앉아서 말만으로 통합은 안 된다. 일을 해 가는 과정에서 혁신 통합의 길을 찾아야 한다. 경협반대투쟁혁신 공동전선을 혁신 통합 전선으로 전환시키도록 해야 한다. 통합으로 영광의 깃발을 높이 올리든지 분열로 혁신의 깃발을 내려버리든지 태도를 명백히 해야 한다. 혁신

세력은 역사라는 이름의 거울 앞에 자기 모습을 비추면서 행동해야 한
다.[18]

〈 그림152: 1961년 2월 17일, 23일 자 민족일보, 2월 25일 자 동아일보 〉

「민족일보」가 "경협반대투쟁 공동전선 형성으로 혁신통합을 모색 시
도하라"고 외쳤지만, 민자통은 분열의 길로 치닫고 있었다. 앞글에서
언급한 바와 같이 통사당은 민자통에서 이탈하여 중통련 출범을 준비하
고 있었던 것이다. 이 무렵 황당한 사건이 일어난다. 사회대중당의 간

---

18 [사설] 혁신세력은 분파적 추태를 시급히 지양하라, 경협반대투쟁 공동전선 형성으로 혁
신통합을 모색 시도하라, 「민족일보」 1961.2.17.

판이 철거되고 대신 '1·18 반탁투쟁동지회'와 '서광신문사속간추진회'라는 간판이 걸리는 불상사가 발생했다. 관계자 말로는 10여 명의 청년들이 만행을 저질렀다고 한다.[19] 일주일쯤 후인 22일에는 30여 명의 상이용사들이 난입하여 느닷없이 건물관리권을 주장하며 '상이용사회 종로분회'라는 간판을 달았다.[20]

불길한 소식이 계속 전해지는 가운데 2월 24일 오전 11경, 시청 앞 광장에서 경제협정반대 성토대회가 열렸다. 보도에 따르면, 노동자 풍의 시민 약 500여 명이 참석했다고 한다. "주권을 존중하는 정정당당한 원조를 받자."라는 외침이 연사들의 주요 발언이었다. 한편, 한미경협반대 성토대회 인근에선 대한상이용사회 총본부에서 "한미경제협정을 무조건 반대하는 것은 용공적인 행동"이라고 경고하는 삐라를 뿌리며 동 성토대회를 비난하는 집회가 있었다.[21] 한미경협반대 대회에 전창일도 참석했었다. 민자통 중앙위원 신분으로서 첫 장외투쟁 경험이었다. '한미경제협정반대투쟁'에 대한 전창일의 경험담을 들어보자.

2·8 경제협정을 아시죠? 서울지역 대학생들이 주로 참여하여 2·8 한미경제협정 반대운동을 벌였습니다. 미국경제원조자금과 관련된, 참으로 굴욕적인 조약이었어요. 주한 미군과 미군지원사업에 연관된 모든 미국인들에게 외교관 대우를 해주게 되어 있었답니다. 그리고 그들이 사용하는 승용차를 비롯해 반입되는 모든

---

19 정당 활동 방해공작의 전조?, 사대당 간판을 철거, 10여 명의 청년들이 반탁동지회 등 딴 간판 걸어, 「민족일보」 1961.2.17.

20 사대당 당사를 강점, 상이용사들이 건물관리권 주장, 「민족일보」 1961.2.23.

21 경제협정반대성토, 한편선 사대당 비난, 「동아일보」 1961.2.25.

호산 전창일과 통일운동 77년사

물품에 대해 대한민국 정부는 세금을 매길 수 없다는 조항까지 있었어요.

주권 없는 나라라는 증명이 아니겠어요? 그래서 학생들이 반대했고, 민주당을 제외한 혁신계가 모두 반대했던 거예요. 그 반대집회를 서울 시청광장에서 대대적으로 하기로 계획했는데, 어떻게 된 일인지 사람이 별로 모이지 않았어요. 한 2,000명 될까 말까?

민자통 중앙위원회에서 개최된 한미경제협정 반대운동에 대한 평가토론회에서 내가 막 성토 비판했어요. 한미경제협정 반대라는 거대한 테제(these, 명제)를 내세워 주최한 집회에 겨우 2,000명도 안 되는 숫자가 모였다, 우리의 조직이 제대로 활동했다면 적어도 2만 명은 모였어야 했다, 민자통이 현재 하나의 전선체 조직인데 이번 집회로 인해 한미경제협정 그 굴욕적인 협정을 오히려 정당화시켜주는 역할을 한 셈이다, 반대하는 세력이 이처럼 소수밖에 안 되는구나, 라고 주장하면 우리가 명분을 잃어버리게 된다, 향후 다시는 이런 일이 일어나서는 안 된다…. 대충 이러한 발언을 하니 모두 나를 쳐다보더군요. 저 사람이 누구지? 어디에서 나타나 저렇게 조리 있게 얘기할까? 그 후 민자통 내부에서 나를 인식하기 시작했어요.[22]

통일 운동계에 전창일이라는 새로운 인물이 나타났다. 그의 발언과

---

22 임미리 기록, 『1960년대 이후 통일운동가들의 통일운동 및 사회운동 경험, 전창일 구술』, 국사편찬위원회, 2014, 녹취록 4차-2번. 4. 민자통 중앙위원 활동

주장은 논리 정연했다. 그리고 조직의 중요성을 확실하게 파악하고 있었다. 무엇보다 그는 어느 계파에 속하지 않았고, 통일에 대한 염원이 누구보다 절실하게 보였던 것이다. 통일 운동계 조직 내에서 인정받았다는 것은 한편으론 신변의 위험이 함께 닥쳐왔다는 뜻이다. 반미·용공 프레임에 갇혀 있는 기존의 정치가와 운동가들 사이에서 전창일은 어떻게 행동했을까?

한편, 민자통의 자성과 별개로 한미경제협정반대운동은 허무하게 종결되었다. 1961년 2월 28일, 한미경제협정은 재석 165명 중 찬성 133표, 반대 1표로 국회(민의원)에서 통과되었고,[23] 참의원에서는 재석 34인 중 찬성 32표, 반대 0표로 가결됐다.[24]

23 한미경제협정비준, 「경향신문」 1961.2.28.
24 한미경원협정비준완결, 「조선일보」 1961.3.1.

호산 전창일과 통일운동 77년사

07

2대 악법 반대투쟁

〈 그림153: 1961년 3월 7일 자 경향신문, 3월 8일 자 동아일보 〉

'한미경제협정'은 큰 불상사 없이 통과되었지만, 학생들을 중심으로 반미투쟁이 대중화될 경향을 보이고 민자통이 결성되어 통일운동이 본격화되자 민주당은 내심 불안했던 모양이다. 그들이 선택한 것은 '반공' 프레임이었다.

1961년 3월 7일, 언론들은 충격적인 소식을 전했다. 집권 민주당이 소위 '데모규제법안'을 작성하고 조만간 각의에 상정한다는 보도였다. "한 장소에서 30분 이상 시위 불가" "타인에게 시위운동에 참가할 것을 권유해서는 안 된다" "확성기를 사용해서는 안 된다"[1] 등이 주요 내용이다. 다음 날에는 "공산 활동의 철저한 분쇄"를 위한다는 명분으로 반공

---

1   데모규제법안 성안, 「경향신문」, 1961.3.7.

법의 입법을 예고했다.[2]

사회대중당이 데모규제법을 반대한다는 성명을 발표했고,[3] 민주당 정책위의장 이태용, 참의원 법사위원장 심종석 등 여당 내에서도 반대하는 의원이 나타나기 시작했다.[4] 그리고 반공법의 구체적 내용이 알려지자, 데모규제법과 반공법을 반대하는 운동이 전국적으로 확산되기 시작했다.

한편, 민자통은 '2대 악법 반대 전국공동투쟁위원회'를 발족했다. 사대당, 사회당, 혁신당 등이 참여했지만 통사당의 합류가 필요했다. 하지만 지난 2월 21일 통사당이 탈퇴 선언하고 나간 뒤 전혀 교류가 없는 실정이었다. 전창일은 이들 두 단체의 연결고리 역할을 자처했다. 앞글에서 언급했지만, 전창일은 본의 아니게 민자통과 중통련 두 단체의 중앙위원으로 등재(登載)되어 있었다. 아무튼, 그 무렵 통사당에도 아는 사람이 꽤 많이 생겼다고 한다.

그러나 통사당과 사회당과의 오랜 악연을 해소하기 위해선 좀 더 비중 있는 어른의 중재가 필요했다. 김성숙(金星淑)[5] 선생이 생각났다. 김

2   새 반공법 성안,「동아일보」, 1961.3.8.

3   사회대중당서 데모규제법 반대,「경향신문」, 1961.3.9.

4   여당 내서 반대의견,「경향신문」, 1961.3.9.

5   김성숙(金星淑, 1898~1969); 호는 운암(雲巖)이다. 1919년 3월 경기도 남양주군 진접면 봉선사의 승려로 있을 때 같은 승려인 이순재(李淳載)·김석로(金錫魯)·강완수 등과 함께 비밀리에 독립문서를 만들어 인근 동리에 살포했다. 이 독립문서 살포사건으로 그는 동지들과 함께 일본 경찰에 체포되어 1919년 9월 11일 고등법원에서 징역 6월 형이 선고되어 옥고를 치렀다. 국내에서 조국광복운동에 진력을 다하던 그는 1923년 불교 유학생으로 중국 베이징으로 건너가 조선의열단에 가맹했다. 조선총독 등 일제의 고관 친일파, 거두 매국노 등을 암살 대상으로 삼고, 조선총독부·동양척식회사·경찰서·매일신보사 등 일제 주요기관을 파괴 대상으로 삼은 조선의열단에서 그는 승려 신분을 벗어나 선전부장으로 활동했다. 베이징에서 광동(廣) 지역으로 옮겨간 그는 1928년에 중

성숙은 장건상, 김원봉, 성주식 등과 함께 임정 내 좌파 국무위원으로
활동한 바 있다. 환국 후에는 중경 임시정부를 떠나 민주주의민족전선
에 가입하여 부의장을 역임했다. 미 군정 반대를 주장한 혐의로 전주형
무소에서 6개월간 옥고를 치르기도 했다. 그리고 여운형의 근로인민당
결성에 참여해 중앙위원에 선출되었으며, 미소공동위원회 참여를 통한
한국통일 임시정부 수립 문제가 해결되길 희망했다. 미 군정과 이승만
계열은 단독정부 수립에 반대하는 김성숙을 눈엣가시처럼 여겼다고 한
다. 김성숙의 간략한 이력이다. 소문으로만 알고 있던 혁신계의 대 원
로 김성숙은 다른 사람과 확실히 달랐다는 것이 전창일의 고백이다.

전창일은 김성숙을 찾아갔다. 그리곤 통사당이 민자통을 탈퇴한 것을
성토했다. 선생은 네 말이 맞다 하며 맞장구를 쳐준다. "그렇다면 이제
2대 악법 반대 공동투쟁위원회에 다시 들어와야 하지 않겠습니까?" 라
고 묻자 김성숙은 "당연히 들어가야지," 라고 흔쾌히 대답했던 모양이
다. 그럼 선생님이 설득시켜달라는 전창일의 요청대로 김성숙은 통사당

국 전역의 한국인 청년들을 모아 재중국 조선청년총연맹을 조직했다. 한편 1937년 베이
징 교외의 노구교에서 중·일 양군이 충돌하는 이른바 노구교사건이 발생했을 때, 현정
경·박건웅(朴建雄) 등과 함께 조선민족해방동맹을 결성했다. 같은 해 7월에는 조선민
족해방동맹을 비롯한 좌익진영의 조선민족혁명당·조선민족투쟁동맹·조선혁명자동
맹을 연결하여 조선민족전선연맹을 조직하여 선전부장으로 활동했다.
1942년에는 임시정부의 내무차장이 되었다. 1943년 4월부터 임시정부 내에 새로 대한
민국 잠행 관제가 실시되면서 행정부의 한 부처로 선전부가 설치되었다. 이에 그는 조소
앙(趙素昻)·신익희 등 14명과 함께 선전계획 수립, 선전진행 방침에 관한 사항 등을 의
결하는 선전위원으로 임명되었다. 임시정부의 국무위원으로 활동하던 그는 1945년 8월
15일 일제의 항복으로 같은 해 11월 5일 다른 임시정부 요인들과 함께 충칭(重慶)의 임
시정부 청사를 철수하여 상하이(上海)로 향했다. 12월 1일에는 같은 임시정부 요인이었
던 홍진·조성환·신익희·조소앙 등 13명과 이계현(李啓賢)·서상열 외 9명을 포함
한 23명이 상하이에서 출발해 군산비행장에 도착했고 이튿날인 2일에는 서울로 들어왔
다. 8·15해방 후에 혁신정당을 조직하여 정치인으로 활동하다가 1969년에 사망했다.
1982년 건국훈장 독립장이 추서되었다. 《다음백과》

이 공동투쟁위원회에 참여할 수 있도록 중재역할을 했다. 통사당은 민자통에 다시 합류하지 않았지만, 공동투쟁에는 합류하기로 결정되었다. 이로써 혁신계 대부분이 참여한 공동투쟁위원회가 출범하게 되었다.

1961년 3월 14일, 혁신계정당사회단체대표자 회관에서 '반민주악법반대투쟁위원회(반대투쟁위)'가 결성되었다. 통사당, 사회당, 삼민당, 혁신당 및 중립화통일운동총연맹(중통련), 민족자주통일중앙협의회(민자통) 등이 주요 참여단체다. 광복동지회, 국

〈 그림154: 1961년 3월 15일 자 민족일보 〉

토통일대책위원회와 조국통일민족전선은 옵서버로 참석하였다. 취지와 강령은 아래와 같다.

【 취지 】

1. 반공이라는 미명하에 테러적 전제정치를 획책하는 민주당 정권의 반민주악법 제정은 단호히 분쇄되어야 한다.

2. 이 독재정권하에서 국가보안법 개악을 극한 반대한 민주당 호헌 투쟁의 정신을 되살려서 반공 임시조치 데모규제법 및 국가보안법 강화 등 반민주악법 개정을 철저히 배격한다.

3. 급변하는 국내외 정세에 역행하는 무능 부패한 장 정권은 반민주 악법의 제정으로 연명책을 모색하고 있는바 이와 같은 이승만식 수법은 절대로 용납할 수 없다.

【 강령 】

1. 민주 수호 정신에 입각해서 반민주악법의 제정을 반대하는 원내투쟁과 보조를 맞추어서 광범하고 강력한 국민 대중 운동을 추진한다.

1. 원내투쟁의 실질적 효과를 주목표로 하되 일반투쟁을 활발히 전개한다.

1. 원외에서는 과감한 평화적 극한투쟁을 전개한다.[6]

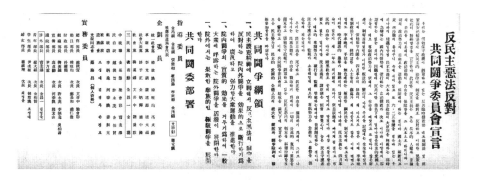

〈 그림155: 1961년 3월 18일 자 민족일보(광고), 반민주악법반대 공동투쟁위원회 선언 〉

반대투쟁위 결성 며칠 후 「민족일보」 광고란을 통해 '반민주악법반대 공동투쟁위원회선언'이 게재되었다. 선언의 내용과 공동투쟁강령은 반대투쟁위 결성 시 발표한 취지 및 강령과 유사하므로 자세한 소개는 생략한다. 흥미로운 것은 공동 투위 부서 명단이다. 지면에 따르면, 전창일(全昌一)은 삼민당 소속으로 기획위원이자, 실무위원 중 섭외차장이다.[7]

---

6   반대투쟁위 결성, 혁신계 악법분쇄 위해 결속, 「민족일보」, 1961.3.15.

7   실무위원 차장 명단에 金昌一로 되어 있는데, 全昌一의 오타다. 이 오타로 인해 5 · 16 이후 혁신계 일체 검거 시 체포를 면하게 되는 에피소드는 별도의 장에서 다시 다룰 예정이다.

전창일의 증언을 따르면, 기획위원회에서 회의할 때 실무위원 부장 한 자리를 맡아달라는 제안이 있었으나 직장(공영토건) 관계상 부장 자리는 무리하다고 하자, 섭외부 차장을 맡는 것으로 합의되었다고 한다. 섭외부는 부장 조규택, 차장 자리는 전창일 외 김영옥이 함께 담당했는데, 그는 사회당 출신으로서 2022년 현재까지 생존해 우정을 나누고 있는 유일한 인물이다.

조규택(曺圭澤)[8]은 서울방송국 편성과장을 역임한 언론인으로서 독립운동가의 아들이었다고 한다. 진보당 사건 당시 피의자신문조서(1958.1.13.)에 의하면, 조규택은 대한민국 정부는 반전제적 성격을 띤 무능·부패한 정부이고, 민주주의를 표방하면서 국민 대중의 이익을 완전히 배반하였다고 평가한다. 또한, 정치적 기반은 매판 자본 계급과 특권적 관료이며 그 경제적 기반은 일제로부터 인수한 국가적 독점기업과 미국으로부터의 경제원조로 되어 있다고 진술하였다. 진보당의 성격에 대해서는 노동자, 농민을 중심으로 하는 근로 민중의 정치적 집결체이며 진보적인 진정한 사회적 복지국가를 건설하는 것을 역사적 과업으로 삼고 있다고 말한 바 있다.

이러한 이력 때문인지 혹은 성격 탓인지 몰라도, 광화문에서 종로2가 화신백화점까지 걸어오는 도중 아는 사람을 열 사람 이상 만날 정도로 발이 넓었다고 한다. 섭외부장을 제대로 선택한 셈이다. 이 무렵 맺어진 두 사람의 우정은 훗날 가족이 서로 왕래할 정도로 가까워졌다며 전창일은 고인에 대한 추억에 잠겼다. 섭외부가 가장 공들인 것은 「민족일

---

8 조규택; 진보당 발기 추진위 기획 상임위원(1955), 진보당 중앙당 재정부 부간사(1956), 혁신동지 총연맹 간부(1960), 민주사회당(대중당 전신) 간부(1966), 진보당 주요인사 및 이력,《국가기록원》

보」의 합류와 지원이었다. 조직의 활동을 전해주는 기사가 절실히 필요했다.

「민족일보」 섭외는 조기하(趙棋賀, 1961년 당시 66세)[9]와 함께 했다. 전창일의 기억을 따르면, 조기하는 전주 출신으로서 일제 강점기 때 감옥살이를 한 사람이다. 원래는 아나키스트였다고 한다. 5·16 이후 제3공화국 때 독립운동 공로로 서훈 대상이 되었으나 시골에서 생활이 어려웠지만, 친일파 박정희가 주는 돈이라고 하여 받지 않았다고 한다. 조기하와 전창일 그리고 이제 친구가 된 조규택, 세 사람은 「민족일보」 사장 조용수를 만나러 갔다. 조기하와 조용수는 1960년 7·29 총선거 때 사회대중당 소속으로 민의원에 출마하였으나 함께 낙선한 인연이 있다.

이 무렵의 조용수는 민자통과 중통련의 분열로 인해 고민이 많았다. 무엇보다 민자통은 「민족일보」만큼 애착을 가진 단체였고 내심으로는 사회당의 최근우에게 기울었지만, 「민족일보」 내에는 서상일·윤길중·고정훈 등 통사당계가 훨씬 많았다. 결국, 조용수는 2월 28일 민자통을 탈퇴하고 말았다.[10] 하지만 중통련에는 가입하지 않았다. 혁신계의

---

9 조기하는 20세 때 서울 중동학교 2학년을 중퇴한 후 24세부터 조선일보 김제지국장 중앙일보 이리지국장 등으로 종사하다가 8·15해방 이후인 서기 1946년에 민주주의민족전선 전라북도 의장단의 일원으로 활약하고 동 1956년 10월경에는 진보당에 입당하여 동 1957년에 동 당이 해체될 때까지 동 당 중앙총무위원 및 전라북도당위원장을 역임하고 4·19혁명 이후 각종 혁신계 정당 사회단체가 속출하자 동 1960년 6월 10일경 사회대중당에 입당하여 동당 전북 당 준비위원회 대표총무위원 겸 선거대책위원장으로 종사하는 한편 7·29 총선거 때 동당 공천으로 전주 갑구에서 민의원으로 입후보하여 낙선된 후 동 1961년 1월 8일 혁신당에 입당하여 중앙집행위원 겸 선거대책위원장에 동월 10일경 민자통 중앙협의회의장단에 동년 2월 20일경 민자통 전북협의회 준비위원회 조직위원장 등을 거쳐 동년 3월 25일부터 민자통 전북협의회의장단 및 동월 18일경부터 2대 법 반대투쟁위원회 총무부장 등으로 활약하던 자 《『한국혁명재판사』 제4집, 한국혁명재판사편찬위원회, 1962, p.100.〉

10 원희복, 『조용수와 민족일보』, 새누리, 1995, pp.154~157.

재통합에 대한 열망이 가득할 때, 반가운 선배 조기하가 찾아왔던 것이다. '2대 악법 반대 공투위'에서 온 세 사람과 「민족일보」 쪽에서는 사장 조용수 외 감사 안신규가 동석했다. 얘기는 주로 전창일이 했다. 조기하는 연장자로서, 혁신계 선배로서 분위기를 잘 조절했다.

그날의 대화 중 지금도 잊히지 않는 조용수의 발언이 있다고 한다. "2대 악법 반대 공투위 측에서 우리를 그냥 하나의 신문쟁이로 보지 마시오. 우리를 뭐 신문쟁이로만 보고 이야기하는데, 우리를 동지로 취급하시오. 2대 악법에 관한 한 민족일보도 반대운동을 하는 하나의 구성원으로서 동지간입니다."

두 사람은 "조 동지", "전 동지"라고 부르는 사이가 되었다. 「민족일보」는 이제 공투위의 기관지가 된 셈이다. 위 그림을 통해 소개한 '반민주악법반대 공동투쟁위원회 선언'의 광고비도 받지 않았다. 그뿐 아니라 2대 악법반대투쟁이 전개되었던 4월 초까지 기사, 사설, 광고를 통해 이 운동의 필요성과 당위성을 설득력 있게 보도했다.

1961년 3월 22일, 수만 명의 군중들이 서울시청 앞 광장에 모였다. "피로써 찾은 민권 악법으로 뺏을 소냐"는 플래카드를 앞세우고 39개 혁신계정당 사회단체, 청년·학생단체와 일반시민들이 참가한 이 날 대회에서는 각 정당 사회단체의 영수급 인사들의 불 뿜는 강연으로 기세를 올렸다.[11] 10명의 연사 중 특히 눈에 띄는 인물이 있었다. 조용수라는 젊은이였다. 그는 「민족일보」란 신생언론사의 사장으로서, 2대 악법의 법리적 모순과 악용될 독소에 대해 낱낱이 고발했다. 조용수가 이 자

---

11 악법반대에 서울시민도 궐기, 무고한 백성 잡는 망민법이다, 수만 군중 즉시 철회를 절규, 성토대회 마치고 시내 일주 횃불데모, 「민족일보」, 1961.3.23.

〈 그림156: 시계방향, 1961년①3월 21일, ②23일, ③24일, ④24일 자 민족일보 〉

리에 참가한 데는 사연이 있다. 며칠 전 전창일 일행과 면담 시, 스스로 연사로 참여하겠다고 했다고 한다. 2대 악법반대투쟁에 대한 조용수의 결연한 의지를 엿볼 수 있는 방증이다. 이날 연단에 오른 인물은 다음과 같다.

① 장건상(혁신당): 국민은 궐기하라

② 최근우(사회당): 보수 세력의 반민주성

③ 김달호(사대당): 반민주악법은 망민법이다

④ 윤길중(통사당): 선량은 당연히 악법제정 흉계를 봉쇄해야 한다

⑤ 고정훈(통사당): 악법제정은 이적행위다

- 신태악(법조계 대표): 반민주악법은 위헌이다

- 조용수(민족일보 사장): 반민주악법은 언론탄압의 독소를 내포하고 있다

- 박완일(청년공투위 대표): 민권수호 전위로서 청년은 용감하라

- 노정훈(학생공투위 대표): 4월 혁명에 흘린 피에 보답하자

- 김면중(4월부상학생총련 대표): 4월 혁명에 대한 반동은 용서할 수 없다[12]

이날 모인 군중 수는 「민족일보」의 보도에 따르면 3만 명 이상이었다. 이들 시민들은 민권사수를 부르짖으면서 반공임시특별법안·데모규제 법안을 즉시 철폐할 것을 요구하는 한편, 현행 국가보안법 강화 기도를 규탄한다고 결의한 후 여세를 몰아서 서울 시내를 일주하는 횃불데모에 들어갔다. 여담이 있다. 전창일의 경험담이다.

행진 경로는 시청, 광화문사거리, 동대문, 을지로 6가를 거쳐 출발지 인 시청으로 다시 돌아와 마무리 집회 후 해산하는 것으로 계획되었는데, 횃불을 든 청년들이 선두에 섰다. 전창일도 횃불을 들고 청년·학생들과 함께했다. 저녁 무렵으로 그리 어둡지는 않았다. 시청에서 광화문을 향해 행진하고 있는데 국회의사당(현재의 서울시 의회) 부근에서 수십 명의 경찰기마대가 진을 치고 있어 더 이상 앞으로 나갈 수가 없었다. 전창일을 비롯한 선두의 청년들이 들고 있는 횃불을 말의 눈앞에 대었더니 대부분의 말들이 놀라 도망치고 난리가 났다고 한다. 말이 불을

---

12 민권은 시민 스스로가 지켜야 한다!, 반민주악법반대성토대강연회, 「민족일보」, 1961.3.21.

그리 무서워하는 것을 처음 알았다고 하며 전창일은 그날의 모습을 회억하며 껄껄 웃는다. 아무튼, 기마 대원들이 말들을 제어하지 못하자 길이 뚫렸고, 그 틈을 타 행진을 계속할 수 있었다.

횃불데모를 기억할 때 떠오르는 인물이 한 명 있다고 한다. 대구 출신으로 서울에 거주하고 있던 장상호라는 사람인데, 지프에 올라타 마이크로 "양키 고 홈!"을 외쳤다고 한다. 주최 측과는 전혀 상의 없이 자의적으로 "양키 고 홈!"을 외쳐 많은 사람의 주목을 받았던 모양이다. 그 무렵 금기어나 마찬가지인 '양키'란 단어를 사용했고, 그들에게 물러가라고 확성기로 소리쳤으니 얼마나 사람들이 놀랐겠는가? 서울시청에 다시 돌아왔을 때 날은 이미 어두워지기 시작했고, 주최 측은 마무리 집회를 한 뒤 해산선언을 했다.

그러나 일부 청년들이 혜화동 장면 국무총리 공관으로 가자고 선동했다. 결국, 수백 명의 청년들이 횃불을 들고 "양키 고 홈!"을 외치며 야밤에 국무총리 관저로 쳐들어갔다. 이 사건으로 인해 많은 사람들이 구속되었는데,[13] 사대당 선전부장 선우정이 주모자로 몰렸던 모양이다.[14] 선우정은 이번 집회의 주최 측인 '반민주악법반대 투쟁위원회'의 기획위원이기도 했다. 전창일에 따르면, 투쟁위원회 측도 조사를 했는데 선우정은 단지 구경만 했을 뿐이라고 결론이 났다. 그러나 사대당 선전부장이란 직책으로 인해 주모자로 몰렸고, 그 후 민주당 정권은 사대당에 대한 탄압을 더욱 집중적으로 했다고 한다.

「민족일보」는 3월 24일 자 사설을 통해, 3월 22일의 성토대회가 대성

---

13 119명 긴급구속, 「조선일보」, 1961.3.23.

14 선우 씨를 주모자로 수사, 「경향신문」, 1961.3.23.

공을 거두었으며, 통합된 혁신세력만이 인민의 이익과 권리를 보호할 수 있다고 주장했다.[15] 한편 동 신문은 사설이 실린 지면(제2면)을 통째로 할애하여 "피를 본 악법반대의 항쟁"이란 제목으로 10컷의 보도사진을 게재했다. 그리고 이 사진은 민주수호의 기록이며 역사의 산 증거가 될 것이라는 코멘트를 달았다. 아래에 사진의 설명을 소개한다.

① 혜화동에서 경찰의 최류탄에 쫓긴 데모 대원이 재정비를 하고 있다.

② 나 외과병원(혜화동)에 가료 중인 부상자 이마에 약 5cm가량의 파편상을 입고 팔(우측)과 다리(좌측)가 부러져 혼수상태에 빠진 조성대(중앙대 2) 군

③ 장 총리 댁 근방에서 데모대들에 발사하려고 준비하고 있는 경찰의 최루탄 부대

④ 혜화동에서 경찰에 끌려가는 데모대원

⑤ 장 총리 댁 근방에서 최류탄을 발사한 경찰은 착 착 데모대원을 강제로 트럭에 실어 올린다

■ 반도호텔 앞에서 "장 총리 나오라!"고 외치며 연좌데모를 하고 있다

■ 중부서에 끌려가는 데모대원 뒤에는 얼굴에 피투성이가 된 데모대원이 서 있다

■ 장 총리 댁 근방으로 증파되고 있는 경찰들

■ 시청 앞에서 출발하려는 데모를 경찰이 막으려 하자 옥신각신 싸움이 벌어지고 있다

■ 악법반대의 성토대회를 방해하고자 "용공 단체 즉시 해체하라"는 플래카드를 두른 지프가 스피커를 달고 대회장 주변을 돌고 있다.

---

15 통합된 혁신세력만이 인민의 이익과 권리를 보호할 수 있다, 반민주악법반대성토대회의 대성공을 축하하며, 「민족일보」, 1961.3.24.

호산 전창일과 통일운동 77년사

이날 시위대와 경찰이 충돌하여 50여 명이 부상당하고 123명이 체포됐다. 이어 23일 반민주악법반대 경남학생투쟁위원회 주최의 부산시민 궐기대회(부산역 앞)에 뒤이어 25일 부산, 마산, 전주 등지에서 궐기대회와 가두시위가 벌어졌고, 원주, 이리, 안동 등으로 확산됐다. 시위가 전국으로 확산되자 3월 24일 내무부 장관은 "2대 악법반대 데모는 정국 혼란을 목적으로 하는 것"이라며 다음날 법무부 장관도 "어떤 데모가 있더라도 보안법을 보강하려는 정부의 태도에는 변동이 없을 것"이라고 했다. 4월 2일 대구궐기대회에서 행사장 주변에 2,500여 경찰을 배치하여 주최 측의 선전차와 마이크를 압수하고 학생들을 연행했다. 시위대와 경찰이 충돌하고 경찰은 44명의 행사 관계자를 연행, 소요죄를 적용하여 구속했다. 그러나 국민들의 반대가 계속되자 결국 민주당은 4월 9일 "금회기의 국회통과를 포기하고 다음 회기에 야당의 협조를 얻어 통과" 시킨다고 발표했다.[16]

2대 악법 반대투쟁은 7 · 29 총선 과정에서 사분오열된 혁신세력과 진보세력이 통일운동의 과정에서 다시 결속되는 계기가 되었다. 정권의 탄압에 위기의식을 느낀 사회당, 사회대중당, 혁신당, 통일사회당 등 혁신계의 통합이 가속화되는 계기가 되었고, 진보세력이 결속하여 통일운동을 확대하는 데 밑거름이 되었다.

16 이대악법반대운동(二大惡法反對運動),《한국민족문화대백과사전》

제8장

5 · 16 쿠데타와
도피생활

:: 01 ::

이 땅이 뉘 땅인데
오도 가도 못하느냐

〈 그림157: 시계방향, 1961년 4월 20일 자 민족일보 〉

혁신계 및 학생·시민단체에 의해 2대 악법 제정 시도가 좌절될 무렵 4월 위기설이 나돌기 시작했다.[1] 민주당은 대처방안으로 폭동 진압 훈련을 실시했다. 데모와 시위를 진압하기 위해 군대를 출동시키겠다는 소위 비둘기 작전이다.[2] 장면정권의 발상은, 박정희 군부가 폭동진압훈

---

1   좌익 폭동 우려, 주미 총영사 언명, 「동아일보」, 1961.1.26.; 3·4월경 반정부봉기를 획책, 「경향신문」, 1961.2.23.; 4월 위기설에 정치인들은 각성하라, 「경향신문」, 1961.2.26.

2   부대별로 폭동진압, 유군서 훈련지시, 「경향신문」, 1961.2.25.; 주기적으로 폭동진압훈련 전방 예비부대도, 「경향신문」, 1961.2.26.; 소위 비둘기 작전 폭동진압훈련…서울서

련을 빙자하여 쿠데타 준비를 하는 빌미를 주었다. 아래에 참조자료를 소개한다.

정부의 그러한 대비책을 관망해 오던 혁명군조직에서는 정부가 추진하는 폭동진압훈련을 최대한으로 역이용함으로써 거사를 단행할 계획을 암암리에 추진하게 된 것이다. 즉, 정부에서 실시하는 계획에 의해 그 계획상 출동부대로 선정된 부대 요원들을 포섭 조직화함으로써 폭동진압부대로 하여금 혁명군으로 편성하여 유사시에는 폭동을 진압한다는 명목으로 출동하여 그 자리에서 혁명을 단행하는 계획을 착안한 것이다.

이월 하순경부터 폭동진압훈련이 본 괘도에 들어서고 이 훈련 계획에 의거하여 출동부대가 선정되자 재빨리 그 부대들을 포섭하여 혁명군으로 조직하는 데 성공한 것이다. 그런 줄도 모르고 정부에서는 군이 건재하는 이상 데모나 어떤 비상사태가 일어나도 두려워할 바가 못 된다고 확신하고 회심의 웃음을 짓고 있는 것이다.[3]

기념행사가 개최된 서울운동장에는 5만 학도들이 모였고, 유족들의 통곡 소리가 터져 나왔으나 별다른 소요 없이 엄숙한 가운데 종료되었다.[4] 행사가 끝난 후 학생들은 그들만의 별도 행사를 가졌다. 특히 서

도, 「조선일보」, 1961.3.4; 비둘기 작전 완료, 「경향신문」, 1961.3.9.; 폭동진압훈련, 「조선일보」, 1961.3.17.; 경찰선 정 비상, 「조선일보」, 1961.4.18.

3 《5·16혁명실기-1, Ⅲ거사계획》, 국사편찬위원회, p.6.

4 이 땅이 뉘 땅인데 오도 가도 못하느냐, 통곡 소리 드높은 성동원두, 「민족일보」,

울대학생들의 침묵시위가 시민들의 눈길을 끌었다. 학생들은 작년과 같은 코스로 종로4가 화신백화점 앞, 미 대사관, 국회의사당 앞에 이르러 십 분간의 농성을 마치고 중앙청을 지나 독재의 본영이었던 청와대로 향했다. 수많은 학우들이 피 흘리며 쓰러졌던 경무대 앞을 지나며, 학우들의 명복을 빈 데모행렬은 무언의 항변으로 정부의 각성을 촉구했다.[5]

4월 혁명 1주년 행사는 별다른 불상사 없이 끝났다. 비둘기 작전을 빙자하여 쿠데타를 일으키려고 했던 세력들은 그들의 음모가 미수로 끝나자, 거사 일을 5월 12일로 변경했다가 다시 5월 16일로 변경한 뒤 끝내 쿠데타에 성공한다.[6]

4월 혁명 1주년 행사를 즈음하여 새로운 '슬로건'이 등장했다. "이 땅이 뉘 땅인데 오도 가도 못하느냐" "언론인 사회단체 남북교류" "이북 쌀, 이남 전기" "민족자주통일" "외세는 물러가라" "남북서신교환" "실업자의 일터는 통일에 있다" "한국 문제는 한국인의 손에 있다" "소련에 속지 말고 미국을 믿지 말라, 일본은 일어난다"…… 등 통일문제가 전면에 등장한 것이다.

2대 악법 저지 투쟁이 소기의 성과를 거둔 후[7] 혁신계 통합운동과 통일문제가 대두되었다. 주도세력은 통민청(통일주청년동맹)과 민민청(민주민족청년동맹)이었다. 7장 5절(전창일, 민자통 중앙위원이 되다)에서

1961.4.20.

5 젊은 사자들 침묵데모, "이북 쌀, 이남 전기" 서울대생 각종 슬로건 내걸고, 「민족일보」 1961.4.20.

6 김상구, 『5 · 16청문회』, 책과 나무, 2017, pp.489~500.

7 두 악법 회기 내 강행 좌절, 「민족일보」 1961.4.25.

〈 그림158: 시계방향, ①1961년 5월 7일, ②14일, ③14일 자 민족일보, 민통련이 내건 슬로건, '가자 북으로 오라 남으로, 만나자 판문점에서' 〉

언급했지만 통민청은 사회당의 중심인물인 최백근과 관계를 맺으면서, 사회당과 연계하여 활동을 전개했던 청년조직이다.[8] 그리고 민민청은 부산대학교 정치학과 교수인 이종률의 지도와 영향을 받고 있던 김상찬 (金相贊) 등이 '민주민족청년동지회'를 기반으로 부산지역 청년들을 규

[8] 제7장 5절〈주석4〉참조

합하면서 조직한 단체다.[9] 전창일에 의하면 간부들은 부산대학교 출신들이 많았다고 한다. 이 두 단체가 청년조직이라고 할 때, 그 무렵 대학생들이 주도하여 만든 단체가 민통련(민족통일전국학생연맹, 民族統一全國學生聯盟)[10]이다.

1961년 5월 5일, 민통련은 서울대학교 민통련이 제의한 남북학생회의를 적극적으로 지지한 다음 회담 장소를 판문점으로 정하고 5월 이내로 실행하자고 결의하였다. 그리고 19개 대학 및 고등학교 대표자들이 참가한 결성준비대회에서 5개 항목의 결의문을 채택하였다.[11] 결성준비대회 선언문은 "세계사적 현 단계의 기본적 특징은 식민지·반식민지의 민족 해방 투쟁의 승리"라고 규정하고, "식민·반식민지적 반봉건성의 요

9   제7장 5절〈주석5〉참조

10   1960년 4·19 혁명은 대학가의 학생운동이 폭발적으로 성장하게 된 결정적 계기였다. 학생운동은 크게 두 흐름으로 구분되었는데 하나는 국민계몽대와 같은 생활개선운동이었고 다른 하나가 통일운동이었다. 전자는 정치적 색채가 제거된 계몽운동 차원이었다면 후자는 통일이라는 정치적 목표가 뚜렷한 운동이었다. 대학생들의 통일운동은 혁신세력의 지지를 받으면서 전국적으로 영향을 확대하기 시작했는데, 그 시발이 된 것이 1960년 11월 1일 발기대회를 가진 서울대 '민족통일연맹'이었다. 이후 전국적으로 대학가에 민족통일연맹 조직이 결성되기 시작했으며 경북고등학교에까지 파급될 정도였다. 이러한 흐름 속에 1961년 5월 5일 전국 17개 대학 대표가 참석한 가운데 '민족통일전국학생연맹 결성준비대회'가 개최되어 공동선언문을 발표하게 되었다. 그러나 5·16 군사정변이 발발함으로써 조직 결성이 이루어지지는 못했고 관련자들은 이후 체포되어 15년에 달하는 실형을 언도받기도 했다. 결성준비대회 선언문은 "세계사적 현 단계의 기본적 특징은 식민지·반식민지의 민족 해방 투쟁의 승리"라고 규정하고, "식민지적·반식민지적 반봉건성의 요소"를 척결하고 "민족·대중세력은 매판 관료 세력을, 통일세력은 반통일 세력을, 평화세력은 전쟁세력을 압도"하여 통일을 실현시켜야 된다고 주장했다. 구체적 실천방안으로는 남북학생회담을 제안했고, 유명한 '가자 북으로 오라 남으로, 만나자 판문점에서'라는 슬로건이 제출되었다. 이러한 주장은 당시로는 상당히 급진적인 문제 제기였으며 4·19 혁명 이후 급진 민족주의가 중요한 흐름으로 등장하기 시작했음을 알리는 것이었다. (민족통일전국학생연맹(民族統一全國學生聯盟), 《한국민족문화대백과사전》

11   남북학생회담 편의 제공하라, 5월 내로 판문점서 개최, 민통·전학련 결성대회서 결의, 「민족일보」 1961.5.7.

소"를 척결하고 "민족 · 대중세력은 매판 관료 세력을, 통일세력은 반통일세력을, 평화세력은 전쟁세력을 압도"하여 통일을 실현시켜야 된다고 주장했다. 구체적 실천방안으로는 남북학생회담을 제안했고, '가자 북으로 오라 남으로, 만나자 판문점에서'라는 슬로건이 제출되었다.

민통련 학생들이 제안한 남북학생회담에 대해 민자통이 적극적으로 수용했다. 5월 13일, 서울운동장 육상경기장에서 '남북학생회담환영 및 통일촉진 궐기대회'가 민자통 주관으로 개최되었다. 사회당, 사대당, 혁신당, 통민청, 민민청 등 민자통에 가담한 단체를 비롯하여 수많은 시민, 학생들이 모여 남북학생회담을 전폭적으로 지지 · 성원할 것을 다짐하는 결의문을 채택하였다. 박진 민자통 사무총장의 개회사로 시작된 집회에서 연사들은 "자주적이고 평화적인 남북통일을 이룩하는 첩경은 남북협상이고 남북학생회담은 남북한 제정당 사회단체 간 협상이 서막"이라고 강조하였다. 장건상(혁신당), 이영석(민민청), 황관손(실업자대책위), 유병묵(사회당), 선우정(사대당), 김영광(통민청) 등이 이날의 연사였다.[12] 민자통이 주최한 5월 13일의 궐기대회는 데모로 이어졌다. 군중들은 선두차량에 플래카드를 앞세우고 2개 대로 나누어 종로와 을지로를 거쳐 시청 앞에서 합류, 서울역까지 행진하였다. '오라 남으로! 거자 북으로!'라는 구호가 서울을 뒤흔들었다.

한미 경협 반대, 2대 악법 반대투쟁에서 민자통과 중통련의 노선 차이가 이번 남북학생회담 지지 과정에서도 불거져 나왔다. 혁신계 대부분이 참여한 '반민주악법반대 공동투쟁위원회'의 경우를 살펴보자. 아

---

12 남북학생회담 실현 위해 지원하라, 모두 통일의 광장으로, 학생교류는 자주통일의 서막, 장총리 · 유엔에 메시지 · 시위행진도, 「민족일보」 1961.5.14.

래에 전창일의 경험담을 소개한다.

2대 악법 공투위의 상설기관인 민자통이 입주해있는 건물의 옥상에서 플래카드를 만들고 있을 때입니다. 마침 내가 거기에 있었어요. 만들어 놓은 플래카드를 고정훈이 보았습니다. "우리가 이런 것을 들고 나가면 2대 악법을 저지도 못 하고 쿠데타가 일어나. 한국군이 쿠데타를 준비하고 있어, 쿠데타 응?" 고정훈이 그런 얘기를 했어요. 그 사람은 극동사령부, 한국군 정보장교 출신이 아닙니까? 우리가 이렇게 과격한 용어를 사용하면 쿠데타가 일어난다고 고정훈이 말했어요. 그렇게 말한 후 칼을 가지고 플래카드를 박박 찢어버렸습니다. 그때가 3월이었습니다.

고정훈의 말은 확신에 차 있었고, 나는 그 무렵부터 국군이 쿠데타를 일으키려고 한다는 것을 알게 되었습니다. 이동화 선생은 우리 집에도 놀러 오곤 했던 사이였는데, 고정훈과 같은 당 소속인 이동화로부터는 쿠데타에 관한 얘기를 들은 적이 없었어요. 고정훈은 2대 악법 반대운동할 때 공개적으로 쿠데타가 일어날 것이라는 얘기를 했습니다. 그래서 그때부터 쿠데타에 대해 염려도 하면서 우리가 운동을 진행하고 그랬어요.[13]

고정훈의 주장대로 민자통 등 통일운동 세력이 과격한 용어를 사용하였기 때문에 박정희 군부세력이 쿠데타를 일으켰는가는 검토할 필요가

---

13 임미리 기록, 『1960년대 이후 통일운동가들의 통일운동 및 사회운동 경험, 전창일 구술』, 국사편찬위원회, 2014, 녹취록 4차-2. 10. 민민청, 통민청 중심의 혁신계 통합운동

호산 전창일과 통일운동 77년사

있을 것이다.[14] 아무튼, 쿠데타가 일어날 무렵 통일운동이 뜨거웠던 것은 사실이다. 민자통의 운동은 "순수한 민족감정에 호소하여 통일 염원에 불을 붙이고 민족자주라는 면을 부각시켜 남북이 직접 통일문제를 해결하자"는 것이었다. 반면 통사당 측은 "확고한 통일방안 없이 통일 열기만 고조시킨다는 건 옳지 않다"고 하여 민자통에서 탈퇴하고 중통련을 결성했다는 것은 이미 거론한 바 있다.[15]

남북학생회담 문제에서도 두 단체는 다시 충돌했다. 통사당 학생지도부는 5월 13일 성명서를 통해 "조국의 평화적 통일을 쟁취하기 위하여 남북학생회담을 요구하는 민통련 전국학생연맹의 공동선언을 우리 당은 원칙적으로 환영한다"고 주장하면서 다만 "남북학생회담 추진 방법에 있어서 재검토되어야 하겠다."는 성명을 발표했다.[16] 그리고 남북학생회담에 대해 3개 항의 비판적 견해를 밝혔는데 그중 세 번째 항에서 "남북학생회담이 광범한 사회적 뒷받침을 받게끔 착실한 준비과정을 가질 것"이라고 주장함으로써 학생회담이 잘못 추진되는 것으로 보고 있음을 밝혔다.

한편, 민통련은 중통련 및 통사당의 비판적 움직임과 관련 없이 1961년 5월 15일 「민족일보」의 광고란을 통해 "남북학생회담 및 통일축제 개최에 관한 원칙 및 우리의 요구"라는 제하에 회담의 내용, 학생회담 및 축제의 원칙, 우리의 요구 등을 밝혔다.[17] 하지만 학생들의 이상과 꿈은

---

14   김상구, 『5 · 16청문회』, 책과 나무, 2017, 참조

15   유병용, 4월 혁명과 혁신세력에 관한 연구, 『국사관논총』 제94집, p.355.

16   추진방법은 재검토, 통사당 학생회담 구체안을 제시, 「민족일보」, 1961.5.14.

17   남북학생회담 및 통일축제 개최에 관한 원칙 및 우리의 요구, 「민족일보」, 1961.5.15.

모두 물거품이 되고 말았다. 광고가 게재된 다음날 쿠데타가 일어난 것이다.

〈 그림159: 1961년 5월 3일, 5일 자 민족일보 〉

　남북학생회담 및 통일축제 개최 등 통일운동 과정을 통해 혁신계 통합운동은 급진전을 보았다. 사회당, 사대당, 혁신당의 3당 통합운동은 급속하게 진전되고 있었다. 이전 모임에서 옵서버로 대표를 파견했던 사회당은 4일경 각도 당 대표자 회의를 열어 통합에 대한 당의 태도를 결정하기로 하였으며, 사대당의 경우 지난 1일 중앙집행위원회를 열고 종래 주장해오던 '민주사회주의' '영세중립'을 지양하고 자주노선으로 통합에 참가하기로 하였다고 한다.

　이와 같은 양 당의 움직임은 그동안 통합에 가장 난관이었던 노선 차이가 대폭 접근되었다는 방증이다.[18] 일부 인사들이 통사당의 합류에 미련을 떨치지 못했으나 사회당, 사대당, 혁신당 3당 통합으로 혁신계 통합이 정리되고 있었던 것이다.[19] 5월 7일, 3당 통합교섭 대표가 선정되었고,[20] 이들은 다음과 같은 3대 기본원칙에 합의했다.

① 기본노선: 민족자주노선
② 통일방안: 민족 자주 원칙에 입각하여 남북협상과 국제협조로써 평화통일을 기한다.
③ 당면과제: 민주주의 민족국가 건설[21]

이후의 움직임은 5·16 쿠데타로 인해 언론에 보도되지 않았다. 전창일에 따르면, 5월 18일 3당 통합대회를 개최하기로 예정되었다 한다. 하지만 박정희 군부는 혁신계의 통합운동을 처참하게 무산시켜 버렸다.

18 혁신 3당 통합 진전, 사회당서 도당 대표회 열어 논의, 「민족일보」, 1961.5.3.
19 통사당과의 통합을 희망, 「민족일보」, 1961.5.5.
20 사회당(김정규, 유병묵, 서동열, 유한종, 진병호), 혁신당(곽순모, 황구성, 권대복, 허영무), 사회대중당(김병휘, 전평배, 조중찬, 이성재, 윤성식)
21 「민국일보」, 1961.5.7. 〈유병용, 4월 혁명과 혁신세력에 관한 연구, 『국사관논총』 제94집, p.355.〉 재인용

:: 02 ::

5 · 16 쿠데타와 혁신계

〈 그림160: 시계방향, 1961년 5월 17일 자 ① 경향신문, ② 동아일보, ③ 조선일보, ④ 민족일보 〉

1961년 5월 17일, '쿠데타'란 단어가 시민들의 마음을 얼어붙게 했다. "16일 새벽, 군 쿠데타 발생(동아일보)" "군부 무혈 쿠데타 완전 성공(조선일보)" "육·해·공·해병이 쿠데타(민족일보)"… 각 신문 1면에 게재된 헤드라인이다. 다만 「경향신문」만이 '군사혁명'이란 용어를 선택했다. 18일 자부터는 모든 신문들이 '군사혁명'을 사용함으로써 '5·16 쿠데타'란 용어는 긴 세월 동안 금기어가 되어 버렸다. 쿠데타가 성공한 때문이다.

'5·16 쿠데타'의 주역 박정희가 쿠데타를 시도한 것은 5·16이 처음이 아니다. 그는 다섯 번 계획하여 네 번의 미수 끝에 1961년 5월 16일에 성공적으로 정권을 탈취했다. 1952년 부산정치파동 시기, 이종찬·이용문·박정희 등은 미8군 사령관 밴 프리트의 사주로 쿠데타를 모의했으나 미 국무부와 합참이 이승만 체제의 유지를 결정함으로써 미수에 그치고 말았다. 두 번째는 1960년 5월 8일의 일이다. 김동하를 비롯한 만주(봉천과 신경)군관학교 출신들과 박정희 그룹이 모의하여 거사를 계획했으나, 사월혁명으로 인해 무산된 적이 있다.

4·19 이후 출범한 민주당 정권을 전복하기 위한 모의부터 육사8기와 5기 출신들이 적극적으로 가담하기 시작했다. 그들은 혁명 1주년을 맞아 학생들이 소요를 일으키면, 진압을 명분으로 군대가 출동할 때 쿠데타를 일으킨다는 계획을 수립했다. 데모진압 훈련인 비둘기 작전을 도용하는 음모였다. 학생들의 소요를 부추기기 위해 각 대학의 운동권 학생을 부추기는 작업도 준비된 계획의 일환이었다. 하지만 4월 19일, 기대했던 소요가 일어나지 않음으로 쿠데타 시도는 불발되었다.

그러나 쿠데타 주체들은 비둘기 작전 도용계획을 포기하지 않았다. 이번에는 비둘기 작전을 훈련한다는 명분하에 소요와 관계없이 군대를 출동시키기로 계획을 변경했다. 거사 날짜는 5월 12일이었다. 하지만 계획이 일부 누설됨으로써 이번의 시도마저 포기하고 말았다. 박정희로서는 네 번째의 쿠데타 미수였다. 마지막으로 시도한 다섯 번째의 음모가 우리가 익히 알고 있는 5 · 16 쿠데타다. 5 · 16 쿠데타의 전개과정을 정리해 보면 다음의 표와 같다.

[표11: 5 · 16 쿠데타의 전개과정]

	◆ 쿠데타군	☆ 진압군 · ◇ 진압시도 및 ★ 미국
15일	☆ 19:00 30예비사단(수색)에서 박상훈 · 이상훈 대령, 사단장에게 쿠데타 계획 보고	
	☆ 20:00 30사단장 이상국 준장, 장도영 육참총장에게 보고	
	☆ 장도영, 제6관구 사령관 서종철에게 전화, 연락이 되지 않음	
	☆ 장도영, 15일 밤의 모든 야간훈련 취소 통보	
	◆ 23:30 박정희, 신당동 자택 출발	
	☆ 24:00 장도영, 은성에서 기다리고 있던 장창국 · 김용국 장군과 식사를 하며 현황 설명	
16일 오전	◆ 00:00 김종필, 광명인쇄소에서 혁명공약 인쇄	
	☆ 장도영, 장교 20여 명 6관구에 모인다는 보고 접수, 헌병감 조흥만에게 해산명령	
	☆ 서종철, 참모장 김재춘 · 작전장교 박원빈이 쿠데타 주역임을 모르고 있는 상황임	
	☆ 해산하러 갔던 헌병 차감 이광선이 쿠데타군에 합류함	
	☆ 장도영, 박정희에게 전화하나 통화하지 못함	
	◆ 00:15 박정희, 6관구 사령부에 도착	
	☆ 장도영, 박정희와 통화(승인 없는 거사 시행 사과)	
	☆ 장도영, 서울지구방첩대장 이희영으로부터 박정희의 서한을 전달받음	
	◆ 김재춘, 장도영에게 6관구 상황 허위보고	
	◆ 01:00 해병대1여단(김포) 출동, 병력 약 1,500명	
	☆ 02:00 장도영, 장면과 윤보선에게 상황 보고	

호산 전창일과 통일운동 77년사

16일 오전	◆ 02:10 공수특전단(김포) 출동, 병력 약 600명
	◆ 02:30 박정희, 염창교에서 해병대와 합류
	☆ 제15CID대장(방자명)과 제7헌병중대장(김석률), 한강교의 긴급 상황 보고
	☆ 장도영, 장면과 윤보선에게 상황 보고
	★ 02:30 CIA 한국지부장 실버, 무전기 신호를 듣고 기상, 사무실로 출근함
	★ 실버, 대사관 및 관계 기관에 연락
	★ 03:00 매그루더, 장도영으로부터 전화연락을 받음(미군 헌병의 해병대저지 요청, 거절)
	◆ 03:20 한강 인도교에서 총격전 발생(헌병 및 해병 다수 부상, 사망)
	☆ 장도영, 30사단장 이상국에게 진압군 출동 지시
	★ 03:30 매그루더, 그린에게 전화, 총소리에 대한 문의
	★ 실버, 장면에게 전화, 장면의 피신으로 쿠데타군 박종규와 통화함
	★ 그린, 장도영으로부터 유엔군 사령관이 반란군을 진압해 줄 것을 요청받음
	◆ 03:40 6군단 포병단, 육본 점령(병력 약 1,300명)
	◆ 04:00 30예비사단 일부(1개 중대), 서울 시청 앞 도착
	◇ 04:02 이한림, 육본참모차장 장창국의 전화 연락으로 쿠데타 발발 소식을 들음
	◆ 04:15 해병대 · 공수단, 한강교 돌파
	☆ 장면, 미 대사관과 사택을 거쳐 혜화동의 수녀원으로 피신
	★ 장면, 유엔군사령관이 처리해달라고 전화로 그린에게 요청
	◆ 04:25 공수단, 반도호텔 포위, 장면 체포 실패
	★ 실버, 반도호텔에서 박종규를 만남
	◆ 특별임무조, 내무 · 국방 장관 등 요인체포, 방송시설 점거, 통신망절단, 삐라살포
	☆ 04:30 장도영, 육본 현관에서 송찬호 · 윤태일 준장을 만남
	★ 6군단장 김웅수와 미1군단장 라이언, 6군단 포병 출동 사실을 몰랐음
	☆ 해병사령관 김성은도 해병대의 출동을 몰랐음을 확인함
	◆ 05:00 KBS라디오 혁명취지문 발표(박종세 아나운서)
	★ 05:00 그린, 백악관에 쿠데타 발생 상황 보고

	★ 05:30 매그루더, 그린에게 재차 전화함
	◆ 33예비사단(부평) 출동, 서대문형무소 · 을지로3가 배전소 등 병력배치
	◇ 05:30 1군 예하 군단장과 사단장, 군사령관 공관에 집결 완료
	◇ 이한림, 제1군단장 임부택 소장에게 반란군 토벌을 위한 출동준비 명령
	◇ 이한림, 3명의 장교를 서울로 파견
	◇ 이한림, 군 수석고문관 자부란스키 준장을 통하여 미8군과 연락을 유지케 함
	◇ 이한림, 각 군단장 및 사단장에게 귀대하여 차후의 명령을 기다리라고 함
	◇ 최석, 귀대 후 일부 병력 출동 준비 명령 후 취소
	◇ 김웅수, 군단비상령 선포
	★ 06:30 매그루더, 장도영과 면담
	★ 미8군 지하 벙크 내 전쟁상황실, 매그루더 · 하우스 · 실버 · 하우스만 등 회동
	◆ 07:00 박정희, 육본 입성
	★ 07:00 하우스만, 연락관을 통해 쪽지로 의견 교환할 것을 박정희와 합의
16일 오전	★ 참모총장실에서 장도영, 하우스, 박정희와 면담
	☆ 08:00 장도영, 박정희에게 출동부대의 원위치 복귀를 명령
	◆ 박정희, 장도영에게 계엄령 선포를 요구, 장도영은 거절함
	◇ 09:00 최석, 비밀리에 출동준비 지시
	◆ 09:00 전국 비상계엄령 선포(쿠데타군, 장도영의 명의를 도용)
	★ 09:00 실버, 박종규를 만난 후 김종필을 방문, 3시간가량 면담함
	◆ 10:00 30예비사단, 중앙청 · 수색변전소 등 접수
	★ 10:18 매그루더와 그린, 미국의 소리와 AFKN을 통해 장면 정부지지 선언
	★ 백악관, 향후 어떠한 성명도 발표하지 말 것을 매그루더와 그린에게 지시
	★ 그린, 장면과 통화
	◇ 10:20 최석, 방문한 인근 군수 및 경찰서장에게 계엄령이 무효라고 함
	◇ 최석, 미 고문 측의 통신망을 이용하여 유엔군의 동향을 관망함
	◆ 10:30 박정희 · 장도영, 윤보선과 면담, 윤보선의 '올 것이 왔구나' 발언, 계엄추인 거부
	★ 11:10 매그루더와 그린, 윤보선과 면담

16일 오전	★ 윤보선, 매그루더에게 미군 동원 요청, 매그루더는 한국군의 동원을 제안
	★ 11:30 장면, 그린에게 다시 전화, 유엔군사령관의 권한 행사를 요청함
16일 오후	★ 장도영, 매그루더와 몇 차례 면담을 함
	◆ 14:00 육군본부에서 군 수뇌부 회의 개최
	◇ 14:00 김웅수, 포병사령부 선임장교 최두원과 서울 출동 후 귀대한 홍종철을 연금함
	◇ 15:00 김웅수, 8사단장 정강에게 출동준비명령 하달(제21연대 준비)
	☆ 16:30 장도영, 계엄사령관직 수락
	◇ 미제1군단장 라이언, 포병대대의 출동은 군단장에게 있다고 질책(군사혁명사)
	★ 17:00 (미국 새벽 3시) 백악관 긴급대책회의
	★ 18:00 (미국 오전 4시) 백악관, 향후 어떠한 성명도 발표하지 말 것을 지시함
	렘니처 합참의장 → 매그루더에게 경고 통보
	볼즈 국무장관대리 → 그린에게 표현은 온건하나 질책성 전문을 보냄
	◇ 18:00 김웅수, 라이언으로부터 오늘 저녁 체포예정이라는 전달을 받음(김웅수회고록)
	◇ 라이언, 김웅수의 피신을 권유함
	◇ 김웅수, 포병단의 부대 복귀 명령을 전달할 것을 부 군단장 박창록에게 지시
	◇ 김웅수, 군단전차대대장(,)에게 허가 없는 부대의 서울 이동 제지 지시
	☆ 17:40 장도영, 윤보선과 면담
	☆ 19:50 장도영, 윤보선과 면담
	☆ 윤보선, 방송 녹음
	☆ 22:30 윤보선, 중앙방송을 통해 대국민 특별방송
17일	◇ 08:00 이한림, 참모장 황헌친 준장에게 12사단 1개대대 병력을 원주에 출동시킴
	◇ 이한림, 6군단포병단 철수를 육본 장도영 총장에게 건의
	◇ 이한림, '1군장병에게 고함'이란 성명서 준비, 쿠데타 세력에 의해 좌절됨
	◇ 김웅수, 2군단장 민기식에게 수차례 전화를 했으나 연락이 되지 않음
	◇ 김웅수, 그린으로부터 미8군 명의에 의한 정통정부 귀속 요청 서한 받음
	★ 09:00 실버, 박종규의 인도하에 박정희 방문, 2시간가량 면담
	◇ 12:00 육본 인사참모부장, '부대이탈자(6군단포병단) 보고'를 지시함

18일	◇ 14:00 이한림, 윤보선의 친서를 휴대한 김남·김준하 비서관 면담
	◇ 14:50 매그루더와 이한림 면담, 군사고문단 호제(Howze) 장군 동반
	◇ 15:00 정강, 8사단의 출동계획 수립
	◇ 17:00 이한림, 혁명지지 방송
	◇ 이한림, 윤태일의 9사단장 취임을 거절
	◇ 18:30 박창록, 철수명령서 포병단에 전달
	◇ 김응수, 철수명령에 불복한 포병사령관 문재준 해임
	◇ 20:00 17일 하오 귀대한 조창대, 군사령관 체포 건의, 18일 새벽 체포하기로 결정
	◇ 21:00 6군단포병단 원대복귀 무산
	◇ 강영훈, 라이언 및 김웅수와의 연락혐의, 육사생도 시위반대 건으로 연금됨
19일	◆ 2:00 5사단장 채명신 준장, 제6연대 주력, 제5연대 일부, 사단수색중대 등 출동 지시
	◆ 03:00 12사단장 박춘식 준장 2개 중대 편성, 제2군단장 민기식 중장 혁명지지(춘천 방송)
	◆ 04:10 조창대, 박용기, 엄병길 중령 등 이한림 체포
	◆ 07:00 여주 출발, 11시 50분 서울 도착, 대한문에서 김형욱, 김동환, 박배근에게 인계
	◆ 제5군단장 박임항, 제1군사령관 대행(혁명위의 지시)
	◆ 09:00 육사생도 혁명지지 가두행진, 10시 5분 서울 시청 도착
	☆ 12:30 장면내각 총사퇴 결의, 군사혁명위에 정권 이양 결의
	★ 미 국무부 차관 보울즈 성명 발표
	★ 저녁 무렵, 박정희(통역 강문봉) 하우스만 자택 방문
	◆ 15:00 혁명위를 '국가재건최고회의'로 명칭 변경, 혁명위원 30명 고문 2명 발표
	☆ 20:30 윤보선 하야 성명 발표 → 20일, 하야번의
	★ 하우스만, 워싱턴으로 출발 → 육군참모총장(조지H.데커)·CIA·국무부 등 방문
	→ 국방장관 공로표창장 수여
6.13	**NSC, 한국 임무단의 보고서를 토대로 한국 문제 논의** 케네디: 어떤 세력이 어떤 방법으로 권력을 획득해서 그 권력을 어떻게 유지하는가 하는 것은 부차적인 문제이며 중요한 사항은 그들이 미국에게 어떤 존재인가 하는 점이다.

호산 전창일과 통일운동 77년사

쿠데타군의 배후에 미국이 있었다는 것은 이제 상식이다. 그러면 미국은 왜 쿠데타를 사주했을까 하는 의문이 들 것이다. 전창일은 평화통일운동 억압과 한일협정 체결 등 두 가지 목적을 제시했다.[1] 미국이 원하는 것은 반공 정권의 수립이며, 한국과 일본의 국교정상화를 통해 미국의 경제적 부담을 일정 부분 일본에 이관시키겠다는 뜻이다. 이 문제를 파악하기 위해선 쿠데타 발발 한 달쯤 후에 개최된 NSC(National Security Council, 국가안전보장회의)에서 논의한 사안을 살펴볼 필요가 있다.

1961년 6월 13일 오후 3시, 485번째 국가안전보장회의(NSC)가 백악관 내각회의실에서 열렸다. 대통령 케네디와 함께 딘 러스크 국무장관, 맥나마라 국방장관, 더글러스 딜론 재무장관, 로버트 케네디 법무장관, 로스웰 길 패트릭 국방차관, 라이먼 렘니츠 합참의장, 체스터 볼스 국무부 차관, 월트 매카너기 극동문제담당차관보, 맥 조지 번디 안보보좌관, 월트 로스토우 특별 보좌관 등이 참석했다. 곧 주한 미대사로 부임할 사무엘 버거, 7월 1일 유엔군 사령관으로 취임할 가이 멜로이 장군(현직 부사령관), 유솜(USOM)의 이사로 임명될 예정인 제임스 킬렌(현재 파키스탄의 유솜 이사) 등 세 사람도 특별히 참석하였다.[2] 주요 발언 내용은 아래와 같다.

○ 매카너기 극동문제담당차관보: …한국의 발전에 가장 큰 방해가

1   임미리 기록, 『1960년대 이후 통일운동가들의 통일운동 및 사회운동 경험, 전창일 구술』, 국사편찬위원회, 2014, 녹취록 4차-2. 11 구술자의 5 · 16 평가, 한일외교 정상화 위한 미국의 음모

2   《228. Editorial Note, FOREIGN RELATIONS OF THE UNITED STATES, 1961-1963, Volume XXII, CHINA; KOREA; JAPAN》

되는 것은 한·일 간 계속되는 적개심과 상호이익이 될 수 있는 관계를 회복하지 못했다는 것이다. 그는 버거 대사와 라이샤워 주일 대사의 주요 임무 중 하나는 양국 간의 화해를 도모하는 것이라고 말했다.

○ 맥나마라 국방장관: 한국군 유지비용을 1인당 월 5달러 정도로 보면, 약 10만 명의 병사를 감축한다고 할 때 연간 600만 달러 정도를 절감할 수 있을 뿐이다. 그러므로 전선에서 효과적인 병력을 유지하는 것이 훨씬 효과적이다.

○ 렘니처 합참의장: 군대의 관점에서 보았을 때, 현재 한국군의 숫자는 적절한 방어를 위해 필요한 것보다 적은 수준이라는 점을 지적했다. 그의 의견은 예전에 테일러와 데커 장군이 표명한 견해를 단순화한 것이다. 그는 157마일 정면에 현존하는 위협에 대항하며 방어해야 하는 현실을 언급하며, 전쟁 중에 존재했던 것보다 훨씬 효율적인 북쪽의 힘에 대항해야 한다고 말했다.

○ 로스토우 특별 보좌관: 절망적인 경제상황을 받아들이는 것에 동의하지 않았고 어느 정도의 낙관주의 기초로서 다음 세 가지 요인을 언급했다. 첫째, 새로운 효과적인 경제적 및 사회적 계획. 둘째, 젊고 공격적이며 유능한 사람들이 일하는 정부. 셋째, 일본과의 관계 개선.

○ 케네디: 언급된 내용 중 개선 할 수 있는 최선의 기회는 한일 관계의 개선으로 보이며, 버거 대사에게 이 문제에 집중하도록 지시하는 것으로 결론을 내렸다. 대통령은 미국은 자체 프로그램과 입장을 살펴보고 한국인에게 무엇을 요구해야 하는지를 물어야 한다고 제안했다.

호산 전창일과 통일운동 77년사

○ 매카너기와 버거: 부패감소를 요구함으로써 시작을 해야 한다고 동의했다.

○ 케네디: 다음 주 일본 총리와 한국 관계 개선에 관한 주제를 채택할 것이라고 밝혔다.

○ 데커 미 육군 참모총장: 자신이 보기에 한국에서 가장 불길하고 어려운 문제는 젊은 장교그룹들에 의해 국가가 통제되고 있는 것이므로, 미국은 즉시 군대와 국가에 대한 통제권을 중령그룹으로부터 경험 많은 장성들에게 돌려줄 것을 요구해야 한다고 말했다. 계속해서 말하길, 데커는 자기 생각을 새로운 국방장관이 되기 위해 방금 미국을 떠난 한국인 장성(송요찬)에게 전달했다고 했다.

○ 케네디: 데커 장군과 의견을 달리했으며, 미국은 권력이 있는 사람들과 거래를 할 수밖에 없다는 의견을 표명했다.

미국의 대한정책이 적나라하게 표출되고 있다. 군축을 통해 한국의 경제를 살리자는 국무부의 의견이 묵살되고, 군축불가 주장을 하는 미 군부의 의견이 수용되었음을 알 수 있다. 군대감축을 통한 재원마련보다는 한일관계의 정상화를 통해 미국이 부담하고 있는 일정 부분을 일본에 이관시키는 것으로 결론이 났다. 한일 국교 정상화 문제는 이승만 시절부터 추진되어 오던 미국의 오랜 숙원이었다. 이제 케네디 정부의 강력한 추진과 박정희의 적극적인 호응으로 머지않아 결실을 맺게 된다. 물꼬는 케네디가 텄다.

1961년 6월 13일 개최된 485차 국가안전보장회의(NSC)에서 공언한 대로 1961년 6월 20일(미국 시간), 케네디는 일본 수상 이케다(池田)와 한국의 경제개발원조에 대한 회담을 가졌다. 케네디와 이케다, 두 사람은 역사에 남을 중요한 회담을 가졌다.[3] 한일 국교 정상화에 대하여 미국과 일본이 기본적 합의를 했다.

이제 한국 정부의 선택만 남은 셈이다. 한일회담이 성사되는 과정을 정리해 보자. 1961년 6월 13일 미국 NSC 회의 → 6월 20일 케네디와 이케다 회담 → 11월 12일 박정희 · 이케다 회담 → 11월 14일 박정희 · 케네디 회담 → 1962년 11월 12일 김종필 · 오히라(일본 외상) 메모 → 1963년 7월 김용식 외무장관과 오히라 일본 외상 간의 회담 → 1964년 봄 한일회담을 본격적으로 추진 → 1964년 6월 3일 계엄령 선포 →1965년 2월 시나 에쓰사부로 일본 외상 서울방문 → 1965년 6월 22일 국교정상화조약 조인 → 동년 12월 발효.

케네디가 대한정책의 기본으로 하겠다고 공언한 이후 4년 정도 시간이 흐른 후 한일국교정상화조약이 조인된다. 적지 않은 시간이 흘렀고, 계엄령을 선포한 후에 조인되었다. 박정희 군사정권이 아니었다면 당시 합의된 내용으로 한일 국교 정상화는 이루어지지 못했을 것이다. 1961년 6월 20일의 케네디 · 이케다 회담은 미국과 일본이라는 두 나라가 쿠데타 집단을 공식적으로 인정한 날이기도 했다.

5 · 16이 발발했을 때 혁신 · 진보계의 견해는 두 가지로 갈라졌다. '박정희는 청렴한 사람이었고, 정직한 사람이다. 고급장교들은 훔쳐 먹고, 도둑질해 먹은 놈들이 대부분이지만 박정희 장군은 절대 그런 적이 없었다. 그리고 그의 사상적 가계는 아주 진보적이었다. 그렇기 때문에 그가 지도하는 군사정권은 이승만 · 장면 정권처럼 부패한 정권이 아니고 청렴한 정권이 될 것이다. 남북문제에서도 민족주의적일 것이며, 북

---

3   세계문제 첫 회담. 케네디 대통령 · 池田 수상 간, 「조선일보」, 1961.6.21.

호산 전창일과 통일운동 77년사

진 통일을 부정하고 평화통일이 오는 세상을 만들 것이다……'라고 기대하는 부류가 있었다.

아니다. 미국이 사주하여 발발한 쿠데타다. 혁신세력이 팽창하고 비대해지니까, 미 제국주의 지배세력들이 취약한 보수 민주당 정권 가지고는 통제할 수 없고 분단체제를 유지하기 어렵다고 판단한 결과 계획적으로 일으킨 친미·반통일 쿠데타다. 이처럼 두 가지 견해가 대립했는데, 대부분의 혁신계 인사들은 후자의 견해를 지지했다. 하지만 몇몇 유명인사 중 전자를 지지한 인사들도 있었다는 것이 전창일의 증언이다. 박정희의 실체는 곧 드러나게 된다.

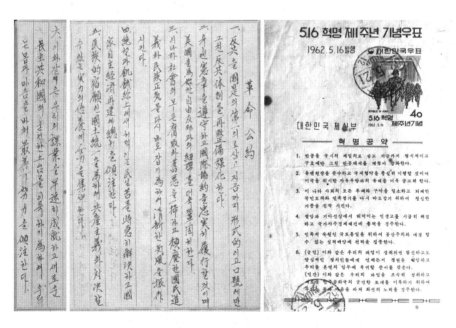

〈 그림161: 5·16 혁명 공약 필사문[4]ⓒ국사편찬위원회 전자사료관, 5·16 혁명 제1주년 기념우표 〉

---

4 5·16 군사정권의 혁명 공약 필사문 등을 철한 장부. 장부에는 혁명공약 필사문 외에 작

쿠데타를 일으킨 박정희 군부는 소위 '군사혁명위원회'의 이름으로 6 개 항의 혁명공약을 발표하며, "계속적인 강력한 반공정책과 미국과의 긴밀한 협조를 맹서하였다."5 주목할 것은 첫 번째 공약 "반공을 국시" 로 한다는 선언이다. 국시(國是)란 "국민 전체가 지지하는 국가의 이념 이나 국정의 근본 방침"을 뜻한다. 대부분 나라는 헌법 제1조를 통해 그 나라의 국시를 표명하고 있다. 민주주의, 공화주의, 사회주의, 자유, 평등 등이 구체적 예다. 전 세계의 수많은 나라 중 반공을 국시로 명시 한 헌법은 단 한 곳도 없다. 현 대한민국의 헌법 제1조는 "대한민국은 민주공화국이다."라고 되어 있으니, 대한민국의 국시는 '민주공화국'인 셈이다. '민주공화국'이란 국시는 1948년 7월 17일 공포된 제헌 헌법 이 후 한 번도 바뀌지 않았다. 내각제를 선택한 제2공화국, 박정희의 제3 공화국, 심지어 유신헌법조차 제1조는 "대한민국은 민주공화국이다." 라고 되어 있다. 물론 박정희도 헌법에 대한민국의 국시는 반공이라는 문구를 삽입할 정도로 무모하지 않았다. 박정희가 "반공을 국시"로 하 겠다는 것은 공포정치를 하겠다는 선언이었다. 정통성 없는 쿠데타 정 권이 취할 수 있는 최선의 방안은 공포정치였다는 얘기다.

성, 배포시기를 알 수 없는 제6회 초등학교 대항 주산경기대회 준비에 관한 문건이 첨부 되어 있음. 5·16 군사쿠데타 당시 발표한 혁명공약의 제6항은 본디 "이와 같은 우리의 과업이 성취되면 참신하고도 양심적인 정치인들에게 언제든지 정권을 이양하고 우리 본 연의 임무에 복귀할 준비를 갖춘다" 였는데, 이후 해당 조항의 내용은 슬며시 사라지고, 점차 "이와 같은 우리의 과업을 조속히 성취하고 새로운 민주공화국의 굳건한 토대를 이 룩하기 위하여 우리는 몸과 마음을 바쳐 최선의 노력을 경주한다"로 바뀌었는데, 이 필 사본에서도 후자의 내용을 담고 있음. 첨부된 주산경기대회 관련 문건에는 직원 부서 배 치 및 숙지사항이 기재되어 있음. 《국사편찬위원회 전자사료관》

5   장 정권 무력 실증, 「동아일보」 1961.5.17; 한미 간의 유대강화는 반공 태세 강화의 길이 다, 「동아일보」 1961.5.20.

사실 1961년 현재의 대한민국에는 공산주의를 표방하는 정당이나 단체는 없었다. 공산당과 남로당 등은 미 군정 시기 불법단체로 지정되어 이미 소멸되었다. 4월 혁명 후 사회당, 사대당, 혁신당, 통사당 등 사민주의를 주장한 정당이 나타났으나 사회주의 정강·정책보다는 통일문제에 보다 큰 비중을 두었고, 더욱이 통사당은 반공통일정책을 주장했던 단체였다. 결국, 박정희 군부의 반공정책은 혁신계 정당·단체를 소멸시키면서 쿠데타의 정당성을 확보하겠다는 의도였다.

쿠데타군의 혁신계 소멸 움직임은 쿠데타 사흘째인 5월 18일부터 시작되었다. 「민족일보」에 대한 탄압이 신호탄이었다. 사장 조용수를 비롯해 8명의 간부들이 18일 자로 구속되었고, 「민족일보」는 19일 자로 폐간되었다.[6] 그 후 모든 언론은 군에 의한 사전검열로 통제되었고 수많은 신문이 폐간당했다. 아울러 정당 활동, 집회 등 정치의 자유는 허용되지 않았고, 전국에 계엄령이 선포되어 1년 7개월 동안 지속되었다. 내각은 모두 영관급, 장성 등의 군인이 차지하였으며, 입법부는 폐지되어 행정부에 기능이 이전되었고 사법부, 경찰, 검찰은 통제를 받았다.[7] 미 군정에 이어 사법·입법·행정 3권을 모두 행사하는 군정이 다시 시작된 것이다. 미 군정이 《포고령》 정치를 한 것과 마찬가지로 '국가재건최고회의'도 수많은 《포고령》을 발표했다.[8] 목적은 군사정권에 대한 민간의 반항을 탄압하고 사회를 통제하려는 데 있었다.

「민족일보」 소속 인사들뿐만 아니라 수많은 혁신계 인물들이 구금·

---

6   민족일보 폐간, 「경향신문」, 1961.5.19.

7   국가재건최고회의, 《나무위키》

8   5·16 혁명 후의 포고 및 령, 5월 16일부터 5월 27일 정오까지, 「경향신문」, 1961.5.28.

구속되었지만 그들
은 그리 심각하게 생
각하지 않았다. 함께
구속된 변호사는 "아
무 법에도 저촉될 게
없으니까 예비검속
으로 당분간 가두었
다가 내보낼 것 아니
겠소"라는 의견을 피
력했으며, 민자통 충
남협의회 의장 김영

〈 그림162: 1961년 6월 23일 자 경향신문 〉

수의 경우 "누가 출감을 정확하게 맞추는지 내기를 한 적이 있었다. 그
때 가장 멀리 잡은 사람이 3주였고, 대개는 1주일쯤으로 생각했다."라
는 증언을 남겼다.[9] 왜냐하면 박정희 군부의 정확한 의도를 몰랐고, 더
욱이 그들이 구속될 무렵까지만 해도 실정법상 처벌할 근거가 미약했기
때문이다. 그러나 쿠데타군은 생각 외로 치밀했다.

6월 22일, 쿠데타군 정부는 7조로 된《특수범죄처벌특별법》전문을
방송을 통해 공포함과 동시에 발효시켰다. 특히 "정당, 사회단체의 주
요 간부의 지위에 있는 자로서 국가보안법 제1조에 규정된 반국가단체
의 이익이 된다는 정을 알면서 그 단체나 구성원의 활동을 찬양, 고무,
동조하거나 또는 기타의 방법으로 그 목적수행을 위한 행위를 한 자는

---

9 김영수, 옥중기-붉은 담 안의 4년 7개월, 「자유시대사」, 1993. 〈원희복, 『조용수와 민족일
보』, 도서출판 새누리, 1995, pp.216~217.〉 재인용

호산 전창일과 통일운동 77년사

사형, 무기 또는 10년 이상의 징역에 처한다."라고 규정된 제6조는 분명히 혁신 · 좌익계를 겨냥한 규정이었다. 더욱이 이 법은 부칙 "본 법은 공포한 날로부터 3년 6월까지 소급하여 적용한다."에 의해 소급 처벌이 가능하게 된 국가보안법에 대한 소급입법이었다.[10] 뿐만 아니라 장면정권이 시도했다가 시민들의 저항으로 무산된 《반공법》마저 7월 3일부로 공포했다.[11] 지금은 《국가보안법》에 통합되었지만, 찬양 · 고무 · 회합 · 통신 · 탈출 · 잠입 · 편의제공 등이 주요범죄로 규정된 최초

〈 그림163: 시계방향, ① 혁명재판소장 육군소장 최영규, ② 심판부 제2부(하단 왼쪽, 판사 이회창), ③ 혁명검찰부장 육군대령 박창암 〉

10   특수범죄처벌법을 공포, 「동아일보」, 1961.6.23.
11   공포된 반공법 전문, 「경향신문」, 1961.7.4.

의 입법이었다. 《특수범죄처벌특별법》과 《반공법》을 입법·공포함으로써 쿠데타 세력은 반공 이데올로기를 강화하면서 정치적 억압체제를 구축한 것이다.

혁신계 인사들이 대대적으로 구속되기 시작한 5월 18일 이후 폭력배 4,200명을 포함해 범죄혐의자 2만 7천여 명을 단속하였고, 부패 공무원 약 4만 명을 공직에서 추방하였다. 그리고 주요 기업인 15명을 구속하였다. 그 외 장면정권의 인사들과 부정선거 관련자, 반혁명 혐의자 등 수많은 사람이 구속·구금되었다.

한편, 박정희 군사정부는 혁명재판소와 검찰부를 설립했다.[12] 재판소 소장은 준장 최영규, 검찰부장에는 박창암 대령이 임명되었다. 임명 날짜는 7월 8일부다.[13] 11일에는 심판관 16명, 검찰관 9명이 임명되었는데, 1심 심판관 중에는 우리가 익히 알고 있는 이회창(인천지방법원)도 포함되어 있다.[14] 같은 날 오후, 일반재판에 계류 중인 사건 중 《특수범죄처벌특별법》에 해당되는 15건의 피고인 91명을 대법원이 혁명재판소에 이송함으로써 혁명재판소와 검찰부가 본격적으로 가동되기 시작했다.[15] 구속된 인사들 중 기소된 자는 508명 정도다. 아래에 소위 혁명검찰부와 혁명재판소에 의한 재판결과를 소개한다.[16]

---

12 혁명재판소 및 검찰부 조직법 의결, 「조선일보」, 1961.6.21.

13 혁명재판소장, 혁명검찰부장 임명, 「동아일보」, 1961.7.9.

14 혁재 심판관, 혁검 검찰관 발령, 「경향신문」, 1961.7.12.

15 혁재에 91명 이송, 「조선일보」, 1961.7.1.

16 『한국혁명재판사』 제1~5집, 한국혁명재판사편찬위원회, 1962 참조

[표12: 혁명재판 공판기록]

			사형	무기	징역	무죄	사형집행
1) 부정선거 관련자 처벌법 위반 사건 (107명 기소)	1심	구형			92	–	4. 최인규 · 임화수 · 신정식 · 곽영주 〈한희석 · 유지광〉
		선고	7	5	87	8	
	2심	선고	6	4	89	8	
2) 선거에 관련된 살인상해방화 손괴 등 사건 (34명 기소)	1심	구형			34	–	–
		선고	0	0	33	1	
	2심	선고	0	0	33	1	
3) 특수반국가행위 사건 (190명 기소)	1심	구형			162	–	2. 조용수 · 최백근 〈송지영 · 안신규 · 이원식〉
		선고	5	3	145	37	
	2심	선고	5	2	147	36	
4) 반혁명 행위 사건 (107명 기소)	1심	구형			74	–	〈이갑영 · 주중서 · 안병욱〉
		선고	11	11	62	23	
	2심	선고	3	19	62	23	
5) 특수밀수 사건 (19명 기소)	1심	구형			11	–	1. 한필국
		선고	1	2	16	0	
	2심	선고	1	0	18	0	
6) 국사 또는 군사에 관한 독직 사건 (36명 기소)	1심	구형			29	–	〈양인형〉
		선고	1	2	27	6	
	2심	선고	1	1	29	5	
7) 부정축재 처리법 위반 사건 (11명 기소)	1심	구형			11	–	–
		선고	0	0	7	4	
	2심	선고	0	0	6	5	
8) 국체적 폭력행위 사건 (4명 기소)	1심	구형			2	–	1. 이정재
		선고	1	1	2	0	
	2심	선고	1	1	2	0	
합계 (508명 기소)	1심	구형		34	415	–	8명 사형집행 〈9명 사면〉
		선고	26	24	379	79	
	2심	선고	17	27	386	78	

눈여겨볼 것은 '특수 반국가행위 사건'이다. 민족일보 사건, 조국통일민족전선 사건, 범혁신동지회 사건, 한국영세중립화 통일추진위원회 사건, 경상북도 민족통일연맹사건, 혁신당 사건, 중앙사회당 사건, 중앙사회대중당 사건, 중앙통일사회당 사건, 민족통일전국학생연맹 사건, 중앙민족자주통일협의회 사건, 경상남북도 피학살자 유족회사건… 등 48개 사건이 수사 대상이었다. 주로 통일운동과 민간인 학살 진상규명을 요구한 단체들이었다. 190명이 기소되었는데, 전체 기소자수(508명)의 37.4% 정도로 다른 사건보다 월등히 많은 숫자다. 두 번째인 '부정선거 관련자 처벌법 위반 사건(107명)', '반혁명행위 사건(107명)'보다 거의 두 배에 가까운 수치다.

아무튼, 쿠데타로 인해 사회당, 사대당, 혁신당, 민민청, 통민청 등 민자통 계열뿐 아니라 대학생 연합체인 민통련 그리고 반공통일을 주장했던 통사당까지 혁신계 정당·단체는 회복이 불가능할 정도로 괴멸되었다. 이로써 이 땅의 통일운동은 먼 훗날 범민련이 활동할 때까지 암흑의 터널에 갇히고 말았다.

:: 03 ::

도피생활

민족일보(조용수 · 송지영 · 이종률 · 안신규 · 정규식 · 양수정 · 전승택 · 김영달 · 조규진 · 이상두 · 이건호 · 양실근), 혁신당(장건상 · 권대복 · 곽순모 · 황구성 · 허영무 · 정예근⋯), 사회당(문희중 · 유한종 · 하태환 · 진병호 · 이석준 · 최백근 · 김영옥 · 강창덕⋯), 사회대중당(김달호 · 김명세 · 조중찬 · 김병휘 · 박형필 · 윤성식 · 이성재 · 선우정⋯), 통사당(서상일 · 金星淑 · 金成淑 · 정화암 · 이동화 · 윤길중 · 송남헌 · 구익균 · 김기철 · 조헌식 · 이명하 · 고정훈 · 황빈 · 한왕균⋯), 삼민당(문용채), 민통련(윤식 · 유근일 · 이영일 · 황건 · 심재택 · 김승균 · 이수병 · 노원태 · 연현배), 민민청(서도원, 권달섭, 강왕수, 권종현, 김상찬⋯), 민자통(박진 · 이재춘 · 문한영 · 신인철 · 박래원 · 이영옥 · 강등인 · 김달수 · 이종신 · 기세충 · 정순종 · 김형수 · 김차경 · 이현수)⋯등 전창일과 함께 활동했던 혁신계 인사들이 대부분 구속되었다.

이들 중에는 조용수, 최백근처럼 군사정권에 의해 처형된 사람도 있고, 훗날 인혁당 조작사건으로 인해 사형된 이수병, 서도원도 포함되어 있었다. 명단에는 없지만 구속되어 재판 도중 옥사한 최근우도 억울한 죽음을 당한 경우다. 전창일을 혁신계에 발을 들여놓게 역할을 한 삼민당 당수 문용채의 경우 7년형을 선고받았다. 하지만 전창일은 검거를 피했다. 구속을 면한 데는 사연이 있다.

전창일에 따르면, 데스크에 기사를 송부할 때 통상 초서(草書)로 보내다 보니까 전(全)을 김(金)으로 오인하는 경우가 많았다 한다. 반민주악법반대공동투쟁위원회 선언문 중 실무위원 섭외차장 명단에 김창일(金昌一)로 오기(誤記)되었다는 사실을 기억하리라 본다.[1] 이러한 연유로 혁신계 인사들에 대한 체포명단에 김창일(金昌一)로 기록되어 있었던 것이다. 다음은 전창일의 경험담이다.

쿠데타가 일어날 무렵 전창일은 서울과 평택을 오가는 생활을 하고 있었다. 공영토건이 수주한 평택 미군비행장 공사 건으로 인해 일주일에 한두 번 정도는 방문해야만 되었기 때문이다. 현장소장이 요구하는 문제점 해결, 월말에 지급되는 기성고 지급처리 등이 그의 주요업무였다. 쿠데타가 일어났다는 소식이 들려왔다. 세상이 어떻게 돌아갈지 가늠할 수 없었다.

5월 18일, 을지로에 있는 민자통 사무실을 방문해 상황을 알아보기로 했다. 2층에 있는 다방에 잠깐 앉아 있다가 3층에 올라가 사무실을 살펴보니 낯선 인물들이 앉아 있었다. 이상하다는 예감이 들었다. 일단 화장실로 갔다. 화장실에는 민자통 유인물이 잔뜩 처박혀있었다. 아~ 당했구나. 저놈들은 경찰이구나. 다시 화장실을 들렀다가 4층으로 갔다. 4층에서 3층으로 내려올 때 사무실 안에서 "여보, 이리 오시오"라고 부르는 소리가 났다. 시민증을 좀 보자고 한다. 그들은 가지고 있는 명단과 시민증을 대조해 보더니, "당신, 왜 여기를 들여다보는가, 여기 사무실과 무슨 관계가 있지 않느냐."고 윽박질렀다. 전창일은 공영토건 신분증을 내보이면서 "나는 건설회사 직원이다. 현장에서 일할 사람 기

1 〈그림155: 1961년 3월 18일 자 민족일보(광고), 반민주악법반대 공동투쟁위원회 선언〉 참조

술자를 여기서 만나기로 했는데 약속 시간이 지나도록 오지 않아 화장
실을 갔다가 내려오는 중이다"라고 답하며, "왜 그러느냐 당신들 뭐 하
는 사람들이냐?"라고 묻자 "우리가 누군지 몰라?"라고 한다. "모르니까
묻지 않소."라고 당당하게 말하니 "알 필요 없어, 가시오!" 라고 한다.
등에서 식은땀이 났다. 아~위험하구나. 민자통이 이렇게 당하고 있다
는 것을 몇몇 친구들에게 알리고, 모두들 피신하라고 당부했다.

　집으로 돌아가 아내에게 사정을 얘기한 뒤 평택으로 내려가 미군기지
안으로 들어갔다. 그곳은 한국 경찰이 못 들어가는 안전지대였다. 숙소
도 있었고 취사에도 아무런 문제가 없었다. 생활은 편했지만, 현재 상
황이 궁금했다. 서울에 올라와 친구들에게 연락해보니 거의 모든 친구
가 구속되었다 한다. 다시 평택으로 내려왔다.

　1962년 3월 16일, 국가재건최고회의 의장 박정희는 '정치활동정화법'
의 가결을 선포했다. 이 법은 일정한 정치적 지위에 있었던 정치인과
5 · 16의 이른바 혁명과업수행을 방해했다고 인정되는 정치인의 정치활
동을 금지한 법률이다. '정치활동 정화' 대상의 적격 여부는 5월 31일까
지 판결할 것이며, 실격 · 미결자는 1968년 8월 15일까지 정치활동이
금지된다는 내용이 포함되어 있다.[2]

　3월 30일, 제1차 정화법 대상자 2,900명의 명단이 발표되었다. 주로
자유당(공권제한자), 민주당(국무위원 등 포함) 및 신민당 간부들이다.[3]
제2차 공고 대상자는 군소정당 및 국영기업체 간부들인데, 3월 31일
1,285명의 명단이 언론에 보도되었다. 김창일(金昌一)도 여기에 포함되

2　정치활동정화법 공포, 「경향신문」, 1962.3.16.
3　정화법대상자 오늘 1차 공고, 「동아일보」, 1962.3.30.

〈 그림164: 1962년 3월 16일 자 경향신문, 3월 31일 자 조선일보 〉

었는데, 혁신계 군소정당단체(334명)의 간부로서 직책은 반민주악법반
대투위의 기획위원으로 보도되었다.[4]

　'정치활동정화법'의 해당자는 4,359명이었다. 이들 중 2,958명이 심
판 청구한 결과 1,340여 명이 구제되었다. 대략 3,000여 명이 일체의
정치적 활동을 못 하게 된 셈이다.[5] 정치군인의 힘이었다. 정치활동 금
지자 명단에 김창일(金昌一)이 포함된 것을 보고, "아~그러면 전창일
(全昌一)은 정치활동을 해도 되겠네……."하며 쓴웃음을 지었다고 과거
를 회상한다.

　수많은 정치인의 손발을 묶어놓고 박정희 군부는 공화당을 은밀히 창
당하였다. 그리고 1963년 10월에 실시된 제5대 대통령 선거에서 공화
당 후보 박정희가 민정당 후보 윤보선(尹潽善)을 약 15만 표 차이로 당
선되었다. 1967년 제6대 대통령 선거에서도 신민당 후보 윤보선을 약
110만 표 차이로 누르고 당선됨으로써 계속 집권을 하게 되었다. '정치

4　정정법해당자 2차로 1,285명을 공고, 「조선일보」 1962.3.31.
5　박 의장 적격심판 확인완료, 「경향신문」 1962.5.29.

　　　　　　　　　　　　호산 전창일과 통일운동 77년사

활동 정화' 대상이 된 주요 인사들이 정치 행위를 하지 못한 6년여 동안 공화당은 대통령·국회의원 선거에서 승리를 거둬 통치체제를 확고히 다졌다고 할 수 있다.

물론 구제받은 이들도 있다. 박정희 정권은 제5대 대통령 선거 이후 일부 야당인사를 비롯해 다수의 정치활동금지 인사들을 해금했다.[6] 김창일도 해금되었다.[7] 그 이전에 체포령도 해제되었던 모양이다. 지하에 숨어있던 전창일이 이제 활동을 할 수 있게 된 것이다. 전창일처럼 운이 좋았던 사람이 또 있었다. 반민주악법반대공동투쟁위원회에서 함께 활동했던 조규택(섭외부장)이다. 민자통 활동하면서 전창일과는 단짝이 된 사이다. 조규택은 서울방송국 편성과장을 한 이력으로 정치권에 발이 넓었고 특히 전직 자유당 간부들 몇몇 사람과는 친분이 두터웠다고 한다. 박정희 치하에서도 자유당 출신 인사들의 영향력은 여전했다고 전창일은 증언한다. 아무튼, 그들의 도움으로 서대문·마포 형무소에 있는 혁신계 인사들의 옥바라지를 할 수 있게 되었다.

흥미로운 일도 있었다. 메모 한 장으로 서대문형무소에서 옥중파티를 할 수 있었다는 경험담이다. 사과와 빵 등 간식거리를 잔뜩 준비한 뒤 포장했다. 그런데 그 포장지는 미군 부대에서 나오는 영자 신문 스타스앤드스트라이프스(Stars and Stripes), 국내 일간신문 중 주요기사가 실려 있는 신문지였다. 전직 자유당 간부의 메모를 본 소장은 형무소에 구금되어 있던 40~50명 혁신계 인사들을 모두 한자리에 모일 수 있는 편

---

6 정치활동재개의 분위기 조성을 위해서, 「조선일보」, 1962.12.30.

7 1963년 2월 28일 발표된 해금 안 된 명단을 보면 김창일은 없다. 〈「동아일보」, 1963.2.28.〉

의를 봐주었다고 한다. 다음 차례는 파티였다. 먹고 이야기하는 가운데 신문을 함께 읽었다. 그리고 전창일은 바깥세상의 현황과 정세를 보고 했다. 한두 달에 한 번 정도 면회를 갔고 비슷한 파티가 열렸다.

이런 와중에 마포형무소가 경기도 안양에 신설된 안양교도소로 이전 하면서 폐지되고(1963년), 혁신계 수감자들은 안양교도소로 이감되었 다. 서대문형무소에 있던 이들 역시 안양교도소로 갔다. 서대문형무소 가 구치소로 변경되었기 때문이다. 그 후 한 달에 한 번씩 안양교도소로 면회를 가는 것이 월례행사가 되었고, 많은 혁신계 인사들과 친밀한 관 계가 되었다. 교도소 면회가 혁신계 인사들의 연대에 징검다리 역할을 한 셈이다. 아래 표는 소위 '특수반국가행위사건'으로 옥고를 치른 인사 들의 명단이다.

[표13: 특수반국가행위 사건 수형자 목록]

피고인	나이	직업	1심		2심	비고
			구형	선고	선고	
1. 민족일보 사건(기소일: 1961.7.23.~)						
조용수	32	민족일보사 사장	사형	사형	사형	집행(61.12.21.)
송지영	46	한국전통주식회사 사장	사형	사형	사형	가석방(69.7.)
이종률	52	민족일보사 상무(?)	5년	무죄	10년	특사(65.12.25.)
안신규	43	민족일보사 감사	사형	사형	사형	출소(71.5.27.)
정규식	32	민족일보사 상무	5년	5년	5년	사면(63.12.15.)
양수정	42	민족일보사 편집국장	5년	10년	5년	사면(63.12.15.)
전승택	41	민족일보사 총무국부국장	5년	무죄	–	–
김영달	49	민족일보사 업무국장	5년	무죄	—	—
조규진	39	민족일보사 기획부사원	5년	무죄	—	–
이상두	30	민족일보 논설위원, 경북대 강사	15년	15년	10년	특사(65.12.25.)
이건호	45	고려대 법정대교수	5년	10년	5년	사면(63.12.15.)

양실근	30	무직(전선원)	사형	5년	5년	사면(63.12.15.)

2. 국제신문 주필 및 상임논설위원 사건(기소일: 1961.10.30.~)						
이병주	41	국제신보사 주필 겸 편집국장	15년	10년	10년	사면(63.12.15.)
변노섭	32	사회당 경남도당무임소상임위원	12년	10년	10년	사면(63.12.15.)
3. 대구 데모 사건(기소일: 1961.4.26.~)						
김문수	50	교원노조 경북도위원장	무기	무기	무기	출소(1970.)
최 일	30	경북도의회의원	15년	7년	7년	사면(63.12.15.)
정만진	22	학생	무기	10년	10년	형면제(62.4.19.)
4. 조국통일민족전선 사건(기소일: 1961.11.14.~)						
정순학	40	전 조국통일민족전선 위원장	15년	15년		사면(63.12.15.)
강진원	31	전 조국통일민족전선 사무국장	15년	12년		특사(65.12.25.)
김동림	43	전 조국통일민족전선 통제국장	7년	7년	상소기각	사면(63.12.15.)
김진철	34	전 조국통일민족전선 기획국장	10년	10년		특사(65.12.25.)
정형모	51	전 조국통일민족전선 지도위원	12년	10년		특사(65.12.25.)
하태환	35	전 조국통일민족전선 선전국장	15년	면소	–	–
최성만	43	전 조국통일민족전선 부위원장	10년	10년	상소기각	사면(63.12.15.)
5. 범혁신동지회 사건(기소일: 1961.11.14.~)						
조용구	55	전 범혁신동지회 지도위원	10년	5년	상소기각	사면(63.12.15.)
윤안진	36	전 범혁신동지회 간사장	10년	무죄	–	–
김정태	22	전 범혁신동지회 간사, 필공	15년	8년		사면(63.12.15.)
김정철	36	전 범혁신동지회 지도위원	10년	7년	상소기각	사면(63.12.15.)
김을수	22	전 범혁신동지회 주비위원	무기	무기		출소(71.8.25.)
김영래 (쾌달)	66	전 범혁신동지회 지도위원	7년	3년		–
김이정	54	전 범혁신동지회 지도위원	5년	무죄	–	–
6. 한국 영세중립화 통일추진위원회 사건(기소일: 1961.11.6.~)						
김문갑	53	전 영통추추진위원회 위원장	사형	10년	상소기각	특사(65.12.25.)
김성립	45	전 영통추추진위원회 부위원장	8년	5년		사면(63.12.15.)
김형대	47	전 영통추추진위원회 부위원장	7년	무죄	–	–
김진정	30	전 영통추추진위원회 국제선	8년	5년	상소기각	사면(63.12.15.)
전인봉	53	전 영통추추진위원회 재정부장	7년	무죄	–	–

7. 구국대동맹 사건(기소일: 1961.12.5.~)

이름	나이	직위				
윤상하	64	전 구국대동맹대표, 한약종상	10년	무죄	–	–

8. 경상북도민족통일연맹 사건(기소일: 1961.11.14.~)

이름	나이	직위				
안경근	66	전 경북민족통일연맹 위원장	10년	7년	–	사면(63.12.15.)
안민생	51	전 경북민족통일연맹 기획부장	12년	10년		특사(65.12.25.)
강신용	54	전 경북민족통일연맹 섭외부장	7년	5년		사면(63.12.15.)
백규천 (운현)	47	전 경북민통연 조사위원장	12년	10년		
이정상	51	전 경북민통연 총무위원장	7년	5년		사면(63.12.15.)
안잠	56	전 경북민통연 선전부장	7년	5년		사면(63.12.15.)
김성달	49	전 경북민족통일연맹 부위원장	10년	6년		사면(63.12.15.)

9. 혁신당 사건(기소일: 1961.8.27.~)

이름	나이	직위				
장건상	79	전혁신당 중앙집행위원장	5년	5년	상고기각	병보석(62.2.)
권대복	30	전혁신당 기획위원회 부위원장	12년	5년		출소(68.5.1.)
곽순모	40	전혁신당 선전위원회 부위원장	7년	6년		사면(63.12.15.)
황귀성	33	전혁신당 조직위원회 부위원장	12년	10년	상고기각	특사(65.12.25.)
허영무	34	전혁신당 조직부장	8년	6년		사면(63.12.15.)
정예근	47	전혁신당 중앙집행위원	6년	6년		사면(63.12.15.)

10. 중앙사회당 사건(기소일: 1961.8.20.~)

이름	나이	직위				
※최근우	65	전 사회당 대표	※1961년 8월 3일 옥사			
문희중	55	전 사회당 당무위원장	15년	15년		출소(68.4.29.)
유한종	48	전 사회당 조직부위원장	10년	7년		사면(63.12.15.)
하태환	35	전 조국통일민족전선 선전국장	무기	15년		출소(68.4.23.)
진병호	30	전 사회당 학생부장	10년	무죄	–	–
이석준	35	전 사회당 경북선전위원장	12년	10년		특사(65.12.25.)
최백근 (수암)	48	전 사회당 조직위원장	사형	사형		집행(61.12.21.)
김영옥	27	전 사회당 당무부장	12년	5년		사면(63.12.15.)

11. 경상북도사회당 사건 I (기소일: 1961.10.30.~)

이름	나이	직위				
강대휘	44	전 사회당경북당 부위원장	12년	7년	상고기각	사면(63.12.15.)
강창덕	35	전 사회당경북당 조직위원장	12년	7년		사면(63.12.15.)
전능	52	전 사회당경북당 심사위원장	10년	무죄	–	–

호산 전창일과 통일운동 77년사

이름	나이	직책				
권용직	46	전 사회당경북당 당무부장	10년	3(집유5)	–	–
신대영	39	전 사회당경북당 문화부장	15년	10년	상고기각	특사(65.12.25.)
12. 경상북도사회당 사건Ⅱ (기소일: 1961.11.14.~)						
김소쇠 (세형)	35	전 사회당경북당 선전위원장	10년	3년	–	
신현달	38	전 사회당경북당 선전부장	10년	3년	–	
이강립	30	전 사회당경북당 조직부장	5년	무죄	–	–
13. 경상남도사회당 사건(기소일: 1961.11.7.~)						
김용겸	40	전 사회당경남당 위원장	무기	12년	상고기각	특사(65.12.25.)
송세동	51	전 사회당경남당 조직위원장	10년	무죄	–	–
김재봉	31	전 사회당경남당 선전차장	15년	5년	상고기각	사면(63.12.15.)
신영갑	50	전 사회당경남당 조직차장	10년	무죄	–	–
14. 중앙사회대중당 사건Ⅰ (기소일: 1961.9.12.~)						
김달호	50	변호사	무기	15년	상고기각	출소(68.4.20.)
김명세	44	토건업	무기	12년		특사(65.12.25.)
조중찬	53	저술업	15년	12년		특사(65.12.25.)
김병휘	41	저술업	15년	5년		특사(64.5.17.)
박형필	42	무직	12년	10년		특사(65.12.25.)
윤성식	24	학생	10년	6년		형면제(62.4.19.)
이성재	33	상업	12년	5년		사면(63.12.15.)
15. 중앙사회대중당 사건Ⅱ (기소일: 1961.12.10.~)						
선우정	38	무직	15년	10년	7년	사면(63.12.15.)
16. 인천사회대중당 사건(기소일: 1961.10.26.~)						
조규희	47	전 사회대중당 인천당 추진대표	12년	무죄	10년	
최진우	42	전 사회대중당 인천당총무,간사	10년		–	
강석화 (강훈)	45	전 사회대중당 인천조직위원장	12년	3년	상소기각	
17. 이리사회대중당 사건(기소일: 1961.10.26.~)						
김대희	61	농업	7년	3(집유5)	–	–
송병채	53	정미업	5년	3(집유5)	–	–
양민영	43	상업	7년	5년	상소기각	사면(63.12.15.)
김효대	38	상업	10년	7년		사면(63.12.15.)

18. 전라남도사회대중당 사건(기소일: 1961.11.14.~)

김철중	38	인쇄업	15년	10년	상소기각	특사(65.12.25.)

19. 경상남도사회대중당 사건(기소일: 1961.10.26.~)

윤우현	43	연료상	12년	10년	상소기각	특사(65.12.25.)
김 철	45	광업	10년	7년		사면(63.12.15.)

20. 함안군사회대중당 사건(기소일: 1961.12.10.~)

안창준	51	고려중화회사 대표	7년	5년	무죄	–

21. 강원도 2대법반대공동투쟁위원회 사건(기소일: 1961.10.26.~)

장일순	34	육영사업	12년	8년	상소기각	사면(63.12.15.)

22. 중앙통일사회당 사건(기소일: 1961.12.11.~)

서상일	75	전 통일사회당 정치위원	5년	3(집유5)	–	–
金星淑	66	전 통일사회당 정치위원	5년	3(집유5)	–	–
金成淑	64	전 통일사회당 정치위원	5년	3(집유5)	–	–
정화암	66	전 통일사회당 정치위원	5년	3(집유5)	–	–
이동화	55	전 통사당 정치위원장, 동국대	7년	7년		특사(65.12.25.)
윤길중	46	전 통사당 정치위원, 변호사	15년	15년	상소기각	출소(68.4.20.)
송남헌	48	전 통일사회당 정치위원	6년	3년		사면(63.12.15.)
구익균	54	전 통일사회당 재무위원장	5년	3(집유5)	–	–
김기철	52	전 통일사회당 통일촉진위원장	6년	6년	상소기각	사면(63.12.15.)
조헌식	64	전 통일사회당 통제위원장	5년	3(집유5)		–
이명하	48	전 통일사회당 당무부위원장	5년	3년		사면(63.12.15.)
고정훈	42	전 통일사회당 선전국장	10년	10년	상소기각	특사(65.12.25.)
황빈	40	전 통일사회당 의회국장	5년	3년		사면(63.12.15.)
한왕균	38	전 통일사회당 청년부장	5년	3년		사면(63.12.15.)

23. 경상남도통일사회당 사건(기소일: 1961.11.14.~)

박문철	39	회사원	6년			사면(63.12.15.)
배일성	49	무직	5년			사면(63.12.15.)
임갑수	41	무직	6년	5년	상소기각	사면(63.12.15.)
윤죽향	40	잡화상	5년			사면(63.12.15.)
김필란	38	무직	6년			사면(63.12.15.)

24. 삼민당당수사건(기소일: 1961.10.26.~)

이름	나이	직업	1심	2심	상소	비고
문용채	47	전 삼민당 당수	7년	7년	상소기각	사면(63.12.15.)
25. 민족통일전국학생연맹 사건(기소일: 1961.8.21.~)						
윤 식	23	학생	7년	10년		형면제(62.4.19.)
유근일	24		15년	15년		출소(68.11.17.)
이영일	23		7년	7년		형면제(62.4.19.)
황건	23		7년	6년		형면제(62.4.19.)
심재택	21		단5장7	단5장6	상소기각	형면제(62.4.19.)
김승균	23		7년	10년		형면제(62.4.19.)
이수병	24		무기	15년		출소(68.4.17.)
노원태	24		7년	10년		형면제(62.4.19.)
연현배	29		단5장7	단5장6		형면제(62.4.19.)
26. 경상남도 반민주악법반대학생공동투쟁위원회 사건(기소일: 1961.11.6.~)						
손병선	23	학생	7년	5년	상소기각	형면제(62.4.19.)
김용건	23	무직	5년	3(집유5)	–	–
27. 한국교원노동조합총연합회 사건(기소일: 1961.10.20.~)						
강기철	37	전 한국교원노조 수석부위원장	15년	15년		출소(68.4.24.)
신동영	39	전 한국교원노조 선전부장	12년	10년		특사(65.12.25.)
이종석	32	전 경남교원노조 부위원장	12년	7년	상소기각	사면(63.12.15.)
이목	40	전 경북사대부속고 교사	12년	10년		특사(65.12.25.)
신우영	35	전 대구서부국교 교사	12년	5년		사면(63.12.15.)
조영진	40	전 대구대륜고교사	10년	무죄	–	–
28. 대구지구 중고교교원노동조합 사건(기소일: 1961.11.7.~)						
김장수	36	전 대구지구 중고교노조위원장	10년	무죄	–	–
여학룡	41	전 대구지구 중고교노조부위원장	10년	3년	–	
29. 전라남도 통일민주청년동맹 사건(기소일: 1961.11.14.~)						
김시현	23	학생	15년	7년	상소기각	형면제(62.4.19.)
30. 경상북도 민주민족청년동맹 사건(기소일: 1961.11.14.~)						
서도원	39	전 민주민족청년동맹경북위원장	10년	10년	7년	사면(63.12.15.)
권달섭	33	전 민민청 경북조직국장	10년	7년	5년	사면(63.12.15.)
강왕수	26	전 민민청 경북투쟁국장	7년	5년	상소기각	사면(63.12.15.)

31. 경상남도 민주민족청년동맹 사건(기소일: 1961.11.14.~)

이름	나이	직책				
권종현	30	전 민민청 경남사무국장	7년	5년	5년	사면(63.12.15.)

32. 부산 민주민족청년동맹 사건(기소일: 1961.12.11.~)

이름	나이	직책				
김상찬	31	전 민민청 간사장	15년	5년	7년	사면(63.12.15.)

33. 중앙 민족자주통일협의회 사건(기소일: 1961.10.20.~)

이름	나이	직책				
박진	64	전 민자통 사무총장	7년			특사(65.12.25.)
이재춘	53	전 민자통 선전위원장	7년	10년		특사(65.12.25.)
문한영	41	전 민자통 조직위원장	사형			특사(65.12.25.)
신인철	56	전 민자통 재정위원장	12년			특사(65.12.25.)
박래원	60	전 민자통 상무부의장	7년	5년	상소기각	사면(63.12.15.)
이영옥	61	전 민자통 총무위원장	7년			사면(63.12.15.)
강등인	43	전 민자통 서무부장	15년	12년		
김달수	29	전 민자통 조사부장	사형	5년		사면(63.12.15.)
이종신	41	전 민자통 통일방안심의위원	사형	15년		출소(68.4.15.)
기세충	35	전 민자통 지방부장	사형			출소(68.4.24.)
정순종	66	전 민자통 의장단	7년	5년		

34. 충청남도 민족자주통일협의회 사건(기소일: 1961.11.11.~)

이름	나이	직책				
김형수	45	전 민자통 충남상무의장	12년	12년		특사(65.12.25.)
김차경(우경·동순)	47	전 민자통 충남상무위원	10년	10년	상소기각	
이현수	35	전 민자통 충남도협의회위원	7년	7년		사면(63.12.15.)

35. 전라북도 민족자주통일협의회 사건Ⅰ(기소일: 1961.11.7.~)

이름	나이	직책				
조기하	66	전 민자통전북도협의회 의장단	15년	12년		특사(65.12.25.)
최성무	39	전 민자통전북협의회 총무부장	10년	7년	상소기각	사면(63.12.15.)
안제원	41	전 민자통전북협의회 조직부장	7년	7년		사면(63.12.15.)
김용철	29	전 민자통전북협의회 총무위원	7년	3(집유5)		–
권태옥	32	전 민자통전북협의회 조직차장	7년			–

36. 전라북도 민족자주통일협의회 사건Ⅱ(기소일: 1961.12.5.~)

이름	나이	직책				
탁병철	30	전 민자통 전북협총무부위원장	10년	7년	상소기각	사면(63.12.15.)
박상순	30	전 민자통 중앙협의회회원				사면(63.12.15.)

37. 전라남도 민족자주통일협의회 사건(기소일: 1961.12.5.~)

이름	나이	직책				
김창선	58	남도일보 이사장	7년	7년	상소기각	사면(63.12.15.)

| 오지호 | 56 | 화가 | 5년 | 7년 | 무죄 | – |
| 임금택 | 42 | 무직 | 5년 | 7년 | | – |

38. 경상남도 민족자주통일협의회 사건(기소일: 1961.12.5.~)

| 유 혁 | 44 | 전 민자통 경남주비위원회총무 | 12년 | 10년 | 상소기각 | 특사(65.12.25.) |

39. 민족자주통일방안심의위원회 사건 I (기소일: 1961.12.11.~)

| 조윤제 | 60 | 전 성균관대학교대학원장 | 5년 | 무죄 | | – |

40. 민족자주통일방안심의위원회 사건 II (기소일: 1961.12.11.~)

| 이종률 | 52 | 전 민족일보 편집국장 | 사형 | 면소 | 상소기각 | 사면(65.12.) |

41. 경상남북도 피학살자 유족회 사건(기소일: 1961.11.7.~)

권중락	53	전 경북 피학살자 유족회 총무	사형	15년	15년	출소(68.4.)
이원식	49	전 대구 피학살자 유족회 대표	사형	사형		출소(71.7.7.)
이삼근	27	전 경북 피학살자 유족회 총무	사형	15년	상소기각	출소(68.5.13.)
노현섭	41	전 경남 피학살자 유족회 이사	무기	15년		출소(68.4.)
문대현	55	전 경남 피학살자 유족회 회장	무기	10년		출소(68.4.)
이복령	33	전 경북 피학살자 유족 원호부장	15년		10년	특사(65.12.25.)
김현구	24	전 경북 피학살자 유족 학생위원	10년			형면제(62.4.19.)
탁복수	48	전 경남 피학살자 유족회 부회장	15년			–
하은수	35	전 경남 피학살자 유족회 부회장	사형	무죄		–
이병기	43	전 경남 피학살자 유족회 부회장	15년		상소기각	–
이효철	24	전 경북 피학살자 유족 학생위원장	10년			–
오음전	45	전 경남 피학살자 유족 부녀부장	7년			–
이용로	64	전 경북 피학살자 유족회 부회장	10년			–

42. 경주 피학살자 유족회 사건(기소일: 1961.11.7.~)

김하종	28	육군인쇄공창(이등병)	무기	7년		사면(63.12.15.)
김하택	28	전 경주 피학살자 유족회 총무	무기	3(집유5)	상소기각	–
최영우	54	전 경주 피학살자 유족회 회장	10년	3년		–
신경시	27	전 경주 피학살자 유족회 상무	8년	무죄	–	–

43. 경산 피학살자 유족회 사건(기소일: 1961.11.14.~)

| 최규태 | 21 | 학생 | 5년 | 무죄 | – | – |

44. 마산 피학살자 유족회 사건(기소일: 1961.11.14.~)

| 한범석 | 50 | 전 마산 피학살자 유족회 회장 | 10년 | 무죄 | 상소기각 | – |

45. 창원 피학살자 유족회 사건(기소일: 1961.11.14.~)						
김봉조	56	전 창원 피학살자유족회 회장	12년	무죄	상소기각	–

46. 밀양 피학살자 유족회 사건(기소일: 1961.11.10.~)						
김봉철	43	전 밀양 피학살 장의위원회 회장	사형	무기	10년	특사(65.12.25.)

47. 금창 피학살자 유족회 사건(기소일: 1961.12.10.~)						
김영욱	39	전 금창 피학살장의위원장	10년	7년	상소기각	사면(63.12.15.)
김영태	45	전 금창 피학살장의위원회상담	10년	3년		
방영조	49	전 금창 피학살장의부위원장	7년	무죄	–	–

48. 동래 피학살자합동장의위원회 사건(기소일: 1961.11.6.~)						
한원석	59	전 동래 피학살자장의회장	7년	무죄	–	–
김세룡	53	전 동래 피학살자장의부회장	12년	5년	상소기각	특사(65.5.17.)
추월량	56	전 동래 피학살자장의섭외부책	12년	무죄		–
송철순	29	전 동래 피학살자장의서무부책	12년	5년		사면(63.12.15.)

　세월이 흘렀다. 3년 이하 단기형을 받은 사람들은 모두 풀려나왔다. 학생들의 경우, 형량과 관계없이 1962년 4월 19일 날짜로 대부분 석방되었다. 하지만 예외가 있었다. 유근일은 1심에서 15년 구형에 15년 선고, 이수병은 무기 구형에 15년형이 언도되었고, 상소는 모두 기각되었다. 두 사람 모두 7년 동안 옥살이를 하였으니, 민통련 소속으로 통일운동을 한 학생들에게 본보기를 보여준 셈이다.

　혁신계 주요 인사들 중 7년 만에 출옥한 사람은 김달호와 윤길중 두 사람이다. 이들은 1968년 4월 20일 같은 날 교도소를 나왔다. 김달호와 윤길중은 비슷한 이력을 가졌고, 같은 혁신계 출신이지만 노선은 서로가 달랐다. 김달호(1912~1979)는 주오(中央)대학에 입학한 후 고등문관시험 사법과에 합격하여 대학은 중퇴하였다. 사법관 시보를 거쳐 조선총독부 판사로 임용되었고, 청진지방법원과 광주지방법원 판사를 지냈다. 이후 만주국 변호사도 역임했다. 윤길중(1916~2001)은 니혼대학 법과를 졸업하고 일본 고등문관시험 사법 · 행정 양 과에 합격하여 전남 강진군과 무안군 군수, 조선총독부 상무국 사무관을 지냈다. 두 사람 모두 일제 강점기 시기에 조선총독부의 고위직을 역임했고, 변호사 자격을 가진 법조인 출신이었다.

김달호는 1954년 제3대 총선에 고향 상주에서 무소속으로 출마하여 당선되었고, 윤길중은 1950년 제2대 총선 때 강원 원주에서 무소속으로 출마하여 민의원이 되었다. 친일파의 아성이었던 한민당과 자유당을 선택하지 않고 정치가의 꿈을 이룬 셈이다. 1956년 조봉암(曹奉岩) · 이동화(李東華) · 박기출(朴己出) 등과 함께 혁신정당인 진보당 결당대회를 추진하였다. 두 사람은 같은 진보당 출신이라는 얘기다. 4월 혁명 후 치러진 1960년 7 · 29총선에서 김 · 윤 두 사람은 사회대중당 소속으로 제5대 민의원에 동반 당선되었다. 여기까지는 대략 비슷한 노선을 걸었다.

그러나 총선참패 후 혁신계 내에서 서로 다른 노선을 택하게 된다. 김달호는 사회대중당과 민자통, 윤길중은 통사당과 중통련으로 대립하는 처지가 되었다. 통사당은 진보 세력의 우파를 자처하고 사회당, 사대당 등을 좌파라고 비난했지만, 박정희 군부의 시각으론 모두가 빨갱이로 보였던 모양이다. 김달호는 무기구형에 15년, 윤길중은 15년 구형에 15년 형이 언도되었다. 그 후 몇 차례의 감형을 거쳐 1968년 4월 20일, 같은 날 출옥했다. 묘한 인연이었다.

김달호, 윤길중보다 긴 수형생활을 한 사람은 민족일보사건으로 기소된 송지영(한국전통주식회사사장, 구형 사형, 2심 사형, 69년 7월 가석방), 안신규(민족일보사감사, 사형, 사형, 71년 5월 27일 출소), 대구 데

모 사건의 김문수(교원노조경북도위원장, 무기, 무기, 1970년 출소), 범
혁신동지회 사건의 김을수(전범혁신동지회주비위원, 무기, 무기, 71년 8
월 출소) 그리고 경상남북도 피학살자 유족회 사건의 이원식(전대구 피
학살자 유족회 대표, 사형, 사형, 71년 7월 출소) 등 5명 정도다.

　조용수, 최백근 등 이미 고인이 된 이들도 있지만, 10년 가까이 형무
소 생활을 한 안신규·김일수·이원식 등의 한 맺힘 역시 필설로 표현
하지 못하리라 본다. 특히 안신규의 공소장과 판결문을 보면 법률의 존
재 자체에 의문을 갖게 한다. 공소사실부터 살펴보자.

　　피고인 안신규는 평북 신의주에서 삼무중학을 거쳐 만주봉천철
　　도전문학교를 졸업한 후 민주철도국고용 해병대사령부 3급 문관
　　등으로 전전하다가 삼성석유공업(주) 건중(주)를 각 창설하여 군
　　납업자로 종사 중 서기 1961년 1월 25일경 민족일보사의 상임감
　　사역으로 취임하여 현재에 이른 자.[8] 피고인 안신규는 전시(前示)
　　간첩 이영근이가 전시 제1사실과 같이 일본으로 밀항 도주하여
　　혁신계를 접촉하여 북한 괴뢰집단의 주장에 동조하고 있다는 정
　　을 충분히 지실(知悉, 빠짐없이 자세히 앎)하였음에도 불구하고
　　동인의 지시에 따라 전시 국내 혁신계 인사와 접촉하면서 상 피고
　　인 조용수와 협조하여 민족일보사를 설립하고 동사 상무취체역으
　　로 종사 중 서기 1961년 1월부터 3월경까지 간에 2차에 긍(亘, 걸
　　치다)하여 이영근을 일본 대판시 소재 대송여관에서 상면하고 민
　　족일보의 시설자금 윤전기 도입에 대한 확약을 받고 상 피고인 양

8　『한국혁명재판사』제3집, 한국혁명재판사편찬위원회, 1962, p.194.

실근에 전후 2차에 긍하여 서신으로 동 민족일보 운영상황을 보
고하면서 동 1961년 2월 13일 창간부터 동년 5월 15일까지 간에
매일 평균 35,000여 부를 발간하여 전시 제1사실과 동일한 수단
방법으로 반국가단체의 활동을 공무 동조하고[9]

공소장에 따르면, 간첩 이영근의 지령에 따라 「민족일보」의 창간에 참
여했다는 죄로 사형이 구형·언도되었다. 그러나 2008년 1월 16일, 서
울중앙지법 형사합의22부는 재심에서 북한의 활동에 동조했다는 특수
범죄 처벌에 관한 특별법 혐의로 사형이 선고됐던 조용수에게 47년 만
에 무죄를 선고했다.[10] 안신규 역시 2009년 9월 11일, 재심 선고 공판
에서 무죄가 선고되었다.[11]

보다 황당한 것은 이영근의 경우다. 「민족일보」 사건 관련 공소장과
판결문을 따르면, 이영근은 북의 지령을 받은 간첩이다. 그러나 그는
박정희와 긴밀한 관계를 맺었으며, 김종필과 손을 잡고 북한과 연결하
는 역할을 했다고 한다.[12] 특히 김일성·이후락 비밀회담과 남북공동성
명 과정에서 당시 국제올림픽위원으로 삿포로에 와 있던 장기영과 이영
근이 밀회했다는 김형욱의 증언도 있다.[13] 아무튼, 이영근은 「민족일보」
사건 이후 자신이 경영하는 「통일조선신문」을 비약적으로 성장시켰으
며, 사후에는 한국 정부(노태우 정권)로부터 일반 국민에게 주는 최고의

9   『한국혁명재판사』 제3집, 한국혁명재판사편찬위원회, 1962, p.200.
10 민족일보 조용수 사장 47년 만에 '무죄', 「한겨레」, 2008.1.16.
11 민족일보 안신규 씨 48년 만에 무죄, 「연합뉴스」, 2009.9.11.
12 원희복, 『조용수와 민족일보』, 도서출판 새누리, 1995, p.262.
13 김형욱·박사월, 『김형욱 회고록』, 아침, 1985, p.116.

훈장인 국민훈장무궁화장(1등급)이 추서되기도 했다.[14] 한편, 이영근은 미국의 끄나풀이라는 주장도 있다. 전 재일한국민주통일연합(한통련) 의장인 곽동의 6 · 15 민족공동위원회 공동위원장은 2006년 4월 27.28일, 5월 2일 세 차례에 걸친 「통일뉴스」와의 인터뷰를 통해 조용수의 옥중서신 전문을 공개면서, 이영근에 관한 비화를 털어놓았다. 곽동의는 두 사람의 증언을 제시했다. 당시 사회대중당(준) 정책위원장을 맡았던 송남헌은 "그분이 바로 조봉암 선생을 팔아먹은 사람이다. 강원도 회의를 팔아먹은 사람이다."며 "아주 겉모습하고 속이 다른 분이다. 경계해야 한다. 아마 혁신의 깃발을 내흔들 것이다. 그런데 믿지 말라."고 했으며, 이승만 정권에서 서울시경 국장과 경무대 비서관을 역임한 최치환은 "'쪼보히게(콧수염)'한테 물어보라."며 "(콧수염은) 이영근이를 관리하고 있는 사람이다. 그 사람이 이영근이가 서울에 있을 때 주한 미 대사관에 있었다. 그래 이영근이가 일본으로 망명한 후에 계속 그를 관리하기 위해서 지금은 주일 미 대사관에 와 있다."라고 말했다고 한다.[15]

5 · 16쿠데타 세력에 의해 《특수반국가행위》라는 죄목으로 혁신계 세력이 수난을 받고 있을 때, 그 과녁으로부터 용케 벗어난 전창일은 조규택[16]과 함께 서대문형무소, 안양형무소에 갇혀 있는 혁신계 인사들을 면회하는 것이 주요 일상의 하나가 되었다. 특별면회(장소변경접견)를 신청하여 재소자들에게 푸짐한 차입물을 마련하여 주었고, 국내외 정세를 알려줌으로써 혁신계 인사들에게 자그마한 기쁨을 안겨준 셈이다.

---

14 일본 통일일보 전회장 고 이영근 씨 훈장추서, 「중앙일보」, 1990.5.26.

15 조용수 사형 원인 제공자, 이영근은 미국대사관 끄나풀, 「통일뉴스」, 2006.5.2.

16 〈제7장 7절 '2대 악법 반대투쟁〉 참조

호산 전창일과 통일운동 77년사

전창일은 점차 혁신계의 핵심으로 자리 잡게 되었다. 옥살이 뒷바라지를 하며 헌신한 덕분이었을 것이다.

서로가 의심하고 질시하던 혁신계 인사들이, 구속과 재판과정 그리고 수형생활을 통해 어느 정도 정체가 드러나게 되었다. 석방된 인사들을 중심으로 연대하기 시작했다. 단지 서로에 대한 신뢰로 엮어진 사상 조직이 자연 발생적으로 형성되었다. 소위 알짜들이 전국적으로 하나의 망이 생기게 되었다. 이들의 모임은 당을 표방한 것도 아니고 단체의 이름도 없었다. 어쩌면 친목모임에 가까웠다고 할 수 있었다. 부모나 형제자매의 길흉사 때 그들은 모였다. 함께 막걸리를 마시면서 당금의 시국을 논했다. 이렇게 모이고 헤어지면서 서로 간에 신뢰가 쌓이게 되었다. 지금도 4월 19일이면 연례행사로 모이는 4·19 묘소 앞 참배는 혁신계 인사들의 친목모임이 효시였다.

6·3 항쟁과 1차 인민혁명당 사건

〈 그림165: 1964년 5월 20일 자 경향신문 〉

1964년 5월 20일 자 「경향신문」에 충격적인 조문(弔文)이 실렸다. 김지하가 쓴 '민족적 민주주의 장례식 조사(弔辭)'라는 글이다. 아래에 전문을 소개한다.

시체여! 너는 오래전에 이미 죽었다. 죽어서 썩어가고 있었다. 넋 없는 시체여! 반민족적, 비민주적, 민족적 민주주의여!

썩고 있던 네 주검의 악취는 '사쿠라'의 향기가 되어, 마침내는 우리들 학원의 잔잔한 후각이 가꾸고 사랑하는 늘 푸른 수풀 속에

너와 일본의 2대 잡종, 이른바 사쿠라를 심어놓았다. 생전에도 죄가 많아 욕만 먹는 시체여! 지금도 풍겨온다. 강렬하게 냄새가 지금 이 순간에도 사냥개들의 눈으로부터 우리를 엄습한다.

시체여! 죽어서까지도 개악과 조어와 전언과 번의와 난동과 불안과 탄압의 명수요 천재요 거장이었다. 너, 시체여! 너는 그리하여 일대의 천재(賤才)요 절대의 졸작이었다.

구악을 신악으로 개악하여, 세대를 교체하고, 골백번의 번의의 번의를 번의하여 권태감의 흥분으로 국민 정서를 배신하고, 부정불하, 부정축재, 매판자본 육성으로 빠찡고에 새나라에 최루탄 등등 주로 생활수입품만 수입하며… 노동자의 언덕으로 알았던 '워커힐'에 퇴폐를 증산하여 민족정기를 바로잡아 국민의식을 고취하고 경제를 재건한 철두철미 위대한 시체여! 해괴할손 민주주의여!

그때 이미 우리는 알았다. 너 죽음의 저 야릇하게 피비린내 감도는 낌새를 우리는 보았다.

죽음으로 죽음으로만 향한 너의 절망적인 몸부림을 우리는 들었다. 우리에게 정사를 강요하는 너의 맹목적이고 소름 끼치도록 무서운 목소리를, 그리고 우리는 맛보았다. 극한의 절망과 뼈를 깎는 기아의 서러움을.

시체여! 반민족적 비민주주의여! 석학의 머리로서도 천부의 감으로서도 난해하기만 한 이즘이여! 너의 정체는 무엇이냐? 절망과 기아로부터의 해방자로 자처하는 소위 혁명정부가 전면적인 절망과 영원한 기아 속으로 민족을 함멸시키기에 이르도록 한 너의 본질은 무엇이었느냐? 무엇이더란 말이냐? 말하지 않아도 좋다.

말 못하는 시체여! 길고 긴 독재자의 채찍을 휘두르다가 오히려 자신의 치명적인 상처를 스스로 때리고 넘어진 너, 누더기와 악취와 그 위에서만 피는 사쿠라의 산실인 너.

박의장의 이른바 민족적 민주주의여! 너의 본질은 안개다! 어느 봄날 새벽의 안갯속에서 튀어나온 너, 안개여, 너는 안갯속에서 살다가 안갯속에서 죽은, 우유부단과 정체불명과 조삼모사와 동서남북의 상징이요, 혼합물질이었다. 한없는 망설임과 번의, 종잡을 길 없는 막연한 정치이념, 끝없는 혼란과 무질서와 굴욕적인 사대근성, 방향감각과 주체의식과 지도력의 상실, 이것이 너의 전부다.

이처럼 황당무계한 소위 혁명정신으로, 이같이 허무맹랑한 이념의 몰골을 그대로 쳐들고서 공약을 한다. 재건을 한다. 유대를 더욱 공고히 한다. 고리채 어쩌구, 5개년 계획에 심지어 사상 논쟁까지 벌이던 그 어마어마한 배짱은 도시 어디서 빌려온 것일까? 그것은 '덴노헤이카'에게 빌린 것이 분명하다. 일본군의 그 지긋지긋한 전통의 카리스마적 성격은 한국군 구조의 바닥에 아직도 허황한 권력에의 미망과 함께 문제의 그 배아를 길러낸 것이다.

호산 전창일과 통일운동 77년사

시체여! 고향으로 돌아가라! 너는 이미 돌아갔어야만 했다. 죽어서라도 돌아가라, 시체여!

우리 3천만이 모두 너의 주검 위에 지금 수의를 덮어주고 있다. 들리느냐? 너의 명복을 비는 드높은 목소리, 목소리, 목소리들이 이미 죽은 네 육신과 정신으로 결코 반공도 재건도 쇄신도 불가능하다는 저 민족의 함성이 들리지 않느냐? 저 통곡이 들리지 않느냐? 가거라! 말없이 조용히 떠나가거라! 그리하여 높은 골짜기를 돌도 돌아가, 다시는 돌아오지 마라.

시체여! 하나의 어리디어린 생명을, 꽃분이, 순분이의 까칠까칠 야위고 노무랗게 부어오른 그 얼굴들, 아들의 공납금을 마련키 위해 자동차에 뛰어드는 어떤 아버지의 울음소리를 결코 결코 잊어서는 안 된다.

5월 16일 만의 민족적 민주주의여! 백의민족이 너에게 내리는 마지막의 이 새하얀 수의를 감고 훌훌히 떠나가거라! 너의 고향 그곳으로 돌아가거라, 안갯속으로 가거라! 시체여! 돌아가거라!

이제 안개가 걷히면 맑고 찬란한 아침이 오리니 그때 너도 머언 하늘에서 복받쳐 오르는 기쁨에 흐느끼리라. 일찍 죽어 복되었던 네 운명에 감사하리라!

그러나 시체여! 지금 너는 무엇을 하고 있는가? 지금 너는 무엇을 하고 있는가! 지금 너는 무엇을 하고 있는가! 바로 지금 거기

서 네 옆 사람과 후딱 주고받는 그 입가의 웃음은 무엇을 뜻하고
있는가? 대량 검거의 군호인가? 최루탄 발사의 신호인가?

그러나 시체여! 우리는 믿는다. 그것은 목메도록, 뜨거운 조국
과 너의 최후의 악수인 것을! 우리는 안다. 그것은 죽은 이의 입술
가에 변함없이 서리는 행복의 미소인 것을.

시체여!

1964년 5월 20일
민족적 민주주의 장례식

반공주의 지식인 김범부(1897~1966)[1]가 인도네시아 수카르노의 '교
조적 민주주의'를 본을 따 박정희 군부에 '진상'한 것으로 알려진 '민족적
민주주의'란 구호는 5·16 주체세력의 정치철학이었다. 이를 장례 지내
는 것은 바로 박정희를 장례 지내는 것으로 볼 수 있을 것이다. "시체여
너는 오래전에 죽었다. 죽어서 썩어가고 있었다."로 시작하는 조사는
당시 중앙정보부장 김형욱이 "숨이 막혀 더 이상 읽을 수 없었다."고 할

---

1 대한민국의 동양철학자이며 한학자이다. 예비역 대한민국 육군 중령 출신이기도 하다.
본명은 김정설(金鼎卨)이고 후일 김범부(金凡父)로 개명한 그의 본관은 선산(善山)이다.
경상남도 동래에서 아버지 김임수(金任守)와 어머니 허임순(許任順)의 3남 2녀 중 장남
이자 둘째로 출생하여 지난날 한때 경상남도 밀양에서 잠시 유아기를 보낸 적이 있는 그
는 그 후 경상북도 경주에서 성장하였다. 형제자매들 가운데 위로 맏누이가 하나 있었던
그는 소설가 겸 시인인 김동리(金東里)의 형으로 제2대 국회의원이기도 하다. 1946년에
서 1949년까지 대한민국 육군에 장교 복무하여 육군본부 정훈국 정훈과 과장 재직하던
중 1949년 육군 중령 예편하였다. 이후 무소속 국회의원을 거쳐 계림학숙의 초대 교장
을 지냈다. 저서로는 『화랑외사(花郎外史)』가 있다. 《위키백과》

정도로 박 정권의 치부를 신랄하게 풍자, 비판하였다.[2]

5·16 군부가 자랑하는 슬로건인 '민족적 민주주의'의 장례식을 거행했던 5·20 장례식 시위는 3월부터 시작된 '대일 굴욕외교 반대 범국민 투쟁'의 분수령이 되었다.[3] 5·16 쿠데타 이후의 대대적인 탄압으로 그동안 숨죽이고 있던 혁신계 및 시민·학생들이 박정희 정권에 대한 전면적인 투쟁을 선언한 것이다. 계기는 정부의 한일협상 시도와 베트남파병 문제였다. 베트남파병은 그리 큰 소요로 번지지 않았으나, 한국과 일본의 국교문제는 달랐다.

5월 30일, 학생회장 김덕룡을 비롯한 서울대학교 문리대생들이 교정에서 자유쟁취궐기대회를 열어 한일회담 성토와 박정희 정권 성토식을 한 다음 단식농성에 들어갔다. 6월 2일, 고려대, 서울대 법대, 서울대 상대생들이 가두로 진출하여 데모를 주도하자 서울의 각 대학생들이 이에 호응하여 곳곳에서 시위 항쟁이 벌어졌다.[4] 한일회담을 주도했던 공화당 당의장 김종필의 사표가 반려되자 학생들의 시위는 보다 거세게 타올랐다.[5] 기름에 불을 끼얹은 셈이 된 것이다.

6월 3일 정오, 일제히 거리로 쏟아져 나온 서울 시내 1만 2,000명의 학생들은 도처에서 경찰과 충돌, 유혈극을 벌이면서 도심으로 진출하였다. 윤보선은 이를 마치 4·19 학생의거 당시를 연상케 했다고 묘사하였다. 대학생 7,000~8,000명이 중앙청 앞으로 몰려들면서 세종로 일

---

2   서중석, 『한국현대사』, 웅진 지식하우스, 2005, p.228.

3   서울대, 고대, 연대학생들 한일회담 반대 데모, 「경향신문」, 1964.3.24.

4   윤보선, 『외로운 선택의 나날들 · 윤보선회고록』, 동아일보사, 1991, p.290.

5   김종필 씨 사표반려, 박 총재 당무위원 요구로, 「동아일보」, 1964.6.2.

대는 혼란에 빠졌다. 중앙청 앞의 바리케이드는 이미 무너졌고 경찰은 청와대로 올라가는 통의동 앞에 저지선을 만들어놓았다.[6]

몇몇 대학생들은 박정희 · 김종필 민생고(民生苦)화형식과 일본 수상 이케다 하야토(池田勇人) 화형식, 그리고 오일육(吳一陸) 피고에 대한 모의재판을 열고 박 정권을 성토하였다. 서울대학교 문리대 학생들은 6월 3일 오후 4시경에 교문을 나섰다. 이들은 데모학생들과 연도(沿道) 시민들의 박수를 받으며 중앙청 앞에 도착, 데모대의 맨 앞에 섰다가 경찰의 최루탄 공세에 밀려 학교로 철수하고 말았다. 이 시위는 6 · 3항쟁을 일으킨 시위의 시발점이었다.

총학생회장 직무대행이던 법대 학생회장 김재하를 위원장으로, 부위원장 이경우(법대), 박정훈(정경대), 이명박(상대) 등의 주도하에 고려대학교 학생들은 연세대학교, 서울대학교 학생과 함께 서울 18개 대학 1만 5천여 명 등 총 3만 명가량이 거리로 몰려나와 격렬한 시위를 벌이고 국회의사당을 점령하기까지 했다. 학생들의 데모가 격렬해지자 박정희 정권은 6월 3일 밤 9시 40분에 선포하기로 한 계엄령을 오후 8시로 소급하여 서울시 전역에 대해 계엄령을 선포하였다.[7]

계엄령 선포 이후, 시위 금지와 진압, 언론검열, 대학휴교 등 주동자 검거에 돌입했으며, 이 조치로 시위의 주동인물과 배후세력으로 지목된 학생과 정치인, 언론인 등 1,120명이 검거되었다.[8] 6월 6일 계엄령이 선포된 지 3일 뒤, 무장군인들이 심야에 동아일보사에 침입하여 위협 ·

---

6   윤보선,『외로운 선택의 나날들 · 윤보선회고록』, 동아일보사, 1991, p.291.

7   서울에 비상계엄선포,「경향신문」, 1964.6.4.

8   '고대 데모사건 개요' 속 상대생 이명박,「연합뉴스」2007.12.20.

공갈한 사건이 발생했다.[9] 윤보선은 이를 두고 '언론에 대한 중대한 도전이요, 탄압이며 나아가 언론 그 자체를 말살하려는 독재의 극치'라고 비난하였다.[10]

3·24, 6·3항쟁 배후 및 관련자에 대한 검거 열풍이 대학가를 강타했다. 심재택 역시 검거 대상이었다. 그는 5·16쿠데타 무렵 '민족통일 전국학생연맹 사건' 건으로 단기 5년 장기 7년의 형으로 형무소 생활을 하다가 1962년 4월 19일 형 면제로 출옥한 바 있다. '2대 악법 반대투쟁' 당시 민통련 간부로서 민자통을 드나들다가 전창일과 연을 맺은 사이다. 심재택의 도피를 도와주기로 했다. 전창일의 도피처였던 평택공사는 이미 끝났다. 마침 춘천 미군 부대 안에 공사장이 있었다. 심재택은 그곳에서 몇 달 동안 은거하다가 수배가 풀린 후 나왔다고 한다.[11]

이러한 상황에서, 도피 중이던 도예종·김정강에게 현상금이 걸렸다는 소식이 전해졌다. 7월 6일, 치안국은 "서울대학교 문리과대학 김중태(金重泰) 현승일(玄勝一)군 등을 배후에서 조종 사주하여 3·24 데모를 비롯하여 6·3 데모까지 유도시킨 전 민족자주통일협의회 조사위원장 도예종(都禮鍾, 41세)과 서울대학교 문리대의 학생서클 신진회 간부 김정강(金正剛, 25세) 등을 국가보안법 및 내란 소요 등의 위반혐의로 현상금 10만 원씩을 내걸고 전국에 수배했다"고 발표했다.[12] 10만 원은

9   윤보선, 『외로운 선택의 나날들·윤보선회고록』, 동아일보사, 1991, p.292.

10   윤보선, 『외로운 선택의 나날들·윤보선회고록』, 동아일보사, 1991, p.292.

11   전창일, 세칭 인혁당을 말한다, 『인혁당 사건, 그 진실을 찾아서』 재경대구경북민주동우회·인혁당진상규명위원회 편, 2005, p.16.

12   3·24를 배후 조종, 전 민자통 조사위원장 도예종 등 2명에 현상 20만 원, 「조선일보」, 1964.7.7.

당시 간첩 현상금 수준이었다.

〈 그림166: 1964년 7월 7일 자 조선일보, 7월 18일 자 동아일보 〉

　그리고 열흘쯤 후인 7월 18일, 내무부 장관 양찬우(楊燦宇)는 "학생들의 데모를 배후에서 조종한 김정강 등은 공산주의자들로서 공산주의 사회 실현을 마지막 목표로 삼고 반정부적인 음모를 꾸며 행동해 왔다"고 밝혔다. 그리고 증거품으로서 데모 투쟁기록, 조선민족해방투쟁사, 조직체계도 및 규약강령 등을 내놓았다.[13] 김정강은 경남 진주에서 체포되어 이미 구속된 상태였다.

13 불꽃회 중심 적색활동, 김정강 등 데모 배후 진상발표, 내무부서, 「동아일보」, 1964.7.18.

도예종과 김정강의 구속은 학생운동권을 초비상 상태로 몰아넣었다. 3·24에서 6·3에 이르기까지 학생데모를 배후에서 조종했다는 혐의 때문이었다. 결국, 김정강의 단독범행으로 마무리되었지만, 김정강으로부터 압수한 데모 투쟁기록이 또 다른 빌미를 제공하게 되었다. 훗날 김정강은 다음과 같은 증언을 남겼다.

계엄 후 도피 중 사돈의 팔촌쯤 되는 친척 집에 며칠 묵었다. 갖고 다니던 노트를 그 집 벽장에 숨겼다. 고위 공무원이었던 그분의 집까지 수색을 당했던 것이다. 검거된 후 계속 버티니까 그 노트를 코앞에 내밀더라. '간첩에 준하는 처우'를 받았다. 불꽃회는 조직적인 반국가단체로 변해 검찰에 넘어갔다. 담당 검사도 '단체가 안 되는데…'하며 '나도 미치겠다'는 말까지 하더라.

불꽃회의 강령과 규약, 메모 등 10페이지 정도를 직접 썼다. 노트를 읽어봤던 사람은 김정남뿐이었다. 강령에서 당시의 상황을 반(半)식민·반봉건 사회로 규정하고, '박정희 파쇼정권'을 당면한 적으로 삼았다.

조선반도(한반도)를 대표할 정당은 북한의 조선노동당이라고 인정했다. 규약은 조직 운영 방식과 입·탈회 조건 등 4~5개 내용이었다. 나머지는 활동하면서 가졌던 인식, 선배와 동료들을 만나면서 느꼈던 생각 등을 메모해 놓은 것이었다. 몇몇 선배의 이름도 있었다. 그 중간에 '도예종 씨와 모월 모일 모시에 만났다'는 구절이 있었다. 도 씨의 이름에 당국은 긴장했던 것 같다. 당시 공안당국은 혁신계였던 도 씨를 최대의 반정부 위험인사 가운데 한

사람으로 여기고 있었다.[14]

  바로 이 노트에 적힌 내용이 도화선이 되어 소위 '인민혁명당 사건'으로 비화된 것이다. 불꽃회가 인민혁명당으로 둔갑한 셈이다. 사건의 주범격인 도예종의 법정진술을 살펴보아도 인민혁명당이란 중앙정보부가 조작한 단체임을 쉽게 짐작할 수 있다. 아래는 전창일이 소개한 도예종의 진술내용이다. 당시 전창일은 도예종의 재판을 빠지지 않고 방청하였다 한다.

- 판사: 인민혁명당이란 조직을 만든 것이 사실인가?
- 도예종: 아니다. 우리의 모임은 당 조직이 아니다. 다만 시국관을 같이 하는 동지들끼리 가끔 모여 토론하고 정세에 대한 견해와 정보도 교환하는 친교 서클 모임이다.
- 판사: 인민혁명당이란 이름은 어떻게 돼서 나오게 된 것인가?
- 도예종: 언제인가 우리들이 4·19 묘지에 모여앉아 영령들을 추모하며 자연스럽게 토론한 적이 있다. 그 토론에서 누군가 말하기를 '오늘의 한국 정치 정세하에서 가장 올바른 정당이 생긴다면 그 정당의 이름은 어떻게 지어져야 알맞을까? 하는 질문을 하였다. 이 질문에 대해 몇 가지 답이 나왔는데, 그중 한 가지 답이 왈 인민혁명당이다. 그것은 월남이 우리처럼 국토가 분단되어 있고, 남과 북 동족 간에는 통일하려고 염원하고, 남쪽에서는 외세에 의존해 정권

---

14 [민주화 발자취 - 6·3사태에서 6월항쟁까지〈3〉6·3사태(下)-불꽃회 사건, 「한국일보」, 2003.4.25.

을 유지하고 있는 예속 정권과 싸우는 민중에 기반을 두고 있는 당이 바로 인민혁명당이기 때문에 더욱 그렇다는 것이다.[15]

소개한 글은 훗날 알려진 내용이다. 인민혁명당 조작사건의 실체를 미리 밝힌 셈이다. 도예종과 김정강이 구속된 이후로 다시 돌아간다.

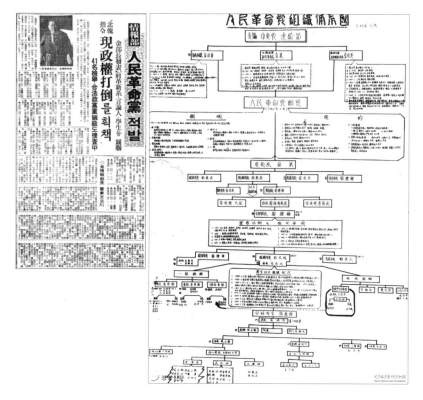

〈 그림167: 1964년 8월 14일 자 경향신문, 인혁당 조직체계도ⓒ민주화운동기념사업회 〉

---

15   전창일, 세칭 인혁당을 말한다,『인혁당 사건, 그 진실을 찾아서』재경대구경북민주동우회 · 인혁당진상규명위원회 편, 2005, pp.17~18.

7월 18일 도예종·김정강 두 사람의 구속발표 이후 서울 시내에 경찰과 계엄군이 투입되어 시위는 진압되었고, 29일 계엄령은 해제되었다.[16] 계엄이 해제되기까지 55일 동안 구속된 인원은 학생 168명, 민간인 173명, 그리고 언론인 7명으로 총 348명이었다. 계엄령 해제 보름쯤 후인 8월 14일, 중앙정보부장 김형욱은 충격적인 담화를 발표했다. 북괴의 지령에 의해 현 정권을 타도하기 위한 목적으로 '인민혁명당'을 조직하였으며, 혁신계·언론인·학생 등이 관련자 41명을 검거했다는 내용이었다.[17] 먼저 '인민혁명당' 사건으로 구속·재판 결과부터 소개한다.

[표14: 제1차 인민혁명당 관련 피의자 목록]

피고인	나이	직업	1심		2심	비고
			구형	선고	선고	
〈체포 구속자 41명, (26명 기소)〉						
도예종	40	중앙당무위원회위원장(무직)	10년	3년	3년	
박현채	30	중앙상무위원회조직위원(한국농업경제연구소연구위원, 서울상대 강사)	5년	무죄	1년	
정도영	39	중앙상무위원회교양위원(합동통신사조사부장)	5년	무죄	1년	
김영광	34	전국학생지도부교양책(원룡건설회사 서무과장)	7년	무죄	1년	
김금수	28	중앙상임위원회연락책(운수업)	5년	무죄	1,집유3	
이재문	31	중앙상임위원회조직부책(대구매일신문 서울분실기자)	3년	무죄	1,집유3	
임창순	51	전국학생지도부위원장(태동고전연구소 주간)	5년	무죄	1,집유3	
김한덕	33	경남도당교양책(목재상)	7년	무죄	1년	

16　비상계엄 해제, 「조선일보」 1964.7.29.
17　정보부 인민혁명당 적발, 「경향신문」 1964.8.14.

　　　　　　　　　　　　　　호산 전창일과 통일운동 77년사

허작	31	발기인 및 초대 경남도책(동래 래성초등학교 교원)	공소취하			
김병태	37	서울시당책(농협자문위원. 대학강사)	3년	무죄	1.집유3	
강무용 (무갑)	46	경남도당책(무직)	공소취하			
이영석	35	경남조직책(한의사)	공소취하			
박조흥 (상흥)	45	경북도당책(상업, 서적상)	공소취하			
김병희 (경희)	27	서울학생지도부책(민중서관 사원)	3년	무죄	1.집유3	
오병철	27	전국학생지도부부의장(서울문리대 철학과 4년)	공소취하			
전무배	33	서울시당교양책(서울신문사 정치부기자)	3년	무죄	1.집유3	
김영한	30	중앙상위교양부연락원 (미국인회사원, 더 · 인터내셔널 · 디벨로먼트)	공소취하			
도혁택	31	경북도당교양책(문호사 편집원)	공소취하			
박중기	29	서울시당원(한국여론사 취재부장)	5년	무죄	1년	
서정복	24	전국학생지도부조직책(서울문리대 철학과 4년)	공소취하			
송상진	37	경북도당간부(건축자료상)	공소취하			
이종배	29	중앙상무위원회총무위원 · 연락원(제일은행 본점행원)	석방			
김배균	27	부산학생지도부책(부산상대 경제과4년)	공소취하			
박익수	30	학생지도부전남책(회사원, 내외PR센터)	석방			
황건	24	후보당원(서울법대 법학과 4년)	공소취하			
하일민	24	학생(서울대학원 철학과 1년)	공소취하			
박영섭	28	군인 · 병장(미76공병대A중대)				
김정강	25	불꽃회 창설자(서울문리대 정치과 3년)				
김정남	22	불꽃회 조직책(서울문리대 정치과 4년)	석방			
김중태	24	데모주동자(서울문리대 정치과 4년)				
현승일	21	데모주동자(서울문리대 정치과 4년)				

김도현	21	데모주동자(서울문리대 정치과 4년)			
백승진	22	데모행동대원(서울문리대 사학과 2년)			
김승균	26	데모배후조정(성대 동양철학과 4년)			
정만진	24	후보당원(대구대학 법학과 4년)	석방		
이영호	28	후보당원(명지고교 강사)			
이병일	42	후보당원(광업)			
장상호	45	후보당원(무직)			
김득수	37	후보당원(무직)			
※김낙중		당원	공소취하		
※남윤호		당원	공소취하		

〈미 체포 수배자 10명〉

			7년	2년	1년
양춘우	29	현상금 10만 원, 부산 당감동 629	7년	2년	1년
우홍선	35	10만 원, 부산 동대신동1가 265	–	–	–
김규철	30	1만 원, 서울 성북구 송천동 44	–	–	–
하상연	31	1만 원, 경남 하동군 화개면 덕은리 64			
박종열	25	1만 원, 서울 서대문구 냉천동 181-3			
박범진	25	1만 원, 서울 종로구 청운동 57-8			
차재윤	34	1만 원, 부산 중구			
성대경	32	1만 원, 서울			
서상호	32	1만 원, 서울 성북구 정릉동			
조만호	27	1만 원, 대구 북구 침산동 312			

김형욱의 발표는 내무부 장관 양찬우(楊燦宇)가 발표했던 불꽃회 사건 즉 "… 공산주의자들로서 공산주의 사회 실현을 마지막 목표로 삼고 반정부적인 음모를 꾸며 행동해 왔다"는 내용에 "북괴의 지령"을 덧붙이는 것에 지나지 않았다. 불꽃회 사건의 주모자로 지목되었던 도예종과 김

정강 두 사람 모두 인혁당 사건의 피의자로 지목되었고, 좀 더 거창한 조직체계도가 발표되었던 것이다. 발표를 따르면, 전국학생 지도부의 상위 조직으로 인민혁명당이 있었고, 인민혁명당은 북괴 중앙당 연락부의 산하기관이 되었다.[18]

이 사건은 기소단계부터 논란에 휩싸이게 된다. 구속 만기일인 9월 5일, 지검 공안부 이용훈 부장검사, 최대현 · 김병리 · 장원창 검사 일동은 수사 결론상 기소할 수 없다고 서명을 거부했다.[19] 하지만 서울지검 검사장 서주연은 사건담당 공안부 검사도 아닌 숙직검사인 형사3부 정명래 검사를 시켜 기소를 강행했다.[20] 기소 뒤엔 피의자들에 대한 고문 사실이 터져 나오기 시작했다. 한국인권옹호협회 박한상이 밝힌 고문상황은 다음과 같다.

▲ 도예종(40): 전기 고문과 물고문을 당했다. 촬영실이라고 하는 곳에 들어가니 고문실이었다. 그곳은 갈색 비로드 헝겊이 벽에 붙어있었고 약 10여 평 되었다. 발가벗기어 머리에서 물을 붓고 수건과 로프 줄로 결박을 당했다. 전기 고문의 흔적을 남기지 않게 하기 위해 전기가 교차되는 헝겊으로 묶었다. 전깃줄을 양 엄지발가락에 끼우고 수건으로 코와 입과 얼굴을 덮어씌운 후 고문했다. 그 후 목에서 피가 나오는데 여러 번 졸도했으며 10시간 동안 의식을 잃은 일까지 있어 형무소에 온 후로는 병감에 입원한 일까지 있다.

▲ 정도영(39): 7월 28일 상오 11시 모 수사기관에 끌려갔다. 처음 "왜 왔

18   정보부 인민혁명당 적발,「경향신문」, 1964.8.14.
19   인민혁명당 사건 기소 둘러싸고 검찰 내부에 이론,「조선일보」, 1964.9.8.
20   김형욱 · 박사월,『김형욱 회고록』, 아침, 1985, p.134.

느냐?" "왜 가슴이 뛰느냐?" 묻기에 폐가 나쁘다고 말했더니 그들은 "고문은 잘 안 되겠군."이라고 말했다. 나체가 되어 베드에 눕혀 묶은 후 물고문과 전기 고문으로 의식을 잃었다. 그 후 정신을 차리고 그들이 "물 5바께쓰(baketsu, 양동이)를 썼다"고 말하는 것을 들었다. 2, 3일간 무기력 상태에서 일어날 수 없게 되자 취조관이 일으키고 예비운동을 시킨 후 마사지를 해서 겨우 일어났다. 그들은 "우리는 이제 고문까지 했으니 약점을 잡혔다. 끝까지 해보자. 고문 취조라는 것을 모르느냐."라고 협박했다. 다음 날은 고문이 무서워서 시키는 대로 진술했다.

▲ 임창순(51): 전기 고문당한 흔적이 왼편 무릎 밑에 남아 있다.

▲ 박상홍(45): 3, 4번 죽었다 살아났다. 전기 고문으로 오금의 살이 튀어나오고 물고문 바람에 귀에 물이 들어가 지금도 잘 듣질 못한다.[21]

이용훈 · 김병리 · 장원창 등 3명의 검사는 사표를 내었고, 서울고등검찰청 한옥신 검사와 기소장에 서명한 정명래 검사가 사건을 인계받았다. 한옥신 검사는 이 사건이 중앙정보부에 의해 날조된 것처럼 알려졌는데 사실이 아니다, 동 사건의 피의자들이 북괴에서 주장하는 민자통 노선과 같은 서클 조직을 한 것이 검찰 조사에서 드러났다, 사건의 흑백보다 적백을 가리는 데 초점을 두겠다, 등의 주장을 하며 재수사에 대한 의지를 피력했다.[22]

그 뒤 한 검사는 47명 중 26명만을 국가보안법 위반 혐의로 구속기소 하였으나, 재수사 결과 14명이 공소 취하되고 나머지 12명은 반공법 위반으로 공소 변경되었다. 1965년 1월 20일 서울 형사지법 합의 2부(재판장 김창규)는 피고 13명 중 도예종에게 반공법 4조를 적용해 징역 3년, 양춘우(추가 기소)에게 징

21 인민혁명당 사건 피고들 "발가벗기고 고문당해", 「경향신문」, 1964.9.12.
22 인민혁명당 사건 재수사, 「경향신문」, 1964.9.24.

역 2년을 선고하고, 나머지 피고인 11명에 대해서는 전원 무죄 판결을 내렸다. 한옥신 검사의 처참한 패배였고, 그는 즉각 항소하겠다고 말했다.[23] 항소심 결과는 검찰에게 조금이나마 체면치레를 해주었다. 무죄판결 난 11명 중 5명에게는 실형, 나머지 6명에겐 집행유예를 선고함으로써 모두 유죄판결이 난 것이다. 대법 역시 2심판결을 그대로 인용했다.[24]

주목할 것은 공소장이 변경되었다는 사실이다. 중앙정보부는 애초에 민자통, 인민혁명당을 북조선과 연결시켜 국가보안법 위반 혐의로 수사했다. 한 검사는 중정의 의도에 따라 월북한 김배영(金培榮, 35세)을 인민혁명당 사건에 연루된 것으로 시도하였으나, 결국 실패하고 반공법 위반으로 공소 변경했던 것이다.[25] 김형욱 중앙정보부장이 발표한 어마어마한 국가변란 사건이 용두사미로 끝난 셈이다.

제1차 인혁당 사건은 이후 독재정권이 위기를 맞을 때마다 거의 단골 메뉴로 등장하다시피 하는 용공조작 사건의 전형을 보여준 시초였다. 그러나 고문으로 조작된 사건을 통해 정치적 위기를 돌파하려던 박정희 정권의 시도는 성사되지 못했다. 인혁당 사건의 망령은 10년 뒤, 1차 인혁당 사건 당시 검찰총장이었던 신직수 중앙정보부장과 중앙정보부 5국 대공 과장이었던 이용택 중정 6국장의 손에 의해 또다시 제2차 인혁당 사건으로 부활하게 된다.[26]

23 인민혁명당 사건 선고, 11피고에게 무죄, 「경향신문」, 1965.1.20.

24 7명에 실형, 인혁당 사건 원심 확정 대법서, 「경향신문」, 1965.9.21.

25 반공법으로 공소장 변경 인혁당 사건 재수사, 「경향신문」, 1964.9.24.

26 《민주화기념사업회 OPEN ARCHIVES, 제1차 인혁당(인민혁명당) 사건》

:: 05 ::

콜린스 라디오 입사,
그리고 간첩 오인 사건

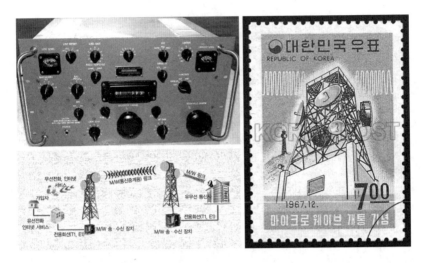

〈 그림168: 시계방향으로, ① R-390A 라디오 수신기, ② 마이크로웨이브 개통기념 우표, ③ 통신 중계용 M/W 중계망 구성도 〉

한일협상반대운동으로 촉발된 6·3항쟁, 인민혁명당 조작사건 등으로 뜨거웠던 1964년이 지나갔다. 그리고 1967년, 5·3 대통령 선거에서 민주공화당 박정희는 신민당의 윤보선을 꺾고 재선에 성공하여 12월 제6대 대통령에 취임하였다.

어느 날 어떤 미국사람이 전창일을 찾아왔다. 명함을 보니 콜린스 라디오(Collins Radio Company)의 토목기사(Civil engineer) 우드포드

호산 전창일과 통일운동 77년사

(Woodford)라고 되어 있다. 콜린스 라디오 회사는 마이크로웨이브[1] 통신시설을 설치·운영하는 회사인데, 시설을 설치하는 동시에 기술이전을 해주기 위해 한국에 왔다고 말했다.

1960년대 무렵 한국에는 무선통신이 없었다. 모스부호를 이용해 전보를 보냈던 우체국에서조차 무선통신이 없었고, 군에서도 마찬가지였다. 박정희가 월남파병 조건으로 미국에게 요구한 것 중에 마이크로웨이브 기술 이전 및 시설지원이 포함되었다고 한다. 당시로는 최첨단 기술이었던 마이크로웨이브 통신시설을 위해 한국에 온 회사가 콜린스 라디오 회사였다. 마이크로웨이브 통신시설을 설치하기 위해선 부대시설이 필요하다. 각종 통신기계가 있는 통신 기계실은 무엇보다 일정한 온도를 유지해야 했기 때문에 에어컨 설치는 필수적이었다. 그리고 마이크로웨이브 안테나가 부착된 기지국 철탑이 필요했다. 통신기계실 건축, 철탑 건설 모두 특수건축 분야였다. 이러한 시설작업을 한국 업체에 하청을 주어야 하는데, 기술적으로 총감독을 할 수 있는 한국인 엔지니어가 필요했던 것이다. 그들은 극동사령부 공병여단을 찾아갔다. 여단장(대령)에게 적합한 사람을 추천해달라고 부탁했더니, 전창일을 추천했다고 한다. 미국인들이 원하는 사람은 토목, 기계 부분에 전문적

---

1 마이크로파 전송(microwave transmission)은 마이크로파 무선 파장으로 정보를 전송하는 것이다. 영국 해협을 걸친 실험적인 40-마일 (64km) 마이크로파 통신 링크가 1931년 시연되었으나 제2차 세계 대전의 레이더 개발을 통해 실용적인 마이크로파 통신 이용이 가능해졌다. 1950년대에 도시 간 원거리 전화 트래픽, 텔레비전 방송을 중계할 목적으로 가시선 빔으로 연결되는 일련의 중계소로 구성된, 대륙을 횡단하는 대형 마이크로파 중계망이 유럽과 미국에 건설되었다. 마이크로파로 지상 기지국 간에 데이터를 전송하였던 통신위성들은 1960년대에 훨씬 더 먼 거리의 트래픽을 점유하였다. 근래 수년간 소비자의 가정에 직접 텔레비전 및 라디오 방송을 수행하는 방송 위성과 무선 네트워크 등 새로운 통신 기술에 의해 마이크로파 스펙트럼 이용률이 폭발적으로 증가하였다. 《위키백과》

인 기술을 가지고 있고, 건축기술도 어느 정도 수준인 제너럴 엔지니어 (General Engineer)였다. 전기기술자(electric engineer), 토목기술자(civil engineer), 건축기술자(architecture engineer) 등을 총괄하는 사람이 제너 럴 엔지니어(General Engineer) 즉 지도감독자(superintendent)다.

전창일은 배려에 고맙게 생각하면서도, 나는 그 정도의 자격을 갖춘 사람이 아니라고 사양을 했다. 콜린스 라디오에서 온 사람이 말하길, 극동사령부 공병여단에서 추천한 사람이니 자기들은 무조건 믿는다고 한다. 다시 사양했다. 이번에는 자신이 처한 위치를 말했다. 지금 이 회 사에서 중요한 직책을 맡고 있는데 회사를 떠나면 어떻게 하느냐고 하 니, 월급을 원하는 만큼 주겠다고 한다. 인사규정을 들먹이니, 한국 정 부의 장관 정도로 대우하면 되지 않겠느냐고 되묻는다. 더 이상 월급 갖 고 따질 상황이 아니었다. 2, 3일 여유를 달라, 사장하고 의논을 해야 겠다고 하니, 부탁한다고 하며 그들은 떠났다.

조심스럽게 사장에게 말을 꺼냈다. 이러이러한 사람으로부터 이런 청 을 받았는데 어떻게 하면 좋겠습니까? 사장이 반색을 한다. 아이고, 참 잘됐습니다. 아직 아무에게도 말을 하지 않았는데, 지금 회사를 팔려고 흥정 중이라는 놀라운 얘기를 한다. 사장 왈, 전창일 씨가 가장 부담스 러웠다고 한다. 좋은 직장(OEC)에 있던 분을 모셔왔는데 어떻게 말을 해야 하나, 고민하고 있었다는 것이 사장의 고백이었다. 물론 인수한 사람이 회사에 절대 필요한 사람을 해고할 리는 없겠지만, 전창일 씨가 어떻게 생각할지 몰라 고민하는 중이었다는 것이다.

전창일과 공영토건 사장의 고민이 한꺼번에 해결되었다. 이제 콜린스 라디오 회사의 슈퍼인텐던트(superintendent) 즉 공사 총감독으로 새 출 발을 하게 되었다. 공영토건에 10년 이상 근무했지만, 퇴직금을 받지 않았다. 달라고도 하지 않았다. 공영토건을 인수한 사람이 훗날(1982년) '이철희 · 장영자 사건'으로 불린 희대의 어음 사기 사건에 휘말려 하루아침에 잘나가던 기업을 날린 모 씨다.

전창일이 콜린스 라디오 회사에 근무한 기간은 3년 정도다. 콜린스 라디오의 주요 업무 중의 하나는 체신부의 통신기술자들을 미국에 데려다 교육시키는 일이었다. 5년 정도 기간이 소요되었다고 한다. 전창일의 주 업무는 마이크로웨이브 중계탑 건설 감독이었다. 산꼭대기에 있는 철탑에 접시 모양의 안테나 몇 개를 붙여놓은 것이 마이크로웨이브 중계탑이다. 전창일에 따르면, 전국의 높은 고지 가운데 차 타고 안 올라가 본 데가 없다고 한다. 여행할 때 차창 밖으로 보이는 중계탑을 보면, 안테나는 미국제품이지만 그 시설은 나의 작품이라는 자부심에 지금도 뿌듯한 보람을 느낀다고 한다.

〈 그림169: 1968년 12월 21일 자 동아일보, 2월 7일 자 조선일보 〉

공사감독 이외 별도의 업무도 있었다. 국내에서 체신부 통신기술자들에게 마이크로웨이브 기술 교육을 시킬 때 통역을 맡아야 했다. 회사에선 통신관계 기술서적을 주며 참고하라고 했다. 하지만 너무 전문적인 서적이라 이해하기 힘들었다고 한다. 집에 잔뜩 쌓아 두었던 그 책들이 도난당한 사건이 발생했다. 이문동에 살던 시절 애기다.[2] 처 임인영은 그래도 그 시절이 제일 행복했던 때였다고 한다. 남편이 공사관계로 전국을 떠돌다 보니, 월급날이면 아내가 회사에 가서 월급을 대신 수령했다. 한국은행에서 갓 발행한 지폐를 직접 받아 살림에 사용하는 것이 그렇게 기분이 좋았던 모양이다. 그러나 불운한 그림자가 기웃거리기 시작했다.

어느 날 새벽, 출근준비를 하고 있을 때 중앙정보부에서 전창일을 찾아왔다. 조사할 것이 있다고 한다. 남산으로 연행되었다. 계장인가 과장인가 하는 사람이 성장한 과정을 모두 쓰라고 한다. 왜 그러냐고 항의를 하자, 쓰라면 쓸 것이지 무슨 잔소리를 하느냐고 고압적으로 대한다. 아! 잘못 걸렸구나 하는 생각이 들었다. 회사에 출근해야 한다고 말해보았으나 소용이 없었다. 다 조치해 놓았다고 한다. 미스터 전이 공산주의 사상을 가졌고, 이북하고 연결된 혐의가 있어 며칠 간 조사할 것이다. 만약 유죄판결을 받으면 몇 년 징역을 살 것이다… 등의 내용을 CIA를 통해 이미 회사에 통보했던 것이다.

한참 조사하다 보니 자기들이 입수한 정보와 많이 달랐던 모양이다. 이제는 책을 갖고 시비를 걸었다. 전창일을 연행할 때 책꽂이에 있는 사회과학 서적들을 모두 압수했던 것이다. 그중에는 자본론도 있었고, 일

2   구멍 뚫린 방범 이문동, 「동아일보」, 1968.11.21.

본 책 몇 권 그리고 '창조적 파괴'라는 용어로 유명한 슘페터(Joseph Alois Schumpeter, 1883~1950)의 저서 『자본주의, 사회주의 그리고 민주주의 (Capitalism, Socialism and Democracy)』란 책도 있었다. 이 책들을 보여주며 너, 공산주의 사상에 심취된 것 아니냐고 윽박질렀다. 공산주의 사상을 가지고 내가 지금 이렇게 살고 있겠느냐고 항변을 하면서도 걸리는 게 있었다.

이미 거론한 바 있지만, 전창일의 호적 나이와 실제 나이는 다르다.[3] 만약 이 사실이 알려지게 되면 어떤 일이 벌어질지 알 수 없게 된다. 호적에 맞춰 진술해야만 했다. 성장 과정을 7년 앞당겨 진술하려니 부담이 되었다. 곤혹스러운 처지에 구원의 손길이 다가왔다. 조규택을 통해 알게 된 장석구(張錫求)와의 친분 덕분으로 중앙정보부의 마수에서 벗어나게 된 것이다. 조규택과 장석구는 단국대학교 동기였고, 훗날 두 사람은 전창일과 자강학회에서 함께 활동하게 된다. 전창일이 답십리 한옥에서 살다가 이문동으로 이사한 것도 장석구와의 우정 때문이었다.

전창일의 문제를 위해 장석구의 부인이 나섰다. 마침 당숙(5촌 아저씨) 되는 이가 청와대 안보비서관으로 재직 중이었다. 원래 경상도에서 경찰서장을 하다가 5·16 이후 청와대로 들어갔다고 한다. 장석구가 처한테 사건의 전말을 얘기했고, 그녀는 당숙에게 남편의 친구 전 모라는 사람이 간첩으로 몰려 정보부에 갇혀 있다고 말했다. 안보비서관은 중앙정보부 담당에게 혐의내용이 뭐냐고 전화를 했다. 그런데 혐의내용이 황당했다.

전창일은 회사(콜린스 라디오)가 제공하는 차를 타고 다녔는데, 차에

---

3 〈제1장 1절, '전쟁으로 인해 뿌리가 바뀌다'〉 참조

는 무전기 안테나가 달려있었다. 전창일의 집 앞에 있는 조흥은행의 경비원이 그 안테나를 보았다. 차량용 안테나가 귀했던 시절이다. 아무래도 간첩이 무전 연락을 하는 것으로 보였던 모양이다. 간첩을 신고하면 거액의 상금을 받던 시절이었다.[4] 신고를 받은 중정 요원이 근처에 집을 얻어, 며칠간 감시를 했다고 한다. 그렇게 수상하게 보이지 않았지만, 아무튼 사건은 종결시켜야만 했다. 이러한 연유로 남산에 끌려갔던 것이다. 결국, 일주일 만에 무혐의로 나왔다. 전창일이 중앙정보부에 끌려간 첫 경험이었다.

〈 그림170: 남산 옛 중앙정보부 6국 지하 취조실ⓒ한겨레(2021.3.17.) 〉

바른대로 말하라고 야단치고 고함치던 정보부 과장과의 인연이 흥미롭다. 과장의 이름은 이종찬(1936~ ?)이다. 먼 훗날 절친 김자동

4 간첩신고에 상금 백만 원, 「조선일보」, 1968.2.7.

호산 전창일과 통일운동 77년사

(1928~)의 소개로 알게 된다. 김자동의 아버지 김의한(1900~1964), 할아버지 김가진(1846~1922)과 이종찬(1936~)의 아버지 이규학(1914~1964), 할아버지 이회영(1867~1932), 작은할아버지 이시영(1868~1953) 등은 상해임시정부를 비롯한 북경 등에서 독립운동을 한 지사들이다. 이러한 인연으로 김자동과 이종찬은 상해, 중경 등에서 함께 어린 시절을 보낸 두 사람은 의형제처럼 지내게 되었다.

한편, 김자동과 장석구는 「민족일보」에서 기자생활을 함께한 사이였다. 결국, 장석구를 통해 김자동을 소개받았고 김자동을 통해 이종찬을 알게 된 것이다. 훗날 김대중 정권에서 이종찬은 초대 국가정보원장으로 지내게 된다. 범민련의 활동 등으로 공민권이 제한되어 여권마저 없는 시절에 전창일에게 여권이 발급되도록 도와주었던 이가 이종찬이다. 물론 먼 훗날의 얘기다.

우여곡절 끝에 남산 중앙정보부 본부를 벗어나 회사에 다시 출근했다. "미스터 전, 어떻게 된 거냐, 당신 코뮤니스트냐?" 단도직입적으로 묻는다. 대화를 통해 CIA가 회사로 이미 통보한 사실을 알게 되었다. 계속 질문을 한다. "왜 공산주의자 혐의를 받았느냐?"… 회사 분위기가 달라졌다. 전창일은 미국 기술자들이 자신을 보는 시각이 달라졌음을 느꼈다. 자격지심인지 모르지만 가까이 지내던 사람들도 멀어지는 것 같았다. 정신적 고통을 받으면서 그들이 철수할 때까지 꾹 참고 근무를 계속 했다. 어쨌든 처, 자식을 둔 가장으로서 책임을 다해야만 했던 것이다.

제9장

인혁당 조작사건과
전창일

:: 01 ::

자강학회 이야기 그리고
박정희의 무한 권력욕

〈 그림171: 1965년 8월 2일 자 경향신문, 9월 28일 자 동아일보 〉

결국, 콜린스 라디오 회사에 사표를 내었다. 그다음에 선택한 회사가 극동건설이다. 극동건설에 재직하던 무렵의 사건을 이야기하기 전에 전 창일과 혁신계와의 인연에 대해 좀 더 언급하기로 한다.

1964년 한일협정반대운동이 시작될 무렵, 전창일은 조규택, 장석구, 이종례 등과 함께 종로1가에 위치한 국회의원 서민호[1]의 사무실에 자주

1 　서민호(徐珉濠, 1908~1974); 본관은 이천(利川). 호는 월파(月坡). 전라남도 고흥 출신. 아버지는 화일(和日)이며, 어머니는 경주 이씨(慶州李氏)이다. 1921년 보성고등보통학 교를 졸업하고, 1923년 일본 와세다대학(早稻田大學) 정경학부(전문부에 해당)를 졸업 하였다. 1925년 미국 오하이오주 웰스리언대학을 거쳐, 1927년 컬럼비아대학에서 정치

들렀다고 한다. 이때 조직된 단체가 자강학회다. 서민호는 고문을 맡았고, 건국대학교 정법대학장 정범석 교수가 회장, 부회장에는 김종길 변호사 등이 임원으로 활동했다. 전창일 등은 몇몇 교수들과 함께 운영위원으로 있으면서 조직을 확대함과 동시에 시국 문제 연구 세미나 등을 개최했다. 주제는 자연스레 한일협정 관계로 귀결되었다. 모임에 나오는 교수들은 대부분 군사정권과 한일협정의 진행에 비판적이었다.[2] 1965년 8월 2일, 동 단체는 '한일협정에 대한 우리의 각오'라는 성명을 발표하였다.[3] 박정희 정권은 자강학회에 나오는 교수들이 학생들을 선동하여 한일회담 반대운동을 하고 있다는 구실을 내세워 협박과 공갈로 강의를 방해했다. 또 조사한다는 명목 아래 소환장을 발부하며 해직시킨다고 괴롭혔다.

사회학부를 수료하였다. 귀국 후 전라남도 벌교읍에서 남선무역주식회사를 설립하여 운영하였고, 1935년 송명학교(松明學校)를 설립하여 교장을 지냈다. 재임 중 1942년 조선어학회사건으로 1년을 복역하였다. 광복 후 관계에 진출하여 1946년 6월 광주시장, 같은 해 10월 전라남도지사가 되었다. 1948년 조선전업사장을 지냈다. 1950년 제2대 민의원의원에 당선, 정계에 진출하였다. 1952년 거창 양민학살 사건의 국회 조사단장으로 활동하던 중, 그 해 4월 자신을 암살하려던 대위 서창선(徐昌善) 살해사건으로 복역, 8년째 되던 해 4 · 19혁명으로 출옥하였다. 1960년 제5대 민의원의원에 당선되고, 민의원 부의장에 피선되었다. 1961년 제15차 UN 총회 한국 대표로 참석하였다. 그 해 5월 남북교류를 주장하다가 입건되었으나, 혁명검찰에서 기소유예로 풀려났다. 1963년 자민당 최고위원을 거쳐 민중당 최고위원을 지냈고, 그 해 제6대 민의원의원에 당선되었다. 1965년 한일협정을 반대하는 정치투쟁으로 의원직을 사퇴하였다. 1966년 혁신계 인사들과 함께 민주사회당을 창당, 대표최고위원이 되었다. 1967년 민주사회당을 대중당으로 개칭, 제6대 대통령 선거에 입후보하였으나, 야당후보 단일화를 위해 사퇴하였다. 같은 해 제7대 국회의원에 당선되었다. 1971년 신민당과 공당으로서의 합당을 이루지 못하고 개별 입당하였으며, 그 해 개인적으로 통일문제연구소를 개설하였다. 1973년 정계를 떠났으며, 이듬해 72세로 사망하여 사회장으로 치러졌다. 서울 교외의 신세계공원묘지에 안장되었다. 저서에 『나의 옥중수기』가 있다. 《한국민족문화대백과사전》

2   전창일, 세칭 인혁당을 말한다, 『인혁당 사건, 그 진실을 찾아서』, 재경대구경북민주동우회 · 인혁당진상규명위원회 편, 2005, p.20.

3   협정내용 비난, 학술단체서도, 「경향신문」, 1965.8.2.

그리고 한일협정을 반대하는 교수들을 '정치교수'로 낙인찍는 여론 몰이를 했다. 문교부가 지목한 교수는 양호민(서울대 법대), 황성모(서울대 문리대), 서석순(연대 문리대), 이극찬(연대 정법대), 정석해(연대 문과대), 권오돈(연대 문과대), 김성식(고대 문리대), 김경탁(고대 문리대), 조동필(고대 정경대), 조지훈(고대 문리대), 이항녕(고대 교양학부), 정범석(건국대 법정대), 양주동(동국대 대학원장), 김윤경(한양대 문리대), 이헌구(이대 문리대), 김성준(이대 문리대), 김삼수(숙대 정경대), 김경연(한신대), 박삼세(대구대 법과), 조윤제(청구대 국문학), 김경광(청구대 경제학) 등 21명이었다.[4] 문교부는 각 대학의 반대를 무릅쓰고 교수들을 해직시켰다. 이들 중 전창일과 함께 활동했던 정석모의 발언을 소개한다.

한일협정을 반대했다고 '정치교수'라카믄 정치교수는 영광이오. 국민이 교수를 우대하고 존경하는 이유가 어디 있는 거요? 가장 중요한 시기에 가만 있으란 거 아이지요. 좋든 궂든 의사를 말해야 할 게 아이요? …(중략)… 우리 대학생들이 그렇게 못나지 않아서, 교수가 데모하란다고 데모하고 하지 말란다고 안 하는 건 아닐 거요. 그래 정치교수 스물한 명 몰아낸다고 학생들이 침묵하고 사태가 수습될 것 같소?[5]

자강학회를 만들어 한일회담 · 남북통일 등 당면문제에 관한 대안제

---

4   밝혀진 소위 정치교수들의 문제된 행적, 징계사유 시비, 「조선일보」, 1945.9.12.
5   데모 선동했다고 정치교수라는 정치발령, 캠퍼스 떠난 교수들, 「동아일보」, 1965.9.28.

시에 힘썼고 6·25 서명대회에도 앞장섰다는 것이 정석모의 해직사유였다. 자강학회 활동을 하면서 전창일이 평생 잊을 수 없는 사람도 만났다. 훗날 인혁당 사건으로 고초를 겪을 때 전창일을 변호했던 김종길 변호사다. 그는 박정희와 대구사범 동기동창이었다. 그러한 인연으로 청와대로 불려가 박정희에게 야단을 맞았지만, 오히려 우정으로 충고를 해주고 나왔다고 한다.[6] 전창일과 자강학회 운영위원들은 그 무렵부터 당국의 감시대상이 되었다.

〈 그림172: 시계방향, ① 삼선개헌 반대운동(1969년 6월), ② 1970년 9월 30일 자 동아일보, ③ 1971년 3월 23일 자 조선일보 〉

6 『인혁당 사건, 그 진실을 찾아서』, 재경대구경북민주동우회·인혁당진상규명위원회 편, 2005, p.21.

앞글에서 중앙정보부에 끌려가 일주일 만에 무혐의로 나온 경험을 언급했다. 콜린스 라디오 재직 시 중정 소환 경험은 한 번 더 있었다. 제7대 대통령 선거 당시 국민당 후보 박기출의 사퇴논란 때문이었다. 먼저 그 무렵의 시대적 배경부터 살펴보자.

1962년의 제3공화국 헌법은 대통령의 임기를 4년으로 정하고, 1차에 한하여 중임할 수 있게 되었다. 그러나 박정희는 1967년 제6대 대통령으로 재선된 이후 곧 3선 개헌을 준비하였다. 재야와 야당의 반대뿐 아니라 4 · 8 항명파동이 상징하듯 집권당인 공화당 내에서도 3선 개헌에 대한 반대여론은 거세게 타올랐다. 박정희는 이러한 여론의 움직임에 아랑곳하지 않았다.

1969년 9월 9일, 개헌안이 제72회 정기국회 본회의에 상정되었다. 그리고 닷새 후인 14일 새벽 2시 30분, 제6차 본회의가 국회 특별회의실(제3별관)로 장소를 옮겨 개최되었고, 여당계 의원 122명만 참가한 가운데, 개헌안과 국민투표 법안이 통과되었다.[7] 이러한 변칙통과에 고등학생을 포함한 수많은 학생들이 항의데모를 하였고, 야당은 정권투쟁을 선언하였으며, 3선개헌반대투쟁범투위(위원장 김재준)은 "비겁한 일"이라는 논평을 내며 치열한 투쟁을 예고했다.

정권이 위태할 정도로 극심한 혼란이 계속되자 박정희는 전가의 보도를 휘둘렀다. 한일협정 반대투쟁 당시 인혁당 사건을 조작한 것처럼 다시 공안카드를 사용한 것이다. 이른바 통일혁명당(통혁당) 사건이다. 1968년 9월 4일 21명의 피의자가 구속 · 기소됨으로써[8] 알려진 이 사건

---

7 개헌안의 변칙통과,「조선일보」1969.9.14.
8 21명 구속기소 통혁당 사건,「조선일보」1968.9.5.

호산 전창일과 통일운동 77년사

은 그 후 계속 확대되어 박정희 정권 출범 이후 최대의 공안사건으로 비화되었다. 이 사건과 관련되어 검거된 자는 모두 158명이었으며, 이들 중 73명이 송치되었고, 23명은 불구속되었다. 사형이 집행된 자는 김종태, 김질락, 이문규 등으로 북한에 가서 노동당에 입당한 것이 이들의 혐의였다.[9] 참고로 이승만 정권부터 박근혜 정권까지 공안사건 발생 건수를 아래에 소개한다.

[표15: 국방경비법, 국가보안법, 반공법의 적용 건수]

	국방경비법	국가보안법 (입건/구속/기소)	반공법 (입건/구속/기소)	합계 (입건/구속/기소)
이승만	여순 사건, 숙군, 제주 4·3사건 등	혁명의용군 사건 외 158건	–	160건(입건)
박정희	–	2,139(입건)	4,528(입건)	6,667(입건)
전두환	–	2,232/2,232/1,535	224(기소)	2,232/2,232/1,759
노태우	–	1,529(기소)	–	1,529(기소)
김영삼	–	1,989/1,989/1,811	–	1,989/1,989/1,811
김대중	–	1,270/716/720	–	1,270/716/720
노무현	–	469/179/275	–	469/179/275
이명박	–	402/111/202	–	402/111/202
박근혜	–	350/131/195	–	350/131/195

어수선한 가운데 1969년 10월 17일 국민투표가 실시되었고, 투표율

9   김종태 사형집행, 「동아일보」, 1969.7.10.; 이문규 등 2명 사형집행, 「경향신문」, 1969.11.6.

77.1%, 찬성 65.1%의 압도적인 표차로 3선 개헌안이 확정되었다.[10] 신민당도 어쩔 수 없이 대통령 선거를 준비해야만 할 처지가 되었다. 그런데 파란이 일어났다. 첫 번째는 국민투표 참패 후 반성과 각오 속에 대두된 세대교체론이다. 김영삼, 김대중, 이철승 등 40대 소장파들이 대선후보로 급부상하여[11], 종국에는 김대중이 신민당의 대선후보로 결정된다.[12] 두 번째는 신민당 새 당수로 유진산이 선출됨으로써 계파 간 갈등이 더욱 심화된 점이다. 세 번째는 고문이자 신민당의 최고원로라 할 수 있는 윤보선의 탈당이었다.

윤보선의 탈당은 1970년 1월 26일 개최된 임시전당대회에 앞서 "개인의 실리와 국민의 실리로써 타협한 불투명한 노선과 친여적 인사를 청산하라"고 요구했을 때 이미 예상되었다. 2월 2일 탈당 성명을 통해, 신민당은 이번 전당대회에서 공화당 통치 질서의 일부분으로 전락하였다고 주장함으로써 신민당과 결별하게 되었다.[13] 유진산에 대한 사쿠라 논란이 지난 1964년에 이어 두 번째로 시작된 것이다.

윤보선의 탈당 이후 파다하게 퍼졌던 제3당 창당설은 장준하 의원 등이 창당을 공언함으로써 표면화되었다.[14] 6월 18일 결국 윤보선을 위원장으로 한 국민당(가칭) 창당이 발기되었고,[15] 1971년 1월 6일 창당대회

---

10   투표 77 · 찬성 65%, 「동아일보」, 1969.10.20.
11   각광 70년대의 전위들 야의 40대들, 「동아일보」, 1970.1.7.
12   신민 40대 기수 출범, 김대중 대통령 후보 지명 뒤의 진로, 「조선일보」, 1971.3.23.
13   윤보선 씨의 신민당 탈당, 「조선일보」, 1970.2.3.
14   동서남북, 「매일경제」, 1970.3.7.
15   위원장 윤보선 씨 국민당 창당발기, 「경향신문」, 1970.6.18.

가 개최되었다.[16]

선명야당의 기치를 들고 출범한 국민당은 혁신계의 영입에도 심혈을 기울였다. 혁신계 인물 중 이동화가 가장 먼저 합류했다. 그는 윤보선·장기영·장준하 등과 함께 16명의 운영위원 중의 한 명으로 선임되었으며, 섭외위원장이란 직책도 맡게 되었다.[17] 그리고 창당 후에는 당 정책심의위원장으로 활동한 바 있다.[18] 선거의 해인 3월에는 박기출 의원이 신민당을 탈당하고 국민당에 입당했다. 그는 "국민당의 이동화·함덕용 씨 등이 나에게 국민당 대통령 후보로 나서 줄 것을 희망하는 윤보선 총재의 뜻을 전달, 국민당에 참가하기로 했다"는 발언을 하여 정가를 놀래게 만들었다.[19] 아무튼, 보수정치인 윤보선이 그 무렵 혁신계의 영입에 심혈을 기울였던 것은 사실인 듯싶다.

김달호 역시 국민당의 1차 영입대상이었다. 전창일의 증언을 따르면, 김달호 변호사는 성격이 급하면서도 꼼꼼해서 입당문제 등 중요한 사안에 대해선 측근들과 의논을 하는 분이었다. 특히 전창일과 이수병을 자주 불러 의논을 하곤 했던 모양이다. 이수병은 5·16 쿠데타 이후 같이 구속되었고, 수감자 중 가장 늦게 출옥한(김달호 1968년 4월 20일, 이수병 4월 17일 출소), 동지로서의 정을 느꼈을 것이다. 그리고 7년 동안 옥살이를 함께하면서 그에 대한 신뢰가 깊어졌을 것으로 짐작된다. 전창일의 경우, 옥살이 뒷바라지를 하며 헌신한 덕분에 혁신계의 핵심으로

16 국민당 창당 윤보선 씨 총재로 선출, 「동아일보」, 1971.1.6.
17 운영위원 등 선임, 국민당 창당준위, 「조선일보」, 1970.8.23.
18 국민당 임명 정책심의위장 이동화 씨, 「동아일보」, 1971.1.22.
19 박기출 의원, 국민당 입당, 「조선일보」, 1971.3.14.

자리 잡게 된 사연은 이미 거론한 바 있다. 아무튼, 김달호가 윤보선을 만날 때 이 두 사람과 늘 동행했다고 한다.

윤보선은 만날 때마다 국민당 입당문제를 거론했지만, 세 사람의 목적은 따로 있었다. 대통령 선거 전에는 입당문제를 결론 내지 않기로 했는데, 국민당에서 대통령 후보를 내지 않을 것이라는 보장을 받지 못했기 때문이었다. 그들은 야권의 후보 단일화를 지지했던 것이다.[20] 국민당의 후보 선출은 혼란 그 자체였다. 윤보선 불출마 선언(71.1.20.) → 후보 옹립 5인위 구성(1.30.) → 이범석 추대(2.26.) → 이범석 거부(3.4.) → 윤보선 추대, 국민당 정무회의(3.12.) → 윤보선 불출마 재확인(3.12.) → 박기출 입당(3.14.) → 국민당 후보 박기출 지명(3.23.) → 박기출 후보등록(3.24.) → 장기영 등 7명 국민당 탈당(4.12.) → 후보 등록 마감(공화당 박정희, 신민당 김대중, 국민당 박기출, 통사당 김철, 민중당 성보경, 자민당 이종윤, 정의당 진복기 등 7명), 대중당의 서민호는 야권단일화를 위해 후보 사퇴 → 박기출 후보 사퇴종용, 국민당 운영회의(4.23.) → 박기출 사퇴(4.24.) → 사퇴의사번복(4.24.) → 선거 포기 재확인, 윤 총재(4.26.) → 제7대 대통령 선거(4.27.)

한민당 출신이자 보수주의자였던 윤보선이, 진보당 부통령 후보로 선거에 출마했던 전력의 박기출을 국민당의 대통령 후보로 지명한 것은 일대 사건이었다. 전창일에 따르면, 윤보선은 보수주의자 장준하와 사회대중당 당수 출신인 김달호 그리고 박기출 세 사람을 국민당의 간판으로 내세우고 새로운 진보정당을 표방하면 박정희를 이길 수 있다고

---

20 『인혁당 사건, 그 진실을 찾아서』 재경대구경북민주동우회 · 인혁당진상규명위원회 편, 2005, p.21.

판단했던 모양이다. 한편, 윤보선과 박기출은 서로 인연이 있는 사이다. 5·16 이후 박기출이 지명수배로 인해 피신한 곳이 윤보선의 자택이었다고 한다. 아무튼, 박기출은 윤보선의 권유를 받아들였고, 윤보선은 그를 국민당의 후보로 지명했다. 이러한 일련의 사건을 되짚어보면, 윤보선의 경우 골수 보수는 아니었다는 게 전창일의 판단이다.

그러나 혁신계의 입장은 윤보선의 의도와 달랐다. 김대중이 신민당의 대통령 후보로 선출된 상황에서 박기출이 출마한다면, 혁신계가 김대중의 표를 잠식하여 박정희가 당선되는 데 역할을 했다는 비난에 처할 것이다. 이에 따라 혁신계의 원로 박기출의 정치 생명도 하루아침에 물거품이 될 위기에 처하게 된다. 따라서 박기출의 출마를 만류해야만 한다.

전창일과 이수병은 혁신계의 존경받는 원로인 김정규[21]를 비롯하여 우홍선(인혁당 사건 사형수), 이성재(동사건 무기수), 서도원(동사건 사형수), 김세원, 이병일 등 동지들을 소집하여 박기출의 후보사퇴를 강권하기로 결정하고 행동을 개시했다.

---

[21] 김정규(金正奎, 1899~1973) (조공 일본부 책임비서) 경남 합천 출신으로, 1924년 1월 대구노동공제회 제5차 정기총회에서 집행위원으로 선출되었다. 3월 대구에서 남선노농동맹 결성에 참여하고 중앙상임위원이 되었다. 9월 일본으로 유학하여 주오대학(中央大學)에 입학했다가 1925년 메이지대학(明治大學) 독일어과로 옮겼다. 재학 중 사상단체 일월회(一月會)에 가입하여 위원이 되었으며, 기관지「해방운동」동인이 되었다. 그해 조선공산당 일본부에 입당하여 1926년 2월 일본부 책임비서가 되었다. 7월 일본 경찰에 체포되어 징역 2년을 선고받았다. 출옥 후 신간회 활동에 관계하였으며 한때 대구 경찰에 연행되어 취조를 받았다.
(사회당 중앙조직위원장) 1946년 민주주의민족전선 경남지부 재정부장을 맡았다. 1960년 12월 서울에서 사회당 결성에 참여하고 중앙조직위원장이 되었으며, 1961년 2월 민자통 결성에 참가했다. 1967년 대통령 선거 시기에 야권후보 단일화를 실현하기 위해 노력했다. 1973년 1월 사망했다. 〈강만길·성대경 엮음,『한국사회주의운동 인명사전』, 창작과비평사, 1996, p.118.〉

동대문구 제기동에 박 의원의 소실(小室) 집이 있었다. 혁신계 인사 10여 명이 그곳으로 쳐들어갔다. 야당후보 단일화 전략의 당위성과 필요성을 설득하였다. 그들은 박 후보가 사퇴할 때까지 계속 농성할 것이다.··· 라며 박기출을 압박했다. 전창일은 이 농성단에 참가하지 못했다. 직장관계 때문이었다.

농성 이틀 후 아침, 전창일은 중앙정보부에 연행되었다. 김정규, 우홍선, 이수병, 이병일 등도 압송되었으며 김세원은 광주에서 검거되었다. 농성현장에 없었던 전창일이 연행된 이유는 배후 조정 혐의였다. "당신은 건설기술자인데 왜 정치에 관여하는가."라는 신문에 "내가 정치에 관여한 증거가 있느냐."고 항변을 하자 "김달호와 같이 윤보선을 만났고 지금 박기출 사퇴를 모의하는 장소인 여관비도 당신이 내지 않았느냐."고 한다. 정보부는 이미 많은 것을 파악했던 것으로 보였다.

전창일 일행은 조사를 받으면서 온갖 협박과 공갈을 당하며 일주일 동안 억류돼 있었다. 중정 수사요원들은, 국민당 당원도 아니면서 왜 남의 당 선거운동에 간섭하는가, 배후를 대라, 목적이 무엇이냐, 철저히 조사하여 의법 처단하겠다고 다그쳤다. 전창일은 "나는 배후도 없고 다른 저의도 없다. 다만 대통령 선거에서 남북의 평화적 통일을 이룰 수 있는 후보가 당선되길 희망할 뿐이다. 그를 위해 야당후보가 단일화 돼야 하기 때문에 박기출 후보의 사퇴를 요구한 것"이라고 대답했다.

고위직에 있는 것으로 보이는 수사관이 "그러면 김대중 후보의 당선을 기대하는가?"라고 묻기에 전창일은 "그렇다."라고 대답했다. 그는 큰소리로 "김대중은 빨갱이야! 그는 해방 당시부터 전라도에서 민청을 한 빨갱이야. 우리는 그에게 절대로 정권을 넘기질 않을 것이야! 절대로!"라며 얼굴을 붉혔다.

호산 전창일과 통일운동 77년사

정보부 요원은 다음 차례로 회유작업을 폈다. 당신은 마이크로웨이브라는 혁신기술로 우리나라의 통신혁명을 위해 애쓰고 있는 미국회사에서 근무하고 있는 엔지니어다. 당신이 이곳에 연행된 지 벌써 일주일이 되었다. 회사에선 빨리 돌아와 일해야 한다고 아우성이다. 앞으로 이러한 운동에서 손을 뗀다고 말하면 즉시 석방하겠다. 만약 불응하면 연행된 당신 동지들 모두 징역을 살게 될 것이다. 그들은 모두 전과자 빨갱이다. 당신은 왜 그 빨갱이들과 접촉하고 있는가. 당신은 전과도 없고 암만 봐도 빨갱이가 아닌데, 답답하다…. 이처럼 회유를 하는 한편 협박도 하면서, 향후 그들과 관계를 끊고 회사에만 충실히 다니겠다는 각서를 쓰라고 한다.

전창일은 순간적으로 갈등에 빠졌다. 아~ 이거 큰일 났다. 저들이 말하는 빨갱이라는 사실을 인정하고 징역을 살아야 하나, 어떻게 처신하는 것이 옳은 일인가…, 좀 생각해 보겠다고 말했다. 어떻게 된 일인지 다음날 각서를 쓰지 않고 석방이 되었다. 이유를 알 수 없었지만, 중정을 벗어나 바깥세상에서 존경하는 김정규 선생, 김 선생과 사제지간처럼 지냈던 우홍선, 이수병 등을 보니 그저 반갑기만 했다.

나중에 알아보니 야당에서 항의했던 모양이었다. 진보적 청년들이 후보 단일화를 위해 박기출 후보에게 사퇴압력을 가하다가 중앙정보부에 의해 구금되었다고 하니, 정치권에서 논란이 되었고, 이에 부담을 느낀 박정희가 석방을 명령했을 것이라고 전창일은 추측하고 있다.

석방의 기쁨은 잠시, 며칠 후 치러진 대통령 선거 결과가 우울하게 만들었다. 민주공화당 박정희 6,342,828표(53.2%), 신민당 김대중 5,395,900표(45.26%), 정의당 진복기 122,914표(1.03%), 국민당 박기출 43,753표(0.15%)…, 94만여 표차로 박정희가 신승한 것이다.

1971년 4·27 대통령 선거는 유례없이 높은 국민들의 관심과 치열한 지역구도 속에 실시되었다.

그러나 4·27 선거 역시 부정선거의 의혹을 피해갈 수 없었다. 현재까지 밝혀진 자료에 의하면, 표 확보를 위해 정부가 뿌린 돈이 당시 국가 예산의 1/7인 700억 원 남짓이었다.[22] 더욱이 부재자 투표의 표가 박정희 몰표로 나와 논란이 일기도 했다. 김대중 당시 후보는 훗날 자서전에서 본인의 투표를 포함하여 서울 마포구 동교동의 투표가 선관위 관계자의 확인이 없다는 이유로 통째로 무효 처리된 사례를 회고하기도 하였다.[23] 김형욱 전 중앙정보부장은 미국 의회의 일명 '프레이저 청문회'에서 부정선거가 아니었다면 김대중 후보가 당선되었을 것이며 그 엄청난 부정선거 공작에도 큰 표 차가 없는 결과를 낸 김대중 후보를 상당히 두려워했다는 증언을 했다. 이 증언 이후 김형욱은 파리에 갔다가 실종되어버린다.[24]

여담이 있다. 전창일이 남산 정보부에 갇혀 신문을 당하고 있을 때다. 창밖을 내다보니 정보부 관용차의 번호판을 뜯고 자가용 번호판으로 바꿔 붙이는 장면을 보았다고 한다. 이튿날 장충단공원에서 있을 박정희 유세장의 청중 동원을 위해 정보부 관용차를 이용하려는 준비작업이었다. 관권을 동원하는 부정선거의 한 장면을 목격한 것이다.

22 김종필은 600억을, 71년 당시 중앙정보부 보안차장보 강창성 씨는 700억을 증언했다. 또한, 미 하원 소위 보고서는 미국계 정유사들(걸프, 칼텍스, 유니언 오일)이 제공한 돈이 정치 자금으로 쓰인 경황을 보고했다. 제7대 대통령 선거, 《나무위키》

23 제7대 대통령 선거, 《위키백과》

24 제7대 대통령 선거, 《나무위키》

:: 02 ::

민족통일촉진회와 7 · 4 공동성명 그리고 10월 유신

　5 · 16 쿠데타 이후 구속되었던 혁신계 동지들이 하나, 둘 출옥했다. 가장 늦게 출소한 이수병(민족통일전국학생연맹 사건, 1968년 4월 17일)을 비롯해 우홍선, 이성재, 박중기, 이석준(전사회당경북선전위원장, 65년 12월 25일 출소), 강무갑[1] 등이 주축이 되어 민족통일촉진회(통촉)[2]를 조직하였다. 중구 삼각동(현 법정동)에 사무실을 차리고 박정희의 3선 개헌 반대운동에 참가하면서 전국에 흩어진 혁신계 동지들의 운동참여를 독려했다. 전창일은 이들과 자주 만나면서 부진한 통일운동에 대해 고민하고 있었다.

　어느 날, 통촉을 강화 · 발전시키기로 하고 대구 · 부산 · 광주 동지들

1　강무갑(1919~1973); 1919년 10월 30일 경남 의령군 지정면 오천리에서 출생한 뒤 13세 때 서울로 상경, 1934년 보성고등보통학교에 입학을 한다. 1939년에는 현재의 서울대학교 공과대학인 경성광산전문학교를 입학하고 경성의 세도가 자녀들 속에서 대장장이, 찹쌀떡 장사 등을 하며 독학으로 1941년 12월 졸업하고 1942년에는 일본의 3대 대학 중 하나인 경도대학으로 유학을 간다. 1945년에는 외솔 최현배 선생의 한글학회에서 활동하고 1948년에는 문교부에서 편수관을 역임했다. 1954년부터 56년까지는 미 대사관에서 통역관으로 근무한 경력도 가지고 있다. 1964년 인혁당 사건 관련해 투옥돼 다음 해 집행유예로 풀려났지만 1967년에는 김배영 사건으로 투옥되고 다음 해 집행유예로 풀려났다. 1972년 광산업을 하며 인혁당 사건 희생자인 이수병에게 당시로는 거금인 170여만 원의 자금을 제공한 바 있다. 1973년 7월 6일, 고문 후유증으로 투병 중 병사했다. 〈강무갑 선생 삶 재조명돼야, 「통일뉴스」 2006.7.10.〉

2　남북 교류 및 남북 긴장완화 조성의 목적하에 남. 북한 민간차원의 통일교류를 목적으로 1972년 2월 25일 설립된 민족통일촉진회와 명칭은 같으나, 전혀 다른 단체다. 전창일 등이 활동했던 통촉은 임의단체였다.

의 동의를 구하기로 했다. 모두가 동의했다. 전창일의 절친 조규택, 「민족일보」 감사로 있다가 9년 동안 영어의 몸이 되었던 안신규(71년 5월 27일 출소), 조중찬(사대당, 65년 12월 25일 출소)³, 장석구 등이 중심적 역할을 했다. 우홍선과 이수병, 박중기는 전창일에게 사무총장을 맡으라고 권유했다. 하지만 직장관계로 사양하는 전창일을 대신해 이석준⁴이 맡기로 결정되었다.

이석준은 포항 출신으로서 4월 혁명 이후 열성적인 사회대중당 당원으로 활동한 바 있다. 5·16 쿠데타 때 구속된 후 5년 정도 옥살이를 하다가 1965년 12월 말경 출옥했다. 그 후 전창일·우홍선 등과 어울리다가 통촉의 사무총장이 된 것이다. 경제적으로 어려운 처지에 있었던 이석준에게 전창일, 우홍선, 이수병 등이 매달 얼마간의 돈을 모아 이석준을 도우며 격려 후원하였다고 한다. 아무래도 전창일의 부담이 컸다. 혁신계 동지들 중 확실한 수입원이 있는 사람은 전창일이 거의 유일했기 때문이다.

---

3 조중찬(1909~1986); 1909년 서울 출생, 1925년에 보성고등학교를 졸업했다. 상업과 저술업에 종사했다. 1956년 진보당 재정부 부간사, 중앙상무위원으로 활동했다. 1960년 11월에 사회대중당 조직위원장이 되었다. 5·16 쿠데타 이후 혁명재판에서 징역 12년형을 받았다. 1986년에 사망했다.

4 이석준(李錫俊, 61년 당시 35세); 육군상사제대(24세), 청구대학 건축학과 2년 중퇴(28세), 출판사 보험회사 미군 부대 등에서 사무원으로 종사, 4·19 혁명 후 혁신세력이 대두하자 이에 호응하여 1960년 7월경부터 사회대중당 경북당 통제위원 및 선전부장으로, 익년 3월 30일부터 사회당 경북당 준비위원으로 동년 5월 7일부터 동 경북도당 선전부장 등으로 활약했다. 5·16 쿠데타 당시 구속되어 징역 10년형을 선고받고 복역 중 65년 12월 25일 특사로 출옥했으나, 인혁당 재건위 사건 이전 수감생활에서 얻은 신장병으로 사망했다.

〈 그림173: 1972년 7월 4일 자 동아일보, 10월 18일 자 매일경제 〉

　통일에 대한 열망으로 통촉 회원들이 분주히 움직이고 있을 무렵, 누구도 예상하지 못했던 엄청난 소식이 한반도를 뒤흔들었다. 1972년 7월 4일, 남과 북 당국은 분단 이후 최초로 통일과 관련하여 합의된 공동성명을 발표했다. 남과 북은 '7 · 4 남북공동성명'을 통해 외세에 의존하거나 간섭을 받지 않고 자주적으로 해결하며, 무력행사에 의거하지 않고 평화적 방법으로 실현하고, 사상과 이념 · 제도의 차이를 초월하여 하나의 민족적 대단결을 도모한다는 통일 원칙에 합의하였다. 남과 북은 또한 신뢰 분위기 조성을 위하여 서로 상대방을 중상 비방하지 않으며, 무장 도발을 하지 않는다는 것과, 남북 사이에 다방면적인 제반 교류를 실시하기로 합의했다. 양측은 서울과 평양 사이에 상설 직통전화를 개설하고, 남북조절위원회를 설치 · 운영한다는데 합의하였다. 남북대화는 박정희 정부가 북한을 대화의 상대로 인정하고, 사실상 북한의 실체를

인정한 것이었다.[5]

자주, 평화, 민족대단결의 3대 통일 원칙이 제시된 선언에 혁신계도 흥분했다. 하지만 남북통일에 대한 기대감은 몇 달 지나지 않아 허물어지게 된다. 같은 해 10월 17일, 박정희 정권은 계엄령을 선포했고 국회 해산 및 헌법 정지 등을 골자로 하는 대통령 특별선언을 발표했다.[6] 그리고 12월 27일, 소위 유신헌법에 의해 박정희가 8대 대통령으로 취임했다.[7]

국민과 야당, 재야세력의 반대에도 불구하고 대통령을 3번 연임할 수 있는 개헌안을 통과시켜 1971년 4월 27일부터 제7대 대통령의 임기가 시작되었으나, 임기를 2년여 남겨두고 새로운 임기가 시작되었다. 유신 헌법에 의한 대통령 임기는 6년이었다. 하지만 연임제한을 없앴고, 더욱이 국민이 직접 뽑는 직접 선거가 아니라 통일 주체 국민 회의에서 대통령을 뽑는 간접선거로 대통령을 선출함으로써 박정희의 영구집권이 가능해진 것이다.

이러한 상황에서 혁신계가 다시 분열되었다. 유신체제에 반대하는 의견과 좀 더 두고 보자는 의견, 둘로 갈라진 것이다. 후자의 경우, 박정희가 7·4 공동성명을 발표한 것은 남북통일에 대한 실천 의지가 있는 것으로 보인다, 유신체제를 통해 통일을 반대하는 소위 보수 세력을 누르기 위한 목적이 아닌가, 좀 더 기다려보자… 라고 하며 박정희에 대해 기대를 한 사람들이었다.

5   단절의 사슬 풀 남북의 청신호, 「동아일보」, 1972.7.4.
6   전국에 비상계엄 선포, 개헌안 27일까지 공고, 한 달 내 국민투표, 「매일경제」, 1972.10.18.
7   장충체육관서 취임식, 박정희 8대 대통령 취임, 「동아일보」, 1972.12.27.

전창일, 우홍선, 이수병 등 민족통일촉진회 성원들은 박정희의 정책에 대해 신랄한 비판을 가했다. '통일이 실현되기 위해선 북이나 남이나 민의를 진정으로 대변하는 민주주의 체계가 파괴되어서는 안 된다, 독재정치하에서는 통일이 이루어질 수 없다, 이것은 시국인식의 기본적 자세다.'라는 것이 그들의 신념이었다. 5·16쿠데타 당시 박정희에 대한 기대를 가졌지만, 결과는 혁신계에 대해 엄혹한 탄압이었다는 과거를 잊지 않았던 것이다.

박정희에 대해 일말의 기대감을 지녔던 이들은 민자통 재건을 추진했다. 4월 혁명 후 민자통 조직위원장을 역임했던 문한영(65.12.25. 출옥),[8] 민자통 중앙상임위원 및 통일심의위원회 간사를 했던 이종린,[9] 전

---

8   문한영(文漢榮, 1918~1996); 본적지(함남 원산)에서 보통학교를 졸업하고 20세 때 원산 삼진철공소 직공으로 있다가 21세 때 원산 미곡창고(주) 원산지점 창고직원으로 취직하여 8·15 해방 때까지 종사하다가 해방 직후 월남하여 1949년 3월경부터 대한독립노동총연맹 선전차장으로 활동하고, 1947년도에는 대동청년단원으로 있다가 동 1948년 9월 돈암동에서 청운사라는 출판사를 자영하던 중 4·19혁명 이후 각종 혁신계정당 사회단체가 속출하자 1960년 8월 하순경 피고인 박진, 동 강등인, 동 박래원과 모의하여 북한 괴뢰집단이 위장 선전하는 평화통일안에 호응하여 동년 9월 초순경 민족자주통일촉진회를 발기 조직하여 동년 9월 하순경 이를 민자통중앙협의회라고 개칭하고 동년 10월 초순경 민자통중앙협의회 총무부 차장으로 피선되고, 1961년 2월 25일 민자통중앙협의회 결성 대회 후 임원개편 시 조직위원장으로 피선되어 동직에서 활동〈『한국혁명재판사』 제4집, 한국혁명재판사편찬위원회, 1962, pp.3~4.〉 동지는 1930년대 10대 노동자로 원산부두노동자 파업에 참가하였고, 1944년엔 항일운동체인 '건국동맹' 원산지부에 참여하는 열성을 보였다. 일제 패망 뒤 서울에서 여운형, 안재홍 중심의 '건국준비위원회'에 참여하였고, 이승만의 독재가 노골화되던 때 조윤제, 김시현, 이종률, 유시태, 박영식 씨 등과 함께 '민족건양회'에 참여하며 책임간사로 활동하였다. 1960년 4월 혁명 뒤에는 진보세력의 통일운동전선체인 '민족자주평화통일중앙협의회'에서 조직위원장으로 피선되어 활약하였으나 5·16 군사쿠데타로 투옥되어 혁명재판에서 1심 사형, 2심 무기, 3심 15년이 확정되었으나 1967년 12·25 특사로 나올 때까지 7년 옥고를 치르기도 하였다. 군사정권 시절 온갖 박해 속에서도 의연히 통일을 염원하며 1989년 '민족자주평화통일협의회' 재건에 함께하였고 공동의장을 맡기도 하였다. 《추모연대》

9   이종린; 1923년 2월 전북 전주에서 태어남, 1944년 최근옥 님과 결혼, 1945년 이전에 전북도청에서 근무, 5월 일본 대판(오사카)시 중부군관구 헌병사령부에 구속, 8월 15일 석

혁신당중앙집행위원 정예근(63.12.15. 출옥)[10] 등이 주도인물이었다.

방. 1946년, 조선민주청년동맹 가입, 2월 3.1절 예비검속(전주경찰서), (1947년)남조선 노동당 가입, 7월 8.15 예비검속(전주경찰서). 1948년 3월, 민주애국청년동맹 사건으로 구속(전북도 경찰국) 벌금형으로 석방, 10월 여순사건으로 구속(전북도 경찰국), 1951 년 10월에 한국전쟁으로 구속(CIC특무대), 1958~60년에는 대한배구협회 총무이사. 1961년에 민족자주통일중앙협의회 중앙상임위원, 8월 황의남 간첩 사건으로 연행(중부 경찰서), 9월 민족자주통일중앙협의회 사건으로 구속(치안국 남대문 분실), 12월 민족자 주통일중앙협의회 사건으로 구속(종로경찰서). 1962년 3월에 홍사일 교수 사건으로 연 행(중앙정보부 을지로 분실). 1974년 5월에 인혁당 이성재 사건 연행(남대문 경찰서). 1979년 5월에 이재춘 사건으로 연행(용산경찰서). 1988년, 범민족대회 판문점 남북실 무자 회담 참관사건으로 입건, 민족자주평화통일중앙회의 결성, 공동의장 역임. 1989년 3월에 범민족대회 예비 실무회담 사건으로 구속(고양경찰서), 6월 범민족대회 예비 실 무회담 사건 연행(성동경찰서), 7월 민자통 사건으로 구속(국가안전기획부), 1년 6개월 복역, (1991년)조국통일범민족연합 남측본부 준비위원, 2차 범민족대회 통일선봉대 총 단장, (1992년) 3차 범민족대회 통일선봉대 총단장, (1993년) 조국통일범민족연합 남 측본부 준비위원회 부위원장, 4차 범민족대회 통일선봉대 총대장, (1994년) 조국통일범 민족연합 남측본부 서울시연합 초대 의장, 김일성 주석 조문단 사건으로 구속, 8개월 복 역. 석방 후 의장 직무대행 역임, (1995년 11월) 조국통일범민족연합 남측본부 상임부의 장, 범민련 남측본부 결성 건으로 구속, 1년 복역, (1996년) 조국통일범민족연합 남측본 부 의장 직무대행. (1997년 7월) 제8차 범민족대회 건으로 구속(국가안전기획부). 1년 복역, (2000년 1월) 조국통일범민족연합 남측본부 의장 직무대행, 11월 조국통일범민족 연합 남측본부 의장, (2001~02년 6·15 공동선언 실현과 한반도 평화를 위한 통일연 대 상임공동대표, (2001년 6월) '2001 민족공동행사추진본부' 고문 (2002년 4월) 제13 회 사월혁명상 수상, (2003~07년)6·15 공동선언 실현과 한반도 평화를 위한 통일연 대 명예대표 (2003년) 조국통일범민족연합 남측본부 명예의장 (2003년 12월 10일) '민 경우 사무장사건' 관련으로 성북동 자택 앞 버스정류장에서 체포 후 옥인동 대공분실로 연행 (2004년 8월) 국가보안법 위반 혐의로 불구속 기소. 징역 2년 집행유예 3년 선고받 음 (2005년) 6·15 공동선언 실천 남측위원회 고문 (2005년 1월) 국가보안법 재판 거부 투쟁 중 강제 구인, 6월 6·15 공동선언 발표 5돌 기념 민족통일대축전 대표단으로 평양 방문, 7월 범민련 남측본부 금강산통일기행 일체 불허없이 신청자 전원 방북, 8월 8.15 특별사면으로 국가보안법 위반자 273명과 함께 사면, 10월 통일운동 원로 86명과 함께 '광복 60년 평양 문화유적 관람' 참가 (2007년 6월) 6.15 민족통일대축전 대표단 자격으 로 평양 방문 (2008년) 한국진보연대 상임 고문 (2010년 8월)조국통일범민족연합 결성 20돌 기념사업 추진위원회 공동추진위원장 (2014년 4월 5일 오전 8시) 향년 91세로 타 계《추모연대》

10   정예근(鄭禮根, 1961년 현재 47세); 28세 시 만주 YMCA전문학교를 졸업하고 33세 시
     할빈 제5중학교 영어강사로 재임하던 중 8·15해방으로 귀국하여 군정하 상무부장, 국
     제건설 회사원 등을 역임하고 신성무역회사 대표직에 있으면서 1956년 진보당에 입당
     통제위원 직에, 1960년 5월 초순경 사회대중당에 입당 동당 총제위원 직에 가구 취임 활

전창일 등은 "그런 환상을 가지지 말고 유신체제를 타도하는 일이 통일운동과 직결되는 일이다" "진정한 통일운동의 전초 작업으로 유신체제를 타도해야 한다." "그러니까 주체역량을 학생운동에 두고, 학생운동을 추동해야 한다."라는 논리와 판단하에 민자통 재건을 추진하는 이들에게 부정적인 입장을 취했다.

사실 그 당시 민자통 재건추진 세력은 4월 혁명 무렵의 민자통과 달랐다. 원래의 민자통은 하나의 전선체 역할을 담당했던 강고한 조직이었다. 그러나 1973년경의 민자통 재건위는 주체조직이 없었다. 통촉 요원들은 민자통 재건위의 주장을 공허한 공상으로 보았던 것이다.[11] 물론 통촉도 주체역량의 결여란 면에서 한계를 보였다.

유신헌법을 철폐하고 새로운 헌법을 제정하자는 운동은 천관우, 함석헌, 장준하, 김동길, 계훈제, 백기완 등 보수주의자들로 결성된 '개헌청원 백만서명청원본부'에서 주도하였다. 12월 24일, 결성식 발표 당시 서명한 사람은 장준하(통일당 최고위원), 함석헌(종교인),

〈 그림174: 1973년 12월 25일 자 조선일보 〉

동하다가 전시 혁신당 창당 시 동당 중앙집행위원으로 활약. 《『한국혁명재판사』 제3집, 한국혁명재판사편찬위원회, 1962, p.543.〉

11 『인민혁명당과 혁신계의 활동, 주요인사(전창일 님) 구술사료 수집』 4 · 9통일평화재단, 2014.2.3, pp.193~197.

법정(불교인), 김동길(연세대 교수), 김재준(전 한신대 학장), 유진오(전 신민당 당수), 이희승(전 서울대 대학원장), 김수환(추기경), 백낙준(연세대 명예총장), 김관석(대한기독교연합회 총무), 안병무(한신대 교수), 천관우(전 동아일보 주필), 지학순(천주교 원주교구장), 김지하(시인), 문동환(한신대 교수), 박두진(시인), 김정준(한신대 학장), 김찬국(연세대 신학대학장), 문상희(연세대 교수), 백기완(백범사상 연구소장), 이병린(전 대한변호사협회장), 계훈제(씨알의 소리 편집위원), 김홍일(전 신민당수), 이인(제헌의원), 이상은(고대 교수), 이호철(소설가), 이정규(전 성대 총장), 김윤수(이대 교수), 김승경(의사), 홍남순(변호사) 등 30명이다.[12]

대부분 사회적 영향력이 큰 저명인사들이다. 눈여겨볼 것은 혁신계 사람들이 없다는 점이다. '개헌청원 백만서명청원본부' 측에서 배제한 것인지, 혁신계 측이 보수 우익인사들의 모임에 의도적으로 불참했는가는 분명하지 않다. 일제 강점기 이후 역사의 큰 물줄기마다 사회주의자(혁신계 포함)들은 늘 큰 역할을 했으나, 유신헌법 철폐운동에는 주목할 만한 역할을 하지 못했다. 5·16 쿠데타를 거치면서 혁신계 세력이 거의 괴멸되었다는 방증이다.

아무튼, 이러한 상황에서 통촉은 유신헌법 반대투쟁에 직접 뛰어들지 않고, '개헌청원 백만서명청원본부' 측에 연대하는 방법을 택했다. 사무총장 이석준이 장준하·백기완 등과의 접촉에 나선 것이다. 이석준·전창일·우홍선·이수병 등 네 사람은 장준하의 초청으로 그의 집을 방문하는 등 몇 차례의 만남을 가졌다고 한다.[13]

---

12 개헌청원 100만 서명, 「조선일보」, 1973.12.25.
13 『인혁당 사건, 그 진실을 찾아서』, 2005, pp.23~24.

:: 03 ::

긴급조치 시대

〈 그림175: 1974년 1월 9일 자 동아일보 〉

1974년 1월 8일 오후 5시, 긴급조치 제1호 및 2호가 선포되었다.
1972년 12월 27일 공포된 유신헌법 53조에는 "국민의 자유와 권리를 잠
정적으로 정지하는 긴급조치"를 발동할 수 있는 권한이 대통령에게 부
여되어 있었다.[1] 박정희는 이 조치를 발동함으로써 국민의 기본권을 제

---

1 제53조 ①대통령은 천재·지변 또는 중대한 재정·경제상의 위기에 처하거나, 국가의 안전
보장 또는 공공의 안녕질서가 중대한 위협을 받거나 받을 우려가 있어, 신속한 조치를 할
필요가 있다고 판단할 때에는 내정·외교·국방·경제·재정·사법 등 국정 전반에 걸쳐 필요
한 긴급조치를 할 수 있다. ②대통령은 제1항의 경우에 필요하다고 인정할 때에는 이 헌

한했다. 최초로 공포된 긴급조치권을 통해 "유신헌법을 비방하거나 개헌을 발의 · 청원 · 선동 · 보도하면 15년 이하의 징역에 처하며, 영장 없이 체포 · 수색하겠다."고 한 것이다.

[긴급조치 제1호(1974년 1월 8일 공포)]

① 대한민국 헌법을 부정, 반대, 왜곡 또는 비방하는 일체의 행위를 금한다.

② 대한민국 헌법의 개정 또는 폐지를 주장, 발의, 청원하는 일체의 행위를 금한다.

③ 유언비어를 날조, 유포하는 일체의 행위를 금한다.

④ 전 1, 2, 3호에서 금한 행위를 권유, 선동, 선전하거나 방송, 보도, 출판, 기타 방법으로 이를 타인에게 알리는 일체의 언동을 금한다.

⑤ 이 조치에 위반한 자와 이 조치를 비방한 자는 법관의 영장 없이 체포, 구속, 압수, 수색하며 15년 이하의 징역에 처한다. 이 경우에는 15년 이하의 자격정지를 병과할 수 있다.

⑥ 이 조치에 위반한 자와 이 조치를 비방한 자는 비상군법회의에서 심판, 처단한다.

⑦ 이 조치는 1974년 1월 8일 17시부터 시행한다.

법에 규정되어 있는 국민의 자유와 권리를 잠정적으로 정지하는 긴급조치를 할 수 있고, 정부나 법원의 권한에 관하여 긴급조치를 할 수 있다.

호산 전창일과 통일운동 77년사

[긴급조치 제2호(1974년 1월 8일 공포)]

① 긴급조치를 위반한 자를 처벌하는 비상군법회의 설치
② 중앙정보부 부장이 사건의 정보, 조사, 보안업무를 조정, 감독

첫 번째 타깃은 개헌청원운동본부였다. 긴급조치 1, 2호가 공포된 지 일주일쯤 후인 1월 15일 주도인물인 장준하, 백기완이 구속되었다. 긴급조치 위반 첫 대상이 발생한 셈이다.[2] 이로써 개헌청원운동은 추진 동력을 잃게 되었다. 21일에는 이해학, 김진홍, 인명진 등 도시산업선교회 소속 목사 및 관련자 11명이 구속된다.[3] 그리고 다음 차례는 학생들이었다. 26일, 종교인 구속자 11중 4명을 석방하고 연대생 7명을 구속했다.[4]

전창일의 동료들은 긴장하기 시작했다. 대구, 광주 쪽과 연락을 취하고 사태의 추이를 지켜보았다. 우리가 할 수 있는 일, 해야 할 일은 과연 무엇인가? 전창일의 집 그리고 충무로에 있는 직장(극동건설) 뒤에 위치한 지 다방, 때로는 이수병이 근무하던 일어학원 아래에 있는 다방을 이용해 의논했다. 아무래도 불편했다. 작은 사무실을 내기로 결정하고, 충무로에 작은 사무실을 얻어 전화도 놓았다. 평상시에는 침대를 하나 놓고 지압교실로 활용하기로 했다. 출입하는 사람들이 대부분 당

2   장준하·백기완 씨 구속, 긴급조치위반 첫 대상, 「매일경제」, 1974.1.16.
3   비상보통군재 검찰부, 목사 등 11명 구속, 「경향신문」, 1974.1.22.
4   연대생 7명 구속, 「조선일보」, 1974.1.27.

국의 주목을 받고 있는 소위 요시찰인물들이었기 때문이다.

이성재와 우홍선[5]이 교사를 맡기로 했다. 두 사람은 한의학, 경락학에 조예가 깊었으므로 적임자였다. 그동안 동지로 함께 활동했던 강무갑, 이석준은 옥중에서 얻은 폐병과 신장병으로 이미 고인이 되었는데, 동지장으로 엄숙하게 장례를 치렀다고 한다.

박중기의 경우, 사연이 있다. 그는 1964년 제1차 인혁당 사건이 터져 체포되어 반공법 위반으로 1년간 실형을 살았다. 출옥해 한동안 목재장사로 동지들의 생계를 돕던 그는 1974년경 이수병이 운영하던 삼락일어학원에서 일하다 '김정태 등의 내란음모사건'에 휘말려 6개월간 수감됐다. 그런데 석방되자마자 이번에는 제2차 인혁당(인혁당 재건위) 사건이 터졌고 그는 또다시 중정에 끌려갔다. 하지만 '수감 중'이었던 확실한 알리바이 덕분에 살아남을 수 있었다.[6] 전창일과 동지들은 박중기 외 동지들의 석방을 위해 애쓰는 중이었으므로, 간혹 지방에서 찾아오는 손님을 제외하면 전창일·우홍선·이성재·이수병[7] 등 4명 정도가 지압교

---

5 우홍선(1931-1975); 동지는 1931년 경남 울주에서 출생하여 6.25에 학도병으로 참가한 후 육군 대위로 예편하였다. 그리고 4·19 이후 통일민주청년동맹 중앙위원장, 민자통 조직위 간사로 활동하던 중 5·16 이후 수배되었다. 그리고 1964년 1차 인혁당 사건으로 구속되어 집행유예로 석방된 이후에도 유신반대 민주와 민족통일을 위하여 투쟁하다 유신 독재 권력에 의해 인민혁명당 재건위 사건으로 사형을 당하였다. 1975년 4월 9일 이날은 국제 법학자협회에 의해 '사법 사상 암흑의 날'로 규정된 날이다. 이른바 인민혁명당(인혁당) 재건위 사건 관련자로 조작된 8명이 유신정권의 철저한 조작으로 사법 살해된 날이다. 《추모연대》

6 동지들 떠나보내고 살아남은 슬픔, 평생 유족 돌보고 추모제 도맡아, 「한겨레」, 2011.11.24.

7 이수병(1936~1975); 동지의 생애는 철저히 조국과 민족에 대한 끝없는 사랑으로 일관된 것이었다. 1960년 11월 12일 경희대 민족통일연구회를 발족시켜 수차에 걸쳐 세미나와 대강연회를 개최, 통일문제에 관한 인식을 넓혀 가는 한편 민통련(민족통일전국학생연맹)의 전국조직 결성에 적극적으로 참여하였다. 1968년 4월 17일 7년간의 옥고를 치르고 석방된 동지는 엄중한 감시 속에서도 변혁운동에 뜻을 둔 동지들을 규합하기 위

호산 전창일과 통일운동 77년사

실의 주요 성원이었다.

대구, 광주에서도 대학가의 움직임에 관심을 갖고 지원에 고심하고 있다는 소식이 들어왔다. 대구에서는 경북대 출신 여정남[8]을 상경시켜 수도권 대학과 영남권 대학을 연결하는 작업을 진행하니 많은 협조를 바란다는 전갈을 보내왔다. 여정남과 학생운동을 지원하기 위해 극비리에 후원금을 모금했다. 학생들과의 접촉은 이수병과 김용원[9]이 맡았고, 모금된 돈은 이수병에게 전달되었다.[10] 대구에서 학생들과의 접촉은 서도원[11]이 책임을 졌다. 도예종[12]은 배제되었다. 제1차 인혁당 사건 이후

한 은밀한 접촉을 재개하게 된다. 독서회, 강좌를 통하여 혁신계를 비롯하여 학생, 노동자, 제 민주세력의 결속을 강화하기 위한 조직 활동을 전개해 나가던 동지는 민청학련 상층부로 지목된 '인혁당 재건위' 사건으로 사형당했다. 《추모연대》

8 여정남(1944~1975); 1944년 대구에서 출생한 동지는 경북대학교 학생회장으로 활동하면서 3번 제적되었다. 1971년 정진회 필화사건과 1972년 유신반대 포고령위반으로 구속되기도 하였다. 출소 이후 민주와 민족통일을 위해 투쟁하다 유신 독재 권력에 '인민혁명당 재건 단체사건'으로 사형을 당하였다. 1975년 4월 9일 이날은 국제 법학자협회에 의해 '사법 사상 암흑의 날'로 규정된 날이다. 이른바 인민혁명당(인혁당) 재건위 사건 관련자로 조작된 8명이 유신정권의 철저한 조작으로 사법 살해된 날이다. 《추모연대》

9 김용원(1935~1975); 동지는 1935년 경남 함안에서 출생하여 서울대 물리학과에 입학하였다. 4 · 19 이후 서울대 학생민통련 대의원등으로 활동하였다. 5.16 이후 1차 인혁당 사건으로 조사받고 나온 이후 동양중고, 경기여고 교사 등으로 활동하였다. 계속하여 유신반대 민주화와 민족통일을 위하여 투쟁하다 박정희 권력에 의해 인민혁명당 재건위 사건으로 사형당하였다. 《추모연대》

10 『인혁당 사건, 그 진실을 찾아서』 재경대구경북민주동우회 · 인혁당진상규명위원회 편, 2005, p.25.

11 서도원(1923~1975); 동지는 1923년에 경남 창녕에서 출생하였다. 4.19 이전에는 영남(청구)대학 학생주임으로 정치학을 강의하였고 대구매일신문 논설위원을 지냈다. 동지는 1960년 4.19 이후 민주민족청년동맹위원장으로 활동하다 5 · 16 이후 군사재판에 의해 2년 7개월 복역하였다. 출소 이후에도 유신반대 민족통일을 위해 투쟁하다가 1975년 4월 9일 유신독재 권력에 의해 인혁당 재건위 사건으로 사형당하였다. 《추모연대》

12 도예종(1924~1975); 1924년 경북 경주에서 출생한 동지는 경북 상주고등학교에서 교편을 잡았다. 4·19 이후 경북 영주군 교육감에 당선되기도 한 동지는 민주민족청년동맹 경북간사장, 민자통 중앙상무집행위 조직부장 등으로 활동하다 1964년 1차 인혁당 사건

그는 당국으로부터 요주의 인물로 주목받고 있는 처지였다. 통촉이 추진하는 일에 참여시킨다면, 서로에게 부담될 것이라는 판단에서다. 전창일의 증언에 의하면, 중앙정보부가 제2차 인혁당사건에 도예종을 포함시킨 것은 자신들의 필요에 의해 강제로 조작한 것이라고 한다.[13]

〈 그림176: ①1980년 2월 3일 공판 중의 이재문ⓒ의문사위 자료사진, ②장석구ⓒ추모연대 〉

사실 따지고 보면 인혁당 사건의 중요한 연결고리는 이재문[14]이었다.

으로 구속되어 징역 3년을 선고받았다. 출소 이후 유신반대 민주화와 민족통일을 위하여 투쟁하다 유신독재 권력에 의해 인혁당 재건위 사건으로 사형당하였다. 《추모연대》

13 『인민혁명당과 혁신계의 활동, 주요인사(전창일 님) 구술사료 수집』, 4 · 9 통일평화재단, 2014.2.3., p.198.

14 이재문(1934~1981); 1934년 경북 의성군 옥산면 전홍동 출생, 경북대학교 정치외교학과를 졸업했다. 동지는 민족일보, 대구매일신문 등의 기자, 사회당 활동 등을 하였다. 1964년 1월경 '인민혁명당' 조직부책, '민주수호국민협의회' 대구 경북지부 대변인으로 활동하였고, 1974년 4월경 '인민혁명당 재건위' 교육책으로 지명 수배된 후 1979년 10월 4일 검거 시까지 5년 5개월간 수배 생활을 하였다. 1979년 10월 4일 남민전 사건으로 체포 · 구속되어, 남영동 대공분실에서 60여 일간의 조사를 받는 과정에서 이근안 등으로부터 고문 등의 가혹행위를 당하였다. 서대문구치소 수감 중이던 1981년 8월경부터 위장병이 급격히 악화되었으나 구치소에서의 치료로는 상태가 좋아지지 않았다. 구치소 측은 구치소 내 병사에 입사시켜 소극적인 치료로 일관하다 병세가 더욱 악화되어 같은 해 11월 22일 운명하였다. 의문사진상규명위원회 조사결과 동지는 1979년 10월 4일

대구의 여정남으로부터 사건이 시작되었고, 여정남의 배후는 경북대 선배인 이재문이었다. 그리고 이재문은 대구의 서도원, 도예종 등과 깊은 인연이 있는 사이였다. 그러나 그는 체포되지 않았고 5년 5개월간 긴 수배 생활을 하다가 1979년 10월 4일 남민전 사건으로 체포 · 구속된다. 전창일에게 이재문은 일생을 통해 잊을 수 없는 사람 중의 한 명이다. 특히 개인적으로도 많은 사연이 숨겨져 있다. 다소 길지만, 인혁당 사건의 진실에 접근할 수 있는 사안이므로 전창일의 경험을 중심으로 이재문에 얽힌 비화를 살펴보자.

이재문이 처음 구속된 것은 1964년 제1차 인혁당 사건 때다. 5 · 16쿠데타 성공 이후 군사정권이 가장 먼저 조치한 것이 언론탄압이었다. 쿠데타 사흘 후인 5월 18일 자행된 「민족일보」의 폐간을 필두로 일주일 만인 5월 23일 '사이비 언론인 및 언론기관 정화'를 앞세워 언론사를 통폐합했다. 그 결과 76개 일간지가 37개로, 375개의 통신사가 11개로 줄었다.

「민족일보」의 정치부 기자였던 이재문은 긍지와 보람을 갖고 취재활동을 하던 직장을 갑자기 잃게 되었다. 어렵사리 구하게 된 직장이 「대구매일신문」이었다. 이 신문은 가톨릭 계통에서 간행하는 지방신문으로서 본사는 대구였다. 이재문은 「대구매일신문」 서울지국에서 국회출입 기자로 근무하기 시작했다. 한일협정 졸속체결을 반대한 6 · 3 항쟁 이

체포 당시 자해를 하여 서울대병원에 20여 일간 입원하였고, 위내시경 검사를 통해 조기 위암이라는 진단이 나왔으나 정권은 본인을 비롯한 가족들에게 알리지 않았으며 위암에 대해 치료도 하지 않았다. 이후 남영동 대공분실에서 40여 일 동안 불법구금의 상태에서 조사를 받았고, 조사과정에서 동지를 비롯한 남민전 관련자들에게 고문 등의 가혹행위가 심하게 있었음이 밝혀졌다. 《추모연대》

후 통일운동과 민주화를 외친 혁신계 인사들을 소멸시키기 위해 인민혁명당 사건을 조작했음은 이미 거론한 바 있다. 이때 이재문이 구속되었다. 인민혁명당 중앙상임위원회 조직부책으로서 직업은 「대구매일신문」 서울분실 기자였고, 구속사유는 북괴의 지령을 받고 국가변란을 음모했다는 혐의였다.[15]

  이재문이 구속된 지 꽤 시간이 흘렀다. 어느 날, 이재문과 같은 신문사에서 근무하고 있던 여기자 김○○가 전창일을 찾아왔다. 이재문의 소개로 이미 알고 있던 사이였다. 검찰에 송치된 이재문을 면회하고 왔다고 하며 말을 꺼내기 시작했다. "금후 자기에 관한 모든 문제는 전창일 선생과 의논하라."고 해 찾아왔다고 한다. 지금 상황을 물었더니, "많은 고문을 당했다."고 하며 울먹인다. 전창일은 무거운 책임감을 느꼈다. 먼저 장석구에게 연락했다. 그는 「대구매일신문」 서울지사에서 사진기자로 재직 중이었다. 훗날 얘기이지만 장석구와 이재문 두 사람은 모두 감옥에서 사망하게 되는 비운을 겪게 된다. 장석구가 움직이기 시작했다. 마침 지인 중에 검찰출입 기자가 있었다. 「동아일보」에 근무하고 있는 그를 통해 검찰 취조, 진행 상황 등을 확인하겠다는 장석구의 약속에 전창일은 용기백배, 힘을 내었다.

  다음 차례로 친구 이성재를 만나 같은 이야기를 하면서, 최만리(崔滿理) 여사에게 도움을 청하자고 합의를 봤다. 최 여사는 일제 강점기 시기 일본에 유학하여 고등사범을 나온 인텔리였다. 4월 혁명 후 민자통 부녀위원장으로 활약하다가 5 · 16쿠데타 때 구속된 전력이 있다. 구속당시 취조 담당 검사를 감화시킨 무용담으로 혁신계에 유명세를 타고

---

15 정보부, 인민혁명당 적발, 「경향신문」 1964. 8. 14.

호산 전창일과 통일운동 77년사

있는 여걸이었다. 피의자 최만리가 취조 검사 이 모에게 민자통이 왜 이런 활동을 하고 있는지 당위성을 설명하고, 우리나라에 왜 민자통 같은 단체가 필요한 이유를 설득하는데 검사는 아무 말도 못 했던 모양이다. 결국, 검사 권한으로 최 여사를 석방했다. 기소유예 처분이었다.

알고 보니 두 사람은 사돈 간이 되는 먼 친척이었다. 석방 후에도 두 사람은 친밀하게 지내며 왕래가 잦았다고 한다. 최 여사는 서울법대 출신 엘리트인 이 검사를 교화, 교양시켜야겠다고 결심한 끝에, 자기가 본 책들 중에 엄선하여 빌려주면서 공부를 시켰다는 것이 당시 전해진 이야기다. 언급한 검사가 1차 인혁당 사건 때의 공안검사였다.

전창일은 장석구, 이성재 등과 같이 말죽거리에서 꽃 재배를 하는 최만리를 찾아갔다. 그리고 최 여사에게 인혁당 사건을 설명하며 친인척 되는 그 검사를 통해 취조 상황을 알려달라고 부탁했다. 최 여사는 쾌히 승낙하고 다시 만나자고 했다. 그 후 전창일, 장석구, 이성재, 최만리 등은 대책모임을 수시로 갖기 시작했다. 며칠 후 최만리가 전하는 바로는, 피의자들이 중앙정보부 취조 과정에서 심하게 고문당했고, 송치된 조서의 신빙성에 문제가 있다는 것이 검사들의 견해라는 중대한 정보를 얻었다.

전창일은 이재문의 연인에게 알렸다. 이재문을 비롯한 검찰에 송치된 모든 피의자들이 용기를 갖고, 고문으로 인혁당을 조작한 사실을 적극적으로 폭로해야 한다고 전했다. 그녀도 용기를 갖고 돌아갔다. 며칠 후 검찰에서 중앙정보부 작성 취조서가 고문에 의해 강요된 것이므로 이 사건을 기소할 수 없다고 발표하였다. 소위 검사들의 항명파동이었다.[16] 그리고 제8장 4절에서 언급한 바와 같이 서울지검은 숙직검사 (정명래)를 시켜 기소를 강행했다. 기소 후엔 한국인권옹호협회 박한상 이 고문상황을 밝혔고, 이용훈·김병리·장원창 등 3명의 검사는 사표 를 내었다.

상황이 이렇게 급변하자 서울고등검찰청 한옥신 검사는 국가보안법 부분을 공소장에서 빼고 반공법만으로 기소했다. 이 반공법은 제2공화 국 집권 민주당이 제정·시도하였으나, 2대 악법 반대 공투위 등 국민 적 저항으로 유보되었던 법률을 5·16 이후 국가재건최고회의에서 원 안대로 통과시킨 악법이었다. 하지만 국가보안법보다는 순위가 낮은 하 위 법률이었다.

피고인 전원이 반공법으로 기소되어 최고 3년(도예종)에서 1년(박현 채, 정도영, 김영광) 등 3명만이 실형을 선고받았고, 나머지는 집행유예 등으로 풀려났다.[17] 이재문도 집행유예로 석방되었다. 이재문은 연인의 열성적인 옥바라지로 건강한 모습으로 출옥한 것이다. 신문사에서는 파 면된 상태였다.

몇 달 후 이재문이 전창일을 찾아와 부탁이 있다고 한다. 미스 김과 결혼을 하려고 하는데 대구의 동지들이 반대하여 곤란한 처지에 있으니 그들을 설득시켜 달라고 요청했다. 예비신부의 집안이 골수 가톨릭이라 는 것이 반대의 이유였다. 다시 전창일이 나서게 되었다.

예비신부를 먼저 만났다. '가톨릭 가문에서 태어나 자신 역시 가톨릭

---

16 정보부 인민혁명당 적발, 「경향신문」 1964.8.14. 〈제8장 4절 6·3항쟁과 1차 인민혁명 당 사건〉 참조
17 [표14: 제1차 인민혁명당 관련 피의자 명단] 참조

호산 전창일과 통일운동 77년사

계통 언론사에 직장을 가진 신도다. 그가 진보적이고 평화통일을 위해서 평생 투쟁하겠다는 청년이라는 것을 알고 있다. 그럼에도 나는 그를 사랑하고 있고 결혼하기를 원한다.' 라고 한다. 이재문은 앞으로 반독재 민주주의 운동, 평화·자주통일, 반제운동 등에 헌신할 투사인데 부부로서 협력할 수 있느냐는 전창일의 질문에, 당연히 하겠다는 것이 그녀의 대답이었다. 대구로 내려가 서도원을 비롯한 동지들을 만났다. 그리고 이재문 동지의 결혼문제를 상의하였다. 설득 끝에 모두가 동의하였다. 두 사람은 명동 가톨릭 성당에서 예식을 올렸다. 그러나 이들 부부는 조만간 인혁당 사건으로 인해 교회로부터 외면당하게 된다.

결혼 후에도 부부의 호칭은 미스터 리, 미스 김이었다고 한다. 미스 김은 신문사에 사표를 내고 미스터 리와 함께 고향인 대구로 내려갔다. 신랑이 직장을 구할 수 없었다. 현재도 마찬가지이지만, 사회주의자(공산주의자) 혹은 혁신계로 낙인이 찍히면 정치·언론계는 물론 평범한 사회생활조차 할 수 없는 게 현실이었다. 심재택, 이수병과 더불어 혁신계 3대 천재로 꼽히던 이재문도 예외가 될 수 없었다. 생활이 어려웠다. 새색시가 행상을 하며 살아가는 처지가 되어 버렸다.

그 무렵 전창일은 콜린스 라디오 회사에서 시설도감독(Facility Superintendent, 시설관리자)을 하고 있을 때다. 전국의 높은 산봉우리에 무선통신 중계탑과 시설물을 설치하는 공사를 감독하는 것이 그의 직책이었다. 설치공사는 한국군 통신감으로 있던 예비역 대령 김OO씨가 경영하는 한국안테나라는 회사가 맡았다. 대구지역에서는 팔공산 정상에서 대구 앞산에 반사판(Reflector)을 세우고 시내 통신소에서 그 전파를 받는 수신탑을 세우는 공사가 진행되고 있었다. 시공회사인 한국안테나 김 사장이 전창일에게 대구에 있는 토목회사를 소개해 달라고 부탁했다.

〈 그림177: (좌)대구 팔공산 중계탑 전경, (우)스카니아 군용 레커 트럭, ⓒ구글 캡처 〉

문득 이재문의 생활고가 생각났다. 대구에 있는 토목회사를 앞세워 계약하고, 현장소장을 하면 어떠한가 하고 제안을 했더니 쾌히 승낙한다. 대구의 중소기업 한 곳을 섭외하여 계약했다. 어제의 국회출입 기자가 토목회사 현장소장이 되었다. 일이 잘 처리되어 한숨을 놓고 있을 때, 큰 사고가 났다.

콘크리트, 모래, 자갈 등을 실은 화물자동차가 앞산으로 올라가다가 하중을 못 이겨 기어가 파손되면서 계곡으로 추락한 것이다. 다행히 인명피해는 없었지만, 모두가 어쩔 줄 몰라 하며 난감한 처지에 빠져 버렸다. 전창일은 대구에 있는 미군 통신부대 사령관을 찾아갔다. 부대장은 육군 중령이었다. 콜린스 라디오 회사 시설공사 도감독이라고 자기소개를 하고, 사고현황을 설명하면서 도움을 청했다. 전창일의 능숙한 영어구사에 부대장이 미국 어느 학교 출신이냐고 묻자, 미국에 간 적이 없다고 대답하니 대단히 놀랍다는 표정이다. 부대장은 도와드리겠다고 하면서, 인근 공병부대에게 도움을 청했다. 현장에서 잠깐 기다리니 미군 레커 트럭이 올라오고 있었다. 사고차량을 무사히 끌어올리고 시내 수

리공장으로 옮겨주었다. 모두가 고맙다고 하였다. 전창일은 서울 본사에 보고하고 대구통신부대 사령관에게 감사의 인사를 표명할 것을 부탁했다. 물론 전창일 개인 자격으로도 인사를 드렸다.

그런데 사고는 이것으로 끝나지 않았다. 이재문이 고용한 측량기사가 개인 사정으로 인해 그만두었고, 현지 사정상 측량기술자를 구하기 어렵다는 전갈이 왔다. 전창일은 직접 측량하기로 결심했다. 그는 측량기기를 만져보지도 못한 문외한이었다. 책방에서 토목측량관계 책을 몇 권 구입하여 밤새 공부했다. 현장으로 달려가 이재문이 갖고 온 측량기로 직접 측량했는데, 다행히 공사를 무난하게 마치게 되었다.

어느 날, 미스 김이 보자기에 무언가를 들고 전창일이 투숙하고 있는 여관으로 왔다. 미스터 리가 전해 올리라고 해서 왔다고 한다. 내미는 것이 돈뭉치였다. 이재문이 공사대금을 받아 그 일부를 보낸 것이다. 깜짝 놀란 전창일은 그 돈을 돌려보냈다. 두 신혼부부의 생활에 조금이라도 도움이 되었으면 그것만으로도 기쁘게 생각했다고 전창일은 그 시절의 기억에 잠깐 빠져들었다. 이재문과의 인연 그리고 그의 수난과정은 다음 장에서 계속될 예정이다.

:: 04 ::

긴급조치 4호와
전창일의 구속

〈 그림178: 1974년 4월 4일 자 경향신문, 긴급조치 4호ⓒ일러스트ㅣ박건웅 〉

1974년 4월 3일 오후 10시, 박정희 유신정권은 임시국무회의에서 긴급조치 제4호를 심의·의결했다. 긴급조치 1호를 발동하여 개헌청원국민운동 등 일부 반유신세력은 제압했지만, 3월 개학이 되면서 대학가에서 진행되는 학생들의 움직임이 심상치 않았기 때문이다. 박정희는 다음과 같은 담화를 발표했다.

…이른바 전국민주청년학생총연맹이라는 불법단체가 반국가적
불순세력의 배후 조종하에 이들과 결탁하여 공산주의자들이 이른
바 그들의 인민혁명을 수행하기 위한 상투적 방법으로 의례히 조

직하는 초기 단계적 지하조직을 사회 일각에 형성하고 반국가적 불순활동을 전개하기 시작했다는 확증을 포착하기에 이르렀다…1

유신헌법을 반대하면 15년 징역으로 처벌하겠다는 법령이 긴급조치 1호라고 하면, 긴급조치 4호는 처벌 대상을 '전국민주청년학생총연맹'과 불순세력의 배후 즉 '인민혁명당'으로 규정하였고, 처벌수위를 최고사형으로 정한 법령이었다. 명분은 "합법을 가장하여 학원에 침투한 공산분자들을 적발하여 선량한 학생들을 보호"하겠다는 것이다.2

자세히 보기─26

[긴급조치 제4호(1974년 4월 3일 공포)]

① 전국민주청년학생총연맹과 이에 관련되는 제 단체(이하 "團體"라 한다)를 조직하거나 또는 이에 가입하거나, 단체나 그 구성원의 활동을 찬양, 고무 또는 이에 동조하거나, 그 구성원과 회합, 또는 통신 기타 방법으로 연락하거나, 그 구성원의 잠복, 회합·연락 그 밖의 활동을 위하여 장소·물건·금품 기타의 편의를 제공하거나, 기타 방법으로 단체나 구성원의 활동에 직접 또는 간접으로 관여하는 일체의 행위를 금한다.

---

1   박 대통령 담화 "지하불순조직 활동 포착, 내일 위한 지식연마에 힘쓰라…", 「매일경제」, 1974.4.4.
2   공산 분자 합법 가장 학원침투 적발 선량한 학생 등 보호, 「경향신문」, 1974.4.6.

② 단체나 그 구성원의 활동에 관한 문서, 도화 · 음반 기타 표현물을 출판 · 제작 · 소지 · 배포 · 전시 또는 판매하는 일체의 행위를 금한다.

③ 제1항, 제2항에서 금한 행위를 권유, 선동 또는 선전하는 일체의 행위를 금한다.

④ 이 조치 선포 전에 제1항 내지 제3항에서 금한 행위를 한 자는 1974년 4월 8일까지 그 행위내용의 전부를 수사 · 정보기관에 출석하여 숨김없이 고지하여야 한다. 위 기간 내에 출석 · 고지한 행위에 대하여는 처벌하지 아니한다.

⑤ 학생의 정당한 이유 없는 출석 · 수업 또는 시험의 거부, 학교 관계자 지도 · 감독하의 정상적 수업 · 연구 활동을 제외한 학교 내외의 집회 · 시위 · 성토 · 롱성 기타 일체의 개별적 · 집단적 행위를 금한다. 단, 의례적 · 비정치적 활동은 예외로 한다.

⑥ 이 조치에서 금한 행위를 권유 · 선동 · 선전하거나 방송 · 보도 · 출판 기타 방법으로 타인에게 알리는 일체의 행위를 금한다.

⑦ 문교부 장관은 대통령긴급조치에 위반한 학생에 대한 퇴학 또는 정학의 처분이나 학생의 조직, 결사 기타 학생단체의 해산 또는 이 조치 위반자가 소속된 학교의 폐교처분을 할 수 있다. 학교의 폐교에 따르는 제반 조치는 따로 문교부 장관이 정한다.

⑧ 제1항 내지 제6항에 위반한 자, 제7항에 의한 문교부 장관의 처분에 위반한 자 및 이 조치를 비방한 자는 사형, 무기

또는 5년 이상의 유기징역에 처한다. 유기징역에 처하는 경
우에는 15년 이하의 자격정지를 병과 할 수 있다. 제1항 내
지 제3항, 제5항, 제6항 위반의 경우에는 미수에 그치거나
예비, 음모한 자도 처벌한다.

⑨ 이 조치에 위반한 자는 법관의 영장 없이 체포, 구속, 압수,
수색하며 비상군법회의에서 심판 처단한다.

⑩ 비상군법회의 검찰관은 대통령긴급조치 위반자에 대하여
소추를 하지 아니할 때에도 압수한 서류 또는 물품의 국고
귀속을 명할 수 있다.

⑪ 군지역사령관은 서울특별시장, 부산시장 또는 도지사로부
터 치안질서 유지를 위한 병력 출동의 요청을 받은 때에는
이에 응하여 지원하여야 한다.

부칙 〈대통령긴급조치 제4호, 1974. 4. 3.〉

⑫ 이 조치는 1974년 4월 3일 22시부터 시행한다.

많은 학생들이 잡혀가기 시작했다. 여정남도 잡혀갔다. 며칠 후 대구
에서 서도원을 비롯한 여러 동지들이 검거되었고, 서울에서도 이수병 ·
김용원 등이 구속되었다는 소식이 들려왔다. 긴급조치 4호가 발동되면
서 천여 명의 학생과 민간인이 중앙정보부와 보안사에 의해 갇혔다고
한다. 전창일은 매우 난감한 처지가 되어 버렸다. 그 무렵 그는 극동건
설의 외국공사 부장으로 재직 중이었다. 시급히 처리해야 할 일이 두 건
있었다. 대만에서 진행되고 있는 고속도로 시공현장을 점검해야만 했

고, 사우디아라비아 왕국 재무관으로부터 극동건설이 공사수주 초청을 받았기 때문에 사우디로 갈 준비를 하는 중이었다.

그런 와중에 대구에서의 검거 선풍을 모면하고 도망쳐 올라온 이재문이 피신처를 마련해 달라고 간청했다. 당분간 내 집에 머물다가 차츰 안전한 곳을 찾아보자고 했다. 방 하나를 내주었다. 사실 전국 지명수배자라는 신분으로 피신처를 구하기란 여간 어려운 일이 아니었다.

1975년 5월 1일 저녁, 전창일은 평소와 같이 퇴근 후 이재문과 같이 주거니 받거니 술을 마시고 있었다. 골방에 갇혀있는 그를 위로하며 이수병이 잡혀간 지 며칠이 되었을까 세어보았다. 이제 열이틀, 취조가 마무리 단계에 접어들고 있겠다며 한숨을 쉬었다. 갑자기 아내가 아래층에서 뛰어 올라오면서 "경찰! 경찰!"하고 외친다. 전창일은 경찰이 이재문의 소재를 파악하고 그를 잡으러 온 줄 알았다. 이재문은 재빨리 다락방으로 피신하였다.

그가 숨자마자 건장한 남자 세 사람이 뛰어 올라왔다. 정보부원 신분증을 제시하면서 전창일 씨를 연행해오라는 지시를 받고 왔다고 한다. 그리고 서재가 어디에 있느냐고 묻는다. 안방을 뒤질까 봐 가슴을 졸였는데 서재를 찾기에 선뜻 안내했다. 이재문을 체포하기 위해 온 줄 알았는데 나를 잡기 위해 온 것이라는 정보부원의 발언에 오히려 안심하였다는 전창일의 증언이 안쓰럽다. 그들은 사회주의 관련 책 몇 권을 뽑아 들었다. 가자고 한다. 남산에 있는 중앙정보부로 끌려갔다. 그때만 해도 8년 8개월 동안 감옥에 갇혀 있으리라고는 상상도 하지 못했다고 한다. 이재문을 무사히 감춰 마음이 무척 가벼웠다는 것이 전창일의 고백이다. 그 후 이재문은 어떻게 되었을까?

전창일이 연행된 그 날 밤, 다락에 숨어있던 이재문은 딴 곳으로 거처를 옮겼다. 그 후 남조선민족전선(남민전) 조직 활동을 하는 등 초인적 투지를 발휘하였다. 미스 김은 갓 출산한 딸아이를 업고 행상을 하며 고생하였다. 이 광경을 목격한 전창일의 아내 임인영이 가톨릭교회에 미스 김의 사정을 호소하였고, 인천에서 고아원을 경영하던 최분도(미국인 선교사) 신부가 맡겠다고 나섰다. 전창일의 집에서 지내던 미스 김은 인천 고아원에 취직되었다.

1979년 10월 4일, 남민전 사건으로 체포 당시 이재문은 자해하여 20여 일 입원하였다. 그 후 남영동 대공분실에서 60여 일간의 조사를 받는 과정에서 이근안 등으로부터 가혹행위를 당하였다. 서대문구치소 수감 중이던 1981년 8월경부터 위장병이 급격히 악화되었으나 구치소에서의 치료로는 상태가 좋아지지 않았다. 구치소 측은 구치소 내 병사에 입사시켜 소극적인 치료로 일관하다 병세가 더욱 악화되어 같은 해 11월 22일 운명하였다. 최분도 신부의 주선으로 인천 가톨릭 공동묘지에 안장되었다가, 2019년 남민전 동지들에 의해 모란공원으로 이장되었다.[3]

한편, 장석구는 인혁당 재건위 사건으로 지명 수배된 이성재를 은닉한 것이 탄로되어 1974년 6월 15일 중앙정보부에 구속되었고, 서대문구치소에 수감 중 옥사하였다. 수감된 후 중증 고혈압 환자가 되어 병사에 입원을 반복하다가 10월 15일 새벽 뇌출혈로 쓰러져 치료조차 받지 못하고 발병 7시간이나 지나 병원으로 옮겨졌으나 운명했다고 한다. 전창일의 친구이자 동지였던 두 사람이 모두 옥사한 것이다. 이름난 수재 이재문의 수난사를 회고하면, 이 나라의 분단사를 저주하게 되며 잔인

3 《추모연대》

한 역사에 지금도 분통이 터진다고 전창일은 하늘을 쳐다보곤 한다.[4]

전창일의 이야기로 돌아가자. 끌려간 곳은 남산 중턱에 있는 중앙정보부 신축 건물이었다. 긴 테이블과 몇 개의 의자만 놓여있는 빈방에 앉혀놓았다. 전창일은 취기에 테이블에 엎드려 있다가 깜박 잠이 들었다. 누군가가 어깨를 툭 친다. "여기가 어딘 줄 알고 잠자!" 하며 불러내더니 다시 차에 태워 광화문 쪽으로 질주했다. 어디로 가느냐는 질문에 "가 보면 안다."고 퉁명스럽게 한마디 대답할 뿐 아무런 반응이 없다. 도착한 곳은 서대문구치소였다. 전창일은 무슨 영문인지도 모른 채 구치소 독방에 수감되었다. 밤 11시경이었다.

오랫동안 창고로 사용되었던 그 방에는 고양이 정도로 크게 보이는 쥐가 왔다 갔다 했다. 쳐다보는 동그란 눈은 갇혀있는 죄수를 불쌍히 여기는 애련의 눈빛 같기도 하였다. 가끔 들리는 간수의 구둣발 소리가 고요한 정적을 깨곤 한다. 전창일은 오한을 느꼈다. 취기가 가시면서 한기가 스며들었기 때문이다. 오월의 감방은 추위를 느낄 정도로 온도가 낮았다. 침구란 게 솜이 제멋대로 뭉개어진 이불 하나뿐이었다.

다음 날 아침, 서류뭉치와 펜을 든 교도관이 성명, 주소, 연령 등 신상에 관해 물었다. 무엇 때문에 들어왔느냐는 질문에 전창일은 "모르겠다. 내가 당신에게 물어야 할 말"이라고 했더니, 대뜸 "이 새끼! 맛 좀 봐야 알겠느냐?" 하고 화를 낸다. 영장 없이 갇혔느냐고 묻기에 말없이 그렇다고 표정으로 대답했다. 전창일은 입맛이 써 더 이상 대답할 수도 없었다. 간수는 그냥 가 버렸다.

기약 없었던 전창일의 수감생활은 이렇게 첫날이 시작되었다. 마음이

---

4   전창일의 자필 회고(2021년 3월 작성)

어두웠다. 집 생각, 귀여운 아이들, 사랑스러운 아내의 얼굴… 그리고 회사의 일거리 등이 머리를 어지럽게 했다. 걱정이 태산같이 무거워졌다. 아무리 생각해 보아도 이렇게 갇혀 징역살이할 만한 범법행위를 했다는 생각이 들지 않았다. 죄가 있다면 분단된 조국의 평화통일과 민주주의를 위해 보다 철저히 투쟁하지 못했다는 자책감 외 머리에 떠오르는 것이 없었다. 유신헌법을 반대했지만 제대로 싸우지도 못했다. 오히려 부끄러울 따름이다.

인간사의 도리를 믿고 조사가 시작되면 모든 것이 밝혀져 풀려나가겠지 하고 마음을 차분히 진정시키면서 기다렸다. 하지만 며칠이 지나도 부르지 않는다. 초조한 가운데 궁금하기도 하고 답답하여 복도에서 왔다 갔다 하던 중 청소하고 배식하는 일반죄수(소지)에게 "중앙정보부에 불려 다니면서 취조받는 사람들에 대해 아는 바 없느냐"고 물었다. "말 마시우. 그 사람들, 대학생들과 일반인들이 밤낮 구별 없이 끌려 나가 들어 올 때는 피투성이 녹초가 되어 들어오곤 해요."라는 답변을 한다.

기가 막혔다. 그 사람들을 봤느냐고 물으니, 직접 보지는 못했다. 하지만 저쪽 신관에 그 사람들이 갇혀 있는데, 그곳에서 일하는 일반죄수(소지)들과 같은 감방에서 자기 때문에 저녁에 이야기를 다 들을 수 있다고 한다. 그럼 앞으로도 소식 좀 전해달라는 전창일의 부탁에 선선히 고개를 끄덕인다. 전창일이 갇혀 있는 곳은 담 안의 또 다른 담으로 가려져 있는 구관 10사였다.

중앙정보부의
고문과 짜인 각본

〈 그림179: 시계방향, ① 1974년 5월 27일 자 동아일보, ② 경향신문, ③ 28일 자 조선일보, ④ 중앙정보부가 작성한 민청련 사건 체계도 〉

전창일이 구속된 지 한 달쯤 되는 1974년 5월 27일, 비상보통군법회의의 검찰부는 민청학련 사건 추가발표에서 민청학련의 배후에 인민혁명당 재건위원회가 있으며, 이들이 인민혁명당을 재건해 민청학련의 국가전복 활동을 지휘한 것으로 발표했다. 주요 신문들의 헤드라인을 살펴보면, "학원 내 적화기지 구축획책(동아)" "폭력혁명으로 국가변란획책(경향)" "폭력혁명 공산화기도(조선)" 등 살벌하기 짝이 없었다. 그 외의 주요 키워드는 '민청학련' '인혁당' '일본 공산당' '조총련' '김일성' '불순학생' '54명 구속' 등이다.

그날 각 신문의 1면을 보면, 전쟁 일보 직전의 위기상황을 우리 정부가 슬기롭게 극복했다는 느낌을 주었고, 한편으론 시민들에게 공포감도 심어주었다. 전형적인 공안정치였다. 그리고 두 면을 할애하여 '전국민주청년학생총연맹체계도'와 '기소된 54명의 공소사실 요지'를 보도했다. 피의자의 사진도 첨부되었다.[1]

보도에 따르면, 전창일은 원래부터 공산주의자였고, 도예종과 서도원을 지도위원으로 추대한 후 우홍선·이수병·이성재 등과 4인 지도체제를 구성한 뒤 정권을 전복, 공산국가를 건설하고자 한 혐의였다. 아래에 전창일의 공소사실 요지를 소개한다.

자세히 보기-27

[전창일 공소사실 요지(1974.5.27.)]

피고인은 평소 공산주의 서적을 입수하여 이를 탐독하면서 공

---

[1] 민청학련 사건 공소사실 요지, 「동아일보」, 1974.5.27.

산주의 국가를 건설하는 것만이 잘살 수 있는 유일한 길이라고 망상한 나머지 이념을 같이 하는 동지규합을 위하여 활동하던 중 73년 10월 상(相) 피고인 우홍선, 이수병, 공소 외 이성재 등과 회합하여 혁신계 동지들을 규합하여 공산주의 국가 건설에 앞장 서기 위하여 조직을 갖되 지도위원으로 상 피고인 도예종, 동 피고인 서도원을 추대하고, 동 조직은 피고인들에 의한 4인 지도체제로 하기로 합의 결정하여 반국가단체를 구성하고 그 후 74년 1월부터 3월 사이에 지도위원들이 4회에 걸쳐 회합하고 그 자리에서 공산주의 국가 건설을 위한 정부타도를 위하여 학생데모를 지도하고 전국학생연합체를 구성하여 일제히 봉기시키고 피고인 등의 조직을 동원, 이에 가세하여 일제히 봉기, 영합시켜 이들을 폭도화하여 국가기관을 점거한 후 정권을 전복, 공산주의 국가를 건설하고 이러한 목적을 달성하려는 조직방법으로 민족통일촉진회에 위장 가입하여 조직원을 포섭하자는 상 피고인 우홍선의 제안에 찬동하는 등 구체적으로 정권타도방안을 토론하여 내란을 음모하는 동시에 반국가단체를 구성하여 지도적 임무에 종사하고, 대한민국헌법을 비방하고, 4 · 3 조치 후 민청학련의 활동을 수사 정보당국에 고지치 아니하는 등 대통령긴급조치 제1호와 제4호를 위반한 자임.

공소장에 기재된 혐의가 어떤 과정을 거쳐 확정되었는지 전창일의 증언을 중심으로 추적해 보기로 하자. 5월 4일경, 서대문구치소 독방에 갇힌 후 처음으로 불려 나갔다. 검은 승용차에 실려 간 곳은 구속 첫날

호산 전창일과 통일운동 77년사

밤 잠깐 들렸던 중앙정보부 건물이었다. 훗날 확인한 바로 중앙정보부 6국이었다고 한다.

수갑을 찬 채 두 명의 취조관이 있는 방에 인계되었다. 바닥에 무릎을 꿇어앉게 한 다음 구둣발로 차면서 욕설을 퍼붓는다. 첫마디부터 욕설이다. "이 역적 놈아, 너희 놈들이 떠든다고 순순히 내놓을 줄 아느냐! 천 년 만에 잡은 정권을…" 전창일은 어리둥절했다. 처음에는 무슨 말인지 알아듣지 못했다. 경상도 사투리였다.

쓰러지면 일으키고, 준비된 야전침대 막대기로 어깨, 허리 할 것 없이 무차별로 내리친다. 고함을 지르면 수건으로 입을 틀어막는다. 한참 구타를 하고 난 뒤 의자에 앉힌다. 전창일은 쓰러질 것만 같았다. 이렇게 혼을 빼고 난 뒤 취조가 시작되는 것이다.

어려서부터 성장해 온 과정을 한 사람이 묻고 다른 한 사람이 적어나갔다. 대답을 거부하면 묻는 자가 몽둥이로 내리친다. 인간으로서의 존엄성을 완전히 말살하는 것이다. 인권이란 그들에게는 무관한 단어였다. 이수병, 우홍선, 이성재, 박중기를 어떻게 알게 되었느냐고 묻는다. 전창일은 알게 된 과정을 기억나는 대로 대답했다.

그들이 원하는 것은 이들 네 사람과 함께 충무로 소재 '지 다방'에서 수차례 만나 유신헌법을 비방하고, 민청학련을 지원하여 정부를 전복하고 사회주의 정권을 세우려고 모의했다고 자백하라는 것이었다. 전창일은 유신헌법을 지지한 바도 없지만, 그렇다고 반대운동을 주도한다는 것은 생각할 수 없는 위치에 있음을 강조했다. 전술한 바와 같이 중동건설시장 개척을 위해 여권을 신청한 사실을 알렸다. 그들은 잠깐 난처한 표정을 지었지만, 이수병·우홍선이 쓴 자필진술서를 보여주면서 같은 내용으로 자백하라는 것이다.

전창일은 그 자술서에, 전혀 사실무근이고 있지도 않았던 정부전복의 음모를 시인하는 내용이 적혀 있기에 놀랐다. 소중한 무엇을 잃은 것만 같은 허탈감에 빠졌다. 그것은 짓밟히고 유린된 인격 그리고 조작된 진실이었다. 직접 대질을 요청하였지만 들어줄 리 없었다. 다수의 대중이 모이는 다방에서 4, 5명이 작당하여 국가를 전복하는 음모라니, 너무 황당하고 비상식적인 일이 아니냐고 항변하였다. 수사관 한 사람은 몽둥이를 들고 옆에 서 있고, 또 한 사람은 전창일이 하는 말을 적고 있었다.

두 번째 날은 태도가 다소 달라졌다. 호기심 어린 눈빛으로 회사의 업무 내용을 물었다. 보수에 대해서도 궁금해한다. 전창일이 내는 세금이 자신들의 월급과 거의 같다고 하며 한숨을 쉰다. 저녁이 되자 구치소로 돌아갈 수 있었다. 아무튼, 이렇게 실랑이를 하다가 하루가 지났다. 전창일은 구속된 후 식욕을 잃어 거의 먹지 못했다. 현기증이 났다.

구속 이틀 후, 이른 아침에 또 끌려갔다. 세 번째 취조다. 마치 도살장으로 끌려가는 기분이었다. 어제와 그제 바로 그 자리 그 방에서 똑같은 작업이 계속된다. 위협, 폭언, 폭행, 조사… 이러한 순서가 되풀이된다. 전창일은 국가전복모의는 끝까지 부인했다. 하지도 않은 일을 인정할 수 없었다. 수사관의 태도가 의외로 유순하게 변했다. "좋은 사회적 지위에 있으면서 왜 그런 불순한 전과자들과 만나십니까? 우리 회사(중장정보부) 간부 중 보증 설만한 사람 없습니까?" 전창일은 없다고 대답했다. "앞으로 나가면 국가 경제를 위해서 경제활동에 전념하시고, 이곳에 있었던 일은 국가안보를 위해 부득한 일이니 양해해 주시오."라고 한다.

이튿날, 전창일은 10사 독방에서 일반 수인들이 혼거하고 있는 11사

큰 방으로 전방되었다. 인솔 교도관에게 이유를 물었더니 혼거하면 대체로 곧 석방될 것이라고 한다. 잠시 흥분했지만 냉정을 되찾았다.

교도관을 따라 11사 2층에 올라서니, 이 방 저 방에서 맑고 고운 얼굴들을 내민다. 가슴에는 노란 딱지가 달려있다. 아마 학생들일 것이다. 눈물겹도록 반가웠다. 노란 딱지는 대통령 긴급조치위반으로 구속된 사람에게 구치소에서 붙여놓은 인식표였다. 반공법·국가보안법은 빨간 딱지이고, 녹색은 일반사형수 딱지였다. 그곳 학생들은 곧 훈방될 예정인 노란 딱지였다. 그들은 전창일이 전방 오는 것을 미리 듣고 있었던 같았다.

안내된 곳은 20명 가까이 수용된 큰 방이었다. 절도, 강도, 강간, 간통, 사기 등의 혐의다. 소년수도 한두 명 있었다. 모두가 불쌍히 여겨졌다. 그런데 전창일의 몸을 보더니 놀라는 표정을 지었다. 그의 몸은 팔, 다리, 잔등, 엉덩이 할 것 없이 모두 피멍이 들어 있어 엉망이었던 것이다. 전창일은 전신이 쑤시는 통증에 괴로웠다.

재소자들은 상처 주위를 젖은 수건으로 찜질하기도 하고 주물러주었다. 공안공직자들에게 느껴보지 못한 인간의 따뜻함을 이들 죄수들로부터 느낄 수 있었다. 그들은 대부분 어렵고 불우한 가정에서 태어나 성장한 불쌍한 사람들이었다. 죄는 개인의 산물이 아니라 사회적 신물임을 다시 한 번 보고 느낄 수 있었다고 전창일은 당시를 회상한다. 초조한 마음으로 석방을 기다리면서, 출소하면 찾아오라고 그들에게 주소를 알려주었고, 적절한 자리에 취직도 시켜줄 것을 마음에 새겼다.

며칠 후 아침 무렵, 다시 끌려갔다. 모두들 석방될 것을 바란다고 한다. 전창일 역시 기대했다. 그런데 이번에는 전에 취조하던 수사관이 한 사람도 보이지 않았다. 처음 보는 더 험상궂은 수사관들이 기다리고 있었다. 기분이 좋지 않았다. 시간은 흘러 오월 중순에 접어들고 있었다. 조사를 전면적으로 다시 한다고 한다. 이날 '인혁당'이란 용어가 처음으로 등장한다.

충무로 '지 다방'에서 우홍선, 이수병, 박중기, 전창일 다섯 사람이 모여, 한일협정 굴욕외교를 반대한 학생운동을 배후에서 지원·선동하던 '인혁당'과 유사한 지하당을 조직하여 유신헌법을 반대하는 학생운동단체인 '민청학련'을 지원하고, 기독교 세력과 혁신세력을 규합하여 국가전복을 기도했다는 자백을 강요하였다.

전창일은 '인혁당'이 무엇인지 모른다고 했다. 이들의 황당무계한 억지 취조에 아예 말려들지 않으려고 작심했다. 이러한 반응에, 당시의 신문도 보지 않았느냐고 묻는다. 전창일은 아무런 기억이 없다고 했다. 서도원, 도예종을 모르는가 묻기에 듣도 보도 못한 생소한 이름이라고 힘주어 말했다. "다방에서 우홍선, 이수병으로부터 훌륭한 분이라는 말을 듣지 못했단 말이오!" 하며 윽박지른다. 전창일은 이러한 말을 들은 적이 없기에 더욱 강경하게 부인했다.

그다음은 이수병의 자필진술서를 보여 주었다. 두 사람(서도원과 도예종)을 지하당의 지도위원으로 추대하자는 제의를 전창일에게 했다는 내용이다. 시인할 것을 강요했다. 진술서를 보면, 전창일이 혁신계의 지도적 인사인 정예근, 문한영, 이종린 등을 포섭했다는 내용도 있었다.

기가 막혔다. 거명된 세 사람은 전창일의 절친한 동지이고 벗인 것은 맞다. 그 무렵 일부 혁신계 인사들은 중·소 이념분쟁과 비동맹중립노선에 관한 오랫동안의 논쟁을 매듭짓고, 1972년의 7·4 남북공동성명의 의의에 고무되어 4·19 이후에 결성되었다가 5·16으로 붕괴된 통일운동의 전선체인 '민족자주통일중앙협의회(민자통)'를 재건하려는 일부 주장과 이에 대하여 복고주의 조직론이라고 비판하며 유신체제의 타도 없이는 민주주의도 없고 통일운동도 존재할 수 없다는 정세인식론 문제로 토론이 한참 진행되고 있었다. 이러한 갈등 때문에 민자통 재건을 주장하는 정예근, 문한영, 이종린 등을 전창일이 자주 만났던 것은 사실이었다. 하지만 그들을 지하당에 포섭했다는 내용은 터무니없는 날조였다.

수사관들은 또 다른 자술서를 보여주었다. "남조선의 학생운동을 애국적인 거사"라고 찬양하는 평양방송을 듣고 그 내용을 전창일에게 설명하니 머리를 끄덕끄덕하며 "옳은 말이야."라고 했다는 우홍선의 자필 진술서였다. 그들은 그대로 진술서를 쓸 것을 강요하였다. 초동수사 후 석방시키려고 했다가 방침을 바꿔 크게 걸어 넣으려는 음모가 진행되고 있음을 감지했다. 전창일은 그들의 야수적인 폭행, 온갖 욕설과 협박에도 진술서 작성을 거부했다. 결과는 지하실 행이었다. 어두컴컴한 보일러실이었다. 밝은 곳에 있다가 갑자기 어두운 곳에 들어서니 잘 볼 수 없었다. 지하실에 방이 두세 개 있는 것 같았고, 누군가 취조를 받고 있었는데, 열려 있던 문을 닫게 한 후 고문을 가하기 시작했다.

〈 그림180: 영화 '남영동1985'의 한 장면, 서울 중구 예장동 옛 중앙정보부 6국의 지하취조실 해체 장면ⓒ한겨레 〉

옷을 완전히 벗겨 나체로 시멘트 바닥에 꿇어앉혔다. 손목 발목에 수건을 감고 포승줄로 양 손목과 두 발목을 꽁꽁 묶었다. 다음에 긴 막대기를 이용해 두 사람이 들어 올려 책상 두 개 사이에 걸쳐 놓으니 마치 도살장에서 네발짐승을 묶어 매단 것처럼 되었다. 이렇게 해놓고 얼굴에 수건을 씌우고 주전자로 콧구멍에 물을 부어 넣는다. "서울대 최 교수도 이렇게 우리가 죽였다. 그래도 끄떡없다. 너 같은 놈은 죽여도 아무런 문제 없어."라고 협박·공갈한다. 숨을 쉴 수가 없었다. 한참 고문을 당하다 보니 지쳐서 비명 지를 힘도 없어 기절하고 말았다. 전창일의 고문 경험담은 계속된다.

정신을 차리면 또 그들이 부르는 대로 쓰라고 한다. 전창일은 쓰기도 하고 거부하기도 하였다. 거부하면 다시 지하실로 끌고 갔다. 그리곤 부르는 대로 쓰게 하였다. 울고 싶고 죽고 싶었다는 게 그때의 심정이었다고 당시를 회상한다. 하지만 죽을 수도 없었다. 수사관은 가끔 쪽지 지령문을 꺼내보면서 한 자 한 자 자기가 부르는 대로 쓰는 것을 확인하면서 계속 진술서를 쓰게 하였다.

"악몽 같은 주문을 지금 다 기억할 수 없다. 그때 내 정신은 정상적이 아니었다. 나 자신의 생명은 이미 내던지고 있었다. 그러나 무고한 내 동지와 벗들의 생명만은 끝까지 지켜야 한다고 굳게 결심하여 정예근, 문한영, 이종린을 포섭했다는 허위자백을 강요당할 때면 정신을 번뜩 차렸다. 나는 고문을 받으면서도 동지를 희생시키지 않으려는 결심만은 지켜냈다." 전창일의 고백이다.

인민혁명당과 유사한 지하당을 만들었다는 허위자백서 말미에는 조사 주체가 중부경찰서로 되어 있다. 중앙정보부가 조사한 것을 숨긴 것이다. 이러한 조서임에도 시키는 대로 쓸 수밖에 없었다. 그때까지 전

호산 전창일과 통일운동 77년사

창일은 중부경찰서 정문 안에 한 번도 들어가 본 적이 없었다고 한다.

며칠 후 다시 끌려갔다. 이번에는 지난번 자필진술서에서 5인 지도부로 쓴 것을 4인 지도부로 고치고, 박중기를 빼라고 하였다. 전창일의 동지들은 4인 혹은 5인, 때로는 7명 정도 모였지만 지도부라는 명칭을 사용한 적이 없었다. 지도부라는 말은 중앙정보부가 만들어 조작한 명칭이다. 박중기를 왜 빼라고 하느냐는 질문에, 잠시 난처한 표정을 지으면서 "희생자를 줄이는 것이 좋지 않으냐"라고 대답한다. 전창일은 군말 없이 고쳐 써주었다고 한다.

이미 거론했지만, 박중기는 대통령 긴급조치가 발동하기 전에 반공법 위반 혐의로 김정태 등과 서대문형무소에 구속되어 있다가 출감했기 때문에 인민혁명당 재건위 사건에 연루시킬 수 없었다. 전화위복이 된 것이다. 이렇게 하여 인민혁명당과 유사한 지하당의 '4인 지도부'가 만들어졌다.

피의자 신문조서는 문답식으로 작성한다. 수사관이 쓰는 것을 피의자가 보지 못하도록 벽면을 향해 앉혀 놓고 뒤에서 작성한 다음 읽어주지도 않고 강제로 지장을 받을 때도 있다. 그날 전창일은 헌병의 계호를 받으며 화장실에 가다가 우홍선과 마주쳤다. 대뜸 무슨 진술서를 그렇게 썼느냐고 항의를 했다. 그는 "고문 때문에 어쩔 수 없었다. 조작된 것이다. 견딜 수 없었다. 지장도 강제로 찍은 것이다."라고 한다. 우홍선이 법정에서도 같은 말을 하는 것을 전창일은 들었다고 한다. 인혁당 사건의 모든 것은 이렇게 불법적으로 조작되었던 것이다.

화장실에서 돌아와 수사관에게 항의했다. 그는 쓴 미소를 지으며 "이 새끼, 정신 나갔나? 여기가 어딘데… 맛을 또 봐야겠군!" 하며 또 지하실로 끌고 간다. 그곳에서는 그때 누군가가 전기 고문에 비명을 지르고 있었다. 전창일에게도 전기 고문이 가해졌다. 두 손을 꽉 묶고 전깃줄을 감은 후 기계를 돌린다. 손바닥이 타고 온몸이 충격에 아찔해진다. 정신을 잃게 된다. 자신도 모르게 비명이 터져 나온다.

그 후 법정에서 알게 되었는데, 당시 지하실에서 전기 고문을 받던 사람은 하재완[2]이었다. 그는 법정에서 진술하기를, 자기가 전기 고문당할 때 전창일도 당하는 것을 보았다. 그리고 고문으로 항문이 탈장되어 치료도 제대로 받지 못하여 고통스럽다고 증언했다.

며칠 후, 검사 취조라며 끌려갔다. 수사관이 취조했던 같은 장소에서 고문 수사관을 옆에 세워두고 검사와 서기가 앉아서 신문한다. 전창일은 검사에게 이름을 물었다. 알 필요가 없다고 한다. 수사관이 작성한 조서내용을 부인하면, 취조를 못하겠다고 하면서 대기하는 수사관에게 눈짓하며 인계한다. 수사관은 말을 듣지 않으면 지하실로 갈 수밖에 없다고 협박 공갈한다. 그러나 전창일은 마음을 굳게 하고 이야기했다. 부르는 대로 작성한 소위 자필진술서, 온종일 벽면을 향해 앉혀 놓고 내용도 알 수 없는 문답 조서에 강제로 지장을 찍은 사실, 물고문·전기고문·폭언·폭행·집단구타 등 온갖 비인간적 수모를 당한 사실을 모두 이야기했다.

듣고 있던 검사는 전창일에게 "이 새끼, 아직 살아있구나!" 하며 구둣발로 발을 막 밟는다. 이때 전창일은 고무신을 신고 있었다. 대기하고

---

2 하재완(1931~1975); 1931년 경남 창녕에서 출생하여 남로당 예하 민주애국청년동맹에서 활동하기도 하였다. 이후 6·25 당시 입대하여 중사로 제대하였다. 4·19 이후 민주자주통일협의회 경북협의회 부위원장으로 활동하다 5·16 쿠데타 이후 도피생활을 하기도 하였다. 이후 계속하여 유신반대 민주화와 민족통일을 위하여 투쟁하시다 유신 독재 권력에 의해 소위 인민혁명당 재건위 사건으로 사형을 당하였다. 《추모연대》

있던 수사관은 다시 지하실로 끌고 간다. 전기 고문을 또 하겠다는 얘기다. 하지만 위협만 주고 기계를 돌리지는 않았다. 전창일은 좌절했다. 다소나마 기대했던 검찰권의 양심, 허무한 법의 공평성, 박정희 폭정에 대한 증오심이 머리를 압박한다.

저녁이 되어 구치소로 끌려왔다. "천 년 만에 잡은 정권" 운운하던 폭력 수사관이 내뱉던 말이 맴돈다. 박정희 정권을 신라의 부활로 보는 영남 출신 고문 수사관들, 그것은 박정희 자신의 역사인식인지도 모른다. 전창일은 죽지 않으면, 그리고 이 불의와 싸울 수 없다면 멀리 해외로 도망치고 싶은 심정에 희미한 전등불 밑 감방에서 천정만 바라보며 며칠을 보냈다. 고문이 남긴 상처는 점점 희미해져 가고 있었다.

얼마 후 공소장을 받았다. 표지에는 '민청학련 국가변란기도사건'이라 적혀있다. 적용 법률은 대통령 긴급조치 1호 및 4호, 국가보안법, 반공법, 형법(내란 선동) 등 온갖 악법의 나열이다. 반공법 위반에는 우홍선의 진술에 있었던, 평양방송 청취내용을 전창일에게 알렸더니 머리를 끄덕끄덕하면서 '옳은 말이다.'라고 고무찬양 했다는 내용이 적혀있다. 이 반공법 때문에 전창일은 사건 후 여러 번 있었던 형 집행정지 사면에서 누락된다. '반공법 경합자는 사면 제외' 조치 탓이다. 석방에서 누락되고 출소 후에도 사회안전법이 적용되어 오랜 세월 감시대상이 되었다.

실소를 금할 수 없는 내용도 있었다. 이수병의 진술서에 있었던 "정예근, 문한영, 이종린을 포섭했다"는 부분이 "포섭을 위해 수차 접선을 기도하다 실패한 자로서…" 운운으로 고쳐져 있다. 고문에 저항한 덕에 그들이 포기 혹은 양보한 희극이다. 이들 세 사람은 전창일이 한 달이면 두세 번 만나는 오랜 친구이자 동지였다.

어느 날 구치소 소장실로 불려갔다. 소장은 자리에 없고 응접 의자에는 사건담당인 이규명[3] 검사가 앉아있었다. 그는 전과는 아주 딴 모습으로 담배도 권하면서 고생 많다고 위로를 했다. 수감 중에 성경책을 탐독하고 착실한 기독교인이 돼 달라고 한다. 악마가 독경하는 격이었다. 전창일은 담배도 거절하며 말없이 듣고만 있었다. 그가 찾아온 것은 목적이 따로 있었다. 그에 의하면, 밖에서 전창일의 아내 임인영이 김종길 변호사를 선임했다고 한다. 임인영은 전창일과 김종길 변호사와의 친분 관계를 잘 알고 있었다. 두 사람은 자강학회를 함께 한 사이였고, 무엇보다 김종길은 박정희와 대구사범 동기동창이었다.

검사가 하는 말이 "재판에 변호사를 잘 선임해야 판결에 좋은 결과를 얻을 수 있다. 하지만 김 변호사는 평소 보안법과 반공법 사건을 많이 맡기 때문에 군부로부터 좋은 인상을 못 받는 사람이다. 내가 추천하는 군 출신 변호사를 선임하면 좋겠다."고 한다. 어이가 없었다. 고양이가 쥐를 생각하는 격이다. 일언지하에 거절했다.

2, 3일 정도 지난 또 소장실로 불려갔다. 이번에는 정보부 6국 윤 계장[4]이란 자가 찾아왔다. 그는 인민혁명당 사건의 기획자로 알려진 이용

3 이규명(1934~1988); 경복고등학교를 졸업하고 서울대학교 법과대학에서 수학하였다. 1962년 14회 고등고시사법과 합격하여 검사로 근무하였다. 1971년 제1차 사법 파동 당시 사건의 단초를 제공하였다. 이후 춘천지방검찰청 원주지청장, 서울지방검찰청 의정부지청장을 지냈다. 1987년 변호사로 개업하였고 1988년 사망하였다. 담당했던 주요 사건으로, 민청학련 · 인혁당 1심 공판 군검찰관(1974년), 1986년 오대양 종합건설 부도 사건(1986년), 서울대 구국학생연맹 및 자민투 사건(1986년), 고려대 애국청년학도회 사건(1987년) 등이 있다. 《위키백과》

4 윤 계장의 이름은 윤종원이고, 중정 취조관은 손종덕이다. 〈이중 삼중의 고통을 주는 국가가 나라냐, 인혁당 피해자 김종대 인터뷰, 「한겨레」 2017.4.9.〉

택5 국장 밑에서 수사관에게 조작각본에 따르라는 쪽지 명령을 내리던 자였다. 현역 육군 대위인 윤 계장은 소위 인혁당과 악연이 깊은 자다.

인혁당 사건 연루자 중 김한덕6은 전창일과 접촉하지 않았던 사람들 한 명이다. 이름은 들어서 익히 알고 있었지만, 만난 적은 없었다고 한다. 전창일의 친구 우홍선과는 잘 아는 사이다. 부산 출신으로 고향이 같고, 1차 인혁당 사건 때 함께 연루된 사연이 있다. 고향 친구인 박중

---

5 이용택(1930~); 인민혁명당 사건의 기획자, 호는 의곡(義谷)이다. 1930년 경상북도 달성군(현 대구광역시)에서 태어났다. 대구농림고등학교, 단국대(한국대?) 법학과를 졸업하였다. 박정희 정권 때 중앙정보부에서 근무하였다. 1974년 중앙정보부 제6국장으로 있으면서 인민혁명당 사건 조작 사건 기획자로, 박정희 저격 미수 사건의 주범 문세광을 심문하는 데 관여하였다. 1978년 대한지적공사 사장이 되었다. 1981년 제11대 국회의원 선거에서 무소속으로 경상북도 달성군-고령군-성주군 선거구에 출마하여 민주정의당 김종기 후보와 동반 당선되었다. 1985년 제12대 국회의원 선거에서 무소속으로 같은 선거구에 출마하여 당선되었다. 1987년 제13대 대통령 선거를 앞두고 민주정의당에 입당하였다. 1988년 제13대 국회의원 선거에서 민주정의당 후보로 경상북도 달성군-고령군 선거구에 출마하였으나 신민주공화당 구자춘 후보에 밀려 낙선하였다. 1992년 제14대 국회의원 선거에서 민주자유당 공천을 받지 못하자 통일국민당 후보로 같은 선거구에 출마하였으나 역시 민주자유당 구자춘 후보에 밀려 낙선하였다. 1996년 제15대 국회의원 선거에서 무소속으로 대구광역시 달서구 갑 선거구에 출마하였으나 자유민주연합 박종근 후보에 밀려 낙선하였다. 1997년 제15대 대통령 선거를 앞두고 새정치국민회의에 입당하여 김대중 후보를 지지하였다. 현재는 해외희생동포추념사업회 회장이다. 《나무위키》

6 김한덕(1931~2020); 1931년 부산에서 태어나 일본에서 초등학교를 졸업하고 광복 후 귀국해 동국대 법학과를 다녔다. 1956년에는 훗날 통일민주청년동맹결성준비위로 발전하는 성민학회에 참여했고, 같은 해 진보당이 결성되자 경남에서 비밀당원으로 활동했다. 1960년대에는 부산의 진보 정치인인 박기출(1909~1977) 전 의원의 선거를 돕고, 사회대중당·민족자주통일 경남협의회에 참가하는 등 혁신정당 운동을 벌였다. 1964년 1차 인민혁명당(인혁당) 사건으로 구속돼 이듬해 징역 1년 형을, 1974년에는 인혁당 재건위 사건(2차 인혁당 사건)으로 다시 투옥돼 무기징역을 각각 선고받았다. 2차 인혁당 사건은 2008년 재심에서 무죄가 확정됐다. 1982년 특별사면된 뒤 1989년 민족자주평화통일중앙회의 공동의장과 상임의장을 맡았다. 이어 1990년에는 조국통일범민족연합(범민련) 남측본부 부의장을 지냈고, 2009년에는 4·9통일평화재단을 출연하고 자문위원으로 활동했다. 2020년 11월 8일 작고했다. 〈『연합뉴스』, 2020.11.9.〉

기, 김금수, 이수병 등과 암장(岩將)[7]이란 사회과학 서클에서 활동했던 유진곤[8]이란 사람이 있다. 긴급조치로 혁신계가 수난을 당할 무렵 유진곤은 '대성목재사'라는 회사를 운영하고 있었다. 김한덕은 그 목재소에서 목재를 구입하는 사람들에게 벽돌을 파는 장사를 했던 모양이다.

어느 날, 김한덕은 유진곤을 검거하기 위해 온 수사관들에게 "당신 누구요?"하고 불심검문을 당했다. 신분증을 보니 유진곤이 아니고 김한덕인데, 뭔가 수상하기도 하고 적어도 유진곤의 행방을 알고 있는 듯싶어

7　암장그룹; 1954년 부산에서 설립되어 4·19혁명 시기에 활동한 청년 단체이다. 1954년 가을 부산사범학교[현 부산교육대학교]의 이수병, 김종대, 김정위, 박영섭, 유진곤과 부산고등학교의 김금수, 이영호, 최종국, 경남공업고등학교의 박중기 등 비판적 사회 인식을 가진 학생들이 모여 사회 과학 연구 모임으로 결성하였다. 처음 이름은 일꾼회였으나 노동 운동의 이미지를 연상케 할까 우려하여 이듬해인 1955년 암장(岩漿)이라고 바꾸었다. '암장'이란 땅속 깊은 곳에 뜨겁게 녹아있는 마그마를 뜻하는 것으로, 화산이 터지는 것처럼 변혁 운동의 분출을 예고하는 상징성을 그 안에 품고 있었다. 고등학교 과정을 마친 후 이들은 각지로 흩어졌다가 1959년 무렵 대학 진학, 직장 근무 등을 이유로 서울에서 다시 만났다. 이듬해인 1960년 4·19혁명이 발발하자 이들은 부산대학교 교수 이종률의 제안으로 민주민족청년동맹(약칭 민민청)에 가입하여 활동하는 한편 민족자주통일중앙협의회(약칭 민자통)의 결성에 참여하였다. 그러나 1961년 5월 16일 박정희의 군사 쿠데타로 암장 멤버 대부분이 반국가 단체인 북한을 이롭게 하는 활동을 했다는 죄목을 군사 법정에서 유죄 판결을 받아 투옥되었으므로 암장그룹은 해체되었다. 그러나 이후에도 암장의 멤버들은 1964년 '인민혁명당 사건'과 1974년 '인민혁명당 재건위원회 사건'의 조작에 연루되었다. 결국, 이수병과 김용원은 사형당하고, 유진곤은 무기 징역, 김종대는 징역 20년, 박중기는 징역 1년을 선고받고 옥고를 치렀으며, 다른 멤버들도 곤욕을 치렀다. 《부산역사문화대전》

8　유진곤(1937~1988); 1937년 경남 진해에서 출생하였다. 사범학교 2학년 때 고 이수병 동지와 함께 사회과학 학습모임 '암장'(岩將)을 만들어 「도이치이데올로기」,「대중철학」 등 사회과학 서적과 홍명회의 「임격정」을 비롯한 폭넓은 분야의 책들을 읽었다. 또한 회원들과 "무산대중을 위해 생명을 바치고 동지들과 생사고락을 같이한다"는 서약을 하기도 하였다. 박정희 정권은 유신에 반대하는 양심적 지식인들과 여론을 무마하고 정권안보를 위하여 조직사건을 준비하고 있었다. 동지는 온갖 고문 속에서 굴하지 않고 인간의 존엄성과 양심을 지켰다. 동지는 무기징역을 받았으나 평생지기였던 이수병 동지와 7명의 동지들은 1975년 4월 9일 사법살인으로 형장의 이슬로 사라져 갔다. 동지는 1982년 12월 13일 형 집행정지로 출소하였으나 옥중생활의 후유증으로 1988년 5월 5일 먼저 간 동지들의 곁으로 떠나갔다. 《추모연대》

중앙정보부로 연행했다고 한다. 윤 계장은 "어! 너 이 사람 잘 데려왔구나."라며 수사관에게 치하했다. 1차 인혁당 사건에서도 수사에 가담했던 윤종원은 김한덕을 알아보았던 것이다. 이런 연유로 구속된 김한덕은 얼마 후 유진곤, 전창일과 함께 무기징역형을 받게 된다.

이러한 이력을 가진 윤종원 계장이 이규명 검사 대신 소장실에 나타났다. 그는 단도직입적으로 말을 꺼냈다. "전창일 씨, 고생이 많소. 모두가 나라를 위한 일이요. 이번 정보부 간부회의에서 전창일 씨는 대한민국 제거 대상에서 제외되었소. 이유는 극동건설 김용산 회장의 구명운동 때문이요. 앞으로 국가 경제를 위해서 외화획득에 큰 공을 기대하기 때문이요. 구명에 반대하는 의견도 있었는데, 그리 알고 건강관리 잘하시오."

전창일은 무슨 뜻인지 잘 몰랐다. 그가 또다시 "극형은 면한다는 뜻이오!" 하기에 "판결은 재판에서 판사가 결정할 것이 아니요?"라고 했더니, 그는 대뜸 "대통령 긴급조치령에 정보부가 재판에 관여하기로 되어 있소."라고 한다. 놀라지 않을 수 없었다. '대한민국 제거 대상!', 인혁당 사건으로 구속된 사람들 중 이러한 결정을 상상이나 할 사람이 누가 있을까? 감방으로 돌아온 전창일은 가슴이 답답해짐을 느꼈다. 집에서 아내 임인영이 내복과 한복을 차입해 보냈다. 전창일은 아이처럼 엉엉 울고 싶었으나 체면 때문에 그리할 수도 없었다. 진퇴유곡(進退維谷)의 처지에 빠진 것이다.

:: 06 ::

군사재판

재판을 앞두고 전창일은 10사 독방으로 전방되었다. 헤어지게 된 일반수들은 모두 슬퍼하였으며, 눈물을 흘리는 사람도 있었다. 가슴이 아프기는 전창일도 마찬가지였다. 독방에서 10사로 돌아와 보니 황현승이 갇혀 있었다. 그의 말을 따르면, 김종대·이창복도 들어왔다고 한다. 이들 세 사람은 모두 이수병과 가까운 벗으로 전창일과 함께 등산한 적도 있는 친밀한 사이였다. 안타까운 마음에 괴롭기만 하였다고 전창일은 당시를 회고한다.

재판통지를 받았다. 며칠 후 출정이 통보되었다. 수정(수갑)과 포승줄에 꽁꽁 묶인 채 그들은 들뜬 마음으로 한곳에 모였다. 어제의 용사, 오늘의 포로, 한없이 반가웠다. 서도원·도예종·강창덕 등 대구 친구들, 우홍선·이수병 모두가 그리운 벗들이다. 포옹이라도 하고 싶었지만, 말도 못 하게 한다. 하지만 제지를 무릅쓰고 그들은 몇 마디씩 주고받았다.

우홍선이 조심스럽게 말을 꺼냈다. 취조받을 때 우리가 다섯 번 만났다고 한 것을 세 번만 만난 것으로 재판정에서 번복하자고 제의했다. 이수병과도 이야기됐다는 것이다. 기가 막혔다. 헤아릴 수 없을 정도로 수없이 만난 것을 다섯 번 만났다고 진술해서 전창일 역시 그냥 시인한 것을 이제 와서 번복한들 무슨 의미가 있을까? 일부나마 받아들여진 사실마저 신뢰성이 훼손되지나 않을까 걱정되었다고 전창일은 당시의 안타까웠던 심정을 토로했다. '대한민국 제거 대상!' 소름 끼치던 이 말을 떠올리며 그러지 말라고 하였다. 우홍선은 재판이라고 하니 1차 인혁당 재판처럼 사법의 공정성이라도 있을 줄 아는 모양이었다. 사랑하는 동지, 이들은 상황을 몰라도 너무 모르고 있는 듯싶어 안타까운 생각에 어쩔 줄 몰랐다.

필동 헌병사령부 법정에서 인혁당 관련 인사와 민청학련 학생 등 50여 명 피고인들에 대한 첫 재판이 진행되었다. 피고 1인당 직계가족 한 사람만 방청이 허용되었다. 피고인 대부분은 갇힌 후 두 달, 전창일의 경우 달포 만에 가족의 얼굴을 보게 되었다. 오랜만에 만나 반가웠지만, 가족들의 얼굴은 모두 긴장된 표정이었다.

높은 단상에 앉은 판사들은 모두 어깨에 번쩍이는 별을 단 군 장성들이다. 피고인 심문은 한 사람씩 철저하게 격리, 개별적으로 진행되었다. 피고인 간의 대질심문은 없었고, 변호사가 신청한 증인은 한 사람도 채택되지 않았다. 다만 검사가 신청하는 증인만 채택될 뿐이다.

재판이 시작되었다. 피고인들은 공소장에 기재된 인민혁명당이란 지하당 결성을 전부 부인하였다. 모두가 고문에 의한 허위자백이며, 수사관이 만들어 놓은 각본에 따라 부르는 대로 쓸 수밖에 없었다고 진술했다. 단상에 앉은 장군 재판관들은 듣는지 마는지 무표정한 얼굴이었고, 검사들만 눈을 부릅뜨고 항변하는 피고들을 윽박지르고 협박한다. 이 모든 광경을 변호사와 방청석에 앉은 가족들만이 긴장 속에 경청하고 있었다.

1974년 7월 8일 상오, 검사의 구형이 있었다. 서도원·도예종·하재완·이수병·김용원·우홍선·송상진 일곱 명 사형, 전창일·강창덕·김한덕·유진곤·이태환·전재권·라경일·김종대 여덟 명에 무기징

〈 그림181: 1974년 7월 11일, 7월 13일 자 경향신문 〉

역, 황현승 · 이창복 · 조만호 · 정만진 · 이재형 · 임구호 여섯 명에 징역
20년 및 자격정지 15년이 구형되었다.[1]

다음 날인 7월 9일 하오에는 민청학련 학생 · 종교인 32명에 대한 결
심공판이 진행되었다. 여정남 · 이철 · 유인태 · 김병곤 · 나병식 · 김영
일(김지하) · 이현배 등 7명에게 사형, 황인성 · 정문화 · 이근성 · 서중
석 · 안항로 · 유근일 · 김효순 등 7명 무기징역 그 외 강구철 등 9명에게
징역 20년 자격정지 15년을, 나상기 등 3명에게 징역 20년을, 구충서

---

1   민청학련 인혁당 관계 7명에 사형구형, 「경향신문」, 1974.7.9.

호산 전창일과 통일운동 77년사

등 6명에게 징역 15년 자격정지 15년을 각각 구형했다.[2]

방청석은 술렁거렸다. 헌병과 교도관들이 조용히 하라고 제지한다. 피고들만 묵묵부답 무거운 표정들이다. 일전에 전창일을 구치소장실로 불러낸 정보부 윤종원 계장이란 자가 말한 '대한민국 제거 대상'이란 바로 이것이구나! 그의 말대로 극형을 살짝 비켰구나! 그저 한숨만 쉬었다. 잔인무도한 대한민국! 박정희의 대한민국! 폭력국가! 가슴이 찢어지는 것만 같았다.

구형 후 재판장은 피고들에게 짧고 간단하게 할 말을 하라고 했다. 모두가 억울하다는 요지의 말을 했다. 임구호가 인상적인 진술을 남겼다. "우리에게 무슨 죄가 있단 말인가. 유신헌법 반대한 것이 이리 무거운 형벌이라니, 나에게 준 징역 20년을 나는 검사에게 돌려줄 것이다." 임구호가 계속하여 발언하려고 하자 재판장이 제지하였다. 재판이 끝나면 임구호를 자기에게 데려오라고 검사가 헌병과 교도관에게 지시했다. 그후 임구호는 검사에게 끌려가 심한 구타를 당했다고 한다.

임구호를 기다리는 동안 인혁당 피고인들은 무거운 심정으로 서로의 얼굴을 쳐다보고 있었다. 서도원은 "역시 젊은 사람이 훌륭해!" 하면서 임구호를 칭찬했다. 전창일도 공감했다. 우홍선은 전창일에게 사형을 구형받은 사람들은 더 이상 법정 투쟁하기 곤란하니, 사형을 면한 사람들이 앞으로 투쟁을 잘해 달라고 부탁한다. 전창일은 다 같이 용기를 내어 싸우자고 했다.

구형 이틀 후인 11일 상오, 육군본부 법정에서 언도 공판이 개최되었

---

2 7피고에 사형구형, 비상 군재 민청학련 학생·종교인 32명 결심공판, 「경향신문」, 1974.7.10.

〈 그림182: 1974년 7월 11일, 7월 13일 자 경향신문 〉

다.[3] 13일에는 민청학련 관련자에 대하여 1심 결심공판이 열렸다.[4] 결과는, 한 치의 오차도 없이 구형 그대로 언도가 내려졌다. 모두가 놀랐다. 구형대로 언도하리라곤 아무도 믿지 않았던 것이다. 인혁당 관련 피고인 21명은 모두 항소하였다.

'사형수' '무기수'라는 패 쪽이 붙은 감방에서 며칠을 보냈다. 구치소 당국에서 항소이유서를 쓰라고 하면서 미농지 묶음과 먹지, 필기구를 주었다. 판결문을 요구했더니 공소장을 보고 쓰라고 한다. 전창일은 차

---

3   7명 사형·8명 무기 선고, 「경향신문」, 1974.7.11.
4   7명에 사형선고, 「경향신문」, 1974.7.13.

분히 생각하며 써나갔다. 함경도 북청에서 성장하여 서울에 공부하러 왔다가 38선이 꽉 막혀 오도 가도 못하게 된 이산가족이며, 민주주의와 조국의 평화적 통일을 염원하며 살아왔다는 요지를 작성한 뒤, 정보부 취조에서 가혹한 고문을 받은 사실, 인민혁명당이란 지하당을 결성한 사실이 없다는 내용으로 20여 장을 썼다. 그리고 사법, 입법, 행정 3권이 분리된 민주주의 대한민국을 기원한다고 마무리를 했다. 다섯 통만 제출하고 한 통은 가지고 있으라고 한다. 전창일은 별도로 한 통을 더 작성했다.

며칠 후 가지고 있는 항소이유서와 공소장을 제출하라고 했다. 전창일은 항소서 나머지 한 부를 아내가 넣어준 솜 침구 속에 감추었다. 전창일은 이 항소이유서를 9년 가까이 수백, 수천의 검방(檢房, 수형자의 방을 검사하는 것) 속에서도 무사히 간직하고 있었다. 8년 8개월 수형생활을 끝내고 대구교도소에서 출옥하는 전날, 교도소 당국에서 사물보따리 검사를 위해 일체의 사물을 내놓으라고 하였다. 내일 아침에 알몸으로 나와 교도소에서 주는 옷을 입고 집으로 갈 것이라고 알려 준다. 시키는 대로 할 수밖에 없었다. 집에 온 뒤 침구부터 뒤지니 감춰뒀던 항소이유서가 사라져 버린 것을 발견했다.

서울구치소 생활을 좀 더 이야기하기로 한다. 어느 날 "찐빵!"을 외치며 다니는 장사꾼(수형자)이 전창일에게 "신관에 계시는 장 선생이 보냅니다." 하며 꼭꼭 접은 쪽지를 던지고 갔다. 반갑고 신기한 마음으로 열어 봤더니 뜻밖에 장석구가 보낸 것이다. 지명수배를 받고 있는 이성재를 감춰주고 있다가 들켜 함께 잡혀 와 있다는 내용이었다. 가슴이 덜컥 무너지는 것 같은 충격을 받았다. 전창일은 보고 난 쪽지를 찢어 변기통에 버렸다. 이후 계속하여 찐빵 장사를 통해 서로의 안부를 주고받았다.

〈 그림183: 1975년 2월 18일 자 경향신문 〉

인혁당 사건 추가재판에서 이성재는 무기, 장석구는 5년 징역·자격
정지 5년을 받았다.[5] 긴급조치 위반자들에 대한 형 집행정지, 사면조치
등에 의해 대부분 석방되었으나 인혁당 사건 관련자들은 매번 제외되었
다. 장석구는 구속자 중 최저형량인 5년형을 언도받았으나 그 역시 예
외가 아니었다. 그는 서대문구치소에 수감 중 48세의 나이로 1975년 10
월 15일 의문의 죽음을 당했다. 후일 김대중 정권하에서 구성된 의문사
진상위원회는 오랜 조사 끝에 2002년 9월 16일 장석구의 옥사에 대해
직권 제84호로 다음과 같이 결정하였다.

1. 의문사한 자 장석구는 민주화운동과 관련하여 위법한 공권력의 직간접적인

5　이성재 피고에 무기, 민청학련 36명 선고, 「매일경제」, 1974.8.15.

행사로 사망하였다고 인정한다.

2. 이 사건에 관하여 민주화운동 관련자 명예회복 및 보상심의위원회에 의문사
   한 자 장석구 및 그 유족에 대한 명예회복 및 보상 등의 심의를 요청한다.

3. 인혁당 재건위원회 사건에 관하여 재조사할 것을 정부에 권고한다.

〈 그림184: 1974년 8월 23일, 9월 7일 자 경향신문 〉

1974년 8월 23일, 박정희는 긴급조치 1호와 4호의 해제를 선포했다.
하지만 해제 당시 재판에 계류 중이거나 처벌된 자는 해당 안 된다는 조
건부였다6. 이에 따라 이미 구속된 전창일 등의 항소심 재판에는 아무
런 영향을 주지 못하게 되었다. 9월 7일, 2심이 열렸다. 인혁당계와 민

---

6   긴급조치 1·4호 해제,「경향신문」, 1974.8.23.

청학련을 구분하여 서로 다른 날 열린 1심과 달리 2심은 같은 날 공판이 열렸다. 재판부는 판결문에서 "국가변란을 기도한 피고인들에 대해서는 추호도 관용을 베풀 수 없으나 관련 피고인들 중 학생에 대해서는 정상을 참작, 형을 경감한다."고 판결 이유를 밝혔다. 이로써 인혁당계 즉 혁신계를 속죄양으로 삼겠다는 의도가 확실해졌다.

인혁당 사건 피고인들 중 김종배(무기 → 20년), 전재권(무기 → 징역 15년 자격정지 15), 이창복(20년 → 징 15년 자 15년), 임구호(20년 → 징 15년 자 15년) 등 4명만이 감형되었을 뿐 나머지는 모두 원심대로 언도되었다. 특히 사형수의 경우 차별이 확연하게 드러났다. 서도원, 도예종 등 인혁당계 사형수 7명은 단 한 사람도 구제받지 못했지만, 반면 민청학련 사건 1심에서 사형수였던 7명 중 인혁당 인물들과 관련이 있었

〈 그림185: 8명의 대한민국 제거 대상 〉

던 여정남만 제외하고 나머지는 모두 극형을 면했다7. 결국 혁신계 8명이 '대한민국 제거 대상'이 되었던 것이다.

전혀 예상하지 못했던 재판결과에 낙심하여 의기소침한 채 지내던 어느 날 갑자기 교도관이 전창일에게 전방(傳方)준비를 하라고 했다. 이유를 물었더니, 석방되었던 김지하가 재수감되어 이 방으로 오고, 전창일은 9사 2층으로 가야 한다고 말한다. 왜 재수감되었느냐는 질문에, 신문에 인혁당은 조작이라고 글을 써서 다시 들어왔다는 것이다.8 가슴이 철썩 내려앉았다. 그 유명한 '오적(五賊)' 시로 우리를 감탄케 한 김지하! 그는 이제 한국의 에밀 졸라가 되려 하는구나…

전창일은 무거운 심정으로 징역 보따리를 싸 일반죄수(소지)의 도움을 받아 9사상(2층)으로 이전하였다. 그 방에는 '사형수'라는 패 쪽이 붙어 있었고, 일반수들이 여러 명 있었다. 다시 일반수들과 함께 있게 되었다. 사형수는 '임자도 간첩 사건'에 연루된 사람으로 전창일에 따르면, 얌전하고 선한 인상이었다고 한다. 사건의 내용을 물었더니 억울한 사연이라고만 했다. 그는 이튿날 다른 곳으로 전방되었다.

전창일이 특별히 기억하고 있는 사람이 또 있다. 중앙정보부 전직간부에 관한 이야기다. 그는 5 · 16쿠데타에 가담한 영등포 주둔부대에서 근무했던 영관급 장교였다. 거사 전날 박정희 장군이 직접 와서 부대를 점검했다는 이야기, 새벽에 무장부대를 이끌고 한강 다리를 넘은 이야기 등 무용담을 이야기하곤 했다. 한편, 자기는 김형욱과 동기이자 친한

---

7 여정남·서도원 등 8명 사형, 9명 무기, 「경향신문」, 1974.9.7.
8 김지하 씨 재 구속, 어젯밤, 「조선일보」, 1975.3.15. 〈김지하는 2·15조치로 1975년 2월 15일 출감했으나, 2월 26일 동아일보에 '체험수기1974'에서 "인혁당 사건은 조작극이며 고문으로 이루어진 것"이라는 글을 기고하여, 3월 14일 재 구속되었다.〉

친구이며, 육군본부에 근무할 때 보직이 없어 어려운 처지에 있던 김형욱에게 매일 양담배 한 갑을 사준 사이였다고 한다.

그러나 혁명 후 김형욱은 국가재건최고회의 위원이 되었고, 자기는 창설된 중앙정보부 김종필 부장의 부하로 일하게 된 것이 불운의 시작이었다고 토로했다. 어느 날 최고회의 위원단이 중앙정보부 시찰을 나왔다. 일행 중에 김형욱이 있는 것을 보고 너무 반가워서 "형욱아, 오랜만이다."하고 인사를 하니 이상하게 표정이 굳어 있어 "형욱아, 나야." 했더니 쳐다보지도 않고 돌아가더라는 것이다.

기분이 씁쓸해 있는데, 저녁 무렵 차장이 불러 말하기를, 김형욱 위원님이 몹시 화가 났다는 이야기를 했다. 국가재건최고회의 위원님에 대한 예우도 제대로 차리지 못하는 정보부라면서 크게 질책당했다고 한다. "형욱이는 나와 동기이고, 우리 사이는 형제같이 가족 내외간에도 서로 말 놓고 살아온 처지"라고 설명하니, 차장은 "그래도 국가간부 간에 위계를 지켜야만 한다"며 자기가 시키는 대로 하라고 윽박지른다.

이튿날, 돈은 얼마든지 줄 터이니 최고급 요릿집에 최고급 기생을 준비하라고 명령하여 급히 서둘러 삼청동 삼청각에 예약했다. 차장은 돈뭉치를 주면서 저녁에 전화통 옆에 대기하고 있으라고 한다. 전화가 왔다. 지금 삼청각에 와서 김형욱 위원님께 큰 절로 사죄하라는 것이다.

순간 모든 공직을 때려치우고 시골에 가서 농사나 짓고 살고 싶은 심정이 들었다. 하지만 군인이라 명령에 살고 명령에 죽는 처지, 시키는 대로 삼청각에 갔다. 그곳에는 정보부 차장들이 김형욱에게 기생을 안겨주는 등 한판 술자리가 벌어지는 중이었다. 예전의 동기를 본 김형욱의 얼굴이 굳어졌다. 앉지도 못하고 엉거주춤 서 있었는데, 차장이 대뜸 "대한민국 국가재건최고회의 김형욱 위원님에게 전날 불경죄를 저지른

호산 전창일과 통일운동 77년사

대한민국 중앙정보부 이 국장이 큰절로 사죄합니다."라고 할 것을 명령했다. 그 목소리를 듣곤 자신도 모르게 큰절을 하게 되었다고 한다. 굳었던 얼굴이 조금 풀리는 김형욱의 모습을 보면서 물러난 뒤 부하들에게 돈뭉치를 주면서 뒤처리를 지시하고 집으로 갔다.

분통이 터졌다. 울음이 저절로 나왔다. 왜 그러냐는 부인의 추궁에 자초지종을 이야기했다. 속상해하면서 당장 공직을 내던지고 야인으로 살자며 위로하는 부인은 숙명여대 의상학과를 졸업한 디자이너였다. 자기는 단국대학을 거쳐 육군간부후보생학교를 나와 장교가 되었는데, 5·16 이후부터 육사 출신 김형욱과 자기의 차이점을 명백히 확인할 수 있었다고 말하며 씁쓰레한 웃음을 지었다. 권력에 대한 군인들의 인식이 어떠한가를 보여주는 한 예화다. 박정희가 군인으로서의 의무를 지키지 않고 합헌정부를 무력으로 전복, 정권을 찬탈한 것은 천추에 용서 못 할 대역죄를 범한 것이라고 말하는 전창일에게 전직 중앙정보부 간부는 수긍하며 깊이 반성하는 눈치를 보였다. 그는 아주 순진한 사람이었다.

9사 2층으로 전방한 뒤 변기통 청소에 대해 문제를 제기했다. 쥐털(영치금도 없는 가난한 수인)들에게만 변기통 청소를 시키고, 범털(돈 많은 수인)은 하지 않는 것이 당시 관례였다. 전창일은 순번으로 하자고 말하며, 팔을 걷어붙이고 직접 청소를 했다. 모두들 말리면서 어르신은 하지 말라고 한다. 전창일은 "쥐 털이니 범 털이니 사람을 구별하면 안 된다. 사회에서 없는 사람이 천시되는 것도 억울한데 감옥에서까지 차별받아야 하는가?"라며 그들을 설득했다. 전창일의 호소 뒤, 자신이 전담하여 변기 청소를 하겠다는 사람이 나타났다. 전직 중앙정보부 간부 바로 그 사람이다. 정말로 그는 출옥 때까지 변기통 청소를 홀로 했다고 한다.

한편, 중앙정보부 국장까지 역임했다는 사람이 역사의 진실에 대해선 너무 문외한이었다. 민주당 시절, 총리 직속 중앙정보연구위원회의 정보연구실장(차관급)이란 직책으로 활동하던 이후락이 국방부 별실에서 미국 CIA 지도하에 중앙정보부 조직 작업을 한 사실, 김종필이 그 시나리오대로 중앙정보부를 창설했다는 것 그리고 미국의 압력으로, 5·16 쿠데타 후 서대문감옥에 갇혔던 이후락을 청와대 비서실장으로 발탁한 사실조차 모르는 순진한 군인이었다. 전창일은 그에게 깊은 동정심을 갖게 되었다. 그도 전창일을 경외하는 모습이었다.

감옥에 들어온 이유를 물었더니, 사연이 참으로 기구하였다. 김형욱에게 참을 수 없는 수모를 당한 후 함께 사직한 부하 직원 몇 명을 데리고 기업체를 차렸다고 한다. 그런데 모 기관과의 입찰과정에서 직원들이 정보부 요원인 것처럼 행세했던 모양이다. 경쟁회사 사장이 정보부 과장으로 있는 동생에게 이 사실을 알렸고, 사장인 자기까지 구속되었다고 한다. 그는 정보부에 연행되었다. 새까만 후배들에게 욕설, 고문 등 온갖 수모를 당하면서 수사관이 부르는 대로 조서를 써야 했다. 듣고 보니 인혁당 인사들이 당했던 취조 방식과 거의 동일했다. 기가 막히는 체험담이었다. 이권과 권력에 얽힌 비정한 군인사회의 생리를 보여주는 단면이었다.

어느 날 검사 취조를 갔다 오더니 충격적인 고백을 했다. 검사 왈, 감옥에서 나가게 해주면 법무부 고위관리를 만나 청탁할 길이 있느냐고 물었단다. 이번 인사이동에 지방으로 전근 가야 할 순번인데 가지 않도록 손을 써 달라고 부탁한 것이다. 법무부에 근무하고 있는 군 출신 정보부 조정관이 잘 아는 친구라고 대답하자, 그러면 최선을 다해 석방시켜 줄 테니 나가서 꼭 자기 부탁을 들어달라고 당부하면서 부탁하는 일이 가능한지에 대해 재차 확인한다. 전직 중정 간부는 불가능한 일은 아닐 것이라고 대답했다.

　며칠 후 정말 석방되었다. 감방을 나가면서 그가 말하길, 가족을 데리고 아예 미국으로 이민을 갈 것이라고 했다. 얼마나 많은 선량한 사람들이 박정희의 악정을 피해 사랑하는 조국을 등지고 낯설고 물선 이국 땅으로 떠나야만 할 것인가! 그가 석방된 며칠 후는 마침 음력 설날이었다. 전창일에게 특별 차입물이 도착했다. 전직 중정 요원이 전창일에게 인절미, 송편, 고기 등을 넣어줘 감방식구들과 한바탕 잔치를 벌였다고 한다.[9]

9　『인혁당사건, 그 진실을 찾아서』 2005, pp. 29~50.

:: 07 ::

운명의 4월 8일

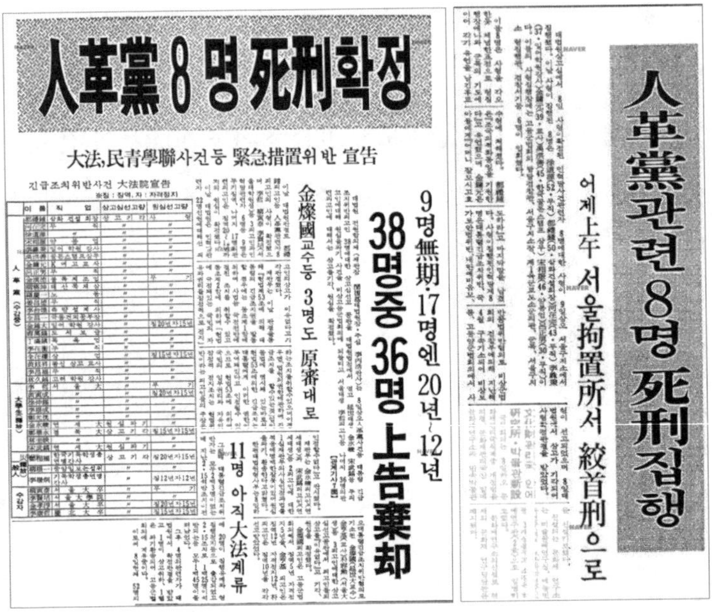

人革黨 8명 死刑확정

大法, 民靑學聯사건등 緊急措置위반 宣告

9명 無期·17명엔 20년~12년

38명중 36명 上告棄却

金燦國교수등 3명도 原審대로

11명 아직 大法계류

긴급조치위반사건 大法院宣告

人革黨관련 8명 死刑집행

어제上午 서울拘置所서 絞首刑으로

〈 그림186: 1975년 4월 8일, 4월 10일 자 경향신문 〉

이런저런 우여곡절을 겪으면서 세월은 흘러갔다. 운명의 그 날, 대법원 재판 날이 닥쳐왔다. 전창일 등 관련 피고인들은 출정이 금지되었고, 가족의 참관만 허용되었다. 1975년 4월 8일, 대법원전원합의체(재판장 민복기 대법원장, 주심 이병호 판사)는 인혁당 사건 등 대통령 긴급조치위반 피고인 38명에 대한 상고심 공판을 열었다. 연세대생 김영준과 송무호 두 피고인에 대해 원심을 파기, 사건을 비상고등군법회의에 되돌리고, 도예종 · 이철 등 나머지 36명의 피고인에 대해선 상고를 기각, 원심을 확정했다.

이날의 판결로 서도원 · 도예종 · 하재완 · 송상진 · 이수병 · 우홍선 · 김용원 · 여정남 등 인혁당 관련자 8명의 사형이 확정되었으며, 전창일 · 김한덕 · 유진곤 · 나경일 · 강창덕 · 이태환 등 인혁당 관련자 6명과 이철 · 유인태 · 이현배 등 민청학련 관계자 3명 등 9명은 무기징역, 나머지 17명 피고인들은 징역 12~20년까지의 원심이 확정된 것이다. 아직 대법원에 계류된 사람은 인혁당 관련 이성재 · 장석구를 비롯하여 윤보선 · 강신옥 · 지학순 · 김윤 · 황인범 · 박세진 · 전영천 · 早川嘉春 · 太刀川正樹 등 11명이었다.[1] 아래에 인혁당 및 민청학련 관계 피고인들의 재판결과를 비교한 표를 소개한다.

[표16: 인혁당 및 민청학련 피고인 재판결과(긴급조치 1, 4호 위반)]

피고인	나이	기소 시 직책	1심		2심	비고
			구형	선고	선고	
1. 인혁당 관계						
① 서도원	51	전 민주민족청년동맹위원장 인혁당재건위 지도위원	사형 (7.8.)	사형 (7.11.)	항소기각	최종심(75.4.8.) 집행(75.4.9.)
② 도예종	50	전 인민혁명당 당수 인혁당재건위 지도위원				
③ 하재완	42	전 민주민족청년동맹경북도총무 인혁당 경북지도부지도책				
④ 이수병	36	학원 강사 인혁당 서울지도부지도책				
⑤ 김용원	39	전직 교사 인혁당 서울지도부지도책				
⑥ 우홍선	44	무직, 전 인혁당 창당위원 인혁당 서울지도부지도책				
⑦ 송상진	46	양봉업, 전 인혁당원 인혁당 경북지도부지도책				

---

1 인혁당 8명 사형확정, 「경향신문」, 1975.4.8.

⑧ 전창일	52	일명 전철구, 회사원 인혁당 서울지도부조직책	무기 (7.8.)	무기 (7.11.)	항소기각	형집행정지 (82.12.24.)
⑨ 김한덕	42	블록제조업, 전 인혁당원 인혁당 서울지도부조직책	무기 (7.8.)	무기 (7.11.)	항소기각	형집행정지 (82.12.24.)
⑩ 유진곤	37	인혁당 서울지도부자금책	무기 (7.8.)	무기 (7.11.)	항소기각	형집행정지 (82.12.24.)
⑪ 나경일	43	무직, 전 남조선해방전략당원 인혁당 서울지도부조직책	무기 (7.8.)	무기 (7.11.)	항소기각	형집행정지 (82.12.24.)
⑫ 강창덕	45	전 사대당경북도당선전위원장 인혁당 서울지도부조직책	무기 (7.8.)	무기 (7.11.)	항소기각	형집행정지 (82.12.24.)
⑬ 이태환	48	경북 정지사 대표 인혁당 서울지도부자금책	무기 (7.8.)	무기 (7.11.)	항소기각	형집행정지 (82.12.24.)
⑭ 이성재	45	서울대 정치학과, 지압사		무기 (8.13.)	항소기각	형집행정지 (82.12.24.)
⑮ 김종대	37	학원장 인혁당 서울지도부조직책	무기 (7.8.)	무기 (7.11.)	징20자15	형집행정지 (82.3.2.)
⑯ 전재권	46	전 남로당원 인혁당 서울지도부자금책	무기 (7.8.)	무기 (7.11.)	징15자15	형집행정지 (82.3.2.)
⑰ 황현승	39	교사 인혁당 서울지도부조직책	20년자 15	20년 (7.11.)	징15자15	형집행정지 (82.3.2.)
⑲ 이창복	36	무직 인혁당 서울지도부조직책	20년자 15	20년 (7.11.)	징15자15	형집행정지 (82.3.2.)
⑳ 조만호	39	상업, 전 인혁당원 인혁당 서울지도부조직책	20년자 15	20년 (7.11.)	항소기각	형집행정지 (82.3.2.)
㉑ 정만진	34	목욕업 인혁당 서울지도부조직책	20년자 15	20년 (7.11.)	항소기각	형집행정지 (82.3.2.)
㉒ 이재형	43	상업 인혁당 서울지도부조직책	20년자 15	20년 (7.11.)	항소기각	형집행정지 (82.3.2.)
㉓ 임구호	26	학원 강사 인혁당 서울지도부조직책	20년자 15	20년 (7.11.)	징15자15	형집행정지 (82.3.2.)
2. 지식인						
① 여정남	29	경북대졸, 인혁당 학원 담당 책	사형 (7.9.)	사형	항소기각	최종심(75.4.8.) 집행(75.4.9.)
② 이 철	26	서울대 재, 민청학련 총책	사형 (7.9.)	사형 → 무기	항소기각	출감(75.2.17.)

호산 전창일과 통일운동 77년사

				사형→무기	항소 포기	출감(75.2.15.)
③ 김영일	33	김지하, 시인, 민청학련 배후조종	사형 (7.9.)	사형→무기	항소 포기	출감(75.2.15.)
④ 백기완	42	백범사상연구소 소장 1974년 2월 1일 구형	징15자15	징15자12	징12자12	출감(75.2.15.)
⑤ 김효순	21	무직, 서울대 문리대, 유인물 책	무기	무기	징20자15	출감(78.8.14.)
⑥ 이강철	26	경북대 졸, 경북대 지구대학 책	징20자15	징20자15	징15자15	출감(81.8.14.)
⑦ 정상복	31	한국기독교학생회총연맹 중부지역 배후조종	징20자15	징20자15	항소기각	출감(75.2.17.)
⑧ 나상기	26	한국기독교학생회총연맹 이사 배후조종	징20	징20자15	항소기각	출감(75.2.15.)
⑨ 이직형	37	한국기독교학생회총연맹 총무 배후조종	징20	징20자15	징12자12	출감(75.2.17.)
⑩ 서경석	28	서울공대, 배후조종	징20	징20자15	항소기각	출감(75.2.15.)
⑪ 이광일	27	한신대, 배후조종	징20자15	징20자15	항소기각	출감(75.2.15.)
⑫ 김정길	22	무직, 전남지구대학 책	징15자15	징15자15	항소 포기	출감(75.2.15.)
⑬ 이강	26	무직, 전남지구대학 책	징15자15	징15자15	항소 포기	출감(75.2.16.)
⑭ 안재웅	35	한국기독교학생회총연맹 호남지역 배후조종, KSCF총무	징15자15	징15자15	항소 포기	출감(75.2.15.)
3. 무직						
① 장석구	47			징5자5	항소기각	옥사(75.10.15.)
② 권오신	32	중앙대산업개발대학원 중퇴		징15	항소기각	출감(75.2.15.)
③ 주성근				징5	징3집유5	
④ 박규신		무직		징10자10	징7자7	출감(75.2.17.)
⑤박순식				징15자15	항소기각	출감(75.2.16.)
⑥ 김용상				징3	항소기각	출감(75.2.16.)
⑦ 윤석규				징10자10	징7자7	출감(75.2.16.)
⑧ 정봉민		한국신학대		징12자12	징7자7	출감(75.2.15.)
⑨ 오봉균		성산교회 전도사		징3	항소기각	출감(75.2.15.)
⑩ 김태수		전도사		징3	징2	출감(75.2.15.)

① 早川嘉春	37	일본인, 대학강사		징20자15	항소기각	출감(75.2.17.)
② 太刀川正樹	28	일본인, 자유기고가		징20자15	항소기각	출감(75.2.17.)

5-1. 학생(고교생)

①신 승원		부산고		징3집유5	항소 포기	
② 이건영		동아고		징3집유5	항소 포기	

5-2. 학생(서울대)

① 유인태	26	서울대졸, 민청학련 부책	사형(7.9.)	사형 → 무기	항소기각	출감(78.8.14.)
② 김병곤	21	상대, 민청학련 서울 시내 대학 책	사형(7.9.)	사형 → 무기	항소 포기	출감(75.2.15.)
③ 나병식	25	사학과, 민청학련 기독학생 책	사형(7.9.)	사형 → 무기	징15자15	출감(75.2.15.)
④ 이현배	30	상록학원 강사, 서울대대학원 재 민청학련 배후조종	사형(7.9.)	사형	무기	출감(78.8.14.)
⑤ 황인성	21	문리대, 민청학련 지방대학 책	무기	무기	징20자15	출감(75.2.17.)
⑥ 서중석	25	문리대, 민청학련 사회인사 포섭	무기	무기	징20자15	출감(75.2.17.)
⑦ 안항로	25	문리대 정치과4년, 제2선 조직 책	무기	무기	항소 포기	출감(75.2.15.)
⑧ 정문화	23	문리대, 민청학련 서울대책	무기	무기	징20자15	출감(75.2.15.)
⑨ 이근성	24	무직, 서울대 문리대졸, 민청학련 유인물제작 책	무기	무기	징20자15	출감(75.2.17.)
⑩ 구창완				징12	징10	출감(75.2.16.)
⑪신대균				징10	징7	출감(75.2.16.)
⑫ 권진관				징10	항소기각	출감(75.2.16.)
⑬ 이종원				징10	징5	출감(75.2.16.)
⑭ 이해찬				징15	징10	출감(75.2.16.)
⑮ 권 일				징12	징10	출감(75.2.16.)
⑯ 서종수				징12	징10	출감(75.2.16.)
⑰ 최권행				징12	징10	출감(75.2.16.)
⑱ 박용훈				징12	징10	출감(75.2.17.)
⑲ 정진태				징12	징10	출감(75.2.16.)

번호·이름	나이	소속				
⑳ 백영서	21			징10	징7	출감(75.2.15.)
㉑ 이동진				징10	징7	출감(75.2.16.)
㉒ 유홍준		문리대		징10	징7	출감(75.2.15.)
㉓ 이원희	23	사대 국어학과 4년		징15	항소기각	출감(75.2.15.)
㉔ 제정구				징15	항소기각	출감(75.2.16.)
㉕ 황인범				징15	항소기각	출감(75.2.17.)
㉖ 강창일				징10	항소기각	출감(75.2.16.)
㉗ 정찬용				징15	징12자12	출감(75.2.16.)
㉘ 전홍표		문리대,		징15	징12자12	출감(75.2.15.)
㉙ 이종구	20	문리대 사회학과		징15	징12자12	출감(75.2.15.)
㉚ 송운학				징15	항소기각	출감(75.2.16.)
㉛ 문국주				징15	징10	출감(75.2.16.)
㉜ 권오걸				징15	징10	출감(75.2.16.)
㉝ 장원영				징15	징12	출감(75.2.16.)
㉞ 이구락		경제과 3년		징12	징10	
㉟ 임상택				징12	징10	출감(75.2.16.)
㊱ 정윤광		제2선지도 책	징20자15	징20자15	항소기각	출감(75.2.17.)
㊲ 강구철	20	문리대 재, 서울문리대 책	징20자15	징20자15	징15자15	출감(75.2.16.)
㊳ 이근후		의대,		징10	징7	출감(75.2.15.)
㊴ 김영선		의대,		징7	징5	출감(75.2.15.)
㊵ 김구상		의대,		징7	징5	출감(75.2.15.)
5-3. 학생(연세대)						
① 서창석				징20	항소기각	출감(75.2.16.)
② 최민화				징15	징12	출감(75.2.15.)
③ 이재웅				징10	징7	출감(75.2.15.)
④ 김학민				징15	항소기각	출감(75.2.15.)
⑤ 송재덕				징12	항소기각	출감(75.2.16.)
⑥ 이상우				징10	징7	출감(75.2.16.)

⑦ 홍성엽	20	사학과 4년		징7	징5	출감(75.2.15.)
⑧ 조형식				장5단3	징3집유5	
⑨ 김영준	26	민청학련 연세대 담당		징20자15	징15자15	출감(75.2.17.)
⑩ 송무호	22	민청학련 연세대 담당	징20자15	징20자15	징15자15	출감(75.2.17.)
⑪ 고영하				징10	징7	출감(75.2.15.)
⑫ 황규천		의대		징10	징7	출감(75.2.15.)
⑬ 이상철		의대 1년		징7	징5	출감(75.2.15.)
⑭ 문병수		의대 1년		징5	징7	출감(75.2.15.)
⑮ 김석경				징5	징7	출감(75.2.15.)
⑯ 서준규				징5	징3집유5	
⑰ 김경				징5	징3집유5	

5-4. 학생(부산대)

①이병철				징10	징7	출감(75.2.16.)
②김재규				징15자15	항소기각	출감(75.2.16.)
③김해룡				징12	징10	출감(75.2.16.)

5-5. 학생(전남대)

① 문덕희				징10	징7	출감(75.2.16.)
② 이학영				징10	징7	출감(75.2.16.)
③ 전영천				징7	징5	출감(75.2.17.)
④ 박진				징7	징5	형집행정지(74.12.4.)
⑤ 성찬성				징3	징3집유5	
⑥ 김상윤				징15	징12	출감(75.2.16.)
⑦ 박형선				징12	징10	출감(75.2.16.)
⑧ 윤강옥				징12	징10	출감(75.2.16.)
⑨ 하태수				징12	징10	출감(75.2.16.)
⑩ 유선규				징12	징10	출감(75.2.16.)
⑪ 정환춘				징12	징10	출감(75.2.16.)

⑫ 이훈우				징12	징10	출감(75.2.16.)
⑬ 최철				징12	징10	출감(75.2.16.)
⑭ 윤한봉	25	전남대 책	징15자15	징15자15	항소기각	출감(75.2.16.)

5-6. 학생(경북대)

① 이광하				징10	징7	출감(75.2.16.)
② 장성백				징10	징7	출감(75.2.16.)
③ 강기룡				징10	징7	출감(75.2.16.)
④ 윤규한				징10	징7	출감(75.2.16.)
⑤ 김진규				징10	징7	출감(75.2.16.)
⑥ 황철식				징10	징7	출감(75.2.16.)
⑦ 정화영	26	경북대 담당	징20자15	징20자15	징15자15	출감(75.2.17.) 출감(81.8.14.)
⑧ 임규영	21	민청학련 경북대 담당	징20자15	징20자15	징15자15	출감(75.2.17.)

5-7. 학생(한국신학대)

① 김경남				징15	징12	출감(75.2.16.)
② 박상희				징10	징7	형집행정지 (74.12.4.)
③ 박주환				징3	항소기각	출감(75.2.15.)

5-8. 학생(외국어대)

① 이원희		중어과		징10	징7	출감(75.2.15.)

5-9. 학생(서강대)

① 박석률				징10	징7	출감(75.2.16.)
② 임성균				징8	징5	출감(75.2.16.)
③ 권오성				징8	징5	출감(75.2.16.)
④ 박호용				징7	징5	출감(75.2.15.)
⑤ 김 윤				징7	징5	출감(75.2.17.)
⑥ 박준엽				징7	징3	출감(75.2.16.)

⑦ 박세진				장7단5	징3집유5	
⑧ 안상용				징7	징3집유5	
⑨ 이종수				장7단5	징3집유5	
⑩ 임상우		사학과		징7	징3	출감(75.2.15.)
⑪ 김택춘	25	신방과 4년		징10	징7	출감(75.2.15.)
5-10. 학생(고려대)						
① 윤관덕				징15	징12	출감(75.2.16.)
5-11. 학생(단국대)						
① 구충서	19	단국대 및 고교 책, 민청학련 배후조종	징15자15	징15자15	징12자12	출감(75.2.15.)
5-12. 학생(강원대)						
① 정재돈				장10단5	항소기각	출감(75.2.16.)
5-13. 학생(동국대)						
① 여익구	27	사학과 4년		징15	항소기각	출감(75.2.15.)
② 장승학	46	명지화학 회장		징10자10	징5	출감(78.8.14.)
5-14. 학생(국민대)						
① 장영달				징10	징7	출감(75.2.16.) 출감(81.8.14.)
5-15. 학생(감리교신대)						
① 정명기				징10	징7	출감(75.2.15.)
5-16. 학생(한양대)						
① 이우회				징10	징5	출감(75.2.16.)
② 이상익				징10	징5	출감(75.2.16.)
③ 심기화				징7	징3집유5	
5-17. 학생(성균관대)						
① 박영석				징12	징10	출감(75.2.16.)
② 이기승		행정과 3년		징12	징10	출감(75.2.15.)

③ 신형철				징12	징7	출감(75.2.16.)
④ 김수길		행정학과, 성균관대 책	징15자 15	징15자 15	항소기각	출감(75.2.15.)

<table>
<tr><td colspan="7">5-18. 학생(홍익대)</td></tr>
</table>

① 백운학				징12	징3집유5	

<table>
<tr><td colspan="7">6. 정치인</td></tr>
</table>

① 윤보선				징15	징3집유5	항소기각	(74.8.12.)
② 장준하	59	1974년 2월 1일 구형	징15자 15	징15자 15	항소기각	형집행정지 (74.12.4.)
③ 김재위	52	전 국회의원		징10자 10	항소기각	출감(75.2.15.)
④ 김주묵	55	전 국회의원		징15자 15	항소기각	출감(75.2.15.)
⑤ 유갑종				징12자 12 추징5만	징10자10 추징5만	출감(75.2.16.)

<table>
<tr><td colspan="7">7. 교수</td></tr>
</table>

① 김동길		연세대 교수		징15자 15	항소포기	출감(75.2.15.)
② 김찬국				징10자 10	징5자5	출감(75.2.17.)

<table>
<tr><td colspan="7">8. 교사</td></tr>
</table>

① 김형기		성산중 교사		징15자 15	징12자12	출감(75.2.17.)

<table>
<tr><td colspan="7">9. 변호사</td></tr>
</table>

① 강신옥				징10자 10	항소기각	출감(75.2.17.)

<table>
<tr><td colspan="7">9. 종교인</td></tr>
</table>

① 지학순				징15자 15	항소기각	출감(75.2.17.)

② 박형규		목사		징15자 15	항소취하	출감(75.2.15.)
③ 김동완		약수 형제교회 전도사		징15자 15	항소기각	출감(75.2.15.)
④ 권호경		서울제일교회 목사		징15자 15	항소기각	출감(75.2.15.)
⑤ 김진홍				징15자 15	항소기각	출감(75.2.16.)
⑥ 이해학	33	성남 국민교회 전도사		징15자 15	항소기각	출감(75.2.15.) 출감(78.8.14.)
⑦ 이규상		수도권 특수선교 위원 전도사		징15자 15	항소기각	출감(75.2.15.)
⑧ 김경락		도시산업선교회 목사		징15자 15	항소기각	출감(75.2.15.)
⑨ 인명진		도시산업선교회 목사		징10자 10	항소기각	출감(75.2.15.)
⑩ 박윤수				징10자 10	항소기각	출감(75.2.16.)

10. 신민당

① 김준길				징5	항소기각	출감(75.2.17.)

11. 통일당

① 정동훈				징15자 15 추징5만	항소기각	출감(75.2.16.)
② 김장희		청년국장		징15자 15	징12자12	출감(75.2.15.)
③ 김성복				징15자 15	징12자12	출감(75.2.16.)
④ 권대복				징12자 12	징10자10	출감(75.2.16.)

12. 사무원

① 이미경				징3집유5	항소 포기	

② 차옥숭				징3집유5	항소 포기	

① 유근일	37	중앙일보 논설위원, 배후조종		무기	징20자15	출감(75.2.17.)
② 방인철				징10자10	항소기각	출감(75.2.16.)
③ 추영현	46	한국일 편집차장		징15자15	징12자12	출감(78.8.14.)
④ 이명수				징10자10	항소 포기	출감(75.2.16.)

① 박재필	49	조류사육업		징10	항소기각	출감(78.8.14.)
② 오종상				징7	징3자3	
③ 박옥봉	52	농업		징15자15	징12자12	출감(78.8.14.)
④ 황길웅	33	통사당 정치위원		징12자12	징10자10	출감(75.2.15.)
⑤ 김양수				징7단5	장5단3	
⑥ 박두칠				징10자15	항소기각	
⑦ 박흥식				징7자7	징3자3 집유5	

정호용	56	전 경감				출감(75.2.15.)
김인한	46	전 중앙정보부 3국 3과장				출감(75.2.15.)
이영섭		전 치안국 경무관				출감(75.2.15.)
전준길						출감(75.2.16.)
이인락						출감(75.2.16.)
강신옥		변호사				출감(75.2.17.)
문석규	57	동서애자 대표				출감(78.8.14.)
박흥재	28	무직				출감(78.8.14.)

김윤석	40	노동				출감(78.8.14.)
이경식	38	통일당원				출감(78.8.14.)
박종열	31	KSCF편집원				출감(78.8.14.)
양동채	43	–				출감(78.8.14.)
김하범	20	학생				출감(78.8.14.)
정상시	22	학생				출감(78.8.14.)
이범영	21	학생				출감(78.8.14.)
성종대	20	학생				출감(78.8.14.)
이창호	21	학생				출감(78.8.14.)
이영찬	30	회사원				출감(78.8.14.)
박석식	42	상업				출감(78.8.14.)
김은봉	32	노동				출감(78.8.14.)

※ 2 · 15조치 이전 출감(20명)…집행유예(17명), 형 집행정지(3명)

※ 15일 석방자(56명)…군 · 검찰의 형 집행정지결정

※ 16일 석방자(69명)…군 · 검찰의 형 집행정지결정

※ 17일 석방자(23명)…대법원 및 고등군재의 구속집행정지결정

※ 석방제외자(34명)…형 확정자(4명), 대법원 계류 30명(인혁당 22명, 반공법 8명)

※ 별도수감(1명)…박두칠(긴조건 석방대상, 습관성의약품관리위반죄로 출감 못함)

☞징: 징역, 자: 자격정지

무슨 일이 벌어지는지 알 수 없었다. 대법원의 판결내용을 몰랐다는 뜻이다. 오후가 되어 청소부(일반죄수)가 와서 알리길, 아침에 육군대령이 구치소에 찾아와 보안과장과 무슨 이야기를 하고 나서 과장이 사형장을 청소하라 지시하여 청소했는데, 그 후 두 사람이 사형장을 둘러보고 갔다고 한다. 약간 불길한 예감이 들었지만 설마 하고 무심히 듣고 넘겼다. 대법원 판결 결과가 어떻게 되었는지 궁금했으나 알아낼 길이

없었다.

〈 그림187: 시계방향, ① 인혁당 재건위 사건의 사형수들, ② 사형소식에 오열하는 '인혁당 사건' 유가족들 모습ⓒ한겨레자료사진, ③ 스위스 제네바에 본부를 둔 국제법학자회(International Commission of Jurists)는 사형이 집행된 1975년 4월 9일을 '사법사상 암흑의 날'로 선포했다. 서대문구치소 사형장 〉

세상이 어떻게 돌아가는 줄 모르고 그날 밤을 지냈다. 늦은 아침이 되었는데도 기상하라는 지시가 없다. 일어난 사람에겐 도로 누우라고 교도관이 호령한다. 아무도 일어나지 못하게 감시한다. 이상하다. 교도관에게 이유를 물으니 대답이 없다. 한참 시간이 흘러서야 기상하라고 한다. 불길한 예감이 들었다.

아래층 세면장에 내려갈 순번이 되자 전창일은 며칠 전에 전방 온 서도원 동지의 방으로 교도관의 제지를 뿌리치고 달려갔다. 침울하게 앉아있는 사람들에게 물으니 아침에 끌려갔다고 한다. 왈칵 치밀어 오르는 울음을 누를 수 없었다. 전창일은 창살을 붙들고 울먹이며, 나갈 때 어찌하고 나갔느냐고 물었다. 모두들 통일된 조국에서 행복하게 잘 사시라 하면서 담담한 표정으로 끌려 나갔다고 한다. 사물은 교도관이 모두 가져갔다는 말을 덧붙인다.

전창일에 따르면, 서도원 동지는 항상 무거운 입으로 내뱉는 뼈있는 말로 주위의 시선을 끄는 존경받는 동지였다. 대구에 내려가면 서도원 동지를 중심으로 십여 명 혹은 20여 명의 동지들이 함께 모여 담소를 하고 술도 같이 마시며 즐겨 지내는 사이였고, 때로는 그의 집에서 자기도 했다고 한다. 서도원 동지는 만나는 사람을 언제나 편하게 하는 온유한 성격이었고, 항상 성실히 노력하는 수준 높은 탁월한 이론가이며 착실한 실천가였다.

전창일은 출옥 후, 연세대학교 학장(출옥 후 부총장)으로 긴급조치 위반으로 학생들과 함께 갇혔다가 풀려난 김찬국 교수를 만난 적이 있다. 김 교수는 감옥에서 서도원과 자주 통방하며 대화를 나누었으며, 정말 훌륭한 분이라고 칭찬을 아끼지 않았다. 그리고 가장을 잃어 생활이 어려워진 유족에게 예의를 표명했다. 10만 원권 수표를 전창일에게 주며 유족에게 전해달라며 부탁한 것이다. 그것도 몇 번에 걸쳐. 김 부총장은 대구에 있는 유족을 직접 방문하여 위로하였다고도 한다.

서도원과 김찬국은 비슷한 인품, 남에게 언제나 편안한 호감을 주는 그런 분이었다. 서 동지를 비롯한 희생된 여러 동지들이 그렇게 일찍 형장의 이슬로 사라지지 않았더라면, 반독재 민주화운동과 자주적 평화통일운동 과정에서 우리가 겪은 어려움이 그렇게 크지 않았을 것이라는 생각을 하면 더욱 아쉽고, 안타까울 뿐이라고 전창일은 말을 맺었다.

박정희 정권의 잔인무도한 처사를 도저히 용서할 수 없다. 그들은 대법원 판결도 알리지 않고 사형을 통보했다. 그리고 대법원 확정판결 다음날 사형을 집행했다. 이 같은 야만적인 행위를 어떻게 성토해야 할까? 전창일은 세수도 않고 2층 자기의 방으로 가서 쓰러져 누웠다. 한참 후 의무과에서 의사가 와 혈압을 재고 주사를 놔주고 갔다. 구치소는 육중한 철문을 잠그고 당분간 일반인의 접근을 금한다는 공고문을 붙였다. 제네바에 있는 국제법률가협회(International Commission of Jurists)는 1975년 4월 9일, 이날을 '사법사상 암흑의 날'이라 명명했다.

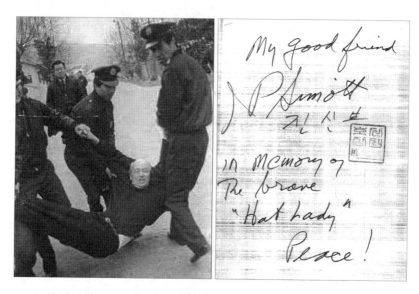

〈 그림188: ① 인혁당 관계자 8명의 사형집행 당일 서대문구치소에서 항의하다 교도관에 의해 끌려 나오는 시노트 신부, ② 시노트 신부의 친필 사인 〉

그날 사건의 현장에서 극렬하게 저항했던 시노트 신부는 훗날 『현장 증언, 1975년 4월 9일』이란 책을 저술했다. 그는 자신의 저서를 전창일에게 전해주며 〈그림188-2〉와 같은 저자 사인을 했는데, 전창일을 'my good friend'로 고 임인영 여사를 'the brave hat lady'로 표현했다.[2] 임 여사가 얼마나 열정적으로 용감하게 투쟁했는가를 보여주는 방증이다. 시노트 신부는 1975년 4월 9일, 시신 탈취 소동이 벌어졌던 그 날의 상황을 다음과 같이 생생하게 묘사했다.

　　그 와중에 나는 밀려 송상진 씨의 부인이 차량의 범퍼를 잡고 땅에 주저앉아 있는 것을 보지 못했다. 범퍼는 부인 위로 떨어져나갔다. 견인 트럭이 도착하였고 우리는 운구 차량이 견인트럭에 연결되는 것을 막기 위하여 싸웠다. 견인트럭에 올라탄 문 신부는 갈색 레인코트가 기름 범벅이 되었다. 무장한 군인에게 힘없는 아이가 대항하는 것과 같은 어처구니없는 싸움이었지만 많은 사람들이 불가능한 싸움인 줄 알면서도 물러서지 않았다. 아마 경찰은 자신들이 예상했던 것보다 훨씬 오랜 시간 동안 우리와 실갱이(실랑이)를 했을 것이다. 살아있는 사람들을 다 내쫓은 운구 차량은 드디어 견인트럭에 연결되어 벽제 화장터로 빠져나갔다.…(중략)…

　　우리는 응암동 성당에서 시신을 빼앗긴 채 장례미사를 바쳤다. 미사에 참가한 각 종교계 대표자들이 한마디씩 했다. 나는 강론대에 서서 맨 앞줄에 앉아 있는 모녀에게 눈을 뗄 수 없었다. 눈물은

2　지금 내 책상 위에는 『1975년 4월 9일』현장 증언록 책머리에 "My good friend/ J. P. Sinnot 진신부/ In memory of the brave/ "Hat Lady" Peace!" ("친애하는 나의 동지 용감한 "모자부인" 그리고 평화를 위하여! 시노트 진 신부"라고 시노트 신부가 친필로 쓴 책이 놓여 있다. "Hat Lady"(모자 부인)는 외국 선교사들이 지은, 항상 모자를 쓰고 다녔던 내 아내 임인영 씨의 별명이다. 나는 아무 생각 없이 물끄러미 쳐다보고 있다! 2021년 9월 21일 추석날 밤 - 전창일

말라붙고, 머리는 헝클어지고, 옷이 찢긴 송상진 씨의 부인과 딸이 바른 자세로 앉아 있었다. 처참한 마음으로 입을 열려 할 때 키가 크고 마른 젊은이 하나가 뒷문으로 들어와 소리쳤다.

"우리 형님 시신도 빼앗아다가 화장해 버렸습니다! 멀리서 봤는데 손은 앞으로 내민 채 뻣뻣하게 굳어 있었고 손가락은 모두 벌어져 있었어요. 그것이 제가 본 전부입니다. 그 사람들이 형님의 시신을 밀어 넣었어요."

목소리의 주인공은 사형집행을 당한 8명 중에서 나이가 가장 어린 여정남 씨의 동생이었다. 여정남 씨는 인혁당 사건의 주모자들과 운동권 학생들의 연결책으로 알려져 있었고 지난 8월 재판에서 "너무 심하게 구타당해서 한쪽 귀가 먹었다."고 소리쳤던 청년이었다. 여정남 씨의 동생은 이야기를 끝마치고 우리와 함께 자리에 앉은 후 긴 침묵 속으로 빠져들었다. 나는 아직도 강론대에 서 있었지만 '악에서 우리를 구하소서' 외에는 어떤 말도 생각나지 않았다.[3]

인혁당 사건이 조작되었음을 세계에 알리는 데 큰 공헌을 했던 시노트 신부는 오글 목사의 추방에 이어,[4] 1975년 4월 30일 한국을 떠났다.[5] 얼마 후 살아남은 인혁당 관련자들에게 가족면회가 허용되었다. 1년 만에 만나는 그들에게 허용된 시간은 5분이었다. 어쨌든 반가웠다. 하지

---

3   시노트 신부 글, 김건옥 · 이우경 옮김, 『현장증언, 1975년 4월 9일』, 빛두레, 2004, pp.385~387.

4   외국 목사 출국 명령, 「동아일보」 1974.12.9.

5   시노트 신부 출국, 어제 저녁… 다시 한국 와서 봉사, 「조선일보」 1975.5.1.

만 갑자기 구속되면서 가족의 면회 한 번 없이 유명을 달리한 동지들 생각에 눈시울이 뜨거워졌다.

집 걱정부터 했더니 아내는 아무런 걱정하지 말라고 하면서, 항소이유서는 왜 쓰지 않았느냐고 묻기에 전창일은 깜짝 놀랐다. 다른 가족들은 변호사를 통해 모두 항소이유서 사본을 받았는데 유독 자기만 못 받아 김종길 변호사에게 물었더니, 당국에서 전창일은 항소이유서를 쓰지 않았다고 하더라는 것이다. 알고도 모를 일이다. 썼다는 전창일의 답변에 임인영은 무엇인가 알아차린 것 같은 묘한 표정을 지었다. 면회라기보다는 보고 헤어지는 접견을 마치고 뒤돌아 가는 모습을 보며 고생하는 아내와 아비 잃은 아이들 생각에 가슴이 찢어지는 것 같았다고 전창일은 고백했다.

:: 08 ::

전주교도소에서의
수형생활

무기징역형이 확정되었지만, 여느 때와 다름없는 일상이 반복되고 있던 어느 날 오전경, 이감이라며 보따리를 싸라고 한다. 전창일은 서둘러 시키는 대로 했다. 그간 아내가 차입해준 책이 꽤 많아 짐이 적지 않았다. 깊이 감춰둔 항소이유서 사본을 확인하면서 짐을 꾸려 교무과 지하실로 옮겼다. 그곳에는 김한덕, 유진곤, 강창덕 세 사람이 먼저 와 있었다. 사경(死境)을 겪은 운명의 동지들이었기에 눈물겹게 반가웠다고 한다.

그들은 이송복으로 갈아입고 수갑과 포승줄에 꽁꽁 묶여 호송차에 실렸다. 서울역에서 기차를 타고 전주교도소로 이송될 것이라는 호송관의 말이 있었다. 호송 교도관은 여러 명이었고 그들을 지휘하는 사람은 구치소 부소장이었다. 이례적인 일이라고 교도관이 알려 주었다. 억울한 누명을 벗을 때까지는 도망가라고 해도 가지 않을 선량한 사람들인데, 이렇게 삼엄하게 경계하는 구치소 당국이 한편으론 안쓰럽기도 했다. 물론 그 배후에는 생사람을 마구잡이로 죽이는 살인마들이 있겠지…. 이러한 상념 중에 호송차량이 서울역에 도착했다.

전창일 일행을 태운 호남선 열차는 전주를 향해 달리기 시작했다. 학생 시절 읽었던 톨스토이의 소설 『부활』의 한 장면이 떠오른다. 네흘류도프가 무고한 사람들이 법률적인 도움을 받지 못해 죄인으로 갇혀 있는 현실을 발견한 뒤, 자신의 주변을 정리하기 위해 영지에 내려갔다가

농민의 궁핍한 생활을 비로소 깨달았고, 페테르부르크에서 귀족 사회의 부패와 천박함을 절실하게 느낀 결과, 시베리아로 유형을 가는 카추샤를 따라 함께 떠나는 주인공의 모습이 떠올랐다. 어느덧 전주교도소에 도착했다. 죄수 일행을 인계받은 보안과 요원이 입고 온 옷을 모두 벗으라고 명령했다. 서울 구치소로 돌아갈 물건이라고 한다.

　갈아입으라고 준 수의는 너무도 남루했다. 걸레로도 쓸 수 없을 정도였다. 전창일은 보안과장에게 항의했다. 구치소와 교도소가 왜 이렇게 다른가, 너무 낡아 입을 수 없을 정도라고 하니, 하루 이틀만 참으라고 한다. 새 옷이 곧 도착할 것이라고 한다. 할 수 없이 그 옷을 입고 식기와 나무로 만든 젓가락을 받아 든 모습이 거지와 다를 바 없다. 전창일은 그저 한숨만 쉴 수밖에 없었다.

〈 그림189: 전주교도소 정문 전경, 철거를 앞두고 공개된 영등포교도소 내 독방, ©경향신문(2015.2.12.) 〉

　입방한 곳은 특별사 0.75평 독방이었다. 어두컴컴한 복도에는 희미한 전등불이 죄수들을 말없이 감시하고 있다. 전창일 등 4명은 한 명씩 건너뛰어 배정된 방에 넣어졌다. 육중한 철문이 닫히고 철컥 잠긴다. 꼼짝 못 하고 갇힌 몸이 되었다.

　갑갑하고 동지들이 염려되어 "강 형!"하고 불렀더니 "전 형!"하고 강창덕이 대답한다. 교도관이 달려와 야단친다. 전창일은 교도관에게 "함께 온 사람들이 갑자기 격리되어 서로 인사하려고 불렀는데 왜 안 됩니까? 인성 교육할 교도소가 이러면 됩니까?"라고 항의했다. 교도관 왈 "절대 통방을 시키지 말라는 특명을 받았소."라고 답한다. 마음이 어두워졌다. 전창일 일행이 갇혀 있는 감방 앞에 교도관이 고정 배치되어 감시가 강화되었다.

이튿날 새 손님이 왔다. 안양교도소에 있던 김종대와 이창복이 전주로 온 것이다. 반가웠다. 참으로 오랜만에 만나는 동지들이었다. 이창복과 김종대는 황현승, 이수병, 유진곤 그리고 부산고 2학년 자퇴 후 검정고시를 거쳐 서울대 물리학과에 합격한 김용원의 친구로 전창일과는 가끔 등산을 함께 하면서 토론도 하고 유신헌법을 마음 놓고 비판·비방하며 카타르시스(catharsis)를 느끼곤 하던 동지들이었다. 안양에 같이 있던 황현승은 광주교도소로 이감되었다고 한다. 전주에는 이제 인혁당 동지들이 6명이나 함께 있게 되었다.

옆방에 있는 수형자는 강화도 출신 안 씨라고 한다. 복도 쪽은 간수가 지키고 있어 뒤편 변소에서 통방할 수 있었다. 그는 6·25 전쟁 통에 잡힌 뒤 20여 년 옥살이를 하고 있는 장기수였다. 전창일은 그가 철의 사나이같이 생각되었다. 그의 말에 의하면, 전창일 일행이 온 후 분위기가 아주 삼엄해졌다고 한다. 전에는 특별한 때를 제외하면 마음 놓고 통방할 수 있었는데, 지금은 통방도 못하고 곱징역(이중 징역)을 하고 있다고 한다.

'특별한 때'는 어느 때를 말하는 것이냐는 물음에, 1년에 두 번씩 전향 공작기간이 있는데 그때가 되면 폭행, 고문 등 온갖 탄압이 가해지며, 엄동설한에 내의를 다 빼앗기고 감방에 물을 퍼부어 빙판에서 떨게 한다는 것이다. 여름 삼복더위에는 0.75평 독방에 5, 6명씩 가두어 눕지도 못하고 앉아서 잠을 자게 한다는 것이다. 듣기만 해도 소름이 끼치는 가혹한 행위가 오늘 현재도 일어나고 있는 현실이라는 말에 전창일이 온몸에 소름이 돋았다.

그러한 시련을 견디며 지낸 세월이 20여 년, 그들에게는 옥바라지해 주는 가족도 없고, 당연히 영치금도 없다. 그리고 이들은 북에서 남파됐다 잡혀 소위 간첩이란 명목으로 갇혀있는 사람들이 대부분이라는 말을 덧붙였다. 분단의 아픔이란 바로 이것이구나. 전창일은 다시 한숨이 나오는 것을 막을 수 없었다.

전주로 온 지 3일 만에 전창일의 아내 임인영이 면회를 왔다. 교도소 당국에서 주의사항이라며, 특별사동의 이야기를 하지 말 것, 교도소 처우에 관해 이야기하지 말 것 등을 지켜야 할 것이라고 엄포를 놓았다. 오로지 가족과 집안 이야기만 하라고 다시 강조한다. 매사 기막힌 일의 연속이었다.

면회실은 철망과 두꺼운 유리로 꽉 막혀 2개의 장소로 분리되어 있었고, 양쪽 모두 교도관 두 사람이 감시하고 있는 구조였다. 유리에 작은 구멍이 여러 개 뚫려 있어 서로 간에 대화는 가능하였다. 임인영은 남편을 만나자마자 사동 안의 사정과 교도소 당국의 처우에 관해 묻는다. 당국에서 금지하는 이야기만 골라 묻고 있는 아내에게, 괜찮으니 걱정을 말라 하고 바깥사정을 물었다. 신부 목사님들이 석방 운동하는 이야기를 꺼냈다. 옆에 있는 교도관이 제지했다. 임인영은 항변했으나, 5분 시간이 다 됐다며 끌려 나갔다. 첫 면회는 이렇게 끝났다. 서울에서 머나먼 길, 노자 쓰며 온 면회, 허무하기 짝이 없었을 것이다.

사방으로 돌아와 제지를 무릅쓰고 통방을 했다. 유진곤이 말하길,

1974년 5월 1일경 자기가 경영하는 목재소에 정보부 사람들 여러 명이 찾아왔다는 직원의 전갈을 받고 사태가 심상치 않아 도피해 있다가 잡혀, 온갖 고문과 회유를 받았다는 말을 한 후, 1973년 7월 6일 고문 후유증으로 투병 중 병사한 강무갑에 대한 이야기를 이어 나갔다.

강무갑은 강원도 광산소송사건에서 승소하여 거금을 얻게 되었는데, 그중 일부를 고향 후배인 이수병에게 조국통일과 민주화운동 자금으로 사용하라고 주었다고 한다. 이수병은 그 돈을 사업하는 친구인 유진곤에게 맡겼고, 이자로 주는 일정금액을 매월 받아 활동비로 사용하였던 것이다. 그런데 유진곤이 구속된 뒤 중정 요원은 이수병이 받고 있던 그 돈이 이북에서 받은 공작금이라고 당신이 자백하면, 곧 석방시켜 줄 것이고 그뿐 아니라 큰 자금을 지원하여 목재소를 확장, 대기업으로 확장시켜 주겠다고 유혹했다고 한다. 유진곤이 거절하자 전기 고문, 물고문 등 온갖 수모를 다 겪었다고 전했다.

강무갑은 일본의 교토대학(京都大學) 공학부 광산과 출신의 인텔리다. 하지만 옥중에서 얻은 폐병으로 고생하면서 생활이 어려워지자 자녀들의 교육을 제대로 시키지 못했던 불운한 인물이다. 그러한 형편에서 이수병에게 거금을 활동비(운동비)로 주었다는 말을 듣고 전창일은 깜짝 놀랐고, 그에 대한 평가를 다시 하지 않을 수 없었다. 유진곤은 그 돈을 정보부에 모두 압수당했다고 말했다.

이감 후 며칠이 지나 전창일 일행은 교무과에 불려 나갔다. 교무과에는 정치범을 담당하는 부서가 있다. 과장 밑에 있는 차석을 반장으로 '전향공작담당반'이라는 부서가 유신헌법 제정 후 4개 교도소에 설치되었다. 전담반은 법무부 소속으로 되어 있으나, 지휘체계는 정보부 산하에 있었다.

반장은 교도소 수칙을 잘 지키고 사상을 개조하라고 훈시를 하였다. 장황한 그의 말 중에서 "유신만이 살길이다. 유신을 반대하는 것은 계란으로 바위를 치는 격이다. 북한은 부자 세습하는 김일성 왕국이다." 등인데 전창일은 지금도 생생하게 그의 목소리가 기억난다고 하였다. 그자는 전향공작의 고문, 가혹행위의 총지휘자였다. 그리고 자신이 전주고보 출신임을 자랑하기도 했다고 한다. 아무튼, 교무과 전담반 직원들은 모두가 유신헌법 절대 지지자들로 조직되어 있었다.

전창일은 곰곰이 생각하였다. 면회시간 문제, 운동시간 문제, 통방문제, 감방 조명문제, 감방 내 확성기 문제 등을 내걸고 소장 면담을 요구하기로 결심하였다. 소장은 정복에 권총까지 차고 다니는 유별난 사람이었다. 교도소에서 소장 면담하기란 사회에서 대통령 만나기보다 더 어렵다고 한다. 며칠이 지나도 소식이 없다. 전창일은 담당 교도관에게 항의하였다. 교도관은 난처해 하면서 며칠만 더 기다리면 꼭 성사되도록 하겠다고 약속했다.

〈 그림190: 전북 부안군 백산성, 끝없이 펼쳐진 들판에 솟아있는 백산 봉우리©위클리 서울 〉

통방이 금지된 상황에서 서로 이름을 부르는 것이 불편해 호를 지어 부르기로 했다. 전창일은 호산(皓山)이라고 지었다. 흰 호(皓) 자에 뫼

산(山)을 사용하였는데, 뜻은 백산(白山)하고 같다. 동학혁명 당시 죽창을 든 농민군들이 집결한 야산을 현재 백산(白山)으로 부르고 있다. 기록에 따르면, 전봉준 장군이 야산에 모여든 농민군들에게 "서라(기립)"고 호령하면 백산이 되고, "앉으라"고 하면 죽산이 되었다고 한다. 흰옷 입은 농민들이 서 있으면 온 산이 하얗게 보이고, 앉아 있으면 그들이 들고 있던 대나무 창이 온 산을 이룬다 하여 "서면 백산(白山)이요, 앉으면 죽산(竹山)"이라는 말이 회자된 연유다.

우리 근대사의 금자탑인 동학농민혁명을 기리자는 의미로 호를 짓고 싶은데, 백산(白山)으로 하면 너무 밋밋하고 운치가 없어 뜻이 같은 흰 호(皓) 자를 사용하여 호산(皓山)으로 정했다는 것이 전창일의 설명이다. 강창덕은 야성(野星), 김한덕은 여백(餘白), 김종대는 원장(院長)으로 정했다고 한다.

특별사에 문익환 목사가 들어왔다는 소식이 전해졌다. 운동하러 나가던 문 목사가 전창일이란 팻말을 보았고, 전창일과 문익환은 반갑게 재회했다. 문 목사는 특별사의 옥중옥이라는 징벌방에 갇혀 있었다. 그곳은 2중 철책이 있어 열쇠를 가진 교도관 외는 누구도 접근할 수 없는 특별한 방이다. 문 목사는 징벌방인 줄도 모르고 있었다. 문익환과 인혁당 관련 사람들과의 접촉 차단이 목적이었던 것이다. 그들은 함께 항의했다. 결국, 문 목사는 병사로 전방되었다.

전창일은 1982년 말경 출옥한 후, 통일운동에 헌신하고 있던 문 목사와 함께 전민련과 범민련 운동에 합류하게 된다. 전창일은 이 과정에서 기록할 만한 일화 중 문 목사가 평양에 갔다 온 이야기를 아래와 같이 증언했다.

북경에서 평양으로 가는 '고려민항'에 몸을 싣고 광활한 만주벌판 위를 날아가는데, 비행기가 압록강 상공에 도달할 무렵이었다. 기내 안내양이 "승객 여러분, 우리 민항기는 지금 조·중 국경 압록강 상공을 날고 있습니다."라고 방송한다. 이 방송을 들은 문 목사는 압록강을 내려다보면서 탄식의 눈물을 흘렸다고 한다.[1]

압록강이 왜 조·중 국경이란 말인가! 분통이 치밀었다. 문 목사는 북간도 용정에서 성장하였기에 두만강, 압록강을 국경이라고 생각해 본 적이 없었던 것이다. 김일성 주석과 도합 일곱 시간 독대하는 동안, 민항기 상에서 느꼈던 비통한 심정을 말했다. 김 주석은 문 목사의 손을 꼭 잡으면서, "목사님, 어찌 내 생각과 꼭 같소." 하기에 서로 손을 굳게 잡았고, 두 사람 사이에는 말 없는 침묵이 한참 동안 흘렀다. 문 목사는 자신의 체험을 통해 "김 주석은 공산주의자가 아니야. 그는 민족주의자야. 나는 확인했어…"라는 말을 하고 싶었던 것이다.[2]

전창일은 "김 주석이 주은래 중국 총리에게 옛 고구려 발해 땅인 서북 간도를 조선에 반환해달라는 요구를 했고, 그 과정에서 백두산 천지의 과반을 할양받았다는 기사를 어느 일본 잡지에서 본 기억이 있다"고 알렸다. 문 목사는 김 주석에 대해 깊은 민족애로 신뢰하고 있었다는 얘기다.

1   김형수, 『문익환 평전』, 실천문학사, 2004, p.710.
2   김형수, 『문익환 평전』, 실천문학사, 2004, pp.715~717.

:: 09 ::

전창일의 단식과
아내의 구명운동

소장과의 면담을 요구했지만, 전혀 반응이 없어 답답해하던 어느 날, 교무과장이 전창일을 불렀다. 과장실에서 독대하게 되었다. 전창일은 면담 이유를 조목조목 설명했다. 첫째, 특별사에 긴급조치 수감자가 들어온 이후 계호 분위기가 매우 강화된 이유를 따졌다. 둘째, 면회시간 5분, 하루 운동시간 15분은 너무 짧다. 셋째, 감방 전등 조명이 너무 어두워 책을 읽을 때 시력에 지장을 준다. 넷째, 감방 내 확성기 소리가 커서 귀가 아프고 머리가 멍해진다. 확성기를 철거하라. 방송 내용도 하나같이 저질이다. 유신헌법 찬양, 기독교 기복신앙 설교, 모두가 우리에게는 정신적 고통일 뿐이다. 이상과 같은 문제를 해결하기 위해서 소장과 면담해야 한다고 주장했다.

전창일의 말을 기록하던 교무과장은 소장과 협의해서 최선을 다해 해결할 터이니 맡겨달라며, 자신은 소장과 공무원 직급이 동일한 지위라고 했다. 자기도 모를 일인데, 왜 특정인들에 대해 '특별수용지침'이 있는지, 교정생활 20여 년에 처음 보는 일이라고 한다. 상부에서 내려온 인혁당에 대한 지침서를 보여 주었다. '엄정독거, 완전격리'라는 부분에 빨간색으로 밑줄이 그어져 있다. 그가 오히려 전창일에게 하소연하는 격이 되었다. 이 공문을 봤다는 말을 절대 하면 안 된다고 부탁을 한다.

그가 아내와 처갓집 내력을 잘 알고 있어 전창일을 놀라게 했다. 아내가 공주사범을 나온 미인이며, 관동대학 교수인 전창일의 처남도 잘 알

고 있다고 한다. 사연을 물었다. 그의 아내가 전창일의 처제와 중·고
등학교 동창이었다. 게다가 공주사범대학 출신이었다. 임인영이 면회
왔을 때는 교무과장이 일부러 면회실까지 와서 임인영과 면담하기도 했
다. 그 후 다소 개선의 조짐이 있었으나, 교무과장 직원으로 해결할 수
있는 사소한 문제들뿐이었다.

세월이 흘러 교무과장도 갈리고 권총 찬 소장도 다른 곳으로 떠났다.
겨울이 오면서 감방 안벽에는 서리가 두껍게 끼고, 책을 읽으면 책상 위
에 콧물이 떨어진다. 얼어붙은 귀에서도 물이 떨어진다.

강화도 안 씨가 이야기한 것처럼 '전향공작기간'이 온 것 같았다. 교무
과, 보안과, 일반 폭력죄수 등의 합동으로 특별사에 있는 비전향 장기
수들을 끌어내 전향을 강요하며, 고문과 폭행을 가해 저녁 무렵 정신을
잃고 일반수들에게 업혀 들어온다. 모두들 피투성이다. 옆방에서 들려
오는 신음 소리가 참을 수 없게 한다. 중앙정보부 지하실 생각이 되살아
나 전창일의 심성을 사납게 한다.

전창일은 수개월이 지나도 이루어지지 않는 소장과의 면담을 강력히
요구했다. 이번에는 성사될 때까지 단식할 것이라고 위협했다. 일주일
이 지나도 소식이 없어 그는 단식을 결행했다. 인혁당 동지들도 동참했
다. 사흘 만에 소장이 불렀다. 새로 온 소장은 전임소장과는 다른 사람
같았다. 제복도 입지 않았고, 권총도 차지 않았다. 대담하는 동안 보안
과 간부가 옆에서 기록한다.

전창일은 처우개선 몇 가지를 요구하면서, 인간의 군거성향(群居性
向)은 하늘이 준 본능인데, 가정을 떠나 폐쇄된 공간에서 징역을 사는
사람들 간에 말을 못 하게 하고 있다. 인성을 교육한다는 교도소에서 어
떻게 이러한 일이 있을 수 있느냐고 따졌다. 알겠다고 하면서, 자기는

호산 전창일과 통일운동 77년사

여의도 순복음교회에 나가는 독실한 신자라고 한다. 처우개선을 위해 노력하겠다는 의사를 비쳤다.

전창일은 마지막으로 특별사동에서의 잔인한 실태를 고발했다. 소장은 구체적으로 설명해 달라 한다. "사상전향 공작을 선도적인 방법으로 하지 않고, 강압적인 폭행과 비인간적인 고문으로 자행되고 있다"는 것을 알렸다. "그들은 장차 자신들의 고향 북으로 송환될 때가 있을 것이다. 그것이 역사의 필연이라고 생각한다. 그렇게 되면 이곳 전주교도소에서 당한 이야기를 온 세계에 폭로할 터인데, 소장의 2세 3세들이 자신들의 아버지, 할아버지의 만행을 알게 될 것이라는 생각을 해보지 않았느냐"고 질문했다.

교무과에서 하는 일이지만 법무부 소관이 아니고, 타 기관과 협조해서 하는 일이라고 하면서 은근히 발뺌한다. 타 기관이라 함은 물론 중앙정보부를 말한다. 그 문제는 못 본 척할 수밖에 없다, 당신이 빨리 출소하여 국가 의정단상에 가서 시정시켜줬으면 좋겠다고 하면서 설명을 덧붙인다. 예를 들면, 현행 행형법에 가출옥 허가권한은 교도소장에게 규정되어 있지만, 자기는 한 사람도 허가할 수 없고 상신만 할 수 있는 것이 현실이다. 소장의 재량권이 너무 적다고 이해를 구했다.

소장 면담 후, 면담시간은 5분에서 7분으로, 운동시간은 15분에서 30분 그리고 뒤뜰에 배치됐던 통방감시원인 전투교도원 철수 등 몇 가지 소득은 얻었다. 투쟁을 통해 고달픔 속에서도 징역살이는 조금씩 나아져 가고 있었다. 그런데 전창일의 건강에 이상이 왔다.

얼굴이 많이 부었다. 동지들이 모두 걱정을 하며 의무과 진찰을 권하기에 의무과장의 진찰을 받게 되었다. 과장은 별다른 이상이 발견되지 않는다고 하면서, 책을 너무 읽지 말라고 권했다. 전창일도 별로 아픈

증상을 느끼지 못했다. 하지만 부은 얼굴은 가라앉지 않았다.

아내가 면회를 왔다가 전창일의 건강에 이상이 온 것을 알고, 소장과 의무과장을 면담하고 외진을 요청했다. 소장이 말하길, 외래진료를 받는 자체가 어려운 것은 아니나 전창일의 경우 중앙정보부의 허가가 있어야 교도소 담 밖으로 나갈 수 있다고 한다. 의무과장이 제안했다. 전주에서 유명한 내과과장을 교도소로 불러 진찰을 받게 하겠다고 하여 아내가 동의했다.

2, 3일 후 전창일은 외래의사의 진찰을 받게 되었다. 세밀한 진찰을 하고 나서 외래의사는 의무과장에게 고혈압 위험상태(Hypertension Critical)라고 영어로 말한다. 그는 환자가 못 알아듣게 영어로 말하는 모양이다. 혈압이 210이 넘으니 입원이 필요하다고 자기들끼리 숙덕인다. 전창일은 모르는 척했다고 한다. 며칠 후 법무부의 특별면회 허가를 받아 시간 제한 없는 면회가 허용되었다. 전창일은 아내에게 외래의

〈 그림191: 전주 예수병원ⓒ예장뉴스(2017.11.7.) 〉

호산 전창일과 통일운동 77년사

사 진찰에 대해 상세한 이야기를 해줬다. 입원 신청을 하겠다고 아내가 올라간 후 며칠 지나 법무부의 허가가 떨어졌다. 전창일은 예수병원에 입원하게 되었다.

전주예수병원 1인실에 전창일이 입원한 후 전주경찰서, 청량리경찰서, 정보부 그리고 교도소에서 차출된 간부 한 명과 교도관 2, 3명 등이 24시간 계호하게 되었다. 5, 6명이 복도와 병실에 늘 지키고 있다. 전창일은 병원 측에 부끄러웠고 한편으론 미안한 생각이 들었다. 아내는 남편의 침대 옆 작은 침상에서 떠나지 않고 있었다. 고혈압의 원인을 알기 위해 정밀한 종합 진찰이 필요하다고 한다. 청량리경찰서에서 왜 이곳까지 경찰을 파견했는지 의아하게 생각한 전창일이 아내에게 그 이유를 물었더니, 그 사람은 자기를 따라다니는 감시원이라고 한다.

전창일은 중앙정보부에서 야전침대 몽둥이로 구타당한 후로 허리를 잘 쓰지 못한다고 말하며 진찰을 부탁했다. "환자의 상태는 본태성 고혈압(특별한 원인 질환 없이 수축기 혈압이 140mmHg 이상이거나 확장기 혈압이 90mmHg 이상인 경우)이며, 허리는 척추부위를 에워싼 근육조직이 파괴되어 무리한 움직임은 아주 위험하다"는 진찰결과가 나왔다. 전창일은 그 후 하루도 빠짐없이 오늘까지 혈압약을 복용하고 있다고 한다. 전찰일이 입원하고 있는 8일 동안, 아내와 수많은 대화를 나누었다. 임인영이 체험한 이야기를 중심으로 당시의 정국현황을 살펴보기로 하자.

1974년 9월 '구속자가족협의회'(약칭 구가협)가 발족되었다. 초대회장에는 윤보선 전 대통령의 부인인 공덕귀, 부회장은 연대생 김학민의 아버지 김윤식 전 국회의원, 총무는 '민청학련의 홍일점'이었던 김윤(서강대)의 어머니 김한림 여사가 선출되었다. 그 외 박형규 목사 부인, 김지하 어머니, 문익환 목사 부인, 이우정 교수 등이 함께 활동하였다.

〈 그림192: 시계방향, ①1974년 11월 15일 자 조선일보, ②1975년 2월 3일, ③ 2월 11일 자 동아일보 〉

그리고 오글(George E. Ogle, 한국명 오명걸) 목사와 시노트(James Sinnott, 한국명 진필세) 신부를 비롯해 문정현 신부, 함세웅 신부, 최기식 신부 등이 많은 사람들의 성원을 바탕으로 인혁당 가족들과 함께 활발하게 움직이고 있다고 임인영은 활동상황을 풀어놓았다. 지키고 있는 계호원들도 재미있게 듣는 중이다. 전창일은 아내가 자랑스러웠다. 그리고 한없이 사랑스러웠다. 하지만 한편으론 고생시키는 것이 너무 가슴 아팠다고 고백했다. 아래에 언론에 보도된 임인영의 활약을 간략히 소개한다.

호산 전창일과 통일운동 77년사

① 인혁당 관련 피고 부인들, 관대한 처분 진정(동아, 1974.11.9.)

② 금식기도회 뒤 가두데모 벌여, 구속자 가족, 종로3가까지(조선, 1974.11.15.)

③ 150명 연좌농성, 구속자와 함께 드리는 기도회(조선, 1974.11.15.)

④ 소신 다른 일부 인사 반정부로 몰지 말라, 천주교 사제단 기도회, 김 추기경 강론(조선, 1974.12.11.)

⑤ 동아일보 광고 해약 규탄, 소란엔 경관 방관(동아, 1974.12.28.)

⑥ 집권층이 화해 포기, 천주교정의구현사제단 인권 민주 위한 기도회, 퇴진요구 결의문(동아, 1975.1.10.)

⑦ 가족연행 잇달아, 인혁당 피고들(동아, 1975.1.13.)

⑧ 인혁당 피고 부인, 연행 사흘 만에 귀가(조선, 1975.1.16.)

⑨ 세칭 인혁당 가족이 박 대통령에게 보내는 호소문(동아, 1975.2.3.)

⑩ 이른바 민청학련 사건을 고발합니다(동아, 1975.2.11.)

구가협의 회원은 35명 정도였다.[1] 활동 근거지는 명동 가톨릭 여학생 회관 1층, 종로5가 기독교회관 2층 등이었고, (금식)기도회, 연좌농성, 가두시위 등을 통해 의견을 표명했다. 모임에 거의 빠지지 않고 참석했던 임인영은 "중앙청 앞에 재판대를 설치해 놓고 온 국민이 보는 앞에서 정당한 재판을 받아 죄가 있다면 달게 받겠다"[2] "인혁당 관련자들을

---

1   금식 기도회 뒤, 가두데모 벌여, 「조선일보」, 1974.11.15.
2   150명 연좌농성, 구속자와 함께 드리는 기도회, 「조선일보」, 1974.11.15.

공개재판을 통해 납득할 만한 죄를 받도록 해 달라"[3] "인혁당은 10년 전에도 오늘에도 없는 것이며, 조작된 사건이며, 공개재판을 주장한 오글 목사의 추방은 부당하다, 공개재판을 받게 해 달라"[4] 등 재판에 대한 불신을 표명하며 공개재판을 요구했다.

1974년 11월 포드 대통령 방한을 앞두고 벌인
가족들의 평화시위

〈 그림193: 1974년 11월 포드 대통령 방한을 앞두고 벌인 구속자가족협의회 회원들의 평화시위ⓒ『현장증언, 1975년 4월 9일』〉

구가협이 결성될 무렵 미 대통령 포드가 방한할 예정이라는 기사가 보도되기 시작했다. 특히 방한의 조건으로 정치범의 석방이 포함되었을 것이라는 「뉴욕 타임스」의 보도는 인혁당 및 민청련 가족들을 크게 고무시켰다.[5] 수감 학생들의 어머니 다섯 명은 포드에게 편지를 보내기도 하

3   소신 다른 일부 인사 반정부로 몰지 말라, 천주교 사제단 기도회, 김 추기경 강론, 「조선일보」, 1974. 12. 11.
4   동아일보 광고 해약 규탄, 소란엔 경관 방관, 「동아일보」, 1974. 12. 28.
5   포드, 정치범 석방 등 기대, 방한 동의, 「조선일보」, 1974. 10. 1.

호산 전창일과 통일운동 77년사

였다.[6]

　구속자가족협의회 회원들은 급기야 가두데모를 벌였다. 11월 11일 밤 9시부터 명동 가톨릭 여학생회관 1층에서 금식기도를 시작한 회원 35명은 14일 오전 8시 30분경 기도회를 끝낸 후, "내 아들 내 남편 하루 속히 석방하라"는 등의 플래카드를 앞세우고 명동성당, 중앙극장 앞을 거쳐 종로3가 지하철역 입구까지 행진하다가 경찰의 제지로 해산했다.[7]

　위 〈그림193〉에서 보는 바와 같이 늘 앞장서서 목소리를 높였던 임인영은 언론의 주목 대상이 되었고,[8] 신문지면에 임인영이란 이름이 등장하는 빈도수가 차츰 증가하기 시작했다. 평범한 가정주부가 투사로 변신한 셈이다. 임인영은 이 무렵만 해도 대통령 박정희에 대해 한 가닥 기대를 가지고 있었던 같다. 개인 돈을 투자하여 「동아일보」 광고를 통해 박정희에게 '호소문'을 보내기도 했던 것이다.[9] 하지만 박정희의 숨겨진 의도는 곧 드러난다.

　1975년 2월 15일, 박정희는 긴급조치 1·4호 위반자 전원을 석방한다고 밝혔다. 그러나 인혁당 등 공산주의자들과 반공법 위반자들 35명은 제외한다는 조건을 붙였다.[10] 석방예정자 147명과 제외된 35명은 모두 긴급조치 1·4호 위반으로 구속된 이들이다. 즉 유신헌법을 반대했거나 민청학련과 이것에 관련한 제 단체의 조직에 가입한 사람들이다.

6　수감 학생 어머니 미 대통령에게 편지, 「조선일보」, 1974.10.29.

7　금식기도회 뒤 가두데모 벌여, 「조선일보」, 1974.11.15.

8　시노트 신부 글, 김건옥·이우경 옮김, 『현장증언, 1975년 4월 9일』, 빛두레, 2004, p.329.

9　세칭 인혁당 가족이 박 대통령에게 보내는 호소문, 「동아일보」, 1975.2.3.

10　긴급조치 1·4호 개헌 언동·민청학련 위반 구속자 모두 석방, 「경향신문」, 1975.2.15.

〈그림194: 1975년 2월 15일, 18일 자 경향신문, 2월 15일 자 동아일보〉

박정희의 하수인 중앙정보부는 이들 중에서 '대한민국 제거 대상'과 '격
리대상' 및 '회유대상'으로 분리했던 것이다.

　주요 타깃은 인혁당 관련자로 알려진 혁신계였다. 사실 이들은 정통
공산주의라기보다는 사회민주주의에 가까웠고 남북의 통일을 원했던
민족주의자들이었다. 박정희 군부정권은 이들마저 두려웠던 것이다.
인혁당 관련자 중 8명은 이미 거론한 바와 같이 대법원 확정판결 다음
날 형장의 이슬로 사라졌고, 살아남은 이들도 장기간의 구금 끝에 출옥

해서도 정상적인 사회생활을 못 하게 된다. 이 얘기는 차츰 거론하기로 한다. 이쯤에서 긴급조치 1·4호 위반자 전원 석방 발표 이후, 임인영의 활약상을 다시 살펴보기로 하자.

먼저 살펴볼 것은 임인영이 작성한 호소문이다. 임인영은 사법살인이 일어난 뒤 인혁당 사건 관련자 가족이 얼마나 험한 꼴을 당하였는지를 고발했다. 호소문을 쓴다는 행위 자체가 사형까지 선고되는 긴급조치 위반이었다. 하지만 박정희의 영구집권 음모에 희생된 인혁당 가족들이 남산 중앙정보부에서 얼마나 참담한 곤욕을 치렀는지, 구속자 가족의 일원으로서, 구가협 회원으로서 분노를 참을 수 없었던 것이다. 아래는 임인영이 호소문의 형식을 빌려 고발한 인혁당 사건의 실체이다.

자세히 보기-28

[전창일(무기징역)의 아내 임인영 씨가 작성한 호소문]

존경하는 선생님들 제가 드리는 이 이야기가 거짓말로 들리실 줄 압니다. 정상적인 사람으로는 상상 할 수도 없는 일이니까요. 그러나 한마디도 거짓말일 수가 없습니다. 저 무서운 중앙정보부를 의식하면서, 감옥에 갈 것을 각오하면서 쓰는 이 글이 어떻게 진실이 아닐 수가 있겠습니까?

하재완 피고인은 중앙정보부에서 고문을 할 때 무조건 아는 사람 20명만 대라고, 너무도 심한 고문을 하여 탈장이 되고 항문이 빠지고 귀가 먹어 견딜 수 없어 아무 이름이나 생각나는 대로 말하였더니 그 사람들이 전부 법정에 끌려와 인혁당의 조직원이 되었다고 하니 얼마나 가공할 일입니까? 하재완 피고인은 검찰에 넘어와서까지 전창일이 지하실에서 전기 고문당하는 것을 보았고, 자기가 전기 고문당하는 것을 전창일이가 보았다고 법정에서 분명히 말하였습니다.

전창일(무기징역)의 변론을 맡은 김종길 변호사도 법정에서 전창일이 공산주의자라면 변호사직을 내놓아도 좋다고 하였으며 끝까지 무죄임을 주장하였습니다.

우홍선 피고인은 전기 고문을 받을 때 전기 고문하는 기계를 돌리는 취조관이 술에 취하여서 돌리더랍니다. 한 번만 더 돌리면 심장이 파열하여 죽을 것만 같아 유리창에서 뛰어내려 자살하고 싶은 생각이 났다고 법정에서 진술하였습니다.

이 많은 진술이 공판기록에는 한마디도 적혀 있지 않고 이 사람들에게 불리한 이야기만 적당히 조작, 나열해 놓고 있습니다. 하루아침에 남편들이 인혁당원이라는 간첩의 누명을 쓰게 된 아내들과 자식들은 곳곳에서 말할 수 없는 천대와 멸시를 받았습니다. 아이들은 학교에서 간첩 자식이라고 놀림을 당하며 몰매를 맞아 울면서 집으로 돌아왔습니다. 동네에서 꼬마들은 네 살 먹은 아이에게 간첩 자식이라고 나무에다 새끼줄로 꽁꽁 묶고 총살하는 장난을 하였으며 아이 목에다 새끼줄로 묶어 끌고 다니면서 간첩 잡았다고 소리치며 좋다고 날뛰는 광경을 그 어머니가 목격하였을 때 그 심정이 과연 어떠하였겠습니까?

어떤 아내는 남편이 간첩이라고 다니던 대학직장에서 사표를 요구당하였으며 자식들을 데리고 먹고 살 수가 없어서 공사판에 가서 노동자들 상대로 밥장사하는 데까지 정보원이 쫓아와서 현장 소장에게 압력을 넣어 소장이 밥장사를 못 하게 하였으며, 옷감을 보자기에 싸 가지고 이 집 저 집 문전으로 드나들며 먹고 살려고 하면 옷감 사주는 사람에게 공갈 협박을 하니, 아이들을 데리고 어떻게 살란 말입니까.

시골에서 국민학교 선생으로 있던 어떤 아내는 학교에서 당하는 그 수모와 동네에서 간첩의 아내가 선생 노릇 한다는 그 압박 때문에 사표를 집어 던지고 서울에 올라와 모 빌딩에서 청소부 노릇을 하면서 아이들 셋을 가르치며 근근이 살아가는 그 원한과 아픔을 죄 없는 남편에게 돌리는 어리석은 아내가 되어 남편의 면회가 허락된 지 3년 동안 면회를 가지 않아 남편은 감옥에서 울고 아내는 밖에서 울부짖는 비극을 과연 누가 만들어 놓았습니까.

또 어떤 아내는 남편이 감옥에 간 후 빚 때문에 집을 집달리에게 고스란히 빼앗기고 남편이 간첩이라는 충격과 집을 빼앗긴 충격 때문에 정신착란증이 되어 부딪치는 사람들에게마다 따돌림을 당해 아이들 데리고 벌어먹고 살아야 될 처지인데도 취직 길이 막혔으며, 장사할 수도 없어 농약을 먹고 자살을 기도하였으나 미수에 그치고 살아나긴 했으나 여전히 따돌림을 당하면서 방황하는 그 피맺힌 한을 누가 보상해 주겠습니까?

　단란했던 가정들, 행복했던 가정탑을 하루아침에 쑥대밭을 만들어 놓고 선량한 가장들을 끌고 가 무슨 증거가 있다고 사형, 무기, 20년, 15년이란 중형을 과연 권력이 무엇이건대 떡 먹듯이 밥 먹듯이 간첩의 누명을 씌워 놓는단 말입니까. 저희들은 가는 데마다 멸시와 천대를 받았으며 따돌림을 받았습니다.

　그런데 어느 날 엠네스티(국제사면위원회)에서 인혁당 가족들에게도 영치금을 준다고 오라는 소식을 들었습니다. 웬일인지 알 수 없다는 생각에 그러나 고마운 마음에 저희들은 몇 명이 모여서 엠네스티에 갔습니다. 그런데 거기에 계신 목사님이 하는 말이 인혁당 가족에게는 중앙정보부에서 영치금을 못 주게 한다는 것입니다. 그때 저는 정신이 아찔했습니다.

　저는 집에 돌아와 호소문을 쓰기 시작했습니다. 몇 날 며칠을 울면서 호소문을 써서 종로 5가에 있는 목요기도회장으로 뛰어들어 호소문을 낭독하였습니다. 사람들은 깜짝 놀라는 것입니다. 몇몇 목사님들이 관심을 가지기 시작했습니다. 저는 또다시 명동성당 기도회장에 뛰어들어 호소했습니다. 몇몇 신부님들이 손을 잡아 주었고 따뜻이 대해 주었습니다. 저는 이분들로 인하여 하나님의 사랑을 깨달았으며 살아계신 예수님을 만난 기쁨이었습니다. 저는 중앙정보부에 끌려가기가 소원이라 여기저기 닥치는 대로 호소문을 낭독하러 다녔습니다. 정보부에 들어가서 남편을 취조한 취조관을 만나서 그래도 무엇인가 이렇게 중죄인이 될 정도이면 내가 납득할 만한 증거가 있겠지 하는 궁금한 생각에 중앙정보부가 하나도 두렵지 않았습니다.

그 어느 날 명동성당 기도회에서 저는 인혁당이 조작이라고 노골적으로 파헤치는 글을 낭독했습니다. 그런지 삼 일 만에 기어코 정보부로 끌려갔습니다. 나중에 알고 보니 10명의 아내들이 똑같이 연행되어 왔었습니다. 각 방에다 데려다 놓고는 취조가 시작되었습니다. (중략)

옆방에서 취조당하는 이수병 씨 부인은 젖먹이 어린애까지 데리고 왔는데 차마 들을 수 없을 정도로 소리 지르고 윽박지르고 욕을 하면서 취조를 하는 것입니다.

저는 이틀을 한잠도 자지 못하고 꼬박 의자에 앉아서 취조를 받았습니다. 진술서가 끝나니까 남편이 인혁당원이라는 각서를 쓰라는 것입니다. 저는 죽어도 못쓰겠다고 항의했습니다. 저는 남편이 인혁당원이고 공산주의자라는 납득이 가는 증거를 대주면 하라는 대로 협조하겠다고 애원했습니다. 그런 아무 증거도 제시하지 못할 뿐만 아니라 증거가 없었습니다. 저는 여기에서 남편이 무죄라는 것을 확신할 수 있었습니다.

곤란한 정보부원은 인혁당 사건 공판기록을 갖다 내 앞에 펼쳐 놓더니 당신 남편이 재판정에서 이렇게 모든 것을 시인했는데 왜 죄가 없다고 하느냐 하면서 한 부분을 지적하는 것이었습니다. 저는 자세히 들여다보니 이게 웬일입니까? 남편이 재판정에서 전부 부인한 것이 시인한 것으로 뒤바꾸어 놓았습니다.

저는 소리 질렀습니다. 왜 전부 부인한 것을 시인한 것으로 바꾸어 놓았느냐고. 정보부원은 놀라는 기색이었습니다. 얼른 공판기록을 덮어서 치우는 것입니다. 그리고 보면 정보원도 공판기록까지 조작한 것을 모르고 있는 듯했습니다. 참 답답하고 질식할 것 같은 세상입니다. "이런 일을 당하면서도 가만히 참고만 있어야 할까요?" 말이 막힌 정보부 한 계장이 "글쎄. 전창일은 공산주의자로 보이지는 않는데 왜 그 나쁜 사람들과 자주 만났는지, 그것이 한 가지 의심스럽다."는 것입니다. 친구끼리 알게 되어 다방이나 술집으로 다닌 것이 인혁당을 조직하여 정부전복 모의하러 다방에서 만났다는 것입니다.

공소사실에 나오는 그 다방을 저는 일부러 찾아가 보았습니다. 충무로에 있는 지하다방이었습니다. 의자들은 다닥다닥 붙어 있고 다방은 굉장히 많은 사람으로 붐볐습니다. 조작하려면 그럴 듯이 할 것이지, 이 다방에서 어떻게 지하당 정부전복 모의를 할 수 있다고 공소 사실에 기재하여 놓았는지, 세 살 먹은 어린아이라도 웃지 않을 수 없는 그런 다방 분위기였습니다.

저는 각서를 쓰지 않고 4일간을 버티다가 집에 아이들이 걱정되었습니다. 다른 가족들은 전부 나가고 한 사람도 없었습니다. 그 각서를 보니 말을 뱅뱅 돌려서 적당히 부드럽게 쓴 각서였습니다. 저는 집에 가고 싶은 생각에 써준 각서를 그대로 옮겨 쓰고 지장을 찍었습니다. 그리고 다시 호소문 낭독을 안 하겠으며 목요기도회장, 성당 기도회에 안 나가겠다는 지장을 찍으라고 했습니다. 하라는 대로 다 찍고 그 지긋지긋한 중앙정보부를 나와 서글픈 마음을 안고 집에 돌아왔습니다.

그러나 그 이튿날이 목요기도회였습니다. 저는 집에서 견딜 수가 없었습니다. 저는 각서고 무엇이고 또 끌려가는 한이 있어도 기도회장에 나갔습니다. 나가서 들으니 경기여고 선생으로 있었던 사형수 김용원 씨 부인이 중앙정보부에 갔다 와서 남편 앨범을 전부 불에 태우고 자살을 기도했다는 소식을 들었습니다. 저는 너무도 놀라 기도회가 끝나자마자 그 부인이 사는 김포로 달려갔습니다. 가서 집을 찾을 수가 없어 근방에 있는 다방에 가서 전화하였더니 벌벌 떨리는 목소리로 우리 집 앞에 형사가 있으니 들어오지 말라는 것입니다.

나는 그 부인을 보자마자 덥석 손을 잡았습니다. 그러나 이게 웬일입니까? 온몸이 사시나무 떨듯 떨고 있는 것입니다. 웬일이냐고 묻는 저에게 그 부인은 공포에 떨며 이렇게 말하는 것이었습니다. 중앙정보부에 끌려들어 가자마자 정보원 한 사람이 다짜고짜로 멱살을 옴켜쥐더니 "이 간첩의 여편네, 왜 까불고 다녀!" 하면서 목에 상처가 날 정도로 목을 조이면서 막 욕설을 퍼부으면서 호통을 치더랍니다. 이 부인은 너무나 놀라서 얼이 빠졌으며 취조를 받다가 목마르다고 물을 좀 달라고 하였더니 물 한 컵을 주더랍니다. 그래서 반 컵쯤 마셨더니 조금 있다가 몸이 비비 꼬이면서 성적 흥분이 일어나더랍니다. 너무나 괴로워 어떻게 할 줄을 몰라 의자 밑으로 떨어지면서까지 고통을 받았다는 것입니다.

이 부인은 너무도 큰 충격을 받아 정보부에서 각서 쓰라는 대로 내 남편은 간첩이라고 쓰고 지장을 찍고 나왔다는 것입니다. 집에 와서도 귀에서는 윙윙 소리가 나며 삼일이 지났는데도 한잠도 잠을 잘 수가 없다는 것입니다.

그리하여 이 부인은 남편과 자기와 같이 찍은 사진과 자기 사진들을 전부 불에 태우고 쥐약을 사다 놓고 아이들 셋에게 먼저 먹이고 자기도 먹으려고 하니 큰 딸아이가 눈치채고 안 죽겠다고 막 울더랍니다. 한참 실랑이를 하는데 친정어머니가 마침 오셔서 이 광경을 보고 쥐약을 전부 버리고 한 식구가 모두 엎드려 대성통곡을 하였다는 것입니다. 그 부인은 얘기를 끝마치면서 "나는 죽어야 해, 이제는 굶어 죽을 거예요." 하면서 우는 것이었습니다.

저는 정말 분하고 원통해서 견딜 수가 없었습니다. 호소문 한 번을 낭독하여 보지 못한 착하디착한 선량한 아내를 왜 흥분제를 먹이면서 희롱을 한단 말입니까? 저는 이해할 수가 없습니다. 정보원들의 그 악랄함을! 그 후 그의 친정어머니는 놀란 가슴을 진정할 길이 없어 한 달 후에 돌아가셨습니다.

저희들은 이런 아픔과 수난을 딛고 헤쳐나가면서 드디어 1975년 4월 8일, 생각만 해도 몸서리쳐지는 대법원 마지막 판결의 날을 맞이하였습니다. 미리 죽이려고 공판기록까지 180도 변조시킨 이 사건에서 어리석은 아내들은 그래도 행여나 하는 기대를 가지고 재판정에 갔었습니다. 마지막 심판을 내리는 그 존엄하신 법관들, 그들은 아무 양심에 가책도 없이 8사람의 목숨을 사형장의 이슬로 보내었을까요?

그 이튿날 1975년 4월 9일, 잊힐 수 없는 그 날! 경악과 그 아픔, 죽고 싶었던 그 날, 무슨 언어가 있어 그날의 아픔을 말로 표현할 수 있겠습니까? 이수병 씨는 사형장으로 끌려 들어가면서 "나는 인혁당이란 알지도 못한다. 가족이 보고 싶다." 하면서 죽음을 당하였고, 우홍선 씨는 "너무도 억울하여 말을 못하겠다. 구야, 나는 죄가 없다. 가족이 보고 싶다." 하면서 사형장의 이슬이 되었습니다.

문세광도 가족면회 시키고 죽였다는데 이 사람들에게는 대법원 판결이 있은 지 24시간의 여유도 주지 않고 가족의 단 한 번의 면회도 허락지 않은 채 사형장의 이슬을 만들도록 그 무엇이 그리도 미웠단 말이옵니까?

그 가족들이 너무나 불쌍했습니다. 울부짖고, 아우성치고, 찻길로 죽는다고 뛰어들고, 기절하고 그 8사람의 가족들 모습은 차마 볼 수가 없었습니다. 이 가족들의 마지막 소원이 성당에서 남편들의 시체를 놓고 합동 장례식을 하는 것이 소원이었습니다. 어떻게 시체를 안고 고향으로 갈 수가 있겠느냐고 하는 것이었습니다. 그러나 이 마지막 소원도 들어주지 않는 피도 눈물도 없는 흡혈귀 같은 악마들이었습니다.

응암동 성당으로 들어가서 장례식을 하려는 송상진 씨 시체 담긴 차를 기동경찰은 애원하며 울고 매달리는 가족들을 짓밟으면서, 신부님과 목사님들이 결사적으로 시체를 빼앗기지 않으려고 항의하는 데도 문 신부님의 다리를 일생을 쓰지 못하게 골절상을 입히면서까지 시체 차를 하늘 공중으로 들어서 화장터로 가버리는 것입니다. 더 이상 심장의 고동이 멎는 듯하여 글을 쓸 수가 없습니다.

임인영은 병상에 누워있는 남편에게 이야기를 시작했다. 4월 8일 대법원 판결 후, 18시간 만에 집행된 사형수들의 시신은 4월 9일 당일에 가족들이 인수해 갔다. 하지만 송상진[11]의 시신은 그다음 날인 4월 10일 가족들에게 인도되었다. 송 선생 가족들의 유일한 바람은 이들의 억울한 죽음을 잘 아는 사람들과 함께 장례식이라도 치르는 것이었다. 민주인사들이 함세웅 신부가 봉직하고 있는 응암동 성당에서 장례식을 열기로 했다. 당국은 가족들의 장례를 엄청난 병력을 동원하여 막으려 했다.

---

11 송상진(1928~1975); 1928년 대구에서 출생한 동지는 공산국교, 대구국교 등 초등학교 교사로 활동하였다. 4 · 19 이후 교원노조활동 및 민주민족청년동맹 경북도위원회 사무국장 등으로 활동하다 1964년 1차 인혁당 사건 때 연행되었으나 무혐의로 석방되었다. 이후에도 계속 유신반대 민주화와 민족통일을 위하여 투쟁하다 유신독재 권력에 의해 인혁당 재건위 사건으로 사형당했다. 《추모연대》

호산 전창일과 통일운동 77년사

기독교회관에서는 마침 목요예배가 열리고 있었다. 인혁당 가족인 전창일의 부인 임인영 씨가 목요기도회장으로 뛰어 들어와 응암동의 소식을 알렸다. 목요기도회를 서둘러 끝낸 참석자들이 모두 응암동으로 몰려갔다. 응암동에서는 운구차를 빼앗으려는 경찰과 막으려는 참석자 사이에 심한 몸싸움이 벌어졌다.

문정현 신부는 이종옥 여사에게 껌이 있느냐고 물었다. 마침 핸드백 속에 껌이 있었다. 얼른 입에 넣고 씹어서 단물을 빼내고 그 껌을 버스의 핸들 밑에 있는 키 박스에 밀어 넣었다. 시동을 걸지 못하게 하기 위해서였다. 갖고 있던 신문지는 둘둘 말아 버스 뒤편 배기구를 막았다. 그때 크레인이 등장하더니 버스를 통째로 들어 올리려 하였다. 문정현 신부, 함세웅 신부, 시노트 신부를 비롯한 성직자들이 움직이기 시작하는 운구차 밑에 드러누웠다. 밑에 누워 있던 문정현 신부의 다리를 넘어서 바퀴가 움직였다. 문 신부의 다리에서 피가 철철 흐르는 데도 버스는 멈추지 않았다. 죽은 사람을 뺏기 위해 산 사람을 넘어서는 버스 앞에서도 살아남아 슬픈 참석자들은 피하지 않았다. 이때 다친 다리 때문에 문 신부는 지금까지도 지팡이를 짚고 다닌다.

경찰은 영구차를 들어 올려 벽제 화장터로 끌고 갔다. 가족의 동의는 커녕 가족이 없는 상태에서 강제로 화장했다. 사법살인에 이어 인혁당을 두 번 죽이는 만행을 저지른 것이다. 저들이 그토록 장례를 막고 시신을 탈취한 이유는 이들 인혁당 관련자들의 몸에는 끌려간 지 1년이 지났지만, 고문의 흔적이 남아 있었기 때문이었다.[12]

---

12 김설이 · 이경은, 『잿빛시대 보랏빛 고운 꿈』 7 · 80년대 민주화운동으로서의 가족운동, 민주화운동기념사업회, 2007, pp.71~72.

〈 그림195: 1975년 1월 13일 자 동아일보, 1월 16일 자 조선일보, 2월 21일 자 동아일보 〉

임인영은 구가협의 메신저였다. 송상진 시신 탈취 사건을 목요기도
회에 알린 것 외에도 많은 사람들에게 경찰과 정보부의 비행을 알렸다.
"인혁당은 조작됐다! 공개재판 다시 하라!"고 집회에서 외치다 정보부
에 연행되어 조사를 받을 때,[13] 모 과장이란 자가 "인혁당이 조작이라고
왜 유언비어를 퍼뜨리느냐?"고 하자 "내 남편이 법정에서 진술하는 것
을 나는 똑똑히 들었다."고 항변했다.

"이 여자 정말 고문받아 봐야 알겠나."라는 협박에도 굴하지 않고 "그
래 고문해 봐라. 내 남편이 받은 고문 나도 받아보자."라고 한다. 기가
질린 정보부 요원은 한 발 뒤로 물러서면서 "아주머니, 인혁당은 조작
된 것이 아니요. 피고들이 법정에서 모두 시인했어요. 내가 기록을 보

---

13 인혁당 피고들 가족연행 잇달아, 「동아일보」, 1975.1.13.

호산 전창일과 통일운동 77년사

여 드릴게요." 하면서 서고에서 재판기록을 찾아와 전창일의 법정진술을 보여주었다.

놀랍게도 "인혁당 조직했지요?"라는 신문에 "네, 했습니다."라고 되어 있다. 다른 질문들도 모두 이런 식이다. 재판정에서 분명히 부인하는 것을 들었는데도, 시인하는 것으로 기록되어 있는 것이다. 임인영은 그 자리에서 책상을 치면서 "이럴 수가! 이럴 수가 있나!" 하며 분통을 터트리며 성토했다. 이 자는 서류를 도로 가지고 가면서 아무 말도 못한다. 임인영이 보기에 그자는 정말 변조된 것을 몰랐던 것처럼 보였다한다.

몇 시간이 지났다. "이제 나가면 제발 날조됐다는 말, 하지 마세요. 그리고 정보부에 끌려와서 있었던 일 일체를 밖에서 말하지 말아야 합니다. 약속하는 각서를 쓰시면 집에 보내 주겠소. 아이들도 있고 하니 말이요."라고 회유한다. 임인영은 각서를 쓰고 나갔다. 그러나 임인영은 목요회에 나갔다. 그리고 폭로했다.[14] 임인영의 보고와 폭로를 들은 세상은 놀랐다. 대법원은 변조된 재판기록을 가지고 상고를 기각했던 것이다. 사법의 너울을 쓴 사기극이었다. 더욱이 언도 18시간 만에 사형집행을 한 야만적 정부였다. 이것이 박정희 유신공화국의 실체였다. 임인영의 폭로내용은 전태일 열사의 모친 이소선에 의해 보다 구체적으로 알 수 있다. 아래는 이소선 여사가 임인영에게 들은 증언을 정리한 것이다.

나는 스스로 '정보부를 한번 들어가 봐야겠다'고 마음먹었다. 그

---

14 인혁당 관계 피고 가족에 정보부서 가혹행위, 기도회서 폭로, 「동아일보」, 1975.2.21.

〈 그림196: 인혁당 관련자들의 출옥제외를 항의하는 임인영 여사, 기자회견을 하는 임 여사의 모습 〉

이유는 남편이 재판정에서 그렇게 억울하다고 얘기하는데, 그래도 이 사람이 뭔가에 묶여 있으니까 정보부에서 묶었지 않았겠나 생각했기 때문이다. 무기징역을 살 정도면, 저들이 남편에 대해 뭔가 의심스러운 게 있지 않겠는가 하는 의문이 항상 나를 따라붙었다. 나는 중앙정보부에 들어가서 애 아빠를 취조한 수사관을 붙들고 남편에 대한 것을 물어봐야겠다는 생각을 차차 굳혀갔다.

그러한 의도로 인혁당 사건에 대한 호소문도 더욱더 과감하게 써서 배포하고, 고문에 대한 것도 폭로하였다. 그러고 나서 '이제는 잡으러 올 것이다'하고 집에서 마음의 준비를 하고 기다렸다. 아니나 다를까 어느 날, 청량리경찰서 담당 직원이 찾아왔다. 우리 집에는 남편과 관계있던 사람들이 늘 드나들었기 때문에 나는 어떻게 왔느냐고 물었다. 형사들이 난처한 듯 머뭇거리다가 "저 아줌마, 중앙정보부에서 좀 모시고 오래요."라고 하였다.

나는 기다렸다는 듯이 "나 데리고 오래요?"라고 했다. 형사들이 그렇다고 대답해서 나는 아이들에게 "아이고, 가야지. 얘들아, 나 빨리 갔다 올 거다." 하면서 형사들을 따라나섰다. 나의 그런 태도에 오히려 형사들이 놀라는 눈치였다. 중앙정보부라는 이름만 들어도 무서워서 당황해 하거나 '왜 데려가려 드느냐'며 버티며 몸싸움이라도 한바탕 해야 하는데, 되레 반가워하면서 따라나서니 놀라는 것도 당연했다.

이렇게 해서 나는 그 악명 높은 중앙정보부에 연행되어 갔다. 처음에는 혼자만 잡혀 들어온 줄 알았다. 나중에 알고 봤더니 같은 시간에 인혁당 사건 관련 가족 10여 명을 동시에 연행한 것이다. 대구에서도 잡아오고 서울에서도 잡아들이고 해서 여자 10여 명을 연행했다. 연행되어 와서는 각자 다른 방에 있었으니까 서로 그런 줄을 몰랐다.

어떤 방엔가 앉혀져 잠시 기다리니까 과장이라는 사람이 들어왔다. 키가 조그맣고 얼굴이 새까맣게 생긴 사람이었다.

"흥, 생긴 건 빤빤하게 생겨 가지고 ……."

그 사람은 대뜸 반말지거리했다. 나는 그를 쳐다보지도 않고 아무런 대꾸도 하지 않았다. 그랬더니 그 사람이 조금 후에 점잖은 태도로 학교를 어디 나왔느냐고 물었다. 내가 몇 마디 대꾸를 해주자 그 사람은 밖으로 나갔다. 이어서 취조관이 들어왔다. 취조관이 나를 취조하려고 들기에 나는 소리를 지르듯 말했다.

"내 남편 취조한 취조관을 데려오시오."
"아이고 아줌마, 아저씨 취조한 사람은 데려다 뭐하게요? 우리하고 얘기합시다."

나는 공책 3페이지 정도 되는 공소장을 달달 외우고 있던 터에 취조관에게 항의하듯 따지고 들었다.

"아니오, 나는 우리 아저씨가 재판정에서 한 얘기도 있고, 공소 사실을 보면 3페이지밖에 안 되는데 그것을 가지고 무기징역이 뭐야! 그게 도대체 있을 수 있는 일이야? 자, 봐라. 무슨 책이 걸렸다고 하는데, 그것은 시중에서 파는 책이다. 그리고 다방에서 국가변란을 모의했다고 하는데, 내가 그 다방 가 봤다. 가 보니까 의자가 요렇게 다닥다닥 붙어 있는 게 거기에서 국가변란을 모의해? 정신이 빠진 사람이 아니고 그런 데서 국가를 변란 하기 위한 모의를 할 수 있겠어? 거기에서는 어려운 사람들이 오면 차 마시고 식사 대접했다고 하더라. 그래 당신들은 그런 데서 국가변란 모의를 하느냐?"

내가 얘기하는 동안 취조관은 내내 말을 못하고 가만히 앉아 있기만 했다.

"전창일이 의심나는 것 있으면 말해봐라. 그러면 나는 석방운동안 해. 너희들이 당장에 증거만 대고 전창일이 의심스러웠던 것만 대주면 석방운동 안 해. 그러니까 빨리 데려오라고."

내가 바락바락 소리를 질러대니까 밖으로 나갔던 과장이라는 사람이 다시 들어왔다. 과장은 사나운 눈초리로 나를 노려보며, 말했다.

"아니, 여기가 어딘 줄 알고 떠들어? 저것 맛 좀 봐야겠네?"

과장이라는 사람이 눈을 부라렸지만, 나는 물러서지 않았다. 인혁당 사건이 조작된 것이라면 내가 이들의 협박에 굴할 아무런 까닭도 없다.

"왜 고문해서 조작했냐? 너희들에게 고문해서 빨갱이 만들라는 권한이 어디 있냐?"

과장은 더욱 싸늘한 눈매로 나를 노려보다가 고함을 질렀다.

"저것 진짜 한 번 혼 좀 내야겠네. 저년 당장 고문실로 데려가!"
"그래, 내 남편이 받았다는 고문, 나도 받아보는 게 소원이다. 가자 가."

과장이라는 사람하고 취조관은 서로 얼굴을 마주 보며 나의 태도에 놀라는 모습이었다. 그들은 나를 그 방에서 데리고 나왔다.

그러나 고문실로 데려가지는 않고 다른 방으로 데려갔다. 그리고 비교적 공손한 태도로 취조를 했다.

"아주머니, 자꾸 남편이 억울하다고 하는데 남편 공판기록을 보시겠습니까?"
"그래요, 가져와 보세요. 한번 봅시다."

취조관이 캐비닛에서 공판기록을 꺼내 전창일 부분을 펴서 보여주었다. 그것을 보니까, 판사가 '국가변란을 모의했습니까?'라고 묻는 말에 '네, 했습니다.'로 되어 있었다. 뿐만 아니라 다른 질문들도 재판정에서 전혀 그렇지 않다고 했는데 전부 '네, 했습니다.'로 뒤집혀 있었다. 순간적으로 이수병 씨를 맡은 조순갑 변호사가, 공판기록이 조작됐다고 했던 말이 떠올랐다. 그 얘기를 전해 들을 때는 설마 했었는데, 이렇게 직접 눈으로 확인하고 나니 눈이 확 뒤집혔다.

"아니, 공판기록이 조작됐다고 변호사님이 말하더니 이것 좀 봐! 법정에서 '국가변란을 모의했습니까?' 하니까 '우리는 국가변란 모의가 뭔지도 모르고 우리는 그런 것 하지도 않았습니다.'라고 대답하는 것을 내가 똑똑히 들었는데, 이게 뭐야! 다 했다고 되어 있잖아. 당신들, 이런 짓까지 해도 되는 거야? 하늘이 무섭지도 않냐!"

내가 팔팔 뛰며 몰아붙이자 취조관은 얼른 공판기록을 덮어버

호산 전창일과 통일운동 77년사

리고, 그 얘기를 다시는 꺼내지 않았다. 같은 정보부 내에서도 공판기록을 조작한 부서가 다르기 때문에 그 취조관은 조작 사실을 모르고, 그 기록을 보여주면서 나를 설득해보려고 한 모양이었다. 3일 동안 조사를 받으면서 나는 그런 식으로 싸워나갔다. 내가 워낙에 강력하게 싸운 탓인지 조사기간 내내 비교적 예우를 받아가며 조사를 받았다.[15]

전창일은 아내와 자식들이 생활은 어떻게 영위하고 있는지 궁금했다. 임인영은 조심스럽게 말을 꺼냈다. 임인영은 자택 1층에서 몇 년 전부터 양장점을 경영하고 있었다. 전창일이 구속된 후 경찰이 가게 앞에서 드나드는 손님을 불심검문하는 통에 손님이 끊겨버렸다고 한다. 할 수 없이 양장점을 명동으로 옮겨 아이들을 학교 보내며 근근이 살아가고 있다고 말하며 남편의 눈치를 본다.

임인영은 구속자 가족의 생존권마저 위협하는 경찰의 비인도적 처사에 대해 인권탄압, 생존권 유린 사례로 유엔인권위원회 앞으로 진정서를 작성, 일본 기자에게 전달을 부탁했다. 후에 이 진정서가 7개 국어로 번역되어 여러 나라 신문에 보도되어, 경찰 내부에서도 큰 파문이 일어났다고 한다.[16]

이재문의 소식 역시 궁금하기는 마찬가지였다. 계호원의 귀와 눈이 두려워 묻지 못하다가, 눈치와 입놀림으로 물었더니 무사히 활동한다는

---

15 이소선, 인혁당 사건 가족들과 대면하다, 「오마이뉴스」, 2014.11.7. 〈민종덕, 『노동자의 어머니(이소선 평전)』, 어머니의 길, 어둠을 가르는 몸짓, 돌베개, 2016, pp.224~227.〉

16 『인혁당 사건, 그 진실을 찾아서』, 재경대구경북민주동우회 · 인혁당진상규명위원회 편, 2005, p.66.

대답에 마음이 놓였다. 예상치 않은 아내의 투쟁과 활약상에 전창일은 놀라는 한편, 만병통치약이라도 먹은 듯 전신이 후련함을 느꼈다는 것이 전창일의 후일담이다. 고문을 당한 후유증으로 때로는 누웠다가 혼자 힘으로 일어서지 못해, 철문을 발로 차면 교도관이 와서 일으켜주곤 했다. 아내가 전주성당에서 봉직하고 있던 문정현 신부와 함께 소장을 면담하였다. 문 신부가 자신이 이용하던 나무침대를 차입해 주어 침대에 누워 자니, 홀로 일어나기가 쉬워졌다. 언제나 고마운 문정현 신부였다.

:: 10 ::

임인영의 구속과
남민전 사건

종합 진단을 마치고 퇴원하니 동지들이 모두 반기며 기뻐했다. 전창일은 아내로부터 많은 정보를 얻었다. 그리고 중요한 뉴스를 하루라도 빨리 동지들에게 알려야겠다는 생각에 가벼운 흥분을 느꼈다. 전주교도소로 이감 온 후, 임인영은 행형법을 공부하여 웬만한 문제는 해결할 수 있는 전문가 수준이 되었던 모양이다. 수형자가 병이 났을 때, 의무과장의 허가를 받아 특별음식을 차입할 수 있는 조항을 발견했다고 한다. 교섭한 결과 법무부는 교도소 의무과장에게 전창일 가족이 협의하면 허가하라는 지시를 내렸다.

임인영은 남편이 좋아하는 꽃게장과 개소주(건강식품)를 차입해 넣었다. 그리고 귀한 수박 큰 덩어리 두 개도 넣었다. 교도관은 교도소 창립 이래 처음 있는 일이라고 하며 차입물을 넘겨주었다. 전창일은 수박을 깡통 뚜껑으로 만든 칼로 쪼개 특별사동에 갇힌 모든 사람에게 돌렸다. 모두가 놀란다. 게장도 사동에 있는 큰 주전자에 넣어 끓인 뒤 각 방에 배급하였다. 구수한 냄새가 진동한다. 10년 만에, 어떤 이는 20년 만에 먹었다는 사람도 있었다. 전창일은 그 무거운 수박을 어떻게 들고 왔는지 궁금하였다.

전창일은 소장 순시 때 수박, 참외 등의 구매물품 등록을 진정했다. 소장이 이 요청을 들어주어 그해 여름부터 재소자들은 감옥에서도 수박을 사 먹을 수 있게 되었다. 이제 재소자들은 특별음식물을 차입해 나눠

먹을 수 있게 된 것이다.

〈 그림197: 시계방향, ① 1979년 10월 9일 자, ② 11월 13일 자 동아일보, ③ 14일 자 조선일보 〉

한동안 잠잠하던 대형공안 사건이 다시 전국 대다수의 언론에 대서특
필 보도되었다. 1979년 10월 9일, 경찰은 "북괴의 적화통일 혁명노선
에 따라 대한민국을 전복시키고 사회주의국가를 건설키 위한 전위대로
서 이른바 '남조선민족해방전선 준비위원회'를 조직, 학원과 사회혼란
을 통해 대 정부 투쟁과 선동을 일삼아 온 대규모 반국가단체 총 74명의
계보를 파악, 이 가운데 주모자 등 20명을 검거하고 나머지 사범들을

호산 전창일과 통일운동 77년사

지명 수배했다"고 발표했다.[1]

　검거자 중 우리에게 낯익은 인물이 있다. 이 책을 통해 여러 번 거론한 바 있는 이재문이 남민전 중앙위원회 위원장으로 등장한다. 구자춘 내무부 장관을 따르면, 지난 1964년 인혁당 사건에 관련(중앙위원 · 조직부책) 2년 형을 치렀고, 1974년 4월 이른바 민청학련 사건을 배후조정했던 이재문이 총책이다. 그 외 언론이 보도한 이재문 관련 기사는 아래와 같다.

❶ 이수일 · 김남주 · 차성환 등을 검거하는 과정에서 이재문은 칼로 왼쪽 가슴을 찔러 자살을 기도, 입원 중이다. 내연의 처 이문희 역시 칼을 휘둘러 반항하다 붙잡혔다.

❷ 1964년 교도소 출감 후 세 차례에 걸쳐 경북대 학생데모를 선동했고, 74년 4월 민청학련사건 주모자 여정남을 배후 조정한 뒤 도피했다.

❸ 지하로 숨어 다니다 김병권, 이만성(가명) 등과 함께 조직을 결성, 위원장 자리에 앉았다.

❹ 조직에 가입되면 이재문이 고안한 '남조선해방 전선기'를 걸어놓고 "나는 투철한 혁명투사로서 남조선 해방 전선의 잠정강령과 규약에 적극 찬동하고 민족해방전사로서 온갖 노력과 재산 생명을 바쳐 멸사 헌신할 것"이라는 서약 등을 하게 했다.

❺ 이재문은 인혁당 당수로 사형된 도예종과 함께 지난 61년 10월 남파간첩 김상한의 권유로 인혁당 조직에 가담했고 '민주수호국민협

<hr>

1　대규모 반국가음모 조직 적발,「동아일보」, 1979.10.9.

의회' 경북도지부 선전부장으로 있을 때는 북괴의 '평화통일 5대 원칙'을 가르쳤으며 여정남에게 공산당 지하조직원리를 교양, 활동 자금까지 지원했다.

위 내용을 보면, 중앙정보부가 작성한 '대한민국 제거 대상'에 이재문을 포함시켰음을 알 수 있다. 남민전 사건에는 이재문 외 이재오, 김남주, 임헌영, 안재구, 홍세화 등 우리에게 익숙한 인물들도 다수 연루되었다. 그리고 사제폭탄, 납치, 강도 자행, 도시게릴라, 국가변란……, 보도된 헤드라인을 보면 남민전은 극악무도한 반사회적 단체가 된다. 지난날 인혁당, 통혁당 등과 같은 맥락이다. 박정희 정권이 탄압했던 이들 단체에 대한 진실추적은 별도의 장에서 다시 다루기로 한다. 전창일은 이러한 소용돌이가 바깥세상에서 전개되고 있음을 전혀 몰랐다.

어느 날 이상한 일이 발생했다. 교도관이 전창일의 방 바로 앞으로 책상을 옮겨놓고 항시 들여다보고 있는 것이다. 유진곤이 충격적인 소식을 전했다. 교도관으로부터 전해 들은 말에 의하면, 밖에서 남민전 사건이 터졌는데, 전창일의 아내도 구속되었다고 한다. 하늘이 무너지는 것 같았다. 교도관의 책상이 옮겨진 이유가 바로 그 이유 때문이었구나!

보도된 기사를 따르면, "이들이 만든 남민전 전선기(깃발)는 민청학련 사건으로 사형이 집행된 도예종 등 8명이 입었던 옷을 무기수 전창일의 처 임인영이 수집하여 전수진, 이문희 등이 염색, 봉합해 북괴기와 흡사하게 만들어 이문희의 친정집 담 밑에 파묻어 숨겨 놓은 것을 지난 10월 18일 경찰이 압수했다"고 한다.[2]

2   남민전기, 「동아일보」, 1979.11.13.

호산 전창일과 통일운동 77년사

전창일은 너무나 큰 충격에 며칠간 식음을 전폐했다. 무엇보다 아이들이 걱정되었다. 두 딸은 대학에 재학 중이고 막내딸은 중학교에 다니고 있었다. 아빠 잃은 자식들이 이제 어미마저 잃게 되었다. 일가친척도 없는 이산가족, 외톨이 신세가 더욱 서러웠다. 전창일은 목 놓아 울고 싶었다. 너무나 괴로워 죽고 싶은 심정이 그를 더욱 괴롭혔다.

전창일의 사정을 알게 된 옥중의 모든 사람들이 동정의 눈빛을 보냈다. 인혁당 동지들은 더욱 우울한 나날을 보내고 있었다. 통방도 하고 싶지 않고, 말 없는 고독과 허무 속에서 흐르는 연민의 시간만을 벗하고 있었다. 갇혀 있을 아내를 생각하면 미쳐버릴 것만 같았다.

임인영과 같은 유치장에 갇혔던 권오헌 양심수 후원회장의 후일담에 의하면, 임인영 여사에게서 공권력과 싸우는 방법을 배웠다고 한다. 모두들 잡혀 와 의기소침해 있는데, 임 여사는 들어오자마자 간수들에게 큰소리로 항변하면서 저항도 하고 설렁탕을 주문하여 각방에 돌려주면서 격려하여 주었다는 것이다. 간수들도 임 여사는 함부로 다루지 못했다는 것이 권오헌의 경험담이다.

임인영의 혐의 내용은 첫째, 이재문 · 신향식3 · 안재구 · 김병권4 등이

---

3 신향식(1934~1982); 동지는 1934년 전남 고흥에서 태어나 고등학교를 졸업하고 고학으로 공부하여 서울대 철학과에 입학하여 어렵게 학비를 마련하여 학업을 마쳤다. 1964년 노동청에 근무하기도 하였으며, 1966년부터는 동아출판사 편집부에 근무하였다. 그러던 중 통일혁명당 서울 준비위에 참여하면서 학사주점을 운영, 1968년 통혁당 사건으로 구속 수감되어 3년 6개월 동안 복역을 하였다. 하지만 끝내 전향을 거부하였다. 1975년 박정희 유신정권이 사회안전법을 제정하여 발효시키자 비전향으로 출소됐던 동지는 피검을 피해 지하로 잠적하였다. 1976년 2월 29일 이재문 동지 등과 함께 남민전 준비위를 결성하여 중앙위원으로 활동하면서 1979년 10월 검거될 때까지 미·일 제국주의와 군사 독재 정권에 반대하는 투쟁에 전력을 기울였다. 검거 후 법정투쟁을 계속하였으나, 1980년 대법원에서 사형확정 판결을 받고 1982년 10월 8일 전두환 정권에 의해 사형당했다. 《추모연대》
4 김병권(1921~2005); 1921년 2월 대구에서 출생한 선생은 4·19 혁명 당시 사회당 대구

반민주적 박정희 유신체제를 타도하기 위하여 결사한 조직이 '남조선민족해방전선(남민전)'인데, 그 조직을 상징하는 깃발을 인혁당 사건으로 처형된 사형수들이 입었던 옷으로 만든 사실이 있다. 이 사건으로 인혁당 가족들 여러 명이 잡혀 고문 취조를 받으면서, 임인영이 사형수 가족으로부터 그 옷을 거두어 남민전 사람들에게 전달했다고 진술함에 따라 구금 취조를 받게 된 것이다. 둘째, 남민전 수사과정에서 인혁당 사건으로 지명수배 중이던 이재문을 감춰준 사실이 드러남에 따라 범인은닉 혐의. 셋째, 불법단체 가입혐의 등이었다.

첫째와 셋째 혐의는 취조 과정에서 완강히 부인하여 혐의가 제외되었다. 그리고 임 여사 석방 진정들이 쇄도하여 20여 일 갇혀 있다가 불구속 입건되었다. 재판결과, 범인은닉죄로 징역 2년 집행유예 3년을 받았다. 상고는 포기하였다. 범인은닉은 전창일이 한 것인데 무고한 임인영이 벌을 받은 셈이다. 다음 표는 남민전 사건 피고인의 재판결과를 정리한 것이다.

지부 민족자주통일협의회에서 활동했으며 5·16 군사쿠데타 직후 구속돼 옥고를 치르고 그해 12월 출소했다. 1976년 2월 반유신 민주화운동 및 반제국주의 민족해방운동을 목표로 결성된 '남민전 준비위원회'에 준비위원으로 참여했다는 이유로 같은 해 3월 반공법으로 구속돼 또다시 옥고를 치렀다. 1979년 10월 남민전 사건이 다시 불거지면서 선생은 청주보안감호소 수감 중 추가 기소돼 재판을 받았으며 1988년 12월 형집행정지로 석방될 때까지 12년 반을 감옥에서 보냈다. 이후 1991년 조국통일범민족연합(범민련) 남측준비위원회 발족에 참여해 숨지기 전까지 범민련 남측본부 고문 및 통일연대 고문이라는 직함을 갖고 활동해 왔다. 선생은 남민전 사건으로 함께 옥고를 치렀던 고(故) 김남주 시인의 시집 '사상의 거처'에 등장하는 '김병권 선생님'의 실제 인물이다. 《추모연대》

호산 전창일과 통일운동 77년사

[표17: 남민전 사건 피고인 재판결과]

피고인	나이	기소 시 직책	1심 구형	1심 선고	2심 선고	비고
① 이재문	45	전 대구일보 기자, 남민전 준비위원장	사형	사형	사형	옥사 (81.11.22.)
② 신향식	45	무직, 서울대 철학과 졸				집행 (82.10.8.)
③ 최석진	28	한국경제개발협회 연구원		사형	무기	형집행정지 (1984)
④ 안재구	46	전 숙대 교수				가석방 (88.12.21.)
⑤ 이해경	39	무직, 서울대 고고인류학과 졸		무기		가석방 (88.12.21.)
⑥ 박석률	31	서강대 졸				가석방 (88.12.21.)
⑦ 임동규	40	전 고대노동문제연구소 총무부장				가석방 (88.12.21.)
⑧ 차성환	26	무직, 서울농대 중퇴				가석방 (88.12.21.)
① 이수일	26	정신여중 교사				가석방 (88.12.21.)
② 김병권	58	무직				가석방 (88.12.21.)
③ 김남주	33	시인, 전남대 중퇴	무기	징15 자15	징15 자15	가석방 (88.12.21.)
④ 박석삼	24	무직, 광주고 중퇴				가석방 (88.12.21.)
⑤ 황금수	41	침술사				가석방 (88.12.21.)
⑥ 김종삼	31	가톨릭농민회 조사부원				가석방 (88.12.21.)
임규영	26	새한자동차 정비공				가석방 (88.8.14.)
⑦ 노재창	25	농촌근대화 연구원, 서울여대 졸	무기	징10 자10	징10 자10	가석방 (88.8.14.)
김부섭	24	서울공대 졸				가석방 (88.8.14.)
김영옥	44	전 사회당 창당위원				가석방 (88.8.14.)
⑧ 이문희	26	이재문의 내연의 처	무기			
윤관덕	26				징7 자7	
김봉권	47					

성명	나이	직업			
이계천	34	회사원			형 집행정지 (83.8.11.)
이재오	34	전 국제사면위 한국지부 사무국장	징15 자15		
임준열 (임헌영)	38	문학평론가			
심영호	40	전 새한자동차 사원			
김 홍	36	운전사		징5 자5	
백정호 (백연호)	37	학원강사			
이학영	27				
최광운	28				
김 명	36				
정만기	32				
임기묵	34				
전수진	62	–	징15자 15		
최평숙	41			징3 자3	
권영근	28				
김정길	28				
이 강	32				
김재술	31				
김특진	28				
황철식	27				
최강호	30				
권오헌	42				
이영주	33			징3자3 집유5	
곽선숙	27				
김성희	36			징2자2	

이름	나이						
탁무권	22					징2자2 집유3	
신영종	22						
권명자	21						
서혜란	27						
나강수	36						
김영철	26					징1자1 집유2	
김정자	26						
황기석	23						
박남기	25						
신우영	32						
김희상	24					징8자8 집유1	
장미경	24						
〈원심 파기〉							
신동규	36	화공약품상					
〈상고 포기〉							
김세원	49						
장혁수	21						
임인영	44					징2자2 집유3	항소 포기
이은숙	29						
김문자	40						
이호덕	68						
〈상고이유서 미제출〉							
김승균 외 8명	40						

※형집행정지(1983.8.11.): 이계천, 이재오, 임준열(임헌영), 심영호, 김홍, 백정호 (백연호)

※특사(1983.12.22.): 조태범 등 9명

※형집행정지(1984): 최석진(만성 신장염)

※가석방(1985.5.22.): 16명

※1987년 9월 현재 구속자: 안재구 등 15명

※가석방(1988.8.14.): 김부섭, 노재창, 김영옥, 임규영 등 4명

※가석방(1988.12.21.): 이해경, 박석률, 안재구, 임동규, 김병권, 김종삼, 김남주, 이수일, 박석삼, 차성환, 황금수 등 11명

임인영은 석방되자 곧 면회하러 전주로 내려갔다. 짧은 면회시간에 구체적 이야기는 할 수 없어 그냥 혐의가 풀려 나왔다는 이야기만 했다. 임인영의 모습이 초췌한 것은 오랫동안의 취조에 지친 탓일 것이다. 하지만 전창일은 세상 모든 것을 차지한 것처럼 기뻤다. 감방에 돌아와 소식을 전했다. 모두들 축하해 준다.

전주에 이감 온 이후 통방을 통해 향후 정세에 관해 의견 교환이 있었다. K1, K2 등 몇몇 인혁당 동지들은 미국 대통령 선거에서 주한 미군의 남한철수를 공약으로 내걸었던 카터가 당선되었기 때문에 미군은 곧 철수할 것이며,[5] 1973년 6월 23일 북측이 제안한 고려연방공화국안(高麗民主共和國案)[6]에 의해 조국통일의 염원이 성취되리라고 믿는다. 그

---

5 카터의 주요정책, 주한 미군 단계적 철수, 「경향신문」, 1976.5.6.

6 고려연방제(高麗聯邦制); 연방제 통일방안은 1960년 8월 14일 김일성의 "8.15해방 15주년 경축대회 연설"에서 처음으로 제시되었다. 당시 연방제는 '과도적 대책'으로 남북의 현 정치제도를 그대로 두고 양 정부의 독자적인 활동을 보장하는 방식으로 제기되었다. 1973년 6월 23일 김일성은 '조국통일 5대 방침'을 제시하면서 '고려연방공화국'이라는 단일국호에 의한 남북연방제 실시를 주장하였으며, 이후 1980년 10월 제6차 당대회를 통해 '고려연방공화국'에 민주라는 수식어를 붙인 후 최종 정리된 통일방안으로서 '고려민주연방공화국 창립방안'을 제시하였다. 《한국민족문화대백과사전》

호산 전창일과 통일운동 77년사

리고 엉터리 재판으로 중형을 받은 우리들도 곧 석방될 것을 확신한다
고들 주장했다. 심지어 "주한 미군 철수공약으로 당선된 카터 대통령에
게 인혁당 관련자 명의로 당선 축하 메시지를 보내자"고 제의한 사람도
있어 심경을 괴롭게 하였다고 전창일은 고백했다.

　나름대로 이해할 수 있는 견해였다. 무엇보다 그들은 무기형이나 장
기형을 받을 만한 죄를 지었다고 생각해 본 적이 전혀 없었기 때문이었
다. 그렇기 때문에 그들은 싸 가지고 온 보따리를 풀지 않았다. 언제 갑

〈 그림198: 1976년 5월 10일 자 경향신문, The Greening of America(하드커버 에디션, 1970년) 〉

자기 보따리 들고 출옥할지 모르기 때문이라 한다.

　그러나 전창일은 동지들의 견해에 동의할 수 없었다. 모두가 희망적
관측에 의한 낙관론이었다. 미국에 대한 견해도 너무나 환상적이었다.
때마침 임인영이 남편에게 예일대 교수 찰스 레이히(Charles A. Reich)가

쓴 『The Greening of America』(미국 젊은이들의 의식혁명)라는 책을 보내 왔다. 전창일은 이 책의 내용을 동지들에게 소개했다.

저자는 이 책을 통해 오늘의 미국 사회는 재래의 폭력혁명과는 다른 비폭력 의식 문화혁명을 통해 미국의 정치적 구조를 급변시킬 것을 예고한다고 역설했다. 즉 마르크스, 레닌이 주장한 프롤레타리아 혁명이 아닌 의식혁명이 온다는 주장이다. 그리고 미국 사회의 부조리를 지적하며 대통령 선거를 예로 들었다. "역대 미국 대통령 선거에서 후보자들은 거짓공약을 남발했고, 당선 후에는 아무런 책임을 지지 않았다. 대통령 선거란 거짓말 명수들의 경연장이다."라고 비평했다. 전창일은 동지들에게, 주한 미군 철수 역시 큰 기대를 갖지 말 것을 충고했다.

"박정희는 죽을죄를 짓지 않은 사람들임을 알고서도 죽였기 때문에 우리를 쉽게 내놓을 리 없다. 그래서 '엄정독거, 완전격리'라는 법에도 없는 특별수용지침까지 내리고 있는 것이다. 박정희가 비명에 죽기 전에는 나갈 생각 말고 보따리 풀고 차분히 징역살이 잘 하자"고 권했으나 그들은 전창일의 주장에 동의하지 않았다. 그들은 전창일을 교조주의자(특정한 교의나 사상을 절대적으로 받아들여 현실을 무시하고 이를 기계적으로 적용하거나 따르는 사람)라고 비판했다. 오히려 전창일에게 보따리를 싸놓으라고 한다.

이러한 논쟁은 바깥의 가족 운동하고 연관이 되었다. 동지들은 가족들에게 "아, 곧 나갈 거야."라고 얘기했지만, 전창일은 아내에게 "당신은 내가 곧 석방된다고 생각하지 말라, 마음 단단히 먹고 애들 공부나 잘 시키라"고 했다. 그 결과 임인영은 외톨이가 되어 버렸다. K1의 부인 J 씨는 "아~ 전창일 씨 혼자만 석방운동 하시라"고 야유했으며, 사형수 가족들에게 외신기자회견의 동참을 요구하면 "아유, 죽은 사람이

호산 전창일과 통일운동 77년사

살아서 돌아오느냐"고 하는 이도 있었다. 가족운동 자체가 와해된 것이다. 아무튼, 친구들이 교조주의자라고 비판할 때 정신적으로 고통이 많았다는 게 전창일의 고백이다.[7]

---

7 『인혁당 사건, 그 진실을 찾아서』 2005, pp.67~71.

11

출옥과 사상전향서

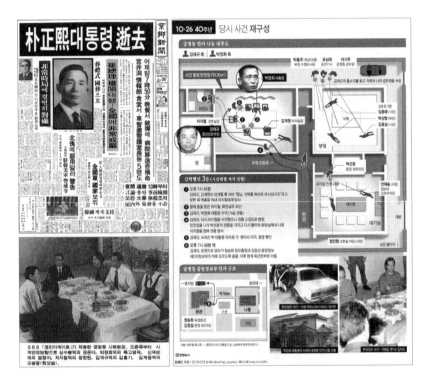

〈 그림199: 시계방향, ① 1979년 10월 27일 자 경향신문, ② 2019년 10월 25일 자 연합신문, ③ 1995
년 9월 15일 자 동아일보 〉

　1979년 10월 26일 저녁 무렵, 대통령 박정희가 사망했다. 사망 장소
는 서울 종로구 궁정동 청와대 부지 내에 있는 중앙정보부 소속의 한 안
가이다. 사건의 순간, 경위는 다음과 같다.

금요일 저녁 7시 41분, 신재순이 심수봉의 반주에 맞춰 '사랑해'라는 노래를 부르던 중 김재규가 발터 PPK를 꺼내 쏘자 차지철의 오른쪽 손목을 맞혔고, 차지철은 실내 화장실로 달아났다. 이어 박정희의 가슴을 향해 쏘았다. 박정희는 치명상을 입고 쓰러졌다. 그 총소리가 들리는 순간, 중앙정보부 의전과장 박선호는 대기실에서 대통령 경호부처장 안재송과 대통령 경호처장 정인형을 차례로 쏘아 죽였고, 중앙정보부장 수행비서 박흥주 역시 경비원과 같이 주방에 있던 경호원을 죽였다. 김재규가 총구를 차지철에게 조준했고 차지철이 김재규에게 계속 저항하는 가운데 김재규가 방아쇠를 당겼지만, 총이 격발불량을 일으켜 고장났다. 그때 정전되었으며 김재규는 연회장을 빠져나가 1층 로비로 갔다. 두리번거리고 있을 때 박선호가 나타났고 김재규는 고장 난 발터를 박선호의 스미스 앤 웨슨 M36 치프 스페셜 리볼버와 맞바꾸었다.

박선호는 탐색하러 갔고 김재규는 연회장으로 다시 들어갔는데 심수봉과 신재순이 총에 맞아 쓰러진 박정희를 부축하고 있었다. 차지철은 화장실에 숨었다 다시 나와 경호원을 찾으러 나가려는 순간 다시 김재규가 들어왔다. 차지철은 김재규에게 장을 던져 총 쏘는 것을 막으려 했지만, 김재규는 이를 피한 후 차지철의 폐와 복부를 향해 총을 쏘아 차지철이 맞고 그대로 엎어졌다. 김재규는 박정희 앞으로 다가와 총을 겨누었고 심수봉과 신재순은 도망쳐 숨었다. 김재규는 쓰러진 박정희의 후두부에 총을 쏘았다. 오른쪽 귀 윗부분에서 들어간 총알은 지주막을 꿰뚫고서 박정희의 왼쪽 콧잔등 밑에 박혔다. 머리 총상은 치명상이었다.··· 박선호의 명령을 받은 경비과장 이기주는 경비원 김태원을 시켜 쓰러져 있는 사람 모두를 확인 사살하였고 이미 절명 직전인 차지철 역

시 확인 사살했다.[1]

허무한 죽음이었다. 영원할 것 같았던 유신독재는 독재자의 부하이자 고향 후배이며 육사 동기였던 김재규의 손에 의해 종지부를 맺었다. 그날 죽은 사람은 박정희 외 대통령경호실장 차지철, 경호처장 정인형, 경호부처장 안재송, 경호원 박상범·김용섭 등 5명이 더 사망했지만, 세인들은 동석했던 두 여인에 더욱 관심을 표명했다. 한 명은 현역가수로서 절정의 인기를 구가하던 심수봉(1955년생, 명지대)이고 또 다른 여인은 한양대 연극영화과 3학년에 적을 둔 채 모델 활동을 하던 신재순(1957년생)이었다. 두 사람은 박정희의 장녀 박재옥(1937~2020)보다 20살 정도 어렸다. 박재옥의 장남 한 모 씨가 1959년생이니 손녀뻘 되는 여인들이 파트너 역할을 했던 셈이다. 전창일도 이 소식을 들었다. 갇혀있는 동지들 모두 놀랐고 흥분했다. 반면 유신을 추종하던 교무과 직원들은 침울할 수밖에 없었다.

그러나 역사는 아직 군인들의 몫이었다. 전두환이란 듣도 보도 못한 군인이 쿠데타를 일으켰고,[2] 현역장성 신분을 유지하면서 중앙정보부장 서리에 임명됨으로써 국내 모든 정보기관을 장악했다.[3] 그리고 광주학살을 거쳐,[4] 1981년 9월 1일 대한민국의 제11대 대통령으로 취임했다.[5]

박정희 피살 후, 전두환 신군부의 출현에 전창일은 어두운 미래를 예

1   10·26 사건,《위키백과》
2   정승화 육참총장 연행,「경향신문」1979.12.13.
3   정보부장 서리에 전두환 중장,「경향신문」1980.4.15.
4   광주데모 사태 닷새째,「동아일보」1980.5.22.
5   제11대 전두환 대통령 당선, 9월 1일 취임 동시 새 내각 발족,「경향신문」1980.8.27.

〈 그림200: 시계방향, ① 1979년 12월 13일 자, ② 1980년 4월 15일 자 경향신문, ③ 1980년 5월 22일 자 동아일보, ④ 신축 대구교도소 〉

감했다. 그러나 동지들은 미국에서 더 이상 군부 통치는 용납하지 않을 것이라고 믿고 있었다. 민주화를 역행하던 신군부는 결국 광주학살을 불러왔다. 훗날 '광주민주화운동'으로 명명된 광주사변으로 인해 감옥

안 양심수들은 일대 이감소동을 겪게 되었다.

1980년 어느 날, 인혁당 동지들은 대구감옥으로 이감되었다. 이태환, 정만진, 이재형, 임구호, 이강철 등 대구에 있던 인혁당·민청학련 관계자들은 대전교도소로 이감되었고, 이성재, 나경일, 황현승은 광주로 이감되었다고 한다. 전창일 일행은 대구 교도소의 특별사동에 수용되었다. 그곳은 전주의 특별사동과 똑같이 국가보안법 위반 장기수들이 수용된 곳이다.

보따리를 놓고 모두 끌려 나가 머리를 빡빡 깎였다. 항변했지만 소용없다. 옥에 갇힌 후 처음 겪는 수모다. 진짜 죄수가 된 기분이었다. 이튿날 교무과로 불려갔다. 과장은 교무를 담당하는 자답지 않게 무뚝뚝하다. 경직된 군인 같은 인상이다. 직원에게 교무과장이 왜 저 모양인가 물었더니 사연을 얘기해 준다. 대전으로 이감한 민청학련 이강철이 언쟁하다가 과장의 책상을 뒤엎었던 모양이다. 그 사건 후 인혁당·민청학련 관련 죄수들에겐 늘 굳은 표정이라는 것이다. 전창일은 이강철[6] 학생의 용맹에 대해 흐뭇한 만족을 느꼈다고 한다.

이감 며칠 후 전창일은 소장실로 불려 갔다. 큰 회전의자에 앉은 소장은 왜소한 체격의 자그마한 사람이었다. 소장은 전창일을 응접 의자에 앉히고 대좌하였다. 첫인상과 달리 소장은 조리 있게 말을 했으며, 위엄도 있으면서 인자한 인상을 풍겼다. 첫 질문이 "전창일 씨는 부인과 싸운 적이 있습니까?"라는 가정문제였다. 의외의 질문에 "간혹 있지

---

6 이강철(李康哲, 1947~)은 대한민국 참여정부에서 대통령 정무특별보좌관을 지낸 정치인이다. 경북대 정치외교학과를 졸업했다. 민청학련 사건 시 경북대 지구대학 책으로 활동하다가 구속되었고, 징역 20년 자격정지 15년 형을 받고 복역 중 1981년 8월 14일 출옥했다.

요."라고 했다. 소장은 미소를 지으며 "누가 이기십니까?"라고 묻는다. "옳은 쪽이 이기지요."라고 대답하면서 "왜 그런 질문을 하십니까?"라고 되물으니, 그는 전창일의 처를 잘 알고 있다고 한다. 이감자 명단에 전창일이라는 이름이 있어 가슴이 철렁 내려앉았다고 한다. 소장은 계속해서 설명했다.

자신이 법무부 교정과장에 재임하고 있을 때, 당신의 아내가 여러 번 찾아와 전주교도소 수용자 처우문제를 가지고 자기를 괴롭혔다고 한다. 전창일 씨 입원문제, 영양음식 차입문제 등 너무나 완강하게 요구를 하니 혼났다는 이야기를 웃으며 말한다. 전창일도 웃었다.

소장은 앞으로도 종종 불러낼 터니 잡수시고 싶은 음식을 대접하겠다며, 먹고 싶은 음식을 묻는다. 같이 온 동료를 두고 나 혼자 그런 과분한 처우를 받을 수 없다고 사양하자, 그럼 인혁당 모두에게 대접하겠다고 한다. 전창일은 고맙다고 사례하며 돌아와 동료들에게 알렸다. 모두들 기뻐하였다. 그 후 인혁당 동지들은 한 달에 한두 번 소장실에서 중국음식 대접을 후히 받았다. 모두가 아내의 덕분이구나, 전창일은 마음으로 깊이 고맙게 생각했다. 교도관들의 말에 따르면, 소장은 일제강점기 시대 서대문형무소에 소년 급사로 취직한 뒤, 해방 후 형무관이 되면서 고학을 계

□ 사상전향제란

일제때 시작…독재정권서 제도화

일제시대 독립운동가들의 의지를 꺾기 위해 만들어진 사상전향제도는 해방 이후 독재정권을 거치면서 '전향서'라는 이름으로 제도화됐다.

70년대에는 '나의 사상이 잘못됐고, 민족 앞에 사죄하며 대한민국에 충성을 다한다'는 내용의 전향서를 반드시 쓰도록 강요됐다. 전향서 작성자는 사람들 앞에서 이를 밝히고 심사위원회의 심사를 통과해야했다. 80년대말까지도 이런 방법이

효과가 없자 정부는 비전향 장기수 등을 상대로 전향서를 '각서' 또는 "사회에 나가면 가족과 어떻게 살겠다"는 내용의 '생활계획서' 등으로 바꿔가며 끊임없이 전향을 요구했다.

노태우 정권 들어 이런 전향서 제출을 70살 이상 장기수에게는 적용하지 않고 석방하기도 했으나 김영삼 정권 들어서는 취임식 때와 95년 8·15에 두차례 이런 조처를 취했을 뿐이다.

조성곤 기자

〈 그림201: 1998년 7월 2일 자 한겨레신문 〉

속하여 단국대학 야간을 다녔다. 그 후로도 대학원에서 석사학위까지 딴 사람이며, 행정학 책도 쓴 학자라고 한다. 과연 존경받을 만한 사람이었다.

소장의 인품과 별개로 대구교도소는 전주와 달리 인혁당 관련자들에게 '사상전향서'를 요구했다. 사상전향제도는 일제 강점기 시기 치안유지법 위반 사범들, 해방 후 대한민국의 권위주의 정권 당시 국가보안법이나 반공법, 집시법이나 계엄법, 그리고 기타 공안 관련 법률을 위반한 공안사범들을 가석방 시켜주는 조건으로 사상전향서를 쓰게 하고 전향성명서를 낭독한 뒤 이를 대북방송에 보내고 해당 행정기관의 재가를 받아서 석방시키는 제도였다.[7]

이 제도로 인해 수많은 비전향 장기수가 배출되었다. 전향서를 쓰지 않으면 가석방이 거의 불가능했다. 1933년부터 시행된 이 법은 1998년 당시 김대중 대통령에 의해 폐지되고 준법서약제도로 변경되었으며[8] 준법서약제도는 2019년 보호관찰법 시행령과 시행규칙이 개정되면서 폐지되었다.

교무과에서는 계속 전향서를 쓰라고 종용했다. 전향서를 제출해야 사면을 받을 수 있고, 그 이전에 특별사동에서 빠져나와 동료들과 합방하여 함께 지낼 수 있다는 것이다. 동지들은 동요하는 기색이 역력했다. 운동시간에 밖으로 나와 의논을 했다. 전창일은 끝까지 거부하자고 했지만, 대부분은 쓰자고 했다. 써야 내준다고 하니 쓰고 나간 뒤 싸우고, 또 들어오는 한이 있더라도 나갈 수 있는 수순을 밟자는 얘기였다.

---

7 사상전향제도, 《위키백과》
8 사상전향제란, 일제 때 시작…독재정권서 제도화, 「한겨레신문」 1998.7.2.

박정희가 사망하고 전두환이 대통령으로 취임할 무렵까지 교도소에 수감되어 있던 인혁당 관련 동지들은 모두 15명이었다. [표16: 인혁당 및 민청학련 피고인 재판결과]를 참조하여 정리하면 다음과 같다.

피고인	나이	기소 시 직책	1심		2심	비고
			구형	선고	선고	
① 전창일	61	일명 전철구, 회사원 인혁당 서울지도부조직책	무기 (7.8.)	무기 (7.11.)	항소기각	형집행정지 (82.12.24.)
② 김한덕	50	블록제조업, 전 인혁당원 인혁당 서울지도부조직책	무기 (7.8.)	무기 (7.11.)	항소기각	형집행정지 (82.12.24.)
③ 유진곤	45	인혁당 서울지도부자금책	무기 (7.8.)	무기 (7.11.)	항소기각	형집행정지 (82.12.24.)
④ 나경일	52	무직, 전 남조선해방전략당원 인혁당 서울지도부조직책	무기 (7.8.)	무기 (7.11.)	항소기각	형집행정지 (82.12.24.)
⑤ 강창덕	54	전사대당경북도당선전위원장 인혁당 서울지도부조직책	무기 (7.8.)	무기 (7.11.)	항소기각	형집행정지 (82.12.24.)
⑥ 이태환	56	경북 정지사 대표 인혁당 서울지도부자금책	무기 (7.8.)	무기 (7.11.)	항소기각	형집행정지 (82.12.24.)
⑦ 이성재	53	서울대 정치학과, 지압사		무기 (8.13.)	항소기각	형집행정지 (82.12.24.)
⑧ 김종대		학원장 인혁당 서울지도부조직책	무기 (7.8.)	무기 (7.11.)	징20자15	형집행정지 (82.3.2.)
⑨ 전재권		전 남로당원 인혁당 서울지도부자금책	무기 (7.8.)	무기 (7.11.)	징15자15	형집행정지 (82.3.2.)
⑩ 황현승		교사 인혁당 서울지도부조직책	20년자15	20년 (7.11.)	징15자15	형집행정지 (82.3.2.)
⑪ 이창복		무직 인혁당 서울지도부조직책	20년자15	20년 (7.11.)	징15자15	형집행정지 (82.3.2.)
⑫ 조만호		상업, 전 인혁당원 인혁당 서울지도부조직책	20년자15	20년 (7.11.)	항소기각	형집행정지 (82.3.2.)

⑬ 정만진		목욕업 인혁당 서울지도부조직책	20년자15	20년 (7.11.)	항소기각	형집행정지 (82.3.2.)
⑭ 이재형		상업 인혁당 서울지도부조직책	20년자15	20년 (7.11.)	항소기각	형집행정지 (82.3.2.)
⑮ 임구호		학원 강사 인혁당 서울지도부조직책	20년자15	20년 (7.11.)	징15자15	형집행정지 (82.3.2.)

'사상전향서' 문제에도 불구하고 전창일 및 그의 동료들이 감옥을 나오게 된 것은 전창일의 처 임인영의 공로가 크다. 임인영은 다른 가족들을 통하여 남편이 전향서 쓰는 것을 반대한다는 이야기를 들었다. 그녀는 윤보선 전 대통령을 움직여야겠다고 생각했다. 윤보선 역시 긴급조치 4호 위반으로 구속된 바 있다.[9] 그 후 발족된 '구속자가족협의회'에서 공덕귀 여사가 초대회장을 맡았고, 임인영은 열혈회원으로 가족운동을 했음은 이미 거론한 바 있다. 이러한 인연을 바탕으로 공 여사를 통해 윤보선이 전두환 대통령을 만나게 하자는 제안을 했던 것이다.

마침 이 무렵 전두환의 장인인 대한노인회 회장 이규동(李圭東, 1911~2001)[10]이 윤보선과의 면담을 요청했다. 정치적 곤경에 처한 전

---

9 보통군재 윤보선 씨 기소, 「동아일보」, 1974.7.16.

10 이규동은 1911년 11월 7일에 경상북도 고령에서 출생하였고 지난날 한때 경상북도 상주에서 잠시 유아기를 보낸 적이 있으며 훗날 경상북도 성주에서 성장하였다. 그는 성주에서 이봉년과 결혼하여 만주국으로 가서 슬하에 1남 6녀를 두었으나 딸 셋은 요절하였다 전두환의 아내 이순자는 그의 차녀이다. 봉천군관학교를 4기로 졸업하고 만주에서 육군 경리관으로 일했다. 해방 후에 조선국방경비사관학교를 2기로 졸업하였다. 이후 1959년에 육군본부 경리감에 보임되었고 이듬해인 1960년 육군 준장으로 전역하였다. 1965년부터 1969년까지 대한주정협회 회장을 지냈고, 제5공화국 당시에는 대한노인회 회장을 지냈다. 사위 전두환은 그의 직속 부하 장교였는데 차녀인 이순자가 전두환을 마음에 들어 하여 그와 결혼했고 전두환은 대한민국의 제11 · 12대 대통령을 역임했다. 동생 이규승은 육사 7기로 졸업하여 대령으로 예편하였고 그 밑의 동생 이규광도 육사 3기

호산 전창일과 통일운동 77년사

두환이 윤보선의 협조가 필요했던 것이다. 그러나 윤보선의 입장에선 전두환을 만날 수 없었다. 섣불리 만났을 경우 여론의 뭇매를 맞을 것은 불문가지였다. 여러 차례에 걸친 이규동의 간청에도 윤보선은 거절할 수밖에 없는 처지였다.

임인영은 이러한 상황을 알게 되었다. 인혁당 가족들이 모두 공덕귀 여사의 집으로 가서 무기한 단식기도를 하자, 윤보선 전 대통령이 전두환을 만나 석방운동을 하게 하자, 이렇게 결심한 그녀는 모두에게 연락했다. 하지만 대부분이 꺼렸다. 대구에서 세 사람이 올라왔다. 정만진[11]의 부인, 전재권[12]의 부인, 이미 처형당한 송상진의 부인 그리고 임인

로 졸업하여 준장으로 예편하였다. 계수인 이규광의 아내 장성희를 통해 장영자와 김대중과도 인척 관계를 형성했다. 사후 국립대전현충원에 안장되었으며 묘소는 장군1묘역에 있다. 《위키백과》

11 정만진(1940~1998); 대구대학 법학과에 재학 중 장면 정부의 2대 악법(반공법, 데모규제법)제정 시도를 무산시키기 위해 2대악법반대투쟁위원회 위원장으로 활동하다가 구속되어 복역 중, 5·16 쿠데타로 혁명재판소에 이관되어 징역 10년을 선고받고 수감되었다. 4·19 이후 민주민족청년동맹, 민족자주통일협의회 활동에 참여하였고, 소위 '1차 인혁당' 사건에도 연루되어 수배된 바 있다. 출소 후 1963년 대학에 복학한 후 경북대 이재형, 김성희, 여정남 등과 함께 한일회담반대시위를 주도하였고, 1969년 삼선개헌반대투쟁시는 '3선개헌반대범국민투쟁위원회 경상북도지부'에 참여하고, 1972.4.22. 민주수호경북협의회의 11인 준비위원회의 1인으로서 민주수호경북협의회의 발기에 참여하였고 청년위원장으로 적극 활동하는 등 지속적으로 민주화운동을 해왔다. 1969년 7월경 대구에서 이재문, 하재완 등과 접촉, 당시 이재문의 학교후배로서 학생운동으로 수배받고 있던 여정남을 도피시키기 위해 친구 하재찬의 형인 하재완의 집에 가정교사로 가장 입주시키는 등, '민청학련' 때까지 대구 경북지역의 선후배와의 인적 연계 속에서 학생운동을 지원해 온 활동으로 인하여, 1975년 4월 8일 대법원에서 대통령긴급조치위반, 국가보안법위반 등으로 징역 20년, 자격정지 15년을 선고받았다. 《조국통일범민족연합 남측본부》

12 전재권(1927~1986); 1927년 경북 상주에서 출생했으며 6.25 전후하여 국가보안법 위반으로 5년 동안의 교도소 생활을 하였다. 출소 이후 동아일보 기자를 지내면서 4.19 당시 사회당에 참여 활동하였다. 그러던 중 1974년 인혁당 재건위 사건으로 구속 징역 15년형을 선고받고 복역하다 1982년 형집행정지로 출소하였으나 4년 뒤인 1986년 고문과 복역 후유증으로 운명하였다. 《추모연대》

영 등 네 사람은 안국동 윤보선의 자택을 찾아갔다. 공 여사에게 우리는 여기서 무기한 단식농성을 하겠다고 통보했다. 그 무렵, 인혁당 가족들은 악성 전염병 환자 취급당하는 것이 사회 분위기였다. 친척들도 겁이 나서 만날 수 없었다고 한다. 혹 여의치 않은 일로 인해 만날 경우, 그 사람들 왜 만났느냐, 무슨 얘기 했느냐고 조사받으니 누군들 감히 인혁당 가족을 만나려고 하겠는가? 그러나 공덕귀 여사는 이 네 사람을 보살피고 안아주었다. 인간성이 아주 훌륭한 분이었다는 게 전창일의 소회(所懷)다. 당시 전개된 장면을 좀 더 살펴보자.

인혁당 가족 네 사람이 들이닥치자, "하이고, 중앙정보부니 경찰이니 뭐니 또 우리 집에 모두 달려들 텐데 그거 어떻게 하지"라고 염려스러운 표정을 지을 때 비가 엄청나게 쏟아지기 시작했다. "하이고! 비가 이렇게 쏟아지는데 안 된다 할 수 없고, 그럼 저 방에 들어가서 하시오."라고 배려하는 마음을 베풀었다. 임인영 일행은 단식하기 시작했다. 며칠 지난 후 윤보선이 나타났다. 임인영은 "죄 없는 사람을 하루도 지나지 않고 사형 집행하고…, 그리고 긴급조치 4호 위반혐의자 대부분이 풀려났는데 왜 우리 남편만 풀려나지 않습니까, 억울해서 살 수 없습니다, 우리는 여기서 죽을 것입니다…. 선생님께서 움직여주세요, 전두환이 살인마라고 비난받지만, 그 살인마가 지금 대한민국 대통령입니다, 인혁당 사람들 석방시키려면 대통령이 명령해야 합니다, 그 대통령이 장인을 내세워 몇 번이나 초청했는데 선생님은 응하지 않고 있습니다, 선생님이 대통령을 만나서 제발 인혁당 사람들 석방시켜 달라고 요청해주세요…."라고 애원했다.

단식 4, 5일 차 즈음에 경찰이 움직이기 시작했다. 아마 정보부에서 압력을 가했을 것이다. 일단 기자들의 접근을 차단했다. 그리고 단식하

〈 그림202: 1982년 1월 30일 자, 12월 24일 자 경향신문 〉

는 인혁당 가족들을 퇴거(退去)시킬 것을 요구했다. 윤보선이 나섰다. 내가 전두환을 만나겠으니 일단 단식을 멈추길 바란다. 사실 이때쯤 모두들 탈진상태에 이를 정도로 위기상황이었다. 가족들은, 그럼 선생님을 믿고 기대하겠다며 농성을 풀었다고 한다.

결국, 윤보선은 전두환을 만났다.[13] 인혁당 관련자 석방을 요구하는 윤보선에게 전두환은 조건을 제시했다. 반성문 또는 전향서를 쓰라는 것이었다. "대한민국 법을 지키고 살겠다는 그런 확약서 한 장 없이 어떻게 내놓습니까."라는 전두환의 말에 거부할 명분을 잃었다. 전향서를 쓰도록 설득할 수밖에 없었다. 아무튼, 조건부였지만 전두환은 인혁당 관련자의 석방을 약속했다. 윤보선은 임인영에게 "세상에서 내가 전두

13 전 대통령, 윤보선 씨 등 원로들과 간담, 「경향신문」 1982.1.30.

환 씨의 초청에 응한다고 비난하는 줄 알면서도 그를 만나는 것은 오직 인혁당을 석방시키기 위함이야. 내가 그에게 무엇을 바랄 것이 있겠는가."라고 말했다고 한다.

임인영은 대구로 내려가 남편을 면회했다. 윤 대통령을 움직여 전 대통령도 석방 약속을 했으니 전향서 혹은 반성문을 쓰라고 하는 아내의 말에, 전창일은 거부했다. 무엇을 반성하라는 말인가? 나는 검찰이 기소하고 법원이 판결한 범죄를 저지른 적이 없다. 당신도 그러한 사실을 알고 석방 운동한 것이 아니냐? 지금 그 날조된 범죄를 시인하고 풀려나가면 뭐하냐, 그렇게 나가 멍텅구리처럼 사는 것보다 감옥에 앉아 사는 것이 더 떳떳하다, 당신도 생각을 바꿔라. 석방보다 명분이 더욱 중요하다는 남편의 말에 임인영은 더 이상 말을 할 수 없었다. 그녀는 남편을 이해했고, 자신 역시 알고 있었던 것이다. 죄를 짓지 않은 사람들을 전기 고문, 물고문해 사건을 조작하여 사형시키고, 무기징역으로 지금 형을 살고 있다고 호소했는데, 지금 남편에게 반성문을 쓰라는 자체가 자기모순이었던 것이다. 임인영은 서울로 돌아올 수밖에 없었다.

다른 가족들을 만났다. 모두들 쓰기로 했다고 한다. "아, 쓰지, 그까짓 거 뭐 쓰고 나가지……." 대개들 그렇게 생각한 것이다. 그 당시 전향서 작성을 거부한 사람은 전창일 외 또 한 명이 있다. 전주교도소에서 복역 중이던 이성재다. 그는 전창일의 절친한 친구 중의 한 명이다. 인혁당 사건 당시 수배당한 그를 체포하기 위해 경찰은 두 자녀까지 연행해 고문했고, 그 후유증에 시달리던 자녀들은 고인보다 먼저 세상을 떠났다. 그러한 아픔을 지닌 채 1995년 캐나다로 이민을 갔지만, 재심이 시작되자 2006년 귀국했고, 2008년 9월 18일 무죄 판결을 받았다. 하지만 보상금 반환 문제로 충격을 받아 실어증에 걸린 채로 투병하다가

2016년 5월 24일 별세했다.[14]

남편 하나 설득하지 못한다고 임인영에게 원망이 쏟아졌다. 아내가 남편을 다시 찾아왔다. 윤보선의 말을 전한다. 그까짓 종이쪽 한 장이 뭐라고, 답답해 죽겠다 하면서 막 야단을 쳤다고 한다. 함세웅 신부의 당부도 전했다. 반성문 초안을 작성하여 보낼 터이니 그대로 쓰라, 나중에 함세웅 신부가 쓴 것이라고 하면 되지 않느냐는 제안이었다. (사실 이 제안은 임인영의 아이디어였다고 한다.) 그러함에도 전창일은 버텼다. 이 무렵, 전창일이 받아줄 수 있는 내용으로, 편법을 동원해서라도 쓰게 하라는 정보부의 지시가 내려왔던 모양이다. 동지들도 압력을 가했다.

전향서 초안에는 '공산주의 사상을 갖게 된 동기'라는 조항과 '범죄를 저지른 이유'란 조항이 있었고 '공산주의 활동 내용'도 서술하라는 항목도 있었다. 전창일은 내던졌다. 난 쓸 수 없다. 마음대로 해라. 그 뒤 전창일은 홀로 지냈다. 전주교도소에 있을 때는 교조주의자로 몰리다가, 이제 대구에서는 고집쟁이로 몰렸다. 교무과장이 나섰다. 그가 코치해준다. 공산주의 사상을 가진 동기는 "공산주의 사상을 가진 바 없음이라고 쓰면 되지 않는가." 라는 조언에, 그래 그 정도면 쓸 수 있겠다고 생각을 바꾸었다.

동지들도 동의했다. 전창일은, 그런 적 없음, 없음, 해당 사항 없음, 전부 없음…등으로 소위 반성문이라는 문서를 작성하여 제출했다. 다른 동지들도 각자 전향서를 썼다. 이 전향서는 정보부의 심사에 합격해야 인정을 받는다고 한다. 결과가 나왔다. 모두들 통과했는데, 전창일만 불합격이라 한다. 교무과에서는 합격한 사람들은 다른 사동으로 옮겨

14 '인혁당 재건위 조작사건' 이성재 씨 별세, 「한겨레」, 2016.5.25.

합방하지만, 전창일만은 특별사동에 그대로 남아 있어야 한다는 통보였다. 전창일은 좋다고 하면서 모두들 전방하라고 권했다. 하지만 모두들 전창일만을 남겨두고 갈 수 없다고 하여, 다 같이 특별사동에 그냥 지내기로 하였다.

교무과는 합격할 수 있도록 수정할 것을 권유했지만, 전창일은 거부했다. 한 달쯤 지났다. 한두 글자만이라도 고쳐달라고 그들이 부탁한다. 동료들도 가세했다. 불합격된 것을 그대로 제출할 수 없고, 한두 자라도 고쳐야 다시 제출할 수 있다는 교무과장의 말이 일리가 있는 것으로 판단되어 전창일은 서너 자 고쳐주었다. 이번에는 합격이라고 한다. 웃기는 일이었다. 불합격 처리된 먼저 것과 내용은 동일했는데도 이제 합격이라고 한다.

전창일의 동료들은 다른 사동으로 옮겨 한 방에 서너 사람씩 혼거하였다. '엄정독거 완전격리' 수용지침이 이제야 해제된 것이다. 김한덕, 이창복, 강창덕, 전창일 등이 같은 방에서 생활하게 되었다. 처우가 달라졌다. 전창일의 동지들은 구속된 이래 처음으로 종이와 펜을 가질 수 있는 '자유'도 누렸다. 이 무렵 쓴 글이 제1장 3절에서 소개한 '사고향(思故鄕)'이란 한시다.[15]

1982년 12월 24일, 크리스마스 특별사면으로 형 집행면제가 떨어졌다. 전창일, 김한덕, 유진곤, 나경일, 강창덕, 이태환, 이성재 등 7명이 감방을 나왔다. 모두들 무기수였고, 인혁당 사건으로 구속된 자들 중 마지막 출옥자였다.[16]

---

15 〈자세히 보기-2〉 [내 고향 이북(북청)에 띄우는 편지(1992.5.1.;「말」지 1992년)] 참조
16 형집행 정지자, 인혁당 사건 관련자(7명), 「경향신문」, 1982.12.24.

호산 전창일과 통일운동 77년사

제10장

범민련의
통일운동

:: 01 ::

북조선, 고려민주연방공화국(80.10.10.) 창설을 제안하다

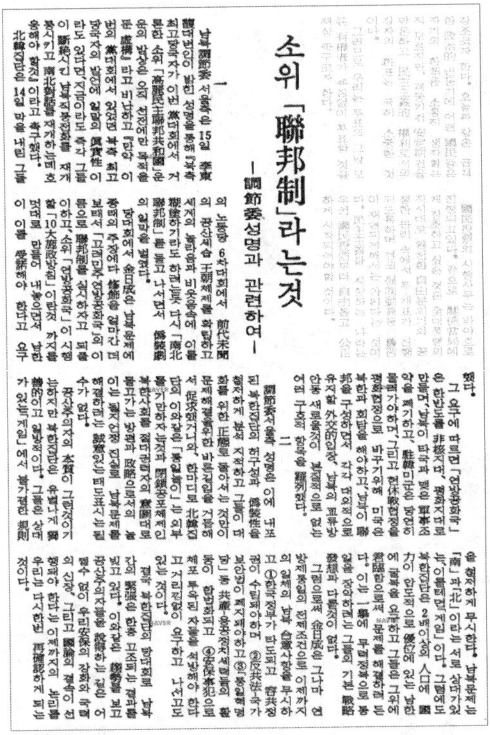

소위「聯邦制」라는것

—調節委성명과 관련하여—

一

남북調節委 서울측은 15일 李東馥대변인이 밝힌 성명을 통해「북측 최고당국자가 이번 黨대회에서 거론한 소위「高麗民主聯邦共和國」운운의 발상은 오직 선전에만 목적을 둔 虛構」라고 비난하고「만약 이번의 黨대회에서 있었던 북측 최고당국자의 발언에 일말의 眞實性이라도 있다면,지금이라도 즉각 그들이 斷絶시킨 남북직통전화를 재개통시키고 南北對話를 재개하는데 호응해야 할것」이라고 촉구했다.

北韓집단은 14일 막을 내린 그들의 노동당 6차대회에서 前代未聞의 공산세습 王朝체제를 확립하고 세계의 놀라움과 비웃음속에 이를 糊塗하기라도 하려는듯 다시「南北聯邦制」를 들고 나서면서 僞裝劇의 일막을 벌였다.

당대회에서 金日成은 남북문제에 종래의 주장에다 修飾을 얼마간 더 보태서「고려민주연방공화국」의 이름으로 聯邦制를 실시하자고 되풀이하고,소위「연방공화국」이 시행할「10大施政방침」이란것 까지를 멋대로 만들어 내놓으면서 남한이 이를 受諾해야 한다고 요구했다.

그 요구에 따르면「연방공화국」은 한반도를 非核지대,평화지대로 만들며,남북이 타국과 맺은 軍事조약을 폐기하고,駐韓미군은 당연히 물러가야하며,그리고 현休戰협정을 평화협정으로 바꾸기위해 미국은 북한과 회담을 해야하고,남북이 聯邦을 구성하면서 각각 대외적으로 유지할 外交的입장,남북의 교류방안등 새로울것이 본질적으로 없는 어떤 구호의 항목을 羅列했다.

二

調節委서울측 성명은 이에 내포된 북한집단의 허구성과 僞裝性을 철저하게 분석 지적하고 그들이 대화를 위한 正態로 돌아서는 것만이 문제해결을위한 바른길임을 거듭해서 促求했거니와,한마디로 北韓집단의 이와같은「통일놀이」는 외부를기만하자는것과 閉鎖공포체제인 북한사회를 절대권력자의 意圖대로 몰고가는 방편과 政略으로서의 놀이는 될지언정 진실로 남북문제를 해결하려는 誠意있는태도표시는될 수가 없다.

공산주의자의 本質이 그런것이기는하지만 북한집단은 유별나게 [illegible]的이고 일방적이다. 그들은 상대가 있는「게임」에서 불가결한 規則을 철저하게 무시한다. 남북문제는「南」과「北」이라는 서로 상대가있는,이를테면「게임」이다. 그럼에도 북한집단은 2배이상의 人口에 國力이 압도적으로 優位에 있는 남한에 屈服을 요구하고 그들은 그위에 君臨함으로써 문제를 해결하려 든다. 이는 一擧에 무력적화로 통일을 장악하려는 그들의 기본 戰略戰術과 다를것이 없다.

그럼으로써 金日成은 그나마 연방제통일의 전제조건으로 이제까지의 일체의 남북 合意사항을 무시하고 ①한국정부가 타도되고 容共정권이 수립돼야하며 ②反共法·국가보안법이 폐지돼야하고 ③「통일혁명당」등 共產·용공정치세력들의 활동이 합법화되고 ④安保事犯으로 체포 투옥된 자들을 석방해야 한다고 거리낌없이 요구하고 나서고도 있는 것이다.

결국 북한집단의 당대회로 남북간의 緊張은 한층 고조되는 결과를 빚고 있다. 이와같은 [illegible]를 보고 공산주의자들을 [illegible]하는 길은 어쩔수 없이 우리安保의 강화와 국력의 신장,그리고 國論의 결속이 선행돼야 한다는 이제까지의 논리를 우리는 다시한번 再確認하게 되는 것이다.

〈 그림203: 1980년 10월 16일 자 조선a일보 사설 〉

1980년 10월 15일, 북조선 김일성 주석은 제6차 당대회를 통해 '고려민주연방공화국 창립방안'을 제시하였다.[1] 1960년 8월 14일 "8 · 15 해

1 소위 '연방제'라는 것, 조절위 성명과 관련하여,「조선일보」, 1980.10.16.

방 15주년 경축대회 연설"에서 연방제통일방안을 처음으로 제시한 후, 1973년 6월 23일 '조국통일 5대 방침'을 통하여 '고려연방공화국'이라는 단일국호에 의한 남북연방제 실시를 주장했고, 이제 '고려연방공화국'에 민주라는 수식어를 붙인 후 최종 정리된 통일방안으로서 '고려민주연방공화국 창립방안'을 제시한 것이다.

1980년 10월 10일, 조선로동당 제6차 대회가 열렸다. 이 무렵은, 미국이 제기한 '유엔 동시 가입 및 교차승인', 그리고 당시 남한의 광주 5·18 민주항쟁 등 일련의 상황 변화를 겪은 이후 통일문제에 대해 새로운 접근이 필요한 시기였다. 즉 통일문제에서 7·4 남북공동성명 이후로 지지부진하던 남북 관계의 획기적인 전환점이 요구되던 때였다는 얘기다. 이러한 조건을 바탕으로 제6차 당대회에서 김일성 주석은 '중앙위원회 사업 총화 보고'를 통하여 조국통일에 관한 원칙과 고려민주연방공화국창립방안을 제시하였다. 1960년대 이후로 꾸준히 제기하여 온 '연방제'에 대하여 당시 정세의 변화 등을 토대로 하여 '고려민주연방공화국창립방안'이라는 좀 더 발전·변화된 형태의 조국통일방안을 제기한 것이다. 구체적인 내용은 다음과 같다.

자세히 보기-29

['고려민주연방공화국' 창설방안,
조선노동당 제6차 대회 사업 총화 보고, 1980년 10월 10일 조선노동당]

우리 당은 조직을 자주적으로, 평화적으로, 민족대단결의 원칙에서 통일하는 가장 현실적이며 합리적인 방도는 북과 남에 있는 사상과 제도를 그대로 두고 북과 남이 연합하여 하나의 연방국가를 형성하는 것이라고 인정합니다.

해방 후 오늘까지 북과 남에는 오랜 기간 서로 다른 제도가 존재하여 왔으며 거기에서는 서로 다른 사상이 지배하고 있습니다. 이러한 조건에서 민족적 단합을 이룩하고 조국통일을 실현하려면 어느 한쪽의 사상과 제도를 절대화하지 말아야 합니다. 만일 북과 남이 제각기 자기의 사상과 제도를 절대화하거나 그것을 상대방에 강요하려 한다면 불가피적으로 대결과 충돌을 가져오게 되며 그렇게 되면 도리어 분열을 심화시키는 결과를 낳게 될 것입니다.

전 민족이 한결같이 조국통일을 지상의 과제로 인정하고 있는 이상, 사상과 제도의 차이가 통일을 불가능하게 하는 조건으로는 될 수 없습니다. 한 나라 안에서 서로 다른 사상을 가진 사람들이 같이 살 수 있으며 하나의 통일국가 안에 서로 다른 사회제도가 함께 존재할 수 있습니다. 우리는 우리의 사상과 제도를 결코 남조선에 강요하지 않을 것이며 오직 민족의 단합과 조국통일을 위하여 모든 것을 복종시킬 것입니다.

우리 당은 북과 남이 서로 상대방에 존재하는 사상과 제도를 그대로 인정하고 용납하는 기초 위에서 북과 남이 동등하게 참가하는 민족통일정부를 내오고, 그 밑에서 북과 남이 같은 권한과 의무를 지니고 각 지역자치제를 실시하는 연방공화국을 창립하여 조국을 통일할 것을 주장합니다.

호산 전창일과 통일운동 77년사

연방 형식의 통일국가에서는 북과 남의 같은 수의 대표들과 적당한 수의 해외동포 대표들로 최고민족연방회의를 구성하고 거기에서 연방상설위원회를 조직하여 북과 남의 지역 정부들을 지도하며 연방국가의 전반적인 사업을 관할하도록 하는 것이 합리적일 것입니다.

최고민족연방회의와 그 상임 기구인 연방상설위원회는 연방국가의 통일정부로서 전 민족의 단결, 합작, 통일의 염원에 맞게 공정한 원칙에서 정치 문제와 조국방위 문제, 대외 문제를 비롯하여 나라와 민족의 전반적 이익과 관계되는 공동의 문제들을 토의 결정하며 나라와 민족의 통일적 발전을 위한 사업을 추진하고 모든 분야에서 북과 남 사이의 단결과 합작을 실현하여야 할 것입니다.

연방국가의 통일정부는 북과 남에 있는 사회제도와 행정조직들, 각 당, 각 파, 각계각층의 의사를 존중히 여기며 어느 한쪽이 다른 쪽에 자기 의사를 강요하지 못하도록 하여야 할 것입니다. 북과 남의 지역 정부들은 연방정부의 지도 밑에 전 민족의 근본 이익과 요구에 맞는 범위에서 독자적인 정책을 실시하며 모든 분야에서 북과 남 사이의 차이를 줄이고 나라와 민족의 통일적 발전을 이룩하기 위하여 노력하여야 할 것입니다.

연방국가의 국호는 이미 세계적으로 널리 알려진 우리나라 통일국가의 이름을 살리고 민주주의를 지향하는 북과 남이 공통한 정치 이념을 반영하여 고려민주연방공화국으로 하는 것이 좋을 것입니다. 고려민주연방공화국은 어떠한 정치 군사적 동맹이나 쁠럭에도 가담하지 않는 중립국가로 되어야 합니다. 서로 다른 사상과 제도를 가지고 있는 북과 남의 두 지역을 하나의 연방국가로 통일하는 조건에서 고려민주연방공화국이 중립국가로 되는 것은 필연적인 것이며 또 현실적으로 가장 합리적인 것입니다.

고려민주연방공화국은 우리나라의 전 영토와 전 민족을 포괄하는 통일국가로서 전체 조선 인민의 근본 이익과 요구에 맞는 정책을 실시하여야 할 것입니다. 우리 당은 고려민주연방공화국이 다음과 같은 시정방침을 내세우고 집행하는 것이 타당하다고 인정합니다.

첫째, 고려민주연방공화국은 국가 활동의 모든 분야에서 자주성을 확고히 견지하며 자주적인 정책을 실시하여야 합니다. 자주성은 독립 국가의 기본표징이며 나라와 민족의 생명입니다. 국가 활동에서 확고한 자주성을 가지고 자주권을 행사하여야 민족의 존엄성과 영예를 지킬 수 있으며 인민들의 염원에 맞게 나라의 부강발전을 이룩할 수 있습니다. 고려민주연방공화국은 그 어떤 나라의 위성국으로도 되지 않으며 그 어떤 외세에도 의존하지 않는 완전한 자주독립 국가로, 쁠럭 불가담 국가로 되어야 할 것입니다.

연방국가는 정당, 사회단체의 조직과 활동의 자유, 신앙의 자유, 언론·출판·집회·시위의 자유를 보장하여야 하며 북과 남에 사는 인민들이 나라와 모든 지역을 자유로이 오고 가며 임의의 지역에서 정치·경제·문화 활동을 자유롭게 할 수 있는 권리를 보장하여야 합니다.

연방정부는 북과 남의 어느 한쪽에도 치우치지 않고 나라 안의 두 지역과 두 제도, 여러 당파와 계급, 계층의 이익을 다 같이 보장하는 공정한 정책을 실시하여야 합니다. 연방정부가 실시하는 모든 정책은 민족 대단결의 원칙으로부터 출발하여야 하며 민족의 단결과 합작을 강화하여 나라의 통일적인 발전과 번영을 이룩하기 위한 것으로 되어야 합니다.

연방정부는 통일국가의 발전을 위하여 노력하는 북과 남의 어떠한 단체나 개별적 인사에 대하여서도 과거를 묻지 않고 단결하여 나가며 어떤 형태의 정치적 보복이나 박해도 허용하지 말아야 할 것입니다. 고려민주연방공화국은 온갖 형태의 외세 간섭과 외세 의존을 반대하고 대내외 활동에서 완전한 자주권을 행사하며 국가정치에서 나서는 모든 문제를 조선 민족의 근본 이익과 우리나라의 실정에 맞게 자주적으로 풀어 나가야 할 것입니다.

둘째, 고려민주연방공화국은 나라의 전 지역과 사회의 모든 분야에 걸쳐 민주주의를 실시하며 민족의 대단결을 도모하여야 합니다. 민주주의는 각이한 사상과 정견을 가진 사람들이 다 같이 공감하고 받아들일 수 있는 공통한 정치이념이며 각계각층의 광범한 인민들이 국가와 사회의 주인으로서 마땅히 누려야 할 신성한 권리입니다. 고려민주연방공화국은 독재정치와 정보정치를 반대하고 인민들의 자유와 권리를 철저히 옹호, 보장하는 민주주의적인 사회정치제도를 전면적으로 발전시켜 나가야 합니다.

셋째, 고려민주연방공화국은 북과 남 사이의 경제적 합작과 교류를 실시하며 민족경제의 자립적 발전을 보장하여야 합니다. 우리나라의 북과 남에는 앞으로 계속 이용할 수 있는 풍부한 자연부원이 있으며 지난 기간 마련하여 놓은 경제 토대가 있습니다. 나라가 통일된 조건에서 북과 남이 서로 협조하고 합작하여 자연부원을 공동으로 개발하고 이미 마련하여 놓은 경제 토대를 효과적으로 이용한다면 우리나라의 민족경제는 매우 빨리 발전할 수 있을 것이며 우리 인민들은 모두 다 남부럽지 않게 잘 살 수 있을 것입니다.

북과 남 사이의 경제적 합작과 교류는 북과 남의 서로 다른 경제제도와 기업체들의 다양한 경제활동을 인정하는 기초 위에서 실현되어야 합니다. 연방정부는 북과 남에 있는 국가 소유와 협동단체 소유, 사적 소유와 개인적 소유를 다 같이 인정하고 보호하여야 하며 자본가들의 소유와 기업활동에 대해서도 독점과 매판 행위를 추구하지 않고 민족경제의 발전에 이바지하는 한에서는 그것을 제한하거나 침해하지 말아야 할 것입니다.

연방국가는 여러 계급과 계층의 이익에 맞게 모든 생산 단위와 기업체들의 경제 활동을 잘 조절하면서 북과 남이 지하자원과 바다 자원을 비롯한 자연 부원을 공동으로 개발하고 이용하며 호상 협력과 유무상통의 원칙에서 분업과 통상을 널리 발전시켜 나가도록 하여야 합니다. 북과 남의 당국 또는 기업체들 사이에 공동회사, 공동시장 같은 것을 합리적으로 조직하여 운영하는 것도 좋을 것입니다. 연방국가는 북과 남 사이의 광범한 합작과 교류를 통하여 북과 남의 경제를 서로 연결되고 유기적으로 결합된 자립적으로 민족경제로 발전시켜 나가야 할 것입니다.

넷째, 고려민주연방공화국은 과학, 문화, 교육 분야에서 북과 남 사이의 교류와 협조를 실현하며 나라의 과학기술과 민족문화예술, 민족교육을 통일적으로 발전시켜야 합니다.

우리 인민은 유구하고 찬란한 민족문화의 전통을 가지고 있습니다. 슬기롭고 재능있는 우리 민족은 오랜 옛날부터 과학기술과 문화예술을 훌륭히 발전시켜 왔습니다. 해방 후 우리나라의 북과 남에서는 유능한 과학자, 기술자들과 재능있는 문화예술인들이 많이 자라났습니다. 북과 남 사이에 교류와 협조를 실현하여 북과 남의 과학자, 기술자들과 문화예술인들이 힘과 지혜를 합친다면 우리나라의 과학기술과 민족문화예술을 더욱 찬란히 개화 발전시킬 수 있을 것입니다.

연방국가는 북과 남의 과학자, 기술자들이 과학연구사업을 공동으로 진행하며 과학기술 분야의 성과와 경험을 널리 교환하도록 하여 우리나라의 과학기술을 빨리 발전시켜야 합니다.

연방국가는 북과 남의 과학자들이 공동으로 민족문화유산을 발굴하고 보호 관리하며 또한 우리 말과 글을 연구 발전시키도록 하여야 합니다. 그리하여 우리의 민족문화예술을 더욱 찬란히 꽃피우고 단일민족으로서의 우리 민족의 고유성을 계속 살려 나가도록 하여야 할 것입니다. 교육은 민족의 장래운명을 좌우하는 매우 중요한 사업입니다. 연방정부는 인민적인 교육제도를 발전시키고 교육사업을 국가적으로, 사회적으로 적극 지원하도록 함으로써 우수한 민족 기술 인재를 많이 양성하며 전체 인민의 문화 지식수준을 끊임없이 높여 나가야 할 것입니다.

다섯째, 고려민주연방공화국은 북과 남 사이에 끊어졌던 교통과 체신을 연결하며 전국적 범위에서 교통, 체신 수단의 자유로운 이용을 보장하여야 합니다. 교통과 체신은 나라의 동맥이며 신경입니다. 국토가 양단되고 교통과 체신이 끊어짐으로써 우리 민족은 가족, 친척들을 가까이 두고도 서로 만나지 못하고 소식조차 나누지 못하는 커다란 불행을 겪게 되었습니다. 북과 남 사이에 끊어졌던 교통과 체신을 다시 연결하여야 민족의 이러한 불행을 끝장낼 수 있으며 북과 남 사이의 정치, 경제, 문화적 교류와 합작을 원만히 실현할 수 있습니다.

연방국가는 북과 남을 연결하는 철길과 자동차 길을 복구하고 뱃길과 비행기 길을 개설하여 땅과 바다, 하늘을 통한 북과 남 사이의 자유로운 내왕이 이루어지도록 하여야 합니다. 또한, 북과 남의 전 지역에 걸쳐 전신, 전화가 통하고 우편물이 자유로이 오고 가도록 하여야 합니다. 연방정부는 북과 남이 교통수단과 체신시설을 공동으로 이용할 뿐 아니라 그 관리 운영도 점차 공동으로 하여 앞으로는 온 나라의 교통과 체신을 일원화하도록 하여야 할 것입니다.

여섯째, 고려민주연방공화국은 노동자, 농민을 비롯한 근로대중과 전체 인민들의 생활 안정을 도모하며 그들의 복리를 계통적으로 증진시켜야 합니다. 근로대중은 국가와 사회의 주인이며 모든 물질적 부의 창조자입니다. 근로자들에게 안정된 생활을 보장하여 주며 그들의 복리를 끊임없이 높이는 것은 인민을 위하여 복무하는 민주주의 국가의 활동에서 가장 중요한 원칙으로 되어야 하며 또한 그렇게 하는 것은 통일정부가 마땅히 이행하여야 할 민족적 의무이기도 합니다.

연방국가는 모든 활동에서 노동자, 농민을 비롯한 근로자들과 각계각층 인민들의 생활 안정과 복리 증진을 위한 사업에 우선권을 부여하여야 합니다. 모든 근로자들에게 먹고 입고 쓰고 살 수 있는 기본적인 생활조건을 보장하여 주며 가난한 사람들의 생활을 중산층의 생활 수준으로 끌어올려 전체 인민이 다 잘 살도록 하여야 할 것입니다.

연방국가는 노동력 있는 모든 사람들에게 직업을 알선해 주고 노동조건과 휴식조건을 마련해 주며 근로자들의 안정된 생활을 보장할 수 있는 임금제도와 가격정책, 공정한 세금 제도를 실시하여야 합니다. 중소기업을 비롯한 여러 가지 형태의 기업체들에서 정상적으로 생산 활동을 진행하고 근로자들의 생활을 보장하도록 대책을 세우며 특히 영세 농어민들과 소상인, 수공업자들의 경리를 국가적으로 적극 지원하여야 할 것입니다. 연방국가는 근로자들의 교육과 건강 증진에 깊은 관심을 돌리고 국가적인 보장 대책을 세워 모든 근로자들과 그 가족들이 누구나 다 교육을 받을 수 있고 병을 치료받을 수 있도록 하여야 합니다.

일곱째, 고려민주연방공화국은 북과 남 사이의 군사적 대치 상태를 해소하고 민족연합군을 조직하며 외래 침략으로부터 민족을 보위하여야 합니다.

북과 남이 방대한 무력을 가지고 군사적으로 대치하여 있는 것은 호상 간에 오해와 불신을 조성하고 불화를 가져오며 평화를 위협하는 근원으로 됩니다.

연방국가는 북과 남 사이의 군사적 대치 상태를 끝장내고 동족 상쟁을 영원히 종식시키기 위하여 쌍방의 군대를 각각 10만~15만 명으로 줄여야 합니다. 이와 함께 남을 갈라놓고 있는 군사분계선을 없애고 그 일대의 모든 군사시설을 제거하며 북과 남에 있는 민간 군사 조직들을 해산하고 민간 군사훈련을 금지하여야 합니다.

연방국가는 조선인민군과 남조선 〈국군〉을 통합하여 단일한 민족연합군을 조직하여야 합니다. 민족연합군은 북과 남의 어느 쪽에도 속하지 않는 통일국가의 민족군대로서 연방정부의 통일적인 지휘 밑에 조국 보위 임무를 수행하여야 합니다. 민족연합군을 유지하며 조국을 보위하는 데 필요한 모든 부담은 북과 남이 공동으로 져야 합니다.

여덟째, 고려민주연방공화국은 해외에 있는 모든 조선 동포들의 민족적 권익과 이익을 옹호하고 보호하여야 합니다. 오늘 수많은 우리 조선 동포들이 해외에서 살고 있습니다. 고려민주연방공화국은 해외에 있는 조선 동포들의 조국으로서 마땅히 그들의 민족적 권리와 이익을 옹호하고 보호할 책임과 의무를 지녀야 합니다. 고려민주연방공화국은 해외에 있는 모든 조선 동포들이 국제적으로 공인된 합법적 권리와 자유를 누리도록 하기 위하여 적극 노력하며 민주주의적 민족 권리를 위한 그들의 투쟁을 견결히 지지 성원하여야 합니다. 연방정부는 모든 해외동포들이 조국으로 자유로이 내왕하며 조국에 돌아와 임의의 지역에서 자유롭게 살며 활동할 수 있는 권리를 보장하여야 합니다.

아홉째, 고려민주연방공화국은 북과 남이 통일 이전에 다른 나라들과 맺은 대외관계를 올바로 처리하여야 통일국가 안에서 전민족적 이익과 두 지역의 이익이 다 같이 적절히 보장될 수 있으며 연방국가가 세계 여러 나라들과 공정한 입장에서 친선관계를 발전시켜 나갈 수 있습니다. 또한, 통일이 된 다음에도 북과 남이 일정한 범위에서 각각 다른 나라들과 독자적인 대외관계를 가지게 되는 조건에서 연방정부가 두 지역 정부의 대외 활동을 통일적으로 잘 조절하는 것이 필요합니다.

고려민주연방공화국은 북과 남이 통일 이전에 다른 나라들과 일방적으로 맺은 군사조약을 비롯하여 민족적 단합에 배치되는 모든 조약과 협정들을 폐기하여야 합니다. 북과 남이 다른 나라들과 맺은 대외관계 가운데서 경제관계를 비롯하여 민족 공동의 이익에 어긋나지 않는 대외관계는 계속 유지하여야 할 것입니다.

연방국가는 북과 남이 사회제도에 관계없이 다른 나라들과 경제적으로 합작하는 것을 허용하여야 합니다. 연방국가는 나라가 통일되기 전에 남조선에 투자한 다른 나라의 자본을 다치지 말며 그 이권을 계속 보장하여야 할 것입니다.

고려민주연방공화국은 북과 남의 지역 정부들이 다른 나라들과 쌍무적 관계를 가지는 것을 허용하여야 합니다. 연방국가는 북과 남의 대외관계를 잘 조절하여 두 지역 정부가 대외 활동에서 공동보조를 취하도록 하여야 할 것입니다.

열째, 고려민주연방공화국은 전 민족을 대표하는 통일국가로서 세계 모든 나라들과 우호 관계를 발전시키며 평화 애호적인 대외 정책을 실시하여야 합니다. 고려민주연방공화국은 대외 관계에서 전체 조선 민족을 유일적으로 대표하여야 합니다. 연방국가는 유엔을 비롯한 국제기구들에 전 조선 민족을 대표하여 참가하며 전 민족을 대표하여야 할 모든 국제적인 행사들에 유일 대표단을 보내야 할 것입니다. 고려민주연방공화국은 중립 노선을 확고히 견지하고 쁠럭 불가담 정책을 실시하며 자주성과 내정불간섭, 평등과 호혜, 평화공존의 원칙에서 세계 모든 나라들과 우호 관계를 발전시켜 나가야 합니다. 특히 고려민주연방공화국은 인접한 나라들과의 선린관계를 적극 발전시켜 나가야 합니다.

고려민주연방공화국은 평화를 사랑하는 나라로 되어야 하며 평화 애호적인 대화 정책을 실시하여야 합니다. 통일된 조선은 주변 나라들과 세계 어느 나라에도 침략 위협으로 되지 않을 것이며 국제적인 그 어떤 침략 행위에도 가담하거나 협력하지 않을 것입니다. 연방국가는 우리나라 영토에 다른 나라 군대의 주둔과 다른 나라 군사기지의 설치를 허용하지 말며 핵무기의 생산과 반입, 그 사용을 금지함으로써 조선반도를 영원한 평화지대로, 비핵지대로 만들어야 할 것입니다.

고려민주연방공화국이 실행하여야 할 10대 시정방침은 전체 조선 민족의 공통된 지향과 요구를 정확히 반영하고 있으며 통일된 조선이 나아갈 앞길을 뚜렷이 밝혀 주고 있습니다. 우리 당이 이번에 새롭게 제기하는 조국통일 방안과 통일국가의 10대 정강은 전체 조선 인민의 적극적인 지지와 찬동을 받을 것이며 세계 인민들로부터 열렬한 환영을 받을 것입니다.

조선노동당이 제시한 통일의 기본 원칙은 자주, 평화, 민족대단결이다. 이러한 원칙하에 가장 현실적이며 합리적으로 통일에 이르는 방도로 "북과 남에 있는 사상과 제도를 그대로 두고 북과 남이 연합하여 하나의 연방국가를 형성하는 것"임을 천명한 것이다. 고려민주연방공화국 창립방안은 연방통일정부 수립 후 남북 양 지역 정부가 내정을 맡고 외교와 국방은 중앙정부가 맡는 1민족, 1국가, 2제도, 2정부 형태의 통일국가를 지향하고 있다. 그리고 고려민주연방공화국이 실행하여야 할 10대 시정방침을 아래와 같이 제시했다.

① 자주성 견지 및 자주적 정책 실시. 국가 활동의 모든 분야에서 자주성을 확고히 견지, 자주적인 정책을 실시, '블럭' 불가담 국가가 되어야 한다.

② 민주주의 실시. 나라의 전 지역과 사회의 모든 분야에서 민주주의를 실시하고 민족대단결을 도모한다.

③ 경제적 합작과 교류. 북과 남의 경제적 합작, 교류를 실시하여 민족경제의 자립적 발전을 보장한다.

④ 과학, 문화, 교육 분야에서 남북교류, 협력을 실시하여 과학기술, 민족문화예술, 민족교육을 통일적으로 발전시킨다.

⑤ 교통, 통신의 연결과 자유로운 이용을 보장. 남북 간의 교통, 체신을 연결하며 전국적 범위에서 교통, 체신수단의 자유로운 이용을 보장한다.

⑥ 근로대중의 생활안정 도모. 노동자, 농민을 비롯한 노동대중과 전체 인민의 생활안정도, 복지를 증진한다.

⑦ 군사적 대치상태 해소. 북과 남의 군사적 대치상태를 해소함으로 민족연합군 조직을 결성하고 외래침략으로부터 민족을 보위한다.

⑧ 해외 조선 동포의 민족적 권리, 이익을 옹호, 보호한다.

⑨ 대외활동의 통일적 조절, 남북이 통일 이전에 타국과 맺은 대외관계를 처리하고 두 지역 정부의 제활동을 통일적으로 조절한다.

⑩ 평화 애호적 대외정책 수행, 전 민족을 대표하는 통일국가로서 세계 모든 나라들과 우호 관계를 발전하고 평화 애호적인 대외 정책을 실시한다.

이러한 시정 방침하에, 고려민주연방공화국의 미래는 '평화를 사랑하는 나라'가 되어야 하며, 통일된 조선은 주변 나라들과 세계 어느 나라에도 침략 위협이 되지 않을 뿐 아니라 국제적인 그 어떤 침략 행위에도 가담하거나 협력하지 않을 것임을 강조했다. 한편 연방국가는 다른 나라 군대의 주둔과 군사기지의 설치를 허용하지 말아야 하며, 핵무기의 생산과 반입, 그 사용을 금지함으로써 조선반도를 영원한 평화지대로, 비핵지대로 만들어야 할 것이라고 다시 한 번 자주적 평화 통일 국가의 미래를 강조했다. 미래의 자주 평화 통일 국가를 소망한 것이다.

북에서 이처럼 중요한 통일방안을 제시했지만, 남의 반응은 냉담했다. 무엇보다 고려민주연방공화국 창립방안의 전문을 공개한 언론은 단한 곳도 없었다. 시민들은 북조선이 제안한 '고려민주연방공화국 창립방안'의 내용도 모른 채 언론이 보도하는 기사에 세뇌될 수밖에 없었다. 「조선일보」 사설의 예를 들어보자.

소위 '연방제'라는 것-조절위 성명과 관련하여 (사설)
一) 남북조절위 서울 측은 15일 이동복 대변인이 밝힌 성명을 통해 "북측 최고 당국자가 이번 당 대회에서 거론한 소위 '고려민주공화국' 운운의 발상은 오직 선전에만 목적을 둔 허구"라고 비난하고 "만약 이번의 당 대회에서 있었던 북측 최고 당국자의 발언에 일말의 진실성이라도 있다면, 지금이라도 즉각 그들이 단절시킨 남북직통전화를 재개통시키고 남북대화를 재개하는데 호응해야 할 것"이라고 촉구했다.

북한 집단은 14일 막을 내린 그들의 노동당 6차 대회에서 전대미문의 공산 세습 왕조 체제를 확립하고 세계의 놀라움과 비웃음 속에 이를 호도하기라도 하려는 듯이 다시 '남북연방제'를 들고 나서면서 위장극의 일막을 벌였다.

당 대회에서 김일성은 남북문제에 종래의 주장에다 수식을 얼마간 더 보태어 '고려민주연방공화국'의 이름으로 연방제를 실시하자고 되풀이하고, 소위 '연방공화국'이 시행할 '10대 시정방침'이란 것까지를 멋대로 만들어 내놓으면서 남한이 이를 수락해야 한다고 요구했다.

그 요구에 따르면 '연방공화국'은 한반도를 비핵지대, 평화지대로 만들어, 남북이 타국과 맺은 군사조약을 폐기하고, 주한 미군은 당연히 물러가야 하며, 그리고 현 휴전협정을 평화협정으로 바꾸기 위해 미국은 북한과 회담을 해야 하고, 남북이 연방을 구성하면서 각각 대외적으로 유지할 외교적 입장, 남북의 교류방안 등 새로울 것이 본질적으로 없는 여러 구호적 항목을 나열하였다.

二) 조절위 서울 측 성명은 이에 내포된 북한집단의 허구성과 위장성을 철저히 분석 지적하고 그들이 대화를 위한 정태로 돌아서는 것만이 문제 해결을 위한 바른길임을 거듭해서 촉구했거니와, 한마디로 북한 집단의 이와 같은 '통일놀이'는 외부를 기만하자는 것과 폐쇄 공포체제인 북한사회를 절대 권력자의 의도대로 몰고 가는 방편과 정략으로서의 놀이는 될지언정 진실로 남북문제를 해결하려는 성의 있는 태도표시는 될 수 없다.

공산주의자의 본질이 그런 것이기는 하지만 북한집단은 유별나게 독선적이고 일방적이다. 그들은 상대가 있는 게임에서 불가결한 규칙을 철저히 무시한다. 남북문제는 남과 북이라는 서로 상대가 있는, 이를테면 게임이다. 그럼에도 북한집단은 2배 이상의 인구에 국력이 압도적으로 우위에 있는 남한에 굴복을 강요하고 그들은 그 위에 군림함으로써 문제를 해결하려 든다. 이는 일거에 무력정복으로 통일을 장악하려는, 그들의 전략발상과 다를 것이 없다.

그럼으로써 김일성은 그나마 연방제통일의 전제조건으로 이제까지의 일체의 남북합의 사항을 무시하고 ① 한국 정부가 타도되고 용공 정권이 수립돼야 하며 ② 반공법-국가보안법이 폐지돼야 하고 ③ 통일혁명당 등 공산-용공 정치세력들의 활동이 합법화되고 ④ 안보 사범으로 체포 투옥된 자들을 석방해야 한다고 요구하고 나서고도 있는 것이다.

결국, 북한 집단의 당 대회로 남북 간의 긴장은 한층 고조되는 결과를 빚고 있다. 이와 같은 추세를 보고 공산주의자들을 설득하는 길은 어쩔 수 없이 우리 안보의 강화와 국력의 신장, 그리고 국론의 결속이 선행돼야 한다는 이제까지의 논리를 다시 한 번 재확인하게 되는 것이다.[2]

---

2   소위 '연방제'라는 것-조절위 성명과 관련하여(사설), 「조선일보」 1980. 10. 16.

이 사설에 따르면, 북조선은 허구와 위장의 집단이며 연방제는 외부를 기만하는 '통일놀이"에 지나지 않는다. 문제는 구체적 내용을 시민들에게 공개하지 않고, 자신들과 정부의 주장만을 믿으라고 강요하는 데 있었다.

〈 그림204: 1980년 10월 11일 자 조선일보, 11월 13일 자 동아일보, 11월 22일 자 경향신문 〉

「조선일보」와 함께 「동아일보」, 「경향신문」 등도 거의 같은 논조, 즉 세습 문제 거론, 위장평화론, 대남편지공세 등으로 북조선의 통일 정책을 비난하는 데 앞장섰다.[3] 물론 대안은 제시하지 않았다. 북한 공산주의는 '악의 축'이니 그들의 통일 정책 따위는 검토할 필요조차 없다는 논리

---

3 ①세습 문제 거론: 김정일, 권력 전면에 부상, 공식등장 처음…서열 5위로(조선일보, 10월 11일), 공산 세계 초유의 "세자 책봉"(조선일보, 10월 15일), 왕조만 굳힌 공식행사노동당대회를 보는 일본의 시각(동아일보, 10월 15일) ②위장평화론: 대남 위장 평화 선전 혈안(조선일보, 10월 31일), 고려연방 준비제의 북괴, 위장평화공세(동아일보, 11월 13일), 또 위장평화공세(조선일보, 11월 21일), 평화위장…인도주의 거짓선전(동아일보, 11월 21일) ③편지공세: 북괴, 또 대남편지 공세(조선일보, 11월 22일), 각계 156명 앞으로 북괴, 다시 편지 공세(경향신문, 11월 22일), 한국 156인사에 북괴, 또 편지공세(동아일보, 11월 22일)

호산 전창일과 통일운동 77년사

였다. 언론만이 아니다. 학자들도 마찬가지였다.

연방제 통일에 관한 학계의 움직임을 살펴보자. 1960년 8월 14일, 8·15해방 15주년 경축대회 연설에서 처음으로 연방제(과도기적 단계로서의 연방제)를 제시했지만, 1966년 전 외교안보연구원 교수 한영구가 〈한국통일문제의 고찰〉을 통해 거론할 때까지 연방제와 관련한 논문은 거의 없었다. 한영구는 통일론을 여섯 가지로 분류하며,[4] 김일성의 남북한 연방론을 언급했다. 하지만 객관적인 실증은 이루어지지 않고, 단순히 적화통일을 노리는 '북괴의 흉계'라는 식의 주장을 하고 있으며 또한 북한의 주장을 공산 측의 야망이 결부된 것으로 파악하고 있다.[5]

연방제에 대한 접근이라기보다는 반공이데올로기 시각에서 북한의 통일 관련 제안을 평가절하하고, 북한의 적화통일을 숨기기 위한 주장 정도로 파악하는 논문은, 〈북괴의 대남(統一)전략과 전술〉(유완식, 「국제정치논총」7, 1968.4.30, pp.182~183., 1968.4.30., 한국국제정치학회), 〈북한의 자주노선과 통일정책: 대남공작과 혁명 전략을 중심으로〉(박노운, 「아세아연구」11.1, pp.1~30., 1968.3., 고려대학교아세아문제연구소) 등을 들 수 있다.

1973년 4월 16일, 김일성은 '조국통일 5대 방침'을 제기한 뒤 고려연방제를 제안했다. 고려연방제 발표 이듬해 박재규는 〈북한 연방제 제안

---

4 ①북한만의 단독선거로 국회의 잔여의석을 채우자는 단독선거론 ②자유당식의 무력통일을 의미하는 북진 통일론 ③국제연합군 철수 후 「조선인민자신의 힘으로 통일하자」는 쌍방의 독자적인 활동을 보장하는 동시에 「최고민족위원회」를 구성하자는 김일성의 남북한연방론 ⑥「제네바」 정치회의에서 수립된 기본원칙에 의하여 진정한 자주 선거를 실시하자는 국제연합의 통일론 등이다. 〈박근나의 석사학위 논문, 북한 연방제 통일방안의 변화 연구, 조선대학교, 2006〉 재인용
5 박근나의 석사학위 논문, 북한 연방제 통일방안의 변화 연구, 조선대학교, 2006, pp.10~11.

의 이론과 실제〉(「동아세아의 평화와 안보」, 경남대학교극동문제연구소/
北韓の連邦制提案の理論と實際: 槪念上の虛構性と宣傳的側面での非現實
性を暴く,「アジア公論」.29('75.2.), pp.86~93. , アジア公論社)란 논문
을 통해 "남한은 UN에서 승인된 한반도의 유일한 합법정부인데 반해
북한은 정통성을 결여하고 UN의 승인을 받지 못한 채 전쟁을 일으킨
교전단체"로 규정하였다. 이 시기 논문들이 보이고 있는 공통된 인식은
"북한은 적화통일을 획책하고 있으며, 그들이 평화통일 운운하며 연방
제를 주장하는 이유는 진정한 통일을 원하는 것이 아니라 '적화통일'을
위한 전략·전술의 변화"라는 것이다. 이영춘의 〈북한의 통일방안 비판
연구(1978)〉, 류석렬의 〈북한 통일정책의 고찰(1979)〉, 민병석의 〈북한
의 통일정책에 관한 연구(1975)〉 등의 논문도 이와 같은 인식하에 작성
된 것이다.

이미 언급한 바와 같이 1980년 10월 15일, 북조선은 '고려민주연방공
화국 창립방안'을 제시했다. 이전의 연방제와 성격을 크게 달리하는 '고
려민주연방제'를 제기했지만, 남쪽 연구자들의 시각은 달라지지 않았
다. 정종식은 〈북한고려연방제안의 분석과 평가(1982)〉을 통해 북한 통
일전략의 궁극적 목표는 한반도 전체의 공산화인데 '3대 혁명 역량' 강
화를 통하여 북한이 혁명기지가 되어 남조선에서 혁명이 일어나 남한에
연공 정권이나 공산 정권이 들어서면, 그때 통일을 한다고 주장했다.
북한이 제안한 연방제를 실현 가능성의 관점 및 남북 관계 속에서 살펴
본 것이 아니라, 북한의 평화통일론은 적화통일을 위한 위장일 뿐이라
고 한 것이다.

그러나 80년대 중반, 전두환의 임기가 말기로 접어들 무렵부터 학계
의 논조가 조금씩 변하기 시작했다. 이호재는 〈한국과 북한의 통일정책

비교(1984)〉〈북방외교의 길(1984)〉 등을 통해 과거 북한의 통일정책을 시기적으로 분석한 연구 성과에 대해서 좀 더 발전적인 형태로 논의해 보고자 하였다. 그동안의 성과물들이 정치적인 해석에 의존한 것이었다면 역사적인 관점에서 실증적인 자료를 가지고 체계적인 접근을 시도했다는 점이 여타 연구물들과의 차이점이었다.

이데올로기적 편향성을 극복하고 내재적 관점을 통하여 북한의 연방제에 대해서 접근한 최초의 학자는 서대숙으로 볼 수 있다. 서대숙의 〈남북한 국내 정치와 통일전망:북한의 국내 정치와 통일정책(1986)〉과 이연의 〈북한 통일정책과 '고려연방제'안의 성격(1988)〉, 정대화의 〈북한의 통일 정책사: 연방제 통일방안을 중심으로(1989)〉 등의 논문은 분단 이후 역사적인 고찰을 통한 접근법을 사용하여 객관성에 충실한 연구 성과였다.[6] 이제 시대는 바뀌고 있었다. 시민들이 연방제통일을 주장하기 시작한 시기가 도래한 것이다. 남과 북, 통일운동사에 있어 획기적 제안이었던 '연방제 통일방안'에 대해 전창일은 다음과 같은 회고를 남겼다.

1960년 8월 14일 해방 15주년 경축대회에서 김일성 주석은 과도적 대책으로 고려연방제 통일방안을 처음으로 제시하였다.[7] 그

---

6 박근나의 석사학위 논문, 북한 연방제 통일방안의 변화 연구, 조선대학교, 2006, pp.12~14.

7 만일 그래도 남조선당국이 남조선이 다 공산주의화 될까 두려워서 아직은 자유로운 남북총선거를 받아들일 수 없다고 하면 먼저 민족적으로 긴급하게 나서는 문제부터 해결하기 위하여 과도적인 대책이라도 세워야 할 것입니다. 우리는 이러한 대책으로서 남북조선의 연방제를 실시할 것을 제의합니다. 우리가 말하는 연방제는 당분간 남북 조선의 현재 정치제도를 그대로 두고 조선민주주의인민공화국 정부와 대한민국 정부의 독자적인 활동을 보존하면서 동시에 두 정부의 대표들로 구성되는 최고민족위원회를 조직하

리고 1973년 6월 23일, 체코슬로바키아 수반의 평양방문을 환영
하는 평양시 군중대회에서 김 주석은 "민족의 분열을 방지하고
조국을 통일하자"란 제목의 환영사에서 '조국통일 5대 방침'을 엄
숙히 선언하였다. 특히 4조와 5조를 통해 남북연방제를 구체적으
로 제시했다.[8]

"고려(COREA)연방공화국" "단일국호에 의한 남북연방제"
"남북이 상이한 두 제도의 공존·공영"을 기본으로 하며 나라의
통일이 이루어지기 전에는 유엔에도 북과 남이 각각 들어가서는
안 된다고 주장하였다. 만약 통일 전에 들어가려고 한다면 적어도
연방제라도 실현된 다음 고려연방공화국의 국호를 가지고 하나의
국가로 가입해야 한다고 천명하였다.

1989년 7월, 임수경 학생이 참가한 세계 청년 학생 평양축전에
참가했던 미국 대표단이 귀국 길에 판문점을 통해 서울에 들러 민

여 주로 남북 조선의 경제문화발전을 통일적으로 조절하는 방법으로 실시하자는 것입니
다. 이러한 연방제의 실시는 남북의 접촉과 협상을 보장함으로써 호상 이해와 협조를 가
능하게 할 것이며 호상 간의 불신임도 없애게 될 것입니다.〈김일성, "조선 인민의 민족적
명절 8·15 해방 15돐 경축대회에서 한 보고, 『김일성저작집14』 평양: 조선로동당출판
사, 1981, pp.243~244.〉

8 〈첫째, 북과 남 사이의 관계를 개선하고 조국의 평화적 통일을 촉진시키기 위해서는 북
과 남 사이의 군사적 대치상태를 해소하고 긴장상태를 가셔야 하며, 둘째, 남북 관계를
개선하고 나라의 통일을 촉진시키기 위하여서는 북과 남 사이에 정치·군사·외교·경
제·문화의 여러 분야에 걸쳐 다방면적인 합작과 교류를 실시하여야 하며, 셋째, 나라의
통일문제를 우리 인민의 의사와 요구에 맞게 해결하기 위하여서는 북과 남의 광범한 각
계각층 인민들이 조국통일을 위한 거족적인 애국 사업에 참여할 수 있도록 하는 것이 필
요하며, 넷째, 나라의 통일을 앞당기는 데서 중요한 의의를 가지는 것은 단일국호에 의한
남북연방제를 실시하는 것입니다. 다섯째, 우리의 분열이 고착되어 우리나라가 〈두 개
조선〉으로 영원히 갈라지는 것을 막아야 하며 대외관계분야에서도 북과 남이 공동으로
나가야 한다고 인정한다.〈김일성, "조선 인민의 민족적 명절 8·15 해방 15돐 경축대회
에서 한 보고, 『김일성저작집28』 평양: 조선로동당출판사, 1984, pp.387~391.〉

호산 전창일과 통일운동 77년사

자통을 방문했다. 나는 그들의 방문을 환영하면서 국제관계와 한반도의 통일문제에 관해 두 시간가량 대담하였다.

미국 대표단은, 남북의 상이한 사회제도하의 평화적 공존문제에 대한 가능성과 세계사에 유례없는 연방제통일에 대해 의문을 제기하면서 나의 견해를 물었다. 나는 그들에게 역사는 혁신 즉 새로운 것을 요구한다. 그것이 진보적 문명의 어머니라고 설명했다. (History requires innovation which is a mother of progressive civilization)

김일성 주석이 세계 최초로 제안한 하나의 민족, 두 개의 정부 즉 연방제 통일안은 중국이 먼저 일국양제(一國兩制)로 홍콩, 마카오를 통해 실현하고 있다.[9]

---

9 "우선 지구상에 있는 약 200개 국가 가운데 분단되었다가 통일된 국가가 얼마나 되겠어요? 기껏 서너 개 나라에요. 그중에서 연방제통일 사례를 꼽으라면 없지만, 중국의 '일국양제(一國兩制)'가 연방제와 같은 내용이라고 할 수 있습니다. 1997년 영국으로부터 홍콩을 그리고 1999년 포르투갈로부터 마카오를 되찾아, 본토에서는 사회주의 체제를 지키면서 홍콩과 마카오에서는 자본주의 체제를 유지하도록 하고 있잖습니까. 그리고 대만에도 자본주의 체제를 유지하도록 보장하겠다면서 통일하자고 제안하고 있고요." 〈[이재봉의 법정증언] 연방제보다 바람직하면서도 실현 가능성 높은 통일 방안나, 연방제 통일에 대한 오해와 진실, 「프레시안」 2014.8.26.〉

'투쟁대오의 선봉' 학생들의 희생과
6월 민주항쟁

〈 그림205: 시계방향, ① 광주시 동구 황금동 소재 미문화원©시민의 소리, ② 불타는 부산 미문화원 ©부산일보, ③ 창문에 '광주학살 책임지고 미국은 공개 사죄하라'는 글귀가 적힌 종이가 붙여진 미문 화원©민주화운동기념사업회 사료관 〉

광주민중항쟁의 진실이 밝혀지기 시작했다. 군부세력은 광주시민들의 민주화운동을 군대를 동원하여 총칼로 짓밟았다. 이를 계기로 사회운동진영은 광주학살이 군사작전 지휘권을 가지고 있는 미국의 용인하에 진행된 것이며, 미국은 군부독재의 수호자이자 배후조종자라는 인식을 갖게 되었다. 그리하여 1980년 12월 9일의 광주 미문화원방화사건에 이어 1982년 부산 미문화원방화사건과 강원대 성조기 소각사건, 1985년 미문화원 점거농성 사건 등 반미투쟁은 지속적으로 확산, 심화되었다. 대학생들이, 미국에 대한 환상을 깨뜨리고 반미의식을 일깨우는 촉진제 역할을 해낸 것이다.[1]

"광주학살 지원 책임지고 미 행정부는 공개 사과하라!" "미국은 전두환 군사 독재 정권에 대한 지원을 즉각 중단하라!" "미국 국민은 한미 관계의 올바른 정립을 위해 진지하게 노력하라"고 주장하는 학생들의 외침은 결국 '양키 고 홈(Yankee go home)'이란 구호를 소환하였다. 1961년 2월, 반공임시특별법안·데모규제법안 등 2대 악법 반대 전국공동투쟁 당시 터져 나왔던[2] 절규가 20여 년 만에 다시 등장한 것이다.

1986년 4월 28일 오전 9시경, 서울 관악구 신림 4거리 서강빌딩 3층 옥상에서 대학생 2명이 온몸에 시너를 뿌리고 불을 붙였다. 당시 「동아일보」 등 주류 언론들은 자살의 원인을 '전방 입소 교육거부'에 초점을 맞추었다.[3] 그러나 김세진(21, 서울대 미생물학과 4년, 자연대 학생회장)과 이재호(22, 정치학과 4년, 반전반핵평화옹호투쟁위원장) 두 학생은 "반전 반핵 양키 고 홈"과 "미제의 용병교육 전방입소 결사반대"의 구호

1 《신림동 4거리 서원예식장 옆 3층 건물 옥상: 김세진·이재호 분신, 「민주로드」》
2 〈제7장 7절, '2대 악법 반대투쟁'〉 참조
3 천 이백여 명 교내·가두서 시위, 3백9십 명 연행 입소훈련 보내, 2명 분신자살 기도 중태, 「동아일보」 1986.4.28.

〈 그림206: 시계방향, ① 1986년 4월 28일 자 동아일보, ② 1986년 5월 24일 자 민중의 소리, ③ 1988년 4월 19일 자 새날, ④ 1988년 3월 30일 개최된 김세진·이재호 열사추모사업회 준비위 발족식 확대 사진 〉

를 외쳤다. 분신 한 달쯤 후인 5월 24일 자 「민중의 소리」[4]는 당시 상황을 다음과 같이 보도했다.

4 민통련의 기관지인 「민중의 소리」는 당시 운동 진영의 좌표였고 올바른 소식을 전할 수 있는 몇 안 되는 매체였다. 발행 겸 편집인은 문익환 목사였다. 1986년 5월 24일 발행된 유인물에는 김세진·이재호 열사의 분신, 문익환 목사의 구속 등 급박한 정세를 고스란히 담고 있다.

민족해방과 민주의 제단 위에서 어둠을 불사르고 타오르는 민족혼으로서 자신을 산화한 서울대생 김세진 군, 그리고 5월 20일 또다시 분신 산화한 이동수 군의 죽음은 살아남은 모든 이들에게 한없는 슬픔과 함께 너무도 무거운 과제를 안겨 주고 있다.

우리 민족의 주체적 의사와는 무관하게 한반도가 핵전쟁으로 거론되는 등 미·소의 세계전략에 의해 한민족 전체의 운명이 강대국의 전쟁놀음 손아귀에 쥐어져 있는 비참한 현실과 미국의 보호무역과 수입개방정책에 의해 기본적인 생존권조차 보장받지 못하는 민중 현실에 대해 김세진 군은 꽃다운 젊음과 생명을 불사르며 항거했던 것이다. 이동수 군 역시 이 땅의 민주화와 민족자주를 위해 자신의 몸을 불사르고 민족혼으로 산화했다.

김 군과 이 군은 이 땅의 자주화와 민주화를 위해 척박한 대지 위에 자신을 거름으로 삼으면서 산화해 간 것이다. 한반도에선 '양키 고 홈'이란 구호가 나오지 않는다는 사실을 자랑처럼 떠벌리던 외세 의존적이고 사대주의적 태도를 가진 이들에게 진정한 한·미관계는 상호 평등한 입장에서 서야 한다며 온몸으로 실천해 보인 김 군과 이 군의 죽음은 어둠을 불사르고 타오르는 민족혼으로서 결코 내릴 수 없는 깃발을 우뚝 솟은 민족해방의 산정에 꽂은 것이다.[5]

1986년 5월 3일 오후 김세진 군은 사망했다. 그리고 함께 분신한 이재호 군은 생사의 기로에 있다가 5월 26일 오후 3시 50분경에 사망하

[5] 군사독재에 항거 분신, 분신 그리고 또 분신!, 「민중의 소리」 1986.5.24.

였다. 김세진과 이재호의 투쟁을 거론한 「민중의 소리」는 같은 지면에 이동수(24, 서울대 농대 원예과)의 분신도 함께 다루었다.

1986년 5월 20일 서울대 총학생회는 '광주항쟁의 민족사적 의의'라는 주제의 강연을 문익환 목사에게 청했다. 그의 어머니 김신묵 권사는 스스로 목숨을 끊는 학생들의 모습에 가슴 아파하며 강연을 앞둔 아들에게 "죽기로 각오한 목숨, 죽지 말고 끝까지 싸우라"는 말을 학생들에게 꼭 전해달라고 당부하였다. 하지만 그 말을 전하기도 전에, 강연이 시작되고 얼마 안 있어 젊은 생명이 불길에 휩싸여 떨어졌다. 원예과 1학년에 다니던 이동수(향년 24세) 군이 "파쇼의 선봉 전두환을 처단하자" "폭력경찰 물러가라" "미 제국주의 물러가라" "어용교수 물러가라" 등을 외치며 갑자기 불덩어리가 되어 떨어졌다. 학생회관 옥상에서 몸에 불을 붙이고 투신한 것이다. 문익환 목사는 그 광경을 똑똑히 목격했다. 억울하고, 안타까운 죽음이었다.[6] 그동안 분신소식도 많이 들었고 화상을 입은 채 병원에 누워 있는 사람도 많이 보았지만, 자신의 눈앞에서 활활 타오르는 불덩이가 뛰어내리는 장면을 본 것은 처음이었다고 한다. "허! 이럴 수가 있나. 어머니 말씀부터 먼저 전했어야 하는 건데. 그랬으면 안 죽을 수도 있었는데……."[7] 문익환 목사의 회한(悔恨)이다. 열사는 한강성심병원으로 옮겨지던 중 오후 4시경 운명했다.

1988년 4월 19일, 김세진·이재호 열사 분신투쟁 2주기를 앞두고 김세진·이재호열사추모사업회 준비위가 발족했다. 이 단체는 김세진·

---

6 제 몸에 불붙이고 떨어진 청년…문익환 목사의 '결심', 「오마이뉴스」, 2018.1.18./이동수 군 산화, 문의장 구속, 「민중의 소리」, 1986.5.24.

7 김형수, 『문익환 평전』, 실천문학사, 2004, p.631.

이재호 두 열사의 분신 관련 정보를 정리하여 기관지 「새날」을 통해 기록한 바 있다.[8] 1985년 송광영(27세, 경원대 법학과), 1986년 김세진, 이동수, 이재호 등의 죽음을 시작으로 청년들의 분신은 1997년 김영삼 정권 말기까지 계속된다. 특히 1991년 4월 26일부터 같은 해 6월 29일까지의 기간을 분신 정국이라고 하는데 이 두 달 동안 분신 또는 의문사 등으로 총 13명이 사망했다. 이 기간 동안 10명의 시위 참여자가 분신 자살했고, 1명이 투신자살, 2명이 경찰에게 살해되었다.[9] 이들의 죽음을 정리하면 다음과 같다.

[표18: 분신 사망 일람표]

발생 시점	이름	주요 요구 및 주장
85.9.17.	송광영(경원대)	학원 악법 철폐하고 독재 정권 물러가라. 광주 학살 책임지고 전두환은 물러가라
86.4.28.	이재호/김세진 (서울대)	전방 입소 결사반대, 반전 반핵 양키 고 홈, "물러서지 않으면 분신하겠다."→ 경고를 무시한 경찰의 폭력적 강제 진압
86.5.20.	이동수(서울대)	전두환 처단, 미제축출
87.12.9.	박태영(목포대)	군부 독재 타도, 제도 교육 철폐
88.5.18.	최덕수(단국대)	5 · 18 광주민주화운동 진상 규명
88.6.	박래전(숭실대)	군사 파쇼 타도
89.4.	남태현(서울교대)	조국의 자주 · 민주 · 통일

8 《김세진 · 이재호 기록저장소-기록 깊이 읽기》
9 《분신정국, 위키백과》

91.4.28.	박승희(전남대)	
5.1.	김영균(안동대)	
5.3.	천세용(경원대)	
5.8.	김기설(전민련)	[분신 정국] 노태우 정권 타도, 미국놈들 몰아내자, 공안통치 분쇄… 등
5.10.	윤용하(서울직장민주화 청년연합 회원)	
5.18.	이정순(식당근로자)	
5.18.	김철수(보성고교)	
5.22.	정상순(건설업)	
91.8.18.	손석용(대구대)	군입대 후 양키 용병에 응한 자신에 대한 죄책감 조국통일과 진정한 해방염원
93.9.8.	이경동(광주교대)	임용고사 철폐, 주한 미군 철수, 김영삼 정권반대, 세상이 전혀 변화되지 않았는데도 언론의 조작에 현혹되어 버린 국민들 각성 촉구
93.11.10.	한상용(광주교대)	초등교육개혁과 교대 교육 정상화, 참교육과 교육 민주화
95.12.4.	장현구(경원대)	학교 당국의 터무니없는 고소 · 고발, 고문수사, 교직원에 의한 집단구타에 의한 정신적 충격—정신질환
96.4.6.	진철원(경원대)	최원영 재단의 살인적 학교운영 항의
96.4.16.	황혜인(성균관대)	"분노하라 외쳤지만 분노하는 학우는 보이지 않고, 투쟁하라 외쳤지만 투쟁하는 학우는 보이지 않았다" 김영삼 정권의 민중탄압에 맞서 노동해방, 민중 해방을 위해 더욱 힘차게 투쟁할 것을 절규
96.4.19.	오영권(여수수산대)	김영삼 타도, 미제 축출, 조국통일 완수
97.2.10.	한상근(용인대)	이 땅을 살아가는 모든 이에게 시대의 아픔을 온몸으로 호소

〈 그림207: 시계방향, ① 1987년 1월 15일 자 중앙일보, ② 1월 16일 자 경향신문, ③ 4월 17일 자 조선일보, ④ 5월 19일 자 동아일보 〉

1987년 1월 13일 자정 무렵, 한 청년이 서울 신림동 하숙집에서 붙잡혔다. 연행된 곳은 남영동 대공분실이다. 학교 선배이자 민주화추진위원회 지도위원으로 수배 중인 박종운의 소재(所在)를 댈 것을 추궁받았다. 끝까지 입을 열지 않자, 수사관들은 그의 머리를 욕조에다 넣었다 빼기를 반복했다. 물고문은 10여 시간 동안 지속됐다. 이튿날 오전, 청년은 유명(幽明)을 달리했다.[10]

---

10 [6월 항쟁] 우리는 한때 '박종철·이한열'이었다,「시사오늘·시사ON」, 2020.6.4.

청년의 나이(21세)와 직업(서울대 언어학과 3년), 이름(박종철) 그리고 죽음의 원인(경찰 조사 중 쇼크사) 등은 「중앙일보」를 통해 최초로 밝혀졌다.[11] 다음날 대부분 신문은 박 군의 죽음을 대대적으로 보도했고, 경찰의 발표에 의문을 표시하며 진상규명을 촉구했다.[12] 특히 「경향신문」은 "…11시 20분쯤 수사관이 수배된 박 모 군의 소재를 물으면서 책상을 세게 두드리는 순간 의자에 앉은 채 갑자기 '윽'하는 소리를 지르며 쓰러졌다는 것이다."라고 주장하는 경찰의 발표를 기사화했다. 그러나 최초 검안의 오연상(중앙대부속병원 내과의)의 증언으로 인해 물고문의 심증을 굳히게 되자,[13] 경찰은 사건 발생 5일 만에 물고문 사실을 공식 시인하고 고문 경찰 조한경 경위와 강진규 경사를 구속했다.[14]

고문살인 사건의 진상이 폭로되자 2월부터 박종철을 추모하는 시위가 전국적으로 확산되었고, 전두환 정권에 대한 국민의 분노가 폭발하기 시작했다. 2월 7일 '고 박종철 군 국민추도회'[15]와 3월 3일 '고문추방 민주화 국민 평화 대행진'[16]을 개최하였으나, 경찰의 원천봉쇄로 소기의 목적을 달성하지 못했다. 하지만 시민들이 움직이기 시작했다. 시민들

---

11 경찰에서 조사받던 대학생 쇼크사, 「중앙일보」 1987.1.15.

12 동아일보(조사받던 대학생의 죽음, 공에 급급하더니…대학생 사망 묘한 반응, 치외법권적 위치 누려, 30여 시간이나 쉬쉬, 대학생 경찰 조사받다 사망 민민투 관련, 숨진 박종철 군, 신민 조사단 구성, 구속자 가족들도 성명), 조선일보(경찰 조사받던 서울대생 사망, 숨진 박종철 군), 경향신문(경찰서 대학생 쇼크사 진상규명 나서, 숨진 박종철 군, 내주 진상발표, 신민서 진상조사단), 매일경제(경찰 조사받던 서울대생 숨져)

13 경찰 4명 철야 신문, 가혹행위 여부 집중 검찰, 「경향신문」 1987.1.17.

14 가혹행위 확인, 두 경관 구속, 「경향신문」 1987.1.19.

15 명동 덮은 경찰벽…성당엔 '인권' 만장, 박종철 군 추도회 열리던 날, 「조선일보」, 1987.2.8.

16 원천봉쇄 대행진 좌절, 5만 경찰 동원, 서울 등 주요 도시 행사 못 해, 「조선일보」, 1987.3.4.

은 시위 대열에 박수를 보내거나 적극 합류했다.

시민들의 분노와 저항에 전두환 정권은 유신헌법을 이어받은 5공 헌법을 사수하겠다는 4·13 호헌 성명으로 대응했다.[17] 전두환의 호헌조치는 마른 장작에 불을 붙인 듯 거센 호헌철폐투쟁을 불러일으켰다. 특별담화 발표 이후 야당을 비롯한 재야세력의 반발이 시작됐다. 대학교수들의 시국선언, 종교인들의 단식기도와 시국선언 참여선언 동참, 수많은 사회단체들의 시국선언이 줄을 이었다. 해외에서도 교포들과 유학생들의 시국선언이 이어졌다. 더욱이 사건이 조작되었다는 주장이 등장했다.

5월 18일, 천주교 정의구현사제단은 '5·18 항쟁희생추모 미사' 후 "박종철 군 고문치사사건의 진상이 조작되었다."라는 내용의 유인물을 배포, 김승훈 신부가 낭독했다. "박 군을 직접 고문하여 죽음에 이르게 한 진짜 범인은 현재 구속기소 돼 재판계류 중인 조한경 경위와 강진규 경사가 아니라 학원문화1반 소속인 황정웅 경위, 방근곤 경사, 이정오 경장 등 3명으로 현재 경찰관 신분을 그대로 유지하고 있다"는 충격적인 내용이었다.[18] 결국, 검찰은 고문살인의 범인이 더 있다는 사실을 인정하고 축소 조작을 주도한 박처원, 유정방, 박원택을 구속 수감했다. 사제단의 폭로로 전두환 정권은 도덕성에 치명적인 타격을 입었다.[19]

---

17 여, 올림픽까지 개헌 유보, 「조선일보」 1987.4.17.

18 민주당서도 조사하기로 "박종철 군 사건은 조작됐다", 「동아일보」 1987.5.19.

19 홍계신(민주화운동기념사업회 사료관장), 6월 민주항쟁과 기록, 「기록인 2018 SUMMER + Vol. 43」 〈치안본부장 강민창은 1988년 1월 25일, 부검의 황적준의 일기장이 근거가 되어, 허위 감정의견을 제출하도록 한 직권남용과 사인을 은폐한 혐의로 구속된다.〉

〈 그림208: 시계방향 ① 獎忠體育館內歡聲雷動, 爲政變掌權的共犯盧泰愚能夠接續全斗煥的獨裁體制 保障他們的旣得利益而雀躍不已(장충체육관에서는 우레와 같은 함성이 터져 나왔고, 쿠데타를 일으킨 공범인 노태우는 전두환의 독재를 이어받아 그들의 기득권을 지킬 수 있었다.©대만2 · 28사건기념기금회, ② 역사를 바꾼 그 사진' 피 흘리며 부둥켜안긴 이한열(87년 6월 10일)©이한열기념사업회, ③ 韓烈母親的哀號 : 殺人魔盧泰愚往哪裡逃(한열 군 어머니의 울부짖음 : 살인자 노태우는 어디로 도망쳤습니까?©대만2 · 28사건기념기금회, ④ 민주 헌법과 직선제 쟁취를 요구하며 가두시위 하고 있는 평화대행진 참석자들©민주화운동기념사업회 〉

5월 27일, 서울 명동의 향린교회에서 '민주헌법쟁취 국민운동본부(국본)'가 결성되었다.[20] 그리고 국본은 6월 10일 전국에서 '고문살인 은폐

---

20 민주당-재야연합 결성, 「동아일보」, 1987.5.27.

　　　　　　　　　　　　　　　　　호산 전창일과 통일운동 77년사

규탄 및 호헌철폐 국민대회'를 전국에서 동시에 개최하기로 결정했다.[21] 민정당 역시 같은 날 오전 10시부터 '민정당 제4차 전당대회 및 대통령 후보 지명대회'가 열리게 될 예정이었다. 그날 잠실체육관에서는 대통령 전두환과 차기 대통령 선거 민정당 후보로 지명된 노태우는 손을 맞잡고 환호했다.[22]

큰 변수가 생겼다. 6월 9일, 또 한 명의 청년이 쓰러진 것이다. 청년의 이름은 이한열이었고, 연세대학교 교문 앞 시위 도중 최루탄 파편에 머리를 맞아 중태 상태에 빠졌다. 당시 그의 나이 스물하나, 대학교 2학년생이었다.[23] 이한열은 결국 7월 5일 사망하였으며 9일 수많은 국민이 애도하는 가운데 장례식이 거행되었다.[24]

이한열 군이 사경을 헤매고 있을 동안 많은 일이 일어났다. 학생들과 시민들은 이한열이 사경을 헤매는 것을 안타까워하며 거리로 나섰다. 6·10 국민대회는 전국 22개 도시에서 시민들이 대규모로 참여한 가운데 격렬하게 전개되었다. 이어 6월 10일 밤부터 6월 15일까지 계속된 명동성당 농성투쟁과 넥타이부대를 주력으로 한 시민들의 시위는 6·10 국민대회를 6월 민주항쟁으로 진전시키는 역할을 수행했다. 특히 6월 18일의 최루탄추방대회는 이한열 최루탄 피격사건이 중요한 기폭제가 되었다. 이날 대회는 전국에서 6·10 국민대회보다 많은 수의 국민들이 참가했다. 국민운동본부의 집계에 의하면 150만 명이 참가했다고 한

---

21 10일 전국서 동시 개최하기로 '민주헌법쟁취 운동', 「조선일보」, 1987.5.31.
22 노태우 대통령 후보 확정, 「경향신문」, 1987.6.10.
23 시위 부상 연대생 중태 어제 오후, 「동아일보」, 1987.6.10.
24 시위 부상 이한열 군 사망, 「경향신문」, 1987.7.6.

다.[25] 전국적 시위는 일요일인 6월 21일까지 지속되었다.

6·26 국민 평화 대행진은 이제까지의 범국민 투쟁을 총결산하는 대규모 투쟁으로 전개되었다. 시위진압에 나섰던 경찰들은 걷잡을 수 없이 늘어만 가는 시위대의 위세에 밀려 속수무책이었다. 이날 대행진은 이제까지의 범국민 투쟁을 총결산하는 대규모 투쟁으로 전개되었다. 이날의 시위는 6월 민주항쟁 최대 규모의 시위였다.[26] 3,647명이 연행되었고, 경찰서 2개소, 파출소 29개소, 경찰 차량 20대, 4개 시청건물, 4개 민정당사가 불에 타거나 파손되었다.[27]

〈 그림209: 1987년 6월 29일 자 경향신문 〉

25 서중석, 『한국현대사』, 웅진지식하우스, 2005, p.327.

26 홍계신(민주화운동기념사업회 사료관장), 6월 민주항쟁과 기록, 「기록인 2018 SUMMER + Vol. 43」, p.38.

27 서중석, 『한국현대사』, 웅진지식하우스, 2005, p.328.

국민의 저항에 직면한 정권은 결국 6·29 선언을 발표한다. 노태우 민정당 대표위원은 "대통령 직선제 개헌을 하고 새 헌법에 의한 대통령 선거를 통해 1988년 2월 평화적 정부 이양을 한다."는 내용의 6·29 선언을 발표했다.[28] 6월 민주항쟁의 과정을 정리하면 다음과 같다.

[표19: 6월 민주항쟁 연표]

날짜	내용
1987.01.14.	박종철 군 고문으로 사망
02.07.	박종철 군 범국민추도식(경찰 799명 연행)
03.03.	박종철 군 49 제와 고문추방 국민대행진(439명 연행)
04.13.	전두환 대통령 4·13 호헌 조치
04.19.	호헌반대운동과 4·19 혁명 기념식
04.21.	호헌반대운동 (1987.04.21〜), '서울지역대학생대표자협의회'(서대협) 발족 (5.8)
05.20.	천주교정의구현전국사제단, 박종철 사건 진상조작 폭로
05.23.	'박종철 고문살인은폐조작규탄 범국민대회 준비위원회' 결성(재야인사 등 134명)
05.27.	'민주헌법쟁취국민운동본부(국본)' 발족(민주당·종교계·재야단체 등 발기인 2,191명)
06.09.	이한열 열사 최루탄에 피격
06.10.	'박종철 군 고문치사 조작, 은폐규탄 및 호헌철폐 국민대회'(전국 18개 도시 가두시위)
	명동성당 농성(6.10〜15)
06.12.	회사원·시민 등 1,000여 명이 '호헌철폐'를 외치며 시위

---

28 노 대표, 직선개헌 선언, 「경향신문」 1987.6.29.

06.18.	최루탄 추방 결의대회(명동, 서울지역 대학생 대표자 협의회 주최)
06.20.	불교계 '민주화를 위한 구국 법회'(승려 70여 명과 신도 1백여 명이 법회 후 시위행진)
06.21.	기독교대한감리회 '민주화를 위한 구국 기도회'(2,000여 명 참석, 800여 명 시위)
06.23.	호헌철폐와 독재종식을 위한 서울지역 청년학도 결의대회(25개 대학생 2만여 명, 연세대 노천극장)
06.26.	민주 헌법 쟁취를 위한 국민 평화 대행진
06.29.	노태우 민정당 대표위원, 6 · 29 선언
07.01.	전두환 전 대통령, '시국수습에 관한 특별담화'
07.06.	이천경찰서 소속 전경 양승균, 양심선언 발표
07.09.	고 이한열 열사 영결식(시민 · 학생 1백만여 명, 시청 앞 운집, 광화문 일대에서 시위)
07.15.	87 노동자 대투쟁(7월~9월)
07.21.	'민주화를 위한 전국교수협의회' 창립(전국 28개 대 교수 534명)
07.30.	현대미포조선소 파업(노동자 1,800여 명)
10.27.	대통령중심 직선제에 관한 새 헌법안, 국민투표로 확정. 찬성 93.1%
11.20.	국민운동본부, 공정선거감시 운동(1987.11.~12.)
12.16.	16년 만에 대통령 직선제 실시(제13대 대통령 노태우 후보 당선)

:: 03 ::

'형집행정지자' 전창일의 삶

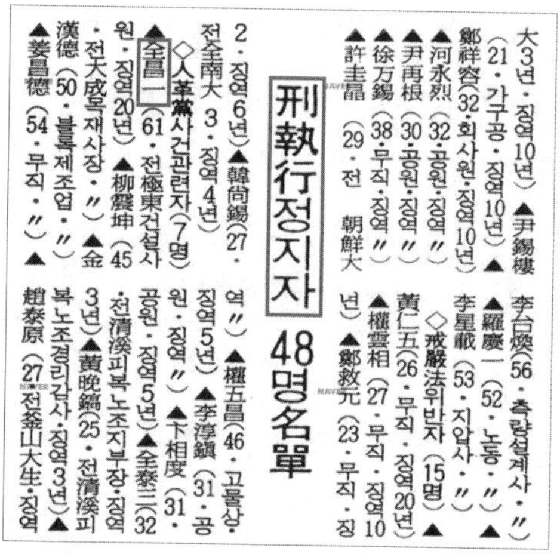

刑執行정지자 48명名單

大3년·징역10년) ▲尹錫樓(21·가구공·징역10년)▲鄭祥容(32·회사원·징역10년) ▲河永烈(32·공원·징역〃) ▲尹再根(30·공원·징역〃) ▲徐万錫(38·무직·징역〃) ▲許圭晶(29·전 朝鮮大2·징역6년)▲韓尚錫(27·전全南大3·징역4년)

◇人革黨사건관련자(7명)

▲全昌一(61·전極東건설사원·징역20년) ▲柳巖坤(45·전大成목재사장·〃) ▲金漢德(50·블록제조업·〃) ▲姜昌德(54·무직·〃) ▲李台煥(56·측량설계사·〃) ▲羅慶一(52·노동·〃) ▲李星載(53·지압사·〃)

◇戒嚴法위반자(15명)

▲黃仁五(26·무직·징역20년) ▲權雲相(27·무직·징역10년) ▲鄭救元(23·무직·징역〃) ▲權五昌(46·고물상·징역5년) ▲李淳鎭(31·공원·징역〃) ▲卞相度(31·공원·징역5년)▲全泰三(32·전淸溪피복노조지부장·징역3년)▲黃晩鎬(25·전淸溪피복노조경리감사·징역3년)▲趙泰原(27·전釜山大生·징역

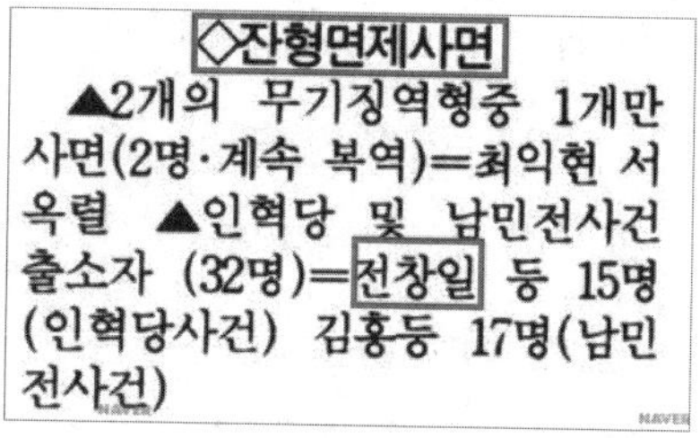

◇잔형면제사면

▲2개의 무기징역형중 1개만 사면(2명·계속 복역)=최익현 서옥렬 ▲인혁당 및 남민전사건 출소자 (32명)=전창일 등 15명 (인혁당사건) 김홍등 17명(남민전사건)

〈 그림210: 1982년 12월 24일 자 경향신문, 1988년 12월 21일 자 한겨레 〉

전창일은 1982년 12월 24일 감옥에서 나왔다.[1] 출옥 후 전두환 군부 정권에 항거하는 수많은 학생, 시민들의 희생을 목격했다. 특히 김세진, 이재호, 이동수 등 학생들의 분신투쟁과 공권력에 의해 타살당한 박종철, 이한열의 죽음이 가슴을 아프게 했다. 하지만 투쟁의 현장에 뛰어들 수 없었다. 전창일의 신분은 아직 '형집행정지자'였다.[2] 선거권

1 형집행정지자 명단, 「경향신문」, 1982.12.24.

2 형집행정지(刑執行停止)는 인도적인 차원에서 수형자에게 형의 집행을 계속하는 것이 가혹하다고 보이는 일정한 사유가 있을 때에 검사의 지휘에 의하여 형벌의 집행을 정지하는 일이다. 주로 수형자의 건강이 극도로 악화되었을 때 형집행정지를 한다. 가령 수

이나 정당행위를 할 수 있는 권리를 갖게 되는 '잔형집행면제'[3] 사면을 받게 되는 것은 1988년 12월 21일이다.[4] 공민권이 완전히 회복되기 위해선, 형집행정지 → 잔형집행면제(사면) → 복권의 절차를 거쳐야 한다는 뜻이다.[5]

출옥 후의 전창일은 24시간 감시대상인 요시찰 인물이었다. 집에 있으면 문밖에서, 외출하면 미행당하곤 하였다. 전창일이 감옥에 있을 때는 아내 임인영이 같은 처지에 놓였었다. 초인종이 울리면 온 가족이 긴장하며 공포 분위기가 조성되었다. 두려움에 질린 어린 자식들의 표정을 바라보는 부모의 심정은 착잡할 수밖에 없었다. 찾아오는 손님들의 발길도 뜸해지곤 하여 초인종 전선을 아예 끊어버렸다.

연금과 다름없는 생활을 하다 보니 사라진 책 생각에 아쉬움을 금할 수 없었다. 남편이 감옥에 있을 때에도 가택수사는 일상사 중의 하나였다. 경찰과 정보부원들은 올 때마다 서재에서 책을 한 보따리씩 수거해 가곤 했다. 아내는 책을 피신시켰다. 비싼 돈을 들여 애써 구한 일본어·영어 서적들을 모두 지하 보일러실에 옮겼다고 한다. 어느 해 여름 홍수에 보일러실에 물이 찼다. 임인영은 그 사실을 며칠 후에 알았던 모양이다. 그 귀중한 책들이 모두 썩어 버렸던 것이다. 당시 전창일 일가

형자가 위암 말기여서 치료를 하기 위해 출소하는 식이다. 이 형집행정지는 검찰의 지휘 하에 집행된다. 《위키백과》

3   잔형집행면제(殘刑執行免除), 사면의 방식 가운데 하나로서, 가석방되거나 복역 중인 피고인의 남은 형기에 관하여 집행을 면제하는 조치《다음 어학사전》

4   잔형 면제 사면, 「한겨레」, 1988.12.21.

5   선출·임명직 공무원이 되기 위해서는 사면 외에 복권이 필요하다. 3년 이하 징역이나 금고형을 받은 사람의 경우 형집행이 끝난 뒤 5년, 3년 이상 형을 선고받은 경우에는 10년이 지나야 복권이 된다. 그러나 대통령은 특정 개인에게 사면을 해줄 수 있는 것과 마찬가지로 '특별복권'을 해줄 수 있다. 《한국민족문화대백과사전》

호산 전창일과 통일운동 77년사

가 살았던 성북구 석관동은 저지대였기 때문에 장마철 폭우가 쏟아지면 늘 곤란을 겪었던 상습침수 지구였다.[6]

임인영은 성북구청과 서울시청을 상대로 석관동 침수지역의 치수사업을 위해 단독으로 교섭했으나, 행정관서는 예산 타령만 하면서 시간만 끌었다. 문제를 해결한 사람은 전창일의 옥중동지 이철[7]이었다. 그는 민청학련 주모자로 지목되어 군사재판(1심)에서 사형선고를 받고 복역하다가 석방된 바 있다. 성북구에서 3선을 했다. 국회의원 재임 중 그의 노력으로 석관동 하수도 증설사업에 필요한 예산이 확보되어 지역의 숙원문제가 해결되었다고 한다. 2003년 11월 29일, 임인영은 남민전 사건 구속 당시의 고문 후유증으로 작고했다. 아내의 죽음 이후 전창일은 석관동을 떠났다고 고백했다.[8]

---

6 지상 반상회, 성북구 석관1동 일대, 「경향신문」, 1976.11.30.

7 이철(李哲, 1948년 3월 18일~)은 경기고등학교를 졸업하고 서울대학교 사회학과 재학 중 학생운동에 참여하였다가 민청학련 사건으로 사형선고를 받은 바 있다. 1985년 신한민주당 공천으로 서울 성북구 선거구에 출마하여 제12대 국회의원에 당선됨으로써, "신한민주당 돌풍"의 주역이 되었다. 1987년에는 김영삼, 김대중 양 김 씨의 야권 후보 단일화를 요구하는 데 앞장섰고, 1988년 통일민주당과 평화민주당 양쪽의 공천을 모두 받지 않고 무소속으로 출마하여 제13대 국회의원에 재선되었다. 3당 합당 이후 이기택, 노무현 등의 통일민주당 잔류파에 합류하여 민주당을 창당하였고, 1992년 제14대 국회의원에 당선되었다.
1996년 김대중의 새정치국민회의 창당에 반대하여 민주당에 잔류하였고, 제15대 국회의원 선거에서는 낙선하였다. 이후 노무현 등과 함께 국민통합추진회의(통추)에서 활동하다가 1997년 제15대 대통령 선거를 앞두고 신한국당과 민주당의 합당에 참여하여 한나라당 소속이 되었다. 이후 한때 한나라당이 재보궐 선거를 치를 때 유세현장에 동참하였으나, 2000년 총선을 앞두고 자신의 성향과 맞지 않는다는 이유로 한나라당을 탈당해 정계를 떠났다. 그러나 2002년 제16대 대통령 선거 때 정몽준의 국민통합21에 참여하면서 정계에 복귀하였고, 이후 2004년 제17대 국회의원 총선거에서 열린우리당 공천으로 정형근에 맞서 부산 북구 · 강서구 갑 선거구에 출마했으나 낙선하였다. 2005년 6월 30일부터 2008년 1월 21일까지 한국철도공사 2대 사장을 역임하였다. 《위키백과》

8 전창일 자필 기록, 2021년 3월

이야기가 다소 앞서나갔다. '형집행정지자' 전창일의 삶을 다시 살펴보자. "…심지어 법적으로 복덕방 활동도 못 해. 제일 쉬운 게 이제 복덕방인데 그것마저도 못 해. 그러니까 할 수 있는 일이 없는 거야. 그저 마누라 하는 일을 도와줄 수밖에. 운전수로 마누라 일을 도와줬어…." 출옥 후의 경제생활에 관해 얘기한 전창일의 고백이다. 임인영은 가족의 생계를 위해 봉제공장을 운영했는데, 그 공장의 운전수로 취업(?)하여 재료 운반하는 일을 했던 것이다.[9]

죽지 않고 살아남은 전창일은 향후 무엇을 할 것인가 고민했다. 답은 이미 정해졌다. 통일운동에의 참가 그리고 죽은 사람들에 대한 추모행사는 살아남은 자의 몫이었다. 그 무렵까지 추모제를 못하고 있었다. 얼어붙은 세상이었다. 전창일은 추모제를 제안했다. 1985년 10주년 기념으로, 10주기 행사를 공개적으로 하자고 주장했다. 대부분이 동의했다. 그러나 장소를 얻을 수 없었다. 4월 9일은 모두 예약이 되어 있다고 한다. 문익환 목사가 도움을 주었다. 그가 근무하는 한빛교회(강북구 미아9동)에서 추모제를 거행하기로 했다. 당시 집안 형편이 그리 좋은 편이 아니어서 모금을 했다. 재물을 만들고 떡집에 식사와 떡 등을 맡겼다. 그런데 문제가 발생했다. 정작 인혁당 관련자들이 "아직 시기상조다" "또 무슨 수난을 당하려고 하느냐"라고 모두들 반대한 것이다. 전창일은 실수를 인정했다. 사전에 관련자들과의 충분한 토론과 교감 없이 독단적으로 진행한 것을 사과하고, 추모제의 진행을 중단했다. 후유증이 제법 컸다. 모금한 돈은 도로 돌려주었고, 떡집에는 배상금까지 지

---

9 『인민혁명당과 혁신계의 활동, 주요인사(전창일 님) 구술사료 수집』 4·9 통일평화재단, 2014.2.3., pp. 265~266.

불해야만 했다. 전창일이 시도한 공개 추모식은 이렇게 좌절되었다.

그 후 전창일이 확인한 바로는, 비공개 추도식은 사건 이듬해인 1976년부터 거행되었다고 한다.[10] 이 추도식은 4월 혁명 후 결성된 민자통에서 전창일과 함께 활동했던 김병권과 깊은 관련이 있다. 그는 이재문, 신향식과 함께 1976년 2월 29일 청계천 3가 태성장이라는 중화 요릿집에서 남민전 준비위를 결성하였다. 이 모임에서 결정된 것이 전해에 희생된 인혁당 관계자들의 속옷을 모아 남민전 깃발을 만드는 것이었다. 김병권은 수기를 통해 당시의 상황을 다음과 같이 기록했다.

> 우리는 다음 해, 즉 76년 초순까지는 남조선민족해방전선의 결성을 서두르기로 했다. (중략) 그런데 앞으로 가입할 사람들의 선서를 어떤 방법으로 하면 제일 엄숙하겠는가 하는 문제를 여러 방면으로 토의했으나 결국은 4월 9일에 억울하게 처형된 동지들의 내의를 수집해서 피부에 닿았던 속옷을 가지고 남민전 기를 만들어서 그 기에 손을 얹고 선서하도록 하는 방법을 취하도록 하기로 했다. (중략) 그렇게 해서 총각인 여정남은 집을 이사해서 찾지를 못했고 그 이외 일곱 동지들의 속옷을 건네받았다. 이 속옷을 중화동으로 이사와 있는 전수진 할머니와 이문희가 밤을 새워가면서 남민전 기를 만들었다.[11]

---

10 인혁당 관련 열사들에 대한 추모제는 1976년 4월 9일, 대구시 파동 소재 통인사에서 처음 거행되었다. 《인민혁명당과 혁신계의 활동, 주요인사(전창일 님) 구술사료 수집》, p.249.〉

11 《통일과 민주화를 향한 삶의 궤적/ 고 김병권 선생 사료, 민주화운동기념사업회》

〈 그림211: 1988년 11월 28일 자 매일경제, 1990년 11월 23일 자 한겨레 〉

　인혁당 관련 희생자에 대한 공식 추도행사가 가능하게 된 것은 6월 민주항쟁 이듬해인 1988년부터다. 그 해 4월 경북대에서 처형된 8명에 대한 추도식이 거행되었고, 같은 해 12월 극단 연우무대는 이 사건을 다룬 〈4월 9일〉를 통해 연극의 형식을 통해 이 사건의 희생자들을 '정치재판'의 속죄양으로 묘사하기도 했다.[12] 그리고 1990년 4월 16일엔 경희대에서 이수병을 추모하는 공개행사가 열렸다.[13]

12　인혁당 사건 극화 무대에, 「매일경제」, 1988.11.28.
13　형장의 이슬로 사라진 '반외세 통일운동가' 이수병, 「한겨레신문」, 1990.11.23.

:: 04 ::

범민족대회와 황석영, 문익환, 임수경의 방북

1988년 2월 25일, 제13대 대통령으로 노태우가 취임했다. 12 · 12쿠데타와 광주학살 주범 중 한 명이었지만, 아무튼 그는 국민들의 선거에 의해 선출되었다. 그러나 노태우는 6월 민주항쟁의 사생아였다. 민주화 세력의 눈치를 볼 수밖에 없는 처지였다는 이야기다. 노태우의 취임사에 다음과 같은 내용이 포함되어 있다.

> …이념과 체제가 다른 이들 국가들과의 관계개선은 동아시아에 안정과 평화, 그리고 공동의 번영에 기여하게 될 것입니다. 북방의 이 외교적 통로는 또한 통일로 가는 길을 열어 줄 것입니다. 이제 우리 모두는 함께 걷는 민주주의의 출발 선상에 서 있습니다. 모두가 오늘 영광스러운 이 단상의 주인으로서 미래에 대한 자신감과 용기를 가지고 씩씩하게, 그리고 단란하게 힘찬 전진의 발걸음을 내딛읍시다. 그리하여 우리가 언제나 즐겨 부르는 '희망의 나라로'라는 민족의 노래가 그리는 자유, 평등, 평화, 행복이 가득한 나라를 향해서 우리 함께 전진해 나아갑시다.[1]

1980년대 말 국제적 긴장완화 분위기 속에서 소련을 포함한 사회주의

---

1 "제13대 노태우 대통령 취임식, 6공화국 출범", 「MBC뉴스데스크」, 1988.2.25.

국가들의 개혁개방과 동서독 통일이 이루어지면서 국내에서도 정부와
시민사회 내에서 통일운동이 활발하게 전개되었다.

〈 그림212: 1988년 7월 7일 자 경향신문, 8월 3일 자 경향신문, 한겨레 〉

　취임사를 통해 북방 외교정책을 피력했던 노태우는 1988년 7월 7일,
'민족자존과 통일번영을 위한 대통령 특별선언' 이른바 7 · 7선언을 발표
했다. 6개 항으로 된 이 선언의 내용을 보면, 남북동포의 상호교류 및
해외동포의 남북 자유왕래 개방, 이산가족 생사확인 적극 추진, 남북교
역 문호개방, 비군사 물자에 대한 우방국의 북한 무역용인, 남북 간의
대결외교 종결, 북한의 대미 · 일 관계 개선 협조 등이다.
　민정당, 평민당, 민주당, 공화당 등 여야 4당은 모두 환영을 표명했
고,[2] 각 언론들도 사설과 기사 등을 통해 7 · 7 선언에 대한 기대감을 감
추지 않았다.[3]

2　여야 4당 환영, 「동아일보」, 1988.7.7.
3　민족공동체 의식의 확인(사설), 「동아일보」, 대결시대의 청산(사설), 「경향신문」, 대결지
　양 민족공동체 인식 대전환, 「매일경제」, 1988.7.7.

　　　　　　　　　　　　　　　호산 전창일과 통일운동 77년사

그러나 문제는 시민단체와의 시각차였다. 민통련[4]은 "이날 선언은 평화협정체결, 핵무기 및 외국군 철수 등을 전혀 언급하고 있지 않아 진정 북한과의 화해를 위한 것이 아니라 7천만 민중의 통일 의지를 희석시키는 것에 불과하다"라는 논평을 했다.[5] 대북창구의 단일화 방침에 정면으로 반발하는 주장이었다. 통일 정책의 정부독점은 민간인 통일운동단체를 '이적단체'라는 허울을 씌운 채 지금도 계속되고 있다.

정부의 정책에 정면으로 대응하는 시민단체의 목소리가 터져 나왔다. 1988년 8월 1일, 문익환·계훈제·박형규 등 재야인사 1,014명은 8월과 9월 두 차례에 걸쳐 서울 등 전국 각지에서 '한반도 평화와 통일을 위한 세계대회 및 범민족대회'를 개최하기로 하고 3일 이를 위한 추진본부 발기취지문을 발표했다. 취지문에는 "휴전상태의 한반도에는 전쟁의 위협 속에 미국의 핵무기가 민족생존권을 위협하고 있으며 청년 학생들의 통일 열망이 '대북창구 단일화'라는 논리로 봉쇄당하고 있다."라는 내용이 포함되어 있었다.[6] 시민과 학생들이 조국의 통일을 위해 앞장서겠다는 선포였다.

---

4 민주통일민중운동연합(民主統一民衆運動聯合): 약칭 민통련이라고 한다. 제5공화국 시절인 1985년 3월에 25개 재야 민주운동단체들이 연합하여 발족한 단체다. 1983년 9월에 출범한 민주화운동청년연합(민청련)을 필두로 1984년 6월에 출범한 민중민주운동협의회(민민협), 1984년 10월에 출범한 민주통일국민회의가 모체가 되었다. '민주화운동과 민족통일운동은 하나'라는 기본인식 위에서 노동자·농민·청년·언론 등 사회 각 분야의 민주화 운동 단체들이 총망라되어 결성했다. 그 후 해산명령, 사무실 폐쇄 등 여러 가지 시련을 겪으면서도 결집된 힘으로 꾸준히 활동했다. 그러나 1987년 대통령 선거를 둘러싸고 '비판적 지지론'과 '후보단일화론'으로 입장이 나뉘어 내부 분열이 일기도 했다. 1989년 1월 전국민족민주운동연합(전민련)이 결성되면서 민통련은 발전적으로 해체되었다. 《두산백과》

5 "통일 의지 희석시켜" 민통련서 성명, 「경향신문」 1988.7.7.

6 평화통일 범민족대회 개최, 「경향신문」 1988.8.3.

학생들도 목소리를 높였다. 8월 2일, 전대협은 전국 70여 개 대학 대표가 모인 전체 총회에서 통일선봉대 발대식 등 세부계획을 확정한 뒤 채택된 결의문에서 "정부 차원에서 학생대표를 선정, 회담을 주선한다는 당국의 논리는 민족보다 체제를 우선하는 분열주의자의 본질을 드러낸 발상"이라며 "전대협은 반통일적 '대북제의 접촉창구 단일화론'을 단호히 거부하며 어떠한 폭력에도 굴하지 않고 순례 대행진과 8·15 회담 등 통일 구국 대장정을 전개해 나갈 것"이라고 밝혔다. 그리고 "오는 8월 말께 '남북화해와 평화통일을 위한 범민족대회(가칭)'을 남한 내 민주 세력, 국제적 민주인사, 북한 및 해외동포 등을 초청한 가운데 개최, 평화협정과 불가침협정 체결, 남북한 사회단체 및 정당 간의 연석회의 개최 등 제반 군사·정치적 사안과 각계각층의 자주적 교류를 논의할 것"이라고 밝혔다.[7]

주목할 것은 시민단체와 전대협이 거의 동시에 '범민족대회'의 개최를 선포한 점이다. 한국 통일운동사에서 큰 족적을 남기게 되는 '범민족 대회'는 이렇게 출발하게 되었다. 1990년 8월 15일, 제1차 범민족대회가 개최될 때까지의 주요 일정은 아래와 같다.

① 1988년 8월 8일: '한반도 평화와 통일을 위한 세계대회 및 범민족 대회' 발족식(기독교회관 강당), 북의 '조국평화통일위원회(조평통)'와 '조선평화옹호 전국민족위원회'에게 8월 세계대회 참석요망 초청장 발송
② 8월 12일: '해외동포에게 드리는 글' 발표

---

7   전대협, '8·15회담' 성사에 총력, 「한겨레」, 1988.8.3.

③ 8월 20일: 추진본부 발기인 대회(종로 성당)

④ 8월 23~28일: 서울, 광주, 판문점에서 한반도 평화와 통일을 위한 세계대회 개최

⑤ 8월 28일: '범민족대회 개최를 약속하는 세계대회를 마치면서' '범민족대회 선포문' '한반도 평화선언' '천만 해외동포에게 드리는 두 번째 글' 발표

⑥ 9월 22일: 21개 사회단체, '한반도 평화와 통일을 위한 범민족대회를 촉구하며' 발표

⑦ 12월 9일: 북한의 '조국평화통일위원회'가 한반도의 핵 문제를 포함한 남북한의 정치·군사적 문제를 해결하기 위해 남북한 사회단체, 해외교포, 개별 인사들이 참가하는 범민족대회를 조속한 시일 내에 판문점이나 제3국에서 소집할 것과 예비접촉을 시급히 갖자고 제의

⑧ 1989년 1월: 김일성 주석 신년사, 남북정치협상회의를 제의하면서 김수환 추기경, 문익환 목사, 백기완 선생 등 개별 인사를 지명하여 평양 방문을 초청

⑨ 1월 21일: 전민련 조통위, 예비 실무회담을 3월 1일 판문점에서 갖자고 제안

⑩ 2월 15일: 전민련 조통위, 범민족대회 제1차 예비 실무회담 명단 발표

⑪ 2월 28일: 전민련 실무대표 3인, 예비 실무회담 준비접촉을 위해 판문점으로 갔으나 미군의 저지로 실패

⑫ 3월 1일: 전민련 실무회담 대표단 10명 및 참관인단 10여 명, 판문점으로 가던 중 파주 인근에서 경찰에 연행, 48시간 동안 억류됨

⑬ 3월 2일: 전민련 조통위, 4월 7일 오후 3시에 판문점에서 예비회담 개최 발표

⑭ 3월 11일: 범민족대회 유럽지역 추진본부 결성

⑮ 3월 18일: 범민족대회 북미주 추진본부 결성

⑯ 3월 30일: 범민족대회 일본 추진본부 결성

⑰ 3월 31일: 전민련 조통위, 4월 7일 예비회담 연기발표(문익환 목사의 방북 이후 자주적 민간교류의 성과를 위해)

⑱ 8월 15일: 각지에서 범민족 축전 행사 개최

⑲ 1990년 3월 3일: 전민련 제2기 대의원대회, 8·15 범민족대회 개최 결의

⑳ 4월 15일: 범민족대회 해외 3지역 실무대표회의 일본에서 개최

㉑ 5월 17일: 6월 베를린에서 있을 남·북·해외 실무회담에 참석키 위한 남북접촉 승인신청서 통일원에 제출

㉒ 5월 19일: 통일원 불허 통보

㉓ 6월 2~3일: 서베를린, 범민족대회 제1차 실무회담, 해외 및 북측 실무대표 참가 개최

㉔ 6월 25일: 전대협, 8·15 범민족대회 참가 공식표명

㉕ 6.30~7.1: 조국의 평화와 통일을 위한 범민족대회지지 해외동포 대회 개최(일본)

㉖ 7월 4일: 전민련, 8·15 범민족대회 실행계획과 일정 및 7월 26일 예정 서울 예비 실무회담 개최 발표

㉗ 7월 6일: 전민련, 범민족대회 추진본부 참가 요청 서한 발표

㉘ 7월 20일: 범민족대회 1차 임시집행위원회 개최

㉙ 7월 23일: 범민족대회 1차 모임 및 2차 임시집행위원회 개최

㉚ 7월 26일: 범민족대회 제2차 실무회담 시도, 정부의 방해로 북측 대표단 참가 좌절

㉛ 7월 27일: 남측 대표와 해외동포 단체, 서울에서 제2차 범민족대회 실무회담 진행

㉜ 7월 30일: 범민족대회 제3차 임시집행위원회 개최

㉝ 8월 3일: 고려대학교 대강당에서 범민족대회 추진본부 결성대회 개최

㉞ 8월 13~14일: 범민족대회 남측추진본부(67개 참가단체), 연세대학교에서 범민족대회 학술제와 문화제 개최

㉟ 8월 15일: 연세대학교에 모인 범민족대회 대표단, 판문점으로 가기 위해 정문을 나오다 경찰의 저지로 무산, 최루탄을 퍼부으며 원천봉쇄. 황석영 씨가 남측을 대표해 범민족회의 참가, 판문점에 모인 범민족대회 참가자들 '조국통일 범민족연합' 구성 결의[8]

학생과 시민들의 투쟁으로 직선제 개헌이 이루어졌고, 통일문제가 뜨겁게 달아오를 무렵인 1988년 연말에서 이듬해인 1989년 연초 무렵 북조선은 중요한 제안을 했다. 금강산 개발 등의 목적으로 현대그룹 명예회장 정주영의 방북을 초청한 것이다.[9] 그리고 김일성 주석은 신년사에서 남북대회 및 통일문제와 관련, '남북정치협상회의'를 가까운 시일 내에 열자고 제의하고 이를 위해 노태우 대통령을 민정당 총재 자격으로

---

8 범민련 경과 일지, 『범민련 자료집 I』, 조국통일범민족연합 남측본부(준), 1993, pp. 112~115.

9 북한, 정주영 씨 초청, 금강산 개발 등 논의 목적, 「경향신문」, 1988. 12. 23.

제10장 범민련의 통일운동

373

〈 그림213: 시계방향, 1988년 12월 23일 자 경향신문, 1989년 1월 4일 자 경향신문, 1월 26일 자 조선일보 〉

평양에 초청한다고 밝혔다. 그 외 김대중, 김영삼, 김종필 등 세 야당의 총재와 김수환 추기경, 문익환 목사, 백기완 씨도 함께 초청했다.[10] 정부는 북한의 제의를 전향적으로 수용하겠으며 노-김일성 회담을 적극 추진하겠다고 밝혔다.[11]

북방외교, 통일문제가 5공 청산과 더불어 활발한 보도가 이어졌다.[12] 팀 스피릿 훈련이 축소될 것이라는 기사,[13] 그리고 연방제통일에 대한

10   북한, 4당 총재 초청, 「경향신문」, 1989.1.4.

11   노-김일성 회담 적극 추진, 「경향신문」, 1989.1.4.

12   "중간평가 · 5공 청산·민주화로" 북방정책, 통일연계엔 반대, 「조선일보」, 1989.1.6.

13   팀 스피릿 축소 검토, 「조선일보」, 1989.1.6.

기사도 보도되었다.[14] 더욱이 정부는 정주영의 방북을 승인했다.[15] 정
회장은 1989년 1월 24일 방북해서 2월 2일 서울로 돌아올 때까지, 북한
과 금강산 개발 범위, 개발자금 조달, 한국 관광객의 북한 통과방법 등
에 관한 중요한 사항들을 합의했다. 합의문 중 "한국 관광객의 휴전선
을 통한 금강산 관광지구의 왕래를 허용한다"고 명시해 훗날 금강산 육
로관광의 단초가 되었다.[16] 그러나 거기까지였다.

〈 그림214: 금단의 시대 넘은 3인의 행적ⓒ한겨레(2019.4.4.) 〉

북으로부터 초청을 받은 문 목사는 동생 문동환 평민당 부총재를 통
해 통일원 장관의 설득을 시도했으나 성과가 없었고,[17] 민족문학작가

14 남북한주장 통일방안 주요 내용, 체제연합·연방제 어떻게 다른가, 「조선일보」, 1989.1.6.

15 정주영 회장 23일 방북, 「조선일보」, 1989.1.20.

16 방북 정주영 씨, 허담 등과 만나, 「조선일보」, 1989.1.26.

17 김형수, 『문익환 평전』, 실천문화사, 2004, p.694.

(회장 김정한)가 추진 중인 남북작가 예비회담도 정부는 허용하지 않았다.[18] 전대협은 7월 평양에서 열릴 예정인 '세계청년학생축전'에 남한 학생들의 참가를 북측으로부터 제의받았으나,[19] 많은 논란 끝에 결국 문교부는 평양축전 참가를 불허한다고 공식 발표했다.[20] '창구 단일화'라는 미명하에 정부의 통일 정책 독점화가 확실하게 드러났다.

1989년 봄부터 여름, 네 사람의 방북이 남한뿐 아니라 세계를 뒤흔들었다. 황석영 작가는 1989년 3월 18일 일본에서 방북 성명을 발표한 뒤 중국 베이징을 거쳐 3월 20일 북한 땅을 밟았다. 그는 분단 고착 이후 북쪽에 들어간 최초의 남쪽 작가로서, 조선문학예술총동맹의 초청에 응해서 한국민족예술인총연합(약칭 민예총) 대변인 자격으로 방북했다. 황석영은 평양에 머무르면서 북쪽과 여러 가지 문화교류, 남북협력 사업에 합의하였지만, 남쪽에서 국가보안법 위반으로 사법처리하겠다는 강경방침을 세우자, 귀국하지 않고 일본과 독일 등을 떠돌아다녔다.

이 기간 동안 조국통일범민족연합 남측 대변인 자격으로 4차례 추가 방북하였으며 김일성도 여러 차례 만났고, 범민족대회 등의 행사에 관여하였다. 1993년 김영삼 정부가 출범하자 귀국해서 국가보안법의 잠입탈출죄 등으로 수감되었다가, 김대중 정부가 출범하면서 1998년 4월 특별사면으로 풀려났다. 자신의 방북 당시 경험을 다룬 방문기『사람이 살고 있었네』를 창작과비평에 연재했으나 이시영 주간이 국보법 위반으

18 남북작가 예비회담 허용 않기로,「한겨레」1989. 3. 25.
19 북에서 온 초청 서한,「조선일보」1989. 1. 6.
20 "평양축전 못 간다" 공식 발표,「동아일보」1989. 6. 6.

호산 전창일과 통일운동 77년사

로 구속되고 해당 작품은 이적표현물로 판정되었다.[21]

황석영 입북 닷새 후인 3월 25일에는 문익환 목사가 평양 순안비행장에 발을 내디뎠다. 12대 국회에서 고 김녹영 국회부의장비서실장을 역임했던 유원호(1930~2019)와 분단시대 망명객인 통일운동가 정경모(1924~2021) 등 두 사람이 동행했다. 문 목사 일행은 평양공항에 도착한 후 발표한 성명에서, "일찍부터 평양을 방문해 김일성 주석과 만나 마음을 열고 민족의 장래를 기탄없이 이야기하고 싶은 희망을 갖고 있었다."고 말했다.

그들은 김일성과 회담 후 조국평화통일위원회와 가진 공동성명에서 "7·4 남북공동성명에서 확인된 자주 평화통일 민족대단결의 3대 원칙에 기초해 통일문제를 해결해야 한다"는 것을 확인했다. 또한, 한반도 분열의 지속 반대, 정치군사회담 추진과 이산가족문제 등 다방면의 교류와 접촉 실현, 공존 원칙에 입각한 연방제 방식의 통일지지, 팀 스피릿(Team Spirit) 합동군사연습이 남북대화 및 평화통일과 양립할 수 없음을 확인하고, 전민련이 제안한 범민족대회 소집을 지지하는 등 9개 항을 발표했다. 문익환 목사 일행은 10일간의 방북 일정을 마친 뒤 일본을 거쳐 4월 13일 귀국했다. 정부는 이들이 귀국하자마자 사전 구속영장을 집행해 국가보안법상 지령 수수, 잠입 탈출, 회합 통신, 찬양 고무 등의 혐의로 구속·수감했다.[22] 문 목사는 '나는 왜 평양에 갔나'는 글을 통해 방북 이유를 밝힌 바 있다.

---

21 황석영,《나무위키》

22 문 목사 공항서 연행 구속,「경향신문」, 1989. 4. 13.

[문익환, 나는 왜 평양에 갔나]

   방북계획을 얘기하자면 약 6~7년 전으로 돌아갑니다. 민족통일운동의 선배요 동지인 두 사람이 따로따로 저에게 "형님(그분들이 통일운동에 대해서는 저보다 선배이지만, 나이가 많다고 해서 저를 형님이라고 합니다.) 한번 평양에 다녀오시지 않겠습니까?" 하는 것이었습니다. 전두환 정권의 미래가 빤히 보이고, 그리고 그러한 군사 독재 정권이 있는 한 통일이 안 되겠다고 하는 판단을 그분들이 내렸던 것입니다. 그분들은 지나가는 말로 했을지도 모르지만, 저에게는 잊힐 일이 아니었습니다. 높아져 가는 불신의 구렁텅이를 누군가가 메꿔야겠다, 관에 맡겨 두어서는 이루어질 수 없다, 이제는 정말 민(民)이 나서야겠다. 그런데 "형님 갔다 오시오." 그것은 저에게 있어서 굉장히 중요한 충격이었습니다.

   그러나 도저히 제가 몸을 뺄 수 있는 형편이 아니었습니다. 국내의 여러 가지 문제들이 민주운동, 민족통일 운동에 있어서 이러나저러나, 빼지도 박지도 못하는 그 한복판에 제가 들어가 있었기 때문에 몸을 뺄 수가 없었습니다. 그런데 제가 86년 5월 20일 서울대학교에 가서 강연하게 되었습니다. 제가 서울대학교에 가서 강연한다고 하니까 어머니께서 "서울대학교에 가서 강연하려면 제발 학생들더러 죽지 말라고 해줘, 만주에서 수많은 독립군들을 봤어도 자살하는 사람은 없었어. 일본 놈을 하나라도 죽이고 죽었지, 젊은이들이 살아서 싸워야지 왜 죽느냐." 그 얘기를 좀 해 달라는 것이었습니다.

그런데 그 전날 신문을 보았는데, 제가 민통련이라는 과격단체의 두목이 되어있는 신문보도를 보고, 그날 서울대학교에 가서 그 얘기를 하다가 이제는 본론으로 들어가야지. 어머님의 그 말씀을 해야지 하고, 얘기를 끊고 말머리를 돌리려고 하는 그 순간에 서울대학교학생회관 3층 꼭대기에서 불덩어리가 떨어졌습니다. 저는 그냥 무슨 화형식을 하는 줄 알았습니다. 그러나 그게 아니었습니다.

이동수 군이 이 민족의 문제를 안고 씨름하고 씨름하다가 죽어간 김세진, 이재호 군의 뒤를 따라서 타는 불길로 떨어졌습니다. 그 충격을 여러분은 상상할 수 있겠습니까? 나는 나이 일흔이 되도록 이렇게 펄펄 살아있는데 젊은 애들이 저렇게 나라를 위해서 목숨을 바쳤다, 나도 당장 몸에 불을 지르고 죽어야 할 것인데 어머니의 말씀 때문에 살아서 싸워야지, '죽어서 싸우는 게 아니야' 하는 어머님의 말씀 때문에, 또 그 얘기를 학생들에게 계속해야겠기에 차마 죽지 못하고, 그 후로 계속 학생들에게 그 얘기를 하고 다녔습니다.

그러나 아무리 호소해도 안 되고, 막을 길이 없었습니다. 또 한 번, 명동성당에서 학생 하나가 배에다 칼을 꽂고 옥상에서 떨어져 죽어갔습니다. 그 피 묻은 칼을 누군가가 저에게 갖다 주면서 건사(보관)해달라고 했습니다. 그래서 그 피 묻은 칼을 제가 갖고 있었습니다. 정말 통일문제를 가지고, 기성세대가 적극적으로 나서서 통일의 장벽을 무너뜨리는 일을 해야 이 젊은이들의 죽음의 행렬을 막을 수 있다고 생각했습니다. 그 길밖에는 없다고 생각했었습니다.

그러면 무엇을 해야 하느냐, 그때 아까 얘기한 두 선배, 동지의 말이 들려왔던 것입니다. 장벽을 무너뜨리기 위해서 "형님 평양에 한번 갔다가 주시오" 하는 목소리가 들려왔습니다. 그러나 아직 때가 오지 않았습니다. 제가 몸을 뺄 수가 없었습니다.

그런데 1988년 6월 10일이었습니다. 남북학생회담을 위해서 남쪽 학생들이 판문점으로 가려고 했던 것입니다. 그 출정식에 저에게 출정식에 저에게 격려사를 해 달라고 해서 제가 연세대에 갔습니다. 그 현장에 가보지 않은 사람들은 모릅니다. 그 학생들이 얼마나 비장했던가를 모릅니다. 그 비장감이 확 그냥 가슴에 와닿는 것입니다. 압도를 하는 것입니다.

"민족문제를 이대로 기성세대들에게 맡겨둘 수는 없습니다. 우리가 이 문제를, 이 장벽을 무너뜨려야겠습니다." 하고 나서는 젊은 세대들, 그들 앞에서 또다시 저는 말할 수 없는 부끄러움을 느꼈습니다. 그런데 그 학생들의 행진이 최루탄과 곤봉으로 봉쇄됩니다. 그 현장에서 "이젠 가는 수밖에 없어" 그 자리가 바로 평양으로 가기로 결심한 자리입니다.

그런데 그 후에 7·7 선언이 나왔습니다. 7·7 선언이 나오는 것을 보고 "아, 이러면 안 가도 되지." 이런 생각을 가졌습니다. "정부가 이렇게 솔선해서 남북문제를 풀려고 한다면 내가 무엇하러 가" 그래서 안 가려고 그랬습니다. 그런데 8·15, 또다시 판문점으로 가려고 하던 학생들의 운동이 박살이 났습니다. 통일원에서는 정치문제만을 의제로 삼지 않으면 보내주겠다고 허락을 했었습니다. 그래서 학생들이 정치문제가 아닌 의제만을 제출했었습니다. 그런데도 학생들의 판문점행을 정부가 막았습니다.

그것을 보고, "7·7선언은 속임수이구나" 하는 것을 깨닫고, 가기로 아주 결심을 했던 것입니다. 이젠 어떤 일이 있어도 가야 한다고 결심했던 것입니다.

그런데 정주영 씨가 금년에 들어서 북에 갔습니다. 정주영 씨가 가는 것을 보고 정말 이제는 가도 되는 게 아니냐는 생각을 했었습니다. 그러나 세계청년학생축전을 위한 학생들의 예비회담이 차단되고 전민련에서 주선하고 있던 범민족대회가 깨지고 민족작가회의의 제안들이 차단당하는 것들을 보면서 최종적으로 마음을 굳혔던 것입니다.

노 대통령은 지난해 제6공화국 헌법에 따라 남북문제를 평화적으로 풀기 위해 북을 적이 아닌, 민족공동체의 일원으로, 동반자로 표명한 7·7 선언을 했고, 그 해 10월 4일 국회에서 한 국정연설에서는 남북불가침선언 및 북한의 통일방안을 긍정적으로 수용 검토하겠다고까지 했으며, UN 연설에서 역시 남북문제에 적극적인 자세를 보여 전 세계로부터 찬양을 받았으나, 이러한 세 번에 걸친 약속, 다방면에 걸친 교류 중에서 이루어진 것은 정주영 씨의 방북밖에 없습니다. 따라서 나는 우리 정부의 참 의도가 무엇인지 의심하지 않을 수 없었고, 아무래도 관에 맡겨두어서는 이 분단의 장벽을 무너뜨릴 수 없겠다는 판단이 섰던 것입니다.[23]

---

[23] 전민련 조국통일위원회·민주화운동청년연합 편, 『나는 왜 평양에 갔나, -문익환 목사 공판기록』 나눔기획, 1989, pp.43~46.

〈 그림215: 1989년 4월 13일 자 경향신문, 6월 28일 자 매일경제, 6월 30일 자 한겨레 〉

문익환 방북 사건은 그와 유원호의 구속으로 끝나지 않았다. 전국민족민주운동연합(전민련, 전신 민통련)에 연관된 수많은 단체들이 공안합수부에 의해 수사대상이 되었다.[24] 4월 3일 고은·이재오가 먼저 구속되었다.[25] 4월 8일 진보정치연합공동대표 정태윤과 민족민중미술협의회(민미협) 대표 김정헌이 연행되었고, 4월 11일 이부영 전민련 상임공동의장이 구속되었다. 같은 날 김용태 한국민족예술인총연합(민예총)도

24 오늘 전국 공안합수부장회의 전민련 240개 단체 내사, 「조선일보」, 1989.4.6.
25 이재오, 고은 씨 구속, 「경향신문」, 1989.4.3.

연행되었다.[26] 4월 12일에는 이영희와 백낙청 교수 역시 연행자 대열에 포함되었다.[27] 이영희 한겨레신문 논설고문은 4월 14일 구속되었다.[28] 그리고 4월 21일에는 평화연구소 소장 및 전민련 조국통일위원회 위원인 조성우가 국가보안법(이적 표현물 취득탐독 소지) 혐의로 구속되어 정경모, 리영희, 황석영과의 관련 여부를 집중 신문을 당하고 있다는 보도가 나왔다.[29] 전민련 이창복 의장이 구속된 날짜는 5월 8일이었다.[30]

재야 유력인사들의 연행·구속에 이어 합수부의 칼끝은 정치권으로 확대되었다. 김대중, 김영삼 두 총재와 문동환 평민당 수석부총재, 김상현 민주당 부총재 등 야권의 핵심인사뿐 아니라 민정당의 이종찬 사무총장까지 참고인이란 명목으로 조사에 들어갔다.[31] 바야흐로 공안정치의 계절이 다시 시작된 것이다.[32]

합수부의 집중 타깃이 된 평민당에게 또 다른 악재가 터졌다. 소속 의원 서경원이 구속되었다는 기사가 보도되었다. 지난해 8월경 입북하여 조국평화통일위원장 허담과 김일성을 만났다는 혐의였다.[33] 알 수 없는 것은 열 달이 지나서야 방북 사실을 꺼내 서경원을 국가보안법 위반 혐의로 구속한 의도다. 아무튼, 이 사건의 여파로 평민당은 커다란 위기

26 이부영 씨 구속, 「조선일보」 1989.4.12.

27 리영희·백낙청 교수 연행, 「경향신문」 1989.4.12.

28 리영희 교수 구속, 「동아일보」 1989.4.14.

29 조성우 씨 구속, 「조선일보」 1989.4.21.

30 전민련 이창복 의장 구속, 「조선일보」 1989.5.9.

31 김대중 총재·이종찬 총장 등 5명 조사, 「조선일보」 1989.5.2.

32 전민련 이적단체 몰아 목 죄기, 「한겨레」 1989.5.10.

33 방북 서경원 의원 구속, 「매일경제」 1989.6.28.

에 직면하게 되었다. 서경원 의원을 제명하고 국회에서 의원직 사퇴서를 처리하도록 하는 한편 김대중 총재가 기자회견을 통해 국민에게 사과했다. 그 외 지도 감독 문제에 책임을 지고 당내 재야입당파 모임인 평민연 이사장인 문동환 수석부총재와 김원기 원내총무가 사퇴의사를 밝혔다.[34]

서 의원 구속 사흘 후인 6월 30일, 충격적인 소식이 보도되었다. 전대협 임종석 의장은 29일 오후 11경, 2천5백여 명의 학생들이 참가한 가운데 한양대에서 개최된 '범국민축전준비위원회' 발족식에서, 전대협의 공식대표로 평양 학생 축전에 참가시키기 위해 외국어대 임수경(22, 불어과 4) 씨를 일본을 거쳐 동베를린으로 보냈다고 발표했다. 임 씨는 29일 자정(한국 시간)께 평양으로 출발한 것으로 확인됐다.[35]

임수경은 이전 입북했던 인사들처럼 유명작가(황석영)나 저명한 통일운동가(문익환)도 아니었고, 서경원처럼 정치인도 아니었다. 더욱이 전대협의 간부진에도 포함되지 않았던 평범한 학생이었다. 평범한 20대 대학생의 방북은 남북 모두를 놀라게 했다. 1989년의 방북 열풍은 임수경에 의해 최고조에 이르게 되었다.

임수경 씨는 평양에서 '통일의 꽃'으로 불리며 환영을 받았다. 그가 가는 곳에는 환영 인파가 자발적으로 몰려들었다고 한다. 임 씨는 연설을 요청받으면 하고 싶은 말을 다 했다고 한다. 북한 대학생은 당의 지침을 충실히 따라야 해서 당시 북한 대학생 사이에서는 "남조선 대학생이 저렇게 당당하게 다니는데 우리는 뭐냐."란 이야기가 나왔다고 한다. 그

---

34 평민, 서의원 제명, 「동아일보」, 1989.6.28.

35 전대협 '축전' 대표 평양파견, 「한겨레」, 1989.6.30.

호산 전창일과 통일운동 77년사

의 자유분방한 언행이 북한 사람들에게 문화적 충격을 줬다고 한다.

정의구현사제단은 문규현 신부를 북쪽에 보내 천주교 신자인 임수경 씨와 동행하게 했다. 노태우 정부가 잇단 밀입북이 공개적으로 국가보안법과 휴전협정을 무시해 사회 혼란을 조성하고 자유민주주의 기본 질서를 위태롭게 한다며 공안 정국을 조성해 대응이 필요하다고 봤기 때문이다.

정전협정 체결일인 7월 27일 판문점에 도착한 두 사람은 유엔사의 불허 등에 막혀 남으로 내려오지 못했다. 8월 15일 임수경 씨 등이 판문점 북쪽에 나타났다. 이들은 15분간 연설을 한 뒤 걸어 내려왔다. 임수경 씨와 문규현 신부는 손을 잡고 군사분계선을 넘었다. 분단 이후 최초로 판문점 군사분계선을 넘어 북에서 남으로 온 민간인이었다. 이들은 군사분계선을 넘자마자 바로 붙잡혔다. 1심에서 임수경 씨에게는 징역 10년, 문규현 신부에게는 징역 8년이 선고됐다. 국가보안법상 반국가단체 지령 수수, 잠입탈출, 고무찬양 혐의 등이 적용됐다. 항소심에선 두 사람 다 징역 5년이었다. 1992년 성탄절 전야에 두 사람은 석방됐다.[36]

---

[36] 그 신문은 왜곡·편파 보도로 우리를 상처 냈어요, 「한겨레」, 2016.5.29.; 보다 상세한 정보는 〈임수경·지승호 지음, 『임수경 스토리』, Human&Books, 2016〉 참조

민자통 재건과 전민련의
통일운동

북한민족회의 제안 환영
민족자주평화통일중앙회

민족자주평화통일 중앙회의(민자통·상임대표 이현수)는 10일 성명을 발표, "북한 조국통일위원회의 민족회의 제안을 환영한다"고 밝히고 현정권은 속죄하는 마음으로 협력하라고 촉구했다.

'민자통' 3명 3년형 선고
2명엔 집행유예

서울형사지법 합의21부(재판장 황상현 부장판사)는 2일 민족자주통일중앙협의회(민자통) 재건사건과 관련, 국가보안법 위반(이적단체구성 등) 혐의로 구속 기소된 민자통 간부 5명에 대한 선고공판에서 이현수(62·중앙상임위원장) 이종린(66·대의원회의장) 이천재(57·대외협력위원장)씨 등 3명에게 징역3년 자격정지 3년씩을 선고했다.
재판부는 또 박창균(63·중앙회의장) 이규영(53·조직국장)씨 등 2명에게는 징역2년 자격정지2년에 집행유예3년씩을 선고, 석방했다.
재판부는 판결문에서 "피고인들이 이적단체구성을 부인하고 북한의 혁명전략에 동조한 적이 없다고 주장하고 있으나 검찰의 공소사실에 비춰볼 때 모두 유죄로 인정된다"고 말했다.

左翼조직「民自統」재건
保安法적용 9명구속 10명수배

教授·전과자 50여명규합
北韓 위장平和공세 동조

〈 그림216: 시계방향, ① 1988년 12월 11일 자 한겨레, ② 1989년 7월 25일 자 경향신문, ③ 89년 12월 3일 자 한겨레 〉

5·16 쿠데타 이후 인혁당, 남민전 사건 등으로 온갖 수난을 받으며 음지에서만 활동할 수밖에 없었던 혁신계도 이제 통일운동의 전면에 나서기 시작했다. 1988년 8월 향린교회에서 120여 명이 참석, 민족자

주평화통일중앙회의(민자통) 결성 대회를 가졌다.[1] 신창균[2]에 따르면, 4·19 이후에 결성되었다가 5·16 이후 해체된 민족자주통일운동의 대표적 모임이었던 민자통의 재건을 1987년경 꾀하였다. 초기 중심인물은 이현수, 이종린, 유한종, 유혁, 손창호, 신창균, 이규영, 문한영, 소륜, 신도성, 권두영, 정예근, 문용채 등이었으나, 일부 인사들의 편파적인 운영 때문에 신창균, 신도성,[3] 권두영[4] 세 사람은 재건운동에 소

1   이천재, 『희망』하, 대동, 1993, p.205. 〈9월…「경향신문」, 「동아일보」, 1989.7.25./발기인
    대회(8월 5일), 결성대회(9월 15일)…「한경뉴스」, 1989.7.25.〉

2   신창균(1908~2005); 1908년에서 태어나, 12살 때 3·1 운동에 참가했다. 경찰 주재소
    를 파괴하여 일본 헌병에게 붙잡혔지만, 어려서 매만 맞고 풀려났다. 이때 동지의 내면
    에 뿌리내린 민족자존 의식이 한평생 독립운동, 통일운동으로 이어졌다. 국내에서 항일
    운동을 하다가 일제의 감시를 피해 중국으로 망명했다. 마카오에서 임시정부 연락책을
    맡았다. 임시정부에 독립자금을 보내고, 중국의 일본군 동태를 보고했다. 해방 직전 귀
    국하여 일제에 구속되어 수감 중 해방 후 감옥을 나왔다. 해방 후 동지는 '남북통일이 없
    으면 우리 민족은 진정한 독립을 이룬 것이 아니다.'라는 백범의 주장을 받아들였다. 광
    복 뒤 한국독립당(한독당)의 중앙집행위원을 맡았다. 1948년 4월 단독정부 수립을 저지
    하기 위한 남북협상을 위해 백범과 함께 평양을 방문하기도 했다. 이후에 백범을 지지했
    다는 이유로 이승만 정권에게 사업체를 뺏기고 정치 활동이 묶이는 가시밭길을 걸었다.
    평화통일정책에서 백범을 계승한 조봉암을 도와 진보당 재정위원장을 맡았다. 1959년
    7월 '진보당 사건'에 연루돼 옥고를 치르고 5·16 군사쿠데타가 발발하자 혁신계 인사로
    분류돼 수감된 후 동지는 반독재와 통일운동의 길을 걸었다. 80, 90년대에 조국통일범
    민족연합 활동을 통해 각종 집회, 시위에 빠짐없이 참석하는 등 민간통일운동의 앞자리
    를 지켜왔다. 《추모연대》

3   신도성(1918~1999); 1918년 3월 7일 경상남도 거창에서 출생하였다. 부인 권정순(權丁
    順)과의 사이에서 2남 3녀를 두었다. 도쿄제국대학 정치학과를 졸업하였다. 정치학자로
    서 연희전문학교 조교수, 서울대학교 문리대 정치과 주임교수, 이화여자대학교 정치외
    교학과장을 지냈고, 동아일보 논설위원과 국방부 전사편찬위원으로 활동했다. 1954년
    대한민국학술원 회원이 되었다. 정치가로서 부통령 비서관, 제3대 국회의원(거창군, 민
    주국민당, 1954.5.31.~1958.5.30.), 제7대 경상남도 도지사(1959.11.24.~1960.4.30.),
    제4대 국토통일원 장관(1974.9.18.~1975.8.17.) 등으로 활약했다. 1955~1956년 진보
    당 결성 과정에서 발기취지문·강령·정책 등의 작성에서 중요한 역할을 담당한 것으
    로 알려졌다. 경남지사 재직 당시에는 3·15 부정선거와 김 주열 사망 사건에 연루되어
    4·19혁명 성공 이후 구속되기도 했다. 김대중 전 대통령의 야당 시절 대북정책 자문역
    으로 활동하며, 평화민주당 고문을 지냈다. 《한국민족문화대백과사전》

4   권두영(1929~1993); 고려대학교 경제학과와 대학원을 졸업하고, 1965년부터 1978년

극적인 입장이 되었다. 하지만 간부 이현수 외 4인이 구속된 후 신창균과 권도영은 난관에 처한 민자통의 재건을 위해 적극 참여를 하였으나, 신도성은 섭섭하게도 참여하지 않았다고 한다.

다소 혼란은 있었으나 결성식 당일에 100명이 넘는 혁신계 인사들이 참석하여 발기취지문, 강령, 규약 등을 채택하였고, 서울과 부산, 대구에는 지역회의가 결성되고 충남, 강원도는 주비위원회가 결성되었다.

그리고 "8.15를 맞이한 우리의 선언" "현 노태우 정권의 통일 정책에 대해 전민중과 함께 강력히 규탄한다" "현 시국에 관한 우리의 입장" "평양 청년 학생 축전 남북 학생 실무회담에 즈음한 우리의 입장" 등의 시국 선언서를 발표하는 등 활발하게 활동을 시작했으나 언론은 철저하게 외면했다. 거의 유일하게 보도한 것이 "북한 조국통일위원회의 민족회의 제안을 환영한다"는 단신 기사였다.[5]

민자통이란 단체가 알려진 것은 주요 구성원들이 구속된 이후다. 출범 1년도 채 되지 않은 1989년 7월 25일, 안기부는 이현수 외 9명을 구속하고 10명을 수배했다. 주한 미군 철수 및 남북 상호감군 등 북한의 위장평화공세에 동조하는 활동한 혐의로 국가보안법 위반이 적용되었

까지 고려대 노동문제연구소에서 노동경제연구실장 및 소장을 맡아 노동 · 농민운동 지도자를 육성하였다. 평소 영세중립화통일론을 주장하였다. 1991년 뉴욕에서 '코리아 영세중립화추진본부'를 결성하는 등 통일운동을 하며, 민중당 고문 등의 진보정당 활동을 했다. 1990년, 1992년 2회에 걸쳐 '남북교류협력에 관한 법률'에 따라 미국 영주권자로서 영사관을 통해 합법적인 절차를 밟아 두 차례 북한을 방문했다. 국가안전기획부는 1992년 8월 28일 오전 7시 45분경 동지를 불법 연행하여 8월 30일 오후 10시까지 64시간 동안 불법 구금하였고, 그 시간 동안 변호인과의 접견교통권 행사를 막아 피의자의 권리를 침해하였다. 1993년 1월 14일 오전 7시 10분경 서울구치소 화장실 창문 창살에 내복으로 목을 맨 상태로 발견되었고, 같은 날 오전 7시 20분경 안양병원으로 후송되었으나 이미 운명하였다. 《추모연대》

5   북한민족회의 제안 환영, 민족자주평화통일중앙회, 「한겨레」, 1988.12.11.

다.[6] 구속 및 수배자의 명단은 아래와 같다.

◇ 구속: 이현수(61, 중앙상임위원장), 김준기(51, 민자통 대변인, 신구전문대 원예학과 교수), 박창균(63, 중앙회의 의장), 이종린(66, 대의원회의 의장), 이천재(57, 대외협력위원장), 이규영(53, 간사장 겸 조직국장), 연성만(32, 성남민주노동자투쟁연합의장), 유시균(28, 도서출판 아리랑 대표), 이삼형(24, 월간농민 대표)

◇ 불구속: 김응삼(54, 강원회의 대표), 유연창(61, 대구경북회의 대표)

◇ 수배: 김상찬(58, 부산회의 대표), 조원호(23, 상임위원, 시립대 학생회부회장), 김근주(28, 월간농민편집장), 한숙자(32, 여), 김병일(28, 노동자대학 대표), 김환래(27, 성남노동자민주투쟁연합 선전부장), 설상웅(28, 성남노동자민주투쟁연합 전 선전부장), 정해랑(30, 성남노동자민주투쟁연합 선전부원), 이우선(28, 성남노동자민주투쟁연합 현장연락부장), 유행철(30, 성남노동자민주투쟁연합 현장연락부 부원)

한겨레, 경향 등 많은 신문들이 9명의 구속 사실을 다루면서 민자통에 대해 보도했지만, 특히 「한경뉴스」라는 그리 알려지지 않은 매체가 '민자통의 실체'에 대해 보다 상세하게 보도했다. 아래에 기사 전문을 소개한다.

민자통 실체⋯⑴

■ 성격

* 외형상 민족자주와 민주주의 원칙하에 평화적 통일을 이루기 위해 제반 민주 세력과 연대하여 통일운동을 전개할 목적인 양 위장하고 있으나

---

6   좌익조직 '민자통' 재건, 「경향신문」 1989.7.25.

– 실질적으로는 국내의 제반 반정부단체와 연대, 통일전선 구축으로

– 주한 미군 철수

– 반미자주화 투쟁과 국가보안법 등 악법폐지운동 전개, 현 정권 타도 후 북한 고려연방제에 의한 남북통일을 근본 목적으로 하고 있음

■ 결성 경위

* 88.6. 초순경 61.2월 당시 북한집단의 통일노선에 따라 활동타 5·16 직후 핵심주동자들이 검거, 조직이 와해된 바 있는 민족자주통일중앙협의회 (약칭 : 민자통) 핵심 잔존 세력인

– 이현수 (62세, 전 "민자통" 충남대표 겸 전 "사회대중당" 조직부장)

– 이종린 (66세, 전 "민자통" 중앙협의회원, 남로당 민애청 출신) 등이 휴전 이후 용공 통일운동을 해왔던 혁신세력과 인혁당, 남민전 사건 등 좌익사건 전력자들을 규합

* 7.7 선언 이후 남북교류 분위기 편승, 과거 "민자통" 조직을 재건추진 기도타가 당국의 주시를 받을 것을 우려, "민족자주통일중앙협의회"에다 "평화" 라는 용어를 삽입하여 "민족자주평화통일중앙회의"로 조직 명칭을 변경하여

* 88.8.5. 향린교회에서 발기인대회 개최 후 88.9.15. 향린교회에서 문익환 등 초청인사와 이현수, 이종린, 이천재 등 140여 명 참석리 결성대회를 개최하였고

– 88.10.22. 부산 중부교회에서 민자통 부산회의 결성

– 88.10.28. 대구 카톨릭근로자회관에서 민자통 대구/경북회의결성

– 89.6.20. 춘천의 효자동 758에서 민자통 강원지부 결성 등 전국적 조직 완료 후 학원 및 노동계에 민자통 결성 추진 중

발기인대회 및 결성대회 시 북한의 대남적화통일 노선 동조, 발기취지문,

강령, 규약 등 채택

* 투쟁목표

1. 기본투쟁목표

– 국가보안법, 사회안전법, 집시법 등의 폐지 투쟁

– 한국/미국/일본 3국 간의 새로운 군사 유대강화 반대투쟁

– 한국/미국 간의 불평등조약 폐기로 주권 침해적 미국의 간섭과 예속화 청산
투쟁

2. 궁극적 투쟁목표

– 제13차 세계 청년 학생 축전에 남한대표를 참석시켜 노XX의 파쇼 폭압으
로 암운을 드리우고 있는 통일의 전도에 확고한 돌파구를 마련

– 학원 및 노동계에 민자통회의 결성 등 조직 확산

* 주요 활동 상황

1. 시국 관련 각종 성명서 발표

– "8.15를 맞이한 우리의 선언" (8·15 민자통결성준비위 명의)

– "현 노태우 정권의 통일 정책에 대해 전민중과 함께 강력히 규탄한다(통일
염원 44년 10.31 민족자주평화통일중앙위원회 명의)

– 성명서(분담조국염원 44년 12.10 민족자주평화통일중앙위원회 명의)

– 현 시국에 관한 우리의 입장(분단조국 45년 4.22 이현수, 이종린, 박창균, 김
세원, 김상찬 명의)

– "평양 청년 학생 축전 남북 학생 실무회담에 즈음한 우리의 입장"(통일 염원
45년 4.28 이현수 명의)등 현 정부를 군사 독재 정권으로 규정, 그 타도를
선동하고 국가보안법 철폐를 주장하는 등 북한의 상투적인 선전선동에 동

조하는 내용의 설명서 발표[7]

민자통 실체…(2)

(2)학원 및 노동계의 침투, 세력 확산을 기도

■ 88.12. 중순경 민자통 사무실에서 이현수/이종린 등이 회합 행동력을 갖춘 하부조직의 확대를 위해

− 각 대학 총학생회장을 조직원으로 포섭하고

− 노동계는 전국의 350만 일용노조원을 민자통의 외곽지원 세력으로 양성 시키기로 결정한 후

■ 대외협력위원장 이천재를 통해

− 89.1.부터 학원가 투쟁 선도조직인 전대협, 서총련 핵심간부인 김남훈(전 한양대총학생회장) 정명수(전 연대총학생회장) 오영식(전 고대총학생회장) 이신규(전 시립대총학생회장) 여택수(전 고대총학생회부회장) 조원호(전 시립대부학생회장) 등을 접촉 학원가에 민자통을 결성토록 교사.

− 89.9. 말 삼성제약 노사분규 때 이천재가 노조를 방문, 성금을 전달하면서 "끝까지 투쟁하여 승리를 쟁취하자"고 선동 후 민자통의 발기취지문 선언문 강령 등을 제공

− 89.4.2. "민자통" 중앙위원 이현수 등 10여 명이 동국대에서 개최된 "현대중공업 노조에 대한 강제진압 규탄대회"에 참가, 민자통 피켓을 들고 시위

− 89.4.28. 이현수가 "세계노동절 100주년 기념 한국노동자대회 준비위원회" 준비위원으로 가담하여 연대에서 개최된 노동자대회 전야제에 참석

− 89.6. 이천재가 목수 청소부 지게꾼 등 일용노동자로 구성된 "일용노조연

7   민자통 실체…(1), 「한경뉴스」 1989.7.25.

호산 전창일과 통일운동 77년사

합회" 지도위원으로 가담, "일용노조탄압 규탄대회"를 선동케 하는 등 학원 가 및 노동계에 침투 민자통의 세력확산을 기도.

(3)전민련 등 각 재야단체와의 연계투쟁 모색

■ 88.10. 말 민통련 민청련 등 재야 15개 단체 연합으로 결성된 "조국의 자 주적 평화통일을 위한 민주단체협의회"에 참석 "북을 적으로 규정, 적대적 개념 에 기초한 국보법 폐지 및 주한 미군 철수"등 항의

■ 1988.11.27. 시내 중구 명동 소재 YWCA 강당에서 약 200여 명 참석 리 서울민중민주운동협의회(공동의장 이재오/김희선 등)주최로 개최된 "반민주악 법 철폐를 위한 집회"에 이종린/박창균/전창일과 참석

"반 민주악법 철폐를 위한 공동결의문"을 제하로

– 국가보안법 철폐하여 사상/양심의 자유 확보하자는 등 내용의 성명서를 민 자통 등 6개 재야단체 공동명의로 발표

■ 1988.12. 중순경 민통련 사무실에서 문익환을 접촉 문익환에게 "전민련" 에 민자통이 가입할 수 있도록 부탁 후

89.2. 초순 북악스카이웨이 팔각정 식당에서 이종린(대의원 총회의장) 전창일 (공동의장) 등 2명이 문익환을 접촉, 민자통 상임의장직을 맡아줄 것을 권유

■ 89.2.21. 이규영/이천재/이종린 등 민자통 핵심인물 5명이 박형규/여익 구 등 재야인물 30여 명 참석리 명동성당 입구에서 개최된 "사회안정법폐지 촉 구대회"에 참석 후 시위에 적극 가담

■ 89.3.1. 민자통 핵심간부인사 이규영/이종린/전창일/이천재 등 4명은 전 민련 고문인 계훈제/박형규 등 60여 명과 전민련 범민족대회 남북 실무회의에 참석하기 위해 판문점으로 향하던 중 고양군 벽제읍 내유리 검문소에서 경찰의

저지로 무산.[8]

9명의 구속자 중 5명(김준기, 별도기소)이 기소되어 이현수, 박창균, 이종린, 이천재, 이규명 등에게 각각 징역 10년, 자격 정지 10년씩을 구형했다. 검찰은 논고문을 통해 "자유 민주 체제하의 평화 통일이라는 대전제를 무시한 무분별한 통일 지상론이나 북한의 적화 통일에 동조하는 행위는 배격돼야 한다."고 중형 구형 이유를 밝혔다.[9] 12월 2일 개정된 선고공판에선 이현수 · 이종린 · 이천재 등 3명에게 징역 3년 자격정지 3년이 선고되었고, 박창균 · 이규영 등 2명에게는 자격정지 2년에 집행유예 3년씩을 선고, 석방했다.[10] 김준기의 경우 별도의 재판을 통해 7년 구형에,[11] 2년이 선고되었다.[12] 결국, 이현수 · 이종린 · 이천재 · 김준기 등 4명의 민자통 간부들이 실형을 산 셈이다. 박원순은 이 사건에 대해 다음과 같은 글을 남겼다.

민자통의 간부들은 대체로 4 · 19혁명 이후 민주당 정권하에서 '민족자주통일협의회'에 관여하면서 통일운동을 벌였던 사람들이다. 안기부는 민자통이 대단한 이적활동을 전개한 '이적단체'로 발표하였으나 막상 이들은 대체로 60대의 노인들인 데다가 이들의 활동이라고는 "결성대회 이후에 보증금 300만 원짜리 사무소

---

8 민자통 실체…(2), 「한겨레뉴스」 1989.7.25.
9 민자통 간부 5명 징역 10년씩 구형, 「중앙일보」 1989.11.14.
10 민자통 3명 3년형 선고, 2명엔 집행유예, 「한겨레」 1989.12.3.
11 김준기 씨 7년 구형, 「한겨레」 1989.12.7.
12 민자통 김준기 씨 2년 선고, 「한겨레」 1989.12.20.

를 개설하고 회원들로부터 월 회비를 징수하여 통일 지향적인 성
명서 네 건을 발표한 것"이 전부였던 것이다. 수십 년에 걸쳐 계
속된 이들의 고난을 통하여 제6공화국 정권의 통일 정책이 30년
전과 하나도 다를 바가 없음을 알 수 있다.[13]

민자통 결성대회 4개월쯤 후인 1988년 12월 21일, 전창일을 비롯한
인혁당 무기수 7명(전창일, 유진곤, 김한덕, 강창덕, 이태환, 나경일, 이
성재)이 잔형 면제 사면을 받았다. 그리고 이듬해 1월 21일, 민통련을
계승한 전민련이 출범했다. 전민련은 '서울민족민주운동협의회' 등 지
역운동 통합단체 12개, '전국노동운동단체협의회' '전국농민운동연합'
등 부문 운동 통합단체 8개 등 모두 20개의 단체, 개별운동단체 200여
개가 참여한 민족민주운동 세력의 전국적 통합조직이었다.[14] 이 단체는
'5공 청산'과 '광주 학살 원흉 처단 투쟁', '반민주 악법 개폐 투쟁', '조국
통일 촉진 투쟁' 등을 전개했는데, 특히 전민련이 추진하고 있는 '범민
족대회'는 전창일의 큰 관심사였다.

이 무렵 민자통에서 인혁당 관련 인사들의 합류를 요청했다. 1972년
'7·4 공동성명' 이후의 논쟁이 기억났다. 박정희는 남·북 간의 역사적
인 성명을 채택한 이후 유신을 선포했다. 혁신계 일부는 '7·4 공동성
명'을 이행하기 위한 조치로도 간주될 수 있지 않느냐는 견해를 가졌다.
그러나 전창일, 우홍선, 이수병 등 인혁당에 연루되었던 이들은 그 논
리를 '공상론'이라고 배격했었다. '7·4 공동성명'도 민주주의 기본체제

13   박원순, 『국가보안법 연구』2, 역사비평사, 1997, p.349.
14   자주·민주·통일운동 앞장, 「한겨레」, 1989.1.22.

가 보장되어야만 이행이 될 것이다, 박정희 종신 독재 체제하에서 '7 · 4 공동성명' 이행은 불가능하다··· 이렇게 판단했던 것이다.[15]

노태우의 7 · 7 선언 다음 달인 1988년 8월, 민자통을 재건하겠다는 민족자주평화통일중앙회의(민자통) 결성대회가 열렸다는 것이 마음에 걸렸다. 7 · 4 공동성명 → 유신선포 → 인혁당 재건위 사건조작으로 이어졌던 경우와 너무나 비슷했다. 전창일은 '재건'이라는 단어에 먼저 거부감을 가졌다. 재건운동이라는 말 자체가 성립되지 않는다고 생각했다. 민자통을 재건한다는 것은 당시의 모든 통일세력과 진보 · 혁신세력을 하나로 묶어 연합세력을 형성한다는 의미인데, 재건추진 세력은 어느 면으로 보아도 전선체 운동의 초보적 단계로 볼 수밖에 없었다. 과거 민자통 운동을 했던 몇몇 잔존 세력이 모여서 과거의 민자통을 재건한다는 계획은 비과학적인 발상이라고 판단했다.

인혁당 출신들은 격론을 벌였다. 이성재 동지는 민자통 재건 운동 자체를 아예 못하게 해야 한다고 주장했다. 전창일의 의견은 다소 달랐다. "어쨌든 간에 저들이 한다고 하니 뒤에서 지원하자. 인혁당이라고 낙인찍힌 우리가 참여하게 되면 운동에 도움이 되지 않을 것이다. 오히려 붉은색 칠해주는 결과가 되니까, 그냥 뒤에서 후원해주자"는 것이 전창일의 주장이었다. 직접 참여는 하지 말고, 가능한 한도 내에서 재정적 또는 정신적으로 지원해주자는 의견에 대구 쪽에서는 동조하는 사람이 꽤 있었지만, 이성재는 고집을 꺾지 않았다.[16] 결국, 우려한 것처

---

15   제9장 2절 '민족통일촉진회와 7 · 4 공동성명 그리고 10월 유신' 참조

16   『인민혁명당과 혁신계의 활동, 주요인사(전창일 님) 구술사료 수집』 4 · 9 통일평화재단, 2014.2.3., pp.249~251.

호산 전창일과 통일운동 77년사

럼 되고 말았다. 통일운동을 제대로 시작하기도 전에 핵심간부들이 대부분 구속되고 만 것이다.

어느 날 김상찬[17]이 전창일을 찾아왔다. 그는 민자통 부산회의 대표로서 중앙의장단의 한 명이었으나, 안기부의 검거망을 뚫고 피신 중이었다. 수배령이 내려진 상태였다. 김상찬의 말에 의하면, 민자통 간부들이 이적단체 혐의로 구속되자 구속을 면한 간부들이 비상대책위원회를 꾸렸는데 민자통 해산 결의를 했다고 한다. 이 소식을 들은 옥 안의 간부들이 통방을 하여 의논을 했다. 전창일에게 전권을 위임하여 난국을 타개하자고 결론이 났다. 옥 밖의 간부들도 모두 동의를 했다. 김상찬은 이러한 소식을 전하며 민자통의 상임의장(권한대행)을 맡아달라고 간청했다. 난감한 부탁이었지만 "구속된 간부들이 석방될 때까지"라는 조건

〈 그림217: 1989년 1월 22일 자 한겨레 〉

---

17 김상찬(1931~2009); 평생을 민주화와 조국의 평화통일을 위해 헌신해 온 부산의 통일운동가. 1948년 동아중 3학년 때 단정 반대운동으로 구속된 뒤 1960년과 1979년 4 · 19 운동과 부마 민주 항쟁에 참여했다가 1961년과 1980년 군사정권에 의해 구속됐고, 1995년엔 범민련운동과 관련해 구속되는 등 끊임없이 옥고를 치르가며 민주화와 평화통일 운동에 힘써 왔다. 1986년 민주화추진협의회 인권위원 선임 공동의장, 1992년 민주주의민족통일 부산연합 공동의장, 1993년 제4차 범민족대회 남쪽 준비위 집행위원장 등을 거쳐 2005년 이후 지금까지 6 · 15 공동선언실천 남쪽위 부산본부 공동대표를 맡아왔다. 2007년 12월 식도암 판정을 받고 서울대병원에서 항암치료를 5차례 받았으나 끝내 병고를 이기지 못했다. 헌신적인 삶을 산 생전 동지의 유언대로 주검은 부산대병원에 기증하게 되었다. 이듬해 2009년 9월 19일 부산대병원에 기증되었던 시신을 받아 유골 안장식을 치렀다. 그는 1960년 민주민족청년동맹 중앙집행위 간사장, 민족자주통일 중앙협의회(민자통) 조직부장을 역임한 바 있다. 《추모연대》

부로 승낙했다.

시급한 일은 전국민족민주운동연합(전민련)의 정회원이 되는 일이었다. 전민련은 4·19 이후의 민자통을 역할을 했던, 당시로는 최대 규모의 시민단체였다. 당시 상임의장은 이부영(1942~)이었다. 전창일이 민자통 의장이 된 후 한 달이 채 되지 않아 민자통은 전민련의 참관단체(준회원)에서 정회원으로 승격되었다.

그리고 신창균 선생을 끌어들였다. 전민련의 통일운동에 도움이 되리라는 판단이 들었기 때문이다. 선생과 민자통은 다소 악연이 있는 사이였다. 신창균은 민자통 재건 중심인물 중의 한 명이었고, 혁신계의 원로였다. 민자통 설립 초기에 가입비로 10만 원을 납부한 정식회원이었다. 그런데 돈만 받고 입회원서를 반납했던 모양이다. 의장단이 제기한 문제는 신창균의 전력이었다. 그는 공화당에 입당한 적이 있었다. 민족적 민주주의를 추구한다는 당의 이념을 믿고 입당했는데, 당의 실체는 너무나 달랐다. 몇 달 되지 않아 탈당했다고 한다. 앞에서 언급했지만, 이러한 비화를 신창균은 그의 자서전에서 "일부 인사들의 편파적인 운영 때문에 민자통 재건 운동에 소극적이 되었다"고 표현했다. 전창일은 전임자들의 결례와 잘못을 사과했다. 이제 자신이 의장직을 맡았으니, 선생님을 고문으로 모시겠다. 그리고 민자통을 대표하여 전민련 의장단의 성원으로 들어가 달라고 부탁했다. 신창균은 대단히 반기며 그렇게 하겠다고 약속을 했다.

민자통이 전민련의 정회원이 된 후, 신창균은 전민련 의장단의 성원이 되었다. 전창일은 통일분과위원회 통일위원이 되었는데 박순경[18] 여

---

18 박순경(1923~2020); 1923년 경기 여주 출생인 고인은 감리교신학대와 서울대 문리

사도 통일위원 중의 한 명이었다. 통일위원장은 이재오였다. 전창일은
당분간 민자통과 전민련의 일을 병행할 수밖에 없는 처지가 되었다.

〈 그림218: 1990년 7월 20일 자 동아일보, 7월 26일 자 한겨레 〉

문익환 목사 방북으로 중단되었던 범민족대회 추진이 다시 부활했다.

대 철학과를 졸업한 뒤 미국으로 건너가 에모리대학에서 신학을 공부했다. 미 드류대에
서 조직신학으로 박사학위를 받은 뒤 1966년 귀국해 1988년까지 이화여대 기독교학
과 교수로 재직했다. 1988~1991년 목원대 대학원 초빙교수로 강단에 더 머물렀다. 그
는 1978년부터 제3세계 에큐메니컬 신학자협의회(EATWAT) 한국 책임자 등을 맡았
고, 1980~1985년 세계교회협의회(WCC) 신앙과 직제위원회 위원으로 활동했다. 한국
여신학자협의회 초대 회장(1980~1982), 한국여성신학회 초대 회장(1982~1988)을 지
내는 등 여성 신학자로서 이력이 두드러진다. 통일운동에 뜻이 깊었던 고인은 1989년
범민족대회 남북 실무회담 10인 대표(학계)로 참여했고, 이듬해 범민족대회 실무대표로
활동했다.
1991년에는 재일본 대한 기독교단 주최 통일 세미나에서 북한 주체사상을 지지하는 강
연을 한 혐의로 구속됐으나 108일 만에 집행유예로 석방되기도 했다. 2000~2014년 민
주노동당 · 통합진보당 고문, 2005년부터 범민련 남측본부 명예의장, 6 · 15 공동선언실
천 남측위원회 상임고문을 맡아 왔다. 저서로는 '한국민족과 여성신학의 과제', '통일신
학의 여정', '과거를 되살려내는 사람들과 더불어' 등 기독교, 통일 신학과 관련한 책이 다
수 있다. 〈「연합뉴스」, 2020.10.24.〉

유럽(3월 11일, 서베를린), 북미주(3월 18일, 뉴욕), 일본(3월 30일, 도쿄) 등 해외교포들은 범민족추진본부를 이미 결성한 상황이었다. 이제 남쪽만 남은 셈이다.

1990년 7월 20일, 노태우 정권이 또 하나의 대북 정책인 '남북 간의 민족대교류를 위한 특별선언'(7 · 20 선언)을 발표했다. 8월 15일 광복절을 전후해 5일간을 '민족대교류 기간'으로 정하고 판문점을 개방해 북한 동포들의 남한 방문을 자유롭게 허용하겠다는 내용이었다.[19] 2년 전 발표했던 7 · 7 선언의 재탕이었다. 그때도 남북동포의 상호교류 및 해외동포의 남북 자유왕래 개방, 이산가족 생사확인 적극 추진, 남북교역 문호개방 등을 선언했다. 하지만 결과는 문익환, 임수경 등의 구속이었고, 민간인 통일운동 자체를 용인하지 않았다. 국가보안법 철폐 등이 선행돼야 한다며 북쪽이 7 · 20 선언을 즉각 거부한 것은 7 · 7선언의 반면교사였기 때문이다.[20]

관건은 8월 15일 판문점에 예정된 범민족대회의 개최 여부였다. 이제 온 국민의 눈길은 7월 26일 서울에서 열기로 한 남 · 북 · 해외동포 3자의 범민족대회 예비회담에 쏠렸다. 정부는 7 · 20 정신에 따라 북한 대표단의 서울 예비회담 참석을 허용하겠다고 밝혔다.[21] 예비회담 전날인 7월 25일 오전 10시, 8 · 15 범민족대회 북측 준비위원장인 윤기복 조평통 부위원장은 강영훈 총리 앞으로 대남 서한을 보냈다. 제2차 예비회담에 전금철 북측 준비위 부위원장 등 5명의 대표를 파견하겠다

---

19 남북한 자유왕래 제의, 8월 13일~17일 '민족 대 교류 기간' 선언, 「동아일보」, 1990.7.20.
20 북한, 노 대통령 제의 거부, 「한겨레」, 1990.7.21.
21 범민족대회 우리 인사 · 단체 참가허용, 「경향신문」, 1990.7.23.

호산 전창일과 통일운동 77년사

는 내용이었다.[22] 전민련을 주축으로 구성된 '범민족대회 남쪽 준비위원회'(남쪽 준비위)는 7월 26일의 예비회담을 서울 수유리 크리스찬아카데미하우스에서 열기로 했다. 급히 아카데미하우스에 연락해, 예약됐던 객실 10개와 세미나실을 간신히 빼냈다. 분단 이후 처음으로 남과 북이 통일 행사를 함께 논의하는 장이 열린 것처럼 보였다. 이제 예비회담과 8·15 범민족대회의 개최에 의심을 가지는 사람은 없었다. 하지만 불길한 조짐이 있었다.

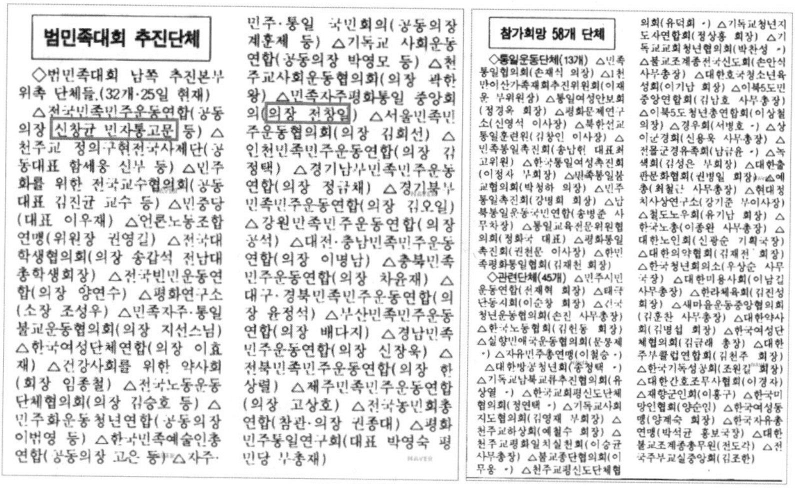

범민족대회 추진단체

◇범민족대회 남쪽 추진본부 위촉 단체들.(32개·25일 현재)

△전국민족민주운동연합(공동의장 신창균 민자통고문 등) △천주교 정의구현전국사제단(공동대표 함세웅 신부 등) △민주화를 위한 전국교수협의회(공동대표 김진균 교수 등) △민중당(대표 이우재) △언론노동조합연맹(위원장 권영길) △전국대학생협의회(의장 송갑석 전남대총학생회장) △전국빈민운동연합(의장 양연수) △평화연구소(소장 조성우) △민족자주·통일불교운동협의회(의장 지선스님) △한국여성단체연합(의장 이효재) △건강사회를 위한 약사회(회장 임종철) △전국노동운동단체협의회(의장 김승호 등) △민주화운동청년연합(공동의장 이범영 등) △한국민족예술인총연합(공동의장 고은 등) △자주·민주·통일 국민회의(공동의장 계훈제 등) △기독교 사회운동연합(공동의장 박영모 등) △천주교사회운동협의회(의장 박한왕) △민족자주평화통일 중앙회의(의장 전창일) △서울민족민주운동협의회(의장 김희선) △인천민족민주운동연합(의장 김정택) △경기남부민족민주운동연합(의장 정규채) △경기북부민족민주운동연합(의장 김오일) △강원민족민주운동연합(의장 공석) △대전·충남민족민주운동연합(의장 이병남) △충북민족민주운동연합(의장 차윤재) △대구·경북민족민주운동연합(의장 윤정석) △부산민족민주운동연합(의장 배다지) △경남민족민주운동연합(의장 신창욱) △전북민족민주운동연합(의장 한상렬) △제주민족민주운동연합(의장 고상호) △전국농민회총연합(참관·의장 권종대) △평화민주통일연구회(대표 박영숙 평민당 부총재)

참가희망 58개 단체

◇통일운동단체(13개) △민족통일협의회(손재식 의장) △1천만이산가족재회추진위원회(이재운 부위원장) △통일여성안보회(정경옥 회장) △평화문제연구소(신영석 이사장) △북한선교통일훈련원(김창인 이사장) △민족통일촉진회(송남헌 대표최고위원) △한국통일여성촉진회(이정사 부회장) △민족통일불교협의회(박청하 의장) △민주통일촉진회(강병희 회장) △남북통일운동국민연합(송병춘 사무차장) △통일교육전문위원협의회(정화국 대표) △평화통일촉진회(권천문 이사장) △한민족평화통일협회(김재천 회장)

◇관련단체(45개) △민주시민운동연합(천재혁 회장) △태극단동지회(이순창 회장) △전국청년운동협의회(손진 사무총장) △한국노동협회(김헌동 회장) △실향민애국운동협의회(문봉제 ·) △자유민주총연맹(이철승 ·) △대한방공청년회(송정택 ·) △기독교남북교류추진협의회(유상열 ·) △한국교회평신도단체협의회(정연택 ·) △기독교사회지도협의회(김영재 부회장) △천주교하상회(예철수 회장) △천주교평화일치실천회(이승균 사무총장) △불교종단협의회(이무웅 ·) △천주교평신도단체협의회(유덕희 ·) △기독교청년지도사연합회(정상홍 회장) △기독교교회청년협의회(박찬성 ·) △불교조계종전국신도회(손안식 사무총장) △대한호국청소년육성회(이기남 회장) △이북5도민중앙연합회(김남호 사무총장) △이북5도청년총연합회(이상철 의장) △경우회(서병호 ·) △상이군경회(신용욱 사무총장) △전몰군경유족회(남규윤 ·) △녹색회(김성은 부회장) △대한출판문화협회(권병일 회장) △예총(최철근 사무총장) △현대정치사상연구소(강기준 부이사장) △철도노우회(유기남 회장) △한국노총(이종완 사무총장) △대한노인회(신광순 기획국장) △대한의약협회(김재전 회장) △한국청년회의소(우상순 사무국장) △대한미용사회(이남길 사무총장) △한라체육회(김진성 회장) △새마을운동중앙협의회(김훈찬 사무총장) △대한약사회(김병섭 회장) △한국여성단체협의회(김규래 총장) △대한주부클럽연합회(김천주 회장) △한국기독성공회(조원길 회장) △대한간호조무사협회(이경자) △재향군인회(이홍구) △한국미망인협회(양순인) △한국여성동맹(양계숙 회장) △한국자유총연맹(박석균 홍보국장) △대한불교조계종총무원(전도각) △전국주부교실중앙회(김조한)

〈 그림219: 1990년 7월 26일 자 한겨레 〉

제2차 실무회담(예비회담)을 하루 앞둔 25일, 전민련은 범민족대회 남측 추진본부 위촉단체를 발표했다. 주최 측인 전민련을 포함해 32개 단체였다. 민자통은 두 사람이 명단에 포함되어 이채를 띄웠다. 신창균

22 북측, 전금철 등 파견 통보, 「동아일보」, 1990.7.25.

은 민자통 고문 및 전국민족민주운동연합(전민련)의 공동의장, 전창일은 민자통 의장 자격으로 이름을 올린 것이다.

문제는 58개 단체가 참가희망을 표시한 것이다. 이들 단체 중에는 민족통일협의회(손재식 의장), 1천만이산가족재회추진위원회(이재운 부위원장), 건국청년운동협의회(손진 사무총장), 실향민애국운동협의회(문봉제 회장), 자유민주총연맹(이철승 회장), 대한방공청년회(송정택 회장), 상이군경회(신용욱 사무총장), 대한노인회(신광순 기획국장), 새마을운동중앙협의회(김훈찬 사무총장) 등 관변·방공 단체가 다수 포함되었다. 특히 서북청년회 회장 출신인 문봉제 그리고 해방공간 당시 김구, 김성수 등을 도와 학생 반탁 집회를 주관했던 이철승 등이 눈에 띄었다. 북측준비위원회는 남측의 58개 사회단체들의 참여를 불허할 것이라는 성명을 발표했다.[23] 이 명단을 본 북측은 1946년 당시 반탁운동을 주도하며 미소 공위의 파탄을 초래했던 한독당·한민당 등의 사례가 기억났으리라 본다. 1948년 남북연석회의에 참가한 전력이 있는 신창균 등 원로들의 중재로[24] 이 문제는 봉합되었다.[25]

그러나 정작 문제는 다른 곳에 있었다. 장소문제가 걸림돌이 된 것이다. 예비회담을 하루 앞둔 7월 25일 오전 10시쯤 남쪽 준비위의 조성우 사무처장(평화연구소장) 등이 통일원을 방문했다. 북한 대표단의 서울 방문 문제를 최종 협의하는 자리였다. 조성우 사무처장의 기억이다. "홍성철 통일원 장관이 '뭐가 필요하냐'고 묻길래 "재정과 행정 지원이

---

23 58개 단체 참가 북한 불허 방침, 「매일경제」 1990.7.26.
24 인터뷰, 신창균 전민련 공동의장 남북대화 정권안보 이용 말길 당국 단서조항 철회 뒤따라야, 「한겨레」 1990.7.26.
25 참가단체 범위 확대하기로, 「한겨레」 1990.7.26.

다."라고 답했다. 그랬더니 홍 장관은 "지금 예산은 편성된 게 없으니 행정 지원만 하겠다."며 차량과 경호 등을 정부가 담당하겠다고 했다. 얘기는 잘된 것처럼 보였다. 그런데 전민련에 돌아와서 보고하고 오후에 집행부 회의를 여는데 갑자기 통일원에서 전화가 왔다. "크리스찬아카데미하우스는 북한산 기슭에 있어 경호하기가 어려우니 예비회담 장소와 숙소를 강남 인터콘티넨탈 호텔로 바꾸라."는 거였다. 아, 이거 쉽지 않겠구나 생각했다. 당연히 집행부 안에선 "행사 주체가 누군데 정부가 간섭하느냐."며 난리가 났다.

30여 명의 집행위원 가운데 정부 제안을 받아들여 회의 장소를 바꾸자고 주장한 사람은 조성우 처장이 거의 유일했다. 인터콘티넨탈 호텔에서 회의를 열면 틀림없이 안기부가 도청할 것이라 우려하는 목소리가 많았다. 당시 남쪽 준비위에서 실무를 맡았던 김창수 코리아연구원 원장은 "조성우 사무처장이 정부 제안을 받아들이자며 '가랑이론'을 폈던 게 기억난다. 한나라의 명장 한신이 젊은 시절 동네 불량배들의 가랑이 밑을 기어서 통과했다는 고사를 인용하며 '지금은 우리가 정부 가랑이 밑을 기어서 가지만 우리 뒤엔 수많은 국민이 있다. 결국, 정부 가랑이는 찢어지고 말 것'이란 논리였다. 그러나 노태우 정부에 대한 불신이 워낙 컸다."고 말했다.

예비회담 당일인 26일 판문점에 전금철 부위원장을 비롯한 북한 대표단 5명이 도착했다. 회담 장소와 숙소 문제로 전민련과 우리 정부 사이에 갈등이 있다는 소식을 들은 북한 대표단은 판문점에서 대기하다 오후 늦게 평양으로 돌아가 버렸다. 남·북·해외동포 3자의 역사적인 범민족대회 예비회담은 그렇게 무산됐다. 정부 내 강경파가 대회를 막기 위해 '회담 장소 변경'이란 지뢰를 설치했는데, 전민련은 어쩔 수 없이 그 지뢰를 밟아버린 셈이 됐다. 나중에 독일 베를린에서 남쪽 인사들을 만난 전금철 부위원장은 "전민련이 인터콘티넨탈 호텔을 받았으면 우리도 수용했을 것"이라며 아쉬워했다고 한다.[26]

그 후로도 정부의 방해공작은 계속되었다. 우여곡절 끝에 제3차 범민족대회 3차 예비회담이 평양에서 개최되기로 결정되었으나 정부는 전민련 등의 북행을 허가하지 않았다.[27] 그러나 8월 6일 평양에서 개최된 예비회담에서 8·15 범민족대회를 판문점에서 개최하여 연구토론회, 문학의 밤, 체육행사, 궐기대회 등을 진행하기로 결정하였다.[28]

〈 그림220: ① 1차 범민족대회 개막식 선포식ⓒ범민련 10년사, ② "범민족대회 전야제" 행사를 위해 연세대 야외무대에 모여 구호를 외치는 전대협 학생들, ③ 남북 공동 범민족대회가 개최되는 판문점으로 가기 위해 연세대를 빠져나오는 남측 대표, 전창일, 강희남 목사, 지선스님ⓒ민주화운동기념사업회 〉

26 그날 밤 베를린의 술집에선 어떤 얘기가 오갔을까, 「한겨레」, 2016.10.21.
27 범민족 평양 예비 회담 참가 저지, 「한겨레」, 1990.8.7.
28 『범민련 10년사』, 조국통일범민족연합남측본부, 2000, p.76.

1990년 8월 13일 오전 10시, 8·15 범민족대회 남측추진본부는 '조국의 평화와 통일을 위한 범민족대회' 개막식을 거행했다.[29] 이틀째 행사로 하오 1시부터 연세대에서 문화제를 여는 한편 판문점에서 예정된 15일의 본 대회를 앞두고 전야제를 행사를 개최했다.[30] 15일 상오, 전민련, 전대협 등 66개 단체대표 400명으로 구성된 대표단과 전대협 소속 학생 등 1만여 명의 환송단은 연세대에서 서대문구 불광동까지 도보 행진할 예

⟨ 그림221: 시계방향, ① 1990년 8월 15일 자 동아일보 ② 같은 날 경향신문 ③ 8월 16일 자 조선일보 ④ 같은 날 한겨레 ⟩

29 남쪽 범민족대회 개막, 「한겨레」, 1990.8.14.
30 문화행사 푸짐 범민족대회 2일째, 「매일경제」, 1990.8.14.

정이었으나 경찰이 불허하자 대표단의 판문점행도 무산되었다.[31]

연세대뿐 아니라 서울 전역이 최루탄으로 자욱할 때 판문점 북측지역에서는 '8 · 15 범민족대회'가 개최되었다. 판문점에 모인 범민족대회 참가자들은 '조국통일범민족연합(범민련)' 결성을 추진하기로 결성하였고, 아래와 같은 결의문을 통과시켰다.

자세히 보기-31

[1990년 제1차 범민족대회 결의문(판문점 대회 결의문)]

조국의 평화와 통일을 위한 범민족대회 결의문

조국통일에 대한 겨레의 열망이 전례 없이 높아지고 국내외 정세가 나라의 통일에 유리하게 발전하고 있는 시기에 우리들, 국내외의 각계각층 대표들은 판문점에서 조국통일의 돌파구를 열기 위한 역사적인 범민족대회를 가졌다. 대회는 사상과 이념, 지역과 소속의 차이를 초월한 민족대단결을 내외에 과시하고 90년대에 기어이 조국통일을 성취하려는 겨레의 굳은 의지를 가슴 뜨겁게 확인하였다. 뜻깊은 범민족대회에 참가하여 통일의 주춧돌을 마련하는데 크게 기여하였음을 자부하는 우리들은 겨레의 숙원인 조국통일을 위해 힘과 지혜를 다 바쳐 나설 애국충정을 담아 다음과 같이 엄숙히 결의한다.

31 범민족 대표 판문점행 무산, 「경향신문」 1990. 8. 15.

호산 전창일과 통일운동 77년사

첫째, 우리들은 조국통일의 평화적 환경을 마련하기 위하여 적극 노력할 것이다.

평화가 없이는 통일이 없다. 우리들은 한반도의 평화를 남과 북의 「공존」을 위한 수단으로 삼거나 분단 현실을 고착화하려는 가짜 평화를 반대하고 통일을 위한 평화, 통일 지향적인 평화를 지지한다. 한반도에서의 전쟁위험의 근원은 미군의 이남 주둔에 있다. 우리들은 남한에 있는 미국 군대와 핵무기를 철수시키기 위한 거족적인 반미, 반전, 반핵, 평화운동을 계속 줄기차게 벌여나갈 것이다.

조선반도의 평화를 위해서는 지체 없이 남과 북 사이의 군축이 실현되어야 한다. 우리들은 「사력 균형」이라는 미명하에 감행되는 군비경쟁을 반대 배격하며 군축을 요구하는 정의의 목소리를 계속 높여나갈 것이다.

둘째, 우리들은 남과 북 사이의 자유왕래와 전면개방을 실현하기 위하여 모든 힘을 다할 것이다.

자유왕래가 없이는 진정한 민족의 단합이 있을 수 없고 전면개방이 없이는 통일이 있을 수 없다. 자유왕래를 하려면 남과 북을 차단하고 있는 모든 장벽을 제거해야 한다. 우리들은 분열과 대결의 상징이며 자유왕래의 차단벽인 콘크리트 장벽을 허물어버리며 「국가보안법」을 위시한 온갖 반민족적이고 반통일적인 법적

장치들을 철폐시키기 위하여 줄기차게 싸워나갈 것이다.

셋째, 우리들은 연방제 통일을 실현하기 위하여 백방으로 노력할 것이다.

자주, 평화통일, 민족대단결의 조국통일 3대 원칙은 북과 남이 공동으로 확인하고 세계가 공인한 민족공동의 통일강령이다. 남과 북에 서로 다른 제도가 존재하고 있는 조건에서 통일문제를 조국통일 3대 원칙에 따라 서로 먹고 먹히지 않는 평화적 방법으로 해결하는 길은 오직 연방제 방식에 의한 길이다.

우리들은 남북 사이의 대결과 충돌을 초래할 먹고 먹히는 통일방식을 배격하고 「두 개 한국」을 합법화하기 위한 「북방정책」과 「유엔 단독 가입」 시도를 반대하며 연방제에 의한 통일을 지향하여 나갈 것이다.

넷째, 우리들은 통일 대화에 적극 참가할 것이다.

조국통일의 주체는 남과 북의 온 겨레이며 통일 대화, 통일논의에 참가하는 것은 민족성원 모두의 권리이고 의무이다. 우리들은 「대화창구일원화」를 배격하고 남과 북, 해외의 각 당, 각 파, 각계각층이 참가하는 폭넓은 대화, 정당과 정당, 단체와 단체, 계층과 계층 사이의 쌍무적 또는 다 무적인 민간대화를 실현하기 위하여 모든 노력을 다할 것이다.

우리들은 조국통일 방도를 공동으로 모색하기 위한 남과 북의 당국, 정당, 단체대표들의 민족통일 정치협상회의에 적극 참가하며 범민족대회를 더욱 확대 발전시켜나갈 것이다.

다섯째, 우리들은 자주통일을 위한 연대 공동투쟁을 힘 있게 벌여나갈 것이다.

해·내외동포들의 통일운동은 민족 지상의 염원을 성취하기 위한 숭고한 애국 운동이다. 우리들은 남과 북, 해외에서 서로 연대하고 지지하면서 통일운동에서 공동보조를 취해나갈 것이다. 특히 우리들은 헤아릴 수 없이 어려운 조건에서도, 하나 되는 조국을 위하여 청춘도 생명도 아낌없이 바쳐 싸우고 있는 이남 민중들의 애국 운동을 백방으로 성원할 것이다. 동시에 우리들은 우리의 통일운동을 지지하는 세계 평화 애호 인민들과의 연대성을 더욱 강화할 것이다.

여섯째, 우리들은 통일애국세력의 연합을 확대 강화할 것이다.

분열주의와의 투쟁에서 통일애국세력이 승리하는 길은 오직 단결에 있다. 우리들은 남에 있든 북에 있든 해외에 있든 관계없이 진정으로 통일을 지향하는 모든 동포들을 사상과 이념을 초월하여 「조국통일범민족연합」에 굳게 묶어 세우기 위하여 헌신 분투할 것이다. 90년대에 조국을 통일하는 것은 겨레의 철석 같은 의지이며 민족사의 엄숙한 요청이다. 통일 없이는 살 수 없고 통일 없이는 복락을 누릴 수 없는 우리들, 범민족대회 참가자들은 끊어진 민족의 혈맥을 잇는 성스러운 위업에 헌신함으로써 기어이 조국통일의 역사적 성업을 이룩하고 삼천리강산에 융성 번영하는 통일조국의 새 역사가 펼쳐질 영광의 날을 앞당겨 나갈 것을 온 겨레 앞에 엄숙히 확약한다.

조국의 평화와 통일을 위한 범민족대회 참가자 일동
1990년 8월 15일 판문점

판문점에서 '조국의 평화와 통일을 위한 범민족대회 결의문'이 선포된 이틀 후인 8월 17일, 범민족대회 남측추진본부는 폐막식에서 '범민족대회의 성과에 기초하여 향후 평화통일을 지향하는 남, 북, 해외의 7천만 동포가 사상과 제도의 차이를 초월하여 대동단결할 수 있도록 범민족적인 통일 운동체를 결성하기 위해 노력할 것'을 결의하며 '1990년 1차 범민족대회 서울 채택 결의문'을 채택하였다. 다음은 결의문의 전문이다.

자세히 보기-32

[1990년 1차 범민족대회 서울 채택 결의문]

결의문

갈라진 조국을 통일하는 우리의 운동은 항일민족해방투쟁의 빛나는 전통을 이어받고 있는 범민족적 운동이며 7천만 겨레의 첫째가는 임무이다.

조국의 통일을 이제 더는 미룰 수 없다는 절박한 마음을 갖고 모인 우리는 1990년 8월 15일 판문점 범민족대회 참가자들이 통일을 향한 간절한 염원을 모아 결의한 내용들을 지지하면서 우리의 뜻을 모아 다음과 같이 결의한다.

1. 「7·4 남북공동성명」에서 천명한 자주, 평화, 민족대단결이 조국통일의 3대 원칙임을 확인한다.

2. 조국의 자주적 평화통일을 방해하는 어떠한 외세의 간섭도 배제되어야 하며 현재 외국과 맺고 있는 어떠한 형태의 군사동맹도 해체되어야 한다.

3. 민족생존을 근원적으로 위협하는 핵무기는 즉각 철거되어야 하며 한반도를 비핵평화지대로 선포해야 한다. 휴전협정이 폐기되고 평화협정이 체결되어야 하며 남북 간에 불가침선언이 채택되어야 한다. 한반도에 있는 외국 군대를 철수시키고 남북은 대폭적으로 병력을 줄이며 이에 비례하여 군사비를 대폭 축소해야 한다.

4. 통일운동을 이유로 구속된 애국인사들이 전원 석방되어야 하며 동포를 적으로 규정해 놓고 서로 만나는 것을 범죄시

하는 국가보안법을 포함한 모든 반통일적 제도는 즉각 철폐되어야 한다.

5. 한반도에서 남과 북을 두 개의 국가로 영구히 합법화하려는 남북 간의 협정체결, 교차승인, UN 분리 가입 기타 어떠한 기도도 단호히 반대한다.

6. 남과 북에 서로 다른 이념과 제도가 존재하는 현실을 고려하여 단번에 하든 점차적으로 하든 연방제 방식의 통일국가 건설이 현실적인 평화통일의. 길이며 민족대단결의 길임을 천명한다.

7. 우리는 범민족대회의 성과에 기초하여 향후 평화통일을 지향하는 남, 북, 해외의 7천만 동포가 사상과 제도의 차이를 초월하여 대동단결할 수 있도록 범민족적인 통일 운동체를 결성하기 위해 노력할 것을 결의한다.

범민족대회참가자 일동
1990년 8월 17일 서울

:: 06 ::

조국통일 범민족연합(범민련)의
발족

   1990년 8월 15일 북측 판문점에서 개최된 제1차 범민족대회에서 '조국통일범민족연합(범민련)' 결성을 추진하기로 결의문을 발표했다. 하지만 8월 17일 범민족대회 서울 채택 결의문에는 '범민련'이란 명칭 대신 '범민족적인 통일 운동체'라는 표현을 사용했다. 황석영이 남측 대표 자격으로 참가했지만, 정식 대표는 아니었다. 남측 입장에선 가결의였던 셈이다. 의장단의 인준을 받아야 했다.

   9월 14일, 범민족대회 남측추진본부 제3차 대표자 회의가 열렸다. 운동체의 명칭에 대해 격론이 벌어졌다. 추진본부 공동본부장이었던 전창일은 '조국통일범민족연합'으로 결정하자는 제안을 했다. 집행위원장 이해학의 제안은 '조국통일범민족협의회'였고, 제3안으로 '조국통일범민족회의'를 제안한 것은 사무처장 조성우였다. 다수 대표가 '범민련'에 찬성 의사를 밝혔지만, 일단 최종결정을 유보하고 '검토 소위원회'를 구성하기로 결정했다.[1]

   해외에선 이미 '범민련'이란 명칭을 사용하기 시작했다. 9월 15일, 유럽에서 범민족대회의 결의에 기초하여 '조국통일범민족연합(범민련)' 유럽지역본부를 결성했고 의장에 정규명[2] 박사가 취임했다. 일본에서는

---

1   『범민련 10년사』 조국통일범민족연합남측본부, 2000, p.77~78.
2   동백림사건에 연루돼 사형선고를 받고 옥살이를 하다 독일에 망명해 살던 유럽 통일운

10월 7일, '범민련' 일본지역본부가 결성되었고 양동민(1937년생)이 의장으로 선출되었다. 남쪽도 '범민련'이란 명칭을 사용하기로 최종 결정했다. 10월 24일 개최된 범민족대회 남측추진본부 제4차 대표자회의에서 범민족적 통일 운동체 명칭을 만장일치로 '조국통일범민족연합(범민련)'으로 하기로 가결하였다.[3]

〈 그림222: 1990년 11월 21일 자 한겨레, 12월 1일 자 한겨레 〉

1990년 11월 19일, 베를린에서 '조국의 평화와 통일을 위한 범민족 통일운동기구 결성 3자 실무회담'이 개최되었다. 20일 오후 6시 베를린

동 원로이며 물리학자인 정규명 박사가 지난 12월 11일 오전 고향 땅을 끝내 밟지 못하고 눈을 감은 사실이 뒤늦게 밝혀졌다. 향년 76세. 17일 한민족 유럽 연대에 따르면 고인의 장례식을 20일(현지 시간) 프랑크푸르트 외곽에 위치한 허이젠스탑 공동묘지에서 가졌다고 밝혔다. 정규명 박사는 1929년 4월 19일 서울 출생으로 경복고를 나와 경성대 예과를 졸업하고 서울대 문리대를 나왔다. 1958년 독일로 유학, 프랑크푸르트대 이학박사 학위를 받고 교육계에 투신했다. 1967년 동백림사건으로 강제납치 당해 국내로 연행, 옥살이를 하다가 1971년 독일로 돌아가 괴테대 물리학연구소에서 연구활동을 했다. 그는 당시 민주운동의 중심조직인 민주사회건설협의회 회장, 해외민주화운동 연합단체인 한민련 유럽의장, 1987~1990년 재유럽민족민주운동협의회 의장, 1991년 범민련 유럽본부 의장 등을 역임했다. 〈통일운동 원로 재독 정규명 박사 별세, 「연합뉴스」 2005.12.29.〉

3 『범민련 10년사』, 조국통일범민족연합남측본부, 2000, p.78.

호산 전창일과 통일운동 77년사

시청에서 속개된 이틀째 회의에서 범민족적 통일 운동체 결성을 합의하고 그 명칭을 '조국통일범민족연합(범민련)'으로 결정하였다. 대표단은 이날 '국내의 7천만 겨레에게 보내는 공동선언문'과 '유엔 사무총장에게 보내는 편지' '실무회담합의서'를 채택·발표하였다. 그리고 각 지역본부를 1991년 1월까지 결정하기로 하고 같은 해 2월에 각 지역에서 선출된 의장, 부의장들이 모여서 의장단 회의를 갖기로 하였다.[4]

베를린 실무회담의 결과로 '범민련'이 출범하게 되자 그 역사적 의미를 짚은 기사도 등장했다. 「한겨레」는 베를린에 파견되었던 이상기 특파원 명의로 '범민련 결성 의미'라는 기사를 아래와 같이 보도하였다.

['범민련' 결성 의미]

남·북한·해외동포 3자가 베를린 범민족회담을 통해 '조국통일범민족연합(범민련)'을 결성함에 따라 민간 차원의 통일운동에 획기적 전기가 마련됐다.

특히 범민련의 출범은 '7·4 공동성명에서 합의한 자주·평화·민족대단결의 조국통일 3대 원칙을 지지하는 각계각층이 참여해 하나의 조직체계 속에서 그동안 분산되었던 통일운동 방식을 지양, 범민족적 통일운동기구를 상설화했다는 점에서 큰 의미를 지닌다.

분단 45년 만에 발족된 범민련은 지난 88년 8월 1일 민통련·민청련 등 1천여 명이 범민족추진본부를 결성, '한반도 평화통일을 위한 범민족대회'를 제의한 후 제3자가 국내외에서 세 차례에 걸친 반쪽 실무회담 끝에 2년 3개월여 만

---

4 조국통일 범민족연합 결성, 남북한·해외동포 공동선언문 채택·사무국 설치 합의, 「한겨레」 1990.11.21.

에 결실을 보게 된 것이다.

범민련 결성은 이미 지난 8월 북한 쪽이 주도한 판문점 범민족대회에 남쪽 대표 자격으로 참석한 황석영 씨의 제의와 해외대표 곽동의5 씨의 재청 및 북한 윤기복6 범민족대회 준비위원장의 동의로 '조국통일범민족연합'이 결성되고 남한

---

5   곽동의 6(4)15 해외측 위원장 별세, 「통일뉴스」, 2017.6.12. 〈…고 곽동의 위원장은 1930 년 경상남도 남해에서 출생, 리츠메이칸대학 유학을 위해 일본으로 건너갔다. 이후 일본 에 머물며 1960년 재일한국청년동맹, 1973년 한국민주회복통일촉진국민회의 일본본 부, 1989년 재일한국민주통일연합(한통련), 1992년 조국통일범민족연합(범민련), 2005 년 6·15공동선언실천 민족공동위원회 결성에 앞장섰다. 그리고 2004년까지 한통련 의장, 2014년까지 6·15공동선언실천 일본지역위원회 의장을 맡았고, 별세 순간까지도 6.15 해외측 위원장으로 활동했다. 최근에는 건강이 여의치 않아 재일 한통령 의장인 손 형근 6·15 해외측 위원회 부위원장이 그 역할을 대리해왔다. 정부로부터 오랫동안 귀 국을 거부당한 고인은 지난 2004년 10월 한통련 고국방문단으로 44년 만에 한국을 방 문했다. 6·15 해외측 위원회는 "민족의 자주와 조국통일을 위해 한평생을 바쳐 오신 곽 동의 위원장님을 잃은 것은 6·15공동선언실천 민족공동위원회와 우리 모두에게 있어 서 커다란 손실"이라며 "우리는 곽동의 위원장님의 생전의 뜻을 지켜 자주 통일 위업을 실현하기 위하여 꿋꿋이 싸워 나갈 것"이라고 고인을 기렸다. 그는 1992년 2월 조국통일 범민족연합(범민련) 결성에 참여, 범민련 해외본부 부의장을 역임한 바 있다.〉

6   北 윤기복 '조국전선' 의장 사망, 「통일뉴스」, 2003.5.10. 〈북한 노동당 중앙위원 겸 제10 기 최고인민회의 대의원인 윤기복(尹基福, 76) 조국통일민주주의전선(조국전선) 중앙위 원회 의장이 8일 숙환으로 사망했다. 북한 노동당 중앙위원회와 최고인민회의 상임위원 회, 조국전선 중앙위원회는 9일 공동명의의 부고에서 "윤기복 동지는 오랜 병환 끝에 주 체92(2003)년 5월 8일 4시 30분 76살을 일기로 서거했다"고 밝혔다. 부고는 "서울에서 출생한 윤기복 동지는 광복 후 당과 국가의 주요직책에서 당의 강화발전과 사회주의 경 제건설, 조국의 자주적 평화통일을 위하여 모든 지혜와 정력을 다 바쳐 투쟁했다"며 "동 지는 생애의 마지막 순간까지 당과 수령에게 끝없이 충실했다"고 주장했다. 김정일 국방 위원장은 이날 윤 의장의 영전에 조화를 보냈다. 한편 윤 의장은 1957년 국가계획위원 회 부위원장 겸 중앙통계국장을 시작으로 1967년 재정상, 1969년 국가계획위원장 등 경 제부문 고위직을 두루 지냈고 1979년 당 비서를 시작으로 당 중앙위원, 당 정치국 후보 위원 등 노동당에서도 요직을 거쳤다.그는 특히 1972년 남북적십자회담 북측 자문위원 을 맡았으며 1981년 조국평화통일위원회 부위원장,1989년 범민족대회 위원장, 1990년 최고인민회의 통일정책심의위원장, 1991년 해외동포 원호위원장 등 대남분야에서도 다 양한 이력을 지녔다. 북한의 윤기정 전 인민경제대학 총장은 윤 의장의 여동생이다.〉 범 민족대회 위원장(1989.3.), 임수경 석방투쟁 조선위 위원장(1989.9.), 최고인민회의 통 일정책심의위원장(1990.5.), 범민련 북측본부 의장(1991.1.) 등 한반도 통일운동과 정 책에 깊은 영향을 끼쳤다.《북한지역정보넷, 국가지식포털》

쪽이 곧이어 범민족대회 결의문을 통해 "남·북한·해외의 7천만 겨레의 통일 운동 열기가 확인됨에 따라 통일 운동체를 결성하기 위해 노력할 것"을 밝힘에 따라 예견돼 왔다.

남한 쪽 대표가 이번 회담의 기조연설에서 밝혔듯이 북한 쪽 범민족대회의 조국통일 범민족 연합안이 연방제 통일방안과 군축 등에서 남쪽과 미묘한 시각차를 드러낸 것이 사실이나 정부 당국에 의해 추진된 두 차례의 고위급회담이 별 실효를 거두지 못한 사실 등이 남한 쪽 추진본부로 하여금 이번 회담을 전격 제의하고 범민련 결성에 박차를 가하도록 했다는 것이다.

이런 추진배경과 관련, 범민련은 남북한 당국자들의 고위급회담과 정상회담 등 남북의 대화협상 등에 직·간접적 영향을 끼칠 것이라는 게 회담대표들의 공통된 전망이다.

범민련 결성은 그동안 일부 지역에서 분열상을 드러냈던 해외동포들이 통일 운동 역량을 결집, 남·북한과 함께 반핵·평화·인권운동 등 국제연대사업을 구체적으로 실현할 수 있게 하는 계기가 됐다는 평가도 있다.

그러나 정부가 지난 8월부터 시행하고 있는 '남북교류협력에 의한 법'에 따라 당국의 접촉 불허에도 불구하고 이번 실무회담에 참가한 남쪽대표 3명을 사법 처리하고 이들의 '대표성' 문제도 계속 제기할 것으로 보여 범민련은 출범과 함께 적지 않은 시련을 겪을 것으로 보인다.

이와 함께 남·북한·해외동포들이 각기 다른 통일운동 방식과 의식의 편차 등을 대승적으로 수렴해 '범민족적인 통일운동'을 앞으로 얼마나 대중성 있게 추진해 나갈 수 있느냐가 범민련이 안고 있는 커다란 과제라 하겠다.[7]

7　'범민족' 첫 통일운동기구 상설화, '범민련' 결성 의미, 「한겨레」 1990.11.21.

한편, 11월 29일 조용술 목사(69, 범민족대회 남쪽 추진본부 공동본부장), 이해학 목사(45, 집행위원장), 사무처장 조성우(40) 등 베를린 회의에 참석했던 남측 실무회담 대표 3인은 동경에서 기자회견을 갖고 '7천만 동포에게 드리는 글'을 발표했다. 다음날(30일) 이들 3명은 김포공항에 도착한 즉시 경찰에 연행돼 구속 수감되었다. 남측 추진본부는 오후 4시께부터 연세대 경영원 강당에서 재야인사와 시민·학생 등 200여 명이 참가한 가운데 '3자 실무회담 대표단 환영 및 보고대회'를 가졌다.

그리고 "대표단 3명에 대한 석방투쟁을 즉각 벌이는 한편, 범민련을 중심으로 오는 '95년까지 조국통일을 이루도록 앞장서 싸워나가겠다고 밝혔다. 실무회담 대표단의 구속을 항의하는 단체는 남측 추진본부뿐 아니라 범민련 유럽본부, 일본본부를 비롯해 평민·민주·민중당 등 3야당과 민족자주평화통일 중앙회의(민자통), 국민연합, 부산민족민주운동연합, 전국교직원노조 등도 구속을 비난하는 성명을 내고 이들의 즉각 석방을 촉구했다.[8]

범민련 결성을 전후하여 전개된 윤이상[9]의 움직임을 주목할 필요가

---

8 '범민련' 대표 3명 구속수감, 김포공항서 연행…야당·재야 석방촉구, 「한겨레」, 1990.12.1.

9 윤이상(1917~1995); 작곡가. 경남 산청에서 태어나 통영에서 자랐다. 1935년 일본에서 음악공부 후 귀국하여 교사 생활 중 징용, 반일활동 혐의로 옥고를 치름. 1959년 발표한 〈피아노를 위한 5개의 소품〉과 〈7개의 악기를 위한 음악〉으로 세계 음악계에서 이름을 알렸다. 1967년 독일에서 음악가로 활동 중 '동베를린 간첩단' 사건에 연루되어 무기징역을 선고받았지만, 국제적인 항의 속에서 2년 뒤 석방됨. 일명 '동백림' 사건으로 불리는 이 사건은 이응노 화백, 천상병 시인 등 34명에게 국가보안법을 적용하여 최고 사형 등 유죄를 선고한 이 사건은 국내외적으로 커다란 저항을 불러일으켰다. 이후에도 한국민주민족통일해외연합(한민련) 유럽본부 의장, 범민련 해외본부 의장 등을 통하여 조국의 민주화와 통일을 위해 헌신하였다. 1995년 5월 9일 민주화 요구하며 분신자살한 청년들을 위해 지은 교향시 〈화염 속의 천사〉를 일본서 발표하기도 함. 1995년 11월 3일 베를린에서 영면. 베를린에 있던 그의 묘소는 2018년 통영국제음악당 바닷가 언덕으

통일음악회 개막

南北韓 海外동포 平壤서 합동공연

범민족통일음악회 개회를 선언하는 윤이상 (1990년)

범민련 해외본부 결성
의장에 윤이상씨 선출

【서울=내외】 '조국통일범민족연합'(범민련)의 해외본부가 지난 16일 베를린에서 발족, 의장에 재독음악가 윤이상씨를 선출했다고 북한의 〈중앙방송〉이 27일 보도했다.

〈중앙방송〉은 범민련 해외본부가 남북한·해외대표들이 참석한 가운데 지난 11월 베를린에서 열린 범민족회의 3자 실무회담의 결정에 따라 결성된 것이며 16일의 결성대회에서는 의장 외에 12명의 부의장과 중앙위원 40명이 선출됐다고 주장했으나 인적사항은 밝히지 않았다.

北「옥류금 독특한 音色에 박수갈채
「우리의 소원」 부르고 도부르며 석별
趙相賢씨 「北최고령」 업고 돌기도

〈 그림223: 시계방향, ① 1990년 10월 18일 자 동아일보, ② 범민족통일음악회와 윤이상ⓒ내 남편 윤이상, ③ 12월 10일 자 동아일보, ④ 12월 30일 자 한겨레 〉

있다. 1967년 '동베를린 간첩단(동백림사건)' 사건에 연루되어 큰 고난을 겪었지만, 통일에 대한 열정은 꺾이지 않았다. 1987년 9월 24, 25일경 '민족문화와 세계 공개성'이란 국제심포지엄 참석차 일본 오사카에

로 이장되었다. 《실천연대》

머물고 있던 윤이상은 「마이니치」 등 일본 기자들과의 인터뷰를 통해 남북정부에 38선도 선상에서 평화의 음악축전을 열 것을 제의했다. "분단된 지 43년, 우리는 더 참을 수 없다. 정치로 뚫지 못한 벽을 음악으로 뚫어보자."고 그는 절규했다.[10]

1990년 10월 18일부터 23일까지 평양에서 '범민족통일음악회'가 열렸다. 김월하, 황병기, 윤인숙, 김덕수 등 14명으로 구성된 서울전통예술단은 우여곡절 끝에 정부의 승인을 받아 평양에 도착했고 단독공연과 합동공연 등 수차례의 공연을 하였다.[11] 윤이상의 제안이 3년 후 결실을 맺어진 것이다.

폐막식 후 남쪽 기자 3명과 가진 기자회견에서 윤이상은 "평양에서의 음악회에 이어 남한에서 11월 중순께 남북 양쪽의 민속음악인들이 참가하는 '통일 민속음악회'를 갖자"고 제의했다.[12] 윤이상의 제안은 실현되었다. 12월 9일 예술의 전당 음악당, 10일 국립극장 등에서 '90송년 통일전통음악회가 성황리에 개최되었다.[13] 하지만 행사의 입안자이자 주인공이라고 할 수 있는 윤이상의 모습은 볼 수 없었다. 평양민족음악단 성동춘 단장을 통해 황병기 서울송년음악회 집행위원장에게 편지를 보내는 것이 그가 할 수 있는 최선의 선택이었다. 윤이상은 이질성 비판보다 '화합' 조성이 중요하다고 말하며 "그저 우리 민족이 다시 만나 평화로이 노래하면서 통일 분위기를 조성하는 것이 중요하다."라고 강조했다.[14]

10 이수자, 『내 남편 윤이상』 하, 창작과비평사, 1998, pp.139~140.

11 통일음악회 개막, 「동아일보」, 1990.10.18.

12 남북한 '통일 민속음악회' 내달 중순 서울개최 제의, 「한겨레」, 1990.10.24.

13 '조국통일' 외침에 박수답례, 「동아일보」, 1990.12.11.

14 이질성 비판보다 '화합' 조성이 중요, 통일전통음악회 숨은 산파역 윤이상 씨, 「한겨레」,

범민련 창설과정에서도 윤이상의 역할은 컸다. 유럽, 일본, 북미주로 각각 출발했던 해외의 동포들이 1990년 12월 16일, 베를린에서 '조국통일범민족연합' 해외본부를 결성하고 의장에 윤이상 선생을 선출했다.[15] 그사이 윤이상의 건강이 악화되었다. 조금만 걸어도 탈진했다. 그의 오랜 소망인 통영 귀향이 1994년으로 들어서면서 마침내 이루어질 듯했다. 그해 9월 '윤이상 음악제'를 앞두고 귀향이 결정된 것이다. 하지만 김영삼 정부는 돌연 향후 북한에 가지 말 것, 과거의 정치 행적을 반성할 것 등의 약속을 요구했다. 윤이상에게 삶과 음악의 세계관을 송두리째 부정하라는 폭력적 요구였다. 통영 귀향은 윤이상의 마지막 삶의 끈이었다. 그 끈이 끊어지자 그의 삶도 끊어졌다. 윤이상이 숨을 거둔 것은 1995년 11월 3일이었다.[16]

북과 해외의 동포들은 각기 범민련 본부를 출범시켰다. 그러나 남쪽은 아직 정식본부가 결성되지 못했다. 핵심임원들의 구속 등 정부의 탄압 때문이었다. 안기부 등 사찰기관의 감시하에서 1990년 12월 14일, 범추본(범민련 추진본부) 제6차 대표자회의가 개최되었다. 이 회의에서 '범민련 남측본부 준비위원회' 결성을 결의하였다. '추진본부'가 '준비위원회'로 한 걸음 나아간 것이다. 조직소위원회를 구성하였고 위원으로 이창복, 김희택, 박순경, 전창일, 권형택 등 5명이 중임을 맡게 되었다.

1990. 12. 13.

15 범민련 해외본부 결성 의장에 윤이상 씨 선출, 1990. 12. 30.

16 [정찬, 세상의 저녁] 윤이상의 귀향과 평창올림픽, 「한겨레」, 2018. 3. 1.

〈 그림224: 시계방향, ① 범민련 남측본부 준비위원회 결성 및 제1차 회의순서, ② 준비위원 명단(단체추천),
③ 준비위원 명단(개인추천), ④ 1991년 1월 24일 자 한겨레 〉

    1991년 1월 23일 오후, 명동 향린교회에서 범민련 남측본부 준비위원
회 결성 및 제1차 회의가 열렸다. 이날 준비위 발족선언문을 통해 "범민
련의 결성은 민족자주와 통일을 위한 노력의 가장 큰 성과"라고 지적하
고 "빠른 시일 안에 남한본부를 결성, 오는 6월과 8월에 서울에서 열릴
'아시아-한반도의 평화와 비핵지대를 위한 국제회의' '91 서울 범민족
대회'를 차질 없이 치러낼 것을 다짐했다. 준비위원들은 준비위원장으

호산 전창일과 통일운동 77년사

로 문익환, 집행위원장에 전민련 공동의장 이창복을 선출했다.[17] 이날 발표된 준비위원은 단체추천으로 전민련본부(이창복·이해학·김희택), 전농(권종대·정광훈·최종진), 전교조(윤영규·이동유), 사제단(김승호·문정현·오용호), 통불협(지선·진관·송연택), 민주당(장기욱·주희상·황규선) 등 26개 단체 59명 그리고 조용술·고은·조화순(이상 범추본 공동본부장), 강희남·계훈제·문익환·박순경…(범추본 고문) 등 70명의 범추본 임원들과 기타 개인 15명 등 85명이 개인추천으로 준비위원이 되었다. 범추본 공동본부장이었던 전창일은 개인추천으로 등록하지 않고 민자통 의장 자격으로 준비위원이 되었다. 이날 결정된 준비위원회 구성과 임원 명단은 아래와 같다.

준비위원장: 문익환 목사

부위원장: 윤영규(전교조), 권종대(전농), 박순경(여성), 계훈제(사회), 전대협의장(학생)

준비위원: 165명(단체규모에 따라 배정, 선임된 임원임)

실행위원장: 이창복(전민련 상임의장)

부실행위원장: 김희선, 김쾌상

실행위원: 17명(주요 부문 단체 대표 및 영남 호남 중부 서울권 각 1인 등)

참가단체: 전민련, 전농, 전교조, 전빈협, 민주당 등 31개 정당, 사회단체, 개별인사[18]

준비위원장으로 추대된 문익환 목사는 이날의 행사에 참석하지 못했다. 서울북부경찰서는 22일 오후 7시경 도봉구 수유2동 527 문 목사 집

---

17 범민련 준비위 발족, 「한겨레」, 1991. 1. 24.
18 『범민련 10년사』 조국통일범민족연합 남측본부, 2000, p. 80.

에 전경 1소대를 배치, 문 목사를 가택 연금했다. 북부서는 23일 오전 9시경 형사를 보내 가택 연금 사실을 통보하고 "형 집행정지처분을 받아 주거 및 활동영역이 제한되어 있으므로 부득이 회의참가를 막는 것을 양해해 달라"고 밝혔다. 이에 대해 문 목사는 "이번 조치는 집회참가의 자유를 막았던 5공으로 돌아가려는 처사"라고 비난하고 "현 정권은 민주세력의 통일운동을 봉쇄하고 관이 통일운동을 독점하려 한다"고 주장했다.[19]

---

19 문 목사 가택연금 범민련 참가 막아, 전민련 비난 성명, 「동아일보」 1991. 1. 23.

:: 07 ::

노태우 정권의 탄압과
범민련의 투쟁

〈 그림225: 시계방향, ① 1991년 1월 25일 자 한겨레, ② 1월 26일 자 조선일보, ③ 2월 21일 자 한겨레, ④ 3월 3일 자 동아일보 ⑤ 8월 14일 자 조선일보, ⑥ 4월 20일 자 한겨레, ⑦ 4월 26일 자 한겨레 〉

범민련 남측본부 준비위원회 결성식이 거행된 다음날인 1월 24일, 서울시경은 이창복(53, 집행위원장), 김희선(48, 준비위원, 서울민협 의장), 김희택(41, 전민련 사무처장), 권형택(34, 사무차장) 등 4명에 대해 국가보안법 위반(이적단체 구성 및 회합)혐의로 사전구속영장을 발부받아, 이창복 · 김희택 2사람을 연행 · 구속하였다. 김희선 · 권형택에겐 수배령을 내렸다.[1]

전창일에 따르면, 이날 결성식에 참석한 사람들은 모두 연행되었다. 그러나 대부분의 단체들이 범민족대회 상설기구 즉 범민련을 만들거나 참여하지 않겠다는 조건으로 풀려나왔다고 한다. 그 이후 범민련은 왜소해졌다고 전창일은 기억하고 있다.[2] 아무튼, 정부의 목적은 뚜렷했다. 그들은 범민련의 해체를 기도했던 것이다. 연행 · 구속집행 이튿날엔 범민련의 산파 격인 전민련 사무실을 압수 · 수색했다.[3]

〈 그림226: ① '민주화 성지'로 불렸던 향린교회의 정문(50여 년 만에 종로구 내수동으로 터를 이전한다), ② 1991년 1월 23일 향린교회에서 개최된 범민련 남측본부 준비위원회 결성 당시의 사진ⓒ민주화기념사업회, ③ 장례식 때 사용된 홍근수 목사의 캐리커처 〉

1 범민련 2명 구속, 2명 수배, 준비위 결성 보안법 위반 혐의, 「한겨레」, 1991.1.25.
2 『인민혁명당과 혁신계의 활동, 주요인사(전창일 님) 구술사료 수집』, 4 · 9 통일평화재단, 2014.2.3., p.257.
3 전민련 사무실 수색, 책자 등 70여 점 압수, 「조선일보」, 1991.1.26.

범민련 와해시도는 계속 진행된다. 이번에는 홍근수[4] 목사였다. 홍 목사는 향린교회의 당회장으로서 재야단체의 집회장소로 향린교회를 조건 없이 제공해준 바 있다. 87년 6월 항쟁 이후 향린교회는 '민주화운동 성지'로 불렸다. 이번 범민련 남측본부 준비위원회 결성식이 열린 곳도 향린교회였다. 홍 목사의 구속사유는 범민련 남측본부 준비위 결성식에 참석했고(이적단체 구성), 지난 88년 9월 KBS 심야토론에 출연하여 "공산주의는 인도주의적이다. 통일에 사상이 무슨 상관인가"라는 발언을 했으며, 같은 해 9월 2일 자 「한겨레신문」에 고려연방제 통일방안을 찬양(고무찬양)했다는 것이다. 그 외 이적표현물을 제작·판매한 혐의와 89년 3월 범민족대회 예비회의에 참가하기 위해 판문점으로 가려한 혐의(회합미수)도 받는 중이었다.[5]

홍 목사가 구속된 다음 달에는 박순경[6] 교수 차례였다. 3월 2일 박순

---

4   홍근수(1937~2013); 평화통일과 민주주의를 위해 헌신했으며 2013년 10월 7일 오전 9시 45분, 75세로 별세했다. 고인은 한국을 대표하는 실천적 목회자로 평가된다. 1987년 향린교회 2대 담임목사로 부임해 2003년 5월까지 시무했다. 미국에서 목회 활동과 한국 민주화운동을 벌였으며 1987년 서울 향린교회 담임목사로 부임하여 한국교회 갱신운동과 민주화 통일운동에 매진했다. 1988년 한국기독교교회협의회(NCCK) 통일위원회 위원 겸 전문위원으로 '민족의 통일과 평화에 대한 한국기독교회 선언' 발표에 적극 참여하였다. 1991년에는 KBS 심야토론에서 한 북한 고무찬양, 사회주의 허용 발언 등의 혐의로 국가보안법 위반으로 1년 6개월 복역하였다. 평화와통일을여는사람들 상임공동대표, 한국기독교 시민연대 공동대표, 민주노동당 후원회장, 민중의소리 방송국 후원회장, 노동인권회관 이사장, 6·15남북공동선언 실천위원회 남측 본부 공동대표, 평화통일연구소 이사장을 역임하는 등 대중적 평화운동에 앞장섰다. 부산에서 출생하고 서울대 법대를 나와 한국신학대학(현 한신대 신대원)을 졸업했다. 이든(Eden)신학교 대학원에서 목회학 박사학위(1967)를 받았고, 미국 시카고 루터신학교대학원에서 철학박사 학위를 취득했다. 고인의 장례는 통일사회장으로 치러졌다. 《고 홍근수 목사 통일사회장 엄수|작성자 채비》

5   홍근수 목사 구속, 범민련·한겨레신문 기고문 관련, 「한겨레」, 1991.2.21.

6   '한국 여성신학 선구' 평화통일운동가 박순경 교수 별세, 「한겨레」, 2020.10.25 〈평화통일운동에 헌신해 온 여성신학자 박순경 전 이화여대 기독교학과 명예교수가 24일 오전

경 교수(68)는 안기부 직원 3명에 의해 연행됐다. 범민련 관계 활동에 대한 조사였다.[7] 혐의점을 입증하지 못한 안기부는 곧 석방했다. 하지만 7월 9일(화)~12일(금) '제2회 조국의 평화통일과 선교에 관한 기독인 동경회의' 주제 강연에서 "조국의 자주적 통일을 위해서 북한사회의 민족적 자립을 뒷받침해 온 것으로 알려지는 주체사상에 대해 기독교적 입장에서 비판적 검토가 필요하다"고 말한 것이 다시 문제가 되었다.[8] 8월 14일 국가보안법 위반 혐의로 박 교수는 결국 구속되었다. 박 교수가 구속될 때 전창일도 같은 혐의로 입건되었다.[9] 전창일의 경우 구속은 면했지만, 그 역시 조만간 실형을 살게 된다. 전창일의 구속 관련 사건은 후술할 예정이다.

4월 19일, 사전구속영장이 이미 발부되었던 권형택(35, 전민련 사무처장)도 구속되었다.[10] 이로써 전민련과 범민련의 핵심이었던 이창복, 김희택, 권형택 등이 모두 옥살이를 하게 되었다. 지난 1월 24일 사전구속영장이 발부되어 수배 중이었던 김희선의 경우, 그녀를 잡기 위해 남편인 방국진(50, 사업)에게 생계압력을 가한 사실이 밝혀졌다. 경찰

9시 숙환으로 세상을 떠났다. 향년 97. 고인은 특히 남북통일과 평화를 향한 열망으로 후반기 일생을 고스란히 바쳤다. 1989년 범민족대회 남북 실무회담에 학계 대표로 참여한 것을 시작으로, 2000~14년 민주노동당·통합진보당 고문, 조국통일범민족연합(범민련) 남측본부 명예의장, 6·15 공동선언실천 남측위원회 상임고문 등을 맡았다. 1991년에는 재일본 대한기독교단 주최 통일 세미나에서 북한 주체사상을 지지하는 강연을 한 혐의로 구속됐다가 108일 만에 집행유예로 석방되기도 했다.…〉

7   범민련 박순경 교수, 안기부서 연행, 「동아일보」 1991.3.3.
8   박순경 교수 국보법 관련 구속, 「이대학보」 1991.9.2.
9   범민련 박순경 씨 구속, 「조선일보」 1991.8.14.
10 범민련 준비위 권형택 씨 구속, 「한겨레」 1991.4.20.

은 동업자에게 관계 청산을 종용했고, 자금회수도 방해했다고 한다.[11] 범민련 와해작전을 강행하는 권력기관의 민낯이 드러난 셈이다.

정부는 연행, 구속 외에 다른 방법으로도 범민련에 압박을 가했다. 탄압국면 이후 소속단체의 사정에 따라 직무이탈, 유고된 사례가 발생한 것이다. 부위원장인 윤영규(전교조), 권종대(전농), 계훈제(사회) 등 세 사람이 업무를 볼 수 없게 되었다. 연금 중이던 문익환 목사마저 6월 6일 형집행정지가 취소되어 재수감되어 버렸다.[12] 갓 출범한 범민련 남측본부 준비위원회는 이제 의장단이 모두 공석이 되어 버렸다.

6월 19일, 베를린 3자회담 대표 조용술 목사 석방(징역 1년 6월 집행유예 2년 자격정지 1년 6월) 환영모임을 고려대학 강당에서 가졌다. 그 자리에서 준비위원 비상총회를 개최했고, 범민련 결성대책과 '91 2차 범민족대회' 추진에 대해 논의하고 결원이 된 부위원장에 신창균, 조용술, 전창일을 선임하였다. 그리고 6월 6일 문익환 위원장이 재수감됨에 따라 비상실행위원회에서 선임된 '강희남 위원장 직무대행'을 총회에서 추인하였다.[13] 손발뿐 아니라 머리까지 잘린 상황에서 범민련 남측본부 준비위원회는 새로운 출발을 하게 된 것이다.

안기부는 집요했다. 부실행위원장 김쾌상(45)은 준비위원회의 초기 임원 중 유일하게 구속을 면한 이였다. 7월 8일, 안기부는 실행위원장 직무대행을 하던 김쾌상과 재정소위원장 이관복(57)에 대해 전대협 대표 해외파견을 조종한 혐의로 국가보안법(이적단체 가입 등)을 적용해

11   시국 수배자 가족 '생계압력', 「한겨레」, 1991.4.26.
12   문익환 목사 재수감, 어제 형집행정지 취소, 「동아일보」, 1991.6.7.
13   『범민련 10년사』, 조국통일범민족연합남측본부, 2000, p.81.

사전구속 영장을 청구했다.[14] 두 사람은 7월 26일 구속, 송치되었다.[15] 범민련 남측본부의 핵심임원에 대한 탄압은 앞으로도 계속 진행된다. 사실 범민련의 역사는 국가보안법에 의한 탄압과 이에 맞선 투쟁의 역사라고 할 수 있을 것이다.

〈 그림227: 1991년 4월 28일 자 경향신문 〉

학생들이 다시 일어났다. 1987년 6월 항쟁에 비견될 정도의 대규모 시위가 1991년 5월을 전후하여 벌어진 것이다. 이른바 분신 정국이 시작되었다.[16] 시작은 명지대 강경대 군의 타살이었다.

1991년 4월 26일 학원 자주화 투쟁에 참여한 명지대 경제학과 1학년생 강경대가 백골단 소속 사복경찰에게 쇠파이프로 구타당해 사망하는 사건이 발생했다. 4월 24일 상명여대의 학원 자주화 집회에서 지지 연

---

14 범민련 2명 사전영장, 전대협 파견 배후조종, 「조선일보」, 1991.7.9.
15 주사파, 전대협 조종, 「조선일보」, 1991.7.27.
16 [표18: 분신 사망 일람표] 참조

호산 전창일과 통일운동 77년사

설을 하고 돌아오던 명지대 총학생회장 박광철이 불법으로 연행되자, 학생들은 총학생회장의 석방을 요구하는 투쟁을 전개하였다. 26일 '학원 자주화 완전 승리와 노태우 군사 정권 타도 및 총학생회장 구출을 위한 결의대회'에 동료 학생 300여 명과 함께 참석한 강경대는 경찰과 대치하던 중 시위자를 검거하기 위해 교내로 진입한 사복체포조인 '백골단'을 피해 정문 옆 허물어진 담장을 넘으려다 경찰에 붙잡혀서 그들이 휘두른 쇠파이프에 집단 구타당하였다. 학생 100여 명이 화염병을 던지며 몰려가자 백골단은 강경대를 놓아두고 달아났다.

강경대는 인근 성가병원으로 옮기던 중 숨졌다. 강경대를 검진한 성가병원 박동국 외과 과장은 숨진 강경대의 오른쪽 눈썹 위가 둔기로 맞은 듯 사선 방향으로 7cm가량 찢어졌고 두개골 일부가 함몰된 상태였다고 말했다. 학생들은 오후 6시쯤 강경대의 시체를 연세대 부속 세브란스병원으로 옮겼다. 강경대의 시신이 안치된 영안실은 출입이 통제되었고, 명지대생과 서총련 소속 학생 등 2,000여 명이 영안실 주변과 연세대 정문 등에서 항의시위를 벌였다.[17] "우발 아닌 미필적 고의" "살려 달라 애원도 외면" "담장 넘어가는데 잡아 보복성 난타"… 강경대 군의 사망을 보도한 각 신문사 헤드라인의 일부다.[18]

강경대의 죽음을 기점으로 1991년 5월 투쟁이 일어났다. 공안통치와 3당 합당을 통해 권위주의적 통치로 회귀하던 노태우 정권을 최대의 위기로 몰아간 6공화국 최대의 대중투쟁이 시작된 것이다. 이 기간에 전국적으로 2,300여 회의 집회가 열렸고, '해체 민자당, 퇴진 노태우'라는

---

17 강경대 사건, 《민주화기념사업회 사료컬렉션》
18 연세대서 1만여 명 규탄시위, 「경향신문」, 1991.4.28.

구호 아래 대규모의 시위들이 잇따라 터져 나왔다. 그 과정에서 학생, 빈민, 노동자 등 11명이 분신했고, 한진중공업 박창수 노조위원장의 의문사와 강경 진압으로 인한 김귀정 성균관대생의 죽음까지 포함하여 모두 13명이 사망하였다.[19]

학생, 시민들이 분신으로 자신들의 의사를 표현하고, 경찰 등에 의해 타살을 당하던 무렵, 범민련 역시 공권력의 탄압으로 조직의 존재 자체가 위태로운 처지였다. 강희남 위원장 직무대행, 부위원장 신창균, 조용술, 전창일 등으로 지도체제를 보강한 후 범민련은 다시 움직이기 시

〈 그림228: 시계방향, ① 1991년 6월 28일 자 한겨레, ② 8월 6일 자 경향신문, ③ 8월 9일 자 한겨레, ④ 8월 11일 자 한겨레, ⑤ 8월 16일 자 한겨레 〉

---

19 1991년 5월 투쟁,《민주화기념사업회 사료컬렉션》

호산 전창일과 통일운동 77년사

작했다.

6월 25일, 한국전쟁 희생자 및 반전 반핵 평화 월간 선포식을 거행하였다. 같은 달 29일 제1차 범민련 남측본부 결성준비위원회의를 소집했는데, 그날 밤 10시경 서울 종로구 창신동 전민련 사무실에 안기부 직원 16명이 들어가 압수수색을 했다.[20] 지난 1월 25일에 이어 연이은 '사무실 수색'이었다. 7월 6일에는 임수경 방북 2주년 기념 통일문제 토론회를 진행하였다.

그 무렵 전대협 대표 2명이 북한을 방문할 계획이라는 기사가 보도되었다. 전국대학생대표자협의회(전대협)는 오는 8월 15일 서울에서 열릴 예정인 '범민족대회'와 관련해 학생대표 2명을 북한에 파견할 계획이며, 이들은 현재 베를린에 머물고 있다고 27일 밝혔다. 두 사람은 서울을 출발하여(6월 24일) 오스트레일리아(오스트리아의 오기)를 거쳐 현재 베를린에 머물고 있는 것으로 알려졌다.

향후 일정은 범민족대회 예비 실무회담(7월 7일, 남쪽 범민련 대표 자격) → '남북 해외청년 학생 통일대축전' 실무회담 참석(7월 14일~15일, 전대협 대표) → 범민족대회 예비 실무회담(7월 20일, 남쪽 범민련 대표 자격) → 입북 예정(7월 27일) → 백두산에서 판문점까지 행진(8월 중, 8월 서울 개최 예정인 '조국통일을 위한 통일 대장정'의 일환) → 판문점 군사분계선을 넘어 귀환 예정(8월 12일) 등인데, 전대협 산하 '조국의 평화와 자주적 통일을 위한 학생추진위원회(위원장 한철수 경희대 총학생회장)의 한 간부가 밝혔다. 두 사람의 신분은 건국대생 성용승(22, 행정 4)

20　전민련 사무실 수색, 범민련서 전대협에 보낸 전문 입수, 「동아일보」, 1991.6.30.

과 경희대생 박성희(22, 작곡 4)였다.[21]

임수경 학생의 '평양 학생 축전' 참가에 이어 제2의 임수경이 나타난 것이다. 전대협의 기획과 투쟁에 놀란 전창일은 한 번 더 놀랐다. 낯익은 이름이 등장했기 때문이다. 박성희 학생은 전창일이 석관동에 살 때 이웃에 살았다. 성희 모친과 임인영은 친구처럼 다정하게 지냈다고 한다. 전창일이 감옥에서 풀려나 집으로 돌아왔을 때 가장 먼저 선물을 들고 찾아왔던 이가 성희 엄마였다. 그녀의 무남독녀 외딸이 전대협 대표로 평양으로 갔다가 집으로 돌아오지 못하고 타국을 떠돌고 있다.[22] 적대와 증오를 배태한 분단폭력의 민낯을 보여주고 있는 셈이다.

〈 그림229: 시계방향, ① 1991년 7월 17일 자 경향신문, ② 7월 26일 자 한겨레, ③ 7월 27일 자 매일경제, ④ 8월 4일 자 한겨레, ⑤ 8월 9일 자 한겨레, ⑥ 8월 15일 자 한겨레 〉

21 "전대협 대표 2명 방북계획" 24일 출국 베를린 체류 중 내달 27일 평양으로, 「한겨레」, 1991.6.28.
22 전창일 자필 기록, 2021년 3월

호산 전창일과 통일운동 77년사

박성희, 성용승 학생이 유럽을 거쳐 북한을 방문하고 있을 무렵, 남쪽의 안기부 및 경찰은 범민련과 전대협 인사들을 연행, 구속하는 것이 일상사가 되어 버렸다. 7월 16일, 서울시경은 범민련 남측본부 이규영(55, 준비위원)과 한충목(34, 정책기획위원) 등 2명을 이적단체 혐의로 구속했다.[23] 탄압이 계속되었지만, 범민련 성원들은 예정된 일을 계속 진행했다. 25일, 종로구 전민련 사무실에서 '제1차 참가단체 대표자회의'를 열고, 이번 범민족대회의 성공적인 개최를 위해 다음 달 3일 '91 서울 범민족대회 추진본부(범추본)를 발족시키기로 결의했다.[24] 그리고 27일 예정된 '반전반핵 평화옹호 범민족 걷기대회'를 강행하자 서울 경찰청은 8월 8일 날짜로 관계자 7명에 대한 소환장을 발부하였다. 관계자 명단은 아래와 같다.

△강희남(71, 남쪽본부 준비위원장 대리) △신창균(82, 범민족대회 남쪽추진본부장) △전창일(70, 남쪽 준비위 실행위원 겸 조직위원) △박순경(68, 남쪽 준비위 부위원장) △홍진표(28, 정책위 간사) △권종대(55, 남쪽 준비위 부위원장) △이범영(38, 남쪽 준비위 위원)[25]

　전대협의 경우, 핵심간부 대부분이 구속되었다. 7월 8일 전대협 의장 김종식(24, 한양대 총학생회장)이 검거되었고, 그 외 조통위 위원장 한철수 등 8명이 국가보안법상 이적단체구성 등의 혐의로 검찰에 구속,

---

23　범민련 둘 구속, 「경향신문」, 1991.7.17.
24　범민족 대책회의, 「한겨레」, 1991.7.26.
25　범민련 7명 소환, 「한겨레」, 1991.8.9.

송치되었다.[26]

공안당국의 엄혹한 탄압에도 불구하고 조국의 평화와 통일을 위한 제2차 범민족대회와 국토 종단 대행진은 진행되었다. 8월 3일, 전민련·전교조·전대협 등 재야 18개 단체 회원 3백여 명이 고려대에서 '91 서울 범민족대회 남쪽 추진본부 출범식을 가졌다. 본부장은 신창균으로 결정되었다. 같은 날 박성희 학생이 8·15 범민족대회 사전행사의 하나인 국토 종단 대행진에 참가하기 위해 북쪽에서 움직였고, 남에서도 '조국의 평화와 통일을 위한 국토종단 대행진'이 시작되었다.[27] 8월 6일, '한라선봉대(전대협 소속 대학생 50여 명)가 한라산 백록담에서 출정식을 가졌으며, 다음날 북에선 방북 전대협 대표 박성희가 백두산에 시작된 '조국통일 촉진 백두-한라 대행진'에 참가하였다.

1991년 8월 12일, 경희대에서 '조국의 평화와 통일을 위한 제2차 범민족대회'가 개최되었다. 북측 대표단은 정부의 불허로 참가하지 못했다. 이튿날인 13일, 범민족대회 남측 추진본부는 '범민족대회 사수를 위한 결의대회'를 개최했고, 판문점에선 방북한 전대협 대표 박성희·성용승 등 두 학생이 범민족대회 북측 참가단 600여 명과 함께 공동경비구역 안 군사분계선을 넘으려고 시도했으나 실패했다.[28]

범민족대회 3일째인 14일, 경찰의 봉쇄망을 뚫고 경희대에 모인 2만여 명의 학생·재야단체 회원 등은 '통일대축전 성사 결의대회'와 통일대토론회, '91 서울 범민족대회의 전야제 등의 행사를 밤늦게까지 잇달

---

26 안기부 전대협 의장 등 핵심간부 8명 구속, 81명 수배, 「매일경제」, 1991.7.27.
27 범민족대회 본격추진, 본부 어제 결성, 내일부터 국토종단 대행진, 「한겨레」, 1991.8.4.
28 『범민련 10년사』, 조국통일범민족연합남측본부, 2000, p.82.

아 열고, 북쪽 대표단의 대회 참가 허용과 범민족대회 범추본에 대한 탄압중지 등을 정부에 촉구했다.[29] 노태우 정부는 민중의 뜻을 결국 외면했다. 15일, 범민족대회 본회의는 세 곳에서 분산 개최될 수밖에 없었다. 남쪽은 경희대, 북쪽은 판문점 북측지역, 해외는 일본 도쿄에서 각각 열렸다. 하지만 공동결의문은 동시에 발표했다.[30]

『한겨레』는 사설을 통해 "갑옷에 투구를 쓰고 몽둥이와 최루탄 발사기를 든 전경과 백골단이 서울 시내 곳곳에 진을 치고 있던 8월 15일 오전에 노태우 대통령은 충남 천안군의 독립기념관에서 열린 광복절 경축식에서 '남북문제를 제한 없이 협의하자'는 요지의 연설을 하고 있었다. 같은 날 오후 판문점으로 가려다 서울 홍제동 로터리에서 경찰에 저지당한 대학생들은 길바닥에 앉아 '조국통일'과 '비핵군축'을 부르짖었다" "범민련이 '이적단체'인 북한과 결탁하여 남쪽의 정권을 무너뜨리겠다는 계획을 갖고 있지 않다는 것은 정부 당국이 더 잘 알고 있을 것이다. 지난해에 전민련이 그랬듯이 올해 범민련은 정부의 접촉승인과 집회허락을 받아 대회를 열려고 합법적인 절차를 밟았다. 그러나 정부의 고위관리나 기업인이 주권자인 국민에게 알리지도 않고 북한을 방문하는 것은 '이적단체와의 접선이나 회합·통신'으로 처벌하지 않는 정권이 통일을 위해 고난을 무릅쓰는 민족민주운동 진영의 합법적 접촉은 이적행위로 몰아붙여 왔다. 이런 비논리를 언제까지 고집할 것인가?"라고 물으며 정부의 위선과 비논리를 질타했다.[31]

---

29 2만여 명 '범민족' 집회, 경찰봉쇄 속 대토론회 · 전야제 열어, 「한겨레」, 1991.8.15.

30 『범민련 10년사』, 조국통일범민족연합남측본부, 2000, p.82.

31 '통일이여 어서 가라'는 뜻인가, 힘으로 다시 '범민족대회' 깬 정권, 「한겨레」, 1991.8.17.

:: 08 ::

UN 동시 가입과 남북기본합의서 그리고
헌법 제3조와 국가보안법

〈 그림230: 1991년 9월 18일 자 동아일보, 12월 13일 자 한겨레 〉

대한민국과 조선민주주의인민공화국은 제46차 유엔총회에서 유엔 가입이 승인됨으로써 두 개의 나라가 되었다. 1991년 9월 18일 오전 7시 (한국 시간), 태극기와 인공기가 뉴욕 유엔본부 앞 회원국 국기게양대에 나란히 올려졌다. 1948년 8월 15일과 9월 9일 따로 '분단정부'를 세운 지 43년 만이다.[1] 유엔 가입은 남쪽 정부의 오랜 숙원이었다. 한국은 정부수립 후 최초로 1949년 1월 유엔 가입 신청을 하였고 안보리 표결에서 압도적인 지지를 받았지만, 소련의 거부권 행사로 결국 부결되었다. 그 이후 미국 등 서방국가들의 주도로 한국의 유엔 가입을 위한 총회 결

1   남북한 유엔 가입, 「동아일보」, 1991.9.18.

의안의 압도적인 채택과 이에 기초한 안보리 재심을 지속적으로 추진하였으나, 소련의 반대로 번번이 실패하고 말았다. 이처럼 유엔 가입 노력이 소련의 반대로 계속 좌절되자, 정부는 유엔 가입 노력을 잠정 중단하기도 하였다.[2] 남한의 단독 유엔 가입 시도로 촉발된 일련의 과정을 살펴보면 다음과 같다.

① 1990년 5월 24일 북조선의 김일성, 남북한이 유엔에 단일의석으로 가입하자고 제의[3]

② 9월 18일, 남북한이 유엔에 단일의석으로 가입하자고 북조선이 다시 제안, 남북한의 유엔 대표권은 1개월 또는 그 이상의 기간을 주기로 엇바꾸어 행사하거나 공동으로 행사할 수 있을 것이라고 말함[4]

③ 9월 19일, 한국은 남북예멘, 동서독 등 유엔에 개별 의석으로 가입한 후에 통일된 나라들이 있다며, 개별 의석 동시 가입이 분단을 고착화시키지 않는다고 말함[5]

④ 1991년 3월 8일, 한국, 동시 가입 안을 포기하고 UN 단독 가입 강행[6]

⑤ 3월 9일, 북조선 "두 개 조선의 존재를 합법화해 보려는 것"이며 "UN 단독 가입을 기어이 성사시켜 분단을 영구화하자는 것"이라

---

2 유엔 가입노력, 《국가기록원》

3 김일성, 남북한 UN 단일의석 공동가입 주장, 「한겨레」, 1990.5.25.

4 대표권 번갈아 행사하자, 「경향신문」, 1990.9.18.

5 단일의석의 허구성, 「경향신문」, 1990.9.19.

6 UN 가입안 빠르면 내달 제출, 「매일경제」, 1991.3.9.; UN 단독 가입 강행 밝혀, 「한겨레」, 1991.3.13.

고 맹비난[7]

⑥ 남한 단독 가입안에 소련이 지지하고,[8] 중국도 반대하지 않을 것이라는 기사가 보도됨[9]

⑦ 1991년 5월 27일, 북조선의 유엔 가입 신청서 제출예정 발언,[10] 7월 8일 유엔 가입 신청서 제출[11]

⑧ 8월 5일, 한국 유엔 가입 신청서 제출[12]

이 사건에 대해 중요한 증언이 있다. 전창일의 회고를 들어보자.

한국 정부가 단독 가입하려고 했다. 문익환 목사와 내가 의논하길 단독 가입을 하지 말고 남과 북이 연합해서 가입해라, 유엔의 의사를 하나로 해서 처리하고, 남북의 의견이 서로 다를 땐 기권을 하고, 가능한 국제문제 처리에서 남과 북이 사전 합의로 한 표를 행사하는 것이 통일이 되는 지름길이다, 라는 생각하에 단독 가입을 반대했던 것이다. 북도 우리의 주장에 동의했다.

하지만 정부가 단독 가입을 한다고 성명서를 냈고, 유엔과도 합의를 보았다고 하는 발표는 분명 위기상황이었다. 그런 상황에서 어떻게 해야만 할까? 북은 방관만 하고 있을 것인가? 거기에 대한

---

7   유엔 단독 가입 추진은 분단 영구화하자는 것, 북한 비난, 「매일경제」, 1991.3.10.

8   소, 한국 유엔 단독 가입 지지, 「한겨레」, 1991.4.11.

9   한국 유엔 단독 가입 중국도 반대 않을 듯, 「경향신문」, 1991.4.14.

10 북한 유엔 가입 발표, 「경향신문」, 1991.5.29.

11 북한 유엔 가입 신청서 제출, 「한겨레」, 1991.7.10.

12 유엔 가입 신청, 「경향신문」, 1991.8.6.

의견을 미국교포를 통해 전화로 우리의 의견을 물었다.

문 목사와 내가 의논을 했다. 만약 우리 주장대로 남북이 연합해서 한 표를 행사하는 가입 안을 반대하고 끝끝내 남쪽만이 단독 가입하게 된다면, 북쪽 입장으로서 방관하고 있을 수 없는 입장이 아닌가 하는 판단이 들었다. 또 국제문제를 남쪽에서 홀로 행사하는 상황이 벌어지게 된다. 만약 그렇게 되면 북은 방관해서는 안 되다고 생각했을 때 북에서 문의가 왔던 것이다.

문 목사가 이 상황을 어떻게 해야 하는가 하는 문제를 가지고 나와 의논을 했다. 상황이 그렇게 되면 동시 가입을 할 수밖에 없다. 그래서 그렇게 북에 전했다. 북에서 고맙다는 답변이 왔다. 결국, 동시 가입을 했다.[13]

북조선이 유엔 단일의석 가입안을 철회하고 동시 가입으로 선회한 것은 해체와 붕괴과정(공식해체일, 1991년 12월 26일)에 있었던 소련이 한소수교(1990년 9월 30일)를 맺었고, 중국 역시 한중수교(1992년 8월 24일)를 앞둔 국제정세의 변화 탓이 큰 요인이었을 것이다. 그러나 북조선은 그 시점 통일문제에 큰 역할을 하고 있던 범민련의 의견도 존중할 필요가 있었다. 유엔 가입 문제에 있어 문익환 목사와 전창일의 의견을 듣고 북조선이 참조했다는 것은 그 사실 자체만으로도 역사적 의미가 큰 사안이다.

아무튼, 유엔 동시 가입으로 인해 '두 주권국가의 병존'이 현실이 되어버렸다. 1987년 범국민적인 '6월 민주화 항쟁'의 산물로 6공화국 헌법이

---

[13] 2021년 11월 9일 녹취(종로구 숭인동)

탄생했다. 제9차 개정헌법은 '6월 항쟁'에서 표출된 국민의 정치적 요구에 따라 대통령직선제를 도입한 것 외에도 개정 전 헌법과 비교해서 국민의 기본권을 강화하고 통치권 행사의 절차적 정당성을 강조하는 내용을 많이 보완했다. 그러나 이 헌법은 통일문제에 있어 결정적인 모순을 포함하고 있다. 제3조와 4조를 살펴보자.

제3조 대한민국의 영토는 한반도와 그 부속도서로 한다.
제4조 대한민국은 통일을 지향하며, 자유민주적 기본질서에 입
각한 평화적 통일정책을 수립하고 이를 추진한다.

헌법 제3조에 따르면, 대한민국은 한반도의 유일한 합법정부이며 휴전선 이북지역은 북한정권이 불법적으로 점거하고 있는 '미수복 지역'이 된다. 헌법상의 영토조항에 근거하여 규정된 것이 '국가보안법'상의 '반국가단체'[14]다. 북조선은 '반국가단체'라는 전제하에 "조선민주주의인민공화국의 지배체제를 찬양하거나 지지했다"는 혐의로 국가보안법을 적용했다.[15]

그러나 UN 가입으로 북조선을 '반국가단체'로 규정할 근거가 사라지게 되었다. 단독 가입과 동시 가입 등 혼란은 있었지만, 최종적으로 남

---

14 제2조(정의) ①이 법에서 "반국가단체"라 함은 정부를 참칭하거나 국가를 변란할 것을 목적으로 하는 국내외의 결사 또는 집단으로서 지휘통솔체제를 갖춘 단체를 말한다. 〈개정 1991.5.31.〉
15 장명봉, 유엔 동시 가입, 무엇이 달라져야 하나, 「사회평론」 1991년 7월, 월간사회평론 Vol.91 No.7, p.250.

호산 전창일과 통일운동 77년사

북 동시 가입을 추진했던[16] 남한정부는 남북 동시 유엔 가입으로 인하여 이제 북조선을 주권국가로 인정하지 않을 수 없는 처지가 되었다. 유엔 회원국은 국가가 아닌 경우가 없기 때문이다. 그렇다면 "대한민국의 영토는 한반도와 그 부속도서로 한다."라는 헌법 제3조는 당연히 폐기하거나 개정했어야 했다.

UN 가입 이전에도 헌법 제3조는 제4조와의 충돌 때문에 논란이 많았던 조문이다. 제4조에 의하면 남한은 "평화적 통일정책을 수립하고 이를 추진"해야만 한다. 이 문항이 실질적 의미를 갖는 조항이 되기 위해선 북조선을 '대등한 당사자'로 보아야만 한다. 그러나 제3조에 따르면, 평화적 통일을 해야 할 당사자는 '불법집단' 혹은 '반국가단체'가 된다. 제3조와 제4조는 법리상 모순이 된다는 얘기다.[17]

남과 북 모두 이러한 문제점을 알고 있었을 것이다. UN 동시 가입 3개월쯤 후인 12월 12일, 남북한은 서울 워커힐 호텔에서 '남북 사이의 화해와 불가침 및 교류 협력에 합의서' 내용에 합의함과 동시에 한반도 핵 문제에 대해서도 원칙적인 타결을 봤다.[18] 남북기본합의서 전문은 다음과 같다.

---

16 동시 가입 숙원 풀 유엔총회, 「조선일보」 1991.5.29.

17 이부하의 석사학위 논문, 憲法上 統一關聯條項에 관한 硏究-領土條項을 中心으로-, 한양대학교, 1997년

18 남북 화해시대 열렸다. 「한겨레」 1991.12.13.

[남북기본합의서(1991.12.13.)]

남과 북은 분단된 조국의 평화적 통일을 염원하는 온 겨레의 뜻에 따라 7 · 4 남북공동성명에서 천명된 조국통일 3대 원칙을 재확인하고, 정치 군사적 대결상태를 해소하여 민족적 화해를 이룩하고, 무력에 의한 침략과 충돌을 막고 긴장완화와 평화를 보장하며, 다각적인 교류 · 협력을 실현하여 민족공동의 이익과 번영을 도모하며, 쌍방 사이의 관계가 나라와 나라 사이의 관계가 아닌 통일을 지향하는 과정에서 잠정적으로 형성되는 특수 관계라는 것을 인정하고 평화통일을 성취하기 위한 공동의 노력을 경주할 것을 다짐하면서 다음과 같이 합의하였다.

제1장 남북화해

제1조 남과 북은 서로 상대방의 체제를 인정하고 존중한다.

제2조 남과 북은 상대방의 내부문제에 간섭하지 아니한다.

제3조 남과 북은 상대방에 대한 비방 · 중상을 하지 아니한다.

제4조 남과 북은 상대방을 파괴 · 전복하려는 일체 행위를 하지 아니한다.

제5조 남과 북은 현 정전상태를 남북 사이의 공고한 평화상태로 전환시키기 위하여 공동으로 노력하며 이러한 평화상태가 이룩될 때까지 현 군사정전협정을 준수한다.

제6조 남과 북은 국제무대에서 대결과 경쟁을 중지하고 서로 협력하며 민족의 존엄과 이익을 위하여 공동으로 노력한다.

제7조 남과 북은 서로의 긴밀한 연락과 협의를 위하여 이 합의서 발효 후 3개월 안에 판문점에 남북연락사무소를 설치·운영한다.

제8조 남과 북은 이 합의서 발효 후 1개월 안에 본회담 테두리 안에서 남북 정치분과위원회를 구성하여 남북화해에 관한 합의의 이행과 준수를 위한 구체적 대책을 합의한다.

제2장 남북불가침

제9조 남과 북은 상대방에 대하여 무력을 사용하지 않으며 상대방을 무력으로 침략하지 아니한다.

제10조 남과 북은 의견대립과 분쟁문제들을 대화와 협상을 통하여 평화적으로 해결한다.

제11조 남과 북의 불가침 경계선과 구역은 1953년 7월 27일 자 군사정전에 관한 협정에 규정된 군사분계선과 지금까지 쌍방이 관할하여 온 구역으로 한다.

제12조 남과 북은 불가침의 이행과 보장을 위하여 이 합의서 발효 후 3개월 안에 남북 군사공동위원회를 구성·운영한다. 남북군사공동위원회에서는 대규모 부대 이동과 군사연습의 통보 및 통제문제, 비무장지대의 평화적 이용문제, 군 인사 교류 및 정보교환 문제, 대량살상무기와 공격능력의 제거를 비롯한 단계적 군축실현문제, 검증문제 등 군사적 신뢰 조성과 군축을 실현하기 위한 문제를 협의·추진한다.

제13조 남과 북은 우발적인 무력충돌과 그 확대를 방지하기 위하여 쌍방 군사당국자 사이에 직통전화를 설치·운영한다.

제14조 남과 북은 이 합의서 발효 후 1개월 안에 본회담 테두리 안에서 남북 군사분과위원회를 구성하여 불가침에 관한 합의의 이행과 준수 및 군사적 대결상태를 해소하기 위한 구체적 대책을 협의한다.

제3장 남북교류·협력

제15조 남과 북은 민족경제의 통일적이며 균형적인 발전과 민족 전체의 복리 향상을 도모하기 위하여 자원의 공동개발, 민족 내부 교류로서의 물자교류, 합작투자 등 경제교류와 협력을 실시한다.

제16조 남과 북은 과학, 기술, 교육, 문학, 예술, 보건, 체육, 환경과 신문, 라디오, 텔레비전 및 출판물을 비롯한 출판·보도 등 여러 분야에서 교류와 협력을 실시한다.

제17조 남과 북은 민족구성원들의 자유로운 왕래와 접촉을 실현한다.

제18조 남과 북은 흩어진 가족. 친척들의 자유로운 서신 거래 와 왕래와 상봉 및 방문을 실시하고 자유의사에 의한 재결합을 실현하며, 기타 인도적으로 해결할 문제에 대한 대책을 강구한다.

제19조 남과 북은 끊어진 철도와 도로를 연결하고 해로, 항로를 개설한다.

제20조 남과 북은 우편과 전기통신교류에 필요한 시설을 설치·연결하며, 우편·전기통신 교류의 비밀을 보장한다.

제21조 남과 북은 국제무대에서 경제와 문화 등 여러 분야에서 서로 협력하며 대외에 공동으로 진출한다.

제22조 남과 북은 경제와 문화 등 각 분야의 교류와 협력을 실

현하기 위한 합의의 이행을 위하여 이 합의서 발효 후 3개월 안에 남북 경제교류·협력공동위원회를 비롯한 부문별 공동위원회들을 구성·운영한다.

　제23조 남과 북은 이 합의서 발효 후 1개월 안에 본회담 테두리 안에서 남북 교류·협력분과위원회를 구성하여 남북교류·협력에 관한 합의의 이행과 준수를 위한 구체적 대책을 협의한다.

　제4장 수정 및 발효

　제24조 이 합의서는 쌍방의 합의에 의하여 수정 보충할 수 있다.

　제25조 이 합의서는 남과 북이 각기 발효에 필요한 절차를 거쳐 그 문본을 서로 교환한 날부터 효력을 발생한다.

　1991년 12월 13일

　남북고위급 회담 남측 대표단 수석대표 대한민국 국무총리 정원식

　북남고위급 회담 북측 대표단 단장 조선민주주의인민공화국 정무원총리 연형묵

남북기본합의서는 유엔 가입으로 확인한 '두 주권국가의 병존'이라는 명백한 현실을 부정한 기묘한 문서다. 서문을 살펴보자.

　남과 북은 분단된 조국의 평화적 통일을 염원하는 온 겨레의 뜻에 따라 7·4 남북공동성명에서 천명된 조국통일 3대 원칙을 재

확인하고, 정치·군사적 대결상태를 해소하여 민족적 화해를 이룩하고, 무력에 의한 침략과 충돌을 막고 긴장완화와 평화를 보장하며, 다각적인 교류·협력을 실현하여 민족공동의 이익과 번영을 도모하며, 쌍방 사이의 관계가 나라와 나라 사이의 관계가 아닌 통일을 지향하는 과정에서 잠정적으로 형성되는 특수 관계라는 것을 인정하고 평화통일을 성취하기 위한 공동의 노력을 경주할 것을 다짐하면서 다음과 같이 합의하였다.

"7·4 남북공동성명에서 천명된 '조국통일 3대 원칙'을 재확인하고, 정치·군사적 대결상태를 해소하여 민족적 화해를 이룩하며, 무력에 의한 침략과 충돌을 막고 긴장 완화와 평화를 보장하며, 다각적인 교류와 협력을 실현하여 민족공동의 이익과 번영을 도모하며"… 여기까지는 누구도 이의를 제기할 여지가 없다. 그러나 다음 구절이 문제가 된다. "쌍방 사이의 관계가 나라와 나라 사이의 관계"가 아니라고 한다.

그러면 유엔 동시 가입은 왜 했을까? 이러한 모순을 해소하기 위해 '특수 관계'라는 논리가 등장했다. "통일을 지향하는 과정에서, 평화통일을 성취하기 위해서, 잠정적으로 특수 관계라는 것을 인정해야 한다는 얘기다. 사실 이 문제는 간단하게 해결할 수 있다. 진정으로 통일을 원한다면, 헌법 제3조를 삭제하거나 개정하고, 국가보안법을 철폐한 뒤 남과 북이 다시 대화의 광장에 나서면 될 것이다.

따지고 보면, 자주·평화·민족대단결의 3대 통일 원칙에 합의했던 '7·4 남북 공동 성명(1972년)' 그리고 "자주·평화·민주·복지의 원칙에 입각하여 민족구성원 전체가 참여하는 사회·문화·정치·경제공동체를 이룩함으로써 민족자존과 통일 번영의 새 시대"를 열어나가기 위해 6개 항의 정책 추진 방향을 제시했던 '7·7 선언(1988년)'과 '남북 간의 민족대교류를 위한 특별 선언'(7·20 선언, 1990년) 등 노태우 정부가 추진했던 일련의 통일 정책은 '두 주권국가의 병존'과 모순이 되어버렸다. '남북기본합의서(1991년)'도 마찬가지다. 아래는 이 문서에 대한 의의와 평가에 대해 쓴 글이다.

남북기본합의서는 원칙적인 사항들만을 내포하고 있고, 원칙적인 사항들의 구체적인 실행방법들은 내포하지 않은 상징적인 문서였다. 기본합의서가 실질적인 의미를 가지려면 정치분과위원회, 군사분과위원회, 교류협력분과위원회, 핵통제공동위원회 등 4개 분과위원회에서 기본합의서에 내포된 원칙적 사항들의 구체적 이행방법에 관한 합의가 이루어져야 했다. 구체적 이행방법을 마련하기 위해 남북한은 고위급 본회담과 병행하여 분과위원회별로 협상을 진행했다. 1992년 3월부터 12월까지 각 분과위원회별로 적게는 7회, 많게는 13회에 걸쳐 협상이 진행되었으나 구체적 이행방법에 관한 합의는 이루어지지 않았다.

분과위원회별로 협상이 난항에 처한 가운데, 북한은 남한이 연례적으로 진행해온 군사훈련실시계획을 문제 삼으면서, 남한이 군사훈련들을 계획대로 실행할 경우 남북 고위급회담 및 기본합의서 실행을 위한 분과위원회 회담을 더 이상 개최할 필요가 없다고 선언했다. 남한은 11월 초 예정대로 '화랑훈련'을 실시했고, 그와 병행하여 한미연합의 '독수리훈련'을 실시했다. 그리고 앞서 일시 중단을 선언했던 '팀 스피릿' 한미합동군사훈련을 1993년부터 재개하겠다고 발표했다. 그러자 북한은 1992년 12월 하순 서울에서 개최하기로 합의되었던 제9차 남북 고위급회담의 개최를 취소한다고 발표했다. 이에 따라 남북기본합의서는 구체적 이행방법을 갖추지 못한 상징적인 문서로만 남게 되었다.[19]

남과 북이 유엔에 동시 가입했고, 남북기본합의서가 발표되었어도 통일운동 세력에 대한 노태우 정부의 탄압은 전혀 바뀌지 않았다. 전가의 보도는 언제나 국가보안법이었다. 역시 진정으로 통일을 원하는 세력은 시민들이었다. 그들은 국가보안법 철폐를 주장하는 목소리를 높이기 시작했다.

〈 그림231: 1992년 3월 11일 자 동아일보, 4월 10일 자 한겨레 〉

보안법 철폐본부가 결성되었다. 민주주의 민족통일 전국연합 등 14개 재야단체 대표들은 1992년 2월 14일 향린교회에서 '국가보안법 철폐를 위한 범국민투쟁본부' 결성식을 갖고 보안법 철폐를 위한 공식투쟁에 들

19 남북기본합의서, 《한국민족문화대백과사전》

어갔다.[20] 범민련은 3월 7일 이 단체에 가입하여 투쟁에 동참했다.[21]

3월 11일에는 국회에 청원하는 등 투쟁이 보다 구체화되기 시작했다. 문익환 목사, 한국기독교교회협의회 박광재 인권위원장, 홍성우 변호사 등 각계 인사 593명은 국가보안법의 즉각 폐지를 요구하는 청원서를 국회에 제출했다. 이들은 청원서에서 "지난해의 남북한 유엔 동시 가입과 지난 2월의 '남북한 사이의 화해와 불가침 및 교류·협력에 관한 합의서' 발효로 남과 북이 적대관계에서 평화공존의 관계로 전환한 만큼 국가보안법은 원인무효가 되었다"며 "인권보장, 민주화, 평화통일을 위해 국가보안법은 마땅히 폐지돼야 한다"고 주장했다.[22] 그리고 국보법 위반혐의로 현재 재판계류 중이거나 형을 치르고 있는 4백여 명의 양심수들의 즉각 석방을 위한 구체적인 조치를 촉구했다.

당초 14개 단체에서 17개 단체로 늘어난 '국가보안법 철폐를 위한 범국민투쟁본부'는 별도로 노태우 대통령에게 "국가보안법의 철폐시기와 방법, 국가보안법의 기본개념인 반국가단체의 범주 속에 북한이 포함되는지 여부…" 등이 포함된 공개질의서를 보내기도 했다.[23] 아쉬운 것은 헌법 제3조 철폐운동을 국보법 철폐운동과 동시에 진행하지 않았다는 점이다. "대한민국의 영토는 한반도와 그 부속도서로 한다."라는 영토조항이 사라지게 되면 '국가보안법' 상의 '반국가단체'라는 규정 자체가 성립될 수 없기 때문에, 헌법 제3조 철폐운동이 국보법을 소멸시키

---

20 보안법 철폐본부 결성, 재야 14개 단체, 「동아일보」, 1992.2.14.

21 『범민련 10년사』, 조국통일범민족연합남측본부, 2000, p.83.

22 각계인사 보안법폐지 청원, 「한겨레」, 1992.3.12.

23 대통령엔 공개질의서 보내, 「동아일보」, 1992.3.11.

는 보다 근원적인 조처임을 왜 인식하지 못했을까? 안타깝게도 결과는 우리가 알고 있는 그대로다. 현실은 2022년 현재까지도 국가보안법은 살아있다.

범민련 강령 규약이
제정되다

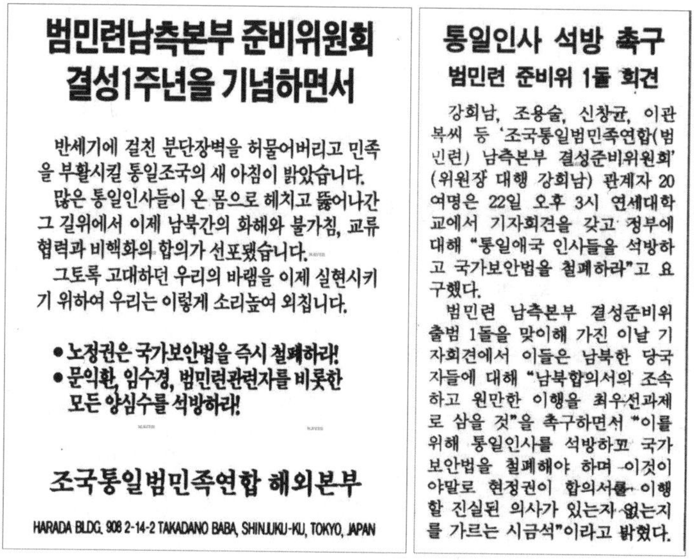

〈 그림232: 1992년 1월 22일 자 한겨레, 1월 23일 자 한겨레 〉

1992년 1월 23일, 범민련 남측본부 준비위원회 결성식이 개최된 지 1년이 되는 날이다. 범민련 해외본부는 「한겨레」 광고를 통해 기념의 글을 올리면서, 국보법 철폐와 문익환·임수경·범민련 관련자를 비롯한 모든 양심수의 석방을 외쳤다.[1] 범민련결성 준비위는 연세대에서 기자회견을 갖고 "남북합의서의 조속하고 원만한 이행을 최우선 과제로 삼

---

[1] 범민련 남측본부 준비위원회 결성 1주년을 기념하면서(광고), 「한겨레」, 1992. 1. 22.

을 것"을 남북한 당국자들에게 요구하면서, "이를 위해 통일인사들을 석방하고 국가보안법을 철폐해야 하며 이것이야말로 현 정권이 합의서를 이행할 진실된 의사가 있는지 없는지를 가르는 시금석"이라고 밝혔다.[2] 범민련 단독으로 국보법 폐지운동을 전개하다가 '국가보안법 철폐를 위한 범국민투쟁본부' 출범 후 연대투쟁에 들어갔음은 이미 거론한 바 있다. 범민련엔 당장 시급한 일이 있었다. 곧 닥쳐올 도쿄에서의 범민련 공동의장단 회의 참가문제였다.

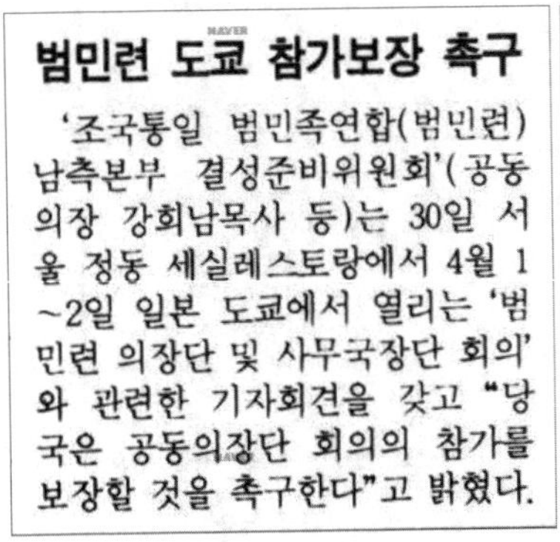

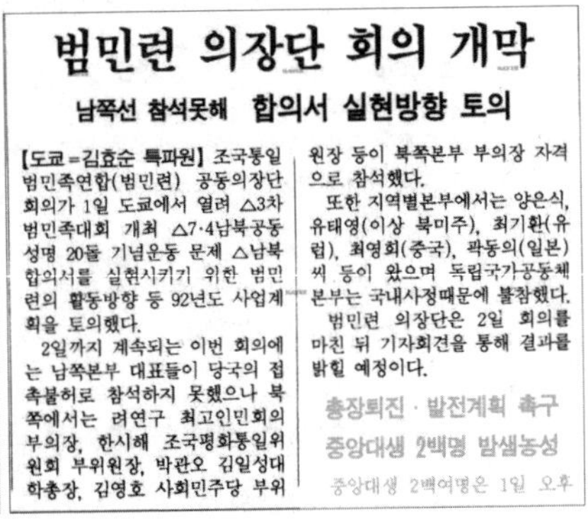

〈 그림233: 1992년 3월 31일 자 한겨레, 4월 2일 자 한겨레, 4월 6일 자 한겨레 〉

3월 14일, 4월 1일부터 2일까지 도쿄에서 열릴 예정인 '범민련 의장단 및 사무국장 회의'에의 참가를 위해 협조요청 공문을 통일원에 제출했다.(의장단: 강희남·신창균·전창일, 사무국장: 이관복) 그러나 통일원은 불허조치에 그치지 않고 네 사람에 대한 출국금지령을 내렸다.[3] 3

---

2   통일인사 석방촉구 범민련 준비위 1돌 회견, 「한겨레」 1992.1.23.

3   전창일 자필 기록, 2021년 3월

월 30일, 정동 세실레스토랑에서 '범민련 도쿄 참가보장'을 촉구하는 기자회견을 열었으나, 정부는 아무런 반응이 없었다.[4] 도쿄 3자 연대 회담이 무산될 위기에 처했다. 긴급히 비공개 의장단회의가 소집되었다. 이때 전창일이 전화와 FAX를 이용하는 '통신회담'이라는 기발한 아이디어를 제안했고 모두들 찬성했다. 범민련 공동사무국에 알렸더니 그곳 역시 전원이 동의하였다고 한다.[5]

4월 1일 예정대로 도쿄에서 범민련 제1차 공동의장단 및 사무국장 회의가 개막되었다. 북측은 여연구 최고인민회의 부의장이 단장으로 참가했고 그 외 한시해 조국평화통일위원회 부위원장, 박관오 김일성대학 총장, 김영호 사회민주당 부위원장 등이 참석했다. 해외는 윤이상 상임의장을 단장으로 임인식 사무총장 그 외 양은식, 유태영(이상 북미주), 최기환(유럽), 최영희(중국), 곽동의(일본) 등이 참석했다.[6]

남쪽에선 합의된 바와 같이 통신으로 참여했다. 중앙대학교 총학생회 회장 사무실의 전화와 FAX를 사용하기로 양해를 얻었다. 강희남 의장은 불가피한 사정 때문에 그리고 다른 사람들도 개인 사정으로 참가하지 못해 어쩔 수 없이 전창일 혼자 참여할 수밖에 없었다. 민자통의 이종린 의장과 김영옥 동지에게 회의 진행 참관을 요청했다. 그들은 쾌히 승낙했다.

---

4   범민련 도쿄 참가보장 촉구, 「한겨레」 1992.3.3.
5   『인민혁명당과 혁신계의 활동, 주요인사(전창일 님) 구술사료 수집』 4·9 통일평화재단, 2014.2.3., p.259.
6   범민련 의장단 회의 개막, 남쪽선 참석 못 해, 합의서 실현방향 토의, 「한겨레」 1992.4.2.

〈 그림234: 1991년 11월 25일 자 동아일보, 동백림 사건으로 체포된 윤이상의 모습ⓒWikiwand 〉

최초의 통신통화회의도 잊을 수 없는 추억이지만 몽양 여운형의 둘째
딸 여연구7 단장과의 통화는 감격 그 자체였다. 가슴이 울컥하여 한참

---

7   여연구(呂鷰九, 1927~1996); 본관은 함양(咸陽), 서울 출생. 여운형(呂運亨)의 둘째 딸
로 1946년 7월 이화여전 재학 중 동생 여원구(呂鴛九)와 함께 아버지를 따라 월북, 김일
성의 자택에서 그들 가족과 함께 약 2개월간 생활하면서 유학을 준비, 모스크바대학에
서 철도공학을 전공하였다. 귀국한 뒤에는 평양외국어대학 교원 등으로 평범한 생활을
하다가 1979년 조국전선 서기국 부국장으로 대남사업에 발을 들여놓았다. 여연구의 공
식적인 활동이 알려진 것은 1982년 최고인민회의 대의원으로 선출된 후부터이다. 여연
구는 처음으로 최고인민회의 대의원으로 선출됨과 동시에 최고인민회의 부의장과 상설
회의 부의장직을 맡게 되었다. 그 뒤 제8기, 제9기에도 같은 직책을 가지게 되었고, 국
제의원연맹(IPU) 제72회와 73회 총회에 의회대표단 단장으로 참가하였다. 또한, 최고
인민회의의 부의장과 함께 통일전선조직인 조국통일민주주의전선(조국전선) 서기국
장·의장직을 겸임, 의회뿐만 아니라 통일분야에서도 중요한 책임적 지위에서 활동하
였다. 1989년 평양에서 개최된 세계청년학생축전에 남한에서 참가한 임수경(林秀卿)이
국가보안법으로 구속되자, 1990년 4월 임수경석방투쟁위원회 위원장으로 활동하였다.
1991년 1월에는 조국통일범민족연합(범민련) 북측본부 부의장으로 선출되어 매년 8월
에 개최되는 범민족대회를 주도하였다. 남과 북, 그리고 일본의 여성 대표로 구성된 '아

동안 말을 할 수 없었다고 한다. 몽양여운형선생기념사업회 고문직을 맡고 있다는 전창일의 말에, 상대도 감격하여 서로가 같은 심정이었다고 전창일은 회고했다.[8]

회의는 순조롭게 진행되었다. 합의서, 공동결의문, 남측 당국에 보내는 긴급요청서, 7천만 동포에게 보내는 호소문 등을 채택하고, 해외본부에서 제출한 범민련 강령과 규약 초안 등을 심의하였다. 범민련 강령과 규약 초안에 대해 북측과 해외 측에서 동의를 요청했고, 김영옥 동지도 동의를 권하였으나, 제출된 초안은 이번 회의에선 결정을 유보하고 향후 심도 있는 연구와 검토, 폭넓은 합의를 위하여 차기 범민족대회에서 처리할 것을 수정 제의하였고 북과 해외 측에서 동의하여 결정되었다.[9] 범민련 제1차 공동의장단 및 사무국장 회의 이후 개최된 남측 의장단 실행위원 연석회의에서 공동의장단 회의 경과보고를 했고, 강령 규약 심의위원회를 구성하는 작업이 시작되었다.

도쿄에서의 범민련 의장단회의가 성공적으로 마무리되었다. 하지만 정부의 재야인사 및 범민련 탄압은 갈수록 심화되었다. 수배를 받고 있는 김희선과 민주쟁취국민운동본부 전 사무처장 김응관(38)의 집 등 2

시아의 평화와 여성의 역할에 관한 토론회가 1991년 제1회(동경), 제2회(서울), 1992년 4월 제3회(평양), 1993년 7월 제4회(동경)가 개최되었다. 그때 여연구는 북한여성대표 단장으로 참가하여 남한의 여성 국회의원과 여성 대표 등과의 비공식회담 등을 진행하였다. 1991년 11월에 서울에서 개최된 제2회 토론회는 46년 만에 고향을 방문하는 계기가 되어 가족으로는 처음으로 우이동에 위치한 아버지의 묘소를 참배했다. 1994년 7월 김일성(金日成) 사망 때에는 국가장의위원으로 선출되었고, 1996년 7월 조국전선 50주년기념토론회 참가를 끝으로 9월 29일에 사망하였다. 《한국민족문화대백과사전》

8 전창일 자필 기록, 2021년 3월

9 『범민련 10년사』 조국통일범민족연합남측본부, 2000, p.83.

곳에서 도청장치가 발견되었다는 소식이 보도되었다.[10] 그리고 남북 고위급회담 정치분과위원회 남쪽 위원장 이동복은 4월 23일 개최된 이 분과위의 제3차 회의에서 8·15 범민족대회 계획의 중단과 범민련 해체를 북측에 요구했다. 정부의 범민련 탄압에 대해 「한겨레」는 사설을 통해 다음과 같이 지적했다.

> …정부가 이번에 보여준 강경태도는 앞으로 남북 간의 민간교류, 특히 사회단체 간의 교류를 어떻게 처리할 것인지에 큰 우려를 던져준다. 남북 당국의 구미에 맞는 단체나 개인 간의 교류야 전혀 논외의 문제일 것이다.…(중략)… 이 시점에서 범민련과 같은 민감한 문제의 제기를 감행한 정부의 의도는 북을 겨냥했다기보다는 남의 범민련 추진인사들에 대한 탄압의 빌미를 마련하는 것이 아닌가 하는 의혹을 낳게 한다.…(중략)… 그렇다면 그의 발언은 '북의 거울'을 통해 남쪽의 재야 및 대학생을 자극하고, 그들과의 긴장을 고의로 유발해 남북대화의 정부독점에 항상 걸림돌이 돼온 '불안요소'를 제거하려는 정부의 의도를 공개한 것으로밖에 해석할 길이 없다.
>
> 일언이폐지하고 정부는 들어야 한다. 기본합의서를 내세워 통일을 추진하는 남쪽의 참 겨레세력을 제거하려는 망상을 버리고, 합의서 정신으로 돌아가 그들을 끌어안고, 그들을 도와주며, 그들이 진정으로 겨레의 하나 됨에 기여할 길을 열어주어야 한다는 충

---

10 재야인사 집 도청장치, 「조선일보」 1992.4.3.

고를.[11]

정부는 왜 남북대화를 독점하려고 할까? 사실 정부가 통일에 대한 진정한 의지가 있었다면 국민(민중)의 의견을 먼저 수렴했어야 했다. 이미 거론한 것처럼 '헌법 제3조'와 '국가보안법' 등의 문제점에 대한 공청회를 개최하고 여론의 움직임 정도는 파악했어야만 했다. 그러나 그들은 정권차원의 통일, 즉 흡수통일에 대한 망상을 포기하지 않았다. 유

〈그림235: 시계방향, 1992년 8월 16일 자 한겨레,
8월 15일 자 조선일보, 7월 28일 자 동아일보〉

11 불쑥 튀어나온 '범민련' 해체 주장, '합의서' 내세워 민간통일세력 탄압 말라, 「한겨레」,
1992.4.25.

엔에 동시 가입하고, 남북기본합의서를 공포했어도 변하지 않았다는 얘기다. 무엇보다 "남쪽의 재야 및 대학생을 자극하고, 그들과의 긴장을 고의로 유발해 남북대화의 정부독점에 항상 걸림돌이 돼온 '불안요소'를 제거하려는 정부의 의도"라는 「한겨레」의 지적은 차츰 현실로 드러나는 중이었다.

7월 4일, 92년 제3차 범민족대회 남측추진본부 구성을 위한 연석회의를 개최했다. 상임본부장에 강희남 목사와 문정현 신부가 선임되었다. 정부는 28일 안기부, 경찰, 대검공안부 등 공안부서책임자 합동회의를 열고, 8·15 범민족대회를 불법으로 규정, 주동자를 구속 조치하는 등 강경 대응하기로 했다고 한다.[12]

정부의 '92 범민족대회 불허 방침이 내려진 가운데, 범민족대회는 강행되었다. 8월 7일 임민식 범민련 사무총장과 해외동포 대표단들이 항공편으로 평양에 도착했고,[13] 9일 백두산에서 제3차 범민족대회와 제2차 청년 학생 통일대축전 행사에 참가할 북쪽 대표들과 범민련 관계자들이 참석한 가운데 '조국통일 촉진 백두·한라 대행진' 출정식을 가졌다.[14] 남쪽에서도 범민족대회 관련 행사가 6일 전국 각 도시에서 경찰의 저지 속에 열렸다.[15]

범민족대회 남쪽추진본부(범추본)는 12일 오전 서울대에서 신창균 범민족대회 대표단장, 강희남·문정현 상임본부장 등 임원 30여 명이 참

12 8·15 범민족대회 불허, 공안기관 회의, 「동아일보」, 1992.7.28.
13 범민족 대표단 평양에, 「한겨레」, 1992.8.9.
14 범민족대회 북한 출정식, 「한겨레」, 1992.8.11.
15 '범민족대회' 곳곳 집회, 「한겨레」, 1992.8.7.

석한 가운데 기자회견을 갖고 '조국의 평화와 통일을 위한 '92 범민족대회'의 개막을 선포하는 한편, 이날부터 17일까지 엿새 동안 애초 예정대로 행사를 진행하겠다고 밝혔다.[16]

8월 14일, 범민족대회 개최예정지인 중앙대가 원천 봉쇄되자 서울대로 장소를 옮겼다. 학생들은 이날 오후 1시쯤부터 서울역, 영등포역 등지에서 산발적인 시위를 벌인 뒤 지하철 2호선을 이용, 서울대 쪽으로 이동했다. 서울대에 모인 학생 3천여 명은 오후 7시부터 1시간 반 동안 교문 앞에서 최루탄을 쏘는 경찰에 맞서 화염병을 던지며 격렬한 시위를 벌였다. 오후 10시경 전대협 소속 대학생과 시민 등 2만여 명이 참석한 가운데 '범민족대회 개막제' 및 '범민련 통일선봉대 환영식'을 갖고 17일까지 예정된 대회일정에 들어갔다.[17]

15일, 범추본은 '범민족회의'와 '조국통일 범민족 청년학생연합(범청학련) 결성식' 등 예정된 행사를 강행하는 한편 남·북·해외본부가 합의한 공동결의문을 발표했다. △하나의 민족·국가, 2개의 제도·정부에 기초한 연방제 통일방식 지지 △당국의 통일논의 독점 반대 △주한 미군 철수와 군축 등이 결의한 주요 내용이다. 범추본은 "이 공동결의문은 판문점 회의 개최가 불가능해 짐에 따라 도쿄에 있는 범민련 해외본부의 팩시밀리를 통해 확정한 것으로 판문점과 서울에서 동시에 발표됐다"고 밝혔다. 그리고 전대협은 오후 6시부터 학생, 청년단체 회원 등 2만여 명이 참석한 가운데 범청학련 결성식을 갖고 결성선언문과 강령·규약 등을 발표했다. 한편, 북·해외 측 대표들은 판문점 북측지역

---

16 3차 범민족대회 개막 선포, 「한겨레」 1992.8.13.
17 범민족대회 서울대서 강행, 「조선일보」 1992.8.15.

통일각에 모여 제3차 범민족대회를 개최했다.[18]

12월 24일, 정부의 탄압 등 여러 요인으로 인해 장기간 결석 중인 실행위원을 정비하고 강령과 규약 남측 잠정안을 확정한 뒤 범민련 송년모임을 가졌는데, 범민련의 기본이 될 강령과 규약의 최종결정은 다음해로 넘어가게 되었다.

〈 그림236: 1993년 12월 16일, 범민련 강령·규약이 선포되었다ⓒ범민련 10년사 〉

1993년 1월 13일, 범민련 남측본부(준)는 제8차 의장단·실행위원 연석회의를 개최하고 강령·규약을 확정했다. 그리고 시안을 범민련 공동사무국에 전송했다. 5개월쯤 지난 6월 4일, 강령·규약에 대해 합의된 수정안이 북과 해외본부로부터 전송됐다. 다시 5개월이 흘렀다. 11월 17일, 제19차 의장단·실행위원 연석회의가 개최되었다. 이 회의에서 조직위원회에서 제안한 범민련 강령·규약을 확정하고, 다음날 범민

18　백두-한라 행진대 통일각에, 「한겨레」, 1992.8.16.

련 사무국에 FAX로 발송하였다. 11월 22일, 공동사무국 발신으로 북 · 해외본부가 남측이 심의 확정한 강령 · 규약에 대하여 동의한다는 내용의 공문이 도착했다. 이로써 범민련 강령 · 규약은 완전히 합의되었다. 지난해 4월, "제출된 초안은 이번 회의에선 결정을 유보하고 향후 심도 있는 연구와 검토, 폭넓은 합의를 위하여 차기 범민족대회에서 처리할 것"을 수정제안 후 남 · 북 · 해외본부가 최종합의까지 2년 가까운 세월이 소요된 셈이다. 전창일은 범민련 활동 중 특히 범민련 강령 · 규약 제정에 참여한 것을 크나큰 영광으로 생각한다고 소회를 밝혔다.[19]

동년 12월 16일, 남 · 북 · 해외본부는 동시 기자회견을 통해 범민련 강령규약을 선포하였다. 북측은 평양에서 해외는 일본, 도쿄에서 그리고 남측은 서울 세실레스토랑에서 기자회견을 가졌다. 이날 선포된 강령 · 규약과 2001년 9월 18일 개정된 범민련 강령규약을 아래에 소개한다.

자세히 보기-34

[조국통일 범민족연합 강령, 규약(1993.12.16.)]

〈전 문〉

5천 년의 유구한 역사를 하나의 핏줄로 이어온 우리 민족이 외세에 의하여 조국의 분단과 민족분열이라는 참담한 비극을 겪게 된 지도 어언 반세기가 되어 오고 있다.

조국통일 범민족연합은 온 겨레의 슬기와 힘을 모아 민족의 분

---

19 전창일 자필 기록, 2021년 3월

단을 극복하고 1990년대에 기필코 조국의 자주적 평화통일을 이루기 위하여 다음과 같이 강령, 규약을 천명한다.

〈강령〉

1. 7·4 남북공동성명에서 천명된 자주, 평화통일, 민족대단결의 조국통일 3대 원칙과 그에 기초하여 전개된 강령 및 방안, 민족공동의 모든 합의를 존중하며 그를 활동의 근본지침으로 삼는다.

2. 남과 북(북과 남)의 서로 다른 사상과 제도를 인정하고 존중하는 기초 위에서 남과 북(북과 남)에 두 제도, 두 정부가 공존하는 연방국가, 모든 민족 성원들의 의사와 염원을 대표할 수 있는 범민족 통일국가를 건설한다.

3. 우리 민족 내정에 대한 외세의 간섭을 배격하고 민족의 자주성을 확립하며, 조국의 영토에서 모든 외국 군대의 철수 및 남과 북(북과 남)의 상호군축을 실현하여 한(조선)반도를 비핵, 평화 지대화한다.

4. 동족 사이에 대결과 반목을 조장하는 모든 정치적, 물리적 장치들을 제거하고 거주지역에 관계없이 온 겨레의 자유로운 내왕과 통신의 자유를 보장하며 남북(북남) 사이의 다방면의 협력을 실현한다.

5. 전민족적 통일을 집약하기 위하여 남과 북(북과 남), 해외의 정당, 사회단체 및 개별인사들 사이의 접촉과 대화를 발전시키고 조국통일 방도를 확정하기 위한 폭넓은 대화의 마당을 마련한다.

6. 남과 북(북과 남), 해외의 모든 민족역량을 조국통일범민족연합으로 굳게 집결시키며 조국통일운동을 거족적인 운동으로

확대, 발전시킨다.

7. 우리 민족의 자주적 평화통일을 지지하는 세계의 모든 평화
옹호 세력들과의 연대를 강화, 발전시킨다.

〈규약〉

제1장 총칙

제1조 : 본 연합은 '조국통일범민족연합'(약칭: 범민련)이라 한다.

제2조 : 범민련은 전 민족의 대단결과 조국의 자주적 평화통일
을 이룩하는 것을 목적으로 하는 거족적인 통일운동 연합체이다.

제3조 : 범민련은 남과 북(북과 남)이 합의하여 전 세계에 선포
한 자주, 평화, 민족대단결의 조국통일 3대 원칙을 기본지침으로
삼는다.

제4조 : 범민련은 조국통일을 실현하는 과정에서 전 민족의 이
익과 의사를 대변한다.

제2장 조직원칙

제5조 : 범민련은 자주, 평화통일, 민족대단결의 조국통일 3대
원칙을 지지하고 본 연합의 강령과 규약을 승인하는 남과 북(북
과 남), 해외의 애족적인 정당, 단체 및 개별인사들로 구성한다.

제6조 : 범민련은 민주주의 원칙 및 남, 북(북·남), 해외 3자
합의제에 의하여 조직되고 운영된다.

제7조 : 범민련에 참가한 남과 북(북과 남), 해외의 정당, 단체
는 동등한 자격 및 권리와 의무를 가지며 조국통일을 위한 운동
에서 공동행동을 취한다.

제3장 조직구조

제8조 : 범민련의 최고의결기구는 범민족대회이다. 조국통일 범민족대회는 2년에 한 번 소집하며 필요에 따라 임시 또는 비상 대회를 소집할 수 있다. 대회 대표는 각 지역조직에서 선출한다.

제9조 : 조국통일 범민족대회는 다음과 같은 사업을 한다.

① 당면한 정치정세를 토의하고 조국의 자주적 평화통일을 촉진하기 위한 대책을 결정한다.

② 범민련의 강령과 규약을 채택 또는 수정, 보충한다.

③ 약간 명의 감사를 선출한다.

④ 기타 필요한 사항을 심의, 결정한다.

제10조 : 범민족회의가 열리지 않는 기간 중에는 남, 북(북, 남), 해외의 중앙위원 연석회의를 개최하며 필요에 따라 임시회의를 개최할 수 있다. 회의 대표는 남, 북(북, 남), 해외 동수로 한다.

제11조 : 범민련은 공동의장단을 구성하여 운영한다.

① 공동의장단은 51명으로 하되 남, 북(북, 남), 해외본부의 의장, 부의장(각 본부에서 의장 1명, 부의장 16명)으로 구성한다.

② 공동의장단회의는 범민족회의 및 중앙위원회 연석회의의 소집과 회의에서 채택된 공동결의사항을 관철하기 위한 대책강구 등 범민련의 제반 업무를 협의 결정한다.

제12조 : 남, 북(북, 남), 해외본부 의장 3명은 수시로 회동하며 범민련의 일상적 업무를 협의한다.

제13조 : 범민련은 공동사무국을 설치 운영한다.

① 범민련 공동사무국에는 공동사무국 총장, 부총장 그리고 정책실과 국제협력실 등 필요한 실무 부서를 둔다.

② 공동사무국의 기구는 공동의장단회의에서 협의 결정하며 공동사무국 총장, 부총장은 남, 북(북, 남), 해외본부 의장들의 제의에 따라 공동의장단회의에서 인준한다.

③ 범민련 공동사무국은 범민족회의와 남북 해외 중앙위원회 연석회의 및 공동의장단회의에서 채택된 공동결의사항에 대한 집행과 그를 위한 각 본부들 간의 연락 및 연대 사업을 담당하며 대내외적으로 조국통일범민족연합을 대변한다.

제14조 : 범민련은 그 산하에 부문별 및 계층별 조직들을 둘 수 있다.

① 범민련의 부문별 및 계층별 조직들은 범민련 강령, 규약을 승인한 부문별, 계층별 단체들의 연합으로 이루어진다.

② 범민련의 부문별 및 계층별 단체들의 결성은 범민족회의와 남, 북(북, 남), 해외본부 중앙위원 연석회의 또는 범민련 공동의장단 회의 결의에 따라 추진되고 실현된다.

③ 범민련의 부문별 및 계층별 조직들의 활동은 범민련 강령, 규약에 준하면서도 자기들의 특성에 맞게 상대적 독자성을 가질 수 있다.

제4장 지역조직

제15조 : 범민련은 남과 북, 해외에 각각 본부를 둔다.

① 범민련 각 본부는 중앙위원회와 의장단을 두며 실정에 따라 집행위원회와 상임위원회를 둘 수 있다. 위원회 위원 수는 각 본부의 실정에 따르며 의장단구성은 제11조 규정에 의한다.

② 의장단은 약간 명의 고문을 위촉할 수 있다.

③ 범민련 해외본부 밑에는 일본, 미국, 유럽, 독립 국가 협동체, 중국, 캐나다, 호주 등에 지역본부를 둔다.

제16조 : 범민련 각 본부의 최고 의결기구는 중앙위원회 총회이다. 중앙위원회 총회는 1년에 한 번 소집하며 필요에 따라 임시총회를 소집할 수 있다.

제17조 : 범민련의 각 본부는 다음과 같은 사업을 한다.

① 3자 합의사항을 집행한다.

② 조국통일운동의 방침과 활동내용을 정하고 총괄한다.

③ 범민련 회의에 보낼 대표자를 선정한다.

④ 범민련에 가입할 것을 희망하는 정당, 단체, 개별인사들의 가입을 심의, 결정한다.

제18조 : 범민련 각 본부는 사무국을 둔다. 각 본부 사무국장은 각 본부 중앙위원회가 비준하며 그 밖의 성원들은 의장단이 임명한다.

제19조 : 범민련 해외본부의 각 지역본부에는 사무국장을 비롯한 실무자를 둘 수 있다.

제20조 : 해외의 각 지역본부들은 해외본부와의 협의하에 실정에 맞게 조직을 구성하여 운영할 수 있다.

제5장 재정 및 감사

제21조 : 범민련의 재정은 다음과 같이 운영한다.

① 각 본부의 재정을 참가단체 및 개별인사들의 분담금과 희사금으로 충당한다.

② 범민련 공동사무국의 재정은 3자가 공동 부담한다.

호산 전창일과 통일운동 77년사

제22조 : 감사는 재정 및 주요 업무사항에 대하여 감사하며 그 결과를 범민족대회에 보고한다.

〈부칙〉

재23조 : 본 연합의 규약은 범민족대회에서 채택되는 날부터 발효한다. 다만 그 이전에도 남, 북(북, 남), 해외의 3자 합의를 거쳐 잠정적 효력을 가진다.

==

[조국통일 범민족연합 강령과 규약(2001.9.18. 개정)]

〈전문〉

반만년 유구한 역사를 이어온 우리 민족은 거듭되는 난관과 시련에도 불구하고 단일한 민족성과 찬란한 민족문화를 지켜왔다.

분단으로 인한 고통과 불행이 클지라도 민족의 자주와 대단결의 기치 아래 위대한 통일의 시대를 열고자 하는 7천만 겨레의 의지는 확고하며 승리는 확정적이다.

6 · 15공동선언은 부강한 통일조국을 예고하는 서막이며 조국통일의 새 시대를 알리는 이정표이다.

조국통일범민족연합은 6 · 15공동선언의 기치를 높이 들고 민족 자주와 대단결의 희망찬 새 역사를 향한 7천만 겨레의 힘과 지혜를 모아 가까운 앞날에 나라의 자주적 통일을 이룩할 것이다.

〈강령〉

1. 역사적인 7·4 공동성명에서 천명한 자주, 평화통일, 민족 대단결의 조국통일 3대 원칙과 6·15공동선언 정신에 따라 범민족적인 통일국가를 수립한다.

2. 애국과 애족의 정신에서 민족적 존엄과 긍지를 확고히 지켜나가며 민족자주와 대단결의 기치 아래 조국통일운동을 힘 있게 벌여 나간다.

3. 우리 민족끼리 힘을 합쳐 남북(북남)관계 문제와 통일문제를 해결해 나가며 민족 내부 문제에 대한 외세의 지배와 간섭을 반대 배격한다.

4. 낮은 단계의 연방제와 연합제의 공통점을 인정하고 이에 기초하여 나라의 통일을 지향해 나간다.

5. 남북(북남) 사이의 다방면적인 교류와 협력, 대화와 접촉을 통해 민족적 화해와 단합, 공리와 공영을 도모한다.

6. 나라의 분열로 인하여 비롯된 남과 북(북과 남) 사이의 인도주의 문제들의 해결을 위하여 적극 노력한다.

7. 해·내외 각계각층 단체들의 조국통일 운동을 적극 지지 고무하고 폭넓은 연대연합을 실현한다.

8. 우리 민족의 자주적 평화통일을 지지하는 세계 평화 애호적인 나라들과 각계각층 단체들 진보적 대중들과 적극 연대한다.

〈규약〉

제1장 총칙

제1조 : 본 연합은 조국통일범민족연합 (약칭 : 범민련)이라 한다.

470   호산 전창일과 통일운동 77년사

제2조 : 범민련은 전 민족의 대단결과 조국의 자주적 평화통일을 이룩하는 것을 목적으로 하는 거족적인 통일운동 연합체이다.

제3조 : 범민련은 조국통일 3대 원칙과 6.15 공동선언을 활동의 지침으로 삼는다.

제2장 조직원칙

제4조 : 범민련은 자주, 평화통일, 민족대단결의 조국통일 3대 원칙을 지지하고 본 연합의 강령과 규약을 승인하는 남과 북(북과 남), 해외의 애국적인 정당, 단체 및 개별 인사들로 구성한다.

제5조 : 범민련은 민주주의 원칙 및 남, 북, 해외 3자 합의제에 의하여 조직되고 운영된다.

제6조 : 범민련에 참가한 남과 북, 해외의 정당, 단체는 동등한 자격 및 권리와 의무를 가지며 조국통일을 위한 운동에서 공동행동을 취한다.

제3장 조직기구

제7조 : 범민련의 최고의결기구는 범민족회의이다.

1) 범민족회의의 대표는 남북 해외 각 지역의 범민련 대표들로 하며 범민련 밖의 여러 운동단체 대표들과 개별 인사들이 참관대표로 참가할 수 있다.

2) 범민족회의는 다음과 같은 사항들을 심의, 의결한다.

① 당면한 정치정세를 토의하고 조국의 자주적 평화통일을 촉진하기 위한 대책을 결정한다.

② 범민련의 강령과 규약을 채택 또는 수정, 보충한다.

③ 약간 명의 감사를 선출한다.

④ 기타 필요한 사항을 심의, 결정한다.

제8조 : 범민족회의가 열리지 않는 기간 중에는 범민련 남, 북, 해외본부 중앙위원 연석회의를 개최할 수 있다.

제9조 : 범민련은 공동의장단을 구성하여 운영한다.

1) 공동의장단은 각 지역본부에서 25명 이내로 하되 의장(상임의장, 공동의장, 명예의장)과 부의장으로 구성한다.

2) 공동의장단회의는 범민족회의 및 중앙위원회 연석회의의 소집과 회의에서 채택된 공동결의사항을 관철하기 위한 대책강구 등 범민련의 제반 업무를 협의 결정한다.

제10조 : 남, 북, 해외 본부의장 3명은 수시로 만나며 범민련의 일상적 업무를 협의한다.

제11조 : 범민련은 공동사무국을 설치 운영한다.

1) 범민련 공동사무국에는 공동사무국 총장, 부총장 그리고 정책실과 국제협력실 등 필요한 실무 부서를 둔다.

2) 공동사무국의 기구는 공동의장단회의에서 협의 결정하며 공동사무국 총장, 부총장은 남과 북, 해외 본부의장들의 제의에 따라 공동의장단회의에서 인준한다.

3) 범민련 공동사무국은 범민족회의와 남북 해외 중앙위원회 연석회의 및 공동의장단회의에서 채택된 공동결의사항에 대한 집행과 그를 위한 각 본부들 간의 연락 및 연대 사업을 담당하며 대내외적으로 조국통일범민족연합을 대변한다.

제12조 : 범민련은 그 산하에 부문별 및 계층별 조직들을 둘 수 있다.

1) 범민련의 부문별 및 계층별 조직들은 범민련 강령, 규약을 승인한 부문별, 계층별 단체들의 연합으로 이루어진다.

　2) 범민련의 부문별 및 계층별 단체들의 결성은 범민족회의와 남북 해외 중앙위원회 연석회의 또는 범민련 공동의장단 결의에 따라 추진되고 실현된다.

　3) 범민련의 부문별 및 계층별 조직들의 활동은 범민련 강령, 규약에 준하면서도 자기들의 특성에 맞게 상대적 독자성을 가질 수 있다.

제4장 지역조직

　제13조 : 범민련은 남과 북, 해외에 각각 본부를 둔다.

　1) 범민련 각 본부는 중앙위원회와 의장단을 두며 실정에 따라 집행위원회와 상임위원회를 둘 수 있다.

　위원회 위원 수는 각 본부의 실정에 따르며 의장단구성은 제9조에 의한다.

　2) 의장단은 약간 명의 고문을 위촉할 수 있다.

　3) 범민련 해외본부 밑에는 일본, 미국, 유럽, 독립국가연합(독립 국가 협동체), 중국, 캐나다, 호주 등에 지역본부를 둔다.

　제14조 : 범민련 각 본부의 최고 의결기구는 중앙위원회 총회이다.

　중앙위원회 총회는 1년에 한 번 소집하며 필요에 따라 임시총회를 소집할 수 있다.

　중앙위원회는 범민련 시, 도, 연합(지역본부) 부문 단체에서 선출된 소정의 위원과 개별위원으로 구성한다.

중앙위원회는 각 본부 의장단과 약간 명의 감사를 선출한다.

중앙위원회에서 선출된 임원의 임기는 만 2년으로 한다.

제15조 : 범민련의 각 본부는 다음과 같은 사업을 한다.

1) 3자 합의사항을 집행한다.

2) 조국통일운동의 방침과 활동내용을 정하고 총괄한다.

3) 범민련의 회의에 보낼 대표자를 선정한다.

4) 범민련에 가입할 것을 희망하는 정당, 단체, 개별인사들의 가입을 심의 결정한다.

5) 범민련 각 본부는 실정에 맞게 본 규약에 위배되지 않는 범위 내에서 별도의 {운영규약}을 둘 수 있다.

6) 범민련 각 본부에서 제정된 {운영규약}은 공동사무국에 서면으로 제출하여야 한다.

제16조 : 범민련 각 본부는 사무국(또는 사무처)을 둔다.

각 본부 사무국장(또는 사무처장)은 중앙위원회가 비준하며 그 밖의 성원들은 의장단이 임명한다.

제17조 : 범민련 해외본부의 각 지역본부에는 사무국장을 비롯한 실무자를 둘 수 있다.

제18조 : 해외의 각 지역본부들은 해외본부와의 협의하에 실정에 맞게 조직을 구성하여 운영할 수 있다.

제5장 재정 및 감사

제19조 : 범민련의 재정은 다음과 같이 운영한다.

1) 각 본부의 재정을 참가단체 및 개별인사들의 분담금과 희사금으로 충당한다.

2) 범민련 공동사무국의 재정은 3자가 공동 부담한다.

제20조 : 감사는 재정 및 주요 업무사항에 대하여 감사하며 그 결과를 범민족회의에 보고한다.

〈부칙〉

본 연합의 규약은 범민족회의에서 채택되는 날부터 발효한다. 다만 그 이전에도 남, 북, 해외의 3자 합의를 거쳐 잠정적 효력을 가진다.

우리 민족끼리 통일의 문을 여는 해

2001년 9월 18일

서울, 평양, 도쿄

김영삼의 당선과 문익환의
범민련 이탈

〈그림237: 시계방향, ① 1991년 12월 1일 자 한겨레, ② 1992년 12월 16일 자 동아일보, ③ 1993년 1월 27일 자 경향신문, ④ 3월 6일 자 한겨레, ⑤ 4월 27일 자 한겨레〉

달력을 1년쯤 앞으로 돌린다. 1992년 12월 16일, 대통령 선거에서 김영삼의 승리가 확정되었다. 그는 이듬해 2월부터 14대 대통령으로서 직무를 시작할 것이다.[1] 소위 문민정부를 표방하는 김영삼 정권이 통일문

---

1   김영삼 후보, 대통령당선, 「동아일보」, 1992. 12. 16.

제는 어떻게 풀어갔는지 살펴볼 예정이다. 김영삼의 대통령 취임을 전후하여 통일운동에 많은 변수가 생겼다.

1993년 1월 26일, 범민련 북측본부 의장이 바뀌었다. 그동안 당 중앙위 비서 윤기복[2]이 맡아왔는데 문예총 위원장 백인준[3]으로 교체된 것이다. 재야 및 학생운동권도 새로운 조직이 출범하게 되었다. 그동안 통일운동을 주도했던 전민련(전국민족민주운동연합)은 역사 속으로 사라지고, 1991년 12월 1일 전국연합(민주주의민족통일전국연합)이 출범하여 재야의 핵심으로 등장했다. 전국연합은 전민련, 전농(전국농민회총연맹), 전대협(전국대학생대표자협의회), 전빈련(전국빈민연합), 전교조

---

2 제10장 6절 〈주석6〉참조

3 백인준(白仁俊, 1920~1999); 평안북도 출생. 연희전문학교를 중퇴하고 일본에 유학하였다. 북한의 대표적인 시인이자 예술행정가였다. 1963년 「큰손」, 이듬해 「시대에 대한 이야기」 등의 대표시들을 발표하였다. 1974년 9월 문예 발전 공로로 김일성(金日成) 훈장을 수여받았다. 1980년 10월 조선노동당 제6차 대회에서 문화예술부 당 대표로 토론에 참여하여 「문학 · 예술 분야의 사명 확장에 대하여」를 발표하였다. 같은 해 당시 북한의 대표적인 창작단체인 백두산창작단 단장에 임명되었다. 1982년 2월 최고인민회의 제7기 대의원에 선출되었고, 4월 김일성 탄생 제70주년 기념 영화상영 월간(月間) 개막식에 참석하였다. 같은 해 7월 음악 무용 서사시(敍事詩) 「영광의 노래」에 관한 주체적 문예사상 연구집회에 참석하였다. 1985년 9월에는 평양예술단장에 취임하였고, 1986년 3월 북한의 문화예술인 전체 조직인 조선문학예술총동맹 제6차 대회에서 중앙위원회 위원장에 선출되는 등 문화예술 행정가로서 중요한 역할을 하였다. 1986년 11월 최고인민회의 제8기 대의원에 선출되었다. 같은 해 12월 보선을 통해 노동당 중앙위원회 위원에 선출되었다. 1987년 5월 백두산창작단 창립 제20주년 기념행사에서 보고하였고, 1988년 4월 김정일(金正日)의 '영화예술론' 발표 제15주년 기념토론회에 참석하였다. 1990년 2월 최고인민회의 제9기 대의원 선거위원회 위원에, 같은 해 4월 최고인민회의 대의원(구봉지구)에 선출되었다. 1990년 5월 최고인민회의 상설회의 부의장에 선출되었다. 1991년 1월 조국통일범민족연합(약칭 범민련) 부의장에 선출되었다. 같은 해 3월 조선문학예술총동맹 위원장 자격으로 한국민족예술인총연합(약칭 민예총) 위원장에게 서한을 보내 접촉을 제의하였다. 1992년 5월 네팔, 6월 중국 등을 방문하여 문화예술 분야 교류사업을 하였다. 1993년 1월 범민련 북측본부 의장이 되었다. 1994년 1월 통일부 장관과 문익환(文益煥) 목사 장례대책위원회 앞으로 범민련 북측 본부의 조의방문단 파견을 제의하였다. 1999년 1월 20일 지병으로 사망하였다. 북한 영화 주제곡 가사의 상당수가 그의 작품일 정도로 대중적인 시인이었다. 《한국민족문화대백과사전》

(전국교직원노동조합) 등 부문·지역 21개 단체가 참여해, 재야와 학생 운동권을 두루 엮은 해방 후 최대의 재야 단일 운동 조직으로 평가받고 있어 향후 정국에 큰 영향을 줄 것으로 보인다는 보도가 있었다.[4]

최초의 전국 단위 학생운동 조직으로서 자주적 민주정부 수립, 조국의 평화통일, 민중연대, 학원 자주화, 백만 학도의 통일단결을 활동 목표로 내걸고 투쟁했던 전대협도 사라졌다. 1987년 공정선거감시단 활동과 13대 대선 투쟁, 1988년 남북 학생회담 추진, 1989년 제13차 세계청년학생축전 참가(임수경 방북), 1991년 8월 남북 청년 학생 해외 통일대축전 참가 후 방북 등 통일운동에 큰 역할을 했던 전대협은 1993년 3월 경희대에서 대의원대회를 통해 전대협을 해체하고 '한국대학총학생회연합 건설 준비위원회(한총련)'를 발족하기로 결의하며 자진 해산하였다.

1993년 4월 25일, 기존 전대협을 계승하자는 취지로 전북대학교에서 창립대의원대회를 갖고 고려대학교에서 8만여 명이 모인 가운데 출범했다. 기존의 각 대학교 총학생회장단의 협의체 수준이었던 전대협을 확대하여 전국 모든 대학 단과대 학생회장까지를 대의원으로 하는 학생회 연합체로 조직을 확대 개편하였다.[5] 창립 시에는 '생활, 학문, 투쟁의 공동체'였으나 1995년에 '민족의 운명을 개척하는 불패의 애국대오'로 표어를 바꾸었다.[6]

또 하나의 사건이 있었다. 김영삼 정부는 4월 6일 공안사건 관련자와 일반형사범 등 모두 41,886명에 대해 특별사면·복권·감형하는 등 사

4   재야통합 '전국연합' 출범, 「한겨레」, 1991.12.1.
5   전대협 계승 '한총련' 공식출범, 「한겨레」, 1993.4.27.
6   한국대학총학생회연합(한총련), 《위키백과》

상 최대 규모의 대사면 조처를 감행했다.[7]

주목할 사안은 공안 관련 사범이다. 이번 대사면으로 혜택을 받은 사람은 가석방 5명, 형 집행정지 6명, 사면·감형·복권 5,812명 등 모두 5,823명이었다. 하지만 "석방된 양심수는 겨우 28%뿐"이라는 지적처럼 사면의 폭과 대상은 극히 제한되었다. 민주시민단체들의 목소리를 들어보자.

〈 그림238: 1993년 3월 7일 자 한겨레 〉

– 민주화실천가족운동협의회(민가협): "정부가 석방한 양심수 144명은 민

---

7   오늘 41,886명 대 사면, 「한겨레」, 1993.3.6.

가협이 자체 집계한 양심수 514명의 28%에 불과한 수치이며, 석방 형식도 일반사면이 아닌 가석방 형식을 취하는 등 이번 사면조처는 건국 이래 사상 최대 규모라는 당국의 발표와는 달리 내용이 극히 미흡한 조치이다.

- 한국기독교협의회 인권위원회: 분단과 냉전의 희생양인 장기복역수 90여 명 가운데 10여 명만이 사면되고 강기훈·임종석·서경원 등 많은 인사들이 사면에서 제외된 것은 진정한 민주 대화합을 바라는 국민들에게 실망과 불신을 안겨준 처사이다.

그 외 전국노동조합협의회·노동인권회관·한국민주청년단체협의회 등 많은 노동·재야·시민단체들도 일제히 성명을 내고 "이번 조처는 실질적인 개혁 및 화합과는 거리가 먼 기만적 조처"라고 규탄하며 즉각적인 후속 사면조처를 촉구했다.[8] 김영삼 정부의 선별 사면은 향후 김 정권의 공안사건 처리의 방침에 대한 예고편을 보여주는 듯했다. 이러한 상황에서 문익환 목사(안동교도소)는 가석방 대상이 되어 유원호(대전교도소)와 함께 출옥하였다. 석방된 두 사람은 기자회견을 통해 중요한 사실을 털어놓기도 했다. 다음은 두 사람의 발언이다.

- 유원호: "북한을 방문하기 하루 전인 89년 3월 22일 오후 당시 김영삼 총재의 측근인 김덕룡 현 정무장관의 주선으로 옛 통일민주당 총재사무실에서 김 총재와 단둘이 만났다." "문 목사와 함께 북한

---

8   사면 폭·대상 제한 큰 실망, 민주단체 반응 "석방된 양심수는 겨우 28%뿐", 「한겨레」, 1993.3.7.

을 방문하기 위해 곧 출국할 것이라는 계획을 알리자 김 총재는 잘 다녀오라고 격려했다" "당시 평화민주당 김대중 총재에게는 문익환 목사가 직접 방문해 방북계획을 알린 것으로 안다."[9]

– 문익환: "분단이라는 민족의 비극을 상징하는 장기수를 비롯한 많은 양심수와 일반 재소자들을 감방에 남기고 나와 가슴이 찢어질 듯 아프다." "나는 김영삼 대통령과 한때 민주화 대열에 함께 섰고 지금도 그에게 민주 열정이 남아 있다고 믿는 사람 중의 하나다" "그러나 이번 사면의 폭을 보고 새 정부가 반통일·반민주적인 기존의 공안세력을 제대로 제어해내고 나름대로의 개혁 의지를 실현해 낼 수 있을까 몹시 비관적인 느낌을 받게 됐다" "그러나 한완상 씨의 통일원 장관 기용소식을 듣고 일단 새 대통령의 전향적인 통일 정책 의지로 받아들였다" "그 어느 때보다 남북 민중의 통일 열기가 높은 이때 새 정부는 공안세력의 방해를 뚫고 국민 대중의 자주적인 통일운동에 기대어 남북 관계를 크게 개선해 주길 바란다." "대통령 선거 패배에 실망해 넋을 놓고 있는 것은 우리 운동 목표를 정권교체로 잡았기 때문이다. 우리의 목표는 민주·통일이기에 이 방법이 안 되면 다른 길을 찾아가면 된다. 민족민주운동세력은 우리의 힘이 막강하다는 자신감과 우리는 지금까지 수많은 일을 해냈다는 자부심을 갖고 다시 힘을 모아야 한다." "미국과 일본 등 입을 딱 벌리고 우리를 잡아먹으려 덤비는 강대국에 맞서 우리 민족이

---

9 문익환·유원호 씨 방북계획, 당시 김영삼 총재 알고 격려, 출소 유 씨 "단둘이 만나 대화 했었다", 「한겨레」, 1993.3.7.

살아남는 길은 남과 북, 영·호남이 하나 되는 것밖에 없다."[10]

문 목사의 귀환으로 범민련의 수장은 다시 바뀌게 되었다. 그동안 직무대행을 하던 강희남 목사는 원래의 직위 즉 부의장직을 맡고, 문익환 목사가 의장직을 수행하게 되었다. 전창일에 따르면, 문 목사의 시국인식이 다소 달랐다고 한다. 문 목사는 야당 시절의 김영삼과 가까이 지냈던 사이다. 김영삼이 대통령이 되자 "이제 민주화가 되었다"고 판단한 것이 문 목사의 시국인식이었다. 그만큼 김영삼에 대한 신뢰가 컸고, "범민련도 이제는 합법적으로 활동할 수 있게 되었다"고 생각할 정도로 낙관적인 견해를 가졌던 모양이다. 그러나 전임 노태우보다 통일운동 세력에 대한 탄압이 더욱 가혹했다는 것이 김영삼 정권에 대한 전창일의 시각이었다. 아무튼, 이런 상황에서 범민련의 3자 연대는 더욱 절실해졌다.[11]

1993년 5월 29, 30일 이틀간 북경에서 범민련 제2차 공동의장단회의가 개최되었다. 합의된 사항은 5개 항의 당면투쟁과업 및 제4차 범민족대회의 서울 개최 등이다. 범민련 운동을 강화하기 위한 당면투쟁과업은 첫째 민족대단결 실현투쟁의 확산, 둘째 주한 미군 핵무기 철폐 및 대북 핵 압력의 제재 저지, 셋째 한국의 국가보안법과 안기부 철폐, 넷째 통일 방도에 대한 전 민족적 합의도출, 다섯째 범민련 조직 확대 및

10 사면 폭 적어 개혁 의지 실망, 전향적 통일정채 남북 관계 개선 기대,「한겨레」 1993.3.7.
11 『인민혁명당과 혁신계의 활동, 주요 인사(전창일 님) 구술사료 수집』 4·9 통일평화재단, 2014.2.3., pp.258~259.

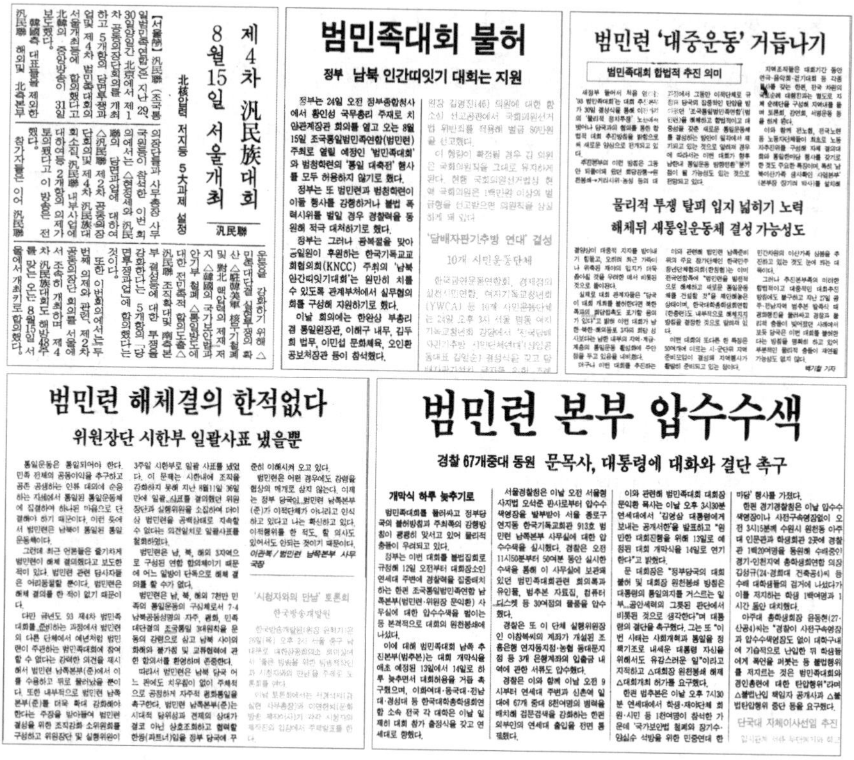

제4차 汎民族대회 8월 15일 서울개최

北核압력 저지등 5大과제 설정

汎民聯

범민족대회 불허

정부 남북 인간띠잇기 대회는 지원

범민련 '대중운동' 거듭나기

범민족대회 합법적 추진 의미

물리적 투쟁 탈피 입지 넓히기 노력

해체뒤 새통일운동체 결성 가능성도

범민련 해체결의 한적없다

위원장단 시한부 일괄사표 냈을뿐

범민련 본부 압수수색

경찰 67개중대 동원 문목사, 대통령에 대화와 결단 촉구

〈 그림239: 시계방향, ① 1993년 6월 1일 자 동아일보, ② 7월 25일 자 한겨레, ③ 7월 31일 자 한겨레, ④ 8월 13일 자 한겨레, ⑤ 8월 25일 자 한겨레 〉

남측본부 결성 등에 대한 투쟁 강화 등이다.[12] 이번 공동의장단회의에는 해외 및 북측본부 의장단들과 사무총장 사무국원 등만 참석했는데, 남쪽대표단들이 제외된 문제는 후술할 예정이다.

제4차 범민족대회를 앞두고 범민련은 곤경에 처했다. 탄압국면에서 범민련으로부터 이탈된 대중단체가 다수 발생했던 것이다. 7월 6일, 이

12 제4차 범민족대회 8월 15일 서울개최, 북 핵 압력 저지 등 5대 과제 설정, 「동아일보」, 1993.6.1.

들을 재규합하기 위해 실행위원장 이창복, 실행위원 이현수 두 사람의
공동제의로 "현 위원장단 및 실행위원 전원이 시한부(3주)로 일괄사임
하고 대상 대중 단체에 재참가 요청서를 발부할 것"을 제안하여 가결되
었다. 임시집행수임기구로 전창일을 소집책으로 하는 '9인 소원회'를 구
성했다. 하지만 이러한 결의가 제대로 실행되지 않자, 7월 28일 '9인 소
위원'의 한 사람이었던 강희남 전 부위원장이 '93 제4차 범민족대회 남
측추진본부 결성위원회 확대회의'에서 "7월 30일까지 9인 소위 재구성
을 못 할 경우 그 이후에는 9인 소위를 무효화하고 일괄사임을 철회하고
환원하겠다"고 선언했다.[13]

범민련의 혼란과 무관하게 정부는 범민련 및 범민족대회에 대한 강경
대응을 멈추지 않았다. 7월 24일 오전, 정부는 황인성 국무총리 주재로
치안관계 장관회의를 열고 8월 15일 범민련 주최로 열릴 예정인 '범민족
대회'와 범청학련의 '통일대축전' 행사를 모두 허용하지 않기로 결정했
다. 그러나 통일원이 후원하는 한국기독교교회협의회(KNCC) 주최의
'남북 인간 띠 잇기 대회'는 원만히 치를 수 있도록 관계부처에서 실무협
의회를 구성해 지원하기로 했다.[14] 김영삼 정부 역시 노 정권과 마찬가
지로 통일운동은 정부의 몫이라는 선언에 다름 아니었다.

범민련 북측본부 의장 백인준이 한완상 통일원 장관에게 서울에서 열
기로 한 범민족대회 3자 실무회담에 참가할 북측 대표단의 판문점 통과
와 신분안전 조치를 요구했으나 별다른 반응이 없었고,[15] 범민족대회의

13 『범민련 10년사』, 조국통일범민족연합남측본부, 2000, pp.86~87.
14 범민족대회 불허, 정부 남북 인간 띠 잇기 대회는 지원, 「한겨레」 1993.7.25.
15 범민족대회 북 대표 입경 허용 거듭 촉구, 범민련 북측의장, 「한겨레」 1993.8.6.

개최가 무산될지도 모른다는 기사가 보도되었다.[16] '93 제4차 범민족대회는 새 정부 들어서 처음 열리는 범민련의 핵심행사였다. 7월 30일, '조국의 평화와 자주·통일을 위한 4차 범민족대회 남측추진본부'를 결성하였고, 이전까지 '물리적 정치투쟁' 노선에서 벗어나 당국과의 협의를 통한 '합법적 대회' 추진방침을 밝혔다.

범민족 운동 개최가 눈앞에 다가왔는데, 범민련 해체 뒤 새 통일 운동체가 결성될지도 모른다는 기사가 보도되었다.[17] '범민족대회의 개최 무산'에 이은 불길한 기사였다. 8월 11일, 제15차 위원장단 실행위원 연석회의가 열렸다. 범민련 임원의 백지 상태에서 대중(시민)단체를 참여시키려고 노력했으나 10여 일이 지나도록 단 한 곳도 참여하는 곳이 없었다. 게다가 일부 인사들이 이번 8·15 범민족대회에서 "범민련을 해체하고 새로운 통일 운동체를 결성하자"는 주장을 했다. 범민련 해체 뒤 새 통일 운동체 결성 가능성을 보도한 지난 7월 31일 자 「한겨레」의 보도가 허무맹랑한 가짜뉴스가 아니었던 것이다. 범민련을 수호, 강화하려는 간부들이 모였다. 그리고 구 지도부의 환원선언과 전창일 부의장이 작성한 "범민련 깃발 아래 굳게 다짐하자"는 결의문을 채택했다.[18]

불길한 조짐은 끝나지 않았다. 8월 12일, 경찰은 대회장소인 연세대 주변과 신촌역 일대에 67개 중대 8천여 명의 병력을 집중 배치하는 한편 범민련 사무실(종로구 연지동 한국기독교회관 913호)에 대한 압수 수색을 실시했다. 회의록, 유인물, 범추본 자료집, 컴퓨터 디스켓 등 30

---

16 민간통일운동 '시련' 직면, 서울·평양 분산개최 양보 불구 무산위기, 「한겨레」, 1993.8.6.

17 범민련 '대중운동' 거듭나기, 물리적 투쟁 탈피 입지 넓히기 노력, 해체 뒤 '새 통일 운동체' 결성 가능성도, 「한겨레」, 1993.7.31.

18 『범민련 10년사』, 조국통일범민족연합남측본부, 2000, p.87.

여 점의 물품을 압수했을 뿐 아니라, 실행위원장 이창복의 계좌가 개설된 3개 은행의 입출금 내역에 관한 서류도 압수했다. 대회의 원천봉쇄에 나선 경찰의 움직임에 범추본은 어쩔 수 없이 대회개막식을 예정된 13일에서 14일로 하루 늦추면서 대회허용을 거듭 촉구했다. 범민족대회 대회장 문익환 목사는 '김영삼 대통령에게 보내는 공개서한'을 보내며 '범민족 대회장 원천봉쇄 해제, 대회개최허가'를 요구하기도 했다.[19]

8월 14일, 범민족 대회장을 한양대로 옮기고 '93 제4차 범민족대회의 개막을 선언했고, 다음날 대회는 큰 불상사 없이 막을 내렸다. 이번 대회가 비록 당국의 불허로 합법성은 부여받지 못했으나 북한과의 사전접촉을 미리 포기하는 등 정부와의 충돌을 최대한 피해 평화적으로 치렀기 때문이다. 그러나 정부는 관성적 탄압으로 일관했으며, 대응 자체가 경직일변도였다.[20]

4차 대회는 대회 준비과정에서 남측 범추본이 해외나 북과의 연락과 실무접촉을 하지 못했으며, 공동 결의문도 채택되지 못하는 등의 여러 문제들이 발생한 대회였다. 무엇보다 큰 문제는 범민련 해소문제가 제기된 점이다. 통일애국세력이 분열되기 시작했다는 얘기다. 범민족대회 후에는 범민련이 해체결의를 했다는 소문도 떠돌았던 모양이다. 범민련 남쪽본부 사무국장 이관복은 "범민련 해체결의 한 적 없다, 위원장단 시한부 일괄사표 냈을 뿐"이라는 내용의 글을 「한겨레」에 기고하는

19 범민련 본부 압수수색, 경찰 67개 중대 동원, 문 목사 대통령에 대화와 결단 촉구, 「한겨레」, 1993. 8. 13.
20 15일 폐막 범민족대회 성과, 통일운동 방향 전환점 마련, 충돌 없는 대회 실현…정부 경직된 대응 일관, 「한겨레」, 1993. 8. 17.

안쓰러움을 보이기도 했다.[21]

1993년 9월경, 기어코 문익환 목사가 범민련을 떠나게 되었다. 발단은 북에서 온 FAX로부터 시작되었다. 앞글에서 1993년 5월 북경에서 개최되었던 범민련 제2차 공동의장단회의에 남쪽 대표단은 참가하지 못했음을 언급한 바 있다. 여권 발급불가 조처를 내렸을 뿐 아니라 안기부(국가안전기획부, 구 중앙정보부)는 전화조차 못 하도록 통신선을 차단해 버렸다. 이번에는 통신회담마저 불가능하게 된 것이다. 회의 종료 후 해외와 북쪽에서 작성한 결의문에 이러한 사실을 지적하면서 김영삼 대통령을 비난하는 내용이 포함되었던 모양이다.

이 결의문을 본 문 목사는 "범민련 북측과 협력하여 남측 우리 정부를 비난하면 범민련이 존립할 수 없어!"라고 화를 내며 문건을 던져버렸다. 그리고 "범민련을 해체해야 해!"라고 말하였다고 한다. 전창일은 청천벽력 같은 소리였다고 당시를 회고했다.[22]

11월경, 결국 문 목사는 범민련 남측본부 준비위원장직을 사임했다. 문 목사의 범민련 해체 주장과 함께 범민련 남측본부는 커다란 위기에 처하게 되었다. 당국의 탄압도 가중되었다. 조직위원장 직책까지 겸직한 전창일은 중차대한 책임감과 범민련 사수를 위한 비장한 각오를 다짐하지 않을 수 없었다. 더욱 가슴 아팠던 일은 지금까지 범민족대회 추진과 범민련 사업에서 핵심역할을 했던 이창복, 이해학, 조성우, 김희선 등이 문 목사와 함께 이탈한 것이다. 전창일은 정부의 탄압을 막기 위해 저명한 항일독립운동 전력을 가진 유공자를 비롯해 조국통일과 민

---

21 범민련 해체결의 한 적 없다, 「한겨레」, 1993.8.25.
22 전창일 자필 기록, 2021년 3월

주화를 위해 애쓰신 원로선배들을 고문으로 추대하는 일과 범민련 지방 조직 강화에 심혈을 기울였다. 이강훈(전 광복회장), 신도성(초대 통일원 장관), 유혁(항일무장투쟁 전력과 혁신계 원로), 류한종(혁신계 원로), 이원명(혁신계 원로), 김윤식(전 국회의원, 신민당 고문), 이형우(전 국회의원, 혁신계 원로), 신창균(전 전민련 상임의장), 김병걸(대학교수) 등 제 선배·원로들을 찾아다녀 범민련 참여를 간청하여 고문직 수락을 받았다. 11월 17일, 범민련 남측본부(준) 제19차 의장단 실행위원 연석회의에서 의장단이 천거한 고문 7명(이강훈, 유혁, 류한종, 신도성, 이원명, 김윤식, 이형우)을 인준하고, 12월 3일 종로 1가에 있는 한일관에 초대하여 고문단 환영모임을 가졌다.

1993년 12월 15일, 범민련 남측본부(준) 제20차 의장단−고문단−실행위원 연석회의가 연세대학 학생회관에서 개최되었다. 먼저 문익환 준비위원장과 이창복 실행위원장의 사의를 수리했다. 곧이어 의장단·고문단을 보선했다. 새로이 선출된 임원진은 다음과 같다.

- 고문단: 이강훈, 신도성, 이원명, 유혁, 유한종, 이형우, 김윤식, 신창균(상임고문)
- 위원장: 강희남
- 부위원장: 조용술, 박순경, 전창일, 이종린, 이현수, 한총련 의장

수많은 고난과 우여곡절 끝에 위와 같은 진용으로 범민련이 새로운 출발을 하게 되었다. 범민련 강령·규약도 이미 언급한 바 있지만, 해외·북측본부와의 합의가 끝났고 다음 날(1993년 12월 16일) 기자회견을 통해 공식적으로 선포될 것이다. '준비위원회'라는 딱지도 곧(1995

년 2월 25일) 제거될 것이다. 그러나 예전과 비교되지 않을 정도의 고난이 이들을 기다리고 있었다. 문민독재가 시작된 것이다. 그리고 음모가 있었다.

:: 11 ::

문익환 프락치 사건의
진실

〈 그림240: 시계방향, ① 백인준 의장이 문익환 목사에게 보낸 편지(1993.12.10.), ② 1993년 12월 14일 자 한겨레, ③ 1994년 1월 11일 자 한겨레, ④ 늦봄 문익환 목사의 마지막 유고가 된 범민련 북·해외·남측본부에 보내는 편지(1994.1.18.) 〉

1993년 12월 10일, 범민련 북측본부 의장 백인준이 남측본부 문익환 목사에게 9장짜리 '팩시밀리 편지'를 보냈다.[1] 백인준 의장이 편지를 보

---

1   〈자세히 보기-35〉#편지1, 백인준 의장이 문익환 목사에게 보낸 편지(1993.12.10.) 참조

낸 것은 문 목사가 범민련 남측본부를 탈퇴했기 때문이다. '하늘을 우러러 한 점 부끄러움 없는' 진정의 고백이라고 문 목사에 대해 그리움을 나타내며 편지는 시작된다. 그리고 "문 목사님에 대한 저의 믿음과 기대는 철석같습니다." "그 어떤 딴 길로 나가시리라고는 저는 꿈에도 생각지 않습니다." 등으로 문 목사에 대한 신뢰를 표시하고 있다.

편지의 목적인 새통체 문제에 대한 건도 "우리 범민련 운동은 시작에서부터 '삼발이'의 세 다리와 같이 북과 남, 해외의 그 어느 한쪽이 없어도 정립될 수 없는 숙명적인 일심동체의 운동이었습니다. 이런 견지에서 저는 범민련 북측본부 의장으로서 문 목사님을 조국통일의 한길에서 말 그대로 생사 운명을 같이할 필생의 전우로, 맹우로 여기고 있습니다."라고 언급하며 최대한의 예우를 갖추고 조심스럽게 의견을 피력했다. 백인준 의장은 문 목사의 범민련 탈퇴를 재고해 달라고 요청한 것이다.

백인준의 간곡한 요청에도 불구하고 새통추 창립은 돌이킬 수 없는 결말로 치닫는 중이었다. '새로운 통일 운동체' 결성을 추진하는 쪽은 남한·북한·해외의 통일 세력이 합쳐진 범민련이 그동안 범민족대회 등을 통해 통일운동의 활성화에 기여한 점을 인정하면서도, 당국이 이적단체로 규정한 탓에 일상적이고 대중적인 활동을 벌이는 데 한계가 있다고 지적한다. 따라서 대중적 참여의 폭을 크게 넓히기 위해서 새로운 조직이 필요하다는 입장을 표명했다. 그들은 내년(1994년) 2, 3월 창립을 목표로 결성을 추진하고 있다고 한다.[2]

새통추 결성 추진 중에 도착한 백인준의 편지는 문 목사를 곤혹스럽게 했을 것으로 짐작된다. 그러나 입장을 정리할 필요가 있었다. 1달쯤

---

2 새 통일 운동체 태동, 「한겨레」, 1993.12.14.

후 답장을 썼다.³ 문익환 목사는 백인준 의장에게 보낸 답장에서 자신의 능력의 한계를 인정하면서 동시에 범민련의 한계도 지적하면서, "범민련의 이 한계를 극복하는 길은 범민련 남쪽본부(아직은 준비위원회지만)가 합법성을 쟁취하는 것"이라고 주장했다.

그동안 범민련은 남쪽 북쪽 어느 정부 당국과도 투쟁을 자제하고 중립을 지키고자 했지만, 작년 북경 의장단회의로 이 모든 노력이 물거품이 되었다고 설명하며 새통추 설립 추진의 배경을 설명했다. 그리고 "남과 북, 그리고 해외는 각기 다른 처지에 맞게 독자적인 통일 운동체를 되도록 크게 조직해 내야 하며, 이렇게 해서 조직된 세 지역의 통일 운동체들의 관계는 새로 조정되어야 한다."고 하면서 범민련이라는 틀이라는 한계를 극복하자고 제안했다. 범민련 탈퇴를 재고해달라는 백인준의 요청을 정중하게 거절한 셈이다.

두 사람이 주고받은 이 편지는 1994년 1월 11일 자 「한겨레」에 의해 대서특필, 크게 보도되었다.⁴ 백인준 의장은 "범민련 해소를 반대"하면서 "남쪽 운동가들이 동요하고 있다"고 한 반면 문익환 목사는 "범민련의 한계가 뚜렷하기 때문에 새 통일 운동체가 필요하다"는 내용이었다. 이제 통일에 관심 있는 사람들 대부분이 범민련 해소논란에 대해 알게 되었고, 수많은 루머들이 번져가기 시작했다. 문 목사는 새통체 설립을 추진하면서도 마음이 편하지 않았을 것이다.

어느 날 세검정 아스테리아 호텔 커피숍에서 만나자는 문 목사의 전갈이 왔다. 문 목사와 전창일은 유신 시절 전주교도소에서 함께 옥살이

---

3 〈자세히 보기-35〉 #편지2, 범민련 북측본부 의장 백인준 선생님께(1994년 1월경), 참조
4 범민족연합 위상 싸고 남북한 의장 편지논의, 「한겨레」 1994.1.11.

했던 이른바 감방 동기다.5 수많은 추억이 주마등처럼 스쳐 간다. 1993년 3월 6일, 형 집행정지(가석방)로 21개월 만에 안동감옥에서 풀려났던 문 목사는 당시 부산대학 병원에 입원해있는 비전향 장기수 이인모 씨 문병부터 해야겠다며 전창일보고 함께 가자고 했다. 자신이 옥중에서 연구 개발한 기 치료법으로 치료하겠다며 빨리 가자고 재촉했다. 병원에 도착하자 치료부터 시작하였다. 한 시간 가까이 치료한 뒤 서울로 돌아오면서 두 사람은 많은 이야기를 주고받았다 한다.

김영삼 대통령에 대해 많은 기대와 신뢰를 가지고 있음을 피력했다. 범민련 결성 당시 김대중 · 김영삼 두 사람에게 합류할 것을 제의했는데, 김대중은 박정희 · 전두환 · 노태우 군사정권에서 모진 탄압을 받았고 동해 바다에 수장될 뻔했던 이야기를 하면서 자신이 범민련에 참가한다면 오히려 누가 될 것이라고 사양했다고 한다. 김영삼은 자신이 당수로 있는 민주당을 참여시켰다. 그리고 당 소속 장 아무개를 대표로 파견하였다. 아마 그러한 경험으로 김영삼 대통령에 대한 신뢰가 생겼을 것이라고 전창일은 추측했다. 김영삼이 대통령이 되었으니 민주화는 이제 이루어졌다고 하면서 통일운동에 대한 탄압은 없을 것이며 평화통일은 머지않아 이루어질 것이라고 하였다. 전창일은 국내외 정세를 설명하면서 희망적 낙관주의라고 대답하였다. …

약속장소로 서둘러 갔다. 오후 2, 3시경 문 목사가 커피숍으로 들어오면서 예전과 다름없이 반겼다. 구석진 자리로 안내하며 옛날 추억 한 토막을 들려준다. 이 자리가 김대중 씨를 만나 이야기를 나눈 자리라고 하며, 북행 여비에 보태 쓰라고 금일봉을 주었다는 비화를 들려주었다.

5   제9장 8절 '전주교도소에서의 수형생활' 참조

이러한 사연은 처음 밝히는 것이라고 전창일은 고백했다. 문 목사의 방북은 노태우 치하에서 있었던 일이고, 현재의 김대중은 차기 대통령 후보로 명망이 높은 분으로서 그의 통일에 대한 진취적인 열망을 이 비화를 통해 재차 확인할 수 있었다고 한다.

문 목사는 오늘의 자리를 마련한 목적을 이야기하기 시작했다. 범민련과 새통체를 동시에 해체하고 단일 통일체를 만들자. 새로운 이름은 전창일 선생이 만들어도 좋다. 그러나 범민련 이름은 안 된다. 그러한 제안을 했다. 나도 범민련을 깨트리고 나온 것은 가슴이 아프지만, 어쨌든 일단 우리는 다시 하나가 되어야 한다는 말을 덧붙였다. 전창일은 가슴이 답답했다.

범민련은 남북 분단 체제하에서 처음으로 어렵게 만들어진 남북 해외 3자 연대 조직이다. 범민련이 해체되기 위해선 3자 합의가 이루어져야 한다. 함께 가자는 목사님의 뜻은 개인적으로 받아들일 수 있지만, 3자 동의 없이는 절대로 해체할 수 없는 조직이라고 되풀이 강조하였다. 전창일이 대안을 제시했다. 앞으로 통일운동 제반 행사를 범민련과 목사님이 하시는 새통체가 서로 협의하면서 함께 하자고 했다. 문 목사는 한참 생각하더니 좋다고 하였다. 앞으로 두 사람이 월 2회 정기적으로 만나 통일문제와 정세분석을 하자고 했고, 전창일은 동의하였다. 하지만 이 약속은 지켜지지 못했다. 약속된 다음 만남을 앞두고 문익환 목사가 뜻밖에 서거하였다. 통일운동의 큰 별이 떨어진 것이다. 애석한 일이었다.

전창일이 몰랐던 일이 있다. 문 목사는 작고 당일(1월 18일) 아침 무렵 한 통의 편지를 남겼다. 수신자는 범민련 북측본부 백인준 의장, 해외본부 윤이상 의장, 남측본부 강희남 준비위원장 등 세 사람이었다.[6] 문 목사의 마지막 편지는 앞서 백인준 의장에게 보낸 글과 다소 결이 달랐다. 앞선 편지에선 "범민련의 한계가 뚜렷하기 때문에 새 통일 운동체가 필요하다"며 새통체 결성에 대한 당위성을 주로 거론했다면, 마지막 글에선 범민련 남쪽본부 준비위원장으로서 직책을 다 못 하고 도중 하차할 수밖에 없음에 유감을 표시하면서 남쪽과 북쪽과 해외 통일운동 세력과의 통합에 방점을 두었다. 7·4 공동성명을 받아들이고 남북 기본합의서를 지지하는 모든 개인이나 단체는 다 하나가 되어야 한다고 '민족 대동단결의 원칙'으로 돌아가자고 호소했다. 특히 1991년 범민족대회 당시 대회장이었던 강희남 목사의 "정부도 나오너라", "7·4 공동성명을 받아들인다면 어떤 우익 단체도 나오너라"라는 절규를 감옥에서 듣고서 얼마나 기뻤는지 몰랐다는 사연을 언급하면서 범민련과의 화해를 암시했다. 전창일과 대담 후 합의한 내용과 거의 유사한 글이었다. 아래에 백인준 의장과의 송수신 편지, 문 목사의 마지막 편지 등 세 통의 편지 전문을 소개한다.

자세히 보가-35

[백인준 의장과 문익환 목사의 송수신 편지 3통]

#편지1, 백인준 의장이 문익환 목사에게 보낸 편지(1993.12.10.)

6　〈자세히 보가-35〉 #편지3, 문익환 목사의 마지막 유고가 된 범민련 북·해외·남측본부에 보내는 편지(1994.1.18.)

존경하는 문익환 목사님께

이렇게 붓을 드니 우리가 1989년 봄 평양에서 처음 만나고 헤어지던 때의 일들이 가슴 뜨거이 되새겨집니다. 그때로부터 어언 5년 가까운 세월이 흘러갔군요. 그동안의 하 많은 정회와 사연을 여기에 일필로 어찌 다 말할 수 있겠습니까? 그것은 한마디로 말하여 저에게 있어서는 '그리움'의 연속이었고 '그리움'의 누적 과정이었습니다. 제가 이렇게 말하는 것이 문 목사님께는 혹시 시인의 과장으로 느껴지실지도 모르겠으나 저에게 있어서는 그야말로 '하늘을 우러러 한 점 부끄러움 없는' 진정의 고백입니다.

그것은 제가 문 목사님을 다만 조국통일의 애국 일념을 안고 사선을 넘어와 경애하는 김일성 주석님과 민족의 운명을 놓고 허심탄회하게 상의하신 열렬한 애국지사, 용감한 통일투사로 존경하게 되었을 뿐 아니라 윤동주를 통하여 문 목사님을 윤동주 대신 얻은 나의 다정한 새 친구로, 시의 벗으로, 십년지기로 여기기 시작했었기 때문입니다. '친우의 친우는 나의 친우'라는 말도 있지 않습니까.

그러기에 문 목사님과는 비록 견우직녀와 같이, 그것도 단 한 번 만나자 이별한 사이지만 문 목사님은 저의 가슴 속에 깊이 자리 잡게 되었는데 제가 범민련 북측본부 의장으로 된 후부터는 공사를 합쳐 더더욱 저의 심장 속에 깊이 안겨진 벗으로 되었습니다.

제가 범민련 북측본부 의장의 중책을 받아 안은 날 저의 뇌리에 제일 먼저 떠오른 생각은 '아, 내가 이제는 문 목사님과 손잡고 범민련 사업을 하게 되었구나'하는 것이었으며, 그러니 범민련 사업은 왜 그런지 이제부터 더 잘되어 나가겠구나 하는 것이었습니다.

그러기에 지난여름 베이징에 갈 때도 이번에는 문 목사님을 다만 개인적인 친우, 지기로서만이 아니라 같은 범민련 의장들로서 조국 통일 위업을 공동으로 맡아 나선 전우로서 만나게 될 테니 얼마나 반가우랴, 또 만나기만 하면 모든 일이 말 그대로 허심탄회하게 논의되어 못 풀릴 일이 없으리라고 얼마나 기대와 희망이 컸던지 모릅니다. 그러나 그때 종내 문 목사님을 못 만나 뵈옵고 돌아서자니 지구상에 남아 있는 유일한 분열민족의 가슴 아픔과 의분을 다시금 뼈에 새기었던 것입니다.

그러나 그 후 오늘까지 하루에도 몇 번씩 조국과 민족의 운명에 대하여, 통일 위업에 대하여 생각할 때마다 남녘땅을 바라보면서 먼저 문 목사님을 생각하게 되고 그럴 때면 무턱대고 만나고만 싶고 만나기만 하면 우리 범민련 사업과 통일 위업 추진에 그 어떤 획기적인 전진이 이룩될 것 같은 심정으로 지나오고 있습니다.

그러던 중 얼마 전 남녘의 통일운동 실태와 문 목사님께서 직면하고 계시는 가지가지의 어렵고 복잡한 상황에 대하여 상세히 알게 되면서부터 더더욱 문 목사님께로 달리는 저의 마음을 다잡지 못하고 있습니다. 복잡한 남녘의 현 정세하에서 문 목사님께서 조국통일 운동에 대하여, 범민련 사업에 대하여 무엇을 생각하고 계시며 어떻게 하려고 하실까? 문 목사님의 흉금 속에 겹쌓이는 천사만려를 제가 어찌 그 일단이나마 규지할 수 있으리까. 때로는 주위의 개별적 반향을 들으며 저 역시 일종의 위구와 불안에 사로잡히는 적도 있었지만, 그러나 문 목사님에 대한 저의 믿음과 기대는 철석같습니다.

백범 김구 선생의 비장한 결의를 이어 단연 사선을 헤치며 평양에까지 오셔서 경애하는 김일성 주석님과 역사적인 상봉을 하시고 기어이 조국통일 위업을 성취하자고 온 민족과 전 세계 앞에 장하게 맹세 다지신 문익환 목사님, '통일의 꽃' 임수경과 함께 통일의 화신으로 남에서뿐만 아니라 북과 해외의 온 겨레로부터 높은 존경과 기대와 믿음을 한몸에 받아 안고 계시는 문 목사님께서 그 믿음과 기대에 그늘을 지우는 그 어떤 딴 길로 나가시리라고는 저는 꿈에도 생각지 않습니다.

물론 오늘 남녘의 통일운동 실정과 문 목사님이 처하고 계시는 복잡한 처지에 대하여 저도 모르는 바 아닙니다. 지금 내외의 온갖 반동들이 야합하여 우리의 민족통일 세력을 분열 와해시키고 북을 고립시키며 북의 사회주의를 말살해보려는 책동이 우심하고 이러한 데 영향받아 일부 통일운동가 속에서 신심을 잃고 동요가 일어나고 있는 것도 사실입니다.

저는 오늘의 이런 실정을 놓고 8·15 조국해방 전야를 회고하게 됩니다. 그때 일제가 전 아시아 대륙과 필리핀, 남양군도까지 침략하고 앞으로 일본이 100년 이상은 동양을 지배한다고 장담하던 때, 이에 동요되어 적지 않은 반일 민족해방 운동자들이 이제는 싫든 좋든 일제와 타협하고 '내선일체'의 테두리 안에서 '민족자치'라도 실시하는 것이 민족의 운명과 행복을 지켜나가는 길이라고 하면서 체념과 동요, 심지어는 투항과 변절의 길로까지 전락해가던 일제 말기의 그 엄혹한 현실 속에도 조국의 독립과 민족의 자유를 갈망하면서 끝까지 민족의 넋을 저버리지 않았던 이 땅의 진정한 애국자들과 혁명가들은 일제의 총칼과 교수대 앞에서 목숨을 버릴지언정 자기의 숭고한 신념과 지조는 절대 버리지 않았으며 역사는 오히려 그들에게 승리와 영광의 월계관을 씌워주지 않았습니까!

일제 말기에 비하면 오늘 우리의 주체적 역량이야 얼마나 강대합니까! 기어이 조국의 자주와 민족의 통일을 이룩하려는 북남 해외 온 겨레의 불굴의 의지가 있으며 민족의 자주와 존엄을 철옹성같이 지켜나가는 일심 단결된 북의 애국역량이 있습니다.

온갖 침략세력과 반동세력이 제아무리 북을 고립 말살시켜보려고 덤벼든다 해도 자기의 숭고한 위업을 자각하고 일심 단결된 북의 2천만 인민은 설사 마지막 한 사람이 쓰러지는 한이 있더라도 자기의 신념과 의지를 버리지 않을 것이며 문자 그대로 불사신이 되어 조국의 영예와 민족의 존엄을 끝까지 지켜낼 것이며 남과 해외의 모든 애국역량과 단결하여 기어이 조국의 통일을 이룩하고야 말 것입니다.

모든 것을 숙지하고 계실 문 목사님께서 제가 너무 장광설을 늘어놓았다고 생각되시면 널리 양해해 주시기 바랍니다. 제가 말하고 싶은 것은 한마디로 북은 절대로 끄떡없으며 정세가 긴장할수록 날로 더욱 강화되고 공고화되어 있다는 것입니다.

제가 일말의 기우를 금할 수 없는 것은 남측 범민련 운동의 현상태와 장래입니다. 범민련 운동 즉 조국통일 운동이 결코 어느 한 지역운동의 성과로서만 이루어질 수는 없는 것이며 북과 남, 해외의 혼연일체의 연대 속에서만 이루어질 수 있다는 것은 문 목사님께서 저보다 더 명철하게 확신하고 계시리라 생각합니다.

북에서 범민련 운동이 아무리 활발하게 전개된다 하여도 그것이 남측과 공동보조를 맞추지 못할 때 그것은 북의 지역적 운동에 그치고 말 것이며 반대로 남녘에서 통일운동이 아무리 대중화되고 활성화된다 해도 북이 공동보조를 맞추지 못할 때 그것 역시 남의 지역적 운동이나 시민운동으로밖에 되지 못할 것이 사실이 아닙니까!

우리 범민련 운동은 시작에서부터 '삼발이'의 세 다리와 같이 북과 남, 해외의 그 어느 한쪽이 없어도 정립될 수 없는 숙명적인 일심동체의 운동이었습니다. 이런 견지에서 저는 범민련 북측본부 의장으로서 문 목사님을 조국통일의 한길에서 말 그대로 생사운명을 같이할 필생의 전우로, 맹우로 여기고 있습니다. 이미 고희를 지난 문 목사님과 더불어 후대와 민족 앞에서 성성한 백발이 한 오라기라도 부끄러움으로 물들지 않게 살아가야 하겠다고 굳게 맹세 다지고 있습니다.

만일 저승이 있어 거기에 가서 윤동주나 송몽규를 만난다면 그들이 우리보고 당신들이 세상에서 참말 깨끗이, 아름답게 '하늘을 우러러 한 점 부끄럼 없이' 살며(…판독불가…) 윤동주가 끝까지 애국의 순결한 마음을 지니고 살더니 불멸의 저서에 이름이 올라 영생하는구나 하고 눈곱을 적시였습니다.

마지막으로 한 가지 간절히 말씀드리고 싶은 것은 어느 때고, 될수록 빨리 어디서고 한 번 만나 뵈옵게 되었으면 하는 것입니다. 문 목사님과 평양 비행장에서 처음 만나던 때의 감격을 '상봉'이라는 제목의 시로 써서 저의 시선집에 수록하였는데 기회 있으면 그 책도 한 권 드리고 싶습니다.

재회의 그 기쁠 시각을 일일천추로 학수고대하면서 목사님께
서 옥체 건강하시며 조국통일 성업에 일익 헌신 분투하여 주실
것을 절절히 기원하면서 놓기 아쉬운 붓을 이만 놓습니다.

1993년 12월 10일
평양에서 백인준 삼가 드림

==

#편지2, 범민련 북측본부 의장 백인준 선생님께(1994년 1월경)

보내주신 글월 받은 지 언제인지 회신이 이렇게 늦어졌습니
다. 너그러이 용서해 주시기 바랍니다. 나라와 겨레를 생각하는
진솔하고도 간곡한 선생님의 뜨거운 마음을 읽어 내려가면서 저
의 심정은 천근만근 무거워져 가고 있었습니다. 저의 능력의 한
계가 너무나 뚜렷이 보였기 때문입니다. 이점 변명할 나위가 없
습니다.

그러나 저의 능력의 한계는 그대로 범민련의 한계이기도 했던
것입니다. 우리는 반세기나 갈라져서 너무나 다른 생각과 체제와
생활방식으로 살아왔습니다. 놓인 처지와 형편이 너무나 달랐습
니다. 각기 풀어야 할 문제들이 달랐습니다. 게다가 우리는 머리
를 맞대고 밤을 새워가며 이야기를 나눌 기회마저도 거부당한 채
살 수밖에 없었습니다.

범민련의 이 한계를 극복하는 길은 범민련 남쪽본부(아직은 준비위원회지만)가 합법성을 쟁취하는 것이었습니다. 북쪽이나 해외본부 대표들이 남쪽으로 오실 수 있고, 남쪽대표가 북쪽이나 해외대표를 만날 수 있어야 하기 때문입니다. 범민련 남쪽본부가 합법성을 얻는 일은 범민련이 남쪽의 통일세력을 크게 묶어 내는 데도 절대로 필요한 일이었습니다. 범민련 남쪽준비위원회는 합법성을 얻어내려는 투쟁을 벌일 수도 있었습니다. 그러나 그것은 '중립'이라는 범민련의 위상을 스스로 부인하는 일이기 때문에 할 수 없는 일이었습니다.

남쪽의 통일세력들은 그동안 온갖 희생과 고초를 겪으면서도 통일운동의 자유를 쟁취하려는 끈질긴 투쟁을 벌여왔습니다. 저도 그 투쟁을 벌여온 사람 가운데 하나입니다. 그러나 범민련은 남쪽 북쪽 어느 정부 당국과도 투쟁을 벌일 수는 없습니다. 그것은 중립을 지켜야 할 범민련이 어느 한쪽으로 기우는 일이 되기 때문입니다.

그래서 범민련 남쪽준비위원회는 출발과 함께 정부와 대결하던 관계에서 상호 보완하는 관계로 위상을 새로 설정했던 것입니다. 이것만이 범민련의 합법성을 이 남쪽에서 얻어내는 일이요, 남쪽의 통일세력들을 범민련 깃발 아래 집결시킬 수 있는 길이었던 것입니다. 7천만 겨레의 뜻을 모아 남북 두 정부 당국에 제시하면서 통일을 향해서 역사를 밀고 갈 수 있는 길 또한 이것밖에 없었던 것입니다.

그러나 유감천만이게도 작년 북경 의장단회의로 이 모든 노력이 물거품이 되었습니다. 저는 선생님의 편지를 읽다가 제가 북경에 못 간다는 것을 선생님이 모르셨다는 사실을 알고는 놀라지 않을 수 없었습니다. 그렇다고 누가 그런 그릇된 정보를 선생님께 보냈는지 그 책임을 묻고 싶은 생각은 터럭 끝만큼도 없습니다.

북경의장단회의의 충격이 아무리 크다고 해도, 통일을 향한 우리의 전진은 한 걸음도 멈출 수 없습니다.

범민련의 취지와 성과는 결코 지워질 수 없는 것입니다. 그것은 더욱 빛나고 힘차게 계승 발전되어야 합니다. 역사의 발전과 함께 통일운동의 틀과 방식도 자유자재로 바뀔 수 있는 것 아닙니까? 그래서 저는 아래와 같은 제안을 했습니다.

1. 남과 북, 그리고 해외는 각기 다른 처지에 맞게 독자적인 통일 운동체를 되도록 크게 조직해 내야 한다.

2. 이렇게 해서 조직된 세 지역의 통일 운동체들의 관계는 새로 조정되어야 한다.

이같이 제안하는 까닭은 첫째로 요원의 불처럼 번져나가는 7천만 겨레의 통일 열망을 담아내고, 일어나는 통일세력들을 크게 조직해 내는데 범민련이라는 틀은 뚜렷한 한계가 있기 때문입니다. 이것이 지난 4년의 경험이 보여 주는 것 아니겠습니까?

마지막으로, 현시점에서 제가 민족통일을 어떻게 보고 있는지 밝히고자 합니다.

1. 통일은 자주하는 민족의 힘으로 이루어지는 것이어야 합니다. 통일은 철두철미 민족자주의 성취여야 한다는 말입니다. 분단으로 잃었던 민족자주를 통일과 함께 찾아야 합니다.

2. 남과 북의 대등한 통일이어야 합니다. 남과 북의 장점만을 살려 새나라, 새사회, 새문화를 창조해 나가는 통일이어야

합니다. 자유와 평등이 하나로 종합되는 통일이어야 합니다.

3. 95년 우리는 유엔에 한 나라로 가입해서 만천하에 우리는 '한겨레' '한나라' 임을 선포해야 합니다. 그러나 95년, 통일 원년은 남과 북이 같이 통일작업을 시작하는 해인 것입니다. 무엇을 어떻게 시작하느냐 하는 것은 7천만 겨레가 결정할 문제입니다. 한 나라를 이루려는 이 겨레의 뜻과 슬기를 모으는 일이 세 지역 통일 운동체가 서둘러 해내야 할 일입니다.

4. 95년에 시작될 '느슨한 연방체' 통일이 군사 외교까지 연방정부가 관장하는 진정한 연방제 국가로 되도록 빨리 발전, 정착하도록 노력해야 합니다.

선생님이 저를 두고 지으셨다는 시를 선생님 손에서 직접 받아 볼 날이 목 타게 기다려집니다. 1995년 12월 31일까지야 그날이 오지 않겠습니까? 그날 선생님 댁에서, 아니면 저의 집에서 술잔을 주고받으며 우리의 시인 윤동주의 서시를 크고, 자랑스럽게, 떳떳하게 외울 수 있지 않겠습니까? 그날까지 저는 하늘을 우러러 겨레를 떠받들어 한 점 부끄러움 없이 이 역사를 살아낼 것입니다.

선생님, 건투를 빕니다.

서울에서 문익환 올림

〈선생님의 편지가 공개돼 버렸기 때문에 이 회신도 '공개편지' 형식을 취합니다. 양해해 주시기 바랍니다.〉

호산 전창일과 통일운동 77년사

===

#편지3. 문익환 목사의 마지막 유고가 된 범민련 북·해외·남측 본부에 보내는 편지(1994.1.18.)

범민련 북쪽본부 백인준 의장님
범민련 해외본부 윤이상 의장님
범민련 남쪽본부 강희남 준비위원장님

지난해는 민족통일운동이 심각한 시련을 겪어야 했던 해입니다. 그 시련은 아직도 극복되지 않고 있습니다. 이 중대한 시기에 저는 범민련 남쪽본부 준비위원장으로서 제 직책을 다 못 하고 도중하차할 수밖에 없었습니다. 유감천만입니다.

제가 남쪽본부 준비위원장직에서 물러난 것은 통일운동을 그만두기 위한 것이 아닙니다. 남쪽의 통일운동을 더 크게 묶어 내기 위한 것이었습니다. 북쪽과 해외 통일운동 세력과 손을 끊기 위한 것이 아니라, 더 원만한 관계를 이루려는 것이었습니다.

우리는 지금 분단의 장벽을 결정적으로 돌파해 내야 할 1994년 벽두에 서 있습니다. 금년에 벽을 뚫어 내지 못하면 1995년은 민족통일 원년이 될 수 없습니다. 이 중대한 시점에서 우리는 둘로 갈라져 가고 있습니다.

지금 여기서 아주 갈라져 버린다면 우리는 이 벽을 돌파하지 못한 한을 천추에 남길 것입니다. 영원히 역사의 죄인으로 낙인찍히고 말 것입니다. 통일운동 자체를 하나로 묶어 내지 못하면서 반세기에 걸친 민족분단의 역사를 청산하고 갈라진 민족을 하나로 묶는 일을 하겠다고 어찌 감히 말인들 할 수 있겠습니까?

우리는 7·4 공동성명의 3대 통일 원칙 가운데서도 '민족 대동단결의 원칙'으로 돌아가야 합니다. 사상과 이념의 좌우를 거론하지 않아야 합니다. 좌도 아니고 우도 아닌 것이 아니라, 좌도 우도 다 같이 한겨레가 되어 분단의 장벽에 온몸 부딪쳐 가야 합니다.

그래야 이 벽을 돌파해 낼 수 있습니다. 1991년 저 감격스럽던 범민족대회를 회상해 봅시다. 그때 대회장이셨던 강희남 목사님의 "정부도 나오너라", "7·4 공동성명을 받아들인다면 어떤 우익 단체도 나오너라", 이 소식을 저는 감옥에서 듣고서 얼마나 기뻤는지 모릅니다. 우리는 지금 그때 그 정신으로 돌아가서 다시 시작하면 되는 것입니다. 7·4 공동성명을 받아들이고 남북기본합의서를 지지하는 모든 개인이나 단체는 다 하나가 되어야 합니다.

우리는 지금 대변혁이 요구되는 시대를 살아가고 있습니다. 우리가 이루어 내야 하는 변혁 가운데 민족통일보다 더 큰 변혁이 어디 있을 수 있겠습니까? 그 통일은 어느 한쪽이 다른 한쪽을 집어삼키는 통일이어서는 안 됩니다. 그것은 우리가 바라는 변혁이 아니기 때문입니다. 우리가 이루어야 하는 변혁은 남과 북의 변증법적인 대종합이어야 합니다. 일찍이 없었던 새 세계를 창조해 내는 일입니다. 후천개벽입니다.

1990년 1차 범민족대회 이후로 통일 열기는 요원의 불처럼 번져가고 있습니다. 이인모 옹을 북으로 보내 드린 것을 잘했다고 생각하는 국민이 백에 여든 사람이었습니다. 이처럼 기뻐 환영할 일이 또 어디 있겠습니까. 이들의 뜻을 담아 낼 수 있도록 통일운동의 틀은 커져야 합니다. 이 또한 기뻐 환영할 일이 아니겠습니까?

7천만 겨레의 통일 의지를 담아낼 틀을 다시 짜고, 세 지역의 통일운동이 한 흐름이 될 수 있는 길 또한 진지하게 모색되어야 하지 않겠습니까?

세 분의 답신을 기다립니다.

1994. 1. 18.

서울에서 문익환 올림

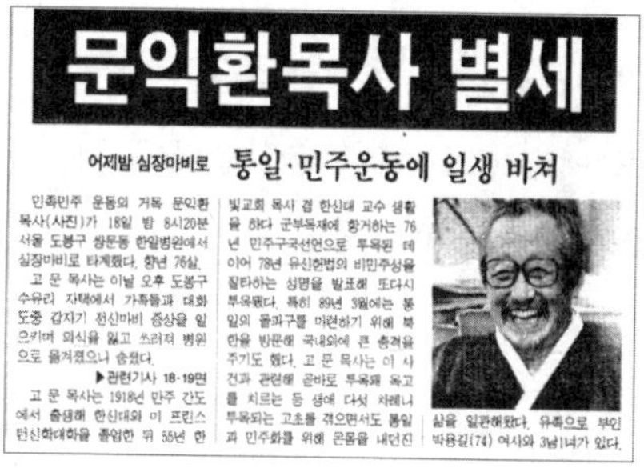

문익환목사 별세

어제밤 심장마비로 **통일·민주운동에 일생 바쳐**

민족민주 운동의 거목 문익환 목사(사진)가 18일 밤 8시20분 서울 도봉구 쌍문동 한일병원에서 심장마비로 타계했다. 향년 76살.

고 문 목사는 이날 오후 도봉구 수유리 자택에서 가족들과 대화 도중 갑자기 전신마비 증상을 일으키며 의식을 잃고 쓰러져 병원으로 옮겨졌으나 숨졌다.

▶관련기사 18·19면

고 문 목사는 1918년 만주 간도에서 출생해 한신대와 미 프린스턴신학대학을 졸업한 뒤 55년 한빛교회 목사 겸 한신대 교수 생활을 하다 군부독재에 항거하는 76년 민주구국선언으로 투옥된 데 이어 78년 유신헌법의 비민주성을 질타하는 성명을 발표해 또다시 투옥됐다. 특히 89년 3월에는 통일의 돌파구를 마련하기 위해 북한을 방문해 국내외에 큰 충격을 주기도 했다. 고 문 목사는 이 사건과 관련해 곧바로 투옥돼 옥고를 치르는 등 생애 다섯 차례나 투옥되는 고초를 겪으면서도 통일과 민주화를 위해 온몸을 내던진 삶을 일관해왔다. 유족으로 부인 박용길(74) 여사와 3남1녀가 있다.

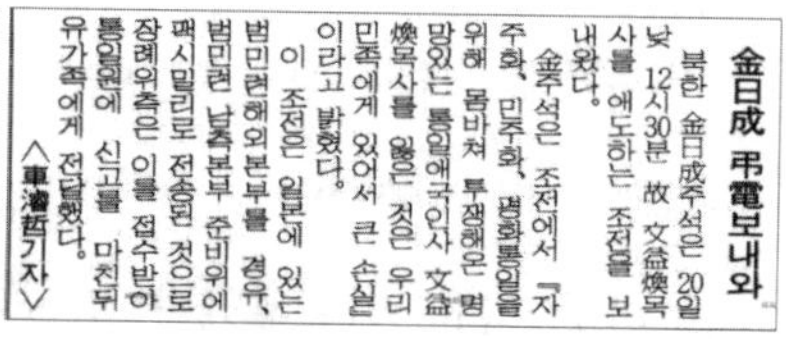

金日成 弔電보내와

북한 金日成주석은 20일 낮 12시30분 故 文益煥목사를 애도하는 조전을 보내왔다.

金주석은 조전에서 『자주화, 민주화, 평화통일을 위해 몸바쳐 투쟁해온 명망있는 통일애국인사 文益煥목사를 잃은 것은 우리 민족에게 있어서 큰 손실』이라고 밝혔다.

이 조전은 일본에 있는 범민련해외본부를 경유, 범민련 남측본부 준비위에 팩시밀리로 전송된 것으로 장례위측은 이를 접수받아 통일원에 신고를 마친뒤 유가족에게 전달했다. 〈車濬哲기자〉

〈 그림241: 1994년 1월 19일 자 한겨레, 1월 21일 자 경향신문 〉

문익환 목사의 갑작스러운 유고에 세상이 놀랐다. 그리고 수많은 이들이 조의를 표했다.[7] 북도 예외가 아니었다. 문 목사의 서거에 대한 북

7 문익환 목사 별세, 어젯밤 심장마비로, 통일 · 민주운동에 일생 마쳐, 「한겨레」, 1994.1.19.

측의 예우에 대해 일본에 있는 범민련 해외본부 사무국을 통해 전창일에게 문의가 왔다. "전직 범민련 남측본부 상임의장"으로 예우해 달라고 답했다. 북과 해외 측에서 전창일의 답에 만족한다는 회신이 왔다. 2, 3일 후 김일성 주석 명의로 된 장문의 추도사가 FAX로 범민련 남측본부 사무실에 도착했다.[8]

전창일은 그 추도사를 한 부 복사하여 통일원에 신고하고, 수유리 한신 대학원에 차려진 빈소에 있는 부인 박용길 장로에게 원본을 전하면서 법적 절차에 따라 통일원에 신고했다고 알렸다. 빈소에서는 김 주석 명의의 추도사를 큰 백지에 붓글씨로 적어 현관 벽 게시판에 붙여 추모객들이 모두 볼 수 있게 하였다.[9] 문 목사 프락치 사건에 관해 이야기할 차례다. 『문익환 평전』에 다음과 같은 글이 있다.

일부 운동가들은 'CIA의 간첩(?)일 수 있다'는 놀라운 비난을 가하기도 했다.…(중략)… 이는 사실상 '문익환, 너는 안기부의 명령을 받아 움직이는 스파이가 아니냐'는 비겁한 중상을 도모하는 것과 다를 바가 없었다. 범민련으로부터 발단된 이러한 고발은 그에게는 충격이었다.[10]

전창일에 따르면, 범민련이 문 목사를 프락치로 규정했다는 것은 전혀 사실이 아니다. 사실 당시 정보당국에서 범민련뿐 아니라 재야단체

8　김일성 조전 보내와, 「경향신문」, 1994.1.21.

9　전창일 자필 기록, 2021년 3월

10　김형수, 『문익환 평전』, 실천문학사, 2004, pp.775~779.

에 프락치 투입과 조직 내분을 공작하여 반정부단체를 약체화 혹은 해체시키는 것은 흔히 있는 일이었다. 그러나 문 목사에 대해 그런 모함을 했다는 것은 있을 수 없는 일이었다.

숨겨진 비화가 있었다. 1993년 11월경, 범민련 유럽본부에서 발간하는 소식지에 범민련 남측본부가 정보당국의 파괴공작에 시달리고 있다는 기사가 있었다고 한다. 하지만 문 목사를 지칭하는 기사는 없었다고 전창일은 분명히 증언한다.[11] 문 목사의 결백은 확실히 말할 수 있지만, 범민련에서 일하고 있던 몇몇 젊은이들이 안기부의 공작원이었을 가능성에 대해선 전창일도 부정하지 않는다. 아예 한 사람을 지적했다. 범민련에 있다가 문 목사를 따라갔다가 지금은 뉴 라이트로 변신한 광주 출신의 모 청년을 의심하고 있음을 내비쳤다. 당시 그 청년은 대단히 신임받고 있던 일꾼이었다고 한다.[12]

프락치 사건은 세월이 10년쯤 흐른 후 다시금 불거진다. 현재 국민의힘 소속인 하태경 의원이 논란의 대상이다. 그는 부산 해운대에서 3선을 한 현직 국회의원이다. 1986년 서울대 물리학과에 입학한 이후 학생운동에 투신하였다. 범민련의 학생조직인 범청학련 결성을 주동한 혐의와 이적표현물 소지 및 탐독을 한 혐의로 1991년 국가보안법 위반으로 징역 2년의 실형을 산 바 있다. 출소 후에는 통일운동가 문익환 목사가 대중적 통일운동을 위해 새로 만든 단체인 '통일맞이'를 출범시키자, 이

---

11 전창일 자필 기록, 2021년 3월

12 『인민혁명당과 혁신계의 활동, 주요인사(전창일 님) 구술사료 수집』, 4·9 통일평화재단, 2014.2.3., p.262. 〈1963년 광주에서 출생하여 서울대 정치학과를 중퇴한 뒤, 한겨레 사회연구소 연구원, 전민련 조국통일위원회 부장, 범민련 남측본부 간사, 자주평화통일민족회의 조직국장, 시대정신 편집위원, 자유주의연대 집행위원장 등의 경력을 가진 홍진표(洪晉杓)로 추정됨〉

곳에서 정책연구원으로 활동하였다. 하지만 문 목사 서거 후 전향을 하게 되었다고 한다.[13] 2011년 한나라당에 입당했고 다음 해 제19대 국회의원 선거에서 새누리당 소속으로 당시 해운대구·기장군 을에서 당선하여 국회에 입성하였다. 하태경은 이 무렵 충격적인 발언을 했다. 그의 목소리를 들어보자.

[① 하태경, 『민주주의는 국경이 없다』, 글통, 2011년 9월 20일]

"하루는 범민련 북측본부에서 팩스가 왔다. 범민련 북측본부 백인준 의장 명의로 날아온 그 팩스에는 '문익환 목사는 안기부 프락치다'고 명시되어 있었다.··· 사실상 김일성의 최종 승인이 없이는 날아올 수 없는 팩스였다.··· 결국 문 목사는 갑작스러운 심장마비로 94년 1월 18일 돌아가시고 말았다."

[② 안기부 프락치로 몬 북한에 분개··· 문 목사 죽음 한 원인, 「중앙SUNDAY」, 2011.9.18.]

"문익환 목사는 북한으로부터 버림을 받았다. 국내의 주사파는 북한의 지령에 따라 문 목사를 안기부 프락치로 몰았다. 문 목사의 갑작스러운 죽음은 이로 인한 화병 때문이다."

"친북 인사로 알려진 문 목사가 1990년대 초반엔 북한의 대남 전략에 반하는 독자 노선을 걷고 있었다"며 "이로 인해 북한은 문 목사를 운동권의 중심에서 제거하려는 공작을 펼쳤다."

"나도 그랬지만 당시 운동권 조직들은 어떤 형식으로든 북한과

---

13 하태경, 《나무위키》

커뮤니케이션 채널이 있었다. 주로 제3국을 통해 팩스를 주고받는 방식이었다. 당시 민족자주 평화통일 중앙회의(민자통)란 조직이 있었는데 문제의 팩스는 그쪽으로 날아왔다. 민자통 사무실은 '통일맞이' 사무실 근처에 있었는데 60년 4·19 때의 혁신계 인사와 출소 장기수들이 드나들고 있었다. 팩스 발신자는 범민련 북측본부 백인준 의장이었고 당시 유럽에 있던 범민련 해외본부 임인식 사무총장이 중계해 준 것이었다. 내가 민자통 사무실에서 직접 팩스를 봤는데 '문익환은 안기부의 프락치'라고 적혀 있었다. 내용은 '문 목사가 안기부의 사주를 받아 범민련을 해체하려는 책동을 펴고 있는데 이를 거부하고 범민련을 지켜야 한다'는 요지였다."

"나는 이 팩스를 공개하면 안 된다고 주장했는데 민자통에서 전국의 주요 운동권 조직과 학생회 등에 전파시켰다. 당시 운동권은 주사파가 장악하고 있었는데 그들에게 이 팩스는 향후 운동 지침을 알려주는 교시나 마찬가지였다. 지하조직들은 일사불란하게 이 지시에 따랐다. 그때까지 문 목사 노선을 지지하던 운동권들이 하루아침에 돌변해 문 목사를 비판하고 나섰다. 재야단체 회의가 열리면 문 목사를 성토하는 분위기로 돌변했다. 문 목사가 마지막 돌아가시던 날에도 그런 성토 모임이 열리기로 돼 있었다. 이미 돌아가신 분이라 이름을 공개하긴 뭣하지만 문 목사 면전에서 '당신은 안기부 프락치'라고 비난한 운동권 원로도 있었다. 이를 계기로 운동권 내부에선 소위 '범민련 해체 논쟁'이 벌어졌다. 결국, 다수 세력인 주사파의 주장대로 범민련은 계속 유지됐다. 하지만 이 논쟁으로 인해 운동권의 분열이 촉발되기도 했다."

[③ 'NL 핵심서 전향한 운동권 출신 탈북자 만난 후 북한 고발자로', 「주간조선」 2202호, 2012년 4월 16일]

"당시 북한은 '문 목사의 노선을 거부하라'는 지령과 함께 범민련 남측본부 백인준 의장 명의로 '문익환 목사는 안기부의 프락치'라는 팩스를 보냈고, 주사파들은 이 팩스를 전국에 전파했다."

[④ 「오마이뉴스」 당선자 인터뷰, 2012년 5월 11일]

"내 입장이 크게 바뀐 계기는 문익환 목사님이 돌아가셨을 때일 때문이다. 북한이 '범민련'(조국통일범민족연합)을 해체하려 한 문 목사를 안기부 프락치로 몰았다."

[⑤ 〈최보식이 만난 사람〉 임수경에게 '변절자'로 지목된, 하태경 새누리당 의원, 「조선일보」, 2012년 6월 11일]

"운동권 내부에서는 문 목사의 범민련 해체 생각에 대체로 동의했다. 그만큼 존경을 받던 분이었으니까. 문 목사가 김일성에게 '범민련 해체하고 통일운동을 위해 더 크게 태어나야 한다'는 내용의 편지를 보냈다. 바로 다음 날 답신이 왔다. 범민련 북측 본부의 장인 백인준 명의였다. '문익환은 안기부의 프락치, 안기부의 사주를 받아 범민련을 해체하려는 책동을 펴고 있다'는 내용이었다. 그 팩스로 모두 문 목사에게 등을 돌렸다. 내게는 충격이었다."

"팩스가 온 다음 날 문 목사가 사무실에서 '내가 안기부 프락치래'라며 흥분하셨다. 소문이 지하조직에 퍼져 종북 세력이 문 목사 욕을 하고 다녔다. 돌아가신 날 점심 자리에서 하필 프락치라고 욕하는 사람이 맞은편에 앉아 있었다. 문 목사가 '내가 프락치냐고 고함치다가, 밥알이 기도를 막아 쓰러졌다. 병원에 옮겼으나 환자가 많아 입원을 못 했다. 차 안에서 잠깐 회복된 뒤 댁으로 들어갔는데 그날 돌아가셨다."

[⑥ '죽음 몰고 간 북한의 팩스 주사파가 뿌려 NL 분파 계기로', 「주간조선」 2210호, 2012년 6월 11일]

"하태경 의원의 회고를 따르면, 당시 백인준 의장 명의로 보내온 A4용지 한 장 분량의 팩스는 범민련 해외본부 임민식 사무총장이 남측본부로 보낸 형식으로, 범민련 남측준비위원회가 들어가 있던 재야단체인 민족자주통일중앙협의회(일명 민자통) 서울 종로5가 사무실로 전달됐다고 한다. 하 의원은 "북한은 팩스에서 문 목사를 범민련 해체라는 반통일 행위를 주장하는 안기부 프락치로 모는 파렴치한 행위를 했다."

[⑦ 최보식이 만난 사람 '임수경에게 변절자로 지목된, 하태경 새누리당 의원', 「조선일보」 인터넷판, 2012년 6월 11일]

"문 목사가 김일성에게 '범민련 해체하고 통일운동을 위해 더 크게 태어나야 한다'는 내용의 편지를 보냈다. 바로 다음날 답신이 왔다. 범민련 북측본부 의장인 백인준 명의였다. '문익환은 안기부의 프락치, 안기부의 사주를 받아 범민련을 해체하려는 책동을 펴고 있다'는 내용이었다."

[⑧ 하태경 의원 인터뷰, 「문화일보」 인터넷판 2012년 6월 15일]

"문 목사의 편지에 대한 답신이 비록 백인준 명의로 왔지만 북

체제의 특성상 김일성에게 보고됐을 거라고 목사님은 생각하신 것 같습니다. 그런데 후에 황장엽 선생을 통해 안 일은, 문 목사님이 편지를 보냈던 1994년 당시는 모든 보고가 김정일을 통했다고 하더군요. 김정일은 김일성에게 불필요한 건 보고를 안 했다고 하고요. 그렇다면 문 목사님에게 온 답신은 김일성이 아니라 김정일의 뜻이라고 생각됩니다. 저는 문 목사님이 돌아가신 것은 김정일 때문이라고 봅니다."

[⑨ 하태경 "문익환 목사 죽음은 종북주의 세력의 만행", 「이데일리」, 2012년 7월 24일]

"김창수 씨의 글은 당시 통일운동 세력 내에 분명히 문익환 목사를 안기부의 프락치로 몰고자 하는 세력이 있었다는 사실과, 그들의 팩스로 인해 문익환 목사가 갑작스러운 죽음에 이르렀다는 사실을 정확하게 밝혀주고 있다"

"문익환 목사의 '새로운 통일 운동체' 건설 논의를 반대한 채, 북측의 '범민련 고수' 입장을 지지하는 종북세력들이 '문익환 목사가 김영삼 정부에 회유당했다'거나 '문익환 목사를 공공연하게 프락치로 거론했다'는 사실까지 정확하게 밝히고 있다"

"김창수 씨와 나와의 기억에서 차이가 있는 부분은 당시의 팩스가 범민련 북측본부 백인준 명의였는지, 범민련 유럽본부 명의였는지 하는 점이다. 그러나 이것은 지엽적인 일"이라며 "김창수 씨와 나와의 '명의'에 대한 기억 차이는, 어딘가에 보관되어 있을지 모르는 당시의 팩스 원본이 공개되면 깔끔하게 밝혀질 일"

호산 전창일과 통일운동 77년사

하태경이 주장한 문 목사의 사망경위와 원인을 검토하기 전에 당시 언론에 보도된 기사부터 정리해 본다.

[표20: 문익환 목사 사망경위 보도]

매체	사망시간	경위
한겨레	밤 8시 20분	오후, 자택에서 가족들과 대화 중 전신마비 증상 → 병원이송 → 쌍문동 한일병원에서 심장마비로 타계
경향신문	오후 8시 20분	자택에서 갑작스러운 복통과 구토증세 끝에 쓰러져 사망
매일경제	8시 20분	자택에서 갑자기 쓰러짐 → 한일병원으로 이송 도중 사망
동아일보	저녁 8시 반경	자택에서 가슴이 답답하다며 갑자기 쓰러짐 → 한일병원 응급실에서 사망
조선일보	8시 30분경	오후 귀가 → 점심 먹은 게 체한 것 같다며 혼자서 연세대병원으로 감 → 병원이 혼잡해 귀가 → 휴식 중 구토 → 방에 들어간 후 갑자기 쓰러짐 → 한일병원 이송 중 사망(한일병원 추정 사인: 심근경색증)

1994년 1월 18일 오후 8시 30분경 향년 77세를 일기로 별세하였다. 자택에서 쓰러진 후 한일병원으로 이송 도중(혹은 응급실) 사망했으며, 사인은 심장마비(심근경색)였다.… 대체로 이러한 내용이었다. 「조선일보」는 유일하게 사망 당일 점심 무렵의 상황을 보도했다. 이 신문의 보도로는, 오후에 귀가해 "점심 먹은 게 체한 것 같다"며 혼자서 연세대병원으로 갔다가 병원이 복잡해 집으로 돌아와 쉬던 중 구토를 한 뒤 방에 들어가 갑자기 쓰러졌다고 한다.[14]

14 문익환 목사 별세, 「조선일보」, 1994.1.19.

2011년 9월경, 하태경이 『민주주의는 국경이 없다』란 책을 출간했다. 이 책은 8부 56장으로 구성되었는데 이 중 '16장, 문익환 목사를 죽음으로 몰고 간 종북세력들'에 앞에서 소개한 문제의 발언이 기록되어 있다.[15] 그 후 2011년 「중앙SUNDAY」를 시작으로 「주간조선」 등 각종 언론을 통해 하태경이 주장한 발언을 시간순으로 정리하면 다음과 같다.

① 문 목사가 김일성에게 '범민련 해체하고 통일운동을 위해 더 크게 태어나야 한다'는 내용의 편지 발송

② '문익환은 안기부의 프락치, 안기부의 사주를 받아 범민련을 해체하려는 책동을 펴고 있다'(김일성 사주 → 백인준 작성 → 범민련 해외본부 임민식 사무총장 → 민자통 종로5가 사무실 → 범민련 남측본부(A4용지 한 장 분량의 팩스)

③ 팩스가 온 다음 날(1993.12.11.) 문 목사가 사무실에서 "내가 안기부 프락치래."라며 흥분

④ 소문이 지하조직에 퍼져 종북 세력이 문 목사 욕을 하고 다님

⑤ 돌아가신 날(1994.1.18.) 점심 자리에 프락치라고 욕하는 사람이 맞은편에 앉아 있었음

⑥ 문 목사가 "내가 프락치냐."고 고함치다가, 밥알이 기도를 막아 쓰러짐

⑦ 병원에 옮겼으나 환자가 많아 입원을 못 함

⑧ 차 안에서 잠깐 회복된 뒤 댁으로 들어갔는데 그날 돌아가심

---

15 하태경, 『민주주의는 국경이 없다』, 글통, 2011.9.24.

하태경이 주장한 바로는, 김일성 혹은 김정일의 지령에 따라 범민련 북측의장 백인준이 '문익환은 안기부의 프락치'라고 했으며 이에 충격을 받은 문 목사가 돌아가신 것이 된다. 책을 내고 언론과의 인터뷰 등으로 인해 수많은 매체가 "문익환은 안기부의 프락치"라는 기사가 쏟아지자 반론이 나왔다. 하태경과 함께 통일운동을 했던 김창수[16]다. 그는 「통일뉴스」와 「한겨레21」 등의 지면을 통해 "문익환 목사의 죽음을 왜곡하지 마라."고 하며 하태경의 주장을 반박했다.[17] 그가 지적한 왜곡사례는 아래와 같다.

① 하태경 의원은 이 4개의 편지를 뒤섞어 '문익환이 김일성에게 편지를 보냈는데 김정일의 뜻을 담아 범민련 북측본부의 백인준이 '문익환은 안기부 프락치다'라는 답장을 보냈고 이에 충격을 받은 문익환이 사망했다'는 가공의 사실을 만들어냈다. → 문익환 목사가 김일성에게 편지를 보낸 적이 없고, 범민련 북측본부의 백인준 의장이 '문익환은 안기부 프락치다'라는 답장을 보낸 적이 없다.〈한겨레21〉

② 시간과 발송주체, 내용을 모두 뒤섞어서 북한의 백인준 의장이 '문

---

16 문재인 대통령은 4일 청와대 국가안보실 통일정책비서관에 김창수(55, 1964년생) 통일부 남북 공동연락사무소 사무처장을 임명했다. 서호 전 통일정책비서관은 지난달 23일 통일부 차관으로 자리를 옮겼다. 광주 동신고와 고려대 철학과를 졸업한 김 비서관은 통일맞이, 민족화해협력범국민협의회, 한반도평화포럼 등 시민사회에서 오랫동안 통일운동에 몸담았다. 참여정부 시절인 2003~2006년 청와대 안보정책수석실 행정관을 역임했다. 〈김창수 靑 국가안보실 통일정책비서관, 「서울신문」 2019.6.4.〉

17 문익환 목사의 삶과 죽음, 진실을 밝힌다(상), 김창수 통일맞이 정책실장, 하태경의 '북한발 문익환 프락치설' 반박, 「통일뉴스」 2012.7.9.; 하태경은 문익환 목사의 죽음을 왜곡하지 마라, 「한겨레21」 2012.7.10.

익환은 프라치다'는 팩스를 보냈고 문 목사가 그것에 충격받아서 쓰러졌다는 게 하태경 의원 주장이다. → 프라치라는 내용이 포함된 팩스는 세 번째 유럽 범민련에서 온 것이고, 100% 백인준 (범민련 북측본부) 의장의 것이 아니다. 네 번의 편지가 오고 간 게 팩트고 하태경 의원은 이 팩트를 명백히 뒤섞어버린 것이다. 〈통일뉴스〉

③ 백인준 의장 명의로 보내온 A4용지 한 장 분량의 팩스는 범민련 해외본부 임민식 사무총장이 남측본부로 보낸 형식으로, 범민련 남측준비위원회가 들어가 있던 재야단체인 민족자주통일중앙협의회 (일명 민자통) 서울 종로5가 사무실로 전달됐다. → '신고필' 도장이 선명한 범민련 북측본부가 보내온 팩스는 백인준 의장이 자필로 작성한 9쪽에 달하는 편지이지만 어디에도 '프라치'라는 단어는 찾아볼 수 없고 오히려 극진한 예를 갖추고 있다. 〈통일뉴스〉

※ 김창수의 결론: 김 실장의 증언과 자료들을 종합하면 범민련 북측본부와 해외본부 어느 곳에서도 문익환 목사를 '프라치'로 표현한 대목은 없고, 다만 범민련 해외본부가 '새로운 통일 운동체 건설을 주장하는 사람들 사이에 프라치가 있다'는 내용의 팩스를 보내온 사실만 확인할 수 있다. 그럼에도 불구하고 당시 조성우 의장은 물론 문익환 목사까지 일부에서 프라치 혐의를 받고 있었던 것 또한 사실이었던 것으로 보인다. 문제는 이 같은 당시 정황을 뒤섞어 하태경 의원이 "범민련 북측본부 백인준 의장 명의로 '문익환 목사는 안기부의 프라치'라는 팩스를 보냈고"라고 단정하는 발언을 언론에 쏟아내면서 자신의 전향을 합리화하고 있다는 것이다. 〈통일뉴스〉

호산 전창일과 통일운동 77년사

하태경은 김창수의 반론을 듣고 난 후 가진 「이데일리」와의 기자회견에서 문익환 목사의 죽음은 "종북주의 통일운동 세력의 만행"이라고 주장하며 소신을 굽히지 않았다. 그는 아래와 같은 발언을 남겼다.

① "김창수 씨의 글을 통해 문익환 목사의 죽음을 둘러싼 실체적 진실과 함께 종북주의 통일운동 세력의 문제점이 더욱 선명하게 밝혀진 것을 진심으로 다행스럽다."

② "김창수 씨는 1989년경부터 5~6년간 나와 통일운동을 함께해 온 분이며, 당시 통일운동의 내부 사정을 비교적 잘 알고 있는 사람이다"

③ "김창수 씨의 글로 인해 다시 한번 확인된 사실은, 문익환 목사가 당시 자신을 프락치로 매도하는 팩스에 큰 충격을 받아 심근경색으로 갑작스럽게 사망했다는 사실이다"

④ "김창수 씨 역시 자신의 글에서 '문익환 목사는 유럽 범민련에서 날아온 팩스를 받고 큰 충격을 받았다. 그날 점심때 자신을 프락치로 매도하는 편에 서 있는 사람을 만나 '내가 스파이야, 스파이야?'라고 큰 노여움을 표출했다. 그날 저녁 문익환 목사는 심근경색으로 사망했다.'라고 적었다"

⑤ "김창수 씨의 글은 당시 통일운동 세력 내에 분명히 문익환 목사를 안기부의 프락치로 몰고자 하는 세력이 있었다는 사실과, 그들의 팩스로 인해 문익환 목사가 갑작스러운 죽음에 이르렀다는 사실을 정확하게 밝혀주고 있다"

⑥ "문익환 목사의 '새로운 통일 운동체' 건설 논의를 반대한 채, 북측의 '범민련 고수' 입장을 지지하는 종북세력들이 '문익환 목사가 김

영삼 정부에 회유당했다'거나 '문익환 목사를 공공연하게 프락치로 거론했다'는 사실까지 정확하게 밝히고 있다"

⑦ "김창수 씨와 나와의 기억에서 차이가 있는 부분은 당시의 팩스가 범민련 북측본부 백인준 명의였는지, 범민련 유럽본부 명의였는지 하는 점이다. 그러나 이것은 지엽적인 일이며, 김창수 씨와 나와의 '명의'에 대한 기억 차이는, 어딘가에 보관되어 있을지 모르는 당시의 팩스 원본이 공개되면 깔끔하게 밝혀질 일이다."

하태경은 "김창수에 따르면, 범민련 해외본부에서 문익환 목사를 '프락치'라고 했다"고 한다. 이어서 "범민련 북측본부에서 문 목사를 프락치"라고 한 자신의 주장과 "범민련 해외본부에서 문 목사를 프락치"라고 한 김창수와의 차이는 지엽적인 일이며 이것은 단지 기억의 차이다. 그러므로 이 차이를 없애는 방법은 당시의 팩스 원본이 공개되면 깔끔하게 밝혀질 일이다, 라고 말을 맺었다.

하태경은 김창수의 발언 자체를 왜곡하고 있다. 김창수는 "범민련 북측본부와 해외본부 어느 곳에서도 문익환 목사를 '프락치'로 표현한 대목은 없다. 다만 범민련 해외본부가 '새로운 통일 운동체 건설을 주장하는 사람들 사이에 프락치가 있다'는 내용의 팩스를 보내온 사실만 확인할 수 있다."고 결론을 내렸다. 하태경의 주장은 기억의 차이가 아니라 사실의 왜곡이다. 그리고 지엽적인 일이 아니고 대단히 중요한 사안이다. 아무튼, 김창수의 반론으로 인해 범민련 북측본부와 해외본부 어느 곳에서도 문익환 목사를 프락치로 언급한 사실이 없음이 밝혀졌다.

호산 전창일과 통일운동 77년사

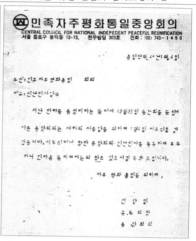

〈 그림242: 시계방향, ① 1994년 1월 20일 자 한겨레 사설 일부, ② 1994년 5월 13일 자로 발송된 범민련 공문서 일부, ③ 민자통 주소가 적힌 공문서 일부, ④ 전창일의 자필 기록(2021.11.28.) 〉

김창수가 거론하지 않은 사안이 세 가지 있다. 문 목사가 작고한 당일 점심 당시의 상황과 하태경이 언급한 민자통 관련 사항이다. 그리고 통일운동 세력에 잠입한 안기부 프락치의 존재 여부다. 문익환의 마지막 점심이었던 1994년 1월 18일 정오 무렵의 상황에 대해 기록한 자료를 날짜별로 정리하면 다음과 같다.

① 1994년 1월 20일 자「한겨레」사설: 문 목사는 '평양방문의 길동무' 유원호와 함께 점심 식사한 뒤 몸에 이상을 느껴 병원을 찾았다가 제대로 진료를 받지 못한 채 집에서 숨을 거두었다.

② 1994년 5월 4일 자 「세계일보」: 그는 지난 1월 17일까지만 해도 매우 건강했고 정력적으로 활동했다. 그러나 그는 통일론을 둘러싼 재야운동권 지도자들과의 견해차로 분통을 터뜨린 후 몇 시간 만에 급사하고 말았다. 그는 18일에 낙원동의 어느 식당에서 점심을 먹으면서 재야인사 U, J 씨 등과 심하게 말다툼한 것으로 알려졌다. 그는 이 자리에서 "내가 극우냐, 안기부 프락치냐."라고 고함을 치면서 분노했다고 한다. 무엇 때문에 그는 그처럼 흥분했고 곤혹스러워했으며, 급기야는 유명을 달리하게 되었는가.

③ 2004년 3월 20일 출간 『문익환 평전』: 1994년 1월 18일, 늘 하던 대로 방제명과 유원호와 박용수를 만나 점심을 하기로 했는데, 그날은 무슨 급한 일이 있다면서 전화가 와서 30분 늦게 식당에서 만났다. 점심시간을 늦춘 것도 마침 범민련 해외본부에서 문 목사를 비난하는 성명서 성격의 편지가 와서 이 회답을 쓰느라 30분이 늦었던 것이며, 점심 자리에 범민련의 진관 스님을 불렀던 것은 그 무렵 범민련 사람들이 문익환을 비방한다는 소리가 들려 그 진위를 캐묻기 위함이었다. 문익환은 잔뜩 화가 나 있었다. 당시 문익환의 통일운동은 재야와 일정한 거리를 두고 추진되었으므로, '통일맞이'에 대한 범민련이나 재야인사들의 비방은 어느 정도 감수하고 있었다. 하지만 프락치라는 말을 동지들에게 들었을 때 그 충격이 어떠하랴. 더욱이 그날은 국내 범민련과 범민련의 말이 한꺼번에 들려왔으니, 화가 나도 이만저만 난 것이 아니었다. 진관에게 "내가 왜 프락치냐?"고 꾸짖었다. 그가 죽던 날 우송한 그에 대한 답신은 문익환이 쓴 마지막 글이 되었다. 범민련의 북, 남, 해외본부에 보내는 글이었다.

호산 전창일과 통일운동 77년사

④ 2009년 4월 작성한 이유나의 박사학위논문(문익환의 통일론과 통일운동에 대한 연구): 그러나 1994년 1월 17일까지만 해도 매우 건강했고 정력적으로 활동했던 문익환은 통일론을 둘러싼 재야운동권 지도자들과의 견해 차이155)로 분통을 터뜨린 후 몇 시간 만에 급사하고 말았는데,156) 그는 18일 낙원동의 어느 식당에서 평양 방문의 길동무 유원호 등과 함께 점심 식사한 뒤 몸의 이상을 느껴 병원을 찾았다가 제대로 진료를 받지 못한 채 집에서 숨을 거두었다.157) 이날 문익환은 범민련 해외본부에서 자신을 비난하는 성격의 편지를 받았는데158) 또한, 국내 범민련 측으로부터 충격적인 말을 듣고 대단히 화가 났던 것이었다.159) 〈주석155)문익환과 재야 범민련 측의 철학의 차이가 운동론의 차이를 초래했고, 서로 받아들일 수 없는 이념적 장벽이 높아짐에 따라 문익환은 허탈에 빠졌던 것으로 보이는데, 문익환은 변증법을 신봉했지만, 유물론자는 아니었다. 게다가 그는 헤겔의 변증법을 믿었을 뿐, 마르크스주의자들의 변증법에는 끝내 반대했다.(「기획연재: 남과 북 장점만 살린 만남 지향– 문익환 목사 통일론 어떤 것이었나」,「세계일보」1994. 5. 4.), 주석 156) 1월 18일 문익환은 유원호, 진관 스님 등과 심하게 말다툼한 것으로 알려졌는데, 그는 이 자리에서 "내가 극우냐, 안기부 프락치냐?"고 고함을 치면서 분노했다고 한다.(「세계일보」 1994.5.4.), 주석 157) '사설; 죽는 날까지 달려간 통일의 길', 「한겨레신문」 1994.1.20., 주석 158) 범민련 해외본부 의장인 윤이상은 일본 동경 게이오 프라자 호텔에서 1994년 12월 17일 기자와의 인터뷰에서 "문익환 씨나, 장준하 씨나 뭘 남기고 갔겠습니까, 결국은 돌 하나 쌓지 못하고 갔어요."라고 하면서

문익환의 통일운동을 폄하하였다.(「동아일보」 1994.12.18.), 주석 159) 김형수, 『문익환 평전』, 실천문학사, 2004, 782쪽.〉

⑤ 2009년 12월 8일 자 「한겨레」, [길을 찾아서] 뜬소문 고초 겪다 눈 감은 문 목사/정경모: 이제 1994년 1월 18일 아침 여느 때와 다름 없는 건강한 모습으로 수유리 자택을 나온 문익환 목사가 그날 오후 8시 반 세상을 떠났다는 비극을 말해야 할 차례가 된 것 같은데, 그날의 비극은 일본에 본부를 두고 있는 '범민련' 해외조직이 직접 관련되어 있었기 때문에 우선 거기서부터 사태의 경위를 풀어 나가기로 하겠소이다. …(중략)… 김영삼 정권이 들어선 후에도 문 목사가 지니고 있는 그 범민련 직함 때문에 어떻게 움치고 뛸 수도 없는 곤경으로 몰리게 된 것이었소이다. 하는 수 없이 일단 범민련이라는 조직을 벗어나 새로운 운동체를 구상하게 되었는데, 그것이 '통일맞이'(통일맞이칠천만겨레모임)였소이다.

그랬더니 대뜸 나서서 중상공격을 시작한 것이 곽동의 범민련 해외본부 의장이었소이다. '문 아무개는 김영삼 정권과 어울려서 흡수통일을 획책하고 있는 스파이다….'

남산골샌님이 붙이는 재주는 없어도 떼는 재주는 있다고, 밑도 끝도 없는 뜬소문이 삽시간에 서울로 평양으로 돌더니 범민련 독일지부로부터 발신된 전문이 문 목사에게까지 도달하였던 것인데, 이 한 통의 전문이 문 목사에게 죽음을 불러온 것이외다. 1월 17일 밤 문 목사는 늦게까지 책상에 앉아 평양의 백인준 의장에게 편지를 썼소이다. '범민련을 떠나 새로운 조직을 시작하게 된 것이나 그것은 결코 범민련을 적대시해서가 아니라는 것을 말하고, 윤동주의 시처럼 하늘을 우러러 한 점 부끄럼 없는 삶을 관철하리라는 뜻'을 전했던 것이오이다. 다음 날 아침 여느 때처럼 집을 나온 문 목사는 늘 따라다니는 제자들과 함께 갈빗집에서 점심을 드시면서 범민련 소속인 진관 스님에게 화풀이를 좀 하신 것이 아니오이까. "내가 그래 스파이냐?" 그 말을 세 번 되풀이하는 사이에 입에 든 음식이 식도가 아니라 기관으로 넘어가는 오연(誤嚥)을 일으킨 것 인데, 이것은 연로한 분이 감정이 격했을 때 일어날 수 있는 사고 라고 어느 의사가 일러주더이다.

제자들이 구급차가 아니라 택시로 연세대 병원으로 모시고 갔으 니 사람들 틈에 끼어 순번을 기다릴 수도 없고 초주검이 된 문 목 사가 자택에 도착했을 때는 이미 돌이킬 수 없는 상태였던 것이지 요. 문 목사가 당한 그 날의 참변은 '곽동의 의장의 모함에 의한 타 살'이었소이다.

⑥ 2016년 11월 4일 자 「한겨레」, 박찬수의 NL 현대사(숨지기 전날 쓴 '늦봄'의 마지막 편지엔… 〈문익환 목사〉: 1992년 무렵부터 재야 내부 에선 '새로운 통일 운동체'를 둘러싼 논쟁과 갈등이 본격화했다. 세는 범민련보다 새통체 쪽으로 쏠렸다.…(중략)… 그때는 존재가 알려지 지 않았던 (엔엘 핵심인) 민혁당(민족민주혁명당)도 새통체를 지지 했다.(범민련을 지켰던 민경우(1995~2002년 범민련 사무처장)의 주 장)…(중략)… 민혁당 핵심은 1986년 〈강철서신〉을 쓴 김영환 씨였 다. 김 씨는 1991년 몰래 평양을 방문하고 돌아와서 민혁당 결성 을 주도했다. 민혁당에서 통일운동을 담당했던 이는 전민련 조국 통일위원회 간사를 지낸 홍진표(현 〈시대정신〉 편집인) 씨였다.… (중략)… 김영환 씨는 1992년 말~93년 초에 '범민련 해체 의견'을 북한 사회문화부에 보고했다.…(중략)… 재차 범민련 해산을 주장

하자 '수령님 교시사항이라 어렵다'는 취지의 답변이 다시 왔다. 그 때까지 사회문화부가 내 제안을 명백하게 거부한 적이 없어 좀 놀랐다.…(중략)… 민혁당 내 상당수는 김영환 씨를 의심의 눈초리로 보기 시작했다. 이때부터 김 씨와 김 씨를 따르는 당원들은 본격적으로 전향을 모색하기 시작했다.…(중략)… 범민련 쪽과 새통체 쪽의 대립과 갈등이 극심해졌다. 민경우 전 범민련 사무처장은 "새통체 쪽이 다수를 점하면서 패권적 모습이 나타났다. 노선으로 설득하기보다 위압적으로 참여를 종용하는 경우가 적지 않았고, 그런게 일선 단체들의 반발을 불러왔다. 반대로 범민련 쪽에선 말로써 새통체 인사들에게 상처를 줬다"고 말했다. 새통체 추진 인사들을 '미 중앙정보국(CIA) 프락치'라거나 '안기부 첩자'라고 공공연하게 비난하는 말들이 나돌았다.…(중략)… 이런 와중에 해외에서 한 통의 편지가 날아들었다. 베를린에 사무국을 둔 범민련 해외본부(의장 윤이상)에서 보낸 팩시밀리 편지였다.(김창수 코리아연구원 의장은 "1994년 1월 17일쯤이었다. 발신인은 범민련 해외본부였는데 수신인이 누구였는지는 정확히 기억나지 않는다. 내용은 '새통체를 추진하는 사람 중에 김영삼 정부 프락치가 있다'는 거였다.")…(중략)… 문 목사는 1월 17일 밤 범민련 북쪽본부 백인준 의장과 해외본부 윤이상 의장, 남쪽본부 강희남 준비위원장 앞으로 편지를 썼다.…(중략)… 이 편지는 발송되지 못했다. 바로 그 다음 날(1월 18일) 문익환 목사는 숨을 거뒀다.

글과 말을 남긴 사람 대부분은 문익환 목사의 결백을 믿고 있었다. 다만 원인제공자에 대한 생각은 편차가 크다. 하태경은 김일성·김정일·

백인준 등 북쪽의 수뇌 인물과 남쪽의 주사파(특히 민자통 계열)들이 문목사를 안기부 프락치로 모함했다고 주장했고, 김창수의 경우 하태경의 주장을 전면 부인하며 다만 해외본부에서 보낸 팩시밀리 편지가 영향을 끼쳤을 가능성을 제기하고 있다. 『문익환 평전』의 저자는 범민련 계열의 사람들에게 혐의를 돌리고 있는 것으로 보인다. 문익환과 함께 북조선을 방문했던 정경모는 범민련 해외본부 부의장 곽동의[18]를 의심했다.

특이한 견해는 박찬수다. 강철서신에서 뉴 라이트까지, 『NL현대사』의 저자인 박찬수는 그의 책과 언론기고문 등을 통해 문익환 죽음의 배후에 뉴 라이트로 변절한 과거 주사파가 있을 가능성을 제시한다. 그가 구체적으로 지목한 인물은 강철서신의 저자 김영환이다. 문익환 프락치 사건에 등장하는 그 외의 전향자는 홍진표, 민경우, 하태경 등이다.

가장 큰 문제는 언론환경이다. 문 목사 프락치설에 대해 다양한 의견이 개진되었지만, 정작 대부분 언론에 노출된 것은 하태경의 주장뿐이

---

18 곽동의(郭東儀, 1930~2017); 1930년 경상남도 남해군에서 태어났으며 리쓰메이칸대학 유학을 위해 일본으로 건너갔다. 한국 전쟁 때 학도의용군으로 참전하였고, 1960년 재일한국청년동맹[한청] 초대 위원장, 민단통일문제전문위원회 위원을 역임하였다. 1961년 재일본대한민국민단 민주화 운동 단체인 민단정상화유지간담회(民団正常化有志懇談會) 결성에 참여하며 적극적으로 재일본대한민국민단 민주화 운동에 참여하였다. 이로 인해 1962년 4월 재일본대한민국민단 집행부로부터 재일한국청년동맹 위원장의 권한을 정지[정권 처분]당하였다. 곽동의에 대한 정권 처분은 재일본대한민국민단 민주화운동을 심화시키는 원인이 되었다. 결국, 재일본대한민국민단에서 제명된 곽동의는 배동호 등이 김대중과 연대해 한국민주회복통일촉진국민회의 일본본부[한통련의 전신]를 결성할 때 중심 구성원으로 활동하였으며, 재일한국민주통일연합 결성 후에 조직국장을 역임하였다. 1982년 재일한국민주통일연합 사무총장을 거쳤고, 1989년 재일한국민주통일연합 조직 개편 후에는 의장을 역임하며 조국통일범민족연합의 해외본부 부의장을 맡아 일본에서 조국통일 운동을 전개하였다. 정부로부터 귀국을 거부당하다가 44년 만인 2001년 10월 재일한국민주통일연합 고국방문단으로 한국을 방문하였다. 2005년 6·15 공동선언실천 민족공동위원회 결성에 앞장섰다. 2004년까지 재일한국민주통일연합 의장, 2014년까지 6·15 공동선언실천 일본지역위원회 의장을 맡았고, 2017년 사망 때까지 6·15 해외 측 위원장으로 활동하였다. 《세계한민족문화대전》

었다. 조·중·동 등 대형언론들이 하태경의 주장을 주로 언급하다 보니 《위키백과》 같은 영향력이 큰 매체도 이에 따르게 마련이다.

이러한 움직임에 대해 북한은 백인준 범민련 북측본부 의장의 명의로 '문 목사가 안기부의 사주를 받아 범민련을 해체하려는 책동을 펴고 있는데 이를 거부하고 범민련을 지켜야 한다'는 팩스를 보냈다. 이 팩스 내용이 남측 통일운동가 진영에 유출되면서 문 목사는 '안기부의 프락치'로 몰리면서 격렬한 비난을 받게 되었다. 문 목사와 함께 방북하여 투옥되었던 문인 황석영, 당시 문 목사의 실질적인 비서 역할을 하던 국회의원 하태경 등 복수의 인사들 증언에 의하면, 이로 인해 문 목사는 사망 전일인 1994년 1월 17일에 점심 식사 자리에서 모 인사와 언쟁을 벌이다가 음식물이 기도로 넘어가 실신하고 말았다. 결국, 문 목사는 이날 오후부터 건강이 급격히 악화되었으며 이튿날인 1월 18일에 심장마비를 일으켜 사망하고 말았다.[19]

"북한은 백인준 범민련 북측본부 의장의 명의로 '문 목사가 안기부의 사주를 받아 범민련을 해체하려는 책동을 펴고 있는데 이를 거부하고 범민련을 지켜야 한다.'라는 팩스를 보냈다."… 하태경의 주장과 정확히 일치한다. 북조선, 사회주의자(공산주의자 포함), 주사파계열 청년, NL계 통일운동가, 등 소위 빨갱이 악마 만들기의 전형적인 예다. 또 다른 문제가 있다. 문익환 프락치 파동에서 가장 피해가 컸던 이들은 범민

19 문익환,《위키백과》

련 고수파로 알려진 통일운동가들이었다.

문 목사의 죽음에 대하여 강희남(위원장), 조용술, 전창일, 이종린, 이현수(이상 부위원장) 등 범민련의 핵심인사들에게 인터뷰를 요청한 인사들은 전혀 없었다. 안타깝게도 이들은 대부분 작고했다. 구순이 넘은 전창일만이 생존해 있다. 이들 중 문 목사의 죽음에 관련해 증언을 남긴 사람은 전창일이 유일하다.

앞에서 이미 언급했지만, 전창일은 문 목사의 결백을 확실히 믿었다. 문 목사 작고 며칠 전 만났을 때, 통일운동의 미래를 위해 한 달에 두 번 정기적인 회담을 갖기로 약속한 바도 있다. 전창일에 따르면, 당시 대단히 신임받고 있던 젊은이(홍진표)가 지금은 뉴 라이트로 변신한 것을 보고 안기부의 공작원이었을 가능성을 비추기도 했다.

전창일은 2012년경 하태경이 제기한 문익환 프락치 파동을 전혀 모르고 있었다. 최근 관련 자료를 보고 난 뒤 두 가지 사안을 지적했다. 아래에 전창일의 자필 기록을 소개한다.

> 하태경 씨의 범민련 해외본부 임민식 사무총장이 종로5가에 있는 민자통에 문익환 목사에 관한 공문을 보냈다는 기록은 있을 수 없는 날조이다.
>
> 첫째, 민자통은 종로5가에 사무실을 가진 적이 없다.
>
> 둘째, 민자통은 범민련 남측본부 가입단체인데, 범민련 해외본부 사무총장이 범민련 남측본부를 도외시하고 그 산하단체인 민자통에 공문서를 송부했다는 주장은 조직 체계상 있을 수 없는 일

이다.[20]

　전창일은 민자통 의장, 범민련 부위원장(조직위원장 겸직) 등을 역임
한 당시 민간인 통일 운동계의 핵심 인사 중 한 명이었다. 그러므로 민
자통과 범민련의 내부상황에 대해선 누구보다 잘 파악하고 있는 인물이
었다. 전창일이 지적한 것처럼 민자통은 창립 초기에 서울 종로구 돈의
동 수왕빌딩 303호에 있다가,[21] 문 목사 작고 무렵에는 서울 종로구 봉
익동 12-13, 천우빌딩 303호에 민자통 사무실이 있었다. 돈의동, 봉익
동 모두 현재의 종로3가역 인근이다. 물론 하태경이 3가를 5가로 착오
할 수 있다. 한편, 하태경은 "내가 민자통 사무실에서 직접 팩스를 봤는
데 '문익환은 안기부의 프락치'라고 적혀 있었다."라고 했는데, 당시 민
자통 사무실에는 전화만 설치되어 있었지 FAX는 없었다.[22]

　반면, 1994년 5월 13일 발송된 범민련의 공식문서에는 서울특별시 종
로구 종로6가 138-1 신흥B/D601호라는 주소와 함께 TEL: (02)762-
1371, 1238 FAX :(02)762-1372라고 FAX 번호가 분명히 적혀있다.[23]
그리고 그 무렵 민자통 대변인을 역임했던 김준기의 증언을 따르면, 민
자통 사무실에는 새통추 혹은 통일맞이 관련 인사들은 전혀 출입하지
않았고, 하태경이란 젊은이 자체를 몰랐다는 말을 덧붙였다.[24]

20　2021년 11월 28일, 전창일의 자필 기록

21　1989년 8월 11일, 검사 강지원이 작성한 김준기의 공소장 16쪽

22　〈그림240: ③민자통 주소가 적힌 공문서 일부〉참조

23　〈그림240: ② 1994년 5월 13일 자로 발송된 범민련 공문서 일부〉참조

24　2021년 11월 1일, 전화녹취

호산 전창일과 통일운동 77년사

범민련 해외본부 임민식[25] 사무총장이 범민련 조직과 관계있는 중요한 문서를 범민련 남측본부로 보내지 않고, 산하단체인 민자통에 보냈다고 하는데, 정작 그곳에는 FAX가 설치되어 있지 않았다고 한다.… 이런 웃지 못할 난센스도 벌어졌던 것이 당시의 시대 상황이었다.

그 무렵 '통일맞이'에서 하태경과 함께 일했던 김창수는 네 편의 편지를 거론했다. 이 중 세 편의 전문은 이미 공개했다.[26] 문제는 세 번째 편지, 즉 해외본부 임인식 사무총장이 보냈다는 FAX의 존재 여부다. 김창수는 "범민련 해외본부가 '새로운 통일 운동체 건설을 주장하는 사람들 사이에 프락치가 있다'는 내용의 팩스를 보내온 사실만 확인할 수 있다."고 했다. 하지만 이것은 김창수의 착오일 가능성이 높다. 왜냐하면, 이처럼 중요한 문서가 해외본부로부터 송부되었다면, 조직을 총괄하고 있던 전창일이 몰랐을 리 없었다. 전창일은 이러한 FAX에 대해 전

〈 그림243: 1995년 6월 29일 자 한겨레, 8월 1일 자 한겨레 〉

25 임민식 박사는 민족운동의 성지 광주 태생으로 영국유학 시절 덴마크에서 유학 온 여성과 결혼하여 학업을 마친 후 덴마크 대학에서 교수생활을 하면서 범민련 운동에 참가하여 고국 방문을 할 수 없는 처지에 놓여 있었다. 〈2021년 3월, 전창일 자필 기록〉
26 〈자세히 보기-35〉[백인준 의장과 문익환 목사의 송수신 편지 3통] 참조

혀 기억이 없다고 한다. 다만 앞에서 언급한 바와 같이 "1993년 11월 경, 범민련 유럽본부에서 발간하는 소식지에 범민련 남측본부가 정보 당국의 파괴공작에 시달리고 있다는 기사가 있었다. 하지만 문 목사를 지칭하는 기사는 없었다."고 증언했다. 세 번째 FAX의 존재 여부가 밝혀지지 않으니, "어딘가에 보관되어 있을지 모르는 당시의 팩스 원본이 공개되면 깔끔하게 밝혀질 일이다."라고 하태경에게 빌미를 주게 된 셈이 되어 버렸다. 그러나 하태경은 이러한 요구를 하기 전에 자신의 주장을 입증할 자료부터 제시하고 난 뒤 김창수를 비아냥거려야 할 것이다. 마지막으로 살펴볼 것은 문 목사의 미망인 박용길 장로의 행적이다.

하태경의 주장이 옳다면, 북조선은 자기의 남편을 안기부의 프락치로 모함하여 죽음에 이르게 한 철천지원수다. 북조선의 입장으로 보면, 문익환은 조국의 통일운동을 분열시킨 악질 반동분자가 될 것이다. 그러나 문익환의 서거를 맞아 북조선은 주석 김일성의 명의로 정중한 조문을 보냈고,[27] 박 장로는 김 주석 1주기 추모식에 참석하기 위해 정부의 허가 없이 북조선을 방문했다. 박용길이나 북조선은 '문익환 프락치'설 따위 누구도 믿지 않았다는 방증이다.

1995년 7월 31일, 한 달가량 북에 머물다 판문점을 통해 남쪽으로 돌아가기 위해 박 장로가 판문각에 나타났을 때 그를 배웅하기 위해 화동 6명을 비롯한 수백 명의·북쪽 인사들이 판문각 계단에서 꽃을 흔들며 환송했다. 이들은 박 장로가 판문각 정문을 나서 군사분계선을 넘을 때까지 열광적으로 환송했다. 남쪽에서 기다리고 있는 것은 구속영장이었다. 유엔사는 간단한 몸수색을 한 뒤 소형버스에 태워 임진각까지 호송

27 〈그림241-2〉

호산 전창일과 통일운동 77년사

해 남한당국에 신병을 인도했다.[28]

그리고 국가보안법 위반 혐의로 체포, 재판에 넘겨졌다. 그러나 그는 재판에 불응하고 버텼다. 이때 대종교 총전교인 안호상의 방북 사건과 달리 형량이 과중히 부과되어 논란의 여지가 있었다. 구속 수감 도중 당뇨병 외에도 심근경색, 허혈성 심장질환 등을 앓게 되었다. 이때 엠네스티는 그를 양심수로 지목하여 6백여 명의 세계 정재계, 예술계 인사들이 박용길의 사면 탄원서를 대한민국 정부에 제출하기도 했다. 계속 재판이 진행되는 끝에 그는 지병인 당뇨와 허혈성 심장질환 등의 이유로 보석을 신청했으나 이 역시 기각되었다. 결국, 그는 4개월간 투옥되었다가 풀려났다. 게다가 2000년 10월에도 노동당 창건 55돌을 맞아 방북했다가 보수 세력의 공격을 받기도 했다.[29] 하태경은 박 장로의 북행을 보고 어떠한 생각을 했을까?

알 수 없는 것은 하태경의 의도다. 그가 문제의 발언을 쏟아낸 2012년이라면 박용길 장로의 북행 사건을 알았을 것이고, 지금까지 언급한 자료도 대부분 공개된 시점이다. 더욱이 백과 문 두 사람의 편지는 문 목사가 생존했을 때인 1993년 12월 14일 자 「한겨레」를 통해 전문 대부분이 공개되었었다. 문 목사의 핵심측근으로 일했다는 하태경이 그 내용을 몰랐을 리 없었다는 얘기다. 그렇다면 그는 왜, 무슨 목적으로 이런 어처구니없는 조작을 했을까? 좌에서 우로 혹은 우에서 좌로 자신의 정체성을 변경할 수는 있다. 하지만 가짜 정보로, 한때 자신이 몸담았던 조직에 누명을 씌우는 작태에 우리는 어떻게 반응해야 할까?

28 박용길 장로 판문점 통해 귀한 이모저모, 「한겨레」, 1995.8.1.
29 박용길, 《위키백과》

12

조문단 사건

나는 金주석과 남북문제에 관해서도 충분히 얘기했다. 金주석은 남북분단 해결을 위한 진전이 없는 것에 대해 애석하게 생각하고 있었다. 남북문제에 진전이 없는 것에 대해 남북이 공동으로 책임을 져야 한다고 말했다.

金주석은 핵문제가 해결되면 남북문제 해결을 위한 기회가 생길 것이라고 말했다.

金주석은 특히 金泳三대통령이 전에 정상회담을 제안한 것에 대해 고마움을 표시했다. 정상회담이 실현될 수 있기를 바란다는 뜻을 남한측에 전달해 달라고 말했다.

나는 이러한 金주석의 말을 金대통령에게 전달했다.

〈 그림244: 시계방향, ① 1994년 2월 26일 자 경향신문, ② 6월 17일 자 조선일보, ③ 6월 18일 자 한겨레, ④ 6월 19일 자 동아일보, ⑤ 6월 22일 자 조선일보, ⑥ 6월 23일 자 조선일보 〉

민간인 통일운동의 상징으로 알려진 문익환의 죽음 전후로 미국의 대북한 외교정책은 요동치고 있었다. 한반도 통일문제는 부차적인 문제였다. 당시 미국의 현안은 1993년 3월 북조선의 핵확산금지조약(NPT)탈퇴 선언 이후 심각한 위기로 치닫고 있는 핵 문제였다.

갈루치 미 국무차관보와 강석주 북조선 외교부 부부장의 회동 (93.6.2.~11, 뉴욕), 애커먼 미 하원 아태위원장의 방북(10.9.~12.), 김영삼·클린턴 두 대통령의 북핵 공동보조 강화합의(11.22.~23.) 등의 접촉과 회동이 있었지만, 북은 원자력 기구 사찰조건 수용불가를 선언했고(94.1.21.), 북-원자력 기구 협상은 결렬되었다.(1.25.)[1]

미국은 종교인까지 활용했다. 선교활동차 북조선을 방문 중이던 빌리 그레이엄 목사를 통해 클린턴의 메시지를 전달했고,[2] 김 주석은 회답 메시지를 클린턴에게 보냈다.[3] 미국은 화해의 제스처를 취하기도 했다. 팀 스피릿 훈련을 중단하고, 3단계 회담 예정도 발표했다.(3.3.) 하지만 결론은 북조선의 원자력 기구 탈퇴 선언이었다.(6.13.) 그 이전에 원자력 기구는 북한제재결의안을 채택했다.(6.10.) 미국이 마지막으로 선택한 방법은 전직 대통령 지미 카터의 방북이었다.

1994년 6월 15일, 카터는 판문점 군사분계선을 통과하여 입북했다.[4] 경제제재로 치달으면서 긴장과 위기국면으로 접어들었던 북조선 핵 문제가 카터의 방문을 계기로 북-미 3단계 고위회담 개최 가능성이 크게 높아지면서 중대한 돌파구를 찾게 되었다. 16일, 미국은 3단계 고위회담에 대한 전제조건을 크게 완화함으로써 회담개최 가능성을 크게 높여

---

1 북-미 협상일지, 「한겨레」, 1994.7.8.
2 "클린턴 핵 메시지 전달" 그레이엄 평양도착, 금명 김일성 면담, 「경향신문」, 1994.1.28.
3 김 주석, 클린턴에 긴급 메시지, 「한겨레」, 1994.2.4.
4 군사분계선 넘으며 "매우 즐겁다." 카터 판문점 입북 이모저모, 「동아일보」, 1994.6.16.

주었다.5 우여곡절 끝에 7월 초 3단계 회담이 개최될 것이라는 보도가
나왔다.6

한편, 미국의 문제는 곧 남한정부의 문제이기도 했다. 1994년 2월 25
일, 취임 1주년을 맞아 가진 기자회견에서 김영삼 대통령은 핵 · 통일 ·
경제협력 등을 논의하는 남북정상회담을 제의했다.7 하지만 아무런 반
응이 없었다. 이유는 김일성 주석의 신년사를 보면 짐작할 수 있다. 김
주석은 "조선반도의 핵 문제는 어디까지나 조-미 회담을 통해 해결되어
야 한다. 조-미 공동성명이 채택된 조건에서 이미 합의한 원칙을 지키
고 이행한다면 조선반도의 핵 문제는 공정하게 해결될 것이다."라고 94
년 신년사에서 밝힌 바 있다.8

그리고 통일방법론에도 많은 차이가 있었다. 1960년 이래 북은 연방
제통일론을 줄곧 주장했다. 그러나 김영삼은 야당 시절에도 연방제통일
론에 호의를 보인 김대중과 달랐다.9 김영삼 정부의 방침은 화해와 협력
단계 → 남북연합단계 → 1민족 1국가 단계를 거치는 소위 3단계 통일
론이다.10 연방제통일에는 반대의사를 분명히 밝혔다. 1994년 5월 27
일, 중부전선의 각 부대를 시찰하며 가진 연설에서 김 대통령은 "연방
제통일을 원하는 것은 큰 오류를 범하는 일이다. 감상적이고 허황된 연

5   클린턴 "3단계 회담 용의", 「한겨레」 1994.6.18.
6   미 "내달 초 3단계 회담", 「조선일보」 1994.6.23.
7   조건 없이 남북정상회담, 「경향신문」 1994.2.26.
8   북미 협상 통해 핵 해결, 「한겨레」 1994.1.4.
9   공화국연방제 어떤 것인가, 김대중 민주당 고문 공식제의와 내용, 「조선일보」,
    1987.8.18.
10 임기 중 남북연합실현 최선, 「한겨레」 1993.7.7.

방제통일에는 찬성할 수 없으며 우리는 지킬 수 있는 통일을 해야 한다"
고 말했다.[11] 이러한 상황에서 남북정상회담을 한들 무엇을 기대할 수
있겠는가? 카터가 선물을 가져왔다. 방북 후 가진 기자회견을 통해 그
는 다음과 같은 말을 전했다.

> 나는 김 주석과 남북문제에 관해서도 충분히 얘기했다. 김 주석
> 은 남북분단 해결을 위한 진전이 없는 것에 대해 애석하게 생각
> 하고 있었다. 남북문제에 진전이 없는 것에 대해 남북이 공동으로
> 책임을 져야 한다고 말했다.
> 김 주석은 핵 문제가 해결되면 남북문제해결을 위한 기회가 생
> 길 것이라고 말했다.
> 김 주석은 특히 김영삼 대통령이 전에 정상회담을 제안한 것에
> 대해 고마움을 표시했다. 정상회담이 실현될 수 있기를 바란다는
> 뜻을 남한 측에 전달해 달라고 말했다.
> 나는 이러한 김 주석의 말을 김 대통령에게 전달했다.[12]

북은 미키 다케오 전 일본 총리의 미망인 미키 무쓰코를 통해 8월 15
일 남북정상회담을 갖기 바란다고 회담 날짜를 제시했다. 7월 초 북미
3단계 회담, 8월 15일 남북 정상회담… 이제 한반도에도 데탕트(Détente
는 프랑스어로 '긴장 완화'를 뜻함)시기가 도래한 것처럼 보였다. 그러나
날벼락이 떨어졌다. 1994년 7월 8일 새벽 2시 김일성 주석이 서거한 것

---

11 연방제 통일반대, 김 대통령 북한 극한상황, 「동아일보」 1994.5.28.
12 카터 회견 발표문 요지, 「동아일보」 1994.6.19.

이다. 사인은 심근경색이었다.[13]

〈 그림245: 1994년 7월 11일 자 경향신문 〉

　김일성 주석 사망 다음날인 7월9일, 미국·중국·러시아 등 세계 주요국의 최고지도자들이 애도를 표했다. 아래는 조의 내용이다.[14]

▲ 빌·클린턴(미국 대통령): 미국 시민을 대표해 진정한 애도의 뜻을 표한다. 북한과 미국 간의 대화 재개를 가능케 한 김 주석의 지도력에 감사를 표하며 이러한 대화가 일정한 시간이 지난 뒤 계속되기를 희망한다.

13　김일성 사망, 「매일경제」 1994.7.10.

14　주요국 원수·요인들이 본 '김일성 사망' 급작스런 죽음에 애도…대화 분위기 계속 희망, 「경향신문」 1994.7.11.

▲ 등소평(중국 최고 실력자): 김 주석이 갑자기 서거했다는 소식을 듣고 중국의 노 혁명가들과 함께 이를 깊이 애도한다. 김 주석은 반세기 간에 걸쳐 조선을 영도해 온 탁월한 영도자로서 그는 조선의 혁명과 발전 그리고 인민에 헌신하는 일생을 살았다.

▲ 보리스 옐친(러시아 대통령): 오랜 기간 북한의 지도자였던 김 주석의 서거에 심심한 애도를 표한다.

▲ 프랑수와 미테랑(프랑스 대통령): 자신이 G7 지도자 중 유일하게 김 주석을 만나났던 사실을 지적하면서 "김 주석은 위대한 국가원수였다. 전후부터 오늘날까지 활동해 온 거물 중의 한 사람이었다."

김일성 사망에 대한 조의 표명은 세계적 사건이 되어 버렸다. 주목할 것은 미국과 일본의 대응이다. 미국의 반응부터 살펴보자. "진정한 애도의 뜻을 표한다"는 대통령의 특별성명에 이어 지난달 김 주석과 두 차례의 단독대좌를 가진 바 있는 카터 전 대통령은 "나와 아내 로절린은 김 주석의 예기치 않은 죽음에 대해 깊이 슬퍼하고 있으며 김 주석의 가족과 북한 국민에게 충심으로 슬픔을 전달하고 싶다"고 조의를 표명했다.

그러나 야당의 반응은 달랐다. 보브 돌 공화당 상원 원내총무는 "클린턴 대통령의 애도표명은 한국전쟁에 참전했던 미군과 그 가족을 고려하지 않은 것이다, 김 주석의 사망은 단지 '야만적인 독재'가 끝났음을 의미할 뿐"이라고 강조했다.[15] 존 매케인 상원의원(공화 · 애리조나 주)도

---

15 급작스런 죽음에 '애도'… 대화 분위기 '계속' 희망(클린턴), '야만적인 독재' 종식 의미일 뿐(돌 의원), 「경향신문」, 1994.7.11.

돌의 문제 제기에 가세했다. 그는 "한국전쟁에서 숨진 5만 4천 명의 미국인을 포함, 수많은 생명을 앗아간 책임자에게 조의를 표하는 것은 매우 중대한 잘못"이라고 비난했다.

클린턴은 이러한 공격에 대해 "한국전 참전용사들과 생존자들도 미국의 다른 단체들 못지않게 북한 핵 문제 해결을 원하고 있다고 생각한다. 내가 발표했던 성명은 간결하고 적절한 것이었으며 미국의 이익에 중요한 것이었다"고 강조했다.[16] 북-미 고위급회담 미국 수석대표이자 핵전담 대사인 로버트 갈루치 국무부 차관보는 아예 조문방문을 했다. 그는 제네바 주재 북조선대사관을 방문해 김일성 주석의 분향소에 조문했다.[17] 클린턴 정부는 조문외교를 한 것이다. 언론도 클린턴에게 힘을 실어주었다. 「뉴욕타임스」는 7월 12일 "상원의원, 그것이 외교요"라는 제목의 사설로 공화당 원내대표의 '조문 반대'를 비판했다. 아래에 사설 일부를 소개한다.

> 차기 대통령 선거에 출마할 채비를 갖추고 있는 돌 공화당 원내총무가 김일성 주석의 사망과 관련한 클린턴 대통령의 언급에 대해 말꼬리 잡는 식의 비판을 한 것은 당황스러운 일이 아닐 수 없다.…(중략)… 클린턴 대통령의 이번 발언은 올바른 것이었다. 몇 달간의 팽팽한 외교 끝에 김 주석은 대화를 재개하기로 했다. 클린턴 대통령의 입장에서는 이에 대해 사례하고 김 주석의 후계자에게 이를 따르도록 고무시킬 이유가 있다.

---

16 클린턴 '김일성 애도' 한국전 희생자 모욕, 미 공화 비난, 「동아일보」, 1994.7.12.
17 갈루치 조문, 「한겨레」, 1994.7.12.

돌은 클린턴 대통령이 김 주석의 '잔인한 독재'와 5만 4천 명의 미군을 죽게 하고 10만 명의 미군을 부상시킨 전쟁에 대한 책임을 전 세계에 상기시켜야 했었다고 불평했다. 그는 약점을 이용하는 퇴행적인 본능과 정치적 반대편을 공격하기 위해 미군 사상자를 이용하는 자신의 버릇을 고치지 못한 것 같다.…18

클린턴 정부의 바람대로 1994년 8월 5일~12일 '북-미 3단계 고위급 회담'이 열려 '4개 항 합의문'이라는 결실을 거뒀다. '김일성의 죽음'이라

〈 그림246: 시계방향, ① 1994년 7월 15일 자 동아일보, ② 7월 15일 자 매일경제, ③ 7월 16일 자 매일경제, ④ 7월 17일 자 경향신문 〉

18 "상원의원 그게 외교라는 거요" 뉴욕타임스, 클린턴 '김 사망 애도' 비난 돌 의원 비판, 「한겨레」 1994.7.14.

는 돌발 악재를 '1차 북핵 위기'를 봉인할 '제네바 기본합의'(1994년 10월 21일)로 가는 길을 열 디딤돌로 삼은 것이다.[19]

　일본의 경우 다소 복잡한 사연이 있다.[20] 당시 수상인 무라야마 도미이치(村山 富市, 1924년생)는 사회당 위원장 자격으로 "노동당과 조선 인민에게 마음속으로부터 애도의 뜻을 표한다. 일본사회당과 노동당 간의 오랜 우호 관계가 더욱 발전할 것을 바란다"는 내용의 조전을 보냈다.[21] 총리뿐 아니라 사회당 부위원장, 서기장, 전 위원장과 자민당 부총재를 비롯한 일부 의원들이 지난 9일부터 12일까지 조총련 중앙본부를 조의 방문해 애도를 표시했다.[22]

　하지만 거기까지였다. 정부 차원의 조문은 없었다. 14일, 일본 정부는 김일성 장례와 관련, 일체 조문하거나 조의를 표하지 않기로 방침을 정하고 모든 재외공관에 이에 대한 훈령을 내린 것이다. 일본이 이러한 결정을 내린 배경에 한국 정부가 있었다고 한다. 일본은 무라야마 도이치 총리가 사회당 위원장 명의로 보낸 조전이 논란을 빚자 한국의 입장

---

19 '김정일의 죽음', 관계 회복 기회를 걷어찬 한국, 「한겨레」, 2021.10.25.

20 1955년 11월 보수 연합으로 탄생한 자유민주당(이하, 자민당)은 1993년 7월 총선거 당시 제1당이었으나 과반수 의석을 얻는 데 실패하면서, 호소카와 모리히로(細川護熙)를 수반으로 자민당과 공산당을 제외한 7당 1회 파에게 정권을 넘겨주게 된다. 55년 체제 이후 자민당 1당 정치가 처음으로 붕괴된 것이다. 그러나 호소카와 연립정권은 중의원 선거제도 개혁이나 정당조성법 제정 등 정치개혁에서 치적을 남기긴 했으나, 단기간에 막을 내리면서 안정적으로 정책을 전개하지는 못했다. 이듬해인 1994년 6월 자민당은 일본사회당(현 사민당), 신당 사키가케와 연립하면서 정권 탈환에 성공한다. 일본사회당의 무라야마 도미이치(村山 富市, 1924년생)가 수상에 지명되었으나 연립정부 내의 소수정당으로서 당시 사회당은 의석이 급감함으로써 몰락 일보 직전의 상황이었다. 〈岡田一郎, 『日本社會党—その組織と衰亡の歷史』, 新時代社, 2005〉 참조

21 "일 자민-사회당 간부 조의" 선전, 「동아일보」, 1994.7.15.

22 김일성 사후 평양 스케치, 「매일경제」, 1994.7.16.

을 배려, 이 같은 방침을 결정한 것으로 보인다는 것이 당시 언론의 보도였다.[23]

15일 오전 8시 30분, 평양방송은 한국민족민주전선 대변인 명의의 담화를 인용, "미국과 일본의 정상들까지도 김일성 주석 서거에 애도의 뜻을 표하는 성명을 발표하고 있을 때에 정상회담의 상대방이고 동족인 김영삼만이 조급하고 경망스럽게 행동하고 있다"고 비난했다. 그리고 "비보가 발표된 지 30분도 못되어 국가안전보장회의요, 비상 국무회의요, 경찰 비상대책회의 요하는 모의들을 잇따라 벌여놓고 전군에 특별경계령을 하달하고, 전 경찰에 갑호비상령을 발동하는 등 '복닥 소동'을 일으켰다"고 비방했다.[24]

조문은 개인에겐 '사람의 도리'(인륜)의 문제일 수 있지만, 국가에는 '외교'다. 국제사회에 '조문 외교'라는 개념이 있는 까닭이며, '적한테도 미소를 보낼 수 있는 외교적 행위'라 불리는 까닭이다. 갑작스러운 '김일성의 죽음'에 맞닥뜨려 클린턴은 '외교'를 했고, 김영삼은 '정치'를 했다. 그 차이가 이후 남북 관계와 북-미 관계의 행로를 갈랐다.[25] 당시 외국 언론의 보도를 살펴보면 김영삼의 외교정책에 대한 인식을 짐작할 수 있을 것이다. 미국의 대표적인 언론 2곳의 기사를 소개한다.[26]

---

23 일, 김일성 조문 않기로, 「매일경제」, 1947.7.15.

24 김일성 사후 평양 스케치, 북 '김 대통령 비방' 재개, 「매일경제」, 1994.7.16.

25 '김정일의 죽음', 관계 회복 기회를 걷어찬 한국, 「한겨레」, 2021.10.25.

26 조문파문으로 남북 관계 경색, 미·일 등 언론들 연일 소개, 「경향신문」, 1994.7.17.

▲ 뉴욕타임스

남북한은 지난달 사상 최초로 정상회담을 하기로 합의한 데 이어 특히 김일성이 지난주 심장병으로 사망한 직후부터 서로에 대한 비난을 거의 자제해 왔었다. 비무장지대에 설치된 북측의 확성기는 대남비방방송을 중단한 채 김일성의 장남 김정일의 권력승계가 확실시되는 가운데 김일성을 추모하는 방송만으로 일관했었다.

그러나 북한 당국이 김일성 조문을 위한 한국인들의 평양방문을 적극 환영하겠다고 선전공세를 취한 데 대해 한국 정부가 조문목적의 방북을 엄단하겠다고 밝히고 나섬에 따라 남북한관계가 또다시 경색되고 있다.

▲ 워싱턴타임스

김일성 사망을 계기로 남북한 간에 고조돼 있던 군사적 긴장관계가 다소 완화되고 있는 가운데 김정일의 권력승계 작업도 순조롭게 진행되고 있는 것으로 보인다.

그러나 한국 내에서는 김일성 조문 허용문제와 관련, 정부와 학생들 간에 정면충돌이 벌어지는 등 혼미한 양상을 보이고 있다.

친북한 성향의 과격학생 약 1천 명은 최근 김일성에 대한 추모를 금지하기로 한 한국 정부의 방침에 항의, 서울 시내에서 격렬한 시위를 벌였다. 과격학생 단체들은 최고 사형까지 처할 수 있는 국가보안법을 위반해서라도 20일로 연기된 김일성의 추도집회에 공식조문단을 보낼 것을 검토 중이라고 밝혔다.

한편, 야당의원 4명은 국회발언을 통해 한국 정부가 김일성 조문단을 평양에 파견할 것을 제의했다가 신랄한 비판여론에 부딪혀 해명발언까지 했으나 이들에 대한 비판은 쉽게 가라앉지 않고 있다.

〈 그림247: 시계방향, ① 1994년 7월 13일 자 동아일보, ② 7월 14일 자 동아일보, ③ 7월 17일 자 조선일보, ④ 7월 19일 자 한겨레, ⑤ 9월 2일 자 경향신문 〉

이제 김영삼의 정치를 살펴볼 차례다. 그가 선택한 것은 민간통일운동 특히 범민련탄압이었다. 1994년 7월 11일, 범민련 남측본부준비위, 민주주의민족통일전국연합(전국연합), 자주평화통일민족회의(자평통) 등이 조의를 표시했다고 평양방송이 보도했다.[27] 전국연합, 자평통의 조문 내용은 알려진 바 없다. 범민련의 경우 전창일이 다음과 같은 증언을 남겼다.

---

27 "재야단체서 조전" 평양방송 보도, 「동아일보」, 1994.7.13.

나는 범민련 남측본부 명의로 정중한 조문을 FAX로 보냈다.

"일제 강점기에는 백두산과 만주벌판을 누비며 조국독립을 위하여 일본 침략군과 싸우시고 해방 후 국토를 분단하고 민족분열을 획책하는 미제와 그를 추종하는 반통일 세력을 반대하여 민족의 자주와 평화적 통일을 위하여 애쓰신 김일성 주석님의 서거를 충심으로 애도합니다."

평양방송은 범민련 남측에서 보내온 이 추도사를 여러 번 방송하였다고 한다.[28]

조전 발송 나흘 후인 7월 13일 범민련은 김일성 주석 사망과 관련, 오는 16일 평양에 조문단을 파견하기로 하고 이홍구 통일원 장관에게 협조요청서를 보냈다. 이 요청서에는 범민련 남측본부 준비 위원장이었던 고 문익환 목사 장례식 때 북한이 조의를 표했으며, 조문단 파견의사를 밝힌 데 대한 답례로 조문단을 파견하기로 했다는 파견 이유가 담겨 있었다.[29]

조문 요청에 대한 정부의 답변은 범민련 수색과 관련자 연행이었다. 물론 통일부는 답장을 보내지 않았다. 16일 12시경, 범민련 남측본부 강희남 의장은 안희만 간사를 대동하고 범민련 사무실을 나와 택시를 탔다. 판문점을 거쳐 방북하기 위한 목적이었다. 그러나 오후 1시 20분쯤 판문점에서 약 30km 떨어진 경기도 고양시 내유검문소에서 경찰에 연행되고 말았다. 이날 오후에는 범민련 부의장 이종린과 전창일을 사

---

28 2021년 3월, 전창일의 자필 기록
29 범민련 "조문단 16일 파견" 통일원에 협조요청, 「동아일보」, 1994.7.14.

무실에서 연행하였다. 경찰은 이와 함께 17일 새벽 법원으로부터 압수 수색 영장을 발부받아 종로6가 신흥빌딩 내 범민련 사무실과 이종린 · 전창일 · 안희만 등 3명의 집에 대해 압수 수색을 실시했다. 압수한 것은 사무실에서 범민련 자료집 183권과 컴퓨터 디스켓 5장을, 3명의 집에서는 자료집 10여 권 등이었다. 이들 자료를 토대로 국가보안법 위반 여부를 가릴 예정이라고 경찰은 밝혔다.[30]

7월 19일, 서울경찰청은 이들 4명과 서울연합 부의장 강순정 등 범민련 간부 5명을 구속하였다. 국가보안법 위반(잠입 · 탈출, 찬양 · 고무, 회합 · 통신 등)이 구속 사유였다. 구체적인 혐의로, 강희남과 안희만은 김 주석 조문을 위해 임진각으로 향하다 연행되었고, 전창일 등 3명은 범민련 해외본부와 전화 등을 통해 이들의 북한방문에 관해 협의한 혐의를 받고 있다고 경찰은 밝혔다.[31]

5명을 구속했지만, 최종적으로 기소된 사람은 강희남과 전창일 두 사람이었다. 검찰이 문제로 삼은 것은 전창일이 작성한 김일성 사망 애도 성명이었다. 검찰 발표로는, 김일성 사망이 알려진 지난 7월 9일 오후 "일찍이 조국독립을 위해 항일투쟁을 벌였으며 조국의 평화통일을 생전에 이루고자 애썼던 김일성 주석께서 급서하신 데 대해 애도를 표합니다."라는 내용의 성명을 냈다고 한다. 그리고 "이들의 성명내용을 보면 김일성의 과거 활동을 미화하는 등 이적협의가 짙어 이 부분에 대한 사법 처리가 불가피하다"는 말을 덧붙였다. 두 사람에게 적용된 법률은 국가보안법 제7조 1항(이적 · 찬양)이었는데, 김일성 사망에 대한 애도

---

30 조문기도 범민련 수색, 「조선일보」, 1994.7.17.
31 범민련 5명 구속, 조문 방북 추진 관련, 「한겨레」, 1994.7.19.

성명(조문)을 국가보안법으로 적용한 첫 사례였다.[32]

　1994년 10월 26일 서울 형사지방법원에서 조문단 사건 첫 공판이 열렸다. 이날 전창일이 발언한 '재판에 임하는 모두진술서'는 조문단 사건의 실체뿐 아니라 범민련이 주장했던 국가보안법 철폐, 연방제통일, 주한 미군 철수 등의 제 문제에 대한 전창일의 솔직한 견해가 담겨있다. 아래에 그중 일부를 소개한다.

자세히 보가—36

[조문단 사건, 전창일의 모두진술서(1994.10.26.)]

① 신상 문제 및 본론

② 자유민주주의에 대하여

③ 국가보안법에 대하여

　다음은 국가보안법에 대한 본인의 견해를 피력하고자 합니다.

　국가보안법은 미소 냉전이 극도로 첨예화되었던 시기인 1949년 대한민국 건국 초기에 이승만 대통령에 의해 "멸공 북진 통일 정책"을 국시인 양 내세울 때에 야당의 반대를 물리치고 날치기로 국회에서 통과시킨 법입니다.

　평화통일 말만 하여도 용공세력이라 하여 대역적 취급하던 정치정세였습니다. 1961년 군사쿠데타로 의회와 합헌정부를 무너뜨

32　범민련 간부 2명 기소, '김 애도 성명' 보안법 첫 적용, 「경향신문」 1994.9.2.

리고 정권을 찬탈한 박정희 군사정권에 의해서 소위 "국가재건최고회의"에서 반공법을 제정하여 시행하였습니다. 이 법에 의해서 많은 통일운동 세력이 탄압받고 국가보안법에 의해서 많은 집권자의 정적이 희생되었음은 굳이 논의할 필요를 느끼지 않습니다.

현행 국가보안법은 12 · 12 군사쿠데타로 집권한 전두환 군부세력이 의회의 기능을 정지시키고, 법외적 조직인 "국가보위 비상회의"에서 구 국가보안법과 반공법을 합쳐서 통합 · 입법한 것입니다.

자유민주주의의 기본이념으로 볼 때 현 국가보안법은 입법 절차에 있어서나 그 취지에 있어서나 불법이며 현 국가보안법이야말로 자유민주주의의 기본질서를 위협하는 악법이라 생각합니다.

한 사회체제는 외세와 침략에 의해서 망할 수 있으나, 예를 들면 18세기 유럽대륙에서 나폴레옹 전쟁에 의해 절대군주제에 의한 봉건체제의 몰락 등이 있었으나 원천적으로는 체제 내부에서 자체 모순이 첨예화되면서 합리적인 개혁을 외면하여 혁명으로 전복되는 것입니다. 이러한 보편적 현상은 봉건제도와 절대군주제를 전복한 프랑스혁명, 러시아혁명, 양대 중국혁명, 소련을 비롯한 동유럽 사회주의체제의 붕괴, 좌절 등이 극명하게 시사하고 있습니다.

우리의 자유민주주의 체제를 위협하는 몇 가지 점을 제시하고자 합니다.

첫째, 좌우폭력혁명세력

둘째, 과대한 소모적 국방비 지출에 의한 사회간접자본과 사회복지예산의 과소책정으로 인한 사회불안

셋째, 국가 공직자의 부정부패 및 부정선거

넷째, 농촌경제의 전반적 파탄 몰락현상

다섯째, 실업과 극빈 계층의 팽창과 계급적 갈등의 심화

여섯째, 군부세력에 의한 쿠데타 혹은 쿠데타적 정변에 의한 3권 분립의 파괴, 인권유린 등이라 할 수 있습니다.

이렇게 볼 때 자유민주주의적 기본질서를 위태롭게 하는 것은 조국의 분단을 극복하고, 전체민족의 공동선과 공동복리, 남·북 양 체제의 상호존중을 기초로, 공존, 번영을 추구하는 범민련 활동에 있는 것이 아니라 우리 체제 내에 있는 사회적 병폐에서 찾아야 한다고 생각합니다.

정부는 노태우 대통령의 7·7선언을 통하여 남북 관계는 적대 관계가 아니고 통일조국을 향한 "동반자" 관계라고 국내외에 선포하였습니다. 남·북 당국 간에 체결된 "기본합의서"에서 양 당국은 서로 상이한 체제를 상호존중하면서 공존, 공영할 것을 확약하였습니다. 그뿐만 아니라 국제사회에서 인정된 주권국가로만 구성되는 국제연합(UN)에 북한과 함께 동시에 합의하여 가입하였습니다. 그럼에도 불구하고 본 공소장에서는 시대착오적인 "국가보안법"을 내세워 북한을 "정부를 참칭한 반국가단체"라고 규정하면서 국민에게 강요하고 있습니다. 이것은 대통령의 선언과 정부 당국의 거짓된 선언, 거짓된 합의란 말입니까?

법 앞에 만인은 평등하다는 자유민주주의의 기본이념과 법 이론은 어디에 두고 이런 해괴한 일을 언제까지 계속하여야 합니까? 국가보안법은 우리 조국의 평화적 통일을 가로막는 가장 중요한 장애물임을 다시 한 번 밝혀둡니다. 뿐만 아니라 냉전체제의

종식에 따라 필연적으로 새로 전개되는 한반도 주변 국제질서의 재편과정에도 큰 걸림돌이 될 것임을 착안할 필요가 있습니다.

④ 범민련과 이적단체에 대하여

범민련과 이적단체에 관해 말씀드리겠습니다.

조국통일범민족연합(범민련)은 합법적 범민족대회의 산물입니다. 1990년 제1차 범민족대회는 분단 이후 처음으로 남과 북 그리고 해외동포 대표들이 함께 참가하여 조국의 평화적 통일을 절규한 역사적 대 사변이었습니다. 동 대회는 당시 노태우 대통령의 7·20선언으로 합법적으로 정부의 허가하에 거행되었습니다. 이 대회의 상설기구가 바로 범민련인 것입니다. 범민족대회와 범민련은 남·북·해외동포들의 공동주최이면서 주로 우리 남측이 주도적 역할을 하여 왔습니다. 대회의 발의도 우리 남측이 했고, 북측과 해외가 동의 찬동하여 성사된 행사이며 조직입니다.

1991년 1월 대회의 결정과 남북 해외 실무대표들의 합의에 따라 문익환 목사님을 준비위원장으로 하는 범민련 남측본부 준비위원회가 발족하자 정부는 이적단체라는 명목으로 기소하여 주요간부들이 옥고를 치르게 되었습니다.

1993년 12월 16일 남북 해외 간에 협의하여 채택된 강령, 규약을 선포하였습니다. 강령, 규약제정에는 우리 남측본부가 초안을 작성하여 주도적 역할을 하였습니다. 초안심의 과정에는 범민련 고문으로 추대된 전직 통일원 장관을 비롯한 전직 국회의원들이 함께 참여하였습니다. 이분들은 대한민국의 정치원로들로서 고문, 의장단, 실행위원 연석회의라는 정기집회에 매번 참석하여 고견을 개진하여 범민련 발전에 애쓰시고 있습니다. 이러한 범민련 모임에서 이적모의를 했다면 그 누가 믿겠습니까?

채택된 강령과 규약, 기타 일체의 문서는 통일원과 관할 경찰서에 신고함으로써 모든 활동의 투명성과 합법성을 스스로 견지하고 있습니다.

1991년 12월에 남북 양 당국 간에 채택된 역사적인 '남북기본합의서'는 범민족대회와 범민련의 선언과 성명의 주요 부분을 수용하였습니다. 특히 남북 양 체제의 상호존중, 공존, 공영을 확약한 것은 남북 관계에 획기적인 변화를 가져올 수 있는 평화의 기초를 마련했다고 보겠습니다.

이런 주장을 일찍이 했던 통일운동가들이, 얼마나 많은 사람들이 국가보안법의 제물이 되었든가 우리가 다시 한 번 생각해 볼 문제입니다. 이것은 또한 양 체제 공존, 공영을 확약함으로써 쌍방은 누가 누구를 먹거나 누가 누구에게 먹히지 않고, 일방이 타방을 압도하거나 압도당하지 않는 공존의 원칙을 관철하는 통일은 연방제 외 딴 방도가 없음을 명시하고 있다고 우리는 생각합니다. 남북기본합의서 채택 후, 1993년 4월 6일 북한의 최고인민위원회는 김일성 주석이 직접 작성했다는 "조국통일을 위한 전민족 대 단결 10대 강령"을 채택했는데, 강령은 남북기본합의서와 범민족대회와 범민련의 성명과 선언내용을 많이 수용한 것으로 사료됩니다.

범민족대회와 범민련은 남북 양 당국 간의 반목과 대결을 지양 종식시키고 화해와 협력을 도모하는 불편부당의 입장에서 조국의 자주적 통일을 위한 범민족적 단체입니다. 양 당국과 남북적

호산 전창일과 통일운동 77년사

십자 간에 20여 년이나 끌어오면서 해결의 실마리를 못 찾고 있는 이산가족 생사확인 및 상봉사업을 범민련은 남북 해외본부 간에 실현하기로 합의하였습니다. 금년 6월에 개최하려 했던 제2차 의장단 회의에서 동진호 선원 송환문제도 의제에 놓고 논의할 예정이었는데 정부의 불허방침으로 무산되었습니다.

범민련 남측본부는 범민련 사업에서 추종적이라기보다 창조적이며 주도적 역할을 계속 다해 나아갈 것입니다. 북한에 만약 우리와 같은 국가보안법이 있다면 범민련 북측본부 성원들은 "남조선 자유 민주주의자에 동의했다"고 모두 구속될 것이 아니겠느냐 하고 생각해 보기도 합니다.

범민족대회 제1차 대회와 범민련 남측본부 준비위원회 결성과정에 대통령 김영삼 씨가 당수로 있던 민주당도 참여하여 대표를 파견하였습니다. 범민족대회와 범민련은 결코 이적 집회와 이적 단체가 될 수 없습니다. 범민족대회와 범민련은 7천만 민족의 공동이익을 추구하며 실천하는 범민족 통일 운동체임을 재삼 밝혀 둡니다.

⑤ 김 주석의 사망과 조의 · 조문문제

다음은 북한 김 주석의 사망과 관련된 조의, 조문 문제에 대하여 말씀드리겠습니다.

카터 전 미국 대통령의 평양방문은 남북 간에 핵 문제로 대립과 긴장이 첨예화된 상황에서 정세를 역전시키고 남북 정상회담을 주선한 것으로 반세기 동안 분단의 한에 서린 우리 7천만 민족에게 감격과 환희, 희망을 안겨준 대 이벤트였습니다. 정상회담은 남북 관계에 획기적인 변화와 진전을 예고하고 있었기 때문입니다.

　김일성 주석은 카터 전 대통령에게 우선 70세 이상의 고령 이산가족의 고향방문 실현, 통일문제는 남측 당국의 통일방안은 물론, 김대중 씨의 통일방안도 함께 논의할 용의가 있다고 신문은 전했습니다. 이것은 북한이 종래의 고려연방제통일방안을 고집하지 않고 대담한 신축성을 암시하는 것으로 생각됩니다. 온 겨레의 기대와 희망 속에서 회담을 얼마 앞두고 김 주석의 불의의 사망 소식은 세계와 온 겨레에게 크나큰 충격이었음은 부인 못할 사실이었습니다.

　김일성 주석은 우리 범민련 남측본부 전 의장인 문익환 목사님이 서거하였을 때 친히 조전을 보냈으며 범민련 북측본부는 조문단을 남파하려 하였으나 당국의 불허로 뜻을 이루지 못하였지만 많은 조전을 보내왔습니다. 중국의 장개석 총통이 대만에서 사망하였을 때 본토의 모택동 주석은 조의를 표하여 듣는 사람의 가슴을 흐뭇하게 하였습니다. 장개석은 국공 전쟁 중 모택동의 부인을 생포하여 이혼장에 서명할 것을 강요하였으나 부인은 결코 서명을 거부하고 죽음을 택한 한에 서린 원한관계이면서 정치적 적장이기도 합니다. 이후, 모택동의 죽음에 장개석의 아들 장경국 총통은 또한 정중한 조의로 답례하였던 것입니다.

　본인은 범민련 남측본부 이름으로 김 주석의 사망에 즈음하여 정중한 조의를 표하는 보도문을 작성하여 통일원과 각 언론사에 발송하고 범민련 연석회의에서 사후 추인을 받았습니다.

　우리 정부도 북한 김 주석 유고 이후 북한 동포가 겪고 있을 심각한 정서적 충격에 대하여 깊은 민족적 이해와 동정을 표했어야 옳다고 생각합니다. 그것은 김 주석과의 정상회담 한쪽 당사자였던 김영삼 정부의 정중한 조의 표명으로 일단 나타나야 하며 이로써 정상회담 준비과정에서 조심스럽게 서로 축적한 바 있는 남북 간의 전례 없던 신뢰 분위기를 유지하고 차 후계자와 좋은 분위기에서 정상회담을 후속해야 할 것이었는데, 김영삼 정부는 역으로 소위 공안정국으로 남북 관계를 도로 긴장시키고 있습니다. 우리 속담에 "말 한마디 천 냥 빚을 갚는다"는 말이 있습니다. 조의 표명 한 마디로 남북 간의 모처럼의 신뢰 분위기를 유지하면서 핵 문제 해결에도 주변국과 국제사회를 상대로 아쉬운 소리 할 것 없이 우리끼리 자주적으로, 남북이 주도적으로 국제사회와 원만하게 해결할 길을 모색하려고 해야 옳지 않겠습니까, 인륜은 인간 사회에서 모든 것에 우선함을 다시 한 번 강조하고 싶습니다.

제네바에서 북한과 미국 간의 합의가 핵 문제 해결뿐 아니라 양국 간의 정치, 안보, 경제 분야를 망라한 포괄적 협상의 산물이란 점에서 조미관계를 포함한 한반도 정세의 성격변화를 예고하고 있습니다. 반세기 동안 우리 한반도 상공에 체류하던 냉전의 먹구름은 이제 거센 평화의 강풍에 몰려 사라질 운명에 있습니다. 평화를 거부하고 통일을 거부하는 세력들이 제아무리 붙잡아 두려고 애써도 소용이 없는 일입니다. 남과 북은 우리 범민련의 강령에 주의하면서 민족의 대의로 성실하게 통일을 모색해야 할 것입니다. 반목과 대결을 하루속히 청산하고, 전쟁상태를 평화상태로 전환하여 남북 간에 군축을 단행하여 교류협력을 통하여 전체민족의 복리를 도모해야 한다고 생각합니다.

현대 사회주의 국가들도 자본주의적 시장경제 원리를 수용하여 경직된 계획경제에 의한 경제적 침체를 극복하려 합니다. 북한도 이러한 시류에 역행하지 말고 남북 간의 경제협력에 적극적으로 성의를 다하여 경제발전을 이루면서 풍요로운 사회건설을 성취해야 할 것입니다. 남한도 과도한 소모적 군사비를 줄임으로써 사회 복지비를 대폭 확충하여 사회의 어두운 면을 밝게 해야 할 것입니다. 이러한 남북 관계는 통일국가를 지향함에 있어 상이한 체제의 사회 하부구조의 접근이란 측면에서 크게 기여할 것입니다.

⑥ 연방제적 통일방안에 대하여

다음은 연방제적 통일방안에 대하여 말씀드리겠습니다.

공소장은 범민련이 북한의 고려연방제를 지지하고 유일한 통일방안으로 관철하려 하는 것 같은 논조를 펴고 있는데, 범민족대회와 범민련이 주장하는 연방제적 통일방안에 대하여 말씀드리겠습니다. 500만 이상의 인명피해와 8할 이상의 전 산업시설을 파괴시킨 6·25의 미증유의 참화는 더 이상 전쟁은 통일의 수단이 아님을 극명하게 입증하였습니다.

통일은 남북 간에 합의된 7·4 공동성명에서 천명된 원칙인 자주, 평화, 민족대단결이란 3대 조건이 관철되어야 합니다. 그것은 필연적으로 양 체제의 공존을 기초로 한 통일국가 즉 연방제를 내용으로 한다고 생각합니다. 정부가 주장하는 국가연합과 북한이 주장하는 고려연방제와 우리 범민련이 주장하는 연방제적 통일방안을 구별하면서 설명하겠습니다.

범민련 강령에서 "남과 북의 서로 다른 사상과 제도를 인정하고 존중하는 기초 위에서 남과 북에 두 제도, 두 정부가 공존하는 연방국가"라 함은 광의의 연방제를 의미하는 폭넓은 개념입니다. 폭넓은 연방제란 개념 속에서 남과 북의 당국, 그리고 모든 통일운동 세력이 연방제의 구체안을 토론과 협의를 통해 합의해 내자는 것으로 북한이 주장하는바 연방정부에 강력한 권한(?)을 규정한 고려연방제를 그대로 수용하자는 것이 아님을 이 자리에서 명확히 밝히고자 합니다. 또 정부 당국이 극히 산만하게 주장해 온 국가연합 방안과도 구별되는 이유는 오랜 쓰라린 분단체제를 모처럼 극복하고 성취하는 통일이기에 다시는 헤어질 수 없는 굳은 연대구조를 필요로 한다고 생각하기 때문입니다.

국가 연합제와 연방제는 그 연대구조에 경우에 따라서는 명확한 구별을 갖기 어려움도 있습니다. 예를 들면 United States of America 우리가 미국이라 부르는 나라는 정식명칭이 아메리카국가연합임에도 불구하고 강력한 권한이 집중된 연방정부 구조를 갖고 있습니다. 이렇게 되기까지는 18세기 영국의 식민지에서 13개 주권국이 국가 연합하여 독립하면서 지방분권과 중앙집권 즉 국가연합 형태와 연방제 형태의 국가체제 논쟁은 두 번의 내전을 겪고서야 강력한 연방정부, 오늘의 미국을 만들어냈습니다.

대조적으로 오늘의 중미 제국은 19세기 초엽에는 United Provinces of Central America 즉 중부 아메리카 연방국가라는 단일국가였는데, 형식은 연방제이지만 너무 느슨했기 때문에 지방분권과 중앙집권 간의 갈등이 심화되어 결국에는 지방분권 세력의 우세로 연방이 해체되고 오늘의 과테말라, 엘살바도르, 니카

라과, 코스타리카, 온두라스의 5개국으로 분열되었습니다.

역사상 체제 내외에 분열세력이 존재하는 조건에서 미국과 같이 연방으로 발전하지 못하고 분열하는 예가 허다합니다. 예컨대 노르웨이-덴마크 연합, 오스트리아-헝가리연합 등 이렇게 국가연합은 상황에 따라서는 재분열 혹은 내전을 유발하는 위험을 안고 있어 경계해야 할 방안이라고 생각됩니다.

오늘의 유럽 국가연합, 동남아 국가연합, 영연방국가연합 등은 모두가 우리가 바라는 재통일이 될 수 없다는 것이 범민련의 견해입니다.

범민련은 남북의 두 개의 국가를 연합하는 것이 아니고 두 개의 정부, 두 개의 체제를 하나의 민족국가로 이루자는 것입니다. 유럽국가연합은 앞으로 유럽연방으로 발전하려고 지향하고 있습니다. 다민족 간에 지리적 인접을 이유로 연방국가를 지향하는데, 같은 영토, 같은 민족으로 어찌 단일국가인 연방제를 택하지 않을 수 있습니까? 범민련은 또한 강령에서 "모든 민족 성원들의 의사와 염원을 대표할 수 있는 범민족 통일국가를 건설한다"고 하였는데, 이것은 통일방안 설정에서도 남과 북, 그리고 해외동포들 간에 대화와 토론을 통해서 대다수 민족성원과 남북 당국 간에 합의되는 통일방안을 수용함을 뜻합니다. 그 과정에서 범민련은 굳게 연대하는 구조로서 양 체제가 공존 공영하는 필요조건을 효과적으로 충족시키기 위하여 폭넓은 개념으로서 연방제를 비교 선호하는 것이지 북한에서 제의하는 고려연방제를 무비판적으로 수용하는 것이 아님을 다시 한 번 밝혀둡니다.

호산 전창일과 통일운동 77년사

⑦ 주한 미군 문제에 대하여

끝으로 주한 미군 문제에 대한 범민련과 본인의 견해를 진술하겠습니다.

범민련은 강령에서 "우리 민족 내정에 대한 외세의 간섭을 배격하고 민족의 자주성을 확립하며, 조국의 영토에서 모든 외국 군대의 철수 및 남과 북의 상호군축을 실현하여 한반도를 비핵평화 지대화한다"라고 하였습니다. 이것은 우리의 조국 강토 남북한을 통틀어 민족의 자주권을 수호하고 영토보존을 위한 일반적 진리를 천명한 것입니다. 제2차 세계대전 후 그리고 한국전쟁과 더불어 한반도에 진주했던 중공군은 북한에서 철수한 지 오래인데 남한에는 한반도의 균형을 위한다는 명분으로 미군이 49년간 주둔하고 있습니다.

주한 미군은 북으로부터의 남침을 억제한다는 전쟁억지력의 긍정적 역할이 있는 반면 부정적 역할도 있음을 우리는 간과해서는 안 된다고 생각합니다. 주한 미군은 1991년까지 핵병기로 무장했으며, 지금은 다량 살상용 화학무기를 보유하고 있는 것으로 공인되고 있습니다. 이 같은 첨단무기의 보유는 북한으로 하여금 상대적인 핵무기와 화학무기의 개발을 유발시켰다는 주장에도 귀를 기울일 필요가 있습니다.

주한 미군은 한미 관계를 종속적 군사관계 중심의 체제로 유지시키는 기본조건이며, 미국의 세계적 전략구도에 따르는 미국의 국가적 이익보호와 군산복합체의 이해관계를 한반도와 구체적으로 연결시키고 있음에 주목해야 한다고 생각합니다.

또한, 미군의 존재는 남북 간의 자주적 군축의 걸림돌이기도 합니다. 한미 간에 체결된 방위조약과 전시지원협정에는 주한 미군의 군비증감, 작전지역 설정, 핵무기를 포함한 첨단무기의 보유는 미국의 일방적 전단에 맡겨있기 때문입니다.

오늘날 군사력의 성격은 공군력, 해군력, 전략무기 등을 중심으로 하고 있습니다. 미국은 태평양지역에서 어차피 군사적 패권국이며 그 패권을 타에 양보하지 않을 것입니다. 미국의 힘은 주한 미지상군에 의존하는 것이 아님은 자타가 공인하는 사실입니다.

범민련이 주장하는 주한 미군 철수는 이러한 제 관점을 배경으로 하는 것이지, 북한 당국의 주장에 동조해서가 아님을 밝혀둡니다. 우리에게 필요한 것은 미군이 없이도 평화와 안전 속에 살기 위한 조건 마련을 정치, 외교를 통해서 성취하는 일이라고 생각합니다.

미국은 1905년 태프트-가쯔라 비밀협약으로 일본의 한반도 침략을 도움으로써 일본과 함께 전후 한반도 분단의 원인제공을 하였으며, 또 38선을 획정한 장본인으로서 우리의 조국을 분단한 주요 책임국입니다. 미국은 오늘 한국의 최우방국이며, 우리에게 많은 도움도 주었습니다. 그러나 우리는 독자적인 안보능력과 자주국방체제를 확립하기 위해서는 주한 미군의 그늘에서 벗어나야 합니다.

범민련은 주한 미군의 즉각적인 철수를 주장한 바 없음을 밝혀둡니다. 현 휴전협정 서명 당사국과 한국이 함께 참여하여 적대적 전쟁상태를 종결하고 한반도 평화안정을 정착시키는 평화협정을 체결하고 남북 상호 간에 군축을 실현하여 신뢰가 회복되고 평화와 안정이 보장되었을 때 주한 미군은 철수해야 한다고 생각합니다.

우리는 막대한 군사력과 군사비의 지출로 민족의 역량을 비생산적으로 소모시켜 치열한 경쟁력이 요구되는 현 국제사회에서 남북 공히 스스로의 힘을 약화시키고 있습니다. 참고로 국제적 권위 있는 기관인 "런던 전략문제 연구소"에서 발표한 남북한과 주변국의 1993년도의 군사비 지출을 말씀드리겠습니다.

일본-470억 불, 중국-73억 불, 북한은 1990년에 52억 3천만 불에서 3년간 58.6% 삭감되어 1993년에는 21억 9천만 불인 데 비해 남한은 1990년에 106억 2천만 불에서 1993년에는 120억 6천만 불, 해마다 증액되어 작년에는 북한의 6배에 육박합니다. 금년도 예산편성에 따르면 10% 증액된 예산안을 가을 정기국회에 제출했습니다.

뿐만 아니라 미국 정부의 발표에 의하면, 주한 미군이 기지로 점유한 토지 기타 부동산은 한국 정부의 연간 재정 세수를 20여억 불 감소시키고 있다고 합니다. 설상가상으로 한미지원협정에 따라 한국 정부는 매년 주한 미군 지원금을 분담하고 있습니다. 금년에도 3억 불 확정하였으며 재정세수 손실액을 합치면 작년도 북한의 총예산을 능가하고 있습니다. 또한, 국군현대화 계획인 율곡사업으로 연간 미국으로부터 수입하는 신예 무기 구입비는 평균 40억 불에 육박하고 있습니다.

이와 같은 국방비 지출을 비교 평가하면 북한으로부터의 남침 위협이란 정부의 지나친 안보의식에서 오는 기우이거나, 개혁과 변화를 두려워하는 보수 냉전 이데올로기가 아니면 미국의 군산

복합체와 연관된 주한 미군의 군사비 삭감저항 논리에 추종한다
고 생각할 수밖에 없습니다.

　이상으로 공소사실의 주요부문에 대한 본인의 진술을 마치면
서 말씀드릴 것은 공판 일자를 이틀 앞두고 알림으로써 시간상
그리고 자료가 공소장 외는 전무한 상태에서 좀 더 풍부한 내용
을 체계 있게 진술하지 못한 것을 아쉽게 생각합니다.
　그러나 위 모든 진술은 본건 공소사실과 관련된 본인의 최선의
지식과 양심의 선언임을 천명하면서 오랜 시간 경청하여 주신 재
판부와 공사다망하심에도 이 자리에 왕림하신 방청객 여러분에
게 진심으로 감사드립니다.

13

가자 서울대로,
보라매공원에서 관악산을 넘어

〈 그림248: 시계방향, ① 1994년 7월 24일 자 경향신문, ② 7월 31일 자 한겨레, ③ 8월 10일 자 한겨레, ④ 8월 12일 자 경향신문 〉

　　새통추 설립으로 인해 범민련 조직이 왜소화되고, 김일성 조문 문제로 범민련 지도부마저 와해되었다. 그러나 학생들이 건재했다. 지난 92년 8월 15일, 범민련 산하의 학생조직으로 결성된 조국통일범민족청년학생연합(범청학련)이 있었다. 베를린에 있는 공동사무국에는 남북과 해외교포 측에서 파견한 6명이 상근하고 있으며, 남측에서 파견한 사람은 최정남(서울대 원예학과, 93년 파견), 성용승(건국대), 박성희(경희대) 등 3명이다. 성·박 두 사람은 지난 1991년 한총련의 전신인 전대협의 대표로 입북했다가 베를린에 눌러앉은 상황이었다. 범청학련 역시 국가보안법상의 반국가단체로 규정되어 있는 처지였다.[1] 하지만 범청학련은 무산위기에 처해있는 '5차 범민족대회'의 실행에 큰 역할을 하게 된다.

7월 30일, 우여곡절 끝에 기독교회관에서 '제5차 범민족대회 남측추진본부 결성대회'를 거행하고, 신창균 범민련 의장 권한대행, 조용술 복음교회 재단이사장, 김현국 천도교 연합회장 등 3명을 공동 상임본부장으로 선출했다.[2] 그리고 '7인 임시 실무위원회'와 '준비위'에서 만든 '제5차 범민족대회 총괄 기획안'과 운영규약을 채택한 뒤, '제5차 범민족대회 준비 3자 실무회담'을 위한 '북한 주민 접촉승인 신청서'를 통일원에 제출했다.[3]

'남측 범추본 제1차 집행위원회' 개최(8월 1일), '남측 범추본 제2차 집행위원회' 개최(8월 3일), 대전 충남대에서 중앙통일선봉대(국순단) 발대식(8월 4일), '남측 범추본 제1차 대표자회의' 개최(8월 5일), 건국대에서 통일주막 개최(8월 5~6일), 탑골공원에서 평화협정 체결촉구 서명운동 전개(8월 6일), '남측 범추본 제3차 집행위'를 개최… 등의 일을 진행하면서 범추본 상임본부장단과 통일원 장관·내무부 장관의 면담신청서를 접수했다.(8월 8일)

범민족대회가 개최되는 방향으로 흐르자 정부는 다시 칼을 들었다.

1   범청학련 어떤 단체인가, 「동아일보」, 1994.7.23.
2   범민족대회 남쪽본부 출범, 「한겨레」, 1994.7.31.
3   『범민련 10년사』, 조국통일범민족연합남측본부, 2000, p.102.

범추본의 핵심인 공동본부장 이창복을 구속한 것이다. 8월 9일, 서울 경찰청은 이날 오후 7시 20분께 성북구 동소문동 1가 전국연합 사무실에서 긴급구속영장을 제시한 뒤 이창복을 연행했다. 이에 앞서 오후 5시 25분께 황인성 집행위원장을 종로구 혜화동 로터리 부근에서 연행했다. 혐의는 국가보안법 위반(찬양·고무 및 이적표현물 소지)이었다.[4] 이창복 등이 구속됨으로써 조문단 사건으로 이미 구속된 강희남, 전창일을 포함하면 그동안 범민족대회를 주관해왔던 주요인물 대부분이 구치소 신세를 지게 되었다. 같은 날 대검 공안부는 범추본 주관으로 13일부터 15일까지 열리는 '제5차 범민족대회'와 같은 기간 동안 범청학련 주최로 열리는 '제4차 범청학련 통일대축전' 행사를 불허하기로 했다고 밝혔다. 세부대책으로 첫째, 범민련 해외본부대표 입국불허 둘째, 불법 팩스교류 행위처벌 넷째, 범민족대회 관련 각종 집회·시위 차단 다섯째, 정치성 집회용도로 대학시설 사용불허 등을 마련했다.[5] 이튿날 10일에는 범추본 참여단체인 '전국연합', '민족회의' 사무실 등 7곳에 대한 압수 수색을 했다.[6]

8월 12일, 범추본은 기자회견을 통해 범민족대회의 허가를 촉구하고 끝내 불허 시는 서울 전 지역에서 대회를 강행하겠다고 밝혔다.[7] 그리고 항의 단식 농성을 기독교회관에서 시작했다. 그런데 문제가 발생했다. 범추본 상임본부장 간에 공동결의문 채택을 두고 의견이 갈라진 것이

4   범민족대회 이창복 본부장 긴급구속, 「한겨레」, 1994.8.10.
5   범민족대회 불허, 검찰 집회 차단하기로, 「한겨레」, 1994.8.10.
6   『범민련 10년사』, 조국통일범민족연합남측본부, 2000, p.103.
7   재야 범민족대회 강행, 「경향신문」, 1994.8.12.

다. 결국 '범민련 남측본부(준)'는 '범민련'의 범민족회의를 개최하며 공동결의문을 채택할 것임을 밝히고, 준비된 공동결의문 초안을 공동사무국에 전송했다. 개막식은 14일로 연기되었다.

8월 13일 대회 예정 장소인 건국대를 경찰 2만여 명이 봉쇄하자, 서울 5개 대학(경희대, 고려대, 성대, 동국대, 홍익대)에 분산, 집결한 참가자들은 각각 결의대회를 하고 17:00경 청년학생 중앙통선대를 중심으로 한 6천여 명이 자양동 사거리에 집결하여 건국대 진입을 시도했다. 경찰은 최루탄을 쏘며 저지했고, 100여 명을 강제 연행했다. 건국대로 들어가지 못한 참가자들은 지하철 등에서 시민 홍보전을 벌인 뒤

〈 그림249: 시계방향, ① 범민족대회 행사장 진입을 시도하기 위해 지하철역에서 농성 중인 학생들, ② 94 범민족대회 개막식 축하공연, ③ 페퍼포그 차량에서 다연발 최루탄이 발사되는 모습, ④ 서울대에서 열린 제5차 범민족대회 개막식 및 국순단 환영식에 참석한 많은 학생들, ⑤ 범민족대회 저지를 위해 최루액을 뿌리고 있는 경찰 헬기ⓒ민주화운동기념사업회 사료관 〉

중앙대 등 8개 대학에 분산 집결하여 평가와 토론을 전개했다.[8]

8월 14일, 건국대로 집결하지 못한 참가자들은 16시경 2만여 명이 서울대 진입에 성공하여 식전 문화행사 개막식을 진행했다. 정부는 7,500여 명의 경찰을 동원하여 최루탄을 발사하며 정문과 후문 옆문으로 진입을 시도하다가 사수대가 격렬하게 저항하자, 페퍼포그(Pepper Fog, 가스 진압차)를 앞세우고 대회장 근처까지 진입하여 무차별 최루탄을 발사하여 개막식이 중단되고 말았다. 이 과정에서 250여 명의 사수대와 80여 명의 경찰 등 3백여 명이 부상당했다. 경희대생 임명재 군이 경찰 페퍼포그에 깔려 중상을 입는 불상사도 발생했다.[9]

8월 15일, 경찰은 학교 진입을 다시 시도했으나 사수대의 투쟁으로 격퇴되었다. 그 후 학생들은 본관 앞 잔디밭, 노천극장, 아크로폴리스 광장 등에서 2만여 명이 참가한 가운데 범청학련 통일 문화제, 한국 대학생 통일노래 한마당, 노동자 통일 한마당 등을 개최하며 축제 같은 분위기를 만끽하고 있었다. 오후 1시경, 하늘에 헬기 다섯 대가 나타났다. 「KBS」는 당시 상황을 다음과 같이 보도했다.

범민족대회 폐막 행사장 상공에 헬기가 떴습니다. 결과 보고대회를 갖기 위해 모인 만여 명의 참가자들을 향해 경찰 헬기는 최루액을 뿌렸습니다. 학생들은 소방 호스를 동원해 대항하기도 했습니다. 헬기를 이용한 경찰의 해산작전은 한 시간 동안 계속됐습니다. 범민족대회 남측 추진본부는 예상하지 못한, 경찰의 공중

8   『범민련 10년사』, 조국통일범민족연합남측본부, 2000, pp.103~104.
9   『범민련 10년사』, 조국통일범민족연합남측본부, 2000, pp.104~105.

작전에 폐막행사를 쫓기듯 10분 만에 마무리했습니다.

경찰이 대학가 시위에 헬기를 통한 공중작전을 벌인 것은, 지난 86년 건국대 사태 이후 처음입니다. 경찰은, 오늘 헬기를 동원한 것은 무장 학생과 충돌을 피해 시위대를 효과적으로 해산하기 위한 불가피한 조처라고 밝혔습니다. 이처럼 경찰의 입체작전과 삼엄한 경비에도, 국가보안법 위반 혐의로 수배를 받아온, 김현준 한총련 의장이 나타나 주의를 끌었습니다.

어젯밤에도 경찰은 두 차례에 걸쳐 범민족대회가 열리고 있는 교내에 진입해서 강제 해산 작전을 폈습니다. 경찰의 진압에 맞선 학생들의 격렬한 저항 속에 학생과 경찰 150여 명이 다쳤습니다. 경찰은 이번 행사를 주도한 범민족대회 남측 추진본부 조용술 상임본부장 등 세 명과 실무 책임자들을 불러 집시법 위반 여부를 조사할 방침입니다.[10]

김영삼 정권은 대회를 마치고 귀가하는 학생들을 각 학교 주변, 고속도로 등지에서 무차별 연행(전국적으로 1,300여 명 연행)했는데, 대회전 기간에 2,400여 명 연행, 44명 구속, 139명 불구속 입건, 796명 즉결 회부 등 역대 군사정권이 무색하리만큼 대대적 탄압을 자행하였다.

5차 범민족대회는 4차 대회에 이어 내부의 의견대립이 더욱 심화되어 3자 공동의 범민족대회 추진(범민족회의, 3자 실무회담, 공동대회장, 공

---

10 제5차 범민족대회, 경찰이 헬기 동원해 해산, 「KBS NEWS」 1994.8.15.

동평가, 공동결의문 채택 등), 연방제 통일방안, 주한 미군 철수 문제 등이 쟁점이 되고 의견일치가 되지 않음으로 인해 대회추진과정을 더욱 어렵게 만들었다. 결국, 범추본은 범민족회의와 공동결의문을 채택하지 않았으며, 범민련만이 범민족회의를 열어 남, 북, 해외 공동결의문을 채택하였다.

범민련과 범청학련은 민족대단결 사업을 포기하려는 통일운동 내부의 흐름에 동요하지 않고 3자 연대를 실현함으로써 민족대단결의 정당성을 입증하고 이를 확산하는 성과를 거두었으며, 범민족대회 추진과정은 김영삼 정권의 반통일적 본질을 명확히 밝혀 주었다.[11]

'5차 범민족대회' 수난의 현장에 전창일은 없었다. 1994년 7월 16일 조문단 사건으로 구속되었던 그는 서울형사지방법원 제22부에서 재판 중이었다. 동년 12월 26일 1심 판결이 선고되었다. 반국가단체로의 탈출예비의 점으로 징역 1년 및 자격정지 1년, 이적단체인 조국통일 범민족연합 남측본부 서울시 연합구성의 점 등으로 징역 1년 6개월 및 자격정지 1년 6개월의 실형이 선고되었으나 판시 제1의 죄에 대하여는 2년간, 판시 제2 내지 7의 각 죄에 대하여는 3년간의 집행유예가 선고되었다. 전창일은 6개월 정도의 옥살이를 마감하고 감옥 문을 나왔다.[12]

1995년은 조국 해방 50돌이 되는 해다. 범민련은 이해를 통일원년으로 맞이하려고 그동안 노력해왔으나, 분단의 벽은 더욱 높아져 가고 있는 것이 현실이었다. 김영삼 대통령은 집권 후기로 갈수록 실정을 거듭했

11 《범민족대회 10년 역사, 조국은 하나》
12 《서울형사지방법원 제22부 판결, 사건 94고합1565 국가보안법 위반, 피고인 전창일 조국통일 범민족연합 남측본부 준비위원회 부의장》

〈 그림250: ① 조국 해방 50돌 민족공동행사 북측 대회, ② 조문단 사건 등으로 구속되었던 석방자 환영대회 (우측 2번째 강희남 목사, 3번째 전창일)ⓒ범민련 10년사 〉

다. 특히 통일 정책은 도무지 이해할 수 없는 방향으로 급변하게 된다.

김영삼 정부는 1993년 4월 비전향 장기수 이인모를 북으로 돌려보냈고, 1994년 2월 25일 남북정상회담을 제의했으며, 같은 해 6월 28일에는 1994년 7월 25일부터 7월 27일까지 평양에서 남북정상회담을 개최하는 합의서에 서명한 바 있다.[13] 남북 관계가 보다 긍정적인 방향으로 흐를 수 있는 청신호였다. 그러나 7월 8일 김일성 주석이 사망하자 방북 조문단 불허방침에 그치지 않고, 강희남·전창일 등 범민련 관련자들을 사법 처리함으로써 남북 관계는 돌이킬 수 없는 정도로 악화되었다. 사회의 분위기도 급변하였다.

7월 18일 청와대에서 열린 대통령과 대학 총장과의 간담회에서 "운동권 학생(주사파)들이 김정일로부터 UR 비준 반대운동 등의 지시를 받고

---

13 〈남북정상회담 개최를 위한 합의서(1994.6.28.): 남측수석대표 이홍구(대한민국 부총리 겸 통일원 장관), 북측단장 김용순9(조선민주주의 인민공화국 최고인민회의 통일정책위원회 위원장)〉

호산 전창일과 통일운동 77년사

있다"는 발언이 나온 것이 하나의 예다.¹⁴ 게다가 대통령은 이러한 분위기에 기름을 끼얹는 발언을 서슴지 않았다. 김영삼은 7월 19일 저녁 청와대에서 민자당 초재선 의원들과 만찬을 함께하면서 주사파 문제와 관련, "무차별 폭력을 행사하고 낡아빠진 공산주의를 맹종하는 학생들에게까지 계속 관용을 베풀 수는 없다"며 "이들을 절대 용납지 않을 것"이라고 밝혔다.¹⁵

옥문을 나와 통일운동 일선에 복귀했지만, 전창일은 이상한 기류를 감지했다. 연초부터 통일운동을 지향하는 남북 각 단체 간에 분열의 조짐이 보였다. 특히 전국연합 측의 움직임이 이상했다. 1월 19일부터 21일까지 열린 전국연합 수련회에서 '통일운동의 악평과 방향'이라는 문서를 통해 '범민족대회'를 계승하는 (가칭)통일민족대회가 제안되었다. 1990년 1차부터 1994년 5차까지 '범민족대회'를 주관해왔던 범민련을 배제하겠다는 의도였다. 1995년 2월 25일, 범민련 남측본부는 준비위원회 딱지를 떼고 정식으로 결성대회를 거행하고, 제6차 범민족대회를 개최한다는 특별결의문을 발표했지만,¹⁶ 범민련 내부 분위기는 어둡기만 했다. '범민족대회'를 둘러싼 논란과정을 살펴보면 아래와 같다.¹⁷

① 1995.1.19.~21. : 전국연합… (가칭)통일민족대회 제안
② 1.24. : ★북측… 조국 해방 50돌 경축 민족통일대축전 개최 제안

---

14 박 총장 발언 파문 확산, 재야단체 반발·사과 요구, 「경향신문」, 1994.7.20.
15 "주사파 엄단 김 대통령 법 무시 행위 척결", 「경향신문」, 1994.7.21.
16 『범민련 10년사』, 조국통일범민족연합남측본부, 2000, p.107.
17 『범민련 10년사』, 조국통일범민족연합남측본부, 2000, pp.107~114.

③ 2.7. : 범민련 남측본부(준)… 제6회 범민족대회를 개최한다는 견해를 밝힘

④ 2.8. : 민자통… '통일운동의 악평과 방향'을 비판하는 '자주적 통일운동의 힘찬 전진을 위하여 범민족대회는 계속되어야 합니다'는 글을 발간

⑤ 2.19. : 전국연합… (가칭)8·15 통일민족대회를 추진하기로 결정

⑥ 3월 초 : 범민련 남측본부를 중심으로 '제6차 범민족대회' 추진을 위한 예비모임 조직

⑦ 3.31. : 민족회의 등 5개 단체… 민족공동행사 개최 제안

⑧ 3.31.~4.2. : 한총련… 6·3 청년학생대회와 8·15 통일민족대회를 개최한다고 결정

⑨ 4.7. : 전국연합 중집… 전국연합의 (가칭)8·15 통일민족대회가 민족공동행사임을 표방

⑩ 4.9.~10. : 범민련… '조국 해방 50돌 경축 민족통일대축전'과 '제6차 범민족대회'를 개최하기로 결정

⑪ 4.22: '8·15 50주년 민족공동행사 남측준비위원회' 결성… 범민련 남측본부 참가 유보시킴

⑫ 4.29: '제6차 범민족대회 추진을 위한 1차 간담회' 개최

⑬ 5월 초: 남측준비위… 북, 해외에 행사준비를 위한 실무 접촉 제의

⑭ 5.12: ★북측준비위… 5월 하순에 베이징에서 각기 3명으로 구성된 쌍방 대표들 사이의 비공개 접촉을 가질 것을 제의한다고 화답
  ※ 민족회의(박순경, 이창복, 황인성)와 범민련 남측본부(전창일, 이종린, 김영옥) 사이의 대표 회동… 민족회의, 범민련 남측본부 해체 후 통합 제안 → 범민련 남측본부, 당면 과제를 공동으로 실천

후 통합의 조건을 만들어나가자고 함 → 민족회의, 조직통합 없이는 공동실천을 할 수 없다며 범민련 남측본부의 제안을 거부함

⑮ 5.16. : ☆김영삼 정부… 8·15를 기해 열리는 일체의 옥외 통일행사와 판문점 행사를 불허하기로 결정

⑯ 5.26. : ※'민족회의'와 '범민련 남측본부' 2차 대표 회동… 1차 회동과 같은 내용 반복

⑰ 6.2. : 범민련 남측본부… 제 민주단체에 '제6차 범민족대회' 공동 추진을 제안

⑱ 6.3. : 남측 준비위 대표, 통일원 장관 면담…☆범민련 참가 불가, 판문점에서 공동개최 불가, 소규모의 대표단을 교환하여 서울과 평양에서 분산개최 시 지원용의

⑲ 6.6. : '제6차 범민족대회 추진을 위한 2차 간담회' 개최

⑳ 6.8. : 전국연합 중집… 범민련 남측본부의 '제6차 범민족대회' 공동추진 제안 거부

㉑ 6.19. : 범추본 준비위… '제6차 범민족대회'와 관련한 협의를 갖자고 통일원에 제안, 남측준비위에 민족공동행사와 범민족대회를 서로 협력하여 개최하기 위한 협의제안 → 협의에 응하면 범추본을 인정하는 것이 된다는 이유로 남측준비위가 거부함(7월 11일, 13일 재차 제안했으나 모두 거부)

㉒ 6.20. : ★'8·15 조국 해방 50주년 민족공동 통일대축전 해외준비위원회' 결성

㉓ 6.21. : 범추본 준비위… 노동조합, 총학생회 등에 제6차 범민족대회와 범추본 참가요청 공문발송 → 전국연합, 가입단체에 제안하지 않도록 요구

㉔ 6월 29일: 범추본 준비위… 통일원에 북경 개최 예정인 범민족대회 남북 해외 실무회담에 대한 협조요청 공문 발송 → ☆통일원 불허 통보

㉕ 7월 1일: 범추본 준비위… 통일원장관 면담 요청 방문 → ☆통일원 거부 → 항의 성명 발표

㉖ 7월 3~4일: ★공동 경축행사를 위한 베이징회담… 남측의 불참으로 무산

㉗ 7월 5일: 범추본 준비위… 제6차 범민족대회와 민족통일대축전, 범민련 공동사무국에 판문점 개최 통보

㉘ 7월 7일: 범추본 준비위… 통일원 재차 방문 → 통일원 거부 → 항의 성명 발표

㉙ 7월 11~14일: 공동 경축행사를 위한 3자 실무대표회담(베이징) 개최

㉚ 7월 13일: 민족공동행사 남측 준비위… 범민족대회를 열지 않기로 북측도 동의했다는 말을 퍼뜨리기 시작함

㉛ 7월 14일: 서청협… 범추본에 적극 결합 결정, 한총련중앙상임위… 범민족대회 불참 결정

㉜ 7월 15일: 제6차 범민족대회 남측 추진본부 결성

㉝ 7월 18일: ※민족공동행사 남측 준비위(이해학, 황인성, 조성범)와 범민련 남측본부(이종린, 이천재, 김영제) 회동… 남측 준비위, 범민련의 남측 준비위 참가 거부

☆ 통일원, 범민련 남측본부에 제6차 범민족대회 불허 통보

㉞ 7월 19~20일: 제6차 범민족대회 개최를 위한 3자 실무회담, 남측 당국 봉쇄 → 통신회담으로 개최(7월 25~27일)

㉟ 7월 20일: '6차 범민족대회 학생추진위원회 준비위' 결성

㊱ 7월 21일: 베이징 합의문 발표… 범추본과 범민련 남측본부 공동 명의로 지지성명 발표

㊲ 7월 28일: 한총련 중앙상임위 개최… 남측 준비위에 범민련 남측 본부 참가 요청, 범추본 해체, 전국연합 결정에 따른다, 등을 결정

㊳ 7월 29일: 북측 준비위… '7월 21일 3자 공동합의문 해설' 발표 → 남 측 준비위 긴급대표자회의 개최… 범민련 남측본부가 남측 준비위 가입조건 제시(제6차 범민족대회 명칭 사용불가, 범추본 해산 전제)

㊴ 8월 3일: 범민련 남측본부… "7월 21일 공동합의문에 따라 조건 없 이 범민련 남측본부의 참가를 보장해야 한다"고 남측 준비위에 공 문발송 → 남측 준비위 4차 운영위 개최… "8·15 민족공동행사의 틀 안에서 진행될 범민련 행사의 명칭은 제6차 범민족대회가 아닌 다른 것으로 조정되어야 하며, 범추본을 해소해야 한다"고 결정함

㊵ 8월 4일: 범추본 대표자회의 개최… 범민련 규약을 바로 잡도록 범 민련에 제안 → 남측 준비위… "범민련이 가입할 때 범민련 대표 1 인을 남측준비위의 상임공동대표로 선임한다"는 8월 3일 자 운영 위 결정을 범민련 남측본부에 통보

㊶ 8월 5일: 범민련 의장단-중앙집행위원 연석회의 개최… 범민련 규약을 바로잡기로 결정, 범민족대회를 민족공동행사 밖에서 개최 할 것을 통보, 상임대표 1인을 파견할 준비가 되어 있다는 견해를 남측 준비위에 전달

㊷ 8월 6일: '제6차 범민족대회 통일선봉대' 발대식 → 동대문경찰서 정보과장, 범민련 남측본부 방문, 모든 행사 봉쇄, 대회 강행 시 사법 처리 통보 → 범민련 남측본부, 예정대로 대회 개최 밝힘

㊸ 8월 9일: '6차 범민족대회 학생추진위원회' 결성 → 남측 준비위…
8월 5일 자 공문에 대해 범민련 남측본부의 견해 거부, 범민족대
회라는 명칭을 쓰지 말기를 바란다는 요지의 답변 송부

㊹ 8월 10일: ※남측 준비위(박순경, 함세웅, 이수갑, 황인성)와 범민
련 남측본부 간부(전창일, 이종린, 신정길) 회동… 남측 준비위,
'범민족대회를 제3의 장소에서 하기로 합의하였다'는 말을 일방적
으로 전국 각지의 단체에 전달 → 범민련 남측본부 사무처장, 남측
준비위 사무실 방문, 시간대를 달리하여 행사일정을 조정하는 등
두 대회를 협력하여 개최할 수 있는 여러 방안 제시 → 남측 준비
위, 모두 거부함

㊺ 8월 11일: 남측 준비위 상임대표자회의 개최… 기존의 입장(전창
일 부의장을 상임공동대표로 받아들인다, 범민련 남측본부가 범추본
해소에 나서주기 바란다)대로 결정했음을 전화로 통보→이승환(남
측 준비위 정책위부위원장)이 신정길(범민련 남측본부 사무처장)을
만남, 범추본과 남측 준비위 집행위원장이 "범민족대회를 민족공
동행사가 진행되는 장소가 아닌 제3의 장소에서 진행한다"는 합의
를 하자고 제안 → 신정길, 남측 준비위 상임대표자회의 결정이 이
전과 다르지 않으며, 제3의 장소 개최를 합의하자는 것은 단합을
희망하는 대중의 요구를 외면하고 분열을 합의하자는 것임을 지적
하고, 범민련 의장단회의에서 논의한 결과를 알려주겠다고 답변함
→ 범민련 남측본부 의장단회의 개최… '북경회담 6개 합의 사항은
견결히 이행되어야 한다. 북경 합의에서 단체별 행사를 보장한 조
건에서 행사 명칭과 형식은 해당 단체 자신이 정할 문제로 간섭하
지 말아야 한다. 제3의 장소 운운하는 것은 사리에 맞지 않는다고

결정함

㊻ 8월 12일: 제6차 범민족대회 개막식, 통일선봉대 서울 입성

㊼ 8월 13일: 강희남 남측 범민족대회장… '제6차 범민족대회는 민족 공동행사 안에서 범민련이 주최하는 행사로 한다'는 제안을 모든 애국 민주단체에 함/ 서울시민 결의대회 개최/ 한양대에서 범청학 련 통일대축전 개최

㊽ 8월 14일: '범추본' 대오와 「남총련」 등 범민족대회를 사수하려는 대오가 오전 9시경 서울대로 진입, 오후 3시경 「한총련」은 중앙상 임위를 열어 범민족대회에도 참가하기로 결정함. 오후 9시경부터 민족공동행사장인 보라매공원에 있던 1만여 명의 학생들이 열을 지어 '범민족대회 사수, 범민련 강화, 연방제 통일'을 외치며 범민 족대회장인 서울대로 들어오기 시작함 → 오후 9시 범민족회의(남 측 지역회의), 오후 11시경부터 제6차 범민족대회 전야제 개최

㊾ 8월 15일: 새벽, '제6차 범민족대회 보고대회' 개최 → 범청학련 남 측본부, 구파발 일대에서 판문점 진격투쟁을 벌임 → 범민련 남측 본부 의장단회의, '대 민족회의' 등 판문점 대회지지 성명 발표 → 저녁 8시, 한양대에서 폐막식

김영삼 정부가 개입하면서 통일운동 내부의 분열은 더욱 심각해졌다. 1994년 통일운동 진영은 조직적으로 분열되었고, 1995년에는 8·15 대 회가 민족공동행사(민족회의 주최)와 범민족대회(범민련 주최)로 별도로 열리게 된다.

전민련을 중심으로 추진했던 새통추는 지난해(1994년) 7월 '민족회의

(자주평화통일민족회의)'라는 이름으로 출범했다.[18] 그 후 민족회의는 전국연합이 제안한 '8 · 15 통일민족대회'의 명칭을 다소 변경하여 '민족공동행사' 준비위를 출범시켰다. 1995년 4월 22일 오후, 민주주의민족통일전국연합(전국연합), 한국민족예술인총연합, 한국대학총학생연합(한총련) 등 140개 사회단체가 서울 서대문구 창천동 창천감리교회에 모여 '8 · 15 50주년 민족공동행사' 남측 준비위원회 창립총회 겸 발족식을 한 것이다. 상임대표는 김상근 목사, 함세웅 신부, 김중배 씨, 이창복 씨 등 4명이 선출되었다.[19] 문제는 범민련 남측본부의 참가를 유보한 것이다.[20]

민족회의(혹은 민족공동행사 남측 준비위)와 범민련 남측본부와는 5월 12일, 5월 26일, 7월 18일, 8월 10일 등 4차례에 걸쳐 회동을 가졌지만, 합의를 이끌어내지 못했다. 민족회의 측의 방침은 확고했다. 범민련 남측본부 해체 후 통합, 범민련의 민족공동행사 남측 준비위 참가거부, 범민련이 범민족대회를 강행한다면 민족공동행사 밖에서 개최할 것 등이었다. 범민련 이름으로 범민족대회를 개최하지 말라는 얘기였다. 범민련은 규약 개정을 하고,[21] 시간대를 달리하여 행사일정을 조정하는 등 두 대회를 협력하여 개최할 수 있는 여러 방안을 제시했지만, 남측 준비위는 모두 거부했다. 민족회의와 범민련, 두 단체의 갈등은 「한겨

18   민족회의 출범, 모든 국민 참여하는 통일운동 펼친다, 「한겨레」, 1994.7.3.

19   통일 염원 제주서 판문점까지, 8 · 15 민족행사 남측준비위, 「경향신문」, 1995.4.23.

20   『범민련 10년사』, 조국통일범민족연합남측본부, 2000, p.108.

21   범민련 규약 제8조(범민련의 최고의결기구는 범민족대회이다. 조국통일범민족대회는 2년에 한 번 소집하며 필요에 따라 임시 또는 비상대회를 소집할 수 있다. 대회 대표는 각 지역조직에서 선출한다.) → 범민련 남측본부는 북측과 해외와 협의하여 "범민련 최고의 결기구는 조국통일범민족회의이다"라고 수정하였다.

레」에 실린 광고를 통해 짐작할 수 있다.

〈 그림251: 1995년 7월 15일, 7월 18일, 7월 27일 자 한겨레(광고) 〉

7월 15일, '8·15 50주년 민족공동행사 남측준비위원회'는 "우선 1차
로 여기 5,000인의 뜻을 모아 온 겨레가 네 가지 통일 약속을 하는 '통
일선언'을 제안한다"는 광고를 「한겨레」에 실었다. 네 가지 약속은 다음
과 같다.

① 해방 50년을 맞아 분단으로 인한 대결과 증오의 시대를 마감하고,
   평화와 화해의 통일시대를 열어나가야 합니다.
② 이번 8월 15일 해방 50주년 기념행사는 남과 북, 해외의 온 겨레가
   함께 준비하여 한 자리에서 거족적인 행사로 치러야 합니다. 이 민
   족공동행사에서 우리는 통일의 의지를 내외에 선언합시다.
③ 통일을 이루는데 민과 관이 따로 있을 수 없습니다. 남북당국은 통
   일을 위한 법적·제도적 장치를 마련하기 위해 대화를 성실하게
   진행해야 하고, 민간차원의 다양한 교류도 열어 두어야 합니다.

④ 일본의 군국주의 부활 움직임을 비롯한 외세의 개입과 간섭에 맞서 민족의 공동번영을 이루어 내기 위해 민과 관, 남, 북, 해외 전 민족의 힘을 모아야 합니다.

살펴볼 것은 이 광고에 등장하는 단체와 인물들의 면면이다. 상임고문(박용길 · 오익제 · 이돈명 · 조용술 · 홍창의), 상임공동대표(김상근 · 김중배 · 권영길 · 박순경 · 이창복 · 함세웅), 공동대표(배다지 · 서한태 · 서경전 · 염무웅 · 윤영규 · 이수갑 · 이자현 · 이효재 · 장을병 · 지선 · 천영세 · 홍근수), 감사(김금수 · 윤순녀), 집행위원장(김용태 · 이해학) 등을 비롯해 종교, 노동, 농민, 문화예술, 여성, 보건의료, 학계, 법조, 언론, 인권, 장애인, 교육, 청년, 학생, 시민운동, 민족운동, 평화운동, 사회운동 등 각계인사들과 지역대표 총 5,000명이 민족공동행사에 참여했음을 알렸다.[22]

그러나 위 명단에는, 옥고를 치르는 등 누구보다 통일운동 전선에 앞장섰던 강희남, 전창일, 이종린, 이천재, 김영옥, 김영제, 신정길… 등의 이름이 누락되어 있다. 범민련을 고수하는 인사들은 "남과 북, 해외의 온 겨레가 함께 준비하여 한 자리에서 거족적인 행사로 치르겠다"는 '8 · 15 50주년 민족공동행사'에 참여할 수 없었던 것이다.

범민족대회를 포기할 수 없었던 범민련은 민족공동행사 광고문이 게재된 사흘 후인 7월 18일 자 날짜로 같은 신문(한겨레) 광고란에 '제6차 범민족대회에 관한 공동합의문'을 실었다.[23] 제6차 범민족대회를 추진

---

22 해방 50주년 7천만 겨레 통일선언운동을 제안합니다, 「한겨레」 광고, 1995.7.15.
23 오늘 우리는 조국의 평화와 자주통일을 위한 제6차 범민족대회 남측추진본부를 결성하

호산 전창일과 통일운동 77년사

한다는 내용이었다. 한편, '민족공동행사 남측준비위원회'가 준비하고 있는 "8 · 15 민족공동행사'가 남과 북, 해외가 함께하는 거족적인 조국해방 50돌 민족경축행사가 되도록 최선을 다할 것임을 밝혔다. 그리고 실행방법으로 아래와 같은 세 가지 사항을 제시했다.

> 하나, 우리는 연방제 통일방안을 거족적으로 확산하기 위해 혼신의 힘을 기울일 것이다.
> 하나, 우리는 국가보안법을 철폐하고 모든 양심수를 석방시키는 일에 적극 나설 것이다.
> 하나, 우리는 휴전협정을 평화협정으로 바꾸고 주한 미군을 돌려보내기 위한 투쟁을 비롯하여 민족의 평화와 통일을 위한 조건을 마련하기 위해 적극 나설 것이다.

연방제통일, 국가보안법 철폐, 주한 미군 철수… 범민련은 민족의 평화와 통일을 위한 세 가지 기본조건을 분명히 제시했다. 김영삼 정부를 비롯한 역대 정권이 왜 범민련을 소멸시키려고 했는지 그 이유를 짐작게 하는 선언이었다. 이 선언에 동참했던 범민련 성원은 다음과 같다.

▶ 남측 고문단

– 상임고문: 신창균, 신도성, 김승훈, 이강훈

– 고문: 인옥희, 주명순, 곽병준, 김재훈, 김병권, 이원명, 박선애, 박정숙, 김종순, 김선분, 이관복, 오정수, 강두희, 김병걸, 최현오, 김순정, 임기란, 강민조, 안옥기, 권

고 이를 남과 북, 해외의 7천만 겨레에게 알린다, 「한겨레」 광고, 1995.7.18.

오헌, 황건, 곽태영, 윤희보, 신현철, 양진명, 이형우, 유혁, 유한종, 신연갑, 김병두, 문한영, 김대수, 한기명, 이태환, 이현수, 김병균, 김양무, 임재복, 정제명, 박광웅, 박동환, 김광현, 조창섭, 김범태, 김직수, 유흥철, 이장녕, 작석정, 안은찬, 이전오, 박수찬, 김한덕, 류용상, 류금수, 도강호, 이태환, 류시벽, 배달암, 현해봉, 이준우, 류한종, 박창균

▶ 남측 대회장: 강희남

▶ 남측 대표자회의: 전창일, 이종린, 이천재, 손창호, 노수희, 김세원, 서상권, 이낙규, 류근삼, 정효순, 김순정 외 지역 부문별 대표자

▶ 감사: 윤성식, 김광열

▶ 대변인: 이천재

▶ 문예위원장: 이기형

▶ 국가보안법철폐와 이산가족 찾기 사업위원회 위원장: 강순정

▶ 중앙통일선봉대 대장: 강순정

▶ 사무국장: 김영제

▶ 추진위원: 조국통일범민족연합 남측본부 중앙위원 성원, 민족자주평화통일 중앙회의 성원, 노동 · 청년 · 학생 · 농민 · 빈민 · 여성 · 문화 · 의료 등 각계 추진위원

열흘 후(7월 27일), 다시 광고를 통해 '제6차 범민족대회에 관한 공동합의문'을 알렸다.[24] 범민련 공동의장단 및 제6차 범민족대회 연석회의를 통해 "올해 8 · 15통일대축전(민족공동행사)이 진정 거족적인 행사가 되도록 최선을 다할 것이며, 금년도 제6차 범민족대회는 민족공동통일대축전을 더욱 빛내는 데 적극 이바지하게 될 것"이라고 발표했다. 지

---

24 제6차 범민족대회에 관한 공동합의문, 「한겨레」 광고, 1995.7.29.

난 7월 15일(18일 자 한겨레광고) 제6차 범민족대회 남측추진본부에서 이어 민족공동행사에 참여하겠다는 의지를 재차 표명한 것이다.

그러나 민족회의 측의 반응은 냉담했다. "민족공동행사가 그 내용에서 그간의 개최된 바 있는 범민족대회의 취지와 정신을 수용, 계승하는 것으로 되어 있어 범민족대회를 별도로 개최할 필요가 없다는 것"이 그들의 변함없는 방침이었다.

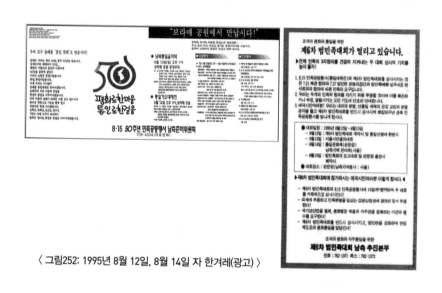

〈 그림252: 1995년 8월 12일, 8월 14일 자 한겨레(광고) 〉

'제6차 범민족대회'와 '8 · 15 50주년 민족공동행사'가 곧 열리게 되었다. '민족공동행사' 측은 "음악회, 전시회, 토론회, 통일노래 경연대회… 보고, 듣고, 먹고, 마시고, 흥겨운 통일 이야기를 나눕시다. 춤추며 노래하며 통일의 큰길로 함께 갑시다", "보라매 공원에서 만납시다"

하고 홍보하였다.[25]

　반면, 범추본(범민족대회 남측 추진본부)은 "조국의 평화와 통일을 위한, 제6차 범민족대회가 열리고 있습니다" 하는 안내문을 게재하였다.[26] "반통일 세력의 온갖 교란과 내외의 분열공작"이 있지만, 고난을 뚫고 범민족대회는 지난 다섯 해, 다섯 차례에 걸쳐 열린 것처럼 올해도 변함없이 개최된다는 문구였다. 더욱이 본 대회가 개최되는 장소도 명확한 장소를 제시하지 않고 서울이라고만 표기되어 있었다. 처참한 홍보 문구였다. 이러한 가운데, 범추본은 제6차 범민족대회에 참가하는 애국시민들에게 아래와 같은 네 가지 사항을 주문했다.

① 제6차 범민족대회와 8 · 15 민족공동행사에 다 함께 두 대회를 거족적으로 성사시킨다!
② 외세에 추종하고 민족분열을 일삼는 김영삼 정권에 결연히 맞서 투쟁한다!
③ 국가보안법을 철폐, 평화협정 체결과 자주권을 침해하는 미군의 철수를 요구한다!
④ 제6차 범민족대회를 반드시 성사시키고, 범민련을 강화하여 연방제도로의 평화통일을 앞당긴다!

위 광고가 실린 8월 14일은 판문점 통일 문화제, 남측지역 전야제가

25　"보라매 공원에서 만납시다!", 「한겨레」 광고, 1995.8.12.
26　조국의 평화와 통일을 위한, 제6차 범민족대회가 열리고 있습니다, 「한겨레」 광고, 1995.8.14.

예정된 날이다. 본 행사가 개최되는 마지막 순간까지 민족회의가 주관하는 '8·15 50주년 민족공동행사'에 참여하겠다는 의지를 이 광고를 통해 보여 준 것이다.

'제6차 범민족대회'와 '8·15 50주년 민족공동행사'는 결국 별도로 열렸다. 범민련 남측본부는 서울대에서, 민족회의와 전국연합은 보라매공원에서, 같은 행사를 두 곳에서 개최하게 된 것이다.

〈 그림253: 시계방향, ① 1995년 8월 15일 자 한겨레, ② 서울 보라매공원에서 시민 학생 3만 명이 모인 가운데 시작한 8·15 50주년 민족공동행사 전야제ⓒ민주화기념사업회, ③ 8월 14일 '범민족대회 사수, 범민련 강화, 연방제통일'을 외치며 보라매공원에서 서울대로 집결한 1만 대오ⓒ범민련 10년사, ④ 통일로 가두시위를 벌이는 한총련 학생들을 검거하기 위해 최루탄을 쏘며 달려가는 전경들ⓒ민주화기념사업회 〉

보라매공원과 서울대에서 별개로 치러진 '8·15 50주년 민족공동행사'와 '범민족대회'의 모습에 대해 이천재는 자신의 회고록을 통해 다음과 같은 증언을 남겼다.

　전국연합의 집요한 반 범민련 의지는 물불을 가리지 않았으니 결국, 같이 한다는 것은 존중하나 범민련 개별행사(범민족대회)는 못 한다는 후안무치한 다수파의 분열적 망집을 꺾지 못하고 민족공동행사와 제6차 범민족대회를 각각 개최하는 결과를 가져오고 말았다.

　지금 생각해 보면 그때 전국연합이 3자(전국연합, 민족회의, 범민련) 대회 공동성명마저 거부한 것은 어떤 보이지 않는 분열 음모 때문이 아닌가 하는 의문을 갖게 한다.

　우리는 14일 10시가 넘어 관악산을 넘어온 경인지역의 일부 학생, 노동자(불과 1,000~2,000명)들과 참으로 쓸쓸한 문화행사의 막을 올렸고, 보라매공원에는 2만 명 이상의 대중과 함께 범민족대회(실제로는 8·15 50주년 민족공동행사) 문화재가 화려하게 개최되었다.

　서울대에서 범민족대회가 한두 시간쯤 진행되는데 느닷없이 학생 대중이 몰아닥쳤다. 경찰마저 정문 봉쇄를 안 할 만큼 초라했던 광장에 실로 눈 깜짝할 사이에 본관 앞 광장을 메웠으니 기적 중에도 기적이요 신화를 창조할 수 있는 힘의 원천은 대중뿐이라는 진리를 가슴으로 느끼게 하는 사건이었다. 알고 보니 보라매공원에서 민족공동행사가 진행되는 도중에 남총련 어느 학생인가가 범민족대회 참석하러 가자고 외쳤고, 술렁술렁하던 대중이 썰물

처럼 빠졌다고 했다.[27]

어제의 동지였던 민족회의(전국연합) 구성원들의 냉혹함에 많은 이들
이 의아하게 생각했던 모양이다. 이천재는 "어떤 보이지 않는 분열 음모
때문이 아닌가 하는 의문"을 가졌고, 전창일도 "범민련을 와해·해체하
려는 불순한 책동이 있었다."고 보았다.[28] 전창일의 회고를 들어보자.

1995년 제6차 범민족대회는 서울대에서 범민련 남측본부가, 새
통체와 전국연합은 보라매공원에서 각각 같은 행사를 두 곳에서
따로따로 거행하였다. 범민련을 와해·해체하려는 불순한 책동을
막아주는 실력부대는 항상 애국 정예 대열 학생들이었다.

학생들은 한양대에서 "제6차 범민족대회는 민족공동행사 안에
서 범민련이 주최하는 행사로 한다는 강희남 남측 범민족 대회장
의 제안을 모든 애국시민단체가 받아드려야 한다"고 주장하면서
서울시민 결의대회와 범청학련 통일대축전을 거행했다. 그리고
남총련 등 범민족대회를 사수하려는 대오와 함께 8월 14일 오전 9
시경 서울대학으로 진입했다.

오후 3시경, 한국대학생총연합(한총련)은 중앙상임위원회를
열어 범민련의 범민족대회에도 참가하기로 결정하였다.

오후 9시경부터 민족공동행사장인 보라매공원에 있던 1만여 명
의 학생들이 "범민족대회 사수, 범민련 강화, 연방제통일"을 외치

---

27 이천재, 『고백』 도서출판 민, 2000, p.65.
28 2021년 3월, 전창일의 자필 기록

며 범민족대회장인 서울대학으로 들어오기 시작했다. 그리고 범
민련이 진행하는 범민족회의 남측 지역회의에 참가하였다.

8월 15일 새벽, 서울대학에서 제6차 범민족대회 보고대회를 진
행하고, 범청학련은 구파발 일대에서 판문점 진격투쟁을 벌였다.

범민련은 의장단회의, 대 민족회의 등 판문점 대회 지지성명을
발표하고 저녁 8시 한양대학에서 폐회식을 거행했다.

민족회의가 주최한 '8·15 50주년 민족공동행사'에 참석차 보라매공
원에 있던 만 명 이상의 학생들이 "범민족대회 사수를 위하여 서울대로
이동"한 것은 충격적인 대 사건이었다. 그러나 모든 언론들은 이 사건
을 외면하였다. 당시 범청학련의 구성원으로서 보라매공원에 있다가 오
후 11시경 범민족대회 사수를 위하여 서울대로 이동했던 신희주(전남대
사학과)의 보고서를 아래에 소개한다.[29] 세 사람(이천재, 전창일, 신희
주)의 글을 참조하면, 당시의 상황을 짐작할 수 있으리라 본다.

[8·15 대회 보고]

통일의 주인은 7천만 겨레임을 확인하고 왔습니다.

해방 50년! 분단 50년!

올해 광복절에는 분열의 역사를 끝내고, 통일의 새날을 맞이하
기 위한 각계각층의 요구와 열망이 드높았습니다.

그래선지, 이전까지는 광복절에 간단한 기념식(?)만 하던 정권

---

29 95년, 학생운동의 중흥기, 전-노 학살자 처벌, 민족사의 대전환기, 「민플러스」,
2021.5.14

에서도 총독부 첨탑을 허물고, 한강에서의 수상 레이저 쇼, 광화문 축제 등 수백억의 돈을 쏟아 부으며 여러 행사를 했습니다. 하지만 통일이란 남북 7천만 겨레가 함께했을 때만 이루어지는 것이기에, 이러한 정권 주도의 행사들은 반쪽만의 형식적인 축제에 지나지 않았습니다. 8·15를 맞이한 획기적인 대북제의가 있을 거라는 예상이 많았으나, 그마저도 후퇴하고 의례적인 말로 끝나고 말았고요.

김 정권의 공허한 통일행사가 떠들썩하게 벌어지고 있던 그 시간, 언론에는 거의 보도되지 않았지만 90년대 통일을 이루기 위한 남북 해외 7천만 겨레의 염원을 모으는 8·15 민족공동행사와 제6차 범민족대회가 보라매공원, 서울대, 한양대, 판문점 등지에서 열렸습니다. 외세와 분열세력을 물리치고 통일을 이루는 힘은 바로 민중들에게 있으며, 통일조국의 앞날을 이끌어갈 사람도 바로 민중들임을 눈으로 확인하는 시간이었죠.

우리 학교에서는 계속되는 전·노 처벌 투쟁과 방학이라는 힘든 상황 속에서도, 8월 13일에 450여 명의 학우들이 상경하여 3만여 명의 각계각층 민중들과 함께 8·15 대회를 성사시켰습니다.

올해에는 통일운동을 전개하면서 범민련의 위상이나 정치적 과제에 대한 이견이 존재하여 많은 논쟁이 있어 분열적인 모습이 나타나기도 했습니다. 하지만 남총련을 중심으로 민족공동행사와 범민족대회를 모두 성사시켜, 통일운동을 각계각층으로 확대시킴과 동시에 앞으로 통일운동의 방향을 대중들의 실천을 통하여 검증하였습니다.

특히, 민주노총 준비위가 조직적으로 참여하여 노동자들도 통일운동에 적극적으로 나서게 되었고, 민족공동행사를 준비할 때 대부분의 여성·사회·종교단체를 포괄하며 다양한 형식의 행사를 진행하여 통일운동의 폭을 넓혔습니다. 그리고 판문점에서 8·15 대회를 성사시키지는 못했지만, 남북 해외 3자 연대 기구인 범민련이 주최하는 범민족대회를 대중적으로 성사시키고 범청학련 대표를 파견하여 실질적인 3자 연대를 실현하여 이후 통일운동의 방향을 명확히 하였습니다.

하지만 올해에는 통일운동 세력 간의 적지 않은 분열상도 나타나, 한총련까지도 지역별로 차이가 나타나기도 했습니다. 이러한 모습은 자주와 평화 민족대단결이라는 조국통일의 3대 원칙에 입각한 대중들의 투쟁을 통하여 극복될 것이고, 범민족대회를 대중적으로 성사시키면서 차츰 극복되고 있습니다.

이후 우리와 자매결연을 맺고 있는 북의 김책공대, 일본의 조선대 벗들을 용봉대동풀이에 초청하여 3자 연대운동을 발전시키고 통일의 길을 개척해 나갈 것입니다.

올해 8·15 대회 진행과정을 우리 학교를 중심으로 간단히 보고 드립니다.

[8월 13일]

오전 11시 20분 우리 학교 대강당 앞에서 전세버스로 출발.

오후 6시 통일음악회, 보라매공원, 3만여 명 참여. 민중 가수, 성악가, Rock Group '천지인' 등이 조국통일을 열망하는 노래로 서울시민들과 함께함.

오후 11시 한양대로 이동.

호산 전창일과 통일운동 77년사

[8월 14일]

0시~오전 6시 범청학련 통일대축전 및 통일 노래 한마당. 한양대, 1만 5천 명 참여.

한총련 의장이 범청학련 대표로 정민주, 이혜정 학형을 파견했음을 선언.

광주대 공대 노래패 '소낙비'의 '뛴다', 통일 노래 한마당 청년상(2위) 수상.

오전 7시 서울대로 이동 휴식.

오후 6시 8 · 15 민족공동행사 전야제. 보라매공원, 2만여 명 참여.

한반도의 평화정착과 민족의 화해를 위하여 국가보안법 철폐, 평화협정 체결을 결의.

오후 11시 범민족대회 사수를 위하여 서울대로 이동.

[8월 15일]

0시~오전 5시 범민족대회, 서울대, 1만여 명 참여.

민족자주와 민족대단결 정신에 기반하여 90년대 연방 통일 조국 건설을 결의.

오전 10시 1만여 명의 판문점 진격투쟁. 4차 저지선까지 뚫고 경기도 고양까지 진출.

오후 6시 한양대. 범청학련 통일축전 폐막식.

마지막 투옥 그리고
공안당국과의 투쟁

〈 그림254: 1995년 11월 30일 자 조선일보, 동아일보, 경향신문, 한겨레 〉

1995년 11월 30일, 그동안 언론으로부터 외면받고 있던 '범민련'이란 단어가 대부분의 신문에 다시 등장했다. 29명의 범민련 간부가 구속되었다는 기사였다. 「동아일보」와 「한겨레」는 전체 구속자의 명단까지 소개했다.[1] 안기부와 경찰 등에 의해 연행·구속된 이들의 이름은 다음과 같다.

〈서울 15명〉

강재우(75 · 강희남, 범민련 남측본부의장), 신창균(87 · 상임고문), 전창일(74 · 범민련 남측본부부의장), 이천재(64 · 부의장), 김병권(74 · 중앙위원), 김영옥(60 · 중앙위원), 박석

---

1   범민련 29명 구속, 「동아일보」, 1995.11.30.; 범민련 간부 등 29명 구속, 「한겨레」,
    1995.11.30.

율(47 · 집행위원), 주명순(70 · 중앙위원), 신정길(37 · 사무처장), 홍세표(59 · 서울연합부의장), 이종린(72 · 서울연합의장), 곽병준(71 · 감사), 김광열(72 · 감사), 이준우(68 · 중앙위원), 김영제(39 · 집행위원장)

〈부산 3명〉

서상권(68 · 부산연합회장), 김상찬(64 · 실행위원), 유선홍(77 · 고문)

〈대구 7명〉

류근삼(54 · 대구연합회장), 이태환(69 · 연합위원), 김병길(61 · 연합위원), 권오봉(68 · 연합위원), 한기명(66 · 연합부의장), 나경일(64 · 연합부의장), 김동순(32 · 사무국장)

〈전남 3명〉

김병균(37 · 고아주연합부의장), 임재복(56 · 감사), 김양무(43 · 중앙위원)

〈전북 1명〉

김형근(35 · 전북연합부의장)

범민련 주요 인사 대부분이 구속되었지만, 강순정은 검거를 모면했다. 구속을 면한 강순정은 즉시(11월 29일) '범민련사수와 애국 통일 인사 석방을 위한 비상대책위원회'를 구성했다. 다음날(11월 30일)에는 '김영삼 정권은 범민련에 대한 탄압을 즉각 중단하라'는 성명서를 범민련 남측본부 명의로 발표했다. 그리고 12월 1일부터 '공안탄압 분쇄와 범민련 사수'를 위한 농성에 돌입했다.[2]

강순정[3]은 김대중이 총재로 있던 평민당에서 활동하다가 전창일의 권

---

[2] 『범민련 10년사』 조국통일범민족연합남측본부, 2000, pp.114~115.

[3] 함경남도 안변군 출신의 강순정(76) 씨는 재야단체의 거물급 인사로 활동해왔다. 강 씨는 평소 "한국전쟁 중 맥아더 장군이 북한에 원자폭탄을 터뜨릴 것 같아 월남했다"고 말했다고 한다. 1980년대에는 김대중 전 대통령이 총재로 있던 평민당 당원으로 활동했으

유로 민자통에 합류하였다고 한다. 간부들이 구속된 후 민자통 재건을 위해 의장직을 맡았을 무렵의 일이다. 그 후 범민련 서울시연합 부의장이던 1994년 7월 16일, 조문단사건으로 전창일, 강희남 등과 함께 구속되어 옥고를 치른 바 있다.

전창일의 권유로 민자통 및 범민련에 합류한 또 한 명의 통일일꾼이 있다. 이관복[4] 역시 강순정처럼 평민당에서 정치에 대해 꿈을 키우다가 통일운동에 헌신한 경우다. 민자통에서 사무처장, 범민련 사무처장 등을 역임하며 정치권에서 단련된 경험을 통일운동에서 접목시킨 우수한 활동가였다고 한다.

며, 1987년 6월 항쟁 이후 통일운동에 나섰다.〈범민련 고문 간첩 혐의 영장, 「중앙일보」, 2006.11.30.〉 1994년 7월 16일 범민련 서울시연합 부의장이던 강 씨는, 김일성 주석 조문을 가기 위해 판문점으로 향하던 중 경기도 고양시에서 체포돼 구속됐다. 강 씨는 1992년 1월부터 1994년 5월까지 12차례에 걸쳐 범민련 캐나다본부 중앙위원 강모 씨의 지시에 따라 국내 정세와 재야동향을 취합해 편지 또는 녹음테이프로 전달한 혐의로 구속 기소됐고, 1996년 6월 징역 4년 6개월 형을 받았다. 강 씨는 김대중 정부가 들어선 1998년 8·15 특사로 출소한 후 보안관찰처분을 받았다.〈간첩혐의 긴급체포 강순정 씨는,「조선일보」, 2006.11.29.; 범민련 고문 간첩 혐의 영장,「중앙일보」, 2006.11.30.〉

4   이관복(1931~2020); 평생을 교육자로, 통일운동가로 살아온 '광화문 할아버지' 이관복 선생이 2020년 6월 23일 오전 6시경 별세했다. 향년 89세. 고인은 1934년 1월 21일(음력) 충북 음성에서 아버지 이봉부, 어머니 한갑녀 사이에 7남 2녀 중 여덟 번째로 태어났다. 1955년 청주상고를 졸업하고 무극고등공민학교(현재의 중학과정) 국어교사로 재직했다. 1970년대 함석헌 선생을 만나 '민주회복 국민회의'에 발을 들여놓으면서 교육운동에서 민주화운동, 통일운동으로 활동을 확장했다. 고인은 유신 시절 긴급조치 위반부터 1980년 김대중 내란음모 사건, 1991년 범민련 활동으로 국가보안법 위반까지 5차례 총 5년간 옥고를 치렀다. 고인은 민주통일민중운동연합(민통련), 조국통일범민족연합(범민련), 박정희기념관건립반대국민연대, 남북공동선언실천연대, 민족자주통일서울회의, 용산미군기지반환운동본부, 민족문제연구소 등에서 활약해왔다. 특히, 고인은 지난 2002년 '미군 장갑차 여중생 압사사건' 광화문 촛불집회 시 약 500일 동안 거리 강연과 행사준비를 하면서 광화문을 지켜, '광화문 할아버지'로 불렸다. 김영옥 범민련 중앙위원은 고인에 대해 "범민련 남측본부 준비위원회 때 사무처장을 맡아 열심히 일하셨다"며 회상했다. 빈소는 금왕농협 연합장례식장 국회실이며, 코로나19로 인해 가족장으로 진행한다. 발인은 25일 오전 6시 30분이며 장지는 5.18 민주묘지이다.《통일애국열사 이관복, 조국통일범민족연합 남측본부》

정치에 관심을 두기 전의 이관복은 고향인 충북 음성에서 전답 2천 평을 팔아 교실을 짓고 문맹 퇴치, 청소년 선도에 앞장선 공적으로 올해의 상록수로 선정된 바 있다.[5] 충북 음성 대명농민학교 교장 제직 중 "정부는 정치나 하지 왜 교육문제에 간섭해 교과서를 고치나. 교사가 다른 건 할 수 있어도 학문적으로 거짓을 학생들에게 가르칠 수 없다"는 발언의 여파로 학교가 폐쇄되는 사건을 겪은 후 소위 '저항권인사'가 되었다.[6] 그 후 김대중 내란사건에 연루되어 옥고를 치른 후 고향에서 국회의원으로 출마하는 등 정치인으로 활동하다가 전창일을 만났다.

이관복은 범민련 남측본부 재정소위원장으로 있을 때 전대협 소속 대학생의 '남북청년학생 해외통일축전' 참석 배후 조정 협의로 구속·송치된 바 있으며,[7] 사무처장(국장)으로 재임 시에는 "범민련은 남북 당국 어느 편에도 치우침이 없이 주체적으로 공정하게 자주적 평화통일을 추구"하는 단체임을 설파하며 범민련 고수를 위해 큰 역할을 한 통일일꾼이었다.[8]

전창일은 지금도 두 사람에게 미안한 마음을 가지고 있다. 전창일을 따라 범민련 사업에 참여했다가 감옥생활까지 치르게 되어 가족들마저 고생시킨 것에 대해 가슴이 아팠고, 가족들에게 죄송한 마음을 금할 수 없다고 고백했다. 다시 범민련 간부들이 구속되었을 무렵으로 돌아간다.

---

5   올해의 상록수 18명 뽑아, 「경향신문」, 1969.5.23.

6   이관복 "나의 운동은 끝나지 않았다", 「충청투데이」, 2013.7.29.

7   주사파, 전대협 조종, 「조선일보」, 1991.7.27.

8   범민련 해체결의 한 적 없다, 위원장당 시한부 일괄사표 냈을 뿐, 「한겨레」, 1993.8.25.

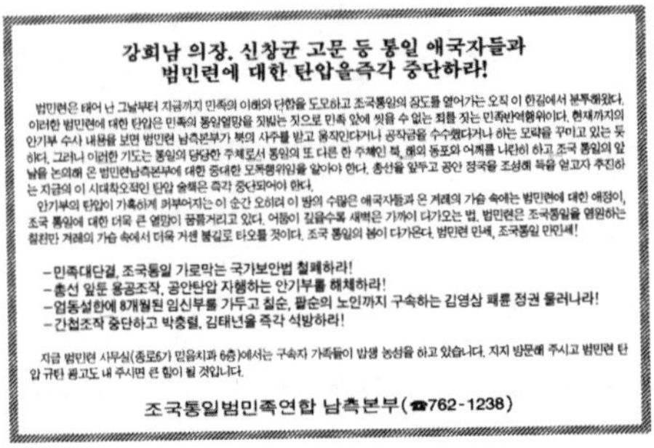

강회남 의장, 신창균 고문 등 통일 애국자들과
범민련에 대한 탄압을즉각 중단하라!

범민련은 태어 난 그날부터 지금까지 민족의 이해와 단합을 도모하고 조국통일의 장도를 열어가는 오직 이 한길에서 분투해왔다. 이러한 범민련에 대한 탄압은 민족의 통일열망을 짓밟는 짓으로 민족 앞에 씻을 수 없는 죄를 짓는 민족반역행위이다. 현재까지의 안기부 수사 내용을 보면 범민련 남측본부가 북의 사주를 받고 움직인다거나 공작금을 수수했다거나 하는 모략을 꾸미고 있는 듯하다. 그러나 이러한 기도는 통일의 당당한 주체로서 통일의 또 다른 한 주체인 북, 해외 동포와 어깨를 나란히 하고 조국 통일의 앞날을 논의해 온 범민련남측본부에 대한 중대한 모독행위임을 알아야 한다. 총선을 앞두고 공안 정국을 조성해 득을 얻고자 추진하는 지금의 이 시대착오적인 탄압 술책은 즉각 중단되어야 한다.

안기부의 탄압이 가혹하게 퍼부어지는 이 순간 오히려 이 땅의 수많은 애국자들과 온 겨레의 가슴 속에는 범민련에 대한 애정이, 조국 통일에 대한 더욱 큰 열망이 꿈틀거리고 있다. 어둠이 깊을수록 새벽은 가까이 다가오는 법. 범민련은 조국통일을 염원하는 칠천만 겨레의 가슴 속에서 더욱 거센 불길로 타오를 것이다. 조국 통일의 봄이 다가온다. 범민련 만세, 조국통일 만만세!

- 민족대단결, 조국통일 가로막는 국가보안법 철폐하라!
- 총선 앞둔 용공조작, 공안탄압 자행하는 안기부를 해체하라!
- 엄동설한에 8개월된 임신부를 가두고 칠순, 팔순의 노인까지 구속하는 김영삼 패륜 정권 물러나라!
- 간첩조작 중단하고 박충렬, 김태년을 즉각 석방하라!

지금 범민련 사무실(종로6가 믿음치과 6층)에서는 구속자 가족들이 밤샘 농성을 하고 있습니다. 지지 방문해 주시고 범민련 탄압 규탄 광고도 내 주시면 큰 힘이 될 것입니다.

조국통일범민족연합 남측본부(☎762-1238)

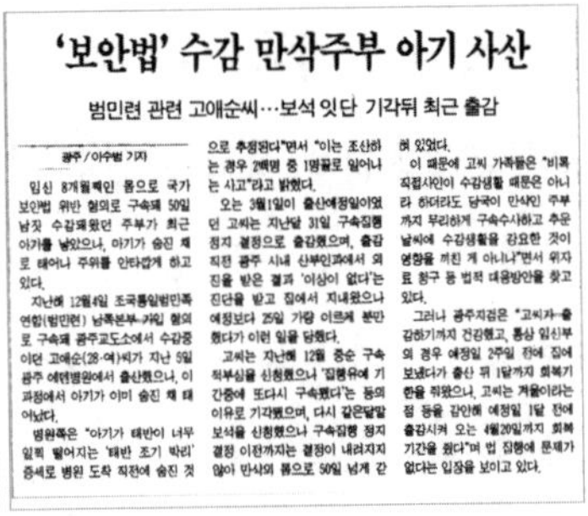

‘보안법’ 수감 만삭주부 아기 사산

범민련 관련 고애순씨…보석 잇단 기각뒤 최근 출감

광주/이수범 기자

임신 8개월째인 몸으로 국가보안법 위반 혐의로 구속돼 50일 남짓 수감돼왔던 주부가 최근 아기를 낳았으나, 아기가 숨진 채로 태어나 주위를 안타깝게 하고 있다.

지난해 12월4일 조국통일범민족연합(범민련) 남측본부 가입 혐의로 구속돼 광주교도소에서 수감중이던 고애순(28·여)씨가 지난 5일 광주 에덴병원에서 출산했으나, 이 과정에서 아기가 이미 숨진 채 태어났다.

병원쪽은 “아기가 태반이 너무 일찍 떨어지는 ‘태반 조기 박리’ 증세로 병원 도착 직전에 숨진 것으로 추정된다”면서 “이는 조산하는 경우 2백명 중 1명꼴로 일어나는 사고”라고 밝혔다.

오는 3월1일이 출산예정일이었던 고씨는 지난달 31일 구속집행정지 결정으로 출감했으며, 출감 직전 광주 시내 산부인과에서 외진을 받은 결과 ‘이상이 없다’는 진단을 받고 집에서 지내왔으나 예정보다 25일 가량 이르게 분만했다가 이런 일을 당했다.

고씨는 지난해 12월 중순 구속적부심을 신청했으나 ‘집행유예 기간중에 또다시 구속됐다’는 등의 이유로 기각됐으며, 다시 같은달말 보석을 신청했으나 구속집행 정지 결정 이전까지는 결정이 내려지지 않아 만사의 몸으로 50일 넘게 갇혀 있었다.

이 때문에 고씨 가족들은 “비록 직접사인이 수감생활 때문은 아니라 하더라도 당국이 만삭인 주부까지 무리하게 구속수사하고 추운 날씨에 수감생활을 강요한 것이 영향을 끼친 게 아니냐”면서 위자료 청구 등 법적 대응방안을 찾고 있다.

그러나 광주지검은 “고씨가 출감하기까지 건강했고, 통상 임신부의 경우 예정일 2주일 전에 집에 보냈다가 출산 뒤 1달까지 회복기한을 줘왔으나, 고씨는 겨울이라는 점 등을 감안해 예정일 1달 전에 출감시켜 오는 4월20일까지 회복기간을 줬다”며 법 집행에 문제가 없다는 입장을 보이고 있다.

〈 그림255: 1995년 12월 6일 자 한겨레(광고), 96년 2월 10일 자 한겨레 〉

강순정이 공안탄압과 범민련 사수를 위해 동분서주하고 있을 무렵, 또 다른 만행이 알려졌다. 12월 4일, 경찰이 임신 8개월째인 주부를 범민련 남측본부 가입혐의로 구속한 것이다. 민주주의민족통일 광주전남연합(공동의장 정광훈 등), 전교조 광주지부, 나주민족민주운동연합 등은 고애순의 불구속 수사, 국가보안법 철폐 등을 요구하는 성명을 발표했다.[9] 하지만 1996년 2월 5일, 광주교도소에 수감 중이던 고애순은 광주 에덴병원에서 출산했으나, 이 과정에서 아기는 이미 숨진 채 태어나고 말았다. 그동안 그녀는 구속적부심을 신청했으나 기각되었고, 보석 신청마저 받아들여지지 않아, 만삭의 몸으로 50일 넘게 갇혀 있다가 결국 소중한 생명을 사산하고 말았다.[10]

9 임신부까지 구속 항의, 「한겨레」, 1995.12.7.

10 보안법 수감 만삭 주부 아기 사산, 「한겨레」, 1996.2.10.

〈 그림256: 1995년 12월 16일 자 경향신문, 12월 20일 자 경향신문 〉

  범민련을 표적으로 한 공안탄압이 거세지고 있을 때, 전창일은 안기부의 불법 관행에 제동을 걸기 위한 모험을 감행했다. 당시 보도된 기사를 먼저 소개한다.

  국가안전기획부가 법으로 정한 구금 장소가 아닌 안기부 내에서 피의자를 구금 수사하는 관행이 불법이라는 첫 판결이 내려졌다. 서울지법 형사8단독 오철석(鳴喆錫) 판사는 15일 안기부에 구속된 전창일(74. 서울 동대문구 이문동) 씨가 국가안전기획부장과 서울서초경찰서장을 상대로 낸 사법경찰관의 처분에 대한 준항고 사건과 관련해 "구금 장소를 구속영장 기재장소인 서초경찰서 유치장에서 국가안전기획부로 변경한 처분을 취소하라"고 판결했다.
  법원의 이번 판결은 법 규정에 맞는 유치장을 갖추지 않은 안기부가 국가보안법 위반 피의자들을 구속 후 구속영장에 기재된 경

찰서 유치장이 아닌 안기부 시설 내에서 조사해 온 관행에 제동을
거는 것이다. 지금까지 안기부 시설 내에서 조사할 경우 변호인들
이 준항고를 내야 피의자 접견을 할 수 있는 등 인권침해의 여지
가 있다는 지적을 받아왔다.[11]

11월 29일 구속된 전창일은 서초경찰서에서 수사를 받다가 12월 15
일 안기부 청사로 연행되었다. 구속영장에는 서초경찰서로 명기되어 있
었다. 전창일은 이러한 불법에 대해 국가안전기획부장과 서울서초경찰
서장을 상대로 "인권을 침해당했다"며 준항고[12]신청을 냈고, 서울지법
형사8단독 오철석(吳喆錫) 판사는 "전 씨에 대한 구금 장소를 안기부로
변경한 것은 위법한 조치이므로 즉각 취소하라"고 결정을 내렸다.

재판부는 결정문에서 "안기부 측이 대공 수사 기술상 필요에 따라 피
의자에 대한 구금 장소를 변경해 온 것은 관례라고 주장하고 있으나 구
속영장에 반드시 구금 장소를 기재하도록 한 형사소송법의 취지를 볼
때 안기부의 이러한 임의구금 장소 변경은 위법부당하다"고 밝혔다.[13]
이 결정으로 인해 국가보안법 등 시국사건 관련자들에 대해 안기부 측
이 수사상 편의라는 명분을 이용, 영장에 명시된 구금 장소를 무시하고

---

11 구금장소 임의변경 불법-서울地法, 안기부 관행 제동, 「중앙일보」, 1995. 12. 16.
12 '준항고'란 민사소송법상 수명법관 또는 수탁판사의 재판에 대하여 불복이 있는 당사자
    가 수소법원에 신청하는 이의를 말한다(민소441). 형사소송법상으로는 법관(재판장 또
    는 수명법관)이 한 일정한 재판 또는 수사기관(검사 또는 사법경찰관)이 한 일정한 처분
    에 대하여 불복이 있을 경우에 그 법관소속의 법원 또는 그 직무 집행지의 관할법원이나
    검사의 소속검찰청에 대응한 법원에 대하여 그 재판 또는 처분의 취소나 변경을 청구하
    는 것을 말한다(형소416 · 417).
13 "안기부 구금 장소 임의변경은 위법" 서울지법 판결, 「경향신문」, 1995. 12. 16.

호산 전창일과 통일운동 77년사

자의로 연행, 조사, 구금하던 관행에 제동이 걸렸다.[14]

「한겨레」는 "그동안 법 규정에 맞는 유치장을 갖추지 않은 안기부가 서울 서초서 등으로 구금 장소를 표시해 영장을 발부받은 뒤 임의로 안기부 수사실로 구금 장소를 바꿔왔던 관행에 제동을 거는 첫 결정이라서 주목된다."[15]고 보도했는데, 주목할 것은 '첫 결정'이라는 점이다. 안기부는 그동안 불법구금을 무수히 자행해왔다는 뜻이다. 1961년 5월 20일, 5·16 군부쿠데타 세력이 중앙정보부를 신설한 후 30여 년 동안 그들이 누려왔던 권력과 권위가 전창일에 의해 처음으로 훼손당했던 것이다. 이 사건은 동아, 조선, 경향, 한겨레, 중앙 등 주요 언론 대부분이 보도했다. 며칠 후(12월 19일) 전창일 등 25명의 범민련 간부들이 검찰에 구속 송치되었고, 신창균 고문과 김광열 감사 두 사람은 불구속 송치되었다.[16]

그런데 혐의가 이상했다. 검찰에 송치된 범민련 성원 중 전창일과 김병권 두 사람에겐 간첩혐의가 적용된 것이다. 안기부는 "이들 가운데 전 씨와 김 씨는 재일 북한 공작원 박용(47·조총련 중앙본부 정치국 부장)에게 포섭돼 국내동향을 보고하는 등 간첩활동을 한 사실이 드러나 간첩 및 국가보안법 위반 혐의로 구속 송치했다"고 밝혔다. 며칠 전, 안기부의 만행을 저지하기 위해 준항고를 신청해 승소했던 전창일이 간첩으로 지목되었는데도 언론은 조용했다. 누가 보더라도 준항고 신청에 대한 괘씸죄로 보일 만한 사안이었다. 하지만 대한민국의 모든 기자와

---

14 "구금 장소 무시한 안기부 구금은 불법" 판결, 「조선일보」, 1995.12.15.

15 안기부 임의장소 구금 위법, 서울지법 구속영장 기재 무시 관행에 쐐기, 「한겨레」, 1995.12.16.

16 구속 범민련 25명, 안기부 검찰 송치, 「경향신문」, 1995.12.20.

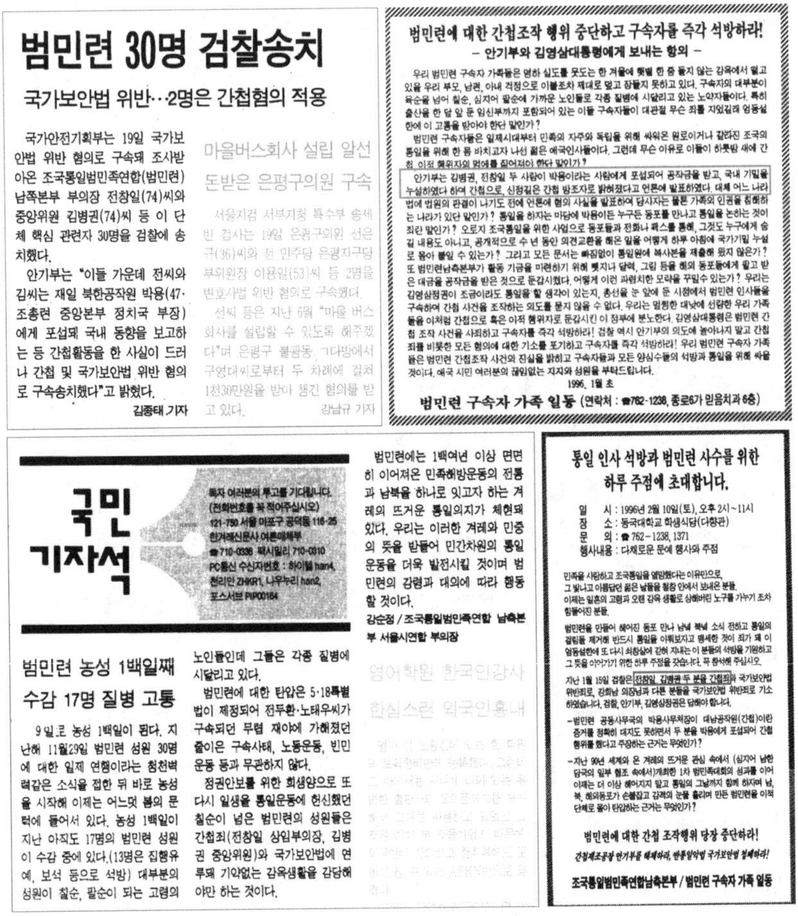

범민련 30명 검찰송치

국가보안법 위반‥2명은 간첩혐 적용

국가안전기획부는 19일 국가보안법 위반 혐의로 구속돼 조사받아온 조국통일범민족연합(범민련) 남쪽본부 부의장 전창일(74)씨와 중앙위원 김병권(74)씨 등 이 단체 핵심 관련자 30명을 검찰에 송치했다.

안기부는 "이들 가운데 전씨와 김씨는 재일 북한공작원 박용(47·조총련 중앙본부 정치국 부장)에게 포섭돼 국내 동향을 보고하는 등 간첩활동을 한 사실이 드러나 간첩 및 국가보안법 위반 혐의로 구속송치했다"고 밝혔다.

김종태 기자

마을버스회사 설립 알선 돈받은 은평구의원 구속

서울지검 서부지청 특수부 송세빈 검사는 19일 은평구의원 선승규(36)씨와 은 맏당 은평구다당 부의장 이용원(53)씨 등 2명을 변호사법 위반 혐의로 구속했다.

선씨 등은 지난 6월 "마을 버스 회사를 설립할 수 있도록 해주겠다"며 은평구 불광동 그다방에서 구의대로부터 두 차례에 걸쳐 1천30만원을 받고 뭘린 혐의를 받고 있다.

강남규 기자

범민련에 대한 간첩조작 행위 중단하고 구속자를 즉각 석방하라!

- 안기부와 김영삼대통령에게 보내는 항의 -

범민련 구속자 가족 일동 (연락처: ☎762-1238, 종로6가 인뫄회관 6층)

1996. 1월 초

통일 인사 석방과 범민련 사수를 위한 하루 주점에 초대합니다.

일 시 : 1996년 2월 10일(토), 오후 2시~11시
장 소 : 동국대학교 학생식당(대강당)
문 의 : ☎ 762-1238, 1371
행사내용 : 다채로운 행사와 주점

강순정 / 조국통일범민족연합 남측본부 서울시연합 부의장

조국통일범민족연합남측본부 / 범민련 구속자 가족 일동

국민 기자석

범민련 농성 1백일째 수감 17명 질병 고통

9일로 농성 1백일이 된다. 지난해 11월29일 범민련 성원 30명에 대한 일제 연행이라는 청천벽력같은 소식을 접한 뒤 바로 농성을 시작해 이제는 어느덧 봄의 문턱에 들어서 있다. 농성 1백일이 지난 아직도 17명의 범민련 성원이 수감 중이며,(13명은 집행중 연·보석 등으로 석방) 대부분의 성원이 칠순, 팔순이 되는 고령의 노인들인데 그들은 각종 질병에 시달리고 있다.

범민련에 대한 탄압은 5·18특별법이 제정되어 전두환·노태우씨가 구속되던 무렵 재야에 가해졌던 줄이은 구속과, 노동운동, 빈민운동 등과 무관하지 않다.

정권안보를 위한 희생양으로 또 다시 일상용 통일운동에 헌신했던 칠순이 넘은 범민련의 성원들은 간첩죄(전창일 상임부의장, 김병권 중앙위원) 국가보안법에 연루돼 기약없는 감옥생활을 감당해야만 하는 것이다.

〈 그림257: 시계방향, ① 1995년 12월 20일 자 한겨레, ② 96년 1월 6일 자 한겨레(광고), ③ 2월 1일 자 한겨레(광고), ④ 3월 9일 자 한겨레(국민기자석) 〉

언론사들은 '전창일 간첩설'에 대해 침묵을 지켰다. 가족들이 나섰다. 보도하지 않으니 가족들이 돈을 모아 "범민련에 대한 간첩조작 행위 중단하고 구속자를 즉각 석방하라!"라는 제목의 광고를 '범민련 구속자 가족 일동' 명의로 내었다. 아래에 항의문 일부를 소개한다.

안기부는 김병권, 전창일 두 사람이 박용이라는 사람에게 포섭되어 공작금을 받고, 국내기밀을 누설하였다 하여 간첩으로, 신정길은 간첩 방조자로 밝혀졌다고 언론에 발표하였다. 대체 어느 나라 법에 법원의 판결이 나기도 전에 언론에 혐의사실을 발표하여 당사자는 물론 가족의 인권을 침해하는 나라가 있단 말인가?

통일하자는 마당에 박용이든 누구든 동포를 만나고 통일을 논하는 것이 죄란 말인가? 오로지 조국통일을 위한 사업으로 동포들과 전화나 팩스를 통해, 그것도 누구에게 숨길 내용도 아니고, 공개적으로 수년 동안 의견교환을 해온 일을 어떻게 하루아침에 국가기밀 누설로 몰아붙일 수 있는가? 그리고 모든 문서는 빠짐없이 통일원에 복사본을 제출해 왔지 않은가? 또 범민련 남측본부가 활동기금을 마련하기 위해 빼지나 달력, 그림 등을 해외동포들에게 팔고 받은 대금을 공작금으로 둔갑시켰다. 어떻게 이런 파렴치한 모략을 꾸밀 수 있는가?

우리는 김영삼 정권이 조금이라도 통일을 할 생각이 있는지, 총선을 눈앞에 둔 시점에서 범민련 인사들을 구속하여 간첩 사건을 조작하는 의도를 묻지 않을 수 없다. 우리는 멀쩡한 대낮에 선량한 우리 가족들을 이처럼 간첩으로 혹은 이적행위자로 둔갑시킨 이 정부에 분노한다.

김영삼 대통령은 범민련 간첩조작 사건을 사죄하고 구속자를 즉각 석방하라!

검찰 역시 안기부의 의도에 놀아나지 말고 간첩죄를 비롯한 모든 혐의에 대한 기소를 폭하고 구속자를 즉각 석방하라!

우리 범민련 구속자 가족들은 범민련 간첩조작 사건이 진실을 밝히고 구속자들과 모든 양심수들의 석방과 통일을 위해 싸울 것이다. 애국시민 여러분의 끊임없는 지지와 성원을 부탁드립니다.[17]

범민련 구속자 가족들은 "범민련에 대한 간첩조작 행위 당장 중단하라!" "간첩제조공장 안기부를 해체하라, 반 통일악법 국가보안법 철폐하라!"라는 슬로건을 내걸고 범민련과 함께 일일 주점을 마련하는 행사도 벌였다.[18] 단체 명의의 항의문 광고와 별도로 개인 자격으로 언론사에 투고도 시작했다. 안기부와 김영삼 대통령에게 보내는 항의문이 게재된 1월 16일 자 「한겨레」 국민기자석에 편지가 실렸다. 김병권의 딸 김난영은 "… 79년 옥중에서 연루됐던 남민전 사건에서 88년 가석방으로 나오신 지 이제 6년 남짓, 막내인 제가 그 사이에 결혼해서 낳은 아이를 유달리 사랑하셨던 아버지, 그 세 살배기 손자는 할아버지 어디에 가셨느냐고 매일 물어봅니다. 하지만 범민련 활동과 관련해 지난해 11월 28일 다시 구속되신 우리 아버지, 공개적이고 평화적으로 순수한 민족통일에의 열망으로 일하니까 염려하지 말라고, 시대가 이전하고 다르니까 걱정하지 말라고 가족의 걱정을 불식시키시더니 이게 웬일입니까, 국가보안법, 그것도 모자라서 간첩혐의까지 보태져 안기부에서 20여 일을 모진 어려움 속에서 보내시고 이제는 영등포구치소에서 검찰 조사를 받고 계십니다. …(중략)… 하지만 아버지, 이 나라에 정의가 살아 숨쉬는 한, 나라와 겨레를 사랑하시는 아버지의 아름다운 신념과 그 신념

---

17 범민련에 대한 간첩조작 행위 중단하고 구속자를 즉각 석방하라!, 안기부와 김영삼 대통령에게 보내는 항의, 「한겨레」 광고, 1996. 1. 6.

18 통일인사 석방과 범민련 사수를 위한 하루 주점에 초대합니다, 「한겨레」 광고, 1996. 2. 1.

호산 전창일과 통일운동 77년사

에 따른 올바른 행동은 법정에서 정당한 평가를 꼭 받을 것이라고 믿습니다."[19]라는 글을 남겼다.

제1장 4절(전창일, 또 감옥으로 가다)에서 소개한 바 있지만, 전창일의 장녀 전기연은 "아버지는 일평생을 오로지 통일운동에 몸 바쳐 오신 살아있는 역사이다. 아버지는 70년대 유신헌법을 반대하여 혹독한 옥고를 치렀다. 유신헌법은 독재정권이 만들어낸 악법으로 만천하에 드러났다. 아버지의 민주화를 위한 희생은 결코 헛되지 않았다. 그런데 민주화와 세계화를 부르짖는 문민정부 시대에 이르러 이 나라의 민주화와 통일운동을 위해 한평생을 몸 바친 대가가 간첩의 누명이라니 있을 수 있는 일인가…"[20]라면서 분노를 표명했다. 딸이 「한겨레」에 기고문을 투고하기 한 달쯤 이전인 1월 9일, 어머니 임인영(전창일의 부인)은 「인권운동사랑방」에 '전창일 씨의 간첩 누명을 벗겨 주세요.'라는 호소문을 기고한 바 있었다. 아래에 전문을 소개한다.[21]

간첩과의 접촉을 가장 무서워하던 제 남편에게 간첩죄를 씌워 선거 때만 되면 써먹는 간첩 놀음을 조성하고 있습니다. 평화통일에 염원이 되어 있는 70세, 80세의 고령의 노인들을 저수지에서 물고기를 키워 잡아먹듯이 하고 있습니다. 평소에는 이적단체라는 범민련을 봐주듯이 인심을 쓰는 척하다가 선거 때만 되면 큰 사건이 일어나듯이 간첩 누명까지 씌워 이용하니, 선거에 이긴다

19 구속수감 범민련 김병권 씨 딸의 편지, 70평생 조국 사랑이 또 감옥이라니요, 「한겨레」(국민기자석), 1996.1.16.

20 칠십 평생 통일 염원 부칙 간첩누명 억울, 「한겨레」(국민기자석), 1996.2.13.

21 〈독자투고〉 전창일 씨의 간첩 누명을 벗겨 주세요, 「인권운동사랑방」, 1996.1.11.

해도 하나님께서 용서하지 않을 것입니다.

첫째, 전창일 씨가 간첩에 저촉된다는 부분은 일본 범민련 공동 사무국 차장인 박용 씨의 전화를 받은 것입니다. 평소에 도청이 가능한 범민련 사무실과 집에서 전화를 받았다는 것을 증거로 들고 있습니다.

94년 조문사건으로 전창일 씨가 구속되어 재판을 받을 때 판사는 범민련 공동 사무국은 합법으로 인정한다고 분명히 말했습니다. 이런 합법화된 일본 범민련 공동사무국에서 오는 전화를 받은 것을 전부 도청하여 간첩죄에 적용하다니, 도청되는 것을 뻔히 알면서도 간첩질을 하는 간첩이 세상 어디에 있겠습니까.

또 박용이라는 사람이 북한 공작원이라고 하는 것은 새빨간 거짓말입니다. 전창일 씨도 절대 아니라고 펄쩍 뛰고 있습니다. 앞으로 일본 범민련 공동사무국을 통해 해명서가 오리라 믿습니다.

전창일 씨가 진 간첩죄라는 것이 국내 동향을 보고했다는 것인데 북한에서 대한민국의 동향을 파악 못 해서 전창일 씨를 통해서 그것도 정부에서 도청하는 전화로 파악하게 한다는 것은 웃지 못할 난센스가 아니겠습니까.

안기부에서 도청한 자료를 보니까 범민련 동향과 통일을 염원하는 사람들의 동향을 이야기한 것이었습니다. 언젠가는 남북대화의

문이 열리고 편지 왕래, 전화 통화가 허락된다면 전창일 씨가 지었다는 간첩죄가 통일운동에 크나큰 업적이 되지 않겠습니까.

김영삼 정권은 남북대화를 성사시키지도 못하고 북한정책에 실패한 점 때문에 국민의 표를 많이 얻지 못하리라 저는 판단합니다. 국가보안법에 연루되어 감옥에 들어갔던 재야 청년들을 국회에 많이 진출하도록 하게 하는 것은 국가보안법을 해체했으면 하는 국민의 여망을 보여주는 것이 아니겠습니까.

둘째, 범민련 재정 수입 마련과 홍보 차원에서 범민련 배지와 달력을 만들어 일본 공동사무국을 통하여 판매했는데 받은 돈 3백만 원을 은행에 넣자마자 전창일 씨는 조문 사건에 연루되어 감옥에 갔습니다. 그 후 제가 그 돈 3백만 원이 무슨 돈인지도 모르고 은행에서 찾아 써버렸습니다. 은행에 가서 증거 제출용으로 증명을 떼어 해명됐는데도 이것이 간첩죄에 해당이 됩니까. 제가 써 버린 돈은 남편이 백만 원씩 세 번으로 나누어 범민련에 갚았습니다.

셋째, 95년 11월 29일 새벽 6시 전창일 씨는 안기부원에게 끌려가고 나머지 7명이 남아 가택수색을 세 시간 반 동안이나 벌였습니다. 옥상에 있는 장독대까지 열어 보았으나 단파 라디오도 안 나오고, 간첩죄에 적용시킬 증거가 하나도 안 나오니까 서울대 노동절 기념식장에 붙었던 플래카드 내용을 박용에게 이야기하였다는 것이 국내 정세를 알려 주었다는 유일한 증거가 되었습니다.

저는 범민련이 합법화되어 민간차원에서도 남과 북의 대화가
이루어졌으면 좋겠습니다. 북측 범민련에도 호소하고 싶습니다.
남측에 대한 비방방송도 이젠 중지하고, 조문·조전을 안 보낸 김
영삼 대통령도 용서하고, 화해의 남북회담이 열려 서신 왕래와 전
화통화가 하루 속히 이루어졌으면 좋겠습니다. 그러면 제 남편이
일본 공동 사무국에서 오는 전화를 받았다는 간첩죄도 무죄가 될
것이니까요. 평화통일만이 염원이 되어 일생을 국가보안법에 연
루되어 감옥을 내 집 드나들듯이 드나든 늙고 병들어 버린 범민련
노인들도 하루속히 석방되었으면 좋겠습니다.

96.1.9

전창일 아내 임인영 올림

〈 그림258: 성동구치소의 수감동 독방ⓒ연합뉴스, 철거 앞둔 서울 송파구 옛 성동구치소ⓒ한겨레 〉

안기부의 간첩조작설을 고발했던 임인영은 성동구치소의 인권유린도
폭로했다. 「인권운동사랑방」은 임인영의 호소문이 실린 날, 성동구치소

호산 전창일과 통일운동 77년사

의 재소자 처우에 관한 기사를 함께 게재했다. 다음은 임인영이 고발한 부분이다.[22]

… 범민련 사건으로 구속 중인 전창일(75) 씨의 부인 임인영 (62) 씨도 9일 불교인권위원회 사무실에서 '성동구치소의 인권유린'이란 제목의 글을 발표, 성동구치소의 재소자 처우문제를 비난하고 나섰다. 임 씨는 "전 씨가 220까지 혈압이 오르는 고혈압 환자이고, 허리 디스크 병이 있음에도 불구하고 상대적으로 신관보다 난방이 안 되는 구관에 수용하고 있다. 심지어 전 씨가 의무과에서는 20일 동안 아프다고 호소했는데도 꾀병이라며 치료도 안 해 주었다. 어느 환자의 경우 계속 고통을 호소했음에도 치료를 해주지 않다가 검진 결과 간암 판정이 나와서야 병원에 입원시켰다"며 성동구치소 측의 무성의한 재소자 처우를 비난했다.

또한, 임 씨는 전 씨와 출소자들에게서 들은 이야기라며 △썩은 냄새가 나는 생선을 주고 △썩은 감자를 벗기지도 않은 채 된장국에 넣어 끓여주며 △날미역은 씻지도 않은 채 그대로 썰어주고 △시금치도 씻거나 다듬지 않고 그대로 삶아 흙이 씹히고 △익지 않은 밥을 줄 때도 많았다고 주장했다.

이런 사실은 지난해 8월 구속되었다가 11월 29일 보석으로 풀

---

22 성동구치소 재소자 처우 개선하기로, 양심수 7명, 5일간 단식농성 끝에 약속 받아내, 「인권운동사랑방」, 1996.1.11.

려난 박영생(29, 전국노점상연합회 간사) 씨에 의해서도 확인되었다. 박 씨는 "성동구치소는 유난히 재소자 처우가 열악한 것 같다"며 △교도관들이 일상적으로 반말을 쓰며 △징계위원회를 열지 않고 징벌을 가하고 △감방 면적에 비해 과다한 인원을 수용하며 △시승과 시갑을 남용하는 문제 등을 지적했다.

이런 항의가 계속되자 성동구치소 측은 11일 임 씨 등을 만나 재소자 처우문제 등에 대해 지난 6일의 여자 수감자들과 한 처우 개선 약속을 설명하고, 그 외의 개선사항에 대해 의견을 듣기로 해 그 결과가 주목된다.

범민련 및 가족들의 진실 알리기와 분노표출에도 기성언론들은 '전창일 간첩'설에 대한 기사를 단 한 줄도 보도하지 않았다. 공안권력의 힘이 아직도 막강했다는 뜻이다. 언론의 외면에 강순정도 어쩔 수 없이 「한겨레」의 국민기자석을 이용할 수밖에 없었다. 3월 9일, 그는 농성 1백일이 되었음을 알리는 한편 정권안보를 위한 희생양이 된 수감자 17명이 고령으로 각종 질병에 시달리고 있음을 호소했다.[23] 그리고 비슷한 내용의 글을 4월 15일 다시 기고하며 범민련 구속자의 석방을 촉구했다.[24] 강순정이 마지막으로 시도한 것은 재일 동포들의 압력에 대한 기대였다. 4월 30일, 강순정과 민가협 회원들은 구속된 범민련 인사들의 석방을 촉구한 일본 후원회의 '서명부'(491개 단체와 개인 184명)를 김

---

[23] 범민련 농성 1백일째, 수감 17명 질병 고통, 「한겨레」(국민기자석), 1996.3.9.
[24] 구속 범민련 인사 하루빨리 석방을, 「한겨레」(국민기자석), 1996.4.15.

영삼 대통령에게 전달해달라며 정부합동민원실에 제출하였다.[25]

　그러나 강순정에게 돌아온 것은 '구속영장'이었다. 1996년 6월 6일, 서울경찰청 보안부는 범민련 남쪽본부 서울시연합 부의장 강순정(66)과 같은 단체 상근실무자 최진수(33) 등 2명을 구속했다. 오는 8월 범민족 대회를 서울에서 열겠다는 계획에 따라 범민련 북측본부와 12차례에 걸쳐 팩시밀리로 연락한 혐의가 구속 사유였다.[26] 그러면 "총선을 눈앞에 둔 시점에서 범민련 인사들을 구속하여 간첩 사건을 조작했다"고 주장했던 '전창일 간첩설'의 진실은 무엇일까? 전창일로부터 사건의 전말을 들어보자.

　　김병권[27] 선생과 나는 과거에는 그렇게 접촉이 없었는데, 범민련 활동할 때 나를 찾아와 격려해주곤 했습니다. 알고 보니 대구에서 혁신운동의 사회당에 참여해 활동했더군요. 내가 대구에 내려가 혁신계 동지들을 만날 때, 선생은 서울에 있었던 모양입니다. 대구사람들에게 알아봤더니 모두들 이구동성으로 상당히 훌륭한 분이라고 하더군요. 그 후 그분을 믿고 대했습니다.
　　기자생활, 혁신계 활동 이외 장사를 한 적이 있었고 일본에서도 상당기간 있었기 때문에 일본에 대해서 잘 알고 있다는 말에 귀가 번쩍 띄었습니다. 당시 범민련은 재정 곤란을 겪고 있을 때였습니다. 재정 타개책으로 범민련 배지, 기념품 등을 만들어 일본에 가

25　'범민련' 석방 촉구, 「한겨레」, 1996.5.1.
26　범민련 간부 2명 구속, 「한겨레」, 1996.6.6.
27　제9장 10절 〈주석4〉 참조

서 팔아 돈을 좀 만들어 오면 좋겠다고 김 선생에게 부탁했습니다. 그는 쾌히 승낙했습니다.

일본으로 건너갔던 범민련 관련 물품이 그 후 캐나다, 오스트레일리아, 유럽으로 확대되었고, 그게 수입이 꽤 되었습니다. 그 일로 김병권 선생은 일본에 두 번인가 갔어요. 김 선생은 제작비도 댔습니다. 일본에서 판매된 물품 이익 중 자신의 지분 몫은 범민련으로 송금해달라고 당부했는데, 안기부가 이 과정을 파악했던 거예요.

안기부는 김 선생의 활동을 간첩활동으로 조작했고, 간첩죄로 기소했습니다. 그리고 나는 김병권을 일본으로 보내 간첩활동을 시켰다는 죄목으로 기소한 겁니다. 그분은 이상의 과정을 법정에서 모두 진술했어요. 아무튼, 그분은 항상 명랑하고, 호탕하고, 참 나무랄 데 없는 인간성을 가진 그런 사람이었습니다.

그분이 작고하기 전 동지 몇 분들과 문병을 갔을 때 나의 손을 잡으며 유언을 남겼습니다. "나는 저승에 가도 전창일 동지와 함께 있겠노라, 우리는 영원한 헤어질 수 없는 동지다, 임 여사(나의 아내)가 안장되어 있는 청화공원으로 함께 있게 해 달라"고 하셨습니다.

내 눈은 눈물에 젖어 한참 동안 말문을 잊었습니다. 나는 건강을 빨리 회복하여 우리 함께 통일될 때까지 싸우자고 격려하였지만, 며칠 후 그는 영면하셨습니다. 나는 동지의 유언대로, 아내가 묻혔고 나도 갈 그곳 청화공원에 있는 납골당에 김병권 선생을 모

셨습니다.**28**

'전창일 간첩설'은 소개한 증언 이외 1996년 3월 8일, 서울지방법원에 제출한 '법정 모두진술'을 살펴보면 보다 정확한 사실관계를 확인할 수 있다. 아래에 '모두진술' 중 일부를 소개한다.

검찰은 범민련 남측본부가 마치 북측본부의 지령에 움직이는 것같이 공소장을 꾸미고 있다. 본인은 1995.11.28. 국가안전기획부에 구금되어 만 20일 동안 10여 명으로 구성된 수사관으로부터 번갈아가는 동시다발적 취조 공세에 지친 몸에 밤과 낮을 구별할 수 없는 어리둥절한 상태에서 터무니없는 피의사실의 자백을 강요당했다. 예컨대 조총련에서 보낸 돈 2천만 원을 김병권 씨를 통해 받았다느니, 간첩 김동식의 체포에 따른 비상대책회의를 소집했다는 등 "범민련 재일 조선인본부" 부의장이며, "범민련 해외본부" 부의장인 서만술 씨가 조총련 부의장이며, "범민련 공동사무국" 사무차장 박용 씨가 조총련 간부라는 나 자신이 모르는 사실을 김병권 씨와 신정길 씨에게 이야기했다는 자백, 박용 사무차장으로부터 국내 정세와 단체행사 내용을 알려달라는 부탁을 김병권 씨를 통해 전달받았다는 등, 터무니없는 것이었다. 이중, 2천만 원 금품 수수건과 간첩 김동식 건이 무고로 해명된 후 "아무것도 아닌 일"을 갖고 고집한다고 꾸짖으며 집요하게 강요하는 안

---

28 『인민혁명당과 혁신계의 활동, 주요인사(전창일 님) 구술사료 수집』 4 · 9 통일평화재단, 2014.2.3., pp. 263~264.

기부 수사관들의 위압적 태도에 정말 아무것도 아닌 일로 생각되어, 너무 지친 상태에서 일부 허위 시인한 것이 국가기밀누설이란 무서운 간첩혐의로 둔갑할 줄은 생각지 못했다.

악몽 같은 20일 만의 취조가 끝나 해방된 기분으로 검찰에 송청되어 저녁에 성동구치소에 수감되었을 때 교도관이 건네주는 명찰에 "간첩 전창일"이라 적힌 것을 보고 나는 경악을 금할 수 없었다. 교도관에게 항의하고 이튿날 검사에게도 항의하였다. 나는 검사에게 내가 형량을 의식해서가 아니라 나와 범민련 그리고 내 가족, 처자식들의 명예를 위해 국가기밀누설이란 간첩 누명만은 걷어달라고 호소했다.

그러나 결국 검사는 공소장에서 간첩혐의를 누락시키지 않았다. 이적단체 구성, 회합 · 통신 죄라는 탄압의 약효가 나에게는 이제 더 이상 통하지 않는다고 판단하는 모양이다. 오늘 우리 사회에서 국가보안법으로 단죄되는 것만으로도 현실적 핍박과 사회적 매장을 가져오는데, 하물며 이름도 섬뜩한 간첩이란 바로 패가망신을 의미하며, 온 가족의 사회적 생존권이 핍박, 박탈되는 사회적 분위기에서 간첩혐의를 함부로 뒤집어씌우는 것은 국가 공소주의, 우리의 형사 소송제도에서 더욱 신중해야 할 검찰권의 어처구니없는 직권남용이라 하지 않을 수 없다. 공소장에서 나에게 씌워진 국가기밀 누설 간첩혐의란 다음의 두 가지이다.

하나는 국내 종교계 인권단체가 중심이 되어 추진하는 석방된 장기수들의 북송을 요구하는 기자회견문을 범민련 공동사무국에 전송한 것이 국가기밀 누설이란 것이다. 범민련은 남과 북에 억류된 인사들의 송환문제도 적극적으로 추진한 바가 있다. 이런 차원에서 남쪽에서 북쪽으로 송환되기를 희망하는 인사의 북송문제를 외면할 수 없다.

둘째로, 민주노총 주최 5·1 노동절 경축대회장에 범민련에서 제작한 경축 플래카드를 촬영한 사진을 범민련 활동 홍보 차원에서 공동사무국에 전송한 것이 또한 국가기밀 누설이란 것이다. 이렇다면 도대체 진짜 국가기밀이란 무엇인가 묻고 싶다. 고무찬양, 이적표현물 배포, 이적단체 구성죄 등은 이제 더 이상 약효가 없게 되어 국민의 자유를 유보하는 또 기본권을 유린하는 근거로써 사용할 수 없게 되었는지, 이제는 그 무시무시한 간첩죄로 함부로 다스리려고 한다. 이럴수록 간첩이란 경각심이 마비되고 그 위력도 희석되어 오히려 국가안보에 역기능이 우려된다고 하지 않을 수 없다.…

언론에 그리 노출되지 않았지만, 범민련 간첩 사건은 큰 물의를 일으키고 있었다. 하지만 검찰은 이런 반응을 그리 심각하게 생각하지 않았던 모양이다. 1996년 1월 15일, 검찰은 전창일·김병권·신정길 등에 대해 국가보안법 위반과 간첩죄로 기소하였다. 구형량은 전창일 15년, 김병권 10년, 신정길 5년이었다.

그러나 검찰에게 치명적인 결과가 나왔다. 1996년 5월 25일, 서울형사지방법원은 피고 전창일에게 징역 1년 6월을 선고했다. 김병권(범민련 중앙위원)은 징역 4년, 신정길(범민련 사무처장)에게는 징역 10월이 선고되었다. 그리고 9월 23일 서울고등(제2형사부)법원에서 개정된 항소심에서는 전창일에게 징역 1년 자격정지 1년이 선고되었다. 구형 15년에 징역 1년이라면 승소나 마찬가지인 판결이었다. 에피소드가 하나 있다. 전창일에 따르면, 2심 재판관은 판결 모두진술에서 "전창일 피고 인에게 유죄판결을 선고하는 데 있어 재판부가 상당히 고심했다"고 한 다. 만족할 만한 결과였지만 전창일과 변호인단은 무죄를 확신했다. 상 고를 했다. 검찰 역시 상고를 했다.

1997년 5월 16일, 대법원은 피고인과 검찰의 항고를 모두 기각했 다. 안타까웠던 것은 대법원의 기각결정으로 조문단 사건의 집행유예 형이 실효됨으로써 잠시 출옥했던 감방으로 다시 돌아가야 했다는 점 이다. '국가보안법'의 위력이었다. 같은 해 6월 19일 검찰의 소환이 있 었고, 자진 출두했다. 성동구치소에 있던 전창일은 7월 8일 수원교도 소로 이감되었다. 그 후 1년 2개월쯤 옥살이를 다시 겪은 후 만기 출 소했다. 1998년 9월 14일, 마지막 형무소 생활이 끝난 것이다. '조문 단 사건'과 '간첩 사건'으로 겪은 전창일의 수난사를 정리하면 다음과 같다.

〈조문단 사건〉

① 94.7.16.: 구속, 조문단 사건

② 94.12.26.: 집행유예 석방

③ 95.10.6.: 2심 법정진술

④ 95.11.17.: 서울고법 판결(1년 8월, 집행유예)

⑤ 95.11.25.: 확정

〈간첩 사건〉

① 95.11.29.: 구속

② 12.19.: 검찰 송치

③ 96.1.15.: 간첩죄로 기소〈구형: 전창일(15년), 김병권(10년), 신정길(5년)〉

④ 96.3.8.: 전창일 모두진술

⑤ 5.10.: 전창일 최후진술

⑥ 5.25.: 서울형사지법 징역 1년 6월 선고

⑦ 7.15.: 항소이유서

⑧ 8.19.: 검사의 항소이유서에 대한 전창일 답변서

⑨ 9.6.: 변론 요지(변정수 변호사)

　　－ 전창일 항소심재판 최후진술서

⑩ 9.23.: 서울고등(제2형사부)법원 징역 1년 자격정지 1년

⑪ 11.18.: 검사의 상고이유서에 대한 전창일 답변서

　　－ 상고이유서(변정수 변호사)

　　－ 상고이유서 전창일

⑫ 96.11.29.: 만기석방(형 집행취소 결정)

⑬ 97.5.16.: 대법에서 상고 모두 기각결정으로 위 조문단 사건 집행유예 실효됨

⑭ 6.19.: 검찰의 소환으로 자진출두, 구속(성동구치소)

⑮ 7.8.: 수원교도소 이감

⑯ 98.9.14.: 만기출소

비록 무죄판결을 이끌어내지 못했지만, '국가보안법'이 엄연히 존재하고 있는 가운데 구형 15년에 징역 1년형을 이끌어낸 것은 피고인의 완벽한 승리였다. 이러한 결과를 얻기까지 전창일은 끝없이 공안당국과 싸웠다. 1심, 항고심, 상고심을 통해 전창일은 국가보안법의 위헌성과 반자유주의적 성격, 범민련의 합법성 그리고 연방제 통일, 미군 철수, 북미평화 협정 등이 왜 통일운동의 기본노선이 되어야 하는 점에 대해

모두진술, 최후진술, 항소이유서, 검사의 항소이유서에 대한 답변서, 상고이유서, 검사의 상고이유서에 대한 답변서 등의 형식으로 수없이 많은 글을 직접 작성하여 재판부에 제출했다.

물론 인권변호사들의 많은 도움이 있었다. 특히 잊을 수 없는 이는 변정수29 변호사다. 전창일의 기억을 빌려보자. 성동구치소에 수감되어 있을 때다. 변 변호사가 면회를 왔다. 전창일의 1심 재판기록 최후진술을 읽고 깊은 감명을 받았다고 한다. 자신은 박정희 유신 체제하에서 판사 노릇을 하면서 긴급조치 위반으로 기소된 양심수 특히 이해학 목사에게 유죄판결을 언도하지 않을 수 없었던 일로 인해 늘 괴로웠다고 말하며, 이 죄책감에 벗어나기 위해서라도 전 선생의 법정변론을 맡아 약간의 보상이 되었으면 좋겠으니 동의해 주시길 바란다고 했다. 전창일은 감격했고, 너무나 황송해서 고맙다는 인사말 이외 할 말이 없었다.

---

29 헌법재판소 초대 재판관을 지낸 변정수 전 재판관이 지난 5일 향년 87세로 별세했다. 고인은 1958년 서울지법 판사로 임관해 서울지법 성동지원장, 서울지법 성북지원장을 지낸 뒤 1979년 서울고법 부장판사를 끝으로 법원을 떠났다. 이후 1987년 6월 항쟁의 결과로 개헌이 이뤄지고 헌재가 설립되면서 1988년 9월 15일~1994년 9월 14일 6년 임기의 초대 헌법재판관을 지냈다. 1930년 전남 장흥에서 태어난 변 전 재판관은 광주서중을 졸업하고 고려대 법대에 입학했으나 한국전쟁 등으로 대학을 중퇴한 뒤 1956년 제8회 고등고시 사법과에 합격했다. 1980년대 변호사로 개업한 이후에는 대한변호사협회 인권위원으로 있으면서 김대중 전 대통령 가택연금한 경찰을 공권력 남용 혐의로 고발하는 등 반독재 활동을 했다. 이후 1988년 헌법재판소가 설립되면서 야당(평민당)의 추천을 받아 헌법재판관에 임명됐으며, 주요 심판에서 기본권 보호를 위한 소수의견을 냈다. 일례로 1991년 수감생활을 마친 이후에도 일정 기간 감호시설에 가두도록 한 사회보호법과 관련해 변 전 재판관은 "청송감호소나 대용시설의 실태가 교육·개선보다는 피감호자를 영구히 치료될 수 없는 인간쓰레기로 보아 단순히 사회로부터 격리하자는 의도가 아닌지 의심스럽다"며 위헌 의견을 냈다. 1990년 국가보안법 찬양·고무죄 사건, 1992년 지방자치단체장 선거 연기 사건에서도 위헌 소수의견을 냈다. 헌법재판관 임기 이후에는 2003년 민주화운동 관련자 명예회복 및 보상심의위원회 위원장을 지냈다. 저서로는 '위헌이면 위헌 합헌이면 합헌, 재판관의 보람과 아쉬움'이 있다. 〈변정수 초대 헌법재판관 별세…소수의견 통해 기본권보호 앞장, 「news1」, 2017.11.6.〉

제시된 변호사 의뢰서에 서명 날인했다.

이튿날 1심 재판에서 애썼던 이종걸 변호사가 면회를 왔다. 변정수 변호사 이야기를 했더니, 법조계에서 대단히 존경받는 분이라며 잘 된 일이라고 아주 기뻐했다. 2심 재판에서 더 힘이 날 것이라는 말을 덧붙였다. 변정수 변호사는 항고심뿐 아니라 상고심에도 이종걸, 임영화 변호사와 함께 변론했다. 3심 대법원 판결이 끝난 후 수원교도소에 재수감 중이었을 때 두세 번 면회를 왔다. 수감생활을 걱정하면서 "북한이 곧 망한다고들 하는데, 어떻게 생각하느냐"고 의견을 물었다. 전창일은 "그렇게 말하는 사람들의 희망적 관측"이라고 대답하며, "미국과 미국을 추종하는 사람들의 환상적, 주관적 관측"이라고 자신의 관점을 일러주었다.

변정수 변호사는 1988~1994년 헌법재판소 재판관으로 재직 중 무려 47건의 위헌심판 헌법소원 소수의견을 낸 것으로 유명한 판사다. 특히 국가보안법 제7조(찬양·고무죄)에 대한 위헌심판, 제7조 5항(문서 기타 표현물)에 대한 위헌심판, 제9조 2항(편의제공)에 대한 헌법소원, 노동조합법 제45조 2항(노동관계당사자는 쟁의행위에 들어가기에 앞서 조정절차를 거쳐야 하며…)에 대한 위헌소원, 노동쟁의 조정법에 관한 헌법소원 등의 사안에 소수의견을 제시한 정의로운 법조인으로 알려졌다. 『위헌이면 위헌, 합헌이면 합헌』 등의 저서와 『법조여정』이란 회고록을 남겼다.

노무현 대통령 재임 시 이덕우 변호사로부터 전창일에게 면담요청 연락이 왔다. '민주화운동 관련자 명예회복 및 보상심의위원회' 위원장의 임기만료로 변정수 변호사를 천거하려고 하는데 본인이 극구 고사

하니 전창일더러 설득해달라는 요청을 했다. 이덕우[30] 변호사 역시 범민련과 깊은 인연이 있다. 범민련 사건 재판에서 명 변론을 한 공로로, 범민련 명의로 전창일이 감사패를 증정한 바 있다. 변정수 변호사를 찾아갔다. '민주화운동 관련자 명예회복 및 보상심의위원회'는 아주 중요한 역사적인 조직이니 위원장직 천거를 수락해달라고 정중히 요청했다. 한참 생각한 후 변 변호사는 결국 수락하였다. 이덕우 변호사는 대단히 기뻐하며 고맙다고 했으며, 며칠 후 노 대통령은 변정수 변호사를 임명했다.

그 후로도 변 변호사는 범민련 및 통일 운동가들을 위해 많은 일을 했다. 전창일에게 잊을 수 없는 일 중 하나가 아내 임인영이 관련되었던 남조선민족해방전선(남민전) 사건을 민주화운동으로 인정한 것이다. 전창일을 사무실로 부른 변 위원장은 위 결정을 알려주면서, 간부 몇 사람의 경우 어려움이 있었지만, 그 어려운 시기에 용감히 싸운 민주화운동의 모범적 사례로 평가된다며 남민전 운동을 찬양하였다고 한다. 전창일은 고맙다고 인사하였다.

'민주화운동 관련자 명예회복 및 보상심의위원회' 위원장직 임기완료후에도 그의 의기는 변함없었다. 퇴임 후 그의 직책은 '한국전쟁범죄 민

---

30 1957년 서울 출생. 보성고와 성균관대 법대를 졸업한 뒤 87년 제29회 사법시험에 합격했다. 90년 사법연수원 수료와 함께 변호사 활동을 시작한 그는 이후 민주사회를 위한 변호사모임(민변)에 참여해 활동해 왔으며, 1992년 민변 대외협력위원장을 맡기도 했다. 특히 인권 문제에 관심을 가져온 그는 천주교 인권위원회 위원을 비롯해 민주노동당 인권위원장, 변협 인권위원장 등을 역임했다. 이밖에 1987년 홍콩에서 한국 여성 수지 김(본명 김옥분)이 살해되자 안기부가 사건의 진상을 은폐하고 오히려 그를 북한 공작원으로 조작하여 해외 상사원 납치 공작으로 조작한 사건인 이른바 '수지 김 사건'의 변론을 맡아 이를 승소로 이끌었으며, 판문점 공동경비구역에서 의문사한 '김훈 중위 사건'을 공동변호하기도 했다. 〈이덕우 변호사는 누구?, 「오마이뉴스」 2004. 10. 12.〉

호산 전창일과 통일운동 77년사

간인 국제재판 재판관'으로 바뀌었다. 미국에서 개최된 '주한 미군이 관여한 민간인 학살 사건 등에 대한 전쟁범죄' 재판에서 그는 유죄판결을 내렸다.

변정수 변호사는 범민련의 (법률)고문직을 수락했다. 그러나 고문·의장단 회의에 몇 번 참가하고는 더 이상 참가하지 않겠다고 했다. 이현수 씨의 이야기는 귀담아들을 만한 데 그 외 사람들은 그렇고 그런 뻔한 이야기만 한다며, 결국 고문직을 사임했다. 김대중 대통령 시기 집권당 (새천년민주당)의 상임고문으로 있을 때였고, 전창일은 민화련 의장직을 맡아 범민련 일에는 관여하지 않을 때였다. 아래에 변호사 변정수가 범민련을 위해 변론한 예를 소개한다. 1996년 9월 6일, 전창일·김병권·신정길의 항소심 재판 때의 변론이다.

자세히 보기-37

[변호사 변정수, 변론 요지(1996.9.6.)]

사건번호: 96노 1224
피고인: 전창일 외 2

1. 국가보안법은 제2조는 '이 법에서 "반국가단체"라 함은 정부를 참칭하거나 국가를 변란할 것을 목적으로 하는 국내외의 결사 또는 집단…'이라고 규정하고 있다. 조국통일 범민족연합 남측본부는 정부를 참칭한 일도 없고, 국가를 변란할 것을 목적으로 하는 단체도 아니다. 오로지 조국의 평화적 통일을 목적으로

하는 민간통일운동 단체이다. 검찰은, 범민련은 1993.4.6. 북한 최고인민회의 제9기 제5차 회의에서 채택한 "조국통일을 위한 전 민족 대단결 10대 강령"에 들어있는 "고려연방제, 외국군철수, 북·미 평화협정체결, 국가보안법 철폐, 핵무기 철거, 군비감 축, 물리적 장벽의 철거" 등을 그대로 수용한 북한의 대남·적화 통일 전선 조직이라느니, 범민련 남측본부는 "북한의 활동을 찬 양·고무·선전 또는 이에 동조하는 행위를 목적으로 하는 단체" 라느니 주장한다.

그러나 이는 범민련이 순수한 민족주의 애국·애족 정신에서 나온 통일 운동단체라는 사실을 왜곡한 주장이다. 범민련의 강 령·규약에 연방제 통일, 미군 철수, 국가보안법 폐지, 북미평화 협정체결 등이 들어 있으나, 이는 범민련이 북한에서 1993.4.6. 채택한 "조국통일을 위한 전 민족 대단결 10대 강령"을 수용한 것 이 아니고, 오히려 북한이 범민련의 강령·규약을 수용한 것으로 본다. 왜냐하면, 범민련 남측본부 준비위원회는 북한이 10대 강 령을 채택하기 전인 1991.1.23. 결성되었고, 그 준비위원회에서 이미 연방제 통일, 미군 철수, 국가보안법 폐지, 북미평화 협정 등을 통일운동 기본노선으로 채택하였기 때문이다. 이러한 기본 노선은 범민련 남측본부 구성원(피고인들)의 우국충정 어린 민족 적 양심에서 나온 것이지, 이북을 이롭게 하거나 남한 정부를 해 롭게 하기 위한 의도에서 나온 것은 결코 아니다.

2. 국가보안법은 국가의 안전을 위태롭게 하는 반국가활동을 규제함으로써 국가의 안전과 국민의 생존 및 자유를 확보함을 목

호산 전창일과 통일운동 77년사

적으로 하는 법률이다(제1조). 범민련의 강령·규약 즉 연방제 통일, 미군 철수, 국가보안법 폐지, 북미평화협정 체결, 군비감축, 물리적 장벽의 철거 등은 우리 헌법이 지향하는 자주 평화통일 이념에 부합되는 훌륭한 통일 방안의 하나로 보인다. 남한정부도 수용하는 것이 좋지 않으냐 생각된다. 이러한 통일방안이 왜 대한민국의 안전을 해치며, 왜 국민의 생존 및 자유를 위태롭게 한다는 것인지 이해할 수 없다.

검찰은 공소장에서 이것이 이북에서 주장하고 있는 통일방안과 같다고만 했을 뿐, 그렇다고 해서 그러한 통일방안이 왜 대한민국의 안전을 해친다는 것인지, 왜 국민의 생존 및 자유를 위태롭게 한다는 것인지 아무런 설명이 없다. 이북에서 주장하는 것은 무조건 대한민국에 해롭다는 것인가?

결국, 공소장에는 범죄의 구성 요건 해당 사실 중 가장 중요한 부분이 적시되지 아니하였으며, 1심 법원은 그 점에 대하여 심리도 아니 한 채 피고인들에게 유죄판결을 내렸다. 국가보안법 사건은 꼼꼼히 따지지 않고 슬렁슬렁 넘어가도 상급심에서 그대로 통과된다는 안일한 생각들을 가지고 재판을 한다면 이는 큰 문제이다. 미군이 철수하고 국가보안법이 폐지되고, 북미평화협정이 체결되고, 1민족 1국가 2체제 방식의 연방제 통일을 하고, 남북간의 물리적 장벽이 철거되면 단일 민주정부 체제의 평화적 통일이 될 것이다. 결코, 공산체제로의 통일은 되지 않을 것이다. 공산주의는 인류에 행복을 가져다줄 수 없는 이념이라는 것으로 이미 판정이 내려졌다. 국민 대다수가 원치 않는데 왜 한반도가 공산화된다는 말인가.

3. 범민련이 주장하는 "연방제 통일방안"은 이북에서 주장하는 "고려연방제"를 그대로 수용하는 것이 아니고 아직 구체적 내용이 확정된 것이 아니다. 이에 대하여, 피고인 전창일은 이 사건 1심 최후진술에서 다음과 같이 주장하고 있다.

"서로 상이한 사회체제와 제도에서 대립관계에 있는 분단 상황에서 평화적 통일을 실현하려면, 첫째. 상이한 제도와 체제를 상호 인정하고 존중하여야 한다. 둘째. 통일로 인한 불이익 배제가 보장돼야 한다. 즉 어느 일방이 타방을 먹고 먹히지 않는 공존·공영이 상호 보장되어야 한다. 통일이 북한 죽이기나 남한 살리기의 양자택일이 아니라 남·북한 다 살리기라는 인식이 공감되어야 한다. 셋째. 민족 전체의 공동이익을 위한 상호 협력 체제가 구축되어야 한다. 이것은 1991년 12월 남·북 당국 간에 합의 서명한 '남북 사이의 화해와 불가침 및 교류·협력에 관한 기본합의서(남북기본합의서)'의 이행을 뜻한다. 우리의 통일이란 하나의 민족국가를 의미하며, 평화적 통일을 구현하기 위해서는 하나의 국가 틀 안에 두 개의 남북 정부, 두 개의 상이한 사회제도의 공존·공영이 불가피하다고 할 것이다. 이것이 바로 범민련이 주장하는 연방제인 것이다. 남북 양 당국 간에 합의된 7·4 공동성명에서 천명된 자주, 평화, 민족대단결, 통일 3대 원칙과 남북기본합의서의 구성내용이 바로 그것이라 생각된다. 범민련이 주장하는 연방제 통일방안은 이같이 광의의 개념일 뿐 아직 구체적 내용이 확정되어 있지 않다. 범민련 남측본부는 연방제란 표현 외에 '합의제 통일'이란 표현도 쓰고 있다.

통일방도의 구체적 내용 확정을 위하여 우리는 해마다 남북 해외동포 대표들이 한자리에 모여 토의하려는데 우리 남한정부에서 불허하여 아직도 실현되지 못하고 있다. 범민련에서 주장하는 연방제는 강령과 규약에서 명시하였듯이 7·4 공동성명과 남북기본합의서 내용을 골간으로 하고 있다." 이상과 같다.

이러한 통일방안을 주장한다고 해서 이북의 '고려연방제' 통일방안을 수용하였으니, 이북에 동조한 것이라고 몰아붙이는 것은 "통일방안에 관해서 국민은 입을 꼭 다물어라."고 윽박지르는 것과 다름없다.

4. 다음 국가보안법 철폐 주장에 관하여 말하고자 한다. 국가보안법은 민족의 통일을 방해하고 인권을 유린하는 세계에 유례(類例)가 없는 악법 중의 악법이다. 통일을 위하여 머리를 맞대고 협상하고 함께 고민하여야 할 이북정권을 "반국가단체" 즉, "적"으로 규정해 놓고, 이북을 칭찬하면 처벌한다. 이북이 하는 일에 동조해도 처벌한다. 이북과 통신·연락해도 처벌한다고 하면 어떻게 통일협상을 하겠는가. 잘한 일은 잘한다고 칭찬하고, 옳은 소리에는 옳다고 하고 그에 동조하고 통신·연락도 하여야 적대감정이 없어지고 친해지고 비로소 마주앉아 통일문제도 논의하지 않겠는가.

이러한 법을 한사코 고수하는 것은 흡수통일을 했으면 했지, 협상에 의한 통일은 않겠다는 것과 다름없다. 그래서 어느 선구자의 말 "국가보안법을 위반해야 통일이 되고, 많이 위반하면 할수록 통일은 빨리 온다."라는 말은 진리의 정곡을 찌르는 말이다. 악법을 "악법이니까 폐지하자"고 할 뿐인데 그것이 이북에서 주장하는 소리와 같으니 반국가단체의 활동에 동조하는 이적단체라고 하고 국가보안법으로 처벌하겠다고 하니 기가 막힐 노릇이다. 우리가 이러한 악법을 가지고 있는 것은 세계에 부끄러운 일이다. 그리고 더욱 부끄럽고 한심한 일은 이러한 악법을 폐지해야 한다고 주장만 해도 감옥에 보내진다는 사실이다.

5. 다음은 미군 철수에 관한 것이다.

미군은 제2차 대전 후 점령군으로 우리나라에 진주한 이래 지금까지 만 51년을 우리나라에 주둔해 왔다. 그동안 남한정부의 안보를 위해 큰 힘이 되어왔으며, 전쟁억제 역할을 하였던 것도 사실이다. 그러나 미군 주둔의 목적은 미국의 이익을 위한 것이지 우리 민족을 위한 것이 아니다. 그런데 많은 사람들이 그들이 우리를 위하여 와 있는 것으로 착각하고 그들을 지나치게 환대한다. 그로 인하여 그들의 콧대를 높여 주고 있다.

세계 어느 나라 수도 한복판에 외국군이 수십만 평(100만 평이 넘는지도 모른다)을 차지하고 있는 나라가 우리나라 수도 서울 말고 또 있다는 말인가. 이는 우리 국민의 자존심에도 관계되는 일이다. 6공화국 노태우 정부 때만 해도 미군 철수 주장이 대학과 재야단체 등에서 강도 높게 있었다.

그 바람에 용산 미군 골프장 9만 평이 반환되어 가족공원으로 조성되어 서울시민의 좋은 휴식처가 되고 있다. 미군 용산기지 전체가 후방으로 이전하기로 하고 옮겨갈 후보지까지 한참 거론되었는데 김영삼 정부가 들어서고부터는 미군 철수 주장이 시들해지면서 미군은 그대로 주저앉고 말았다. 매우 안타까운 일이다.

이러한 판국에 범민련에서나마 미군 철수의 목소리를 내고 있다는 것은 민족의 자존심을 위해서도 매우 다행스러운 일로 생각한다. 이러한 목소리도 나와 주어야 한다. 우리 헌법은 한반도의 "자주평화 통일"을 이념으로 채택하고 있다. "자주평화 통일"은 온 국민의 숙원이며, 조속히 꼭 이루어야 할 과제이다. 통일운동은 분단국가에서 살고 있는 국민의 자연권적 기본권이며, 또한 의무이다. 따라서 평화적인 통일운동은 마땅히 보장되어야 한다.

이제 미군 주둔은 국가안보를 위해서도 필요 없고 "자주적인 평화통일"을 위해서는 미군 철수가 전제되어야 한다는 주장도 충분히 설득력이 있다. 국가보안법으로 국민의 통일운동을 봉쇄하고 세계 최강국의 군대를 주둔시킨 가운데 이북에 대하여 통일협상을 하자는 것은 "역지사지"의 원칙 아래 상호양보를 전제로 협상하자는 것이 아니라 상대방의 항복을 강요하는 속셈으로 비칠수밖에 없다.

범민련이란 통일운동 단체가 대한민국 정부의 전복을 기도하는 것도 아닌데 평화적이고 자주적인 한반도 통일방안으로 "미군철수"를 단체의 강령으로 채택하였다고 해서 구성원을 처벌한다는 것은 중대한 기본권 유린이며, 위헌적 처사이다. "어떠한 우방도 같은 민족보다는 못하다"는 김영삼 대통령의 취임사를 되새겨 볼 필요가 있다.

6. 그 밖에 범민련이 강령·규약으로 채택하였다는 북미 평화협정 체결, 핵무기 철거, 군비감축, 물리적 장벽의 철거 등이 비록 이북에서 주장하는 것과 같다 하더라도 이런 것들이 "한반도

의 자주평화 통일"의 전제조건이라고 본다면, 통일운동 단체로
서는 당연히 주장할 수 있다고 본다. 이북에서 주장하는 것이라
하여 무조건 배척할 것은 아니다.

　이상과 같은 조건은 오히려 우리 정부 측에서 당당히 수용할
수 있지 않나 생각한다. 그렇게 한다고 해서 결코 한반도가 적화
통일은 안 된다고 본다. 진정 평화통일을 하려면 이북을 겁낼 것
이 아니라 달래고 껴안아야 한다. 정당한 합리적 주장은 수용해
야 한다.

　7. 피고인들은 어떤 출세욕으로 통일운동을 한 분들이 아니다.
오로지 민족적인 양심, 오늘을 사는 우리 민족 구성원의 한 사람
으로서의 책임감에서 통일운동을 한 분들이다. 특히 전창일, 김
병권은 80살이 가까운 분들이다. 이분들에게 무슨 사심이 있겠
는가. 이 노인들을 꼭 징역을 살려야 하겠는가. 진정한 애국자들
을 법정에 세워 부도덕한 법으로 낙인찍힌 국가보안법으로 재판
하고 있는 현실을 개탄한다. 아무쪼록 법원의 현명한 판단을 기
대한다.

1996. 9. 6.

위 피고인 전창일의 변호인

변호사 변정수

서울고등법원 귀중